U0457860

高校法学教育精品教材

罪名刑法学

CRIMINOLOGY OF CRIME

徐小帆　夏建三　著

中国政法大学出版社

2021·北京

图书在版编目（CIP）数据

罪名刑法学/徐小帆，夏建三著．—北京：中国政法大学出版社，2021.3
ISBN 978-7-5620-9850-8

Ⅰ.①罪… Ⅱ.①徐…②夏… Ⅲ.①刑法－研究－中国 Ⅳ.①D924.04

中国版本图书馆CIP数据核字(2021)第027478号

出版者　中国政法大学出版社
地　址　北京市海淀区西土城路25号
邮寄地址　北京100088信箱8034分箱　邮编100088
网　址　http://www.cuplpress.com（网络实名：中国政法大学出版社）
电　话　010-58908586(编辑部) 58908334(邮购部)
编辑邮箱　zhengfadch@126.com
承　印　保定市中画美凯印刷有限公司
开　本　787mm×1092mm　1/16
印　张　34
字　数　700千字
版　次　2021年3月第1版
印　次　2021年3月第1次印刷
定　价　99.00元

“刑事法学”系列教材编委会

友情支持普法战略合作伙伴

浙江永义文化传媒有限公司
广东银果道正法律顾问有限公司
湖北震邦华广律师事务所
北京三帆律师事务所
北京建研律师事务所
海南省临高县红西海学校

前 言

PREFACE

为了更好地适应新时代中国法治社会建设特别是中国特色社会主义制度体系、法治体系和治理能力现代化建设的需要，促进新时代中国特色社会主义法治体系、法治社会、法治文化、法治国家、法治政府的全面健康有序和谐发展进步，结合中华民族命运共同体和人类命运共同体的主客观实际情况，中国政法大学出版社2021年出版了《罪名刑法学》一书。该书由具有编写“法律一本通”教育教学创作经验的青年法学者徐小帆先生直接执笔，具有诉讼实务经验的知名律师夏建三先生参与协作，不仅满足了中国高校法学院学生、教育工作者的实际需要，而且为党政企事业单位和人民团体等社会各界进行普法教育，特别是为法学界、高校学术研究提供了一个有益而重要的理论和实践借鉴。

本书坚持马克思主义理论指导原则，以宪法为依据，以中国社会主义法律法规体系为基础，以国家政策、党中央精神为重要补充，以社会公平正义和法律公平正义、反对冤假错案、将反腐败斗争和扫黑除恶斗争进行到底为根本，借鉴了大陆法系和英美法系法学理论体系和内容的合理成分，将中国社会主义法治建设的具体实践和中国化马克思主义法治理论相结合，结合中国法律体系、制度体系、社会体系、经济体系、文化体系、生态体系等基本体系建设，注重实体性和程序性兼顾、基础性和原创性并重、理论性和实践性结合、传统性和时代性协调、人民性和党性统一，采取了比较法、案例法、图表法等基本研究方法，努力做到旗帜正确、观点鲜明、立场坚定、重点突出、详略得当、推陈出新，以满足高校法学本科生学习刑事法学的需要，同时适应法学研究生研究刑事法学的基本需要以及社会普法的客观需要。

本书的篇章结构体系基于国家政权主权优先的总体指引，进行了适当调整，对从体系性、整体性的角度全面科学正确把握公权力和私权利以及反腐败斗争和扫黑除恶斗争等基本关系，坚持和完善中国特色社会主义制度体系、推进国家治理体系和治理能力现代化。

在本书编写的过程中，得到了中央民族大学法学院院长、刑法学教授韩轶和中国政法大学刑法学教授阮齐林、邬明安等专家学者的大力支持和帮助。同时，得到不少法律同仁和法学学生、读者等各界人士的许多改进意见和建议。借此机会，一并表示真诚谢意，但愿本书不断弥补不足，不断丰富发展，越来越好，无愧于心，成为传世之物。毕竟，为真理和公平正义而斗争，为法律教育服务，为中国特色社会主义改革开放和现代化建设事业服务，是中国绝大多数法律人、文化人“位卑未敢忘忧国”的家国情怀和以身许国、安身立命的根本初衷、初心和使命。

作　者

2021年3月于北京

出版说明

PUBLICATION NOTES

从国民教育体系的角度看，高等教育相对于幼儿园、中小学基础教育而言，乃是中国多元化、大众化、精英化、现代化教育的决定阶段，对本硕博学生而言，更是人生收获的关键阶段。而今，面对全球化、区域化、多元化、信息化、智能化、市场化的21世纪的新局面、新形势、新变化、新机遇、新挑战、新考验，如何进一步深化中国高等教育体制机制改革，如何培养适应中国改革开放和现代化建设、具有一专多能的学习型、创新型、改革型、战略型、复合型高素质、高能力人才，越发成为须剔除的阻碍和制约中国跨越式超前发展的一个“短板式瓶颈问题”。其中，中国高等教育体制机制改革的关键，不仅仅在于高等教育招生制度改革、高等教育人才培养与就业创业制度改革、高等教育师资与评价制度改革、高等教育人力资源制度改革、高等教育创新成果转化制度改革、高等教育思想政治教育制度改革，而且更在于高等教育教材结构体系制度改革以及相关综合配套法律法规制度体系的全面改革。因此，在高等教育院校法学教材结构调整与改革的过程中，有必要而且非常需要与时俱进地改变过去不合时宜、陈旧落伍甚至阻碍和制约法治中国建设进程的法学教材，全面整合中国高等教育教材资源，势必具有深远而重要的现实意义和历史意义。为此，中国政法大学出版社陆续编辑出版了具有新境界、新辉煌意义的“高等院校法学系列教材”，期冀为中国高等教育改革带领新动能、新愿景，也为高校法学教育工作者特别是广大法学专业的大学生以及法律工作者，带来积极而有益的新力量、新途径、新方向。

法安天下，德润人心。从人性的角度看，人性具有善、恶、不恶不善、恶善兼备之分。法律的基本类型分为良法、恶法。在一定意义上，法律是针对人性恶的产物，刑法为最。从法理学的角度看，法律具有权威性、强制性、稳定性、普遍性、公开性、社会性、阶级性、严谨性、规范性、概括性、普遍性、程序性、可诉性、物质制约性、利益导向性等重要特点，是国家制定和认可的行为规范或社会规范，是国家确认权利和义务的行为规范或社会规范，是由国家强制力保障实施的行为规范或社会规范。从法律要素上，刑法规范包括犯罪、刑责、刑罚三大要素。从法律概念的内涵、外延看，法律分为广义法律、狭义法律，是由国家制定或认可，以规定当事人权利和义务为内容，国家强制力保证实施，具有普遍约束力的社会规范。广义法律是法的整体，主要包括法律、具有法律效力的法律解释、行政机关为执行法律而制定的规范性文件。狭义法律，特指拥有立法权的国家权力机关依立法程序制定的规范性文件。从英美法系和大陆法系的国家刑法命名方式看，刑法（penallaw），又称犯罪法（Criminal1aw）、刑事犯罪法（kriminalrecht，droitcriminel）、刑罚法（strafrecht，droitpenal），是刑法学的重要研究对象，是一种阶级社会特有的社会现象，是一种独立的法律部门，在整个刑法体系中居于主导地位，在整个法律体系中居于重要地位。刑法是规定刑事法律规范、犯罪行为及其危害后果（刑责、刑罚等）的总和，是掌握国家政权的统治阶级以统治阶级的根本利益为统治利益，以统治阶级的根本意志为统治意志，规定何种危害行为属于犯罪行为、应负刑责，并对犯罪行为人科以何种刑罚的法律。从刑法概念的内涵、外延看，刑法分为形式刑法、实质（实体）刑法；广义刑法、狭义刑法；普通刑法、特别刑法等。形式刑法具有刑法内容性，实质刑法具有阶级性。广义刑法（刑法典、单行刑法、附属刑法）具有广义性。狭义刑法（刑法典）具有狭义性。普通刑法（刑法典）具有普遍的法律效力。特别刑法（单行刑法、附属刑法）具有法律效力特定性，即仅对特定的人、时、地、事具有特定法律效力。

公平正义，势不可挡。努力让人民群众在每一个司法案件中感受到公平正义。从比较法、司法实践、社会实践的角度看，纵观过去各种粘贴复制式版本的“法条一本通”，中国第一部打通刑法和刑诉法、融刑事实体法和程序法及其法律解释等体系化一体化集成化的《罪名刑法学》具有与众不同与时俱进的创新性、与众不同的体系性、一步到位的实用性、一查到底的可操作性，关键在于以刑法为基本架构，以刑法、刑诉法、监狱法、法官法、检察官法、警察法、监察法、律师法、反恐法等基本刑事法为基本内容，以立法解释、司法解释为重要补充，以刑法等刑事实体法为论据，以刑诉法等刑事程序法为论点，以立法解释、司法解释为法条解读，兼顾法学家专家学者的理论观点，以类型化、比较法、填表法、归纳法、串联法、案例法、司考题为基本论证方法，以刑法为轴线进行了刑法、刑诉法等刑事法及其立法解释、司法解释和有关法律法规之间点对点、面对面广义化、一体化、立体化、衔接化、全方位、全覆盖、多角度、宽领域、零距离、无障碍的兼容并蓄融会贯通式法条重塑，法律解读渊源以立法解释、司法解释和有关刑事法条为主、以专家学者学理观点为辅，数额犯、情节犯等的立案标准直接源于司法解释，行为犯的立案标准以司法解释为主、以司法实践经验和学理解释为补充，从而从刑事法的整体角度进行全面、彻底、干净、准确、科学地了解、洞察、把握、研习刑事法的基本知识脉络和法律体系的基本架构，全面彻底有效地打通两大法系及其传统刑事法律理论条件下刑事实体法和程序法之间固有的知识瓶颈和违法犯罪的历史边界问题以及全面科学有效地解决诸如罪数、法条竞合、适法找法、冤假错案问题等重大疑难复杂的现实法律问题，才可能一步到位融会贯通地达到找法、适法、执法、司法、普法、学法、懂法、守法的全面化、准确化、科学化、规范化、体系化、一体化、公平正义化，对21世纪的中国将反腐败斗争进行到底具有重要意义。

法治社会，治国安邦。从《法治中国建设规划（2020—2025年）》的角度看，要构建凸显时代特征、体现中国特色的法治人才培养体系，就要坚持以习近平新时代中国特色社会主义思想为指导，坚持立德树人、德法兼修，解决好为谁教、教什么、教给谁、怎样教的问题。推动以马克思主义为指导的法学学科体系、学术体系、教材体系、话语体系建设。深化高等法学教育改革，优化法学课程体系，强化法学实践教学，培养信念坚定、德法兼修、明法笃行的高素质法治人才。推进教师队伍法治教育培训。加强法学专业教师队伍建设。完善高等学校涉外法学专业学科设置。加大涉外法治人才培养力度，创新涉外法治人才培养模式。建立健全法学教育、法学研究工作者和法治实践工作者之间双向交流机制。

总而言之，深化拓展马克思主义思想理论体系研究、宣传教育和建设工程，教材体系改革是教育体系改革的重要途径、重要方式。在一定意义上，好书就是好东西、好朋友、好老师、好学校。好的教科书是学子们成功的一半。然而，正如“法律不是万能的，但无法或离开法律是万万不能的”一样，世界上的万事万物没有最好而只有更好，对每一个新生事物也应有相当的宽容性、包容性、开放性、未来性、世界性，但愿所有的一切会越来越好。愿此书成为每一个有志于法律诉求的读书人尤其是法学界、司法界、普法界、律师界以及广大法学学生、法考生、国考生、维权者的良师益友之一。因此，本书在新型理论刑法学、罪名刑法学的基础上，打破传统法学教材、法条工具书固有的编写惯性以及知识结构瓶颈、体制机制障碍、学术圈子文化等各种牢笼羁绊，做包括普天之下广大普通老百姓都能读懂的“法律一本通式工具书”，期待本书为新时代中国法治社会建设、法治国家建设、法治制度建设、法治体系建设、法治文化建设、法治文明建设、法治生态建设以及中华民族命运共同体建设、人类命运共同体建设作出应有的积极贡献。

中国刑法分则罪名

【《刑法修正案（十一）》增加了13个罪名，调整了集资诈骗、职务侵占等17个罪名的量刑档次、刑期】

罪名	条/-款	修改后	修改前
集资诈骗罪	192	一档：3-7年；二档：7年以上或无期	一档：5年以下；二档：5-10年；三档：10年以上或无期
非法吸收公众存罪	176	一档：3年以下或拘役；二档：3-10年；三档：10年以上	一档：3年以下或拘役；二档：3-10年
职务侵占罪	271	一档：3年以下或拘役；二档：3-10年；三档：10年以上或无期	一档：5年以下或拘役；二档：5年以上
挪用资金罪	272	一档：3年以下或拘役；二档：3-7年；三档：7年以上	一档：3年以下或拘役；二档：3-10年
非国家工作人员受贿罪	163	一档：3年以下或拘役；二档：3-10年；三档：10年以上或无期	一档：5年以下或拘役；二档：5年以上
开设赌场罪	303-2	一档：5年以下或拘役、管制；二档：5-10年	一档：3年以下或拘役、管制；二档：3-10年
妨害公务罪、袭警罪	277-5	一档：3年以下或拘役、管制；二档：3-7年	一档：3年以下或拘役、管制
污染环境罪	338	一档：3年以下或拘役；二档：3-7年；三档：7年以上	一档：3年以下或拘役；二档：3-7年
侵犯商业秘密罪	219	一档：3年以下或拘役；二档：3-10年	一档：3年以下或拘役；二档：3-7年
侵犯著作权罪	217	一档：3年以下；二档：3-10年	一档：3年以下或拘役；二档：3-7年

续表

罪名	条/-款	修改后	修改前
假冒注册商标罪	213	一档：3年以下；二档：3-10年	一档：3年以下；二档：3-7年
销售假冒注册商标的商品罪	214	一档：3年以下或拘役；二档：3-10年	一档：3年以下或拘役；二档：3-7年
非法制造、销售非法制造的注册商标标识罪	215	一档：3年以下；二档：3-10年	一档：3年以下或拘役、管制；二档：3-7年
销售侵权复制品罪	218	一档：5年以下	一档：3年以下或拘役
欺诈发行股票、债券罪	160	一档：5年以下或拘役；二档：5年以上	一档：5年以下或拘役
违规披露、不披露重要信息罪	161	一档：5年以下或拘役；二档：5-10年	一档：3年以下或拘役
为境外窃取、刺探、收买、非法提供军事秘密罪	431-2	一档：5-10年；二档：10年以上、无期或死刑	一档：10年以上、无期或死刑

第一章　危害国家安全罪（12个）

序号	罪名	条/-款	一档	二档	三档	附加刑
1	背叛国家罪	102	10年以上或无期	可死刑		剥夺政治权利、没收财产
2	分裂国家罪	103-1	3年以下、拘役、管制	3-10年	10年以上或无期（四挡：可死刑）	剥夺政治权利、没收财产
3	煽动分裂国家罪	103-2	5年以下、拘役、管制	5年以上		剥夺政治权利、没收财产
4	武装叛乱、暴乱罪	104	3年以下、拘役、管制	3-10年	10年以上或无期（4挡：可死刑）	剥夺政治权利、没收财产
5	颠覆国家政权罪	105-1	3年以下、拘役、管制	3-10年	10年以上或无期	剥夺政治权利、没收财产
6	煽动颠覆国家政权罪	105-2	5年以下、拘役、管制	5年以上		剥夺政治权利、没收财产
7	资助危害国家安全犯罪活动罪	107	5年以下、拘役、管制	5年以上		剥夺政治权利、没收财产
8	投敌叛变罪	108	3-10年	10年以上或无期	可死刑	剥夺政治权利、没收财产

续表

序号	罪名	条/-款	一档	二档	三档	附加刑
9	叛逃罪	109	5年以下、拘役、管制	5-10年		剥夺政治权利、没收财产
10	间谍罪	110	3-10年	10年以上或无期	可死刑	剥夺政治权利、没收财产
11	为境外窃取、刺探、收买、非法提供国家秘密、情报罪	111	5年以下、拘役、管制	5-10年	10年以上或无期（四挡：可死刑）	剥夺政治权利、没收财产
12	资敌罪	112	3-10年	10年以上或无期	可死刑	剥夺政治权利、没收财产

第二章　危害公共安全罪（54个）

序号	罪名	条/-款	一档	二档	三档	附加刑
13	放火罪	114、115-1	3-10年	10年以上、无期或死刑		
14	决水罪	114、115-1	3-10年	10年以上、无期或死刑		
15	爆炸罪	114、115-1	3-10年	10年以上、无期或死刑		
16	投放危险物质罪	114、115-1	3-10年	10年以上、无期或死刑		
17	以危险方法危害公共安全罪	114、115-1	3-10年	10年以上、无期或死刑		
18	失火罪	115-2	3年以下或拘役	3-7年		
19	过失决水罪	115-2	3年以下或拘役	3-7年		
20	过失爆炸罪	115-2	3年以下或拘役	3-7年		
21	过失投放危险物质罪	115-2	3年以下或拘役	3-7年		
22	过失以危险方法危害公共安全罪	115-2	3年以下或拘役	3-7年		
23	破坏交通工具罪	116、119-1	3-10年	10年以上、无期或死刑		

续表

序号	罪名	条/-款	一档	二档	三档	附加刑
24	破坏交通设施罪	117、119-1	3-10 年	10 年以上、无期或死刑		
25	破坏电力设备罪	118、119-1	3-10 年	10 年以上、无期或死刑		
26	破坏易燃易爆设备罪	118、119-1	3-10 年	10 年以上、无期或死刑		
27	过失损坏交通工具罪	119-2	3 年以下或拘役	3-7 年		
28	过失损坏交通设施罪	119-2	3 年以下或拘役	3-7 年		
29	过失损坏电力设备罪	119-2	3 年以下或拘役	3-7 年		
30	过失损坏易燃易爆设备罪	119-2	3 年以下或拘役	3-7 年		
31	组织、领导、参加恐怖组织罪	120	3 年以下、拘役、管制	3-10 年	10 年以上或无期	剥夺政治权利、罚金、没收财产
32	帮助恐怖活动罪	120 之一	5 年以下、拘役、管制	5 年以上		剥夺政治权利、罚金、没收财产
33	准备实施恐怖活动罪	120 之二	5 年以下、拘役、管制	5 年以上		剥夺政治权利、罚金、没收财产
34	宣扬恐怖主义、极端主义、煽动实施恐怖活动罪	120 之三	5 年以下、拘役、管制	5 年以上		剥夺政治权利、罚金、没收财产
35	利用极端主义破坏法律实施罪	120 之四	3 年以下、拘役、管制	3-7 年	7 年以上	罚金、没收财产
36	强制穿戴宣扬恐怖主义、极端主义服饰、标志罪	120 之五	3 年以下、拘役、管制			罚金
37	非法持有宣扬恐怖主义、极端主义物品罪	120 之六	3 年以下、拘役、管制			罚金
38	劫持航空器罪	121	10 年以上或无期	死刑		剥夺政治权利
39	劫持船只、汽车罪	122	5-10 年	10 年以上或无期		剥夺政治权利

续表

序号	罪名	条/-款	一档	二档	三档	附加刑
40	暴力危及飞行安全罪	123	5 年以下	5 年以上		
41	破坏广播电视设施、公用电信设施罪	124-1	3-7 年	7 年以上		
42	过失损坏广播电视设施、公用电信设施罪	124-2	3 年以下拘役	3-7 年		
43	非法制造、买卖、运输、邮寄、储存枪支、弹药、爆炸物罪	125-1	3-10 年	10 年以上、无期或死刑		剥夺政治权利
44	非法制造、买卖、运输、储存危险物质罪	125-2	3-10 年	10 年以上、无期或死刑		剥夺政治权利
45	违规制造、销售枪支罪	126	5 年以下	5-10 年	10 年以上或无期	剥夺政治权利
46	盗窃、抢夺枪支、弹药、爆炸物、危险物质罪	127	3-10 年	10 年以上、无期或死刑		剥夺政治权利
47	抢劫枪支、弹药、爆炸物、危险物质罪	127-2	10 年以上、无期或死刑			剥夺政治权利
48	非法持有、私藏枪支、弹药罪	128-1	3 年以下、拘役、管制	3-7 年		
49	非法出租、出借枪支罪	128-2、3	3 年以下、拘役、管制	3-7 年		
50	丢失枪支不报罪	129	3 年以下、拘役			
51	非法携带枪支、弹药、管制刀具、危险物品危及公共安全罪	130	3 年以下、拘役、管制			
52	重大飞行事故罪	131	3 年以下、拘役	3-7 年		
53	铁路运营安全事故罪	132	3 年以下、拘役	3-7 年		
54	交通肇事罪	133	3 年以下、拘役	3-7 年	7 年以上	
55	危险驾驶罪	133 之一	拘役			罚金
56	妨害安全驾驶罪	133 之二	1 年以下、拘役、管制			罚金
57	重大责任事故罪	134	3 年以下、拘役	3-7 年		

续表

序号	罪名	条/-款	一档	二档	三档	附加刑
58	强令、组织他人违章冒险作业罪	134	5年以下、拘役	5年以上		
59	危险作业罪	134之一	1年以下、拘役、管制			
60	重大劳动安全事故罪	135	3年以下、拘役	3-7年		
61	大型群众性活动重大安全事故罪	135之一	3年以下、拘役	3-7年		
62	危险物品肇事罪	136	3年以下、拘役	3-7年		
63	工程重大安全事故罪	137	5年以下、拘役	5-10年		罚金
64	教育设施重大安全事故罪	138	3年以下、拘役	3-7年		
65	消防责任事故罪	139	3年以下、拘役	3-7年		
66	不报、谎报安全事故罪	139之一	3年以下、拘役	3-7年		

第三章　破坏社会主义市场经济秩序罪（110个）

第一节　生产、销售伪劣商品罪（10个）

序号	罪名	条/-款	一档	二档	三档	附加刑
67	生产、销售伪劣产品罪	140	2年以下、拘役	2-7年	7年以上（四档：15年或无期）	罚金、没收财产
68	生产、销售、提供假药罪	141	3年以下、拘役	3-10年	10年以上、无期或死刑	罚金、没收财产
69	生产、销售、提供劣药罪	142	3-10年	10年以上或无期		罚金、没收财产
70	妨害药品管理罪	142之一	3年以下、拘役	3-7年		罚金
71	生产、销售不符合安全标准的食品罪	143	3年以下	3-7年	7年以上或无期	罚金、没收财产
72	生产、销售有毒、有害食品罪	144	5年以下	5-10年	10年以上、无期或死刑	罚金、没收财产
73	生产、销售不符合标准的医用器材罪	145	3年以下、拘役	3-10年	10年以上或无期	罚金、没收财产

续表

序号	罪名	条/-款	一档	二档	三档	附加刑
74	生产、销售不符合安全标准的产品罪	146	5年以下	5年以上		罚金
75	生产、销售伪劣农药、兽药、化肥、种子罪	147	3年以下、拘役	3-7年	7年以上或无期	罚金、没收财产
76	生产、销售不符合卫生标准的化妆品罪	148	3年以下、拘役			罚金

第二节 走私罪（10个）

序号	罪名	条/-款	一档	二档	三档	附加刑
77	走私武器、弹药罪	151-1	3-7年	7年以上	无期	罚金、没收财产
78	走私核材料罪	151-1	3-7年	7年以上	无期	罚金、没收财产
79	走私假币罪	151-1	3-7年	7年以上	无期	罚金、没收财产
80	走私文物罪	151-2	5年以下	5-10年	10年以上或无期	罚金、没收财产
81	走私贵重金属罪	151-2	5年以下	5-10年	10年以上或无期	罚金、没收财产
82	走私珍贵动物、珍贵动物制品罪	151-2	5年以下	5-10年	10年以上或无期	罚金、没收财产
83	走私国家禁止进出口的货物、物品罪	151-3	5年以下、拘役	5年以上		罚金
84	走私淫秽物品罪	152-1	3年以下、拘役、管制	3-10年	10年以上或无期	罚金、没收财产
85	走私废物罪	152-2	5年以下	5年以上		罚金
86	走私普通货物、物品罪	153	3年以下、拘役	3-10年	10年以上或无期	罚金、没收财产

第三节 妨害对公司、企业的管理秩序罪（17个）

序号	罪名	条/-款	一档	二档	三档	附加刑
87	虚报注册资本罪	158	3年以下、拘役			罚金

续表

序号	罪名	条/-款	一档	二档	三档	附加刑
88	虚假出资、抽逃出资罪	159	5年以下、拘役			罚金
89	欺诈发行证券罪	160	5年以下、拘役	5年以上		罚金
90	违规披露、不披露重要信息罪	161	5年以下、拘役	5-10年		罚金
91	妨害清算罪	162	5年以下、拘役			罚金
92	隐匿、故意销毁会计凭证、会计账簿、财务会计报告罪	162之一	5年以下、拘役			罚金
93	虚假破产罪	162之二	5年以下、拘役			罚金
94	非国家工作人员受贿罪	163	3年以下、拘役	3-10年	10年以上或无期	罚金
95	对非国家工作人员行贿罪	164-1	3年以下、拘役	3-10年		罚金
96	对外国公职人员、国际公共组织官员行贿罪	164-2	3年以下、拘役	3-10年		罚金
97	非法经营同类营业罪	165	3年以下、拘役	3-7年		罚金
98	为亲友非法牟利罪	166	3年以下、拘役	3-7年		罚金
99	签订、履行合同失职被骗罪	167	3年以下、拘役	3-7年		
100	国有公司、企业、事业单位人员失职罪	168	3年以下、拘役	3-7年		
101	国有公司、企业、事业单位人员滥用职权罪	168	3年以下、拘役	3-7年		
102	徇私舞弊低价折股、出售国有资产罪	169	3年以下、拘役	3-7年		
103	背信损害上市公司利益罪	169之一	3年以下、拘役	3-7年		罚金

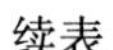

第四节 破坏金融管理秩序罪（30个）

序号	罪名	条/-款	一档	二档	三档	附加刑
104	伪造货币罪	170	3-10年	10年以上或无期		罚金、没收财产
105	出售、购买、运输假币罪	171-1	3年以下、拘役	3-10年	10年以上或无期	罚金、没收财产
106	金融工作人员购买假币、以假币换取货币罪	171-2	3年以下、拘役	3-10年	10年以上或无期	罚金、没收财产
107	持有、使用假币罪	172	3年以下、拘役	3-10年	10年以上	罚金、没收财产
108	变造货币罪	173	3年以下、拘役	3-10年		罚金
109	擅自设立金融机构罪	174-1	3年以下、拘役	3-10年		罚金
110	伪造、变造、转让金融机构经营许可证、批准文件罪	174-2	3年以下、拘役	3-10年		罚金
111	高利转贷罪	175	3年以下、拘役	3-7年		罚金
112	骗取贷、票据承兑、金融票证罪	175之一	3年以下、拘役	3-7年		罚金
113	非法吸收公众存罪	176	3年以下、拘役	3-10年	10年以上	罚金
114	伪造、变造金融票证罪	177	5年以下、拘役	5-10年	10年以上或无期	罚金、没收财产
115	妨害信用卡管理罪	177之一-1	3年以下、拘役	3-10年		罚金
116	窃取、收买、非法提供信用卡信息罪	177之一-2	3年以下、拘役	3-10年		罚金
117	伪造、变造国家有价证券罪	178-1	3年以下、拘役	3-10年	10年以上或无期	罚金、没收财产
118	伪造、变造股票、公司、企业债券罪	178-2	3年以下、拘役	3-10年		罚金
119	擅自发行股票、公司、企业债券罪	179	5年以下、拘役			罚金
120	内幕交易、泄露内幕信息罪	180	5年以下、拘役	5-10年		罚金

续表

序号	罪名	条/-款	一档	二档	三档	附加刑
121	利用未公开信息交易罪	180-4	5年以下、拘役	5-10年		同上
122	编造并传播证券、期货交易虚假信息罪	181-1	5年以下、拘役			罚金
123	诱骗投资者买卖证券、期货合约罪	181-2	5年以下、拘役	5-10年		罚金
124	操纵证券、期货市场罪	182	5年以下、拘役	5-10年		罚金
125	背信运用受托财产罪	185之一-1	3年以下、拘役	3-10年		罚金
126	违法运用资金罪	185之一-2	3年以下、拘役	3-10年		罚金
127	违法发放贷罪	186-1	5年以下、拘役	5年以上		罚金
128	吸收客户资金不入账罪	187	5年以下、拘役	5年以上		罚金
129	违规出具金融票证罪	188	5年以下、拘役	5年以上		罚金
130	对违法票据承兑、付款、保证罪	189	5年以下、拘役	5年以上		罚金
131	逃汇罪	190	5年以下、拘役	5年以上		罚金
132	洗钱罪	191	5年以下、拘役	5-10年		罚金
133	骗购外汇罪	《全国人大常委会关于惩治骗购外汇、逃汇和非法买卖外汇犯罪的决定》第1条	5年以下、拘役	5-10年	10年以上或无期	罚金、没收财产

第五节　金融诈骗罪（8个）

序号	罪名	条/-款	一档	二档	三档	附加刑
134	集资诈骗罪	192	3-7年	7年以上或无期		罚金、没收财产

续表

序号	罪名	条/-款	一档	二档	三档	附加刑
135	贷款诈骗罪	193	5年以下、拘役	5-10年	10年以上或无期	罚金、没收财产
136	票据诈骗罪	194-1	5年以下、拘役	5-10年	10年以上或无期	罚金、没收财产
137	金融凭证诈骗罪	194-2	5年以下、拘役	5-10年	10年以上或无期	罚金、没收财产
138	信用证诈骗罪	195	5年以下、拘役	5-10年	10年以上或无期	罚金、没收财产
139	信用卡诈骗罪	196	5年以下、拘役	5-10年	10年以上或无期	罚金、没收财产
140	有价证券诈骗罪	197	5年以下、拘役	5-10年	10年以上或无期	罚金、没收财产
141	保险诈骗罪	198	5年以下、拘役	5-10年	10年以上	罚金、没收财产

第六节　危害税收征管罪（14个）

序号	罪名	条/-款	一档	二档	三档	附加刑
142	逃税罪	201	3年以下、拘役	3-7年		罚金
143	抗税罪	202	3年以下、拘役	3-7年		罚金
144	逃避追缴欠税罪	203	3年以下、拘役	3-7年		罚金
145	骗取出口退税罪	204-1	5年以下、拘役	5-10年	10年以上或无期	罚金、没收财产
146	虚开增值税专用发票、用于骗取出口退税、抵扣税发票罪	205	3年以下、拘役	3-10年	10年以上或无期	罚金、没收财产
147	虚开发票罪	205之一	2年以下、拘役、管制	2-7年		罚金
148	伪造、出售伪造的增值税专用发票罪	206	3年以下、拘役、管制	3-10年	10年以上或无期	罚金、没收财产
149	非法出售增值税专用发票罪	207	3年以下、拘役、管制	3-10年	10年以上或无期	罚金、没收财产

续表

序号	罪名	条/-款	一档	二档	三档	附加刑
150	非法购买增值税专用发票、购买伪造的增值税专用发票罪	208-1	5年以下、拘役			罚金
151	非法制造、出售非法制造的用于骗取出口退税、抵扣税款发票罪	209-1	3年以下、拘役、管制	3-7年	7年以上	罚金、没收财产
152	非法制造、出售非法制造的发票罪	209-2	2年以下、拘役、管制	2-7年		罚金
153	非法出售用于骗取出口退税、抵扣税款发票罪	209-3	3年以下、拘役、管制	3-7年	7年以上	罚金、没收财产
154	非法出售发票罪	209-4	2年以下、拘役、管制	2-7年		罚金
155	持有伪造的发票罪	210之一	2年以下、拘役、管制	2-7年		罚金

第七节　侵犯知识产权罪（8个）

序号	罪名	条/-款	一档	二档	三档	附加刑
156	假冒注册商标罪	213	3年以下	3-10年		罚金
157	销售假冒注册商标的商品罪	214	3年以下	3-10年		罚金
158	非法制造、销售非法制造的注册商标标识罪	215	3年以下	3-10年		罚金
159	假冒专利罪	216	3年以下、拘役			罚金
160	侵犯著作权罪	217	3年以下	3-10年		罚金
161	销售侵权复制品罪	218	5年以下			罚金
162	侵犯商业秘密罪	219	3年以下	3-10年		罚金
163	为境外窃取、刺探、收买、非法提供商业秘密罪	219之一	5年以下	5年以上		罚金

第八节　扰乱市场秩序罪（13个）

序号	罪名	条/-款	一档	二档	三档	附加刑
164	损害商业信誉、商品声誉罪	221	2年以下、拘役			罚金

续表

序号	罪名	条/-款	一档	二档	三档	附加刑
165	虚假广告罪	222	2年以下、拘役			罚金
166	串通投标罪	223	3年以下、拘役			罚金
167	合同诈骗罪	224	3年以下、拘役	3-10年	10年以上或无期	罚金、没收财产
168	组织、领导传销活动罪	224之一	5年以下、拘役	5年以上		罚金
169	非法经营罪	225	5年以下、拘役	5年以上		罚金、没收财产
170	强迫交易罪	226	3年以下、拘役	3-7年		罚金
171	伪造、倒卖伪造的有价票证罪	227-1	2年以下、拘役、管制	2-7年		罚金
172	倒卖车票、船票罪	227-2	3年以下、拘役、管制			罚金
173	非法转让、倒卖土地使用权罪	228	3年以下、拘役	3-7年		罚金
174	提供虚假证明文件罪	229-1、2	5年以下、拘役	5-10年		罚金
175	出具证明文件重大失实罪	229-3	3年以下、拘役			罚金
176	逃避商检罪	230	3年以下、拘役			罚金

第四章　侵犯公民人身权利、民主权利罪（43个）

序号	罪名	条/-款	一档	二档	三档	附加刑
177	故意杀人罪	232	3-10年	10年以上、无期或死刑		
178	过失致人死亡罪	233	3年以下	3-7年		
179	故意伤害罪	234	3年以下、拘役、管制	3-10年	10年以上、无期或死刑	
180	组织出卖人体器官罪	234之一-1	5年以下	5年以上		罚金、没收财产

续表

序号	罪名	条/-款	一档	二档	三档	附加刑
181	过失致人重伤罪	235	3年以下、拘役			
182	强奸罪	236	3-10年	10年以上、无期或死刑		
183	负有照护职责人员性侵罪	236之一	3年以下	3-10年		
184	强制猥亵、侮辱罪	237-1	5年以下、拘役	5年以上		
185	猥亵儿童罪	237-3	5年以下	5年以上		
186	非法拘禁罪	238	3年以下、拘役、管制	3-10年	10年以上	剥夺政治权利
187	绑架罪	239	5-10年	10年以上或无期	无期或死刑	罚金、没收财产
188	拐卖妇女、儿童罪	240	5-10年	10年以上或无期	死刑	罚金、没收财产
189	收买被拐卖的妇女、儿童罪	241-1	3年以下、拘役、管制			
190	聚众阻碍解救被收买的妇女、儿童罪	242-2	5年以下、拘役			
191	诬告陷害罪	243	3年以下、拘役、管制	3-10年		
192	强迫劳动罪	244	3年以下、拘役	3-10年		罚金
193	雇用童工从事危重劳动罪	244之一	3年以下、拘役	3-7年		罚金
194	非法搜查罪	245	3年以下、拘役			
195	非法侵入住宅罪	245	3年以下、拘役、管制			
196	侮辱罪	246	3年以下、拘役、管制			剥夺政治权利
197	诽谤罪	246	3年以下、拘役			剥夺政治权利
198	刑讯逼供罪	247	3年以下、拘役			
199	暴力取证罪	247	3年以下、拘役			

续表

序号	罪名	条/-款	一档	二档	三档	附加刑
200	虐待被监管人罪	248	3年以下、拘役	3-10年		
201	煽动民族仇恨、民族歧视罪	249	3年以下、拘役、管制	3-10年		剥夺政治权利
202	出版歧视、侮辱少数民族作品罪	250	3年以下、拘役、管制			
203	非法剥夺公民宗教信仰自由罪	251	2年以下、拘役			
204	侵犯少数民族风俗习惯罪	251	2年以下、拘役			
205	侵犯通信自由罪	252	1年以下、拘役			
206	私自开拆、隐匿、毁弃邮件、电报罪	253-1	2年以下、拘役			
207	侵犯公民个人信息罪	253之一	3年以下、拘役	3-7年		罚金
208	报复陷害罪	254	2年以下、拘役	2-7年		
209	打击报复会计、统计人员罪	255	3年以下、拘役			
210	破坏选举罪	256	3年以下、拘役			剥夺政治权利
211	暴力干涉婚姻自由罪	257	2年以下、拘役	2-7年		
212	重婚罪	258	2年以下、拘役			
213	破坏军婚罪	259-1	3年以下、拘役			
214	虐待罪	260	2年以下、拘役、管制	2-7年		
215	虐待被监护、看护人罪	260之一	3年以下、拘役			罚金
216	遗弃罪	261	5年以下、拘役、管制			
217	拐骗儿童罪	262	5年以下、拘役			

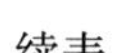
续表

序号	罪名	条/-款	一档	二档	三档	附加刑
218	组织残疾人、儿童乞讨罪	262之一	3年以下、拘役	3-7年		罚金
219	组织未成年人进行违反治安管理活动罪	262之二	3年以下、拘役	3-7年		罚金

第五章　侵犯财产罪（13个）

序号	罪名	条/-款	一档	二档	三档	附加刑
220	抢劫罪	263	3-10年	10年以上、无期或死刑		罚金、没收财产
221	盗窃罪	264	3年以下、拘役、管制	3-10年	10年以上或无期	罚金、没收财产
222	诈骗罪	266	3年以下、拘役、管制	3-10年	10年以上或无期	罚金、没收财产
223	抢夺罪	267-1	3年以下、拘役、管制	3-10年	10年以上或无期	罚金、没收财产
224	聚众哄抢罪	268	3年以下、拘役、管制	3-10年		罚金
225	侵占罪	270	2年以下、拘役	2-5		罚金
226	职务侵占罪	271-1	3年以下、拘役	3-10年	10年以上或无期	罚金
227	挪用资金罪	272-1	3年以下、拘役	3-7年	7年以上	
228	挪用特定物罪	273	3年以下、拘役	3-7年		
229	敲诈勒索罪	274	3年以下、拘役、管制	3-10年	10年以上	罚金
230	故意毁坏财物罪	275	3年以下、拘役	3-7年		罚金
231	破坏生产经营罪	276	3年以下、拘役、管制	3-7年		
232	拒不支付劳动报酬罪	276之一	3年以下、拘役	3-7年		罚金

第六章　妨害社会管理秩序罪（144 个）

第一节　扰乱公共秩序罪（56 个）

序号	罪名	条/-款	一档	二档	三档	附加刑
233	妨害公务罪	277-1	3 年以下、拘役、管制	3-7 年		罚金
234	袭警罪	277-2	3 年以下、拘役、管制	3-7 年		
235	煽动暴力抗拒法律实施罪	278	3 年以下、拘役、管制	3-7 年		剥夺政治权利
236	招摇撞骗罪	279	3 年以下、拘役、管制	3-10 年		剥夺政治权利
237	伪造、变造、买卖国家机关公文、证件、印章罪	280-1	3 年以下、拘役、管制	3-10 年		罚金
238	盗窃、抢夺、毁灭国家机关公文、证件、印章罪	280-1	3 年以下、拘役、管制	3-10 年		罚金
239	伪造公司、企业、事业单位、人民团体印章罪	280-2	3 年以下、拘役、管制			罚金、剥夺政治权利
240	伪造、变造、买卖身份证件罪	280-3	3 年以下、拘役、管制	3-7 年		罚金、剥夺政治权利
241	使用虚假身份证件、盗用身份证件罪	280 之一	拘役或管制			罚金
242	冒名顶替罪	280 之二	3 年以下、拘役、管制			罚金
243	非法生产、买卖警用装备罪	281	3 年以下、拘役、管制			罚金
244	非法获取国家秘密罪	282-1	3 年以下、拘役、管制	3-7 年		剥夺政治权利
245	非法持有国家绝密、机密文件、资料、物品罪	282-2	3 年以下、拘役、管制			
246	非法生产、销售专用间谍器材、窃听、窃照专用器材罪	283	3 年以下、拘役、管制	3-7 年		罚金
247	非法使用窃听、窃照专用器材罪	284	2 年以下、拘役、管制			

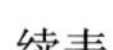
续表

序号	罪名	条/-款	一档	二档	三档	附加刑
248	组织考试作弊罪	284 之一-1	3 年以下、拘役	3-7 年		罚金
249	非法出售、提供试题、答案罪	284 之一-3	3 年以下、拘役	3-7 年		罚金
250	代替考试罪	284 之一-4	拘役或管制			罚金
251	非法侵入计算机信息系统罪	285	3 年以下、拘役			
252	非法获取计算机信息系统数据、非法控制计算机信息系统罪	285-2	3 年以下、拘役	3-7 年		罚金
253	提供侵入、非法控制计算机信息系统程序、工具罪	285-3	3 年以下、拘役	3-7 年		罚金
254	破坏计算机信息系统罪	286	5 年以下、拘役	5 年以上		
255	拒不履行信息网络安全管理义务罪	286 之一	3 年以下、拘役、管制			罚金
256	非法利用信息网络罪	287 之一	3 年以下、拘役			罚金
257	帮助信息网络犯罪活动罪	287 之二	3 年以下、拘役			罚金
258	扰乱无线电通讯管理秩序罪	288	3 年以下、拘役、管制	3-7 年		罚金
259	聚众扰乱社会秩序罪	290-1	3 年以下、拘役、管制	3-7 年		剥夺政治权利
260	聚众冲击国家机关罪	290-2	5 年以下、拘役、管制	5-10 年		剥夺政治权利
261	扰乱国家机关工作秩序罪	290-3	3 年以下、拘役、管制			
262	组织、资助非法聚集罪	290-4	3 年以下、拘役、管制			
263	聚众扰乱公共场所秩序、交通秩序罪	291	5 年以下、拘役、管制			
264	投放虚假危险物质罪	291 之一-1	5 年以下、拘役、管制	5 年以上		
265	编造、故意传播虚假恐怖信息罪	291 之一-1	5 年以下、拘役、管制	5 年以上		

续表

序号	罪名	条/-款	一档	二档	三档	附加刑
266	编造、故意传播虚假信息罪	291之一-2	3年以下、拘役、管制	3-7年		
267	高空抛物罪	291之二	1年以下、拘役、管制			罚金
268	聚众斗殴罪	292-1	3年以下、拘役、管制	3-10年		
269	寻衅滋事罪	293	5年以下、拘役、管制	5-10年		罚金
270	催收非法债务罪	293之一	3年以下、拘役、管制			罚金
271	组织、领导、参加黑社会性质组织罪	294-1	3年以下、拘役、管制	3-7年	7年以上	罚金、没收财产、剥夺政治权利
272	入境发展黑社会组织罪	294-2	3-10年			
273	包庇、纵容黑社会性质组织罪	294-4	5年以下	5年以上		
274	传授犯罪方法罪	295	5年以下、拘役、管制	5-10年	10年以上或无期	
275	非法集会、游行、示威罪	296	5年以下、拘役、管制			剥夺政治权利
276	非法携带武器、管制刀具、爆炸物参加集会、游行、示威罪	297	3年以下、拘役、管制			剥夺政治权利
277	破坏集会、游行、示威罪	298	5年以下、拘役、管制			剥夺政治权利
278	侮辱国旗、国徽、国歌罪	299-1	3年以下、拘役、管制			剥夺政治权利
279	侵害英雄烈士名誉、荣誉罪	299之一	3年以下、拘役、管制			剥夺政治权利
280	组织、利用会道门、邪教组织、利用迷信破坏法律实施罪	300-1	3年以下、拘役、管制	3-7年	7年以上或无期	罚金、没收财产、剥夺政治权利
281	组织、利用会道门、邪教组织、利用迷信致人重伤、死亡罪	300-2	3年以下	3-7年	7年以上或无期	罚金、没收财产、剥夺政治权利

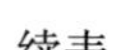
续表

序号	罪名	条/-款	一档	二档	三档	附加刑
282	聚众淫乱罪	301-1	5年以下、拘役、管制			
283	引诱未成年人聚众淫乱罪	301-2	5年以下、拘役、管制			
284	盗窃、侮辱、故意毁坏尸体、尸骨、骨灰罪	302	3年以下、拘役、管制			
285	赌博罪	303-1	3年以下、拘役、管制			罚金
286	开设赌场罪	303-2	5年以下、拘役、管制	5-10年		罚金
287	组织参与国（境）外赌博罪	303-3	5年以下、拘役、管制	5-10年		罚金
288	故意延误投递邮件罪	304	2年以下、拘役			

第二节　妨害司法罪（20个）

序号	罪名	条/-款	一档	二档	三档	附加刑
289	伪证罪	305	3年以下、拘役	3-7年		
290	辩护人、诉讼代理人毁灭证据、伪造证据、妨害作证罪	306	3年以下、拘役	3-7年		
291	妨害作证罪	307-1	3年以下、拘役	3-7年		
292	帮助毁灭、伪造证据罪	307-2	3年以下、拘役			
293	虚假诉讼罪	307之一	3年以下、拘役、管制	3-7年		罚金
294	打击报复证人罪	308	3年以下、拘役	3-7年		
295	泄露不应公开的案件信息罪	308之一-1	3年以下、拘役、管制			罚金
296	披露、报道不应公开的案件信息罪	308之一-3	3年以下、拘役、管制			罚金
297	扰乱法庭秩序罪	309	3年以下、拘役、管制			罚金

续表

序号	罪名	条/-款	一档	二档	三档	附加刑
298	窝藏、包庇罪	310	3年以下、拘役、管制	3-10年		
299	拒绝提供间谍犯罪、恐怖主义犯罪、极端主义犯罪证据罪	311	3年以下、拘役、管制			
300	掩饰、隐瞒犯罪所得、犯罪所得收益罪	312	3年以下、拘役、管制	3-7年		罚金
301	拒不执行判决、裁定罪	313	3年以下、拘役	3-7年		罚金
302	非法处置查封、扣押、冻结的财产罪	314	3年以下、拘役			罚金
303	破坏监管秩序罪	315	3年以下			
304	脱逃罪	316-1	5年以下、拘役			
305	劫夺被押解人员罪	316-2	3-7年	7年以上		
306	组织越狱罪	317-1	5年以下、拘役	5年以上		
307	暴动越狱罪	317-2	3-10年	10年以上或无期	死刑	
308	聚众持械劫狱罪	317-2	3-10年	10年以上或无期	死刑	

第三节　妨害国（边）境管理罪（8个）

序号	罪名	条/-款	一档	二档	三档	附加刑
309	组织他人偷越国（边）境罪	318	2-7年	7年以上或无期		罚金、没收财产
310	骗取出境证件罪	319	3年以下	3-10年		罚金
311	提供伪造、变造的出入境证件罪	320	5年以下	5年以上		罚金
312	出售出入境证件罪	320	5年以下	5年以上		罚金
313	运送他人偷越国（边）境罪	321	5年以下、拘役、管制	5-10年	7年以上	罚金
314	偷越国（边）境罪	322	1年以下、拘役、管制	1-3		罚金

续表

序号	罪名	条/-款	一档	二档	三档	附加刑
315	破坏界碑、界桩罪	323	3 年以下、拘役			
316	破坏永久性测量标志罪	323	3 年以下、拘役			

第四节　妨害文物管理罪（10 个）

序号	罪名	条/-款	一档	二档	三档	附加刑
317	故意损毁文物罪	324-1	3 年以下、拘役	3-10 年		罚金
318	故意损毁名胜古迹罪	324-2	5 年以下、拘役			罚金
319	过失损毁文物罪	324-3	3 年以下、拘役			
320	非法向外国人出售、赠送珍贵文物罪	325	5 年以下、拘役			罚金
321	倒卖文物罪	326	5 年以下、拘役	5-10 年		罚金
322	非法出售、私赠文物藏品罪	327	3 年以下、拘役			罚金
323	盗掘古文化遗址、古墓葬罪	328-1	3 年以下、拘役、管制	3-10 年	10 年以上或无期	罚金、没收财产
324	盗掘古人类化石、古脊椎动物化石罪	328-2	3 年以下、拘役、管制	3-10 年	10 年以上或无期	罚金、没收财产
325	抢夺、窃取国有档案罪	329-1	5 年以下、拘役			
326	擅自出卖、转让国有档案罪	329-2	3 年以下、拘役			

第五节　危害公共卫生罪（12 个）

序号	罪名	条/-款	一档	二档	三档	附加刑
327	妨害传染病防治罪	330	3 年以下、拘役	3-7 年		
328	传染病菌种、毒种扩散罪	331	3 年以下、拘役	3-7 年		

续表

序号	罪名	条/-款	一档	二档	三档	附加刑
329	妨害国境卫生检疫罪	332	3年以下、拘役			罚金
330	非法组织卖血罪	333-1	5年以下	5-10年		罚金
331	强迫卖血罪	333-1	5年以下	5-10年		罚金
332	非法采集、供应血液、制作、供应血液制品罪	334-1	5年以下、拘役	5-10年	10年以上或无期	罚金、没收财产
333	采集、供应血液、制作、供应血液制品事故罪	334-2	5年以下、拘役			
334	非法采集人类遗传资源、走私人类遗传资源材料罪	334之一	3年以下、拘役、管制	3-7年		罚金
334	医疗事故罪	335	3年以下、拘役			
335	非法行医罪	336-1	3年以下、拘役、管制	3-10年	10年以上	罚金
336	非法进行节育手术罪	336-2	3年以下、拘役、管制	3-10年	10年以上	罚金
337	非法植入基因编辑、克隆胚胎罪	336之一	3年以下、拘役	3-7年		罚金
338	妨害动植物防疫、检疫罪	337-1	3年以下、拘役			罚金

第六节　破坏环境资源保护罪（15个）

序号	罪名	条/-款	一档	二档	三档	附加刑
339	污染环境罪	338	3年以下、拘役	3-7年	7年以上	罚金
340	非法处置进口的固体废物罪	339-1	5年以下、拘役	5-10年	10年以上	罚金
341	擅自进口固体废物罪	339-2	5年以下、拘役	5-10年		罚金
342	非法捕捞水产品罪	340	3年以下、拘役、管制			罚金
343	危害珍贵、濒危野生动物罪	341-1	5年以下、拘役	5-10年	10年以上	罚金、没收财产

续表

序号	罪名	条/-款	一档	二档	三档	附加刑
344	非法狩猎罪	341-2	3年以下、拘役、管制			罚金
345	非法占用农用地罪	342	5年以下、拘役			罚金
346	破坏自然保护地罪	342之一	5年以下、拘役			罚金
347	非法采矿罪	343-1	3年以下、拘役、管制	3-7年		罚金
348	破坏性采矿罪	343-2	5年以下、拘役			罚金
349	危害国家重点保护植物罪	344	3年以下、拘役、管制	3-7年		罚金
350	非法引进、释放、丢弃外来入侵物种罪	344之一	3年以下、拘役			罚金
351	盗伐林木罪	345-1	3年以下、拘役、管制	3-7年	7年以上	罚金
352	滥伐林木罪	345-2	3年以下、拘役、管制	3-7年		罚金
353	非法收购、运输盗伐、滥伐的林木罪	345-3	3年以下、拘役、管制	3-7年		罚金

第七节　走私、贩卖、运输、制造毒品罪（12个）

序号	罪名	条/-款	一档	二档	三档	附加刑
354	走私、贩卖、运输、制造毒品罪	347	3年以下、拘役、管制 3-7年	7年以上	15年、无期或死刑	罚金、没收财产
355	非法持有毒品罪	348	3年以下、拘役、管制	3-7年	7年以上或无期	罚金
356	包庇毒品犯罪分子罪	349-1、2	3年以下、拘役、管制	3-10年		
357	窝藏、转移、隐瞒毒品、毒赃罪	349-1	3年以下、拘役、管制	3-10年		
358	非法生产、买卖、运输制毒物品、走私制毒物品罪	350	3年以下、拘役、管制	3-7年	7年以上	罚金、没收财产

续表

序号	罪名	条/-款	一档	二档	三档	附加刑
359	非法种植毒品原植物罪	351	5年以下、拘役、管制	5年以上		罚金、没收财产
360	非法买卖、运输、携带、持有毒品原植物种子、幼苗罪	352	3年以下、拘役、管制			罚金
361	引诱、教唆、欺骗他人吸毒罪	353-1	3年以下、拘役、管制	3-7年		罚金
362	强迫他人吸毒罪	353-2	3-10年			罚金
363	容留他人吸毒罪	354	3年以下、拘役、管制			罚金
364	非法提供麻醉药品、精神药品罪	355	3年以下、拘役	3-7年		罚金
365	妨害兴奋剂管理罪	355之一	3年以下、拘役			罚金

第八节　组织、强迫、引诱、容留、介绍卖淫罪（6个）

序号	罪名	条/-款	一档	二档	三档	附加刑
366	组织卖淫罪	358-1	5-10年	10年以上或无期		罚金、没收财产
367	强迫卖淫罪	358-1	5-10年	10年以上或无期		罚金、没收财产
368	协助组织卖淫罪	358-3	5年以下	5-10年		罚金
369	引诱、容留、介绍卖淫罪	359-1	5年以下	5年以上		罚金
370	引诱幼女卖淫罪	359-2	5年以上			罚金
371	传播性病罪	360-1	5年以下、拘役、管制			罚金

第九节　制作、贩卖、传播淫秽物品罪（5个）

序号	罪名	条/-款	一档	二档	三档	附加刑
372	制作、复制、出版、贩卖、传播淫秽物品牟利罪	363-1	3年以下、拘役、管制	3-10年	10年以上或无期	罚金、没收财产
373	为他人提供书号出版淫秽书刊罪	363-2	3年以下、拘役、管制			罚金

续表

序号	罪名	条/-款	一档	二档	三档	附加刑
374	传播淫秽物品罪	364-1	2年以下、拘役、管制			
375	组织播放淫秽音像制品罪	364-2	3年以下、拘役、管制	3-10年		罚金
376	组织淫秽表演罪	365	3年以下、拘役、管制	3-10年		罚金

第七章　危害国防利益罪（23个）

序号	罪名	条/-款	一档	二档	三档	附加刑
377	阻碍军人执行职务罪	368-1	3年以下、拘役、管制			罚金
378	阻碍军事行动罪	368-2	5年以下、拘役			
379	破坏武器装备、军事设施、军事通信罪	369	3年以下、拘役、管制	3-10年	10年以上、无期或死刑	
380	过失损坏武器装备、军事设施、军事通信罪	369-2	3年以下、拘役	3-7年		
381	故意提供不合格武器装备、军事设施罪	370-1	5年以下、拘役	5-10年	10年以上、无期或死刑	
382	过失提供不合格武器装备、军事设施罪	370-2	3年以下、拘役	3-7年		
383	聚众冲击军事禁区罪	371-1	5年以下、拘役、管制	5-10年		剥夺政治权利
384	聚众扰乱军事管理区秩序罪	371-2	3年以下、拘役、管制	3-7年		剥夺政治权利
385	冒充军人招摇撞骗罪	372	3年以下、拘役、管制	3-10年		剥夺政治权利
386	煽动军人逃离部队罪	373	3年以下、拘役、管制			
387	雇用逃离部队军人罪	373	3年以下、拘役、管制			
388	接送不合格兵员罪	374	3年以下、拘役	3-7年		
389	伪造、变造、买卖武装部队公文、证件、印章罪	375-1	3年以下、拘役、管制	3-10年		剥夺政治权利

续表

序号	罪名	条/-款	一档	二档	三档	附加刑
390	盗窃、抢夺武装部队公文、证件、印章罪	375-1	3年以下、拘役、管制	3-10年		剥夺政治权利
391	非法生产、买卖武装部队制式服装罪	375-2	3年以下、拘役、管制			罚金
392	伪造、盗窃、买卖、非法提供、非法使用武装部队专用标志罪	375-3	3年以下、拘役、管制	3-7年		罚金
393	战时拒绝、逃避征召、军事训练罪	376-1	3年以下、拘役			
394	战时拒绝、逃避服役罪	376-2	2年以下、拘役			
395	战时故意提供虚假敌情罪	377	3-10年	10年以上或无期		
396	战时造谣扰乱军心罪	378	3年以下、拘役、管制	3-10年		
397	战时窝藏逃离部队军人罪	379	3年以下、拘役			
398	战时拒绝、故意延误军事订货罪	380	5年以下、拘役	5年以上		
399	战时拒绝军事征收、征用罪	381	3年以下、拘役			

第八章　贪污贿赂罪（14个）

序号	罪名	条/-款	一档	二档	三档	附加刑
400	贪污罪	382、383	3年以下、拘役	3-10年	10年以上、无期或死刑（终身监禁）	罚金、没收财产
401	挪用公款罪	384	5年以下、拘役	5年以上	10年以上或无期	罚金
402	受贿罪	385、383	3年以下、拘役	3-10年	10年以上、无期或死刑（终身监禁）	罚金、没收财产
403	单位受贿罪	387	5年以下、拘役			

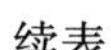
续表

序号	罪名	条/-款	一档	二档	三档	附加刑
404	利用影响力受贿罪	388之一	3年以下、拘役	3-7年	7年以上	罚金、没收财产
405	行贿罪	389、390	5年以下、拘役	5-10年	10年以上或无期	罚金、没收财产
406	对有影响力的人行贿罪	390之一	3年以下、拘役	3-7年	7-10年	罚金
407	对单位行贿罪	391	3年以下、拘役			罚金
408	介绍贿赂罪	392	3年以下、拘役			罚金
409	单位行贿罪	393	5年以下、拘役			罚金
410	巨额财产来源不明罪	395-1	5年以下、拘役	5-10年		追缴
411	隐瞒境外存款罪	395-2	2年以下、拘役			
412	私分国有资产罪	396-1	3年以下、拘役	3-7年		罚金
413	私分罚没财物罪	396-2	3年以下、拘役	3-7年		罚金

第九章　渎职罪（37个）

序号	罪名	条/-款	一档	二档	三档	附加刑
414	滥用职权罪	397	3（5）年以下、拘役	3（5）-7年（10年）		
415	玩忽职守罪	397	3（5）年以下、拘役	3（5）-7年（10年）		
416	故意泄露国家秘密罪	398	3年以下、拘役	3-7年		
417	过失泄露国家秘密罪	398	3年以下、拘役	3-7年		
418	徇私枉法罪	399-1	5年以下、拘役	5-10年	10年以上	
419	民事、行政枉法裁判罪	399-2	5年以下、拘役	5-10年		

续表

序号	罪名	条/-款	一档	二档	三档	附加刑
420	执行判决、裁定失职罪	399-3	5年以下、拘役	5-10年		
421	执行判决、裁定滥用职权罪	399-3	5年以下、拘役	5-10年		
422	枉法仲裁罪	399之一	3年以下、拘役	3-7年		
423	私放在押人员罪	400-1	5年以下、拘役	5-10年	10年以上	
424	失职致使在押人员脱逃罪	400-2	3年以下、拘役	3-10年		
425	徇私舞弊减刑、假释、暂予监外执行罪	401	3年以下、拘役	3-7年		
426	徇私舞弊不移交刑事案件罪	402	3年以下、拘役	3-7年		
427	滥用管理公司、证券职权罪	403	5年以下、拘役			
428	徇私舞弊不征、少征税款罪	404	5年以下、拘役	5年以上		
429	徇私舞弊发售发票、抵扣税款、出口退税罪	405-1	5年以下、拘役	5年以上		
430	违法提供出口退税凭证罪	405-2	5年以下、拘役	5年以上		
431	国家机关工作人员签订、履行合同失职被骗罪	406	3年以下、拘役	3-7年		
432	违法发放林木采伐许可证罪	407	3年以下、拘役			
433	环境监管失职罪	408	3年以下、拘役			
434	食品、药品监管渎职罪	408之一	5年以下、拘役	5-10年		
435	传染病防治失职罪	409	3年以下、拘役			
436	非法批准征收、征用、占用土地罪	410	3年以下、拘役	3-7年		
437	非法低价出让国有土地使用权罪	410	3年以下、拘役	3-7年		

续表

序号	罪名	条/-款	一档	二档	三档	附加刑
438	放纵走私罪	411	5年以下、拘役	5年以上		
439	商检徇私舞弊罪	412-1	5年以下、拘役	5-10年		
440	商检失职罪	412-2	3年以下、拘役			
441	动植物检疫徇私舞弊罪	413-1	5年以下、拘役	5-10年		
442	动植物检疫失职罪	413-2	3年以下、拘役			
443	放纵制售伪劣商品犯罪行为罪	414	5年以下、拘役			
444	办理偷越国（边）境人员出入境证件罪	415	3年以下、拘役	3-7年		
445	放行偷越国（边）境人员罪	415	3年以下、拘役	3-7年		
446	不解救被拐卖、绑架妇女、儿童罪	416-1	5年以下、拘役			
447	阻碍解救被拐卖、绑架妇女、儿童罪	416-2	2年以下、拘役	2-7年		
448	帮助犯罪分子逃避处罚罪	417	3年以下、拘役	3-10年		
449	招收公务员、学生徇私舞弊罪	418	3年以下、拘役			
450	失职造成珍贵文物损毁、流失罪	419	3年以下、拘役			

第十章　军人违反职责罪（31个）

序号	罪名	条/-款	一档	二档	三档	附加刑
451	战时违抗命令罪	421	3-10年	10年以上、无期或死刑		
452	隐瞒、谎报军情罪	422	3-10年	10年以上、无期或死刑		
453	拒传、假传军令罪	422	3-10年	10年以上、无期或死刑		

续表

序号	罪名	条/-款	一档	二档	三档	附加刑
454	投降罪	423	3-10 年	10 年以上、无期	10 年以上、无期或死刑	
455	战时临阵脱逃罪	424	3 年以下	3-10 年	10 年以上、无期或死刑	
456	擅离、玩忽军事职守罪	425	3 年以下、拘役	3-7 年	5 年以上	
457	阻碍执行军事职务罪	426	5 年以下、拘役	5-10 年	10 年以上或无期	
458	指使部属违反职责罪	427	5 年以下、拘役	5-10 年		
459	违令作战消极罪	428	5 年以下	5 年以上		
460	拒不救援友邻部队罪	429	5 年以下			
461	军人叛逃罪	430	5 年以下、拘役	5 年以上	10 年以上、无期或死刑	
462	非法获取军事秘密罪	431-1	5 年以下	5-10 年	10 年以上	
463	为境外窃取、刺探、收买、非法提供军事秘密罪	431-2	5-10 年	10 年以上、无期或死刑		
464	故意泄露军事秘密罪	432	5 年以下、拘役（5-10 年）	5-10 年（10 年以上或无期）		
465	过失泄露军事秘密罪	432	5 年以下、拘役（5-10 年）	5-10 年（10 年以上或无期）		
466	战时造谣惑众罪	433	3 年以下	3-10 年	10 年以上或无期	
467	战时自伤罪	434	3 年以下	3-7 年		
468	逃离部队罪	435	3 年以下、拘役	3-7 年		
469	武器装备肇事罪	436	3 年以下、拘役	3-7 年		
470	擅自改变武器装备编配用途罪	437	3 年以下、拘役	3-7 年		
471	盗窃、抢夺武器装备、军用物资罪	438	5 年以下、拘役	5-10 年	10 年以上、无期或死刑	
472	非法出卖、转让武器装备罪	439	3-10 年	10 年以上、无期或死刑		

续表

序号	罪名	条/-款	一档	二档	三档	附加刑
473	遗弃武器装备罪	440	5年以下、拘役	5年以上		
474	遗失武器装备罪	441	3年以下、拘役			
475	擅自出卖、转让军队房地产罪	442	3年以下、拘役	3-10年		
476	虐待部属罪	443	5年以下、拘役	5年以上		
477	遗弃伤病军人罪	444	5年以下			
478	战时拒不救治伤病军人罪	445	5年以下、拘役	5-10年		
479	战时残害居民、掠夺居民财物罪	446	5年以下	5-10年	10年以上、无期或死刑	
480	私放俘虏罪	447	5年以下	5年以上		
481	虐待俘虏罪	448	3年以下			

目 录

CONTENTS

导 论

一、刑法分则体系的概念和特征

从刑法名称的角度讲，大陆法系刑法或刑罚法（penallaw）多以刑罚为中心；英美法系犯罪法（criminallaw）多以犯罪为中心。从法理学的角度讲，刑法分类或类型具有多样性、关联性、互补性、差异性，包括狭义刑法（刑法典）与广义刑法（刑法典、单行刑法、附属刑法）；普通刑法与特别刑法；司法刑法（犯罪刑法或固有刑法）与行政刑法（广义行政刑法、狭义行政刑法）等不同类型，具有人权保障、规范（规制）或秩序维持、法益保护等基本功能。

从法律结构体系的角度讲，中国 1997 年刑法典包括总则编、分则编、附则编；编设章（危害国家安全罪；危害公共安全罪；破坏社会主义市场经济秩序罪；侵犯公民人身权利、民主权利罪；侵犯财产罪；妨害社会管理秩序罪；危害国防利益罪；贪污贿赂罪；渎职罪；军人违反职责罪），部分章设节，章节设条文，条文分为条、款、项等层次，附则不分章节。

从法理学的角度讲，刑法分则分为危害国家安全罪（间谍、资敌的犯罪；其他危害国家安全的犯罪）；危害公共安全罪（以危险方法危害公共安全的犯罪；破坏公用设施危害公共安全的犯罪；实施恐怖、危险活动危害公共安全的犯罪；违反枪支、弹药、爆炸物管理规定危害公共安全的犯罪；造成重大事故危害公共安全的犯罪）；破坏社会主义市场经济秩序罪（生产、销售伪劣商品罪；走私罪；妨害对公司、企业的管理秩序罪；破坏金融管理秩序罪；金融诈骗罪；危害税收征管罪；侵犯知识产权罪；扰乱市场秩序罪）；侵犯公民人身权利、民主权利罪（侵犯他人生命、健康的犯罪；侵犯妇女、儿童性权利、人格尊严的犯罪；侵犯他人人身权利、自由和人格尊严的犯罪；侵犯他人人格、名誉的犯罪；侵犯他人民主权利的犯罪；借力侵犯他人权利的犯罪；妨害婚姻家庭的犯罪）；侵犯财产罪（违背他人意志非法夺取他人占有物的犯罪；诈骗罪、敲诈勒索罪；以侵占、挪用的方法侵犯财产的犯罪；毁坏、破坏型财产犯罪）；妨害社会管理秩序罪［扰乱公共秩序罪；妨害司法罪；妨害国（边）境管理罪；妨害文物管理罪；危害公共卫生罪；破坏环境资源保护罪；走私、贩卖、运输、制造毒品罪；组织、强迫、引诱、容留、介绍卖淫罪；制作、贩卖、传播淫秽物品罪］；危害国防利益罪（平时危害国防利益的犯罪；战时危害国防利益的犯罪）；贪污贿赂罪（贪污挪用犯罪；贿赂犯罪）；渎职罪（一般工作人员的渎职罪；司法工作人员的渎职罪；特定工作人员的渎职罪）；军人违反职责罪（危害作战利益的犯罪；违反部队管理秩序的犯罪；危害军事秘密安全的犯罪；危害部队物质保障的犯罪；违反人道主义的犯罪）。[1]

（一）刑法分则体系的概念

从法律根据、法律体系、罪刑理论体系的角度讲，刑法分则体系是刑法体系的一部分，是刑法分则以犯罪的分类（犯罪的理论分类：重罪和轻罪、自然犯和法定犯等；犯罪的法定分类：身份犯和非身份犯、亲告罪和非亲告罪等）为基础，对具体罪刑条款、具体犯罪行为及其罪名进行科学分类排列的有机体。譬如，《法国刑法典（1791年、1810年）》规定了重罪、轻罪、违警罪3大犯罪。中国《刑法》规定了侵占罪、虐待罪、侮辱罪、诽谤罪、暴力干涉婚姻自由罪5种亲告罪（自诉罪或告诉才处理罪、不告不理罪）。

一般而言，根据具体社会关系的多样性、层次性和犯罪侵犯的客体（直接客体、同类客体）以及具体犯罪行为的本质性、特殊性，将全部犯罪划分为若干大类，具有共同特殊本质的犯罪归为一类，有助于全面深刻地把握各类犯罪的特殊本质及其特征的认识。

（二）刑法分则体系的特征

刑法的基本原则有罪刑法定原则（罪刑法定主义：积极的罪刑法定原则、消极的罪刑法定原则——法定刑明确性、禁止类推、禁止事后法、禁止习惯法、禁止不定刑等）、罪责刑相适应原则（罪刑相适应原则、罪刑均衡原则或罪刑相当原则）、刑法面前平等原则（法律面前人人平等原则）等。

刑法分则体系的特征（刑法分则对犯罪分类排列的依据）：（1）以犯罪同类客体为标准对犯罪分类排列：以十大犯罪同类客体为标准对犯罪分类排列；以各类犯罪的主要客体对复杂客体的犯罪为标准对犯罪分类排列。（2）以犯罪危害程度为标准对各类犯罪、各种具体犯罪分类排列：以各类犯罪危害程度为标准对类罪排列；以各种具体犯罪危害程度和犯罪之间的内在联系为标准对个罪排列。（3）以犯罪主要客体为标准对复杂客体的犯罪分类排列。

刑法分则体系的理论意义和实践意义：（1）刑法分则体系是研究各类犯罪、各种具体犯罪的重要基础。（2）刑法分则体系的犯罪分类体现了罪刑法定原则和罪刑明确性原则。（3）刑法分则体系的犯罪分类排列次序体现了一定的刑法价值取向。（4）刑法分则体系的犯罪分类排列次序对科学定罪量刑具有重要意义。

刑法分则体系和刑法总则体系的关系：（1）刑法总则体系对刑法分则体系的统领作用：指导作用；规制作用；概括作用。（2）刑法分则体系和刑法总则体系的细化作用：贯彻、体现、落实作用；促进、丰富、完善作用。

从司法实践、社会实践、国家赔偿法、冤假错案的角度看，一般而言，国家赔偿分为刑事赔偿、司法赔偿、行政赔偿等不同类型。

---

[1] 阮齐林：《中国刑法各罪论》，中国政法大学出版社2016年版，第1~2页。

从法理学的角度讲，法律效力分为法律的时间效力、空间效力、人事物效力等；民商事法律效力、刑事法律效力、行政法律效力等；公法法律效力、私法法律效力；实体法法律效力、程序法法律效力等不同类型。譬如，刑法效力分为刑法的时间效力、空间效力、人事物效力等不同类型。从管辖原则的角度讲，刑事法管辖权的基本原则有属地原则（属地主义或领土原则）、属人原则（属人主义或国籍原则）、保护原则（保护主义或安全原则）、普遍管辖原则（世界性原则或世界主义）、永久居所原则（营业地原则）等。从一国两制的角度讲，中国港澳台地区不适用中国大陆刑法。

1. 重罪重罚，轻罪轻罚，一罪一罚，数罪并罚，罚当其罪，罪刑相当，罪罚个别化。刑法分则体系的犯罪排列顺序，主要按各类犯罪的社会危害性质、危害程度由重到轻的顺序排列。譬如，危害国家安全罪最具严重危害性。危害公共安全罪具有很大社会危害性、危害程度。譬如，明知他人利用信息网络（包括以计算机、电视机、固定电话机、移动电话机等电子设备为终端的计算机互联网、广播电视网、固定通信网、移动通信网等信息网络，以及向公众开放的局域网络）实施诽谤、寻衅滋事、敲诈勒索、非法经营等犯罪，为其提供资金、场所、技术支持等帮助的，以共同犯罪论处。

证据即事实。从准据法、证据法、诉讼法的角度看，刑诉法、民诉法、行诉法的证据类型、规则具有关联性、互补性、差异性。（1）从刑诉法的角度讲看，可用于证明案件事实的材料，都是证据（包括物证；书证；证人证言；被害人陈述；嫌犯、被告人供述和辩解；鉴定意见；勘验、检查、辨认、侦查实验等笔录；视听资料、电子数据）。证据须经查证属实，才能作为定案的根据。（2）从民诉法的角度讲看，证据种类包括当事人的陈述、书证、物证、视听资料、电子数据、证人证言、鉴定意见、勘验笔录。证据须查证属实，才能作为认定事实的根据。当事人对自己提出的主张，有责任提供证据。当事人及其诉讼代理人因客观原因不能自行收集的证据，或法院认为审理案件需要的证据，法院应调查收集。法院应按法定程序，全面客观审查核实证据。（3）从行诉法的角度看，证据包括书证；物证；视听资料；电子数据；证人证言；当事人的陈述；鉴定意见；勘验笔录、现场笔录。证据经法庭审查属实，才能作为认定案件事实的根据。被告对作出的行政行为负有举证责任，应提供作出该行政行为的证据和所依据的规范性文件。被告不提供或无正当理由逾期提供证据，视为无相应证据，但被诉行政行为涉及第三人合法权益，第三人提供证据的除外。

2. 无罪不罚。法无明文规定不为罪，法无明文规定不处罚。没有社会危害性，即没有违法犯罪。原则上，从犯罪侵犯的同类客体及其危害性的角度看，刑法分则体系分为十大类犯罪（刑法分则 10 章）。譬如，德国古典刑法学家冯·费尔巴哈《刑法教科书》（1801 年）认为，无法律则无刑罚，无犯罪则无刑罚，无法律规定的刑罚则无刑罚。从法国《人权宣言》（1789 年）的角度看，在权利面前，人们生来而且始终是平等的。

从证据法的角度讲，证据具有关联性、合法性、客观性等基本特征，分为物证据（物证）和人证据（人证）；言词证据和实物证据；原始证据（第一手证据、第一手资料或第一来源）和传来证据（传闻证据或第二手证据、第二手资料、第二来源）；积极证据和消极证据；有罪证据和无罪证据；直接证据和间接证据（旁证证据）；直接证据和情况证据；有罪证据（控诉证据）和无罪证据（辩护证据）；实体证据和程序证据；情况证据和供述证据；最佳证据和次要证据；主要证据和次要证据；口头证据、书证和实物证据；实物证据（证物、书证等）和人的证据；自愿证据和强制证据；宣誓证据、言词证据和书证；本证（本证据或主证据、主证）和反证（反证据）；主证据和补强证据；通常证据和补助证据；独立证据和补助证据；一般证据和补强证据；事前证据、事后证据和当时证据；证明力强的证据和证明力弱的证据；有利于被追诉人的证据和不利于被追诉人的证据等不同类型。证据规则分为英美法系当事人主义、陪审团的证据规则；大陆法系职权主义的证据规则（泛泛之交排除规则、原始证据优先规则、补强证据规则等）；规范证据收集的规则（排除非任意自白规则等）、规范证据审查的规则和规范证据评价的规则；规范证明力、证据能力的规则；规范审查判断证据的程序、范围的规则；关联规则（相关性或关联性规则：品格证据规则、类似事实或类似行为、特定事实行为、特定诉讼行为、被害人过去的行为证据规则等倾向性证据规则）、非法证据排除规则（任意性自白规则或自白任意规则：非法方法获取的言词证据、非法方法获取的实物证据等）、自白证据规则（自白规则、自白任意规则或非任意自白排除规则等）、传闻证据规则、最佳证据规则、意见证据规则（意见规则）、书证优先规则、口供补强规则（补强规则）等不同类型。证据法的基本原则分为证据裁判原则（证据裁判主义）、程序法定原则、无罪推定原则、反对强迫自证其罪原则等不同类型。[1]

司法证明的基本原则是实事求是原则、遵守法制原则、人权保障原则、证据为本原则、直接证据原则、公平诚信原则、法定证明和自由证明相结合原则。[2]

从刑诉法的角度讲，证据［包括物证（实体物证、痕迹物证、气味物证、微量物证等）；书证（公文书证和非公文书证；一般书证和特别书证；处分式书证和报道式书证；原本、正本、副本、节录本、影印本和译本；文字书证、符号书证和图形书证等）；证人证言（感知阶段的证人证言、记忆阶段的证人证言、表达阶段的证人证言等）；被害人陈述（确认的陈述、否定的陈述和承认的陈述；口头陈述和书面陈述；民诉当事人的陈述、行诉当事人的陈述和刑事被害人的陈述；自认和他认等）；嫌犯、被告人供述和辩解；鉴定意见（法医鉴定意见、物证鉴定意见、声像资料鉴定意见、工程技术鉴定意见、测谎鉴定意见等）；勘验笔录、检查笔录、辨认笔录、侦查实验笔录等笔录；视听资料（录音、录像、电影、电脑存储的资料等）、电子数据］[3]须经查证属实，才能作为定案的根据。(1) 审判人员、检察人员、侦查人员须依法定程序，

---

〔1〕 陈光中主编：《证据法学》，法律出版社 2013 年版，第 212、231 页；刘金友等主编：《证据法学》，中国政法大学出版社 2003 年版，第 146、147 页。

〔2〕 何家弘、张卫平等主编：《简明证据法学》，中国人民大学出版社 2006 年版，第 2、3 页。

〔3〕 卞建林等主编：《证据法学》，中国政法大学出版社 2007 年版，第 71、83、114 页。

收集能证实嫌犯、被告人有罪或无罪、犯罪情节轻重的各种证据。严禁刑讯逼供和以威胁、引诱、欺骗以及其他非法方法收集证据，不得强迫任何人证实自己有罪。须保证一切与案件有关或了解案情的公民，有客观地、充分地提供证据的条件，除特殊情况外，可吸收其协助调查。（2）采用刑讯逼供等非法方法收集的嫌犯、被告人供述和采用暴力、威胁等非法方法收集的证人证言、被害人陈述，应予以排除。收集物证、书证不符合法定程序，可能严重影响司法公正，应予以补正或作出合理解释；不能补正或作出合理解释的，对该证据应予以排除。在侦查、审查起诉、审判时发现有应排除的证据，应依法予以排除，不得作为起诉意见、起诉决定和判决的依据。（3）检察院接到报案、控告、举报或发现侦查人员以非法方法收集证据，应进行调查核实。对确有以非法方法收集证据情形，应提出纠正意见；构成犯罪的，依法追究刑责。

3. 国家重视和保障国家安全、人民安全原则。原则上，每一类犯罪的具体罪名的排列，按各罪的社会危害性质和危害程度及其各罪之间的关系由重到轻排列。

侵犯公民人身权利、民主权利罪，首先强调侵犯生命权利、人身健康权利、人身自由权利、名誉权利的犯罪等。

从诉讼的内容和形式的角度讲，法律诉讼活动分为刑诉、民诉、行诉、宪法诉讼等不同类型。譬如，《刑事诉讼法》第 79 条规定了取保候审、监视居住的期限及其解除（①公检法机关对嫌犯、被告人取保候审最长不得超过 12 个月，监视居住最长不得超过 6 个月。②在取保候审、监视居住期间，不得中断对案件的侦查、起诉和审理。③对发现不应追究刑责或取保候审、监视居住期限届满，应及时解除取保候审、监视居住。④解除取保候审、监视居住，应及时通知被取保候审、监视居住人和有关单位）。根据《刑事诉讼法》第 81 条第 3、4 款的规定，对被取保候审、监视居住的可能判处刑罚的嫌犯、被告人，违反取保候审、监视居住规定，严重影响诉讼活动正常进行，可逮捕。检察院办理未成年人刑事案件，在作出附条件不起诉的决定以及考验期满作出不起诉的决定前，应听取被害人的意见。被害人对检察院对未成年嫌犯作出的附条件不起诉的决定和不起诉的决定，可向上一级检察院申诉，不适用《刑事诉讼法》第 176 条被害人可向法院起诉的规定（①检察院认为嫌犯的犯罪事实已查清，证据确实、充分，依法应追究刑责，应作出起诉决定，按审判管辖的规定，向法院提起公诉，并将案卷材料、证据移送法院。②嫌犯认罪认罚，检察院应就主刑、附加刑、是否适用缓刑等提出量刑建议，并随案移送认罪认罚具结书等材料）。罪犯在被交付执行前，因有严重疾病、怀孕或正哺乳自己婴儿的妇女、生活不能自理的原因，依法提出暂予监外执行的申请，有关病情诊断、妊娠检查和生活不能自理的鉴别，由法院负责组织进行。根据《刑事诉讼法》第 257 条第 2 款再审案件中强制措施的决定（法院按审判监督程序审判的案件，可决定中止原判决、裁定的执行）的规定，对法院决定暂予监外执行的罪犯，有《刑事诉讼法》第 257 条第 1 款再审案件中强制措施的决定（法院决定再审的案件，需对被告人采取强制措施，由法院依法决定；检察院提出抗诉的再审案件，需对被告人采取强制措施，由检察院依法决定）规定的情形，依法应予以收监，在法院作出决定后，由公安机关依《刑事诉讼法》第264条（①罪犯被交付执行刑罚时，应由交付执行的法院在判决生效后10日内将有关的法律文书送达公安机关、监狱或其他执行机关。②对被判处死缓二年执行、无期刑、有期刑的罪犯，由公安机关依法将该罪犯送交监狱执行刑罚。对被判处有期刑的罪犯，在被交付执行刑罚前，剩余刑期在3个月以下，由看守所代为执行。对被判处拘役的罪犯，由公安机关执行。③对未成年犯应在未成年犯管教所执行刑罚。④执行机关应将罪犯及时收押，并通知罪犯家属。⑤判处有期刑、拘役的罪犯，执行期满，应由执行机关发给释放证明书）第2款（对被判处死缓二年执行、无期刑、有期刑的罪犯，由公安机关依法将该罪犯送交监狱执行刑罚。对被判处有期刑的罪犯，在被交付执行刑罚前，剩余刑期在3个月以下的，由看守所代为执行。对被判处拘役的罪犯，由公安机关执行）的规定送交执行刑罚。

二、刑法分则条文的逻辑结构

从刑事法律关系体系、犯罪构成要件要素体系的角度讲，刑法分则的犯罪条文是罪刑关系的重要载体，是罪状、罪名、罪刑的复合体，包括罪状、罪名、法定刑（罪刑或刑罚）三大基本内容，主要涉及犯罪行为、刑罚等罪刑关系。从犯罪概念的内涵、外延的角度讲，犯罪的特征是犯罪概念的内涵、外延或犯罪构成要件要素的一部分。从法学界的角度讲，犯罪特征的逻辑结构体系问题具有争议性，存在犯罪二特征（严重社会危害性、刑事违法性；刑罚程度型社会危害性、刑事违法性；社会危害性、应受惩罚性等）说、犯罪三特征（严重社会危害性、刑事违法性或刑事犯罪性、应受刑罚性等）说等不同理论观点。

从法理学、犯罪构成体系、犯罪构成论的角度讲，犯罪构成分为基本的犯罪构成（刑法分则的犯罪构成）和修正的犯罪构成（刑法总则的犯罪构成或学理的犯罪构成）；标准的犯罪构成和派生的犯罪构成；单一的犯罪构成和择一的犯罪构成等不同类型。譬如，犯罪分为单一犯罪和共同犯罪［任意的共同犯罪、必要的共同犯罪；正犯（实行犯：单独正犯和共同正犯；直接正犯和间接正犯等）和共犯（狭义的共犯：教唆犯、帮助犯等）］。一般而言，共同过失犯罪、同时犯（一般同时犯、特殊同时犯等）、间接正犯、事前无通谋行为、共犯的过限行为，不构成共同犯罪。共同犯罪人分为正犯（实行犯）和共犯（教唆犯、帮助犯等；德国刑法、日本刑法等）；主犯、从犯、胁从犯或主犯、从犯、胁从犯、教唆犯（中国刑法）等不同类型。譬如，从积极说、消极说的角度讲，继承的共犯分为继承的共同正犯、继承的帮助犯、教唆犯的继承；单行为犯的继承和复行为犯的继承等不同类型。

从犯罪构成要件的角度讲，犯罪构成要件分为狭义的犯罪构成要件和广义的犯罪构成要件；犯罪的主观构成要件和犯罪的客观构成要件；一般的犯罪构成要件（犯罪构成的一般要件：犯罪主体、犯罪主观方面、犯罪客观方面等）和特殊的犯罪构成要件（犯罪构成的特殊要件）等不同类型。犯罪构成的一般要件和特殊要件之间的关系是犯罪构成要件的特殊性（个性）、普遍性（共性）的内在关系。

从法学界、法理学、法律关系学、两大法系的角度讲，犯罪构成的一般要件的逻辑结构体系问题具有争议性，存在犯罪二要件说（犯罪主观方面、犯罪客观方面）、犯罪三要件说（犯罪构成要件符合性、违法性、有责性；构成要件、违法、责任或犯罪构成要件、严重违法、刑责，或犯罪主体、犯罪客体、犯罪内容，或犯罪主体、犯罪主观方面、犯罪客观方面等）、犯罪四要件说［犯罪主体（一般主体和特殊主体；身份犯和普通犯等）、犯罪客体（直接客体、同类客体、一般客体；保护客体、行为客体等）、犯罪主观方面（罪过：犯罪故意——直接故意和间接故意、犯罪过失——疏忽大意的过失和过于自信的过失；犯罪目的；犯罪动机等）、犯罪客观方面（犯罪行为、犯罪结果、犯罪时间、犯罪地点、犯罪手段、犯罪方式、犯罪方法、犯罪工具等）］等不同理论观点。从法理学的角度讲，刑事法律体系是犯罪构成体系（犯罪构成要件要素体系或犯罪关系体系）的一部分。从犯罪特征的角度讲，犯罪构成要件要素具有罪过性（可谴责性）、违法性、有责性、构成要件符合性等基本特征。通说认为，犯罪客体、犯罪对象具有关联性、互补性、差异性。犯罪客体问题具有争议性，存在犯罪对象说、社会关系说、法益说等不同理论观点。〔1〕

从法理学、法学界、理论界的角度讲，因果关系具有相对性、客观性、规定性、顺序性、争议性等基本特征，存在条件说、必然因果关系说、偶然因果关系说、相当因果关系说，或主观说、客观说、折中说，或积极行为（作为）的因果关系说、消极行为（不作为）的因果关系说等不同理论观点。从因果关系的角度讲，危害结果分为广义的危害结果和狭义的危害结果；犯罪构成要件的危害结果和非犯罪构成要件的危害结果；物质性的危害结果和非物质性的危害结果；直接的危害结果和间接的危害结果等不同类型。

从主客观相一致原则、法定符合说的角度讲，认识错误分为事实认识错误（具体事实错误、抽象事实错误等；包括打击、对象、手段、工具、行为方式、行为方法、行为性质、因果关系、罪过内容、非故意犯罪过程等主客观因素的认识错误）、法律认识错误（假想无罪、罪名和刑罚轻重、罪责本质、罪过等的法律认识错误）等不同类型。譬如，一般而言，无罪过事件（不可抗力、意外事件等），正当化事由（正当防卫、紧急避险、法定行为、正当业务行为、自救行为、被害人同意、安乐死等）不认为是犯罪。未完成罪［犯罪预备、犯罪未遂（实行终了的犯罪未遂和未实行终了的犯罪未遂；能犯未遂和不能犯未遂——绝对不能犯未遂和相对不能犯未遂）、犯罪中止］可比照既遂犯从轻、减轻或免除处罚。

从大陆法系的角度看，刑法意义的期待可能性和规范责任论具有关联性、互补性、差异性。刑法意义的期待可能性问题具有争议性，存在国家标准说、行为人标准说、平均人标准说等不同理论观点。

从大陆法系刑法理论的角度看，刑责根据问题具有争议性，存在行为责任说、性格责任说、人格责任说等不同理论观点。从比较法的角度看，刑责和刑罚具有关联性、互补性、差异性。从刑法的功能、目的、任务、特征的角度看，刑罚具有惩罚性、威

---

〔1〕 曲新久主编：《刑法学》，中国政法大学出版社 2017 年版，第 122 页，引用时有改动。

慑性、严厉性、最后性等基本特征，具有一般预防、特殊预防等基本目的，具有对犯罪人的惩罚、感化、教育改造等基本功能，对被害人的安抚、补偿、救济等基本功能，对社会人的普法教育、一般威慑等基本功能。譬如，非刑罚处罚方法（非刑罚处罚方法）具有教育性、经济性、行政性等基本特征，包括训诫、具结悔过、赔礼道歉、赔偿损失等方式方法。譬如，执行拘留的时间以日为单位计算，从收拘当日到第 2 日为 1 日。

罪犯被裁定减刑后，因被发现漏罪或又犯新罪而依法进行数罪并罚时，经减刑裁定减去的刑期不计入已执行的刑期。在此后对因漏罪数罪并罚的罪犯依法减刑，决定减刑的频次、幅度时，应对其原经减刑裁定减去的刑期酌予考虑。

罪犯在服刑期间又犯罪，或发现了判决时所未发现的罪行，由执行机关移送检察院处理。被判处管制、拘役、有期刑或无期刑的罪犯，在执行期间确有悔改或立功表现，应依法予以减刑、假释时，由执行机关提出建议书，报请法院审核裁定，并将建议书副本抄送检察院。检察院可向法院提出书面意见。

监视居住应在嫌犯、被告人的住处执行；无固定住处，可在指定的居所执行。对涉嫌危害国家安全犯罪、恐怖活动犯罪，在住处执行可能有碍侦查，经上一级公安机关批准，也可在指定的居所执行，但不得在羁押场所、专门的办案场所执行。批准或决定逮捕，应将嫌犯、被告人涉嫌犯罪的性质、情节，认罪认罚等情况，作为是否可能发生社会危险性的考虑因素。

从法律效力、公安机关办理刑事案件程序规定的角度看，刑事案件管辖权具有多样性、复杂性、类型性、层级性、指定性等基本特征，以属人原则和属地原则为原则，以保护原则为例外。(1) 从属地原则的角度讲：一般而言，刑事案件由犯罪地［犯罪行为发生地（犯罪行为的实施地以及预备地、开始地、途经地、结束地等与犯罪行为有关的地点；犯罪行为有连续、持续或继续状态，犯罪行为连续、持续或继续实施的地方都属于犯罪行为发生地）、犯罪结果发生地（犯罪对象被侵害地、犯罪所得的实际取得地、藏匿地、转移地、使用地、销售地）］的公安机关管辖。居住地包括户籍所在地、经常居住地（公民离开户籍所在地最后连续居住 1 年以上的地方，但住院就医的除外）。单位登记的住所地为其居住地。主要营业地或主要办事机构所在地与登记的住所地不一致的，主要营业地或主要办事机构所在地为其居住地。特殊而言，嫌犯居住地的公安机关管辖更为适宜，可由嫌犯居住地的公安机关管辖。法律、司法解释或其他规范性文件对有关犯罪案件的管辖作出特别规定，从其规定。对管辖不明确或有争议的刑事案件，可由有关公安机关协商；协商不成，由共同的上级公安机关指定管辖。对情况特殊的刑事案件，可由共同的上级公安机关指定管辖。(2) 针对或主要利用计算机网络实施的犯罪，用于实施犯罪行为的网络服务使用的服务器所在地，网络服务提供者所在地，被侵害的网络信息系统及其管理者所在地，以及犯罪过程中嫌犯、被害人使用的网络信息系统所在地，被害人被侵害时所在地和被害人财产遭受损失地公安机关可管辖。(3) 行驶中的交通工具上发生的刑事案件，由交通工具最初停靠地公安机关管辖；必要时，交通工具始发地、途经地、目的地公安机关也可管辖。(4) 在中国领域外的中国航空器内发生的刑事案件，由该航空器在中国最初降落地的公安机关管辖。中国公民在中国驻外使、领馆内的犯罪，由其主管单位所在地或原户籍地的公安机关管辖。中国公民在中国领域外的犯罪，由其入境地、离境前居住地或现居住地的公安机关管辖；被害人是中国公民，也可由被害人离境前居住地或现居住地的公安机关管辖。(5) 对倒卖、伪造、变造火车票的刑事案件，由最初受理案件的铁路公安机关或地方公安机关管辖。必要时，可移送主要犯罪地的铁路公安机关或地方公安机关管辖。(6) 在国内列车上发生的刑事案件，嫌犯在列车运行途中被抓获，由前方停靠站所在地的铁路公安机关管辖；必要时，也可由列车始发站、终点站所在地的铁路公安机关管辖。嫌犯不是在列车运行途中被抓获的，由负责该列车乘务的铁路公安机关管辖；但在列车运行途经的车站被抓获的，也可由该车站所在地的铁路公安机关管辖。(7) 在国际列车上发生的刑事案件，根据中国与相关国家签订的协定确定管辖；无协定，由该列车始发或前方停靠的中国车站所在地的铁路公安机关管辖。(8) 海关走私犯罪侦查机构管辖中国海关关境内发生的涉税走私犯罪和发生在海关监管区内的非涉税走私犯罪等刑事案件。(9) 列入武装警察部队序列的公安边防、消防、警卫部门人员的犯罪案件，由公安机关管辖。(10) 设区的市一级以上公安机关负责危害国家安全犯罪、恐怖活动犯罪、涉外犯罪、经济犯罪、集团犯罪、跨区域犯罪 6 种犯罪中重大案件的侦查。(11) 公安机关侦查的刑事案件的嫌犯涉及监察机关管辖的案件时，应及时与同级监察机关协商，一般应由监察机关为主调查，公安机关予以协助。根据刑诉法的规定，除监察机关管辖的职务犯罪案件；检察院管辖的在对诉讼活动实行法律监督中发现的司法工作人员利用职权实施的非法拘禁、刑讯逼供、非法搜查等侵犯公民权利、损害司法公正的犯罪，以及经省级以上检察院决定立案侦查的公安机关管辖的国家机关工作人员利用职权实施的重大犯罪案件；法院管辖的自诉案件。对法院直接受理的被害人有证据证明的轻微刑事案件，因证据不足驳回起诉，法院移送公安机关或被害人向公安机关控告，公安机关应受理；被害人直接向公安机关控告，公安机关应受理；军队保卫部门管辖的军人违反职责的犯罪和军队内部发生的刑事案件；监狱管辖的罪犯在监狱内犯罪的刑事案件；海警部门管辖的海（岛屿）岸线以外中国管辖海域内发生的刑事案件。对发生在沿海港岙口、码头、滩涂、台轮停泊点等区域，由公安机关管辖；其他依法律和规定应由其他机关管辖的刑事案件 7 种情形外，刑事案件由公安机关管辖。

公安机关刑事法律文书的 10 种基本类型：嫌犯诉讼权利义务告知书、被害人诉讼权利义务告知书、证人诉讼权利义务告知书、提请批准逮捕书、起诉意见书 、扣押清单、查封/解除查封清单、准许被取保候审人离开所居市县决定书、准予补充鉴定/重新鉴定决定书、不准予补充鉴定/重新鉴定决定书。要规范查封、扣押、冻结措施的适用，对涉案金融账户内的财产，只能依法采取冻结措施，严禁以任何方式变相扣押。扣押财物、文件，要在《扣押清单》中填写《扣押决定书》文号；若在执行拘留、逮捕或搜查过程中进行扣押，应填写《搜查证》《拘留证》《逮捕证》等法律文书号，但扣押财物、文件价值较高或可能严重影响正常生产经营，应制作《扣押决定书》，并在《扣押清单》中填写该法律文书号。对查封、解除查封，要在《查封/解除查封清单》中填写《查封决定书》《协助解除查封通知书》等法律文书号。

从《人民检察院审查案件听证工作规定》（2020 年）的角度看，检察院以听证（检察院对符合条件的案件，组织召开听证会，就事实认定、法律适用和案件处理等问题听取听证员和其他参加人意见的案件审查活动）方式审查案件，应秉持客观公正立场，以事实为根据，以法律为准绳，做到依法独立行使检察权与保障群众的知情权、参与权和监督权相结合。（1）检察院办理羁押必要性审查案件、拟不起诉案件、刑事申诉案件、民诉监督案件、行诉监督案件、公益诉讼案件等，在事实认定、法律适用、案件处理等方面存在较大争议，或有重大社会影响的，需当面听取当事人和其他相关人员意见，经检察长批准，可召开听证会。检察院办理审查逮捕案件，需核实评估嫌犯是否具有社会危险性、是否具有社会帮教条件，可召开听证会。（2）拟不起诉案件、刑事申诉案件、民诉监督案件、行诉监督案件、公益诉讼案件的听证会一般公开举行。审查逮捕案件、羁押必要性审查案件以及当事人是未成年人案件的听证会一般不公开举行。

三、罪状

罪状具有法定性、规范性、决定性、有限性等基本特征，具有指引、识别、承载、前导、制约等基本作用或功能，是刑法或刑法分则对具体犯罪行为本质或基本特征的具体描述，是刑法有关罪刑关系的法条对具体犯罪行为及其犯罪构成要件要素的具体描述。

从法理学的角度讲，罪状分类学说问题具有争议性，存在罪状的一层次说、二层次说等不同理论观点。

从罪状对具体犯罪描述的方式的繁简程度的角度讲，罪状分为基本罪状和加重罪状、减轻罪状；简单罪状（故意杀人罪、传授犯罪方法罪等）、叙明罪状（说明罪状：非法集会、游行、示威罪；操纵证券、期货市场罪等）、引证罪状（破坏广播电视设施、公用电信设施罪；过失破坏广播电视设施、公用电信设施罪；放火罪；决水罪；爆炸罪；投放危险物质罪；以危险方法危害公共安全罪；失火罪；过失决水罪；过失爆炸罪；过失投放危险物质罪；过失以危险方法危害公共安全罪等）。空白罪状（参见罪状：危害国家重点保护植物罪等）；单一罪状、混合罪状（非法捕捞水产品罪等）；等基本类型。（1）叙明罪状是刑法分则对具体犯罪或犯罪构成要件要素的主客观特征的全面具体描述。譬如，伪证罪属于叙明罪状。（2）简单罪状具有简练性、通俗性，是刑法分则对具体犯罪构成基本特征未超出罪名的简单概括描述。譬如，故意伤害罪［故意非法地损害他人身体健康的行为或明知自己的行为会伤害他人的身体健康，并希望或放任伤害结果（轻伤、重伤与伤害致人死亡等造成对他人健康的损害）发生的行为］，故意杀人罪，传授犯罪方法罪，盗窃、侮辱、故意毁坏尸体、尸骨、骨灰罪属于简单罪状。(3) 引证罪状具有简明性，是说明或确定某一具体犯罪构成的基本特征而援引同一法律的其他条款进行描述。譬如，过失破坏广播电视设施、公用电信设施罪属于引证罪状。(4) 空白罪状（参见罪状）是刑法分则仅规定某种犯罪行为，参照有关法律法规规定确定其犯罪特征的罪状。譬如，交通肇事罪属于空白罪状。

罪状的附属分类：单集罪状和复集罪状；普通罪状和特殊罪状；明示罪状、隐含罪状和定义罪状；总则式罪状、分则式罪状和混合式罪状；预备式罪状和实行式罪状；消极罪状和积极罪状；有名罪状和无名罪状；有刑罪状和无刑罪状；开放式罪状和封闭式罪状；独居式罪状和合居式罪状等不同类型。

四、罪名

（一）罪名的概念和特征

罪名（犯罪名称）具有法定性、合法性、科学性、概括性、层次性、类型性、社会性等基本特征，具有概括功能、个别化功能、评价功能、威慑功能等基本功能，是罪状的一部分，是刑法分则以罪状为基础对具体犯罪行为的本质特征或犯罪的主要特征的高度概括。

罪名的功能（作用）：概括功能、识别（区别或个性化）功能、威慑功能、评价功能等。

确定罪名的原则：合法原则、科学原则、概括原则等。

罪名的立法方式：(1) 罪名-罪状式。(2) 罪名-定义式。(3) 罪名-罪状式和罪名-定义式的混合式。(4) 罪名潜在式。

（二）罪名的类型

从法学界、法理学的角度讲，罪名的类型（分类）问题具有争议性，主要分为立法罪名（贪污罪、受贿罪、行贿罪、挪用公款罪等）和司法罪名（审判罪名或司法解释的罪名）、学理罪名；确定罪名（盗窃罪、诈骗罪、以危险方法危害公共安全罪等）和不确定罪名（特有罪名）；单一罪名（故意杀人罪、故意伤害罪、过失致人死亡罪、贪污罪、受贿罪等）、概括罪名（票据诈骗罪等）和选择罪名（对象选择罪名：拐卖妇女、儿童罪等；行为选择罪名：出售、购买、运输假币罪；伪造、变造金融票证罪；组织、领导、参加黑社会性质组织罪等；对象和行为同时选择罪名：非法制造、买卖、运输、邮寄、储存枪支、弹药、爆炸物罪等）；类罪名［种类罪名（分类罪名：破坏社会主义市场经济秩序罪等）、章罪名、节罪名（生产、销售伪劣商品罪；走私罪；妨害对公司、企业的管理秩序罪；破坏金融管理秩序罪；金融诈骗罪；危害税收征管罪；侵犯知识产权罪；扰乱市场秩序罪等）、群罪名］和具体罪名（个罪名或狭义罪名：信用卡诈骗罪、绑架罪、诬告陷害罪等）等不同类型。

刑法分则条文和罪名的关系：(1) 一法条一罪名。(2) 一法条数罪名。(3) 数法条一罪名。(4) 数法条数罪名。

1. 类罪名和具体罪名

类罪名无具体的罪状、法定刑，不能成为定罪量刑（刑罚裁量）引用的依据，不能依据类罪名定罪。类罪名是某一类犯罪的总名称。

定罪量刑只能根据具体罪名。具体罪名具有自己的概念和特征、罪刑规范、罪状（犯罪构成要件要素等）、法定刑，是定罪量刑引用的罪名，是各种犯罪行为的罪名。

从《刑法修正案（十一）》的角度讲，中国 1997 年《刑法》分则以同类客体为标准概括了十大类罪名及其 480 多个具体罪名。从类罪名的角度讲，中国刑法十大同类罪名包括：（1）危害国家安全罪（危害国家、颠覆政权的犯罪；叛变、叛逃的犯罪；间谍、资敌的犯罪）。（2）危害公共安全罪（以危险方法危害公共安全的犯罪；破坏公用工具、设施危害公共安全的犯罪；实施恐怖、危险活动危害公共安全的犯罪；违反枪支、弹药管理规定危害公共安全的犯罪；造成重大责任事故危害公共安全的犯罪）。（3）破坏社会主义市场经济秩序罪（生产销售伪劣产品罪；走私罪；妨害对公司企业的管理秩序罪；破坏金融管理秩序罪；金融诈骗罪；危害税收征管罪；侵犯知识产权罪；扰乱市场秩序罪）。（4）侵犯公民人身权利、民主权利罪（侵犯生命健康的犯罪；侵犯妇女儿童身心健康的犯罪；侵犯人身自由的犯罪；侵犯名誉的犯罪；侵犯民主权利的犯罪；妨害婚姻家庭权利的犯罪；侵犯其他权利的犯罪）。（5）侵犯财产罪（暴力胁迫型财产犯罪；窃取骗取型财产犯罪；侵占挪用型财产犯罪；毁坏破坏型财产犯罪）。（6）妨害社会管理秩序罪［扰乱公共秩序罪；妨害司法罪；妨害国（边）境秩序罪；妨害文物管理罪；危害公共卫生罪；破坏环境资源保护罪；走私、贩卖、运输、制造毒品罪；组织、强迫、引诱、容留、介绍卖淫罪；制作、贩卖、传播淫秽物品罪］。（7）危害国防利益罪（平时危害国防利益的犯罪；战时危害国防利益的犯罪）。（8）贪污贿赂罪（贪污犯罪；贿赂犯罪）。（9）渎职罪（一般国家机关人员的渎职罪；司法工作人员的渎职罪；特定机关工作人员的渎职罪）。（10）军人违反职责罪（危害作战利益的犯罪；危害军事秘密的犯罪；危害部队物资保障的犯罪；违反部队管理制度的犯罪）。

2. 单一罪名和选择罪名、概括罪名

单一罪名是一个具体犯罪行为触犯一个单一罪名构成一罪、犯罪构成内容单一、不能分拆使用的罪名。

选择罪名包括多个具体犯罪行为、罪名，是多种犯罪行为触犯多个犯罪构成，既可概括使用可分拆使用，但不实行数罪并罚的罪名。选择罪名的三种情形：（1）行为选择。（2）对象选择。（3）行为、对象同时选择。譬如，非法制造、买卖、运输、邮寄、储存枪支、弹药、爆炸物罪属于选择罪名，包括 5 种行为、3 种对象，可分解为 15 个罪名。拐卖妇女、儿童罪属于选择罪名，包括拐卖妇女、拐卖儿童的两种行为人。拐卖妇女时，定拐卖妇女罪；拐卖给儿童时，定拐卖儿童罪；既拐卖妇女、又拐卖儿童时，定拐卖妇女、儿童罪。

概括罪名是反映多种犯罪行为、犯罪构成具体内容复杂，但概括使用、不能分拆使用的罪名。譬如，信用卡诈骗罪包括使用伪造和作废的信用卡、冒用他人信用卡（拾得他人信用卡并在 ATM 自动柜员机上使用的行为）、恶意透支等 4 种行为。

五、法定刑

从司法实践的角度看，定罪量刑是法定刑转化为宣告刑的刑事司法程序之一。从犯罪构成标准说、主客观相统一原则的角度看，全面客观正确地区分罪与非罪、此罪与彼罪、漏罪与新罪、一罪［法定的一罪（惯犯、结合犯、转化犯）、处断的一罪（牵连犯、连续犯、吸收犯）、实质的一罪（继续犯或持续犯、想象竞合犯、结果加重犯）］与数罪（同种数罪、异种数罪）、罪重与罪轻、犯罪性质、犯罪构成要件、犯罪事实和犯罪性质、犯罪情节（案中情节和案外情节、法定情节和酌定情节、从宽情节和从严情节、应当情节和可以情节等）、刑罚裁量［犯罪目的、犯罪地点、犯罪时间、犯罪环境、犯罪条件、犯罪手段、犯罪工具、犯罪危害程度、坦白、自首、立功、累犯（一般累犯、特殊累犯）、认罪态度、惯犯、初犯、偶犯、预备犯、未遂犯、中止犯、从犯、胁从犯、教唆犯等］、刑法规定（追诉时效等）、自由裁量权、赦免、回避等基本状况对定罪量刑、适法及其公平正义等均具有重要意义。譬如，罪犯被裁定减刑后，因被发现漏罪或又犯新罪而依法进行数罪并罚时，经减刑裁定减去的刑期不计入已执行的刑期。在此后对因漏罪数罪并罚的罪犯依法减刑，决定减刑的频次、幅度时，应对其原经减刑裁定减去的刑期酌予考虑。

对实施“两高”[1]《关于办理非法利用信息网络、帮助信息网络犯罪活动等刑事案件适用法律若干问题的解释》（2019年）规定的犯罪（破坏计算机信息系统罪；拒不履行信息网络安全管理义务罪；非法利用信息网络罪）被判处刑罚，可根据犯罪情况和预防再犯罪的需要，依法宣告职业禁止；被判处管制、宣告缓刑，可根据犯罪情况，依法宣告禁止令。

对实施“两高”《关于办理组织考试作弊等刑事案件适用法律若干问题的解释》（2019年）规定的犯罪（组织考试作弊罪；非法出售、提供试题、答案罪；代替考试罪；非法获取国家秘密罪；非法持有国家绝密、机密文件、资料、物品罪；非法利用信息网络罪）被判处刑罚的，可根据犯罪情况和预防再犯罪的需要，依法宣告职业禁止；被判处管制、宣告缓刑，可根据犯罪情况，依法宣告禁止令。对实施“两高”《关于办理组织考试作弊等刑事案件适用法律若干问题的解释》（2019年）规定的行为构成犯罪，应综合考虑犯罪的危害程度、违法所得数额以及被告人的前科情况、认罪悔罪态度等，依法判处罚金。

（一）法定刑的概念和特征

法定刑是国家立法机关根据犯罪的社会危害性质和危害程度给出的刑罚幅度，是刑法分则适用于具体犯罪的刑罚种类、量刑幅度，是刑法分则规定的刑种、刑度，是刑罚适用的基本保证，是司法机关对刑事被告人判刑的法律依据。

从比较法的角度看，法定刑不同于宣告刑。法定刑与宣告刑的区别在于法定刑是

〔1〕“两高”，即最高人民法院、最高人民检察院；“最高法”指最高人民法院，“最高检”指最高人民检察院；“两部”指公安部、司法部，全书下同，后不赘述。

在立法时就已确定，宣告刑是法院对某个具体犯罪判决应执行的刑罚，宣告刑是在法院针对某一具体案件判决时确定的；若法定刑在无具体适用前还是不确定，宣告刑一经判决就只能确定；法定刑是立法上的规定，宣告刑是执法中的适用。

从比较法的角度看，罪与刑之间的罪刑关系以刑法分则条文为重要载体，具有关联性、互补性。有罪状必有法定刑。刑法分则有罪刑关系的具体罪状。

从罪刑法定原则的角度看，犯罪是刑罚的内因基础，刑罚是犯罪的法律后果。

从具体犯罪案件、犯罪人特殊性的角度看，宣告刑是审判机关对具体犯罪人依法判处、宣告应实际执行的刑罚。譬如，认罪认罚从宽制度的适用范围和适用条件：(1) 适用阶段和适用案件范围。认罪认罚从宽制度贯穿刑事诉讼法全过程，适用于侦查、起诉、审判各个阶段。认罪认罚从宽制度没有适用罪名和可能判处刑罚的限定，所有刑事案件都可适用，不能因罪轻、罪重或罪名特殊等原因而剥夺嫌犯、被告人自愿认罪认罚获得从宽处理的机会。但“可”适用不是一律适用，嫌犯、被告人认罪认罚后是否从宽，由司法机关根据案件具体情况决定。(2) 对“认罪”的把握。认罪认罚从宽制度中的“认罪”，是嫌犯、被告人自愿如实供述自己的罪行，对指控的犯罪事实没有异议。承认指控的主要犯罪事实，仅对个别事实情节提出异议，或虽然对行为性质提出辩解但表示接受司法机关认定意见，不影响“认罪”的认定。嫌犯、被告人犯数罪，仅如实供述其中一罪或部分罪名事实，全案不作“认罪”的认定，不适用认罪认罚从宽制度，但对如实供述的部分，检察院可提出从宽处罚的建议，法院可从宽处罚。(3) 对“认罚”的把握。认罪认罚从宽制度中的“认罚”，是嫌犯、被告人真诚悔罪，愿意接受处罚。“认罚”，在侦查阶段表现为表示愿意接受处罚；在审查起诉阶段表现为接受检察院拟作出的起诉或不起诉决定，认可检察院的量刑建议，签署认罪认罚具结书；在审判阶段表现为当庭确认自愿签署具结书，愿意接受刑罚处罚。“认罚”考察的重点是嫌犯、被告人的悔罪态度和悔罪表现，应结合退赃退赔、赔偿损失、赔礼道歉等因素来考量。嫌犯、被告人虽然表示“认罚”，却暗中串供、干扰证人作证、毁灭、伪造证据或隐匿、转移财产，有赔偿能力而不赔偿损失的，则不能适用认罪认罚从宽制度。嫌犯、被告人享有程序选择权，不同意适用速裁程序、简易程序，不影响“认罚”的认定。

从最高检《关于印发全国检察机关首批检察改革典型案例的通知》(2021 年) 的角度看，针对我国严重暴力犯罪持续下降、法定、轻刑犯罪不断增加但审前羁押率一直较高的问题，全国检察机关贯彻宽严相济刑事政策，认真落实认罪认罚从宽制度，对轻刑犯罪、过失犯罪、未成年犯罪等案件，积极推行“以非羁押为原则，羁押为例外”的刑诉新格局。譬如，严格按法定程序，全面审查捕后案件嫌犯羁押的必要性，坚持“三审三听”：审查卷宗事实，审查犯罪情节，审查社会外部评估因素；听取嫌犯、被告人及其法定代理人、辩护人意见，听取被害人及其法定代理人、委托代理人意见，听取同监室在押人员评价，形成可供办案参考的调查报告，作为是否变更和解除强制措施的依据。

（二）法定刑的类型

从刑法历史、立法案例的角度看，法定刑的方式或类型具有争议性、多样性、复杂性、关联性、互补性、差异性，分为绝对确定法定刑、绝对不确定法定刑、相对确定法定刑、浮动法定刑（浮动刑或机动刑）等不同类型。中国刑法以相对确定法定刑为原则，以绝对确定的法定刑为例外。浮动法定刑（浮动刑或机动刑），譬如生产、销售伪劣商品罪；生产、销售不符合安全标准的食品罪、生产；销售伪劣农药、兽药、化肥、种子罪；生产、销售不符合卫生标准的化妆品罪等。

一般而言，刑罚分为主刑（管制、拘役、有期刑、无期刑、死刑）、附加刑（罚金、剥夺政治权利、没收财产、驱逐出境、终身监禁）。附加刑可单独适用，附加刑和主刑可并用。死刑仅适用于罪行极其严重的犯罪分子。对应判处死刑的犯罪分子，若不是应立即执行，可判处死缓（死刑同时宣告缓期二年执行）。譬如，2012-2021 年，被判死刑的"老虎"包括内蒙古自治区政协原副主席赵黎平因故意杀人罪，受贿罪，非法持有枪支、弹药罪，非法储存爆炸物罪，被判死刑；中国华融资产管理股份有限公司原党委书记、董事长赖小民因受贿罪、贪污罪、重婚罪，被判死刑，因受贿罪被判处死刑，因贪污罪被判处有期刑 11 年，因重婚罪判处有期刑 1 年；被判死缓的"老虎"有内蒙古自治区人大常委会原副主任邢云（因受贿罪被判死缓，终身监禁，不得减刑、假释）、云南省委原书记白恩培（因受贿、巨额财产来源不明罪被判死缓，终身监禁，不得减刑、假释）、陕西省委原书记赵正永（因受贿罪被判死缓，终身监禁、不得减刑、假释）、广东省政协原主席朱明国（因受贿、巨额财产来源不明罪，被判死缓）等。

从法定刑幅度配置的角度看，自由刑的幅度配置方式有刑法原则需重刑的幅度配置方式方法：①7 年以上有期刑或无期刑。②10 年以上有期刑、无期刑或死刑。③10 年以上有期刑或无期刑。④15 年有期刑、无期刑或死刑。譬如，法定最低刑分为 10 个刑格的法定最低刑，含主刑类法定最低刑（6 个月和 2 年、3 年、5 年、7 年、10 年有期刑；无期刑；管制；拘役）、附加刑（辅助刑）最低刑。

1. 绝对确定法定刑

绝对确定法定刑（劫持航空器罪；非法拘禁罪；绑架罪；拐卖妇女、儿童罪等），是审判机关对具体犯罪行为或某种犯罪情节的刑罚种类、刑期，无自由裁量权。

从司法实践、社会实践的角度看，中国刑法分则仅根据某种犯罪的特定情节，规定了绝对确定单一的死刑。譬如，犯绑架罪，处 10 年以上有期刑或无期刑，并处罚金或没收财产；致使被绑架人死亡或杀害被绑架人，处死刑，并处没收财产。

2. 绝对不确定法定刑

从法理学、法制史的角度讲，绝对不确定法定刑无刑种、刑度，仅抽象地规定惩处某种犯罪的罪刑关系，而不规定具体刑种、刑度，违反罪责刑相适应原则。从司法实践、社会实践的角度讲，绝对不确定法定刑的刑种、刑度具有模糊性、自由裁量性、非公平正义性。

3. 相对确定法定刑

从法理学、犯罪心理学、犯罪行为学、犯罪体系、犯罪概念、犯罪特征、犯罪构成要件要素的角度讲，不同类型的犯罪的性质、危害性等具有差异性，导致刑法分则法条的结构逻辑体系只能具有相对性。

相对确定法定刑的类型：（1）相对确定最高法定刑：故意杀人罪；破坏监管秩序罪；编造并传播证券、期货交易虚假信息罪等。（2）相对确定最低法定刑：徇私舞弊不征、少征税款罪；抢劫枪支、弹药、爆炸物、危险物质罪；劫持航空器罪等。（3）相对确定同时规定最高刑和最低刑的法定刑：强奸罪；非法经营同类营业罪；工程重大安全事故罪；破坏军婚罪；劫持船只、汽车罪；侵犯商业秘密罪等。（4）相对确定两种以上的主刑或两种以上主刑和附加刑的法定刑：故意伤害罪故意毁坏财物罪；扰乱法庭秩序罪等。（5）相对确定援引式法定刑：受贿罪；非国家工作人员受贿罪；逃税罪；假冒注册商标罪等。

从罪责刑相适应原则的角度看，当代国内外刑法普遍采用的法定刑是相对确定法定刑，仅限定于1个或数个主刑，1个或数个刑罚幅度。审判机关可据具体刑事案件的具体犯罪情节，在法定刑幅度内行使自由裁量权，决定判处轻重适当的刑罚。

中国刑法分则的相对确定法定刑的表现形式：（1）刑法分则仅规定一种刑罚、最高期限；刑法总则确定最低期限。譬如，虐待俘虏罪，处3年以下有期刑；最低期限应为6个月。（2）刑法分则规定两种以上主刑，有期刑仅规定最高期限；刑法总则确定最低期限及其他主刑的最高最低期限。譬如，妨害公务罪，处3年以下有期限徒刑、拘役、管制或罚金。（3）刑法分则规定两种以上主刑，2个以上刑罚幅度，或同时有附加刑，其中有期刑仅规定最低期限；刑法总则确定最高期限。（4）刑法分则规定两种以上主刑，两个以上刑罚幅度，或同时规定附加刑，有期刑具有最高或最低的期限。譬如，对聚众冲击军事禁区罪的首犯，处5年以上10年以下有期刑；对其他积极参加的，处5年以下有期刑、拘役、管制或剥夺政治权利。（5）刑法分则援引法规刑，即对某罪援引他条或同条的另一款的法定刑处罚。

从最高法《关于在审判执行工作中切实规范自由裁量权行使保障法律统一适用的指导意见》（2012年）的角度看，自由裁量权是法院在审理案件过程中，根据法律规定和立法精神，秉持正确司法理念，运用科学方法，对案件事实认定、法律适用以及程序处理等问题进行分析和判断，并最终作出依法有据、公平公正、合情合理裁判的权力。（1）自由裁量权的行使条件。法院在审理案件过程中，对法律规定由法院根据案件具体情况进行裁量；法律规定由法院从几种法定情形中选择其一进行裁量，或在法定的范围、幅度内进行裁量；根据案件具体情况需对法律精神、规则或条文进行阐释；根据案件具体情况需对证据规则进行阐释或对案件涉及的争议事实进行裁量认定；根据案件具体情况需行使自由裁量权的其他情形等五种情形依法行使自由裁量权。（2）自由裁量权的行使原则。①合法原则。要严格依据法律规定，遵循法定程序和正确裁判方法，符合法律、法规和司法解释的精神以及基本法理的要求，行使自由裁量权。不能违反法律明确、具体的规定。②合理原则。要从维护社会公平正义的价值观出发，充分考虑公共政策、社会主流价值观念、社会发展的阶段性、社会公众的认同度等因素，坚持正确的裁判理念，努力增强行使自由裁量权的确定性和可预测性，确保裁判结果符合社会发展方向。③公正原则。要秉持司法良知，恪守职业道德，坚持实体公正与程序公正并重。坚持法律面前人人平等，排除干扰，保持中立，避免偏颇。注重裁量结果与社会公众对公平正义普遍理解的契合性，确保裁判结果符合司法公平正义的要求。④审慎原则。要严把案件事实关、程序关和法律适用关，在充分理解法律精神、依法认定案件事实的基础上，审慎衡量、仔细求证，同时注意司法行为的适当性和必要性，努力实现办案的法律效果和社会效果的有机统一。(3) 自由裁量权的行使方式。①正确运用证据规则。行使自由裁量权，要正确运用证据规则，从保护当事人合法权益、有利查明事实和程序正当的角度看，合理分配举证责任，全面、客观、准确认定证据的证明力，严格依证据认定案件事实，努力实现法律事实与客观事实的统一。②正确运用法律适用方法。行使自由裁量权，要处理好上位法与下位法、新法与旧法、特别法与一般法的关系，正确选择所应适用的法律；难以确定如何适用法律，应按立法法的规定报请有关机关裁决，以维护社会主义法制的统一。对同一事项同一法律存在一般规定和特别规定，应优先适用特别规定。要正确把握法律、法规和司法解释中除明确列举之外的概括性条款规定，确保适用结果符合立法原意。③正确运用法律解释方法。行使自由裁量权，要结合立法宗旨和立法原意、法律原则、国家政策、司法政策等因素，综合运用各种解释方法，对法律条文作出最能实现社会公平正义、最具现实合理性的解释。④正确运用利益衡量方法。行使自由裁量权，要综合考量案件所涉各种利益关系，对相互冲突的权利或利益进行权衡与取舍，正确处理好公共利益与个人利益、人身利益与财产利益、生存利益与商业利益的关系，保护合法利益，抑制非法利益，努力实现利益最大化、损害最小化。⑤强化诉讼程序规范。行使自由裁量权，要严格依程序法的规定，充分保障各方当事人的诉讼权利。要充分尊重当事人的处分权，依法保障当事人的辩论权，对可能影响当事人实体性权利或程序性权利的自由裁量事项，应将其作为案件争议焦点，充分听取当事人的意见；要完善相对独立的量刑程序，将量刑纳入庭审过程；要充分保障当事人的知情权，并根据当事人的要求，向当事人释明行使自由裁量权的依据、考量因素等事项。

六、法条竞合

(一) 法条竞合的概念和特征

法条竞合（法规竞合或法律竞合）是因法律对犯罪的错综规定，一个犯罪行为同时符合了数个法条规定的犯罪构成，但数个条文之间存在整体或部分的包容关系，只能适用其中一个条文排斥其他条文适用的情形。譬如，盗窃罪的对象是公私财物；盗窃枪支、弹药、爆炸物罪的对象是枪支、弹药、爆炸物。盗窃罪的对象的外延包容盗窃枪支、弹药、爆炸物罪的对象，具有法条竞合性，属于包容和被包容的关系，即一般法或普通法和特殊法或特别法的关系。

刑法法条竞合的概念：(1) 大陆法系刑法意义的法条竞合概念。(2) 苏联刑法意义的法条竞合概念。(3) 中国刑法意义的法条竞合概念，譬如马克昌的法条竞合观（一元论）；王作富的法条竞合观（二元论）；张明楷的法条竞合观；陈兴良的法条竞合观［因犯罪主体不同形成的法条竞合；因犯罪对象（人、物）不同形成的法条竞合；法律例外规定形成的法条竞合］等。

刑法法条竞合的特征：(1) 犯罪行为人实施了一个犯罪行为。(2) 一个犯罪行为同时符合数个法条规定的犯罪构成或一犯罪行为触犯数法条规定的数个罪名（数个罪名是刑法分则条文规定的罪名；法条竞合只是数罪名的竞合，而不包括刑罚的竞合）。(3) 数个法条之间或数个罪名概念之间存在着一定的逻辑关系。

刑法法条竞合的本质：(1) 法条竞合的社会本质。(2) 法条竞合的法律本质。(3) 法条竞合的逻辑本质。

从刑法分则与特别刑法的法律现象看，刑法分则条文规定的犯罪可能是其他刑法分则条文规定的犯罪的一部分，或一个刑法条文规定的犯罪的一部分可能是另一个刑法条文规定的犯罪的一部分，就会产生行为人主观上只有一个犯罪故意，客观上只实施一个犯罪行为，仅符合一个犯罪构成，即一个犯罪行为同时符合数个刑法条文规定的犯罪构成，数个刑法条文之间又存在一种内在的包容关系，最终论处时只能按一个刑法条文论处的法条竞合现象。

法条竞合的主要表现形式，包括不同法律间的法条竞合、同一法律内的法条竞合。法条竞合的基本因素具有多样性、复杂性、类型性、差异性，包括犯罪对象、犯罪手段、犯罪结果、犯罪主体、犯罪目的等。①犯罪对象型法条竞合。譬如，和军人配偶结婚的行为符合破坏军婚罪、重婚罪的构成要件。②犯罪手段型法条竞合。譬如，以虚构的单位［公司、企业、事业单位、机关、团体（人民团体、社会团体等）等依法成立、不限所有制性质的组织］或冒用他人名义签订合同的诈骗行为，符合合同诈骗罪、诈骗罪的构成要件。③犯罪对象和犯罪手段型法条竞合。譬如，诈骗银行或其他金融机构贷款的行为，符合贷款诈骗罪、诈骗罪的构成要件。④犯罪结果型法条竞合。譬如，以刑讯逼供方式致人伤残的行为，符合故意伤害罪、刑讯逼供罪的构成要件。⑤犯罪主体型法条竞合。譬如，军人故意泄露国家军事秘密的行为，符合故意泄露国家秘密罪、故意泄露军事秘密罪的构成要件。⑥犯罪目的型法条竞合。譬如，以牟利为目的传播淫秽物品的行为，符合传播淫秽物品牟利罪、传播淫秽物品罪的构成要件。

从司法实践、社会实践的角度看，法条竞合犯的适用原则以特殊法优于普通法为原则，以重法优于轻法为例外。

从法理学、法学界的角度看，刑法分则法条竞合的主要适用原则，包括特别刑法优于普通刑法（特别法优于普通法）、特别刑法条款优于普通刑法条款（特别条款优于普通条款）、重刑法优于轻刑法（重法优于轻法）、新法优于旧法等不同类型。(1) 特别法优于普通法的适用原则。犯罪行为人一个行为同时触犯普通刑法、特别刑法两个不同法律规定，同时符合特别法和普通法规定的犯罪构成，适法时以特别法规定处理。

(2) 特别条款优于普通条款的适用原则。犯罪行为人一个行为同时触犯同一部法律内不同条款，同时符合特别条款和普通条款的犯罪构成，适法时以特别条款优于普通条款的适用原则处理。(3) 重法优于轻法的适用原则。犯罪行为人一个行为同时触犯同一部法律内的不同条款，特别条款的法定刑低于普通条款的法定刑，刑法对适用普通条款无禁止性的法律规定时，适用重法优于轻法的适用原则，按法定刑重条款论处(重法优于轻法的基本条件)。刑法对不同的犯罪规定或重或轻的刑种和刑度，依据罪刑相适应原则要求重罪重罚，轻罪轻罚，罚当其罪，罪刑相称。(4) 适用新法优于旧法的适用原则。犯罪行为人的一个行为同时触犯两个特别刑法的条文时，适用新法优于旧法的适用原则。

(二) 法条竞合的类型

从刑事法律关系、犯罪构成要件要素的角度看，法条竞合的类型具有多样性、复杂性、关联性、互补性、差异性，主要包括犯罪主体型法条竞合、犯罪对象型法条竞合、犯罪目的型法条竞合、犯罪方式或犯罪手段型法条竞合、犯罪时间型法条竞合、数个特殊要件型法条竞合等不同类型。

刑法法条竞合（相容关系）的学理分类：(1) 从属关系的法条竞合或从属竞合关系、法条重合。①独立竞合（局部竞合；特别关系；适用法律原则：特别法条优于普通法条或特别法优于普通法）分为普通法律规范和特殊法律规范的竞合（适用法律原则：特别法律规范优于普通法律规范）(苏联)；特别关系的法条竞合（特别法和普通法的竞合；适用原则：特别法条优于普通法条）(大陆法系国家)。独立竞合的适用法律原则：一行为同时符合不同法律（普通刑法、特别刑法）的条文；一行为同时符合同一法律的不同条文（普通刑法条款、特别刑法条款：该法的相关条文明确指出适用特别刑法或特别刑法条款的处理规定；该法的相关条文未明确指出适用特别刑法或特别刑法条款的处理规定，不违背罪责刑相适应原则时，一般也适用特别刑法或特别刑法条款)。②包容竞合（全部竞合；吸收关系；适用法律原则：整体法或全部法优于部分法)：特别关系和吸收关系（特别关系或特别法条和普通法条的关系、因特别关系形成的法条竞合)；吸收关系或全部法和部分法的关系、吸收法和被吸收法的关系、因吸收关系形成的法条竞合（适用法律原则：吸收法排除被吸收法、完全法否定不完全法、全部法吸收部分法、实害法吸收危险法)。A. 实行行为和非实行行为的吸收关系；重行为和轻行为的吸收关系；实害法和危险法的吸收关系。B. 补充关系或基本法和单行法、补充法的关系（适用法律原则：基本法优于补充法)。C. 重法和轻法的关系（适用法律原则：重法优于轻法)：一行为同时符合同一法律的普通条款和特别条款规定的犯罪构成时，法律明文规定按重罪处罚的，依法从重处罚；一行为同时符合同一法律的普通条款和特别条款规定的犯罪构成时，法律无明文规定禁止适用特别条款处罚的，依法从重处罚。D. 新法和旧法的关系（适用法律原则：新法优于旧法)。E. 包容和被包容的法条竞合：犯罪方式包容和被包容的法条竞合或因犯罪方式不同形成的法条竞合；犯罪主体包容和被包容的法条竞合或因犯罪主体不同形成的法条竞合（故意泄露军事秘密罪等)；犯罪对象包容和被包容的法条竞合或因犯罪对象不同形成的法条竞合(生产、销售、提供假药罪等)；犯罪目的包容和被包容的法条竞合或因犯罪目的不同形成的法条竞合（传播淫秽物品罪等)；犯罪结果包容和被包容的法条竞合或因危害结果不同形成的法条竞合（刑讯逼供罪等)；犯罪手段包容和被包容的法条竞合或因犯罪手段不同形成的法条竞合（信用证诈骗罪等)；数个犯罪构成要件包容和被包容的法条竞合。(2) 法条交叉或交叉竞合、交叉关系的法条竞合、交叉竞合关系（适用法律原则：重法优于轻法)。①交互竞合或重合竞合、择一关系。交互竞合的理论学说：肯定说、否定说等。②交互竞合的适用条件：A. 一行为同时符合同一法律中的不同条文，该相关条文明确指出适用重法的处理规定。B. 一行为同时符合同一法律中的不同条文，该相关条文未明确指出适用重法的处理规定，适用轻法违背罪责刑相适应原则时，通常适用重法。(3) 偏一竞合或补充关系的法条竞合（适用原则：基本法优于补充法)。

1. 犯罪主体型法条竞合

从比较法、犯罪构成要件要素、犯罪体系的角度讲，战时造谣扰乱军心罪和战时造谣惑众罪具有竞合性，涉及战时造谣惑众，扰乱军心等犯罪构成要件要素。战时造谣扰乱军心罪可包容战时造谣惑众罪。战时造谣惑众罪的主体是现役军人。战时造谣扰乱军心罪的主体是一般主体。

2. 犯罪对象型法条竞合

从比较法、犯罪构成要件要素、犯罪体系的角度讲，破坏交通工具罪和故意毁坏财物罪具有竞合性。故意毁坏财物罪可包容破坏交通工具罪。破坏交通工具罪的对象是特殊财物（交通工具)。故意毁坏财物罪的对象是一般财物。

3. 犯罪目的型法条竞合

从比较法、犯罪构成要件要素、犯罪体系的角度讲，制作、复制、出版、贩卖、传播淫秽物品牟利罪和传播淫秽物品罪、组织播放淫秽音像制品罪具有竞合性。传播淫秽物品罪、组织播放淫秽音像制品罪可包容制作、复制、出版、贩卖、传播淫秽物品牟利罪。从目的犯的角度讲，制作、复制、出版、贩卖、传播淫秽物品牟利罪基于牟利特殊目的进行犯罪。传播淫秽物品罪、组织播放淫秽音像制品罪基于任何目的进行犯罪。

4. 犯罪方式或犯罪手段型法条竞合

从比较法、犯罪构成要件要素、犯罪体系的角度讲，集资诈骗罪和诈骗罪具有竞合性。集资诈骗罪是诈骗罪的一部分，是诈骗罪的特殊类型。诈骗罪可包容集资诈骗罪。集资诈骗罪是采取非法集资方式的诈骗。诈骗罪可用各种欺骗手段。

大陆法系刑法强调立法定性，司法定量。从法理学、法学界的角度讲，犯罪数量要素的性质问题具有争议性，存在处罚条件说、构成要件说、可罚的违法性说等不同理论观点。譬如，从刑法分则的角度看，犯罪以作为犯（作为犯的构成要素：作为、积极义务）为主，以不作为犯（不作为犯的构成要素：不作为、消极义务）为辅。从司法实践、社会实践的角度讲，义务来源具有法定性、职务性等基本特征，包括法定的义务（法律明文规定的特定义务）；法律行为引起的义务；先行为或先前行为引起的义务；职务或业务要求的义务等。纯正（真正）不作为犯的主要罪名：徇私舞弊不征、少征税款罪；遗弃罪；遗失武器装备罪；遗弃武器装备罪；遗弃伤病军人罪；拒不执行判决、裁定罪；拒不救援友邻部队罪；战时拒不救治伤病军人罪；战时拒绝军事征收、征用罪；战时拒绝、逃避服役罪；战时拒绝、逃避征召、军事训练罪；战时拒绝、故意延误军事订货罪等。

5. 犯罪时间型法条竞合

从比较法、犯罪构成要件要素、犯罪体系的角度讲，战时临阵脱逃罪、逃离部队罪具有竞合性。逃离部队罪可包容战时临阵脱逃罪。战时临阵脱逃罪的犯罪时间具有特定性，是战时；逃离部队罪的犯罪时间可在任何时间。

6. 数个特殊要件型法条竞合

从比较法、犯罪构成要件要素、犯罪体系的角度讲，盗窃罪可包容盗窃武器装备、军用物资罪。盗窃武器装备、军用物资罪是盗窃罪的一部分。盗窃武器装备、军用物资罪和普通盗窃罪的竞合。盗窃武器装备、军用物资罪的主体是特殊主体（现役军人），犯罪对象是特殊财物（武器装备、军用物资）。盗窃罪属于一般主体、一般财物。

（三）法条竞合的适用原则

从法理学、传统刑法理论的角度讲，法条竞合时，某一种犯罪行为触犯数法条，只能适用其中一个法条论处。从法律位阶体系、法律效力体系的角度讲，法条竞合的适用原则主要是特别法优于普通法原则、重法优于轻法原则、特别条款优于普通条款原则等。

对同一违法犯罪行为，上位法和下位法均有规定，且下位法与上位法的行为表述和处罚都一致，引用法律依据时，应引用上位法。若下位法行为表述或处罚幅度是对上位法进一步细化，引用法律依据时，应同时引用上位法和下位法。

1. 特别法优于普通法原则

特别法和普通法竞合，一般实行特别法优于普通法原则。譬如，犯罪行为人的具体行为符合特别法的要件，适用特别法。

从最高法《关于办理减刑、假释案件具体应用法律的补充规定》（2019 年）的角度讲，对拒不认罪悔罪，或确有履行能力而不履行或不全部履行生效裁判中财产性判项，不予假释，一般不予减刑。（1）贪污贿赂罪犯适用假释时，应从严掌握。（2）被判处 10 年以上有期刑，符合减刑条件，执行 3 年以上方可减刑；被判处不满 10 年有期刑，符合减刑条件，执行 2 年以上方可减刑。确有悔改表现或有立功表现，1 次减刑不超过 6 个月有期刑；确有悔改表现并有立功表现，1 次减刑不超过 9 个月有期刑；有重大立功表现，1 次减刑不超过 1 年有期刑。被判处 10 年以上有期刑，2 次减刑之间应间隔 2 年以上；被判处不满 10 年有期刑，2 次减刑之间应间隔 1 年 6 个月以上。减为有期刑后再减刑时，减刑幅度比照以上规定执行。2 次减刑之间应间隔 2 年以上。(3) 被判处无期刑，符合减刑条件，执行 4 年以上方可减刑。确有悔改表现或有立功表现，可减为 23 年有期刑；确有悔改表现并有立功表现，可减为 22 年以上 23 年以下有期刑；有重大立功表现，可减为 21 年以上 22 年以下有期刑。(4) 无期刑减为有期刑后再减刑时，减刑幅度比照本规定第二条的规定执行。两次减刑之间应间隔 2 年以上。(5) 被判处死刑缓期执行，减为无期刑后，符合减刑条件，执行 4 年以上方可减刑。确有悔改表现或有立功表现，可减为 25 年有期刑；确有悔改表现并有立功表现，可减为 24 年 6 个月以上 25 年以下有期刑；有重大立功表现，可减为 24 年以上 24 年 6 个月以下有期刑。罪犯有重大立功表现，减刑时可不受上述起始时间和间隔时间的限制。

2. 重法优于轻法原则

特殊法和一般法竞合，一般而言，特殊法的法定刑轻于一般法，实行特殊法优于一般法原则，适用特别法；法律有特别规定时，实行重法优于轻法原则，适用一般法。

从生产、销售伪劣商品罪的角度看，生产、销售伪劣产品罪为一般法律规定（一般法：最高刑是无期刑），生产、销售具体伪劣商品的犯罪为特殊法律规定（特殊法：生产、销售假药、劣药，伪劣农药、兽药、化肥、种子，不符合标准的医用器材，不符合卫生标准的化妆品，不符合安全标准的产品，不符合安全标准的食品，有毒、有害食品罪的最高刑是死刑或无期刑）。生产、销售不符合卫生标准的化妆品罪的最高刑是 3 年有期刑。生产、销售假药、劣药、伪劣农药、兽药、化肥、种子，不符合标准的医用器材，不符合卫生标准的化妆品，不符合安全标准的产品，不符合安全标准的食品，有毒、有害食品，不构成生产、销售劣药，伪劣农药、兽药、化肥、种子，不符合标准的医用器材，不符合卫生标准的化妆品，不符合安全标准的产品，不符合安全标准的食品，有毒、有害食品的犯罪，但销售金额在 5 万元以上，以生产、销售伪劣产品罪论处。生产、销售假药、劣药（药品管理法规定的劣药），伪劣农药、兽药、化肥种子，有毒、有害食品，不符合安全标准的食品和产品，不符合卫生标准的化妆品，不符合标准的医用器材的伪劣产品，构成生产、销售劣药、伪劣农药、兽药、化肥、种子，不符合标准的医用器材，不符合卫生标准的化妆品，不符合安全标准的产品，不符合安全标准的食品，有毒、有害食品的犯罪，同时又构成生产、销售伪劣产品罪，依处罚较重规定论处，实行重法优于轻法原则，适用重法（特殊法重，适用特殊法；一般法重，适用一般法）。譬如，公司、企业、事业单位、机关、团体等单位实施刑法规定的危害社会的行为，刑法分则和其他法律未规定追究单位的刑责，对组织、策划、实施该危害社会行为的人依法追究刑责。以欺诈、伪造证明材料或其他手段骗取养老、医疗、工伤、失业、生育等社会保险金或其他社会保障待遇，属于《刑法》第 266 条诈骗罪规定的诈骗公私财物的行为。《刑法》第 158 条（虚报注册资本罪）、第 159 条（虚假出资、抽逃出资罪）的规定，只适用于依法实行注册资本实缴登记制的公司。

七、刑罚的类型

(一) 主刑的刑期

主刑刑期的起算方式方法有关联性、互补性、差异性。(1) 管制的刑期，从判决执行之日起计算；判决执行前先行羁押，羁押1日折抵刑期2日。(2) 拘役的刑期，从判决执行之日起计算；判决执行前先行羁押，羁押1日折抵刑期1日。(3) 有期刑的刑期，从判决执行之日起计算；判决执行前先行羁押，羁押1日折抵刑期1日。(4) 外国向中国移管的中国籍被判刑人回国服刑前被羁押，羁押1日折抵转换后的刑期1日。(5) 死缓执行的期间，从判决或裁定核准死缓执行的法律文书宣告或送达之日起计算。(6) 死缓执行期满减为无期刑、有期刑（25年)，刑期自死缓执行期满之日起计算。

从罪数的角度讲，管制的一般期限为3个月以上2年以下；管制的特殊期限（数罪并罚的管制的最高期限）不能超过3年。判处管制、拘役、有期刑减刑后实际执行的刑期，不能少于原判刑期的1/2。数罪中有判处有期刑和管制，或拘役和管制，有期刑、拘役执行完毕后，管制仍须执行。被判处管制的罪犯，由公安机关执行。终审的判决和裁定自宣告之日起发生法律效力。管制犯的管制期满（管制的非数罪并罚期限为3个月以上2年以下，数罪并罚时不得超过3年)，执行机关（公安机关等）应即向本人和其所在单位或居住地的群众宣布解除管制（管制犯不关押，限制活动自由，在原工作单位或居住地工作或劳动，同工同酬，公安机关执行、群众监督改造)。从管制犯的义务的角度看，管制犯在执行期间的基本规定（义务或守则)：①遵守法律、行政法规，服从监督。②遵守执行机关的会客规定。③按执行机关规定报告自己的活动情况。④离开所居住的市、县或迁居，应报经执行机关批准。⑤未经执行机关批准，不得行使言论、出版、集会、结社、游行、示威自由的宪法权利。从管制犯的权利的角度看，管制犯在劳动中应同工同酬。

从刑法期限的角度讲，一般而言，拘役的一般期限（非数罪并罚期限）为1个月以上6个月以下；特殊而言，拘役的数罪并罚最高期限不能超过1年。拘役不同于拘留［行政拘留（1日以上15日以下)、刑拘、司法拘留等］，关键在于适用法律、适用对象、适用机关、执行机关、法律性质、法律期限的差异。

判处管制、拘役、有期刑减刑后实际执行的刑期，不能少于原判刑期的1/2。判决宣告前1人犯数罪，除判处死刑和无期刑外，应在总和刑期以下、数刑中最高刑期以上，酌情决定执行的刑期，但管制最高不能超过3年，拘役最高不能超过1年，有期刑最高不能超过20年。数罪中有判处有期刑和拘役，执行有期刑。

从有期刑期限的角度讲，有期刑的期限有类型性。一般而言，有期刑的一般期限为6个月以上15年以下。特殊而言，数罪并罚的有期刑的最高期限不能超过20年。有期刑的刑期从判决执行之日起算；判决执行前先行羁押，羁押1日折抵刑期1日。

刑法及其司法解释未对减刑的次数进行限制。被判处无期刑的罪犯减刑后，实际执行的刑期不能少于13年，其起始时间应自无期刑判决确定之日起算。从减刑的限制对象的角度讲，对被判处死缓执行的累犯以及因故意杀人、强奸、抢劫、绑架、放火、爆炸、投放危险物质或有组织的暴力犯罪被判处死缓执行的罪犯，法院根据犯罪情节等情况可同时决定对其限制减刑。因此，法院对限制减刑的死缓执行的罪犯，缓期执行期满后依法减为无期刑，不能少于25年，缓期执行期满后依法减为25年有期刑，不能少于20年。

死刑（死刑立即执行、死刑缓期二年执行）只适用于罪行极其严重的罪犯；特殊而言，对应判死刑的罪犯，若不是须立即执行，可判处死刑同时宣告缓期二年执行。从死刑限制原则的角度看，犯罪时不满18周岁的人、审判时怀孕的妇女不适用死刑（死刑含死刑立即执行和死缓，不适用死刑意味着也不适用死缓）。审判时已满75周岁的人不适用死刑，以故意犯罪特别残忍手段致人死亡为例外。从死缓犯的转化条件的角度看，死缓犯在死缓执行期间，若无故意犯罪，2年死缓考验期满后，减为无期刑（死缓二年执行期间没满2年，不得减为无期刑，属于反对解释）；若确有重大立功表现，2年期满后，减为25年有期刑；若故意犯罪，情节恶劣，报请最高法核准后执行死刑；对故意犯罪未执行死刑，死缓执行的期间重算并报最高法备案。

死缓执行的期间，从判决确定之日起算（从判决或裁定核准死缓执行的法律文书宣告或送达之日起算），从判决或裁定核准死缓执行的法律文书宣告或送达之日起算。死缓执行减为有期刑的刑期，从死缓执行期满之日起算。死缓执行期满减为无期刑、有期刑，刑期自死缓执行期满之日起算。法院对限制减刑的死缓执行的罪犯，缓期执行期满后依法减为无期刑，不能少于25年，缓期执行期满后依法减为25年有期刑，不能少于20年。被判死缓二年执行的罪犯，在死缓执行期间，若无故意犯罪，死缓执行期满，应减刑，由执行机关提出书面意见，报请高院裁定；若故意犯罪，情节恶劣，查证属实，应执行死刑，由高院报请最高法核准；对故意犯罪未执行死刑，死缓执行的期间重算，并报最高法备案。死缓执行期满，依法应减刑，法院应及时减刑。被判死缓执行的罪犯，在死缓执行期间，无故意犯罪，死缓执行期满后，应裁定减刑；死缓执行期满后，尚未裁定减刑前又犯罪的，应依法减刑后对其所犯新罪另行审判。对被判死缓执行的罪犯的减刑，由罪犯服刑地的高院根据同级监狱管理机关审核同意的减刑建议书裁定。对被判死刑、无期的罪犯，应剥夺政治权利终身。死缓执行减为有期刑或无期刑减为有期刑时，应把附加剥夺政治权利的期限改为3年以上10年以下。

从减刑、死缓变更、重大立功的角度看，死缓犯在死缓执行期间，若未故意犯罪，2年期满后，减为无期刑；若确有重大立功表现，2年期满后，减为25年有期刑；若故意犯罪，情节恶劣，报请最高法核准后执行死刑；对故意犯罪未执行死刑，死缓执行的2年期间重算，并报最高法备案。（1）对被判死缓执行的累犯及因故意杀人、强奸、抢劫、绑架、放火、爆炸、投放危险物质或有组织的暴力犯罪被判死缓执行的罪犯，法院根据犯罪情节等情况可同时决定对其限制减刑。（2）罪犯有减轻处罚情节，应在法定刑以下判刑；刑法规定有数个量刑幅度，应在法定量刑幅度的下一个量刑幅度内判刑。（3）罪犯虽没有减轻处罚情节，但根据案件的特殊情况，经最高法核准，也可在法定刑以下判刑。

有期刑犯、无期刑犯在监狱或其他执行场所执行；凡有劳动能力的，都应参加劳动，接受教育改造。有期刑犯、拘役犯执行期满，应由执行机关发给释放证明书。有期刑犯在被交付执行刑罚前，剩余刑期在3个月以下，由看守所代为执行。

从减刑制度的角度看，无期刑犯、死缓犯的刑期计算方式方法有差异性。（1）无期刑减刑为有期刑的刑期，从裁定减刑之日起算。（2）死缓执行的期间，从判决确定之日起算（从判决或裁定核准死缓执行的法律文书宣告或送达之日起算）。①死缓执行减为有期刑的刑期，从死缓执行期满之日起算。②死缓执行期满减为无期刑、有期刑，刑期自死缓执行期满之日起算。③判处死缓执行，在死缓执行期间，若无故意犯罪，2年期满后，减为无期刑；若确有重大立功表现，2年期满后，减为25年有期刑；若故意犯罪，情节恶劣，报请最高法核准后执行死刑；对故意犯罪未执行死刑，死缓执行的期间重算，并报最高法备案。

被判处管制、拘役、有期刑、无期刑的罪犯，在执行期间，若认真遵守监规，接受教育改造，确有悔改表现，或有立功表现，可减刑；有重大立功表现（阻止他人重大犯罪活动；检举监狱内外重大犯罪活动，经查证属实；在抗御自然灾害或排除重大事故中，有突出表现；在日常生产、生活中舍己救人；有发明创造或重大技术革新；对国家和社会有其他重大贡献），应减刑。减刑后实际执行的刑期有法定限制性。（1）判处管制、拘役、有期刑减刑后实际执行的刑期，不能少于原判刑期的1/2。（2）判处无期刑减刑后实际执行的刑期，不能少于13年。（3）对被判处死缓执行的累犯以及因故意杀人、强奸、抢劫、绑架、放火、爆炸、投放危险物质或有组织的暴力犯罪被判处死缓执行的罪犯，法院根据犯罪情节等情况可同时决定对其限制减刑。（4）法院对限制减刑的死缓执行的罪犯，死缓执行期满后依法减为无期刑，不能少于25年，死缓执行期满后依法减为25年有期刑，不能少于20年。

从减刑假释制度的角度看，对被判处有期刑和被减为有期犯的减刑、假释，由罪犯服刑地的中院，在收到执行机关提出的减刑、假释建议书后1个月内作出裁定，案情复杂或情况特殊，可延长1个月。对被判处无期犯的减刑、假释，由罪犯服刑地的高院，在收到同级监狱管理机关审核同意的减刑、假释建议书后1个月内作出裁定，案情复杂或情况特殊，可延长1个月。

（二）剥夺政治权利的期限

从剥夺政治权利期限的角度看，剥夺政治权利的期限有类型性。（1）一般而言，剥夺罪犯政治权利的一般期限为1年以上5年以下；判处管制附加剥夺政治权利，剥夺政治权利的期限与管制的期限相等，同时执行。（2）特殊而言，对被判死刑、无期犯，应剥夺政治权利终身；死缓执行减为有期刑或无期刑减为有期刑时，应把附加剥夺政治权利的期限改为3年以上10年以下（《刑法》第55、57条）。

附加剥夺政治权利的刑期的计算方法：（1）判处管制附加剥夺政治权利，剥夺政治权利的期限与管制的期限相等（3个月以上2年以下），同时执行。（2）判处拘役、有期刑附加剥夺政治权利或单处剥夺政治权利的期限为1年以上5年以下。判处有期刑、拘役附加剥夺政治权利的刑期，从徒刑、拘役执行完毕之日或从假释之日起算；剥夺政治权利的效力当然施用于主刑执行期间。（3）判处死刑、无期刑的罪犯，应剥夺政治权利终身。①判处死刑（含死缓）、无期刑附加剥夺政治权利终身，从主刑执行之日起开始计算。②死缓执行或无期刑减为有期刑，附加剥夺政治权利的期限改为3年以上10年以下。

剥夺政治权利的期限有定期性、终身性。剥夺政治权利的期限，分为独立适用剥夺政治权利的期限（独立适用剥夺政治权利的刑期从判决确定之日起算并执行）、附加适用剥夺政治权利的期限［①判处管制附加剥夺政治权利的期限与管制的期限相等，同时起算，同时执行；管制期满解除管制，政治权利同时恢复。②判处有期刑、拘役附加剥夺政治权利的刑期从有期刑、拘役执行完毕之日或从假释之日起算（剥夺政治权利的效力当然施用于主刑执行期间；主刑的执行期间不计入剥夺政治权利的刑期，但罪犯不享有政治权利）。③被判有期刑、拘役未附加剥夺政治权利，罪犯在服主刑期间享有选举权，但其他政治权利的行使受到限制；剥夺政治权利的定期期限、剥夺政治权利的终身期限（判处死刑、无期刑附加剥夺政治权利终身的刑期从判决发生法律效力之日起算）］。

剥夺政治权利的期限类型：（1）剥夺政治权利的有期限类型：①剥夺政治权利的一般期限为1年以上5年以下。②死缓执行减为有期刑或无期刑减为有期刑时，附加剥夺政治权利的期限应改为3年以上10年以下。（2）剥夺政治权利的无期限类型：对被判处死刑、无期刑的罪犯，应剥夺政治权利终身。

从刑法总则的角度看，对危害国家安全的罪犯应附加剥夺政治权利；对故意杀人、强奸、放火、爆炸、投毒、抢劫等严重破坏社会秩序的罪犯，可附加剥夺政治权利。从刑法分则的角度看，独立适用剥夺政治权利，依刑法分则规定。对被判死刑、无期犯，应剥夺政治权利终身。死缓执行减为有期刑或无期刑减为有期刑时，应把附加剥夺政治权利的期限改为3年以上10年以下。附加剥夺政治权利的刑期，从徒刑、拘役执行完毕之日或从假释之日起算；剥夺政治权利的效力当然施用于主刑执行期间。

从司法解释的角度看，对判处有期刑并处剥夺政治权利的罪犯，主刑已执行完毕，在执行附加刑剥夺政治权利期间又犯新罪，若所犯新罪无须附加剥夺政治权利，应对新犯的罪作出判决，把前罪未执行的刑罚和后罪所判处的刑罚，依判决宣告前1人犯数罪的并罚规定（先减后并的方法），决定执行的刑罚。（1）前罪尚未执行完毕的附加刑剥夺政治权利的刑期从新罪的主刑有期刑执行之日起停止计算，并从新罪的主刑有期刑执行完毕之日或假释之日起继续计算；附加刑剥夺政治权利的效力施用于新罪的主刑执行期间。（3）对判处有期刑的罪犯，主刑已执行完毕，在执行附加刑剥夺政治权利期间又犯新罪的，若所犯新罪也剥夺政治权利，剥夺罪犯政治权利的期限为1年以上5年以下；判处管制附加剥夺政治权利，剥夺政治权利的期限与管制的期限相等，同时执行；对被判死刑、无期犯，应剥夺政治权利终身；死缓执行减为有期刑或无期刑减为有期刑时，应把附加剥夺政治权利的期限改为3年以上10年以下。A. 判决宣告后，刑罚执行完毕前，被判刑的罪犯又犯罪，应对新犯的罪作出判决，把前罪未执行的刑罚和后罪所判处的刑罚，依判决宣告前 1 人犯数罪的并罚规定（先减后并的方法），决定执行的刑罚。B. 罪犯在服刑期间又犯罪（新罪），或发现了判决时未发现的罪行（漏罪），由执行机关（监狱等）移送检察院处理（《刑法》第 55、57、71 条）。(4) 被判处有期刑的罪犯，主刑已执行完毕，在执行附加刑剥夺政治权利期间又重新犯罪，若所犯新罪无须判处附加剥夺政治权利，应在对被告人所犯新罪作出判决时，把前罪未执行完毕的附加剥夺政治权利和新罪所判处的刑罚，按数罪并罚原则，决定执行的刑罚（新罪所判处的刑罚执行完毕后，继续执行前罪未执行完毕的附加刑剥夺政治权利）。(5) 取保候审、监视居住、在押的被告人剥夺政治权利的执行机关为羁押场所（看守所或公安机关）。(6) 服刑罪犯剥夺政治权利的执行机关为服刑地的看守所或监狱。

负责执行剥夺政治权利的派出所应按法院的判决，向罪犯及其所在单位、居住地基层组织宣布其犯罪事实、被剥夺政治权利的期限，罪犯在执行期间应遵守的规定（被剥夺政治权利的罪犯在执行期间应遵守国家法律、行政法规和公安部制定的有关规定，服从监管；不得享有选举权和被选举权；不得组织或参加集会、游行、示威、结社活动；不得出版、制作、发行书籍、音像制品；不得接受采访，发表演说；不得在境内外发表有损国家荣誉、利益或其他有社会危害性的言论；不得担任国家机关职务；不得担任国有公司、企事业单位和团体的领导职务）。(1) 被剥夺政治权利的罪犯违反被剥夺政治权利的罪犯在执行期间，尚未构成新的犯罪，公安机关依法可给予治安处罚。(2) 被剥夺政治权利的罪犯，执行期满，公安机关应书面通知本人及其所在单位、居住地基层组织。

八、刑罚执行和刑罚消灭

从刑事法的角度看，立案、侦查、起诉、审判、刑罚执行等刑诉程序，是刑事司法活动的基本内容。刑罚执行是刑罚执行机关（监狱等）依据法院生效的刑事判决书、裁定书等司法文书，对刑事犯罪人（服刑人）实施的刑事司法活动，涉及根据惩罚和改造、教育和劳动相结合、行刑人道个别化原则，进行刑罚实现、刑罚执行［缓刑（一般缓刑、战时缓刑）减刑、假释、赦免（大赦、特赦）等］、刑罚消灭［求刑权消灭（犯罪人死亡、超过诉讼时效、自诉权放弃、赦免、法律或法律解释修改等）、量刑权消灭（犯罪人死亡、撤诉、赦免等）、行刑权消灭（犯罪人死亡、超过诉讼时效、缓刑考验期满、刑罚执行完毕、赦免等）；追诉时效、赦免等］、刑罚变更、罪犯矫正等基本内容。譬如，罪犯在看守所内又犯新罪，由所属公安机关侦查。提请上级公安机关指定管辖时，应在有关材料中列明嫌犯基本情况、涉嫌罪名、案件基本事实、管辖争议情况、协商情况和指定管辖理由，经公安机关负责人批准后，层报有权指定管辖的上级公安机关。上级公安机关指定管辖，应将指定管辖决定书分别送达被指定管辖的公安机关和其他有关的公安机关，并根据办案需要抄送同级法院、检察院。原受理案件的公安机关，在收到上级公安机关指定其他公安机关管辖的决定书后，不再行使管辖权，同时应将嫌犯、涉案财物以及案卷材料等移送被指定管辖的公安机关。

罪犯的交付程序：(1) 对被依法判处刑罚的罪犯，若罪犯已被采取强制措施，公安机关应依据法院生效的判决书、裁定书以及执行通知书，将罪犯交付执行。(2) 对法院作出无罪或免除刑罚的判决，若被告人在押，公安机关在收到相应的法律文书后应立即办理释放手续；对法院建议给予行政处理，应依有关规定处理或移送有关部门。(3) 对被判处死刑的罪犯，公安机关应依据法院执行死刑的命令，将罪犯交由法院执行。(4) 公安机关接到法院生效的判处死缓二年执行、无期刑、有期刑的判决书、裁定书以及执行通知书后，应在 1 个月内将罪犯送交监狱执行。(5) 对未成年犯应送交未成年犯管教所执行刑罚。(6) 对被判处有期刑的罪犯，在被交付执行刑罚前，剩余刑期在 3 个月以下，由看守所根据法院的判决代为执行。(7) 对被判处拘役的罪犯，由看守所执行。(8) 对被判处管制、宣告缓刑、假释或暂予监外执行的罪犯，已被羁押，由看守所将其交付社区矫正机构执行。对被判处剥夺政治权利的罪犯，由罪犯居住地的派出所负责执行。(9) 对被判处有期刑由看守所代为执行和被判处拘役的罪犯，执行期间若未再犯新罪，执行期满，看守所应发给刑满释放证明书。(10) 公安机关在执行刑罚中，若认为判决有错误或罪犯提出申诉，应转请检察院或原判法院处理。

从立法解释、司法解释的角度看，罪犯在被交付执行前，因有严重疾病、妇女怀孕或正哺乳自己婴儿、生活不能自理等原因，依法提出暂予监外执行申请的，有关病情诊断、妊娠检查和生活不能自理的鉴别，由法院负责组织进行。被告人及其辩护人提出暂予监外执行申请，对其病情诊断、妊娠检查和生活不能自理的鉴别，由法院依规定程序组织进行。罪犯交付执行前因生活不能自理依法提出暂予监外执行申请的，对生活不能自理的鉴别，由法院司法技术辅助部门根据最高法《罪犯生活不能自理鉴别标准》(2016 年)，按最高法《关于罪犯交付执行前暂予监外执行组织诊断工作有关问题的通知》(2014 年) 组织进行。

从刑诉法的角度看，死缓执行、无期刑、有期刑、拘役的交付执行：(1) 罪犯需收押执行刑罚，而判决、裁定生效前未被羁押，法院应根据生效的判决书、裁定书将罪犯送交看守所羁押，或被判死缓执行、无期刑、有期刑、拘役犯，交付执行时在押，第一审法院应在判决、裁定生效后 10 日内，将判决书、裁定书、起诉书副本、自诉状复印件、执行通知书、结案登记表送达看守所，由公安机关将罪犯交付执行。(2) 同案审理的案件中，部分被告人被判死刑，对未被判死刑的同案被告人需羁押执行刑罚，应在其判决、裁定生效后 10 日内交付执行，但该同案被告人参与实施有关死刑之罪，应在最高法复核讯问被判死刑的被告人后交付执行；执行通知书回执经看守所盖章后，应附卷备查。(3) 无期犯、有期犯或拘役犯符合可暂予监外执行条件（①有严重疾病需保外就医。②怀孕或正哺乳自己婴儿的妇女。③生活不能自理，适用暂予监外执行不致危害社会)，法院决定暂予监外执行，应制作暂予监外执行决定书，写明罪犯基本情况、判决确定的罪名和刑罚、决定暂予监外执行的原因、依据等，通知罪犯居住地的县级司法行政机关派员办理交接手续，并将暂予监外执行决定书抄送罪犯居住地的县级检察院和公安机关。（4）检察院认为法院的暂予监外执行决定不当，在法定期限内提出书面意见，法院应立即对该决定重新核查，并在 1 个月内作出决定。（5）暂予监外执行的罪犯有八种违法违规情形（①不符合暂予监外执行条件。②暂予监外执行情形消失后，刑期未满。③保外就医期间不按规定提交病情复查情况，经警告拒不改正。④未经批准离开所居住的市、县，经警告拒不改正，或拒不报告行踪，脱离监管。⑤受到执行机关 2 次警告，仍不改正。⑥因违反监管规定受到治安处罚，仍不改正。⑦保证人丧失保证条件或因不履行义务被取消保证人资格，不能在规定期限内提出新的保证人。⑧违反法律、行政法规和监管规定，情节严重的其他情形），原作出暂予监外执行决定法院，应在收到执行机关的收监执行建议书后 15 日内，作出收监执行的决定。A. 法院收监执行决定书一经作出，立即生效，应同时抄送罪犯居住地的同级检察院和公安机关，送交罪犯居住地的县级司法行政机关，由其根据有关规定将罪犯交付执行。B. 被收监执行的罪犯有不计入执行刑期情形，法院应在作出收监决定时，确定不计入执行刑期的具体时间。（6）监狱和其他执行机关在刑罚执行中，认为判决有错误或罪犯提出申诉，应转请检察院或原判法院处理。检察院对执行机关执行刑罚的活动是否合法实行监督，发现有违法的情况，应通知执行机关纠正。

从监狱法的角度看，监狱是国家的刑罚执行机关，对罪犯实行惩罚和改造相结合、教育和劳动相结合的原则，将罪犯改造成为守法公民；对罪犯应依法监管，根据改造罪犯的需要，组织罪犯从事生产劳动，对罪犯进行思想教育、文化教育，技术教育。依刑法、刑诉法，被判处死缓二年执行、无期刑、有期刑的罪犯，在监狱内执行刑罚。

监狱收监罪犯的条件、程序：（1）法院对被判处死缓二年执行、无期刑、有期刑的罪犯，应将执行通知书、判决书送达羁押该罪犯的公安机关，公安机关应自收到执行通知书、判决书之日起 1 个月内将该罪犯送交监狱执行刑罚。罪犯在被交付执行刑罚前，剩余刑期在 3 个月以下，由看守所代为执行。（2）罪犯被交付执行刑罚，应收监的条件：①罪犯被交付执行刑罚时，交付执行法院应将检察院的起诉书副本、法院的判决书、执行通知书、结案登记表同时送达监狱。②监狱未收到检察院的起诉书副本、法院的判决书、执行通知书、结案登记表，不得收监；检察院的起诉书副本、法院的判决书、执行通知书、结案登记表不齐全或记载有误，作出生效判决的法院应及时补充齐全或作出更正；对其中可能导致错误收监，不予收监。（3）罪犯收监后，监狱应对其进行身体检查。经检查，对有暂予监外执行的情形，监狱可提出书面意见，报省级以上监狱管理机关批准。（4）罪犯收监，应严格检查其人身和所携带的物品。①非生活必需品，由监狱代为保管或征得罪犯同意退回其家属，违禁品没收。②女犯由女性警察检查。（5）罪犯不得携带子女在监内服刑。（6）罪犯收监后，监狱应通知罪犯家属，应自收监之日起 5 日内发出通知书。

第一章

危害国家安全罪（《刑法》第102条至第113条）

从刑诉法、司法解释的角度看，国家安全机关依法律规定，办理危害国家安全的刑事案件，行使与公安机关相同的职权。(1) 危害国家安全、恐怖活动案件，或可能判处无期刑、死刑的案件，属于中院管辖的第一审刑事案件。(2) 危害国家安全犯罪、恐怖活动犯罪案件，在侦查期间辩护律师会见在押的嫌犯，应经侦查机关许可，侦查机关应事先通知看守所。①辩护律师对在执业活动中知悉的委托人的有关情况和信息，有权保密，但在执业活动中知悉委托人或其他人，准备或正实施危害国家安全、公共安全以及严重危害他人人身安全的犯罪，应及时告知司法机关（法院、检察院、公安机关、国家安全机关、司法行政机关）。②辩护律师向法院告知其委托人或其他人准备实施、正实施危害国家安全、公共安全、严重危害他人人身安全犯罪，法院应记录在案，立即转告主管机关依法处理，并为反映有关情况的辩护律师保密。(3) 对国安犯、恐怖犯、涉黑组织犯、毒品犯等案件，证人、鉴定人、被害人因在诉讼中作证，本人或其近亲属的人身安全面临危险的，公检法机关应采取一项或多项保护措施（①不公开真实姓名、住址和工作单位等个人信息。②采取不暴露外貌、真实声音等出庭作证措施。③禁止特定的人员接触证人、鉴定人、被害人及其近亲属。④对人身和住宅采取专门性保护措施。⑤其他必要的保护措施）。(4) 对公安机关、国安机关和检察院侦查（公安机关、检察院在办理案件过程中，依法律进行的专门调查工作和有关的强制性措施）的重大案件，由检察院驻看守所检察人员询问嫌犯，核查是否存在刑讯逼供、非法取证情形，并同步录音录像；经核查，确有刑讯逼供、非法取证情形，侦查机关应及时排除非法证据，不得作为提请批捕、移送审查起诉的根据。可用于证明案件事实的材料，都是证据。证据须经查证属实，才能作为定案的根据。公诉案件中被告人有罪的举证责任由检察院承担，自诉案件中被告人有罪的举证责任由自诉人承担。审判人员、检察人员、侦查人员须依法定程序，收集能证实嫌犯、被告人有罪或无罪、犯罪情节轻重的各种证据。严禁刑讯逼供和以威胁、引诱、欺骗以及其他非法方法收集证据，不得强迫任何人证实自己有罪。须保证一切与案件有关或了解案情的公民，有客观地充分地提供证据的条件，除特殊情况外，可吸收其协助调查。(5) 从司法解释、减刑假释制度的角度看，对危害国家安全犯罪、故意危害公共安全犯罪、严重暴力犯罪、涉众型经济犯罪等严重犯罪；恐怖组织犯罪、邪教组织犯罪、黑恶势力犯罪等有组织犯罪的领导者、组织者和骨干分子；毒品犯罪再犯的严重犯罪者；确有执行能力而拒不依法积极主动缴付财产执行财产刑或确有履行能力而不积极主动履行附带民事赔偿责任的罪犯，在依法减刑、假释时，应从严掌握。①对累犯减刑时，应从严掌握。②拒不交代真实身份或对减刑、假释材料弄虚作假，不符合减刑、假释条件的，不得减刑、假释。

从危害国家安全罪适用死刑、没收财产、从重处罚的角度看，行为人与境外机构、组织、个人有内外勾结性，实施分裂、煽动分裂国家或颠覆国家政权、武装叛乱暴乱的，分别以分裂或煽动分裂国家罪、颠覆或煽动颠覆国家政权罪、武装叛乱、暴乱罪从重处罚。其中，武装叛乱、暴乱罪的两种从重处罚情节，包括与境外机构、组织、个人勾结实施武装叛乱、暴乱从重处罚情节，策动、胁迫、勾引、收买国家机关工作人员、武装部队人员、警察、民兵实施武装叛乱暴乱从重处罚情节。

要准确理解和严格执行"保留死刑，严格控制和慎重适用死刑"的政策。对罪行极其严重的罪犯，论罪应判处死刑，要坚决依法判处死刑。要依法严格控制死刑的适用，统一死刑案件的裁判标准，确保死刑只适用于极少数罪行极其严重的罪犯。拟判处死刑的具体案件定罪或量刑的证据须确实、充分，得出唯一结论。对罪行极其严重，但只要是依法可不立即执行的，就不应判处死刑立即执行。

从刑诉法的角度看，国家安全机关依法律规定，办理危害国家安全的刑事案件，行使与公安机关相同的职权。（1）中院管辖危害国家安全、恐怖活动案件；可能判处无期刑、死刑的案件两种第一审刑事案件。危害国家安全犯罪、恐怖活动犯罪案件，在侦查期间辩护律师会见在押的嫌犯，应经侦查机关许可。（2）对涉嫌危害国家安全犯罪、恐怖活动犯罪，在住处执行可能有碍侦查，经上一级公安机关批准，也可在指定的居所执行，但不得在羁押场所、专门的办案场所执行。辩护律师对在执业活动中知悉的委托人的有关情况和信息，有权予以保密，但辩护律师在执业活动中知悉委托人或其他人，准备或正实施危害国家安全、公共安全以及严重危害他人人身安全的犯罪，应及时告知司法机关。(3) 对危害国家安全犯罪、恐怖活动犯罪、黑社会性质的组织犯罪、毒品犯罪等案件，证人、鉴定人、被害人因在诉讼中作证，本人或其近亲属的人身安全面临危险，公检法机关应采取不公开真实姓名、住址和工作单位等个人信息；采取不暴露外貌、真实声音等出庭作证措施；禁止特定的人员接触证人、鉴定人、被害人及其近亲属；对人身和住宅采取专门性保护措施；其他必要的保护措施的一项或多项保护措施。证人、鉴定人、被害人认为因在诉讼中作证，本人或其近亲属的人身安全面临危险，可向公检法机关请求予以保护。公检法机关依法采取保护措施，有关单位和个人应配合。(4) 对有证据证明有犯罪事实，可能判处徒刑以上刑罚的嫌犯、被告人，采取取保候审尚不足以防止发生可能实施新的犯罪；有危害国家安全、公共安全或社会秩序的现实危险；可能毁灭、伪造证据，干扰证人作证或串供；可能对被害人、举报人、控告人实施打击报复；企图自杀或逃跑5种社会危险性行为，应逮捕。批准或决定逮捕，应将嫌犯、被告人涉嫌犯罪的性质、情节，认罪认罚等情况，作为是否可能发生社会危险性的考虑因素。对有证据证明有犯罪事实，可能判处10年有期刑以上刑罚，或有证据证明有犯罪事实，可能判处徒刑以上刑罚，曾故意犯罪或身份不明，应予以逮捕。被取保候审、监视居住的嫌犯、被告人违反取保候审、监视居住规定，情节严重，可逮捕。（5）公安机关拘留人时，须出示拘留证。拘留后，应立即将被拘留人送看守所羁押，至迟不得超过 24 小时。除无法通知或涉嫌危害国家安全犯罪、恐怖活动犯罪通知可能有碍侦查的情形外，应在拘留后 24 小时内，通知被拘留人的家属。有碍侦查的情形消失后，应立即通知被拘留人的家属。（6）公安机关在立案后，对危害国家安全犯罪、恐怖活动犯罪、黑社会性质的组织犯罪、重大毒品犯罪或其他严重危害社会的犯罪案件，根据侦查犯罪的需要，经严格的批准手续，可采取技术侦查措施。检察院在立案后，对利用职权实施的严重侵犯公民人身权利的重大犯罪案件，根据侦查犯罪的需要，经严格的批准手续，可采取技术侦查措施，按规定交有关机关执行。追捕被通缉或批准、决定逮捕的在逃的嫌犯、被告人，经批准，可采取追捕所必需的技术侦查措施。（7）对贪污贿赂犯罪案件，以及需及时进行审判，经最高检核准的严重危害国家安全犯罪、恐怖活动犯罪案件，嫌犯、被告人在境外，监察机关、公安机关移送起诉，检察院认为犯罪事实已查清，证据确实、充分，依法应追究刑责，可向法院提起公诉。法院进行审查后，对起诉书中有明确的指控犯罪事实，符合缺席审判程序适用条件，应决定开庭审判。前款案件，由犯罪地、被告人离境前居住地或最高法指定的中院组成合议庭进行审理。

中共十九届四中全会提出："建立健全特别行政区维护国家安全的法律制度和执行机制。""绝不容忍任何挑战'一国两制'底线的行为，绝不容忍任何分裂国家的行为。"《全国人民代表大会关于建立健全香港特别行政区维护国家安全的法律制度和执行机制的决定》（2020 年）规定了坚持和完善"一国两制"制度体系原则、维护国家安全原则、依法治港原则、反对外来干涉原则、保障香港居民合法权益原则。譬如，中央政府维护国家安全的有关机关根据需要在香港特区设立机构，依法履行维护国家安全相关职责。维护国家主权、统一和领土完整是香港特区的宪制责任。香港特区根据《香港特别行政区基本法》第 23 条（香港特别行政区应自行立法禁止任何叛国、分裂国家、煽动叛乱、颠覆中央人民政府及窃取国家机密的行为，禁止外国的政治性组织或团体在香港特别行政区进行政治活动，禁止香港特别行政区的政治性组织或团体与外国的政治性组织或团体建立联系）规定仍负有维护国家安全的宪制责任和立法义务，应尽早完成维护国家安全的有关立法。任何维护国家安全的立法及其实施都不得同《全国人民代表大会关于建立健全香港特别行政区维护国家安全的法律制度和执行机制的决定》（2020 年）相抵触。

从危害国家安全罪法定刑最高刑、犯罪情节、犯罪后果的角度看，危害国家安全罪分为死刑型危害国家安全罪（间谍罪；资敌罪；投敌叛变罪；武装叛乱、暴乱罪；背叛国家罪；分裂国家罪；为境外窃取、刺探、收买、非法提供国家秘密、情报罪）、非死刑型危害国家安全罪（煽动分裂国家罪；煽动颠覆国家政权罪；颠覆国家政权罪；叛逃罪；资助危害国家安全犯罪活动罪）。

危害国家安全罪的刑种以管制、拘役、有期刑、无期刑为主，以死刑为辅；危害国家安全罪的主刑最高刑以无期刑为原则，以死刑为例外；危害国家安全罪的附加刑以剥夺政治权利、没收财产为原则，以不剥夺政治权利为例外。也就是说，间谍罪；资敌罪；投敌叛变罪；武装叛乱；暴乱罪；背叛国家罪；分裂国家罪；为境外窃取、刺探、收买、非法提供国家秘密、情报罪 7 种危害国家安全罪的最高法定刑是死刑，以危害特别严重、情节特别恶劣为前提条件，也可并处没收财产。相反，煽动分裂国家罪、煽动颠覆国家政权罪、颠覆国家政权罪、叛逃罪、资助危害国家安全犯罪活动罪 5 种危害国家安全罪，即使危害特别严重、情节特别恶劣，最高刑只是无期刑，也无死刑，仅可并处没收财产。

危害国家安全罪的法定刑以重刑为主，以轻刑为辅。从量刑幅度的角度看，危害国家安全罪的量刑类型有多样性、重刑性。①可判 3 年以下有期刑、拘役、管制或剥夺政治权利型危害国家安全罪（分裂国家罪；武装叛乱、暴乱罪；颠覆国家政权罪的其他参加者）。②可判 3 年以上 10 年以下有期刑型危害国家安全罪（分裂国家罪；武装叛乱、暴乱罪；颠覆国家政权罪的积极参加者；投敌叛变罪的投敌叛变者；间谍罪、资敌罪的情节较轻者）。③可判 5 年以下有期刑、拘役、管制或剥夺政治权利型危害国家安全罪（煽动分裂国家罪、煽动颠覆国家政权罪的积极参加者、其他参加者；资助危害国家安全犯罪活动罪的直接责任人员；叛逃罪的叛逃境外者、境外叛逃者；为境外窃取、刺探、收买、非法提供国家秘密、情报罪的情节较轻者）。④可判 5 年以上有期刑型危害国家安全罪（煽动分裂国家罪、煽动颠覆国家政权罪的首犯或罪行重大者；资助危害国家安全犯罪活动罪的情节严重者）。⑤可判无期刑或 10 年以上有期刑型危害国家安全罪（背叛国家罪、分裂国家罪、武装叛乱、暴乱罪、颠覆国家政权罪的首犯或罪行重大者）。⑥可判 10 年以上有期刑或无期刑型危害国家安全罪（投敌叛变罪的情节严重者或带领武装部队人员、警察、民兵投敌叛变者；间谍罪的危害国家安全者；为境外窃取、刺探、收买、非法提供国家秘密、情报罪的情节特别严重者；资敌罪的战时供给敌人武器装备、军用物资资敌者）。⑦可判死刑、并处没收财产型危害国家安全罪（背叛国家罪；分裂国家罪；武装叛乱、暴乱罪；投敌叛变罪；间谍罪；为境外窃取、刺探、收买、非法提供国家秘密、情报罪；资敌罪的危害特别严重者、情节特别恶劣者）。

从是否有从重处罚情节的角度看，危害国家安全罪分为与境外勾结者从重处罚型危害国家安全罪（与境外机构、组织、个人相勾结，实施分裂国家罪；煽动分裂国家罪；颠覆国家政权罪；煽动颠覆国家政权罪；武装叛乱、暴乱罪；依各罪从重处罚）、一般从重处罚型危害国家安全罪（叛逃罪的从重处罚情节以掌握国家秘密的国家工作人员犯叛逃罪为前提条件；武装叛乱、暴乱罪的从重处罚情节以策动、胁迫、勾引、收买国家机关工作人员、武装部队人员、警察、民兵实施武装叛乱暴乱为前提条件）。

从是否附加剥夺政治权利的角度看，危害国家安全罪分为剥夺政治权利型危害国家安全罪（武装叛乱、暴乱罪；分裂国家罪；煽动分裂国家罪；颠覆国家政权罪；煽动颠覆国家政权罪；资助危害国家安全犯罪活动罪；叛逃罪；为境外窃取、刺探、收买、非法提供国家秘密；情报罪)、未附加剥夺政治权利型危害国家安全罪（资敌罪；间谍罪；投敌叛变罪；背叛国家罪)。

从共犯、集团犯罪、聚众犯罪的角度看，危害国家安全罪分为首犯型危害国家安全罪（武装叛乱、暴乱罪；分裂国家罪；煽动分裂国家罪；颠覆国家政权罪；煽动颠覆国家政权罪)、非首犯型危害国家安全罪（为境外窃取、刺探、收买、非法提供国家秘密、情报罪；间谍罪；背叛国家罪；投敌叛变罪；叛逃罪；资敌罪；资助危害国家安全犯罪活动罪)。

【危害国家安全罪适用死刑、没收财产规定】犯危害国家安全罪，可并处没收财产；对国家和危害特别严重、情节特别恶劣的，可判处死刑（间谍罪；资敌罪；投敌叛变罪；武装叛乱、暴乱罪；背叛国家罪；为境外窃取、刺探、收买、非法提供国家秘密、情报罪)，以煽动分裂国家罪、煽动颠覆国家政权罪、颠覆国家政权罪、资助危害国家安全犯罪活动罪、叛逃罪为例外。

从《刑法》第113条、《刑法修正案（九）》、刑罚的角度看，危害国家安全罪分为可适用死刑、没收财产的7种特定类型的危害国家安全罪（间谍罪；资敌罪；背叛国家罪；分裂国家罪；投敌叛变罪；武装叛乱、暴乱罪；为境外窃取、刺探、收买、非法提供国家秘密、情报罪；以危害特别严重者、情节特别恶劣者为前提条件)，不可适用死刑、没收财产的5种特定类型的危害国家安全罪（叛逃罪；煽动分裂国家罪；颠覆国家政权罪；煽动颠覆国家政权罪；资助危害国家安全犯罪活动罪)。

【危害国家安全与境外勾结的处罚规定】与境外机构、组织、个人相勾结，实施分裂国家罪、煽动分裂国家罪、颠覆国家政权罪、煽动颠覆国家政权罪、武装叛乱、暴乱罪的，依各该条规定从重处罚。

【《国家情报法》(2018年）的法律责任】①违反《国家情报法》规定，阻碍国家情报工作机构及其工作人员依法开展情报工作的，由国家情报工作机构建议相关单位给予处分或由国安机关、公安机关处警告或15日以下拘留；构成犯罪的，依法追究刑责。②泄露与国家情报工作有关的国家秘密的，由国家情报工作机构建议相关单位给予处分或由国安机关、公安机关处警告或15日以下拘留；构成犯罪的，依法追究刑责。③冒充国家情报工作机构工作人员或其他相关人员实施招摇撞骗、诈骗、敲诈勒索等行为的，依《治安管理处罚法》规定处罚的；构成犯罪，依法追究刑责。④国家情报工作机构及其工作人员有超越职权、滥用职权，侵犯公民和组织的合法权益，利用职务便利为自己或他人谋取私利，泄露国家秘密、商业秘密和个人信息等违法违纪行为的，依法给予处分；构成犯罪的，依法追究刑责。

一、《刑法》第102条【背叛国家罪】

（一）背叛国家罪的概念与特征

从法律渊源的角度看，背叛国家罪的法律根据是《刑法》第102、103、106、113、56条等。

1. 背叛国家罪的概念

1997年《刑法》第102条规定的背叛国家罪，是指中国公民勾结外国（外国政府、政党、政治集团及其代表人物等境外敌对势力）或境外机构、组织与个人而实施背叛、危害国家主权、领土完整与安全的犯罪行为。

从《刑法》第102条第2款的角度看，中国公民勾结外国或境外机构、组织与个人，实施危害国家主权、领土完整和安全的行为，均以背叛国家罪论处。

从法律渊源的角度看，背叛国家罪源于1979年《刑法》的背叛祖国罪，又称为外患罪（日本、泰国）、叛逆罪（法国、加拿大）、叛国罪（德国）等；主要法律渊源是《中国人民政治协商会议共同纲领》（1949年）、《刑法》（1979年）等。

2. 背叛国家罪的特征

（1）背叛国家罪，属于行为犯、故意犯、目的犯，不属于结果犯。只要行为人实施了背叛国家的行为，即构成背叛国家罪，并不要求行为人的背叛行为，须产生危害国家主权、领土完整和安全的实际后果，否则更不利于国家安全的保护。

（2）背叛国家罪的主体具有中国公民的特殊身份性，以勾结外国或境外机构、组织与个人为基本要件，要求中国公民具有勾结外国（外国政府、政党、政治集团及其代表人物等境外敌对势力）或境外机构、组织与个人，实施背叛、危害国家主权、领土完整与安全，使国家主权、领土与安全落入外国之手的犯罪行为。外国人、无国籍人，可能构成背叛国家罪的共犯。事实上，外国人、无国籍人勾结外国或境外机构、组织或个人，实施危害中国国家安全的行为，则不构成背叛国家罪，但可能构成国际刑法意义的他罪。

（二）背叛国家罪的构成要件

1. 背叛国家罪的主体

背叛国家罪的主体属于特殊主体，仅限于具有刑责年龄、刑责能力、中国国籍的中国公民，也包括中国境内机构、组织的直接责任人员；以特殊类型的中国公民为主，以一般类型的中国公民为辅；主要是混入党政军机关内部掌握国家重要政治权力或窃据社会重要职务或具有重大政治影响的中国公民，即具有一定的政治地位、社会地位、政治影响力的中国公民。

中国刑法没有规定背叛国家罪的特殊主体身份。在一般情况下，普通中国公民很难直接实施勾结外国或境外机构、组织、个人而危害国家主权、领土完整与安全的背叛行为；在特定情况下，普通中国公民（非法政党、非法组织的成员等）、外国人、无国籍人，也可能构成背叛国家罪的共犯。

从刑法、立法解释、司法解释的角度看，危害国家安全行为的背后往往有外国政府、军队或其他官方组织机构的支持、操纵。①外国，特指对中国怀有侵略、控制、颠覆野心、敌视和破坏社会主义制度的外国政府、政党、政治集团、机构、组织及其代表人物等敌对势力。②外国机构，即外国官方机构（政府、军队以及其他国家机关设置的机构、外国驻中国使领馆及办事处等）。③外国组织，即外国的政党、社会团体及其他企事业单位等。④境外，即中国领域外或领域内中国政府尚未实施行政管辖的地域，包括尚未回归的中国台湾地区、1997 年 7 月 1 日前的香港、1999 年 12 月 31 日前的澳门等地区。⑤境外机构、组织，即回归中国前港澳台和外国的机构、组织及其在中国境内设立的分支（代表）机构和分支组织，譬如外国政府、军队以及其他国家机关在中国境内设置的机构、社团及其他企事业组织、外国驻华使、领馆，办事处、商社、新闻机构等。⑥外国个人，包括外国公民、无国籍人、外籍华人等。⑦境外个人，即居住（永久居住、长期居住、短期居住）在外国和回归中国前的港澳台地区的人，居住在中国境内不具有中国国籍的人。

2. 背叛国家罪的客体

背叛国家罪的客体，属于双重客体，包括国家主权、领土完整、国家安全，也表明背叛国家罪是危害国家最危险的一类犯罪。

当然，国家统一并非完全等同于领土完整。国家独立的基本标志是国家的主权、领土完整和安全。①国家主权是国家独立自主地处理对内对外事务的最高权力。②领土是国家的基本构成要素之一，是国家赖以存在、发展和国家主权的物质基础。领土完整，即国家领土不能被分裂、被侵占。③国家安全是国家建设、经济发展的重要保障，是国家存在、稳定发展的基本条件。

3. 背叛国家罪的主观方面

背叛国家罪的主观方面，只能是故意，以直接故意为主，以间接故意为辅，表现为行为人主观上明知自己的背叛行为会发生危害国家主权、领土完整与安全的结果，仍希望或放任危害结果的发生。行为人只要实施危害国家主权、领土完整与国家安全的背叛行为，即构成背叛国家罪。

4. 背叛国家罪的客观方面

背叛国家罪的犯罪客观方面具有勾结性，是中国公民勾结外国或境外机构、组织、个人，实施危害国家主权、领土完整与国家安全的背叛行为，包括勾结、组织、策划、实施行为。

（1）勾结行为：中国境内的机构、组织、个人与外国或境外机构、组织、个人之间通过公开或暗中秘密接触、信电往来等行为方式，联络挂钩，联系交往，取得支持、帮助、资助或指使，共同通谋、组织、策划等实施危害国家主权、领土完整和安全的犯罪活动。

从背叛国家罪的客观方面的角度看，勾结外国或境外机构、组织或个人，是背叛国家罪的构成特征，但并不要求须与敌对势力相勾结才构成该罪。行为人客观上实施任何危害国家安全的背叛行为，都是背叛国家安全罪的客观表现，根据一事不二罚原则，只能以背叛国家罪一罪论处，不实行数罪并罚。

《国家安全法实施细则》第 7 条规定了境内机构、组织、个人与外国或境外机构、组织、个人共同实施危害国家安全的三种勾结行为方式，具有相互性。①与外国或境外机构、组织、个人之间主动挂钩联系、投靠、接受其资助、指使，寻求支持、帮助，共同策划、实施危害国家安全活动。②接受外国或境外机构、组织、个人的资助或指使，进行危害国家安全活动。③与外国或境外机构、组织、个人建立联系，取得支持、帮助，进行危害国家安全活动。

（2）勾结主体类型：①外国，即外国政府、政党、政治集团、敌对势力及其代表人物。②境外机构、组织、个人：A. 隶属于外国的机构、组织、个人。B. 中国境内的涉外机构、组织、个人。

（3）勾结目的行为：①与外国签订卖国条约。②出卖国家利益。③勾结外国敌对势力发动侵华战争。④组织傀儡政府等。

（三）背叛国家罪的认定

1. 背叛国家罪与非罪的界限

背叛国家罪，只能是中国公民勾结外国或境外机构、组织、个人，实施危害国家主权、领土完整与国家安全的背叛行为，而非背叛国家类型的危害国家安全犯罪，没有须以中国公民为特殊主体的限制规定。

若中国公民主观上无危害国家主权、领土完整和安全的特定内容或直接目的，但客观上勾结外国或境外机构、组织、个人，危害了国家主权、领土完整和安全，或资助危害国家安全犯罪活动行为、投敌叛变行为或为境外组织、机构、人员窃取、刺探、收买、非法提供国家秘密、情报的行为等，则不构成背叛国家罪。并非中国公民实施所有危害国家主权、领土完整和安全的行为，都构成背叛国家罪，可能构成其他类型的危害国家安全罪，应以刑法分则有关具体规定论处。

2. 背叛国家罪既遂与未遂的界限

背叛国家罪属于行为犯。只要行为人实施了勾结外国或境外机构、组织与个人，并危害国家主权、领土完整和安全的行为，即使处于暗中密谋策划、秘密接触的犯罪预备预谋阶段或边策划边实施、即将计划付诸实施的着手犯罪阶段，也构成背叛国家罪既遂。

3. 背叛国家罪一罪与数罪的界限

从牵连犯的角度看，若行为人在勾结外国或境外机构、组织、个人危害国家主权、领土完整与安全的过程中，又实施了投敌叛变、颠覆国家政权等其他危害国家安全的行为，应依牵连犯的处罚原则择一重罪论处。

当然，刑法意义的牵连关系的前提条件是犯罪行为分为手段行为与目的行为、结果行为与原因行为。若犯罪的手段行为与目的行为或结果行为与原因行为分别触犯不同的罪名，即构成牵连犯。

二、《刑法》第104条【武装叛乱、暴乱罪】

（一）武装叛乱、暴乱罪的概念与特征

从法律渊源的角度看，武装叛乱、暴乱罪的法律根据是《刑法》第104、106、113、56条等。

1. 武装叛乱、暴乱罪的概念

武装叛乱、暴乱罪，是行为人组织、策划、实施武装叛乱、武装暴乱的犯罪行为。

从国际刑法的角度看，武装叛乱、暴乱罪源于1979年《刑法》聚众叛乱罪和策划、勾引、收买国家工作人员、武装部队、人民警察、民兵投敌叛变、暴乱罪的混合法条；主要法律渊源是《关于反革命和其他坏分子的解释及处理的政策界限的暂行规定》(1956年)、《刑法》(1979年)等刑事法律法规，又称为谋反、谋叛罪（《唐律》）、内乱罪（意大利、日本、韩国）、武装叛乱罪（俄罗斯）等。

从共犯、同时犯、故意犯、行为犯的角度看，组织、策划、实施武装叛乱或武装暴乱，对首犯或罪行重大者，处无期刑或10年以上有期刑；对积极参加者，处3年以上10年以下有期刑；对其他参加者，处3年以下有期刑、拘役、管制或剥夺政治权利。

从行为犯、法定刑的角度看，武装叛乱、暴乱罪、投敌叛变罪、叛逃罪不存在犯罪既遂、犯罪未遂的可能性，分别以着手实行武装叛乱暴乱、投敌叛变、叛逃行为为适用法定刑的根据。

2. 武装叛乱、暴乱罪的特征

(1) 武装叛乱、暴乱罪是行为犯，包括组织、策划、策动、胁迫、勾引、收买、实施叛乱暴乱等实行行为类型。

(2) 武装叛乱、暴乱罪是目的犯，即行为人实施武装叛乱、暴乱犯罪的根本目的是危害国家安全。

(3) 武装叛乱、暴乱罪是选择式罪名，包括武装叛乱罪、武装暴乱罪。只要行为人实施武装叛乱、暴乱的组织行为、策划行为、实施行为之一，即构成武装叛乱、暴乱罪。

(4) 武装叛乱、暴乱罪是故意犯，而不是过失犯。

(5) 武装叛乱、暴乱罪是情节犯、共犯。从《刑法》第104、106、113条的角度看，犯武装叛乱、暴乱罪主体分为首犯、罪行重大者、积极参加者、一般参加者；犯罪情节类型分为危害特别严重、情节特别恶劣、从重情节。其中，武装叛乱、暴乱罪的从重处罚类型，包括对国家机关工作人员、武装部队人员、警察、民兵的策划、胁迫、勾引、收买行为和与境外机构、组织、个人的勾结行为。

(6) 武装叛乱、暴乱罪具有武装性、军事性、暴力性、破坏性、故意性、共谋性、聚众性、有组织性。

(二) 武装叛乱、暴乱罪的构成要件

1. 武装叛乱、暴乱罪的主体

武装叛乱、暴乱罪的主体是一般主体，即具有刑责年龄、刑责能力的自然人，包括中国公民、外国人、无国籍人，或境内外机构、组织的直接责任人员，或首犯、罪行重大者、积极参加者、其他参加者。一般而言，武装叛乱、暴乱罪由境内外敌对势力相勾结而实施国家安全犯罪。

2. 武装叛乱、暴乱罪的主观方面

武装叛乱、暴乱罪的主观方面是故意，以直接故意为主，以间接故意为辅，即行为人具有主观上明知武装叛乱、武装暴乱行为会发生危害国家安全的结果，并希望或放任该危害结果发生的心理态度。

3. 武装叛乱、暴乱罪的客体

武装叛乱、暴乱罪的客体是双重客体，是国家安全，主要内容包括人民民主专政政权、社会主义制度。

4. 武装叛乱、暴乱罪的客观方面

武装叛乱、暴乱罪的客观方面表现为武装叛乱、暴乱行为，即行为人客观上以武装、暴力、聚众等方式组织、策划、实施武装叛乱、武装暴乱，危害国家安全的行为。

武装叛乱、暴乱罪的客观行为具有武装性，分为武装叛乱行为、武装暴乱行为，一般表现为组织行为、策划行为、实施行为三种行为方式类型，特定表现为使用策动、胁迫、勾引、收买等行为方式。只要行为人实施武装叛乱、暴乱的组织行为、策划行为、实施行为的全部行为或部分行为，即构成武装叛乱、暴乱罪。①武装叛乱、暴乱罪的武装行为，是行为人在实施叛乱、暴乱的过程中，携带或使用具有杀伤性、破坏性的器械或武器。②武装叛乱，具有叛变或投奔境外的性质，即行为人以反叛国家、政府为内容，以投靠外国或境外机构、组织、敌对势力为目的，以聚众武装对抗方式，实施暴力叛乱活动，造成严重混乱的社会秩序。武装叛乱方式具有多样性，如持械杀人、放火、打砸抢，破坏道路桥梁，抢劫国家档案、军火，冲击、捣毁党政机关等。③武装暴乱，是行为人没有投靠境外敌对势力的目的，而在境内利用武装方式对抗国家、政府，制造骚乱、实施烧杀抢夺等破坏行为。武装暴乱行为具有多样性，如持械聚众冲击党政机关，抢劫、抢夺枪支、弹药，抢劫、毁损公私财物，摧毁、焚烧公共设施，绑架、杀害干部、群众等。④武装叛乱、暴乱罪的实施行为具有聚众性，即行为人开始直接进行各种武装叛乱或武装暴乱。⑤武装叛乱、暴乱罪的组织行为具有聚众性，即行为人领导、指挥、召集、网罗他人实施武装叛乱、武装暴乱。其中，组织行为、实施行为可能以聚众方式实施之；策划行为没有必聚众实施之。当然，与实施行为比较而言，组织行为、策划行为一般不会产生实际后果。⑥武装叛乱、暴乱罪的策划行为具有故意性，即行为人制定武装叛乱或武装暴乱的计划、方案，策动、胁迫、勾引、收买他人进行武装叛乱、武装暴乱。⑦武装叛乱、暴乱罪的策动行为，即行为人利用某种事件或观念鼓动、煽动他人进行武装叛乱或武装暴乱。⑧武装叛乱、暴乱罪的胁迫行为，即行为人以威胁、恐吓、暴力、恐怖等恐惧心理方法迫使他人进行武装叛乱或武装暴乱。⑨武装叛乱、暴乱罪的勾引行为，即行为人以名利、地位、色情、毒品、极端宗教主义思想等方式引诱他人进行武装叛乱或武装暴乱。⑩武装叛乱、暴乱罪的收买行为，即行为人以金钱、物资等利益方式收买他人进行武装叛乱或武装暴乱。

（三）武装叛乱、暴乱罪的认定

1. 武装叛乱、暴乱罪与非罪的界限

（1）从犯罪的性质、目的、动机的角度看，武装叛乱、暴乱罪不同于形式上与政府对抗、实质上具有人民内部矛盾性质的一般群众聚众闹事案件。武装叛乱、暴乱罪与一般群众闹事的区别的关键是犯罪目的、犯罪动机、犯罪主观方面的故意内容不同。一般而言，一般群众闹事属于人民内部矛盾，没有破坏人民民主专政、推翻社会主义制度的主观故意、犯罪目的。特殊而言，即使一些不明真相的群众在群众性的闹事过程中混杂着具有危害国家安全意图的可能性，可能违反《治安管理处罚法》或构成其他违法犯罪，也不能以武装叛乱、暴乱罪论处。①武装叛乱罪与武装叛乱罪的根本区别，主要表现为犯罪主观方面、客观方面、犯罪动机、犯罪目的的不同，根本区别是是否具有投奔外国或境外敌对势力的背景或意图。②从司法实践的角度看，某些群众因对某些国家政策不了解或不满，或提出某些诉求没有得到满足，或不满有关政府部门处理某些问题的结果，导致冲击国家机关，围攻殴打国家工作人员或毁坏公私财物、公共设施等违法行为，不应以武装叛乱、暴乱罪论处，一般以说服教育为主，以治安处罚或刑罚为辅，而对触犯刑法、构成犯罪聚众闹事的首犯或积极参加者，可能以妨害公务罪或故意毁坏财物罪等相关罪名论处。

（2）若行为人主观上不知自己参加的活动具有武装叛乱或武装暴乱性，则不能构成武装叛乱、暴乱罪；若构成他罪，则按他罪论处。

（3）若行为人在实施武装叛乱、暴乱犯罪的过程中，另行实施了故意杀人等犯罪活动，则以故意杀人罪等罪名论处。

2. 武装叛乱、暴乱罪既遂与未遂的界限

武装叛乱罪、武装暴乱罪，属于行为犯，不是结果犯，也不存在未遂犯。只要行为实施了组织、策划、实施武装叛乱或暴乱的任何行为方式之一，即构成武装叛乱罪或武装暴乱罪既遂，而不要求发生实际的危害结果。

3. 武装叛乱、暴乱罪一罪与数罪的界限

行为人实施武装叛乱、武装暴乱的过程中，又同时具有他罪行为，到底如何定罪量刑具有争议性。①从司法解释的角度看，无论行为人实施武装叛乱、武装暴乱行为之一或全部行为，还是在实施武装叛乱、武装暴乱犯罪过程中，可能同时伴随着杀人、伤害、绑架、放火、爆炸、抢劫、强奸等犯罪行为，形式上触犯他罪，产生牵连关系、吸收关系、想象竞合关系或法条竞合关系（法条重合关系、法条交叉关系），也只能以武装叛乱、武装暴乱罪一罪论处。当然，法条竞合犯的处罚原则以特殊法优于普通法为原则，以重法优于轻法为例外。②一些专家学者认为，若行为人实施武装叛乱、武装暴乱的同时，又实施诸如投敌叛变、为境外非法提供国家秘密、情报等他罪，则构成武装叛乱、暴乱罪、投敌叛变罪、为境外非法提供国家秘密、情报罪等数罪，应实行数罪并罚。

（四）武装叛乱、暴乱罪的刑责

武装叛乱、暴乱罪的法律根据是《刑法》第 56、104、106、113 条和最高法《关于审理非法出版物刑事案件具体应用法律若干问题的解释》（1998年）第1条。

（1）武装叛乱、暴乱罪的主刑：①首犯或罪行重大者，处无期刑或10年以上有期刑；危害特别严重、情节特别恶劣的，可处死刑。②积极参加者，处3年以上10年以下有期刑。③其他参加者，处3年以下有期刑、拘役、管制或剥夺政治权利。④策动、胁迫、勾引、收买国家机关工作人员、武装部队人员、警察、民兵，或与境外机构、组织、个人相勾结，实施武装叛乱或武装暴乱的，以武装叛乱、暴乱罪从重处罚。

（2）武装叛乱、暴乱罪的附加刑：①可并处没收财产。②应附加剥夺政治权利。

三、《刑法》第103条第1款【分裂国家罪】

（一）分裂国家罪的概念与特征

1. 分裂国家罪的概念

分裂国家罪，是行为人组织、策划、实施分裂、破坏国家统一、领土完整的分裂行为。

分裂国家罪源于1979年《刑法》的阴谋颠覆政府、分裂国家罪，又称为内乱罪（奥地利、西班牙、日本、韩国、泰国）、破坏统一罪（意大利、德国）等。

从共犯、故意犯、危险行为犯、情节犯的角度看，组织、策划、实施分裂国家、破坏国家统一（以分裂国家为犯罪目的），对首犯或罪行重大者，处无期刑或10年以上有期刑；对积极参加者，处3年以上10年以下有期刑；对其他参加者，处3年以下有期刑、拘役、管制或剥夺政治权利。

从危险行为犯的角度看，煽动分裂国家、破坏国家统一（以煽动分裂国家为犯罪目的），处5年以下有期刑、拘役、管制或剥夺政治权利；首犯或罪行重大者，处5年以上有期刑。

策动、胁迫、勾引、收买国家机关工作人员、武装部队人员、警察、民兵进行武装叛乱或武装暴乱的，依武装叛乱、暴乱罪从重处罚。

利用突发传染病疫情等灾害，制造、传播谣言，煽动分裂国家、破坏国家统一，或煽动颠覆国家政权、推翻社会主义制度的，以煽动分裂国家罪或煽动颠覆国家政权罪定罪处罚。

明知出版物中载有煽动分裂国家、破坏国家统一或煽动颠覆国家政权、推翻社会主义制度的内容而出版、印刷、复制、发行、传播的，以煽动分裂国家罪或煽动颠覆国家政权罪追责。

2. 分裂国家罪的特征

（1）分裂国家罪是行为犯，以既遂犯为原则，以预备犯、未遂犯为例外。从犯罪行为方式的角度看，有无组织、策划、实施分裂国家、破坏国家统一的行为，也是分裂国家罪与非罪的重要区别。换言之，只要行为人实施了分裂国家、破坏国家统一的组织、策划、实施的全部行为或部分行为，不论是否具有犯罪结果，即构成分裂国家罪既遂。当然，若行为人没有实施分裂国家、破坏国家统一的组织、策划、实施行为，则不能构成分裂国家罪。

（2）分裂国家罪是情节犯。从《刑法》第103、106、113条的角度看，犯分裂国家罪，以犯罪情节、犯罪作用、犯罪结果为标准，分为4个档次的法定刑，即与境外机构的、组织、个人相勾结，进行从重处罚；危害特别严重、情节特别恶劣的，可处死刑，并处没收财产。

（3）分裂国家罪是目的犯，具有分裂国家、破坏国家统一的犯罪故意目的，也是分裂国家罪与非罪的重要区别。

（4）分裂国家罪是有组织性质的共同犯罪，包括组织者、策划者、指挥者或首犯、罪行重大者、积极参加者、一般参加者等共同犯罪人。从共同犯罪的作用的角度看，首犯在共同犯罪中具有组织、策划、指挥作用；罪行重大者在共同犯罪中具有主要作用；积极参加者在共同犯罪中多次参加共同犯罪活动或积极主动参加共同犯罪活动；一般参加者包括被胁迫参加者、被利诱参加者等。

（5）分裂国家罪是选择罪名。从犯罪行为方式、特征的角度看，分裂国家罪分为组织分裂国家罪、策划分裂国家罪、实施分裂国家罪，或分裂国家罪、破坏国家统一罪、与境外机构、组织、个人相勾结分裂国家罪、与境外机构、组织、个人相勾结破坏国家统一罪等罪名。[1]

（二）分裂国家罪的构成要件

（1）分裂国家罪的主体是一般主体，即自然人主体，以特殊自然人为主，以一般自然人为辅，包括中国公民、外国人、无国籍人，主要是具有一定社会影响力的地方分裂主义分子、民族分裂分子，往往是窃党政军大权的野心家、阴谋家或地方民族分裂主义分子。

刑法没有特别界定分裂国家罪的主体范围。从共同犯罪参与程度、社会危害程度的角度看，分裂国家罪的参与者，主要包括组织者、策划者、指挥者或首犯、罪行重大者、积极参加者、一般参加者。

（2）分裂国家罪的主观方面，只能是故意，以直接故意为主，以间接故意为辅，表现为行为人主观上明知自己的行为会发生分裂国家、破坏国家统一的结果，并希望或放任该危害结果的发生。

（3）分裂国家罪的客体，是国家统一、领土完整、主权利益等国家利益、民族利益，具有中国领土完整性、国家政权独立性、多民族性、同根据同源性。

（4）分裂国家罪的客观方面表现为组织、策划、实施分裂、破坏国家统一的行为。

分裂国家罪的实行行为，包括组织行为、策划行为、实施行为3种行为方式类型。行为人只要实施分裂国家罪的组织行为、策划行为、实施行为之一，即可构成分裂国家罪的既遂。当然，客观上是否发生了分裂国家的危害结果，不影响分裂国家罪的犯罪构成。①组织行为，即纠集他人、网罗成员，组建分裂国家组织的行为。②策划行为，即商讨、制定分裂国家计划的行为。③实施行为，即实现分裂国家的目的而将策划的内容具体实施、付诸行动的行为。④分裂国家、破坏国家统一的行为：另立政府、

[1] 周其华：《中国刑法罪名释考》，中国方正出版社2001年版，第5页。

实行地方割据、拒绝中央政府领导的行为，制造民族分裂、破坏民族团结、破坏国家统一的行为，组织、利用邪教组织，进行组织、密谋策划、具体实施分裂国家、破坏国家统一的行为。

（三）分裂国家罪的认定

1. 分裂国家罪与非罪的界限

从分裂国家罪是行为犯、目的犯的角度看，分裂国家罪与非罪的区别，关键在于是否具有分裂国家、破坏国家统一的犯罪目的，是否具有组织行为、策划行为、实施分裂国家、破坏国家统一的行为。若行为人没有分裂国家、破坏国家统一的犯罪目的，只是一时对国家政策、民族政策不理解而实施了一些错误行为，则不能认定为分裂国家罪。同样，若行为人只是出于狭隘民族主义或地方主义情绪，思想上倾向于民族或地方分裂分子，但未参加组织、策划、实施分裂国家行为的，也不能认定为分裂国家罪。〔1〕

从司法实践的角度看，分裂国家罪与非罪的界限，关键是人民内部矛盾或敌我矛盾的性质认定。譬如行为人基于地方保护主义、狭隘民族主义思想，或存在一定的分裂思想倾向，或误解某些国家政策等非恐怖主义、分离主义思想倾向而实施某种过激、偏激、愤青性质的言辞行为，并没有借助微信、微博等媒介方式方法实际实施任何组织、策划、实施分裂国家、破坏国家统一的犯罪行为，属于一种违法行为，而非犯罪行为，不应以分裂国家罪论处，但可采取非刑罚化措施解决有关问题（批评教育、行政处罚、治安处罚等）。

从《刑法》第106条的角度看，勾结外国，包括与境外机构、组织、个人相勾结，分裂国家、破坏国家统一的行为，以分裂国家罪从重处罚；与境外机构、组织、个人相勾结，不包括勾结外国，犯分裂国家等罪，均以《刑法》第102条背叛国家罪论处。

2. 分裂国家罪一罪与数罪的界限

行为人在分裂国家、破坏国家统一的过程中，又实施武装叛乱、暴乱等他罪行为的，应以牵连犯的处罚原则择一重罪论处。

（四）分裂国家罪的刑责

分裂国家罪的法律根据是《刑法》第56条、第103条第1款、第106条、第113条和《国家安全法》《反分裂国家法》等。

（1）分裂国家罪的主刑：①首犯或罪行重大者，处无期刑或10年以上有期刑；危害特别严重、情节特别恶劣，可处死刑。②积极参加者，处3年以上10年以下有期刑。③其他参加者，处3年以下有期刑、拘役、管制或剥夺政治权利；一般不适用刑法总则的从犯规定。④与境外机构、组织、个人相勾结，犯分裂国家罪，从重处罚。

（2）分裂国家罪的附加刑：①可并处没收财产。②应附加并处剥夺政治权利。

〔1〕刘宪权主编：《刑法学》，上海人民出版社2006年版，第391页。

四、《刑法》第103条第2款【煽动分裂国家罪】

（一）煽动分裂国家罪的概念与特征

从法律渊源的角度看，煽动分裂国家罪的法律根据是《刑法》第103条第2款、第106、113、56条等。

1. 煽动分裂国家罪的概念

煽动分裂国家罪，是行为人以语言、文字等外在行为形式实施分裂国家、破坏国家统一的煽动行为。

从煽动分裂国家罪渊源的角度看，1997年《刑法》第103条、第105条煽动分裂国家罪、煽动颠覆国家政权罪源于1979年《刑法》第102条反革命宣传煽动罪，又称为内乱罪、违反公民安全罪（奥地利）等。

2. 煽动分裂国家罪的特征

（1）从煽动分裂国家罪的概念、犯罪构成要件和政治影响力的角度看，煽动分裂国家罪是一种具有宣传煽动性、教唆性、针对性、反国家性、反政府性、有组织性的共同犯罪。譬如根据刑法行为人在煽动分裂国家罪中的地位、作用，对组织者、策划者、实施者、制造者、发动者的刑责进行了两个档次法定刑的界定。

（2）煽动分裂国家罪是行为犯。煽动型犯罪属于行为犯，主要包括煽动分裂国家罪、煽动颠覆国家政权罪、煽动军人逃离部队罪等。煽动分裂国家罪、参加恐怖组织罪、传授犯罪方法罪，均属于一着手实行即告完成犯罪的举动犯（即时犯）、行为犯，不存在犯罪未遂形态问题，而存在犯罪既遂形态、犯罪预备形态、犯罪预备阶段的中止形态。

（3）煽动分裂国家罪是情节犯，对与境外机构、组织、个人相勾结，煽动颠覆国家政权的犯罪行为，从重处罚。

（4）煽动分裂国家罪是故意犯，而不是过失犯、结果犯、思想犯，不以产生分裂国家的实际结果为必然条件。

（5）煽动分裂国家罪的煽动对象具有不特定性，煽动内容具有反国家性、反民族性、反社会性、极端性、恐怖性、国际性，往往又具有民族分离主义、极端宗教主义、国际恐怖主义的色彩。

（二）煽动分裂国家罪的构成要件

（1）煽动分裂国家罪的主体是一般主体，包括中国公民、外国人、无国籍人，以特殊身份的自然人为主，以一般身份的自然人为辅；以处罚制造者、发动者或首犯、罪行重大者为主，以处罚积极参加者、一般参加者为辅。

实际上，可能成为煽动分裂国家罪的主体，主要是具有一定社会影响力的野心家、阴谋家、涉黑涉恐涉独分子、极端宗教主义分子、恐怖主义分子、分裂主义分子。

（2）煽动分裂国家罪的主观方面，以直接故意为主，以间接故意为辅，即行为人主观上明知自己的煽动行为会发生实施分裂国家、破坏国家统一的危害结果，并希望或放任该危害结果的发生。

（3）煽动分裂国家罪的客体，是国家的统一。中国是统一的多民族国家，各省、自治区、直辖市和特别行政区都是中国的领土。任何企图割一方，另立伪政府的行为都是对国家统一的侵害，都会直接危及国家安全。

（4）煽动分裂国家罪的客观方面，是行为人以信息网络、广播、电视、报刊、书籍、讲座、论坛、报告会、座谈会等方式等口头或书面方式煽动不特定人或多数人，以促使、刺激、助长、产生分裂国家、破坏国家统一的犯罪决意的行为。

其中，煽动分裂国家罪的煽动行为，是以文字、图像、语言、传单、演讲、信件、邮件等方式方法蛊惑、诱导、欺骗、唆使不特定的多数人，实施分裂国家的行为。①明知出版物中载有煽动分裂国家、破坏国家统一的内容，而予以出版、印刷、复制、发行、传播的行为，即构成煽动分裂国家罪。②使用互联网方式煽动分裂国家、破坏国家统一的行为，即构成煽动分裂国家罪。③组织、利用邪教组织，煽动分裂国家、破坏国家统一的行为，即构成煽动分裂国家罪。当然，煽动分裂国家罪的煽动行为，不以公开实施为必要条件，只要实施了煽动分裂国家、破坏国家统一的行为，即构成煽动分裂国家罪。被煽动者是否接受煽动、接受煽动后是否实施分裂国家、破坏国家统一的行为，或是否达到煽动的后果，均不影响煽动分裂国家罪的构成。

此外，煽动分裂国家罪的煽动内容主要表现为煽动挑拨民族关系、民族矛盾，破坏民族和谐、民族团结，制造民族分裂、国家分裂，危害国家安全利益。

（三）煽动分裂国家罪的认定

1. 煽动分裂国家罪与非罪的界限

煽动分裂国家罪是行为犯、故意犯、情节犯，不是结果犯、过失犯、思想犯，不要求被煽动者实施煽动分裂国家的结果的发生。只有煽动分裂国家的思想，没有煽动分裂国家的行为，不构成煽动分裂国家罪。当然，煽动分裂国家的行为，往往伴随着煽动分裂国家后改变地区政权性质的言论，导致一个行为同时侵犯两个不同犯罪客体的犯罪，构成想象竞合犯择一重罪处罚，不实行数罪并罚。

2. 煽动分裂国家罪与分裂国家罪的界限

（1）煽动分裂国家罪与分裂国家罪的共同点。煽动分裂国家罪与分裂国家罪都具有侵犯国家统一、分裂国家的主观故意、目的，共同点表现在犯罪主体、犯罪主观方面、犯罪客体、犯罪行为和刑罚的主刑最高刑、附加刑等方面。①犯罪主体是一般主体，是自然人。②犯罪主观方面是故意，具有分裂国家的犯罪目的。③犯罪客体是国家统一、领土完整和人民民主专政、社会主义制度。④犯罪行为具有危害国家安全性。⑤刑罚的主刑最高刑是死刑，附加刑包括没收财产、剥夺政治权利。

（2）煽动分裂国家罪与分裂国家罪的不同点。煽动分裂国家罪与分裂国家罪具有差异性，表现在犯罪主体类型、犯罪主观方面故意内容、犯罪客观方面或犯罪行为、犯罪类型或犯罪形式、刑罚的法定刑梯度等方面。①犯罪主体表现方式不同。A. 煽动分裂国家罪的主体主要是民族分裂主义分子、民族极端主义分子。B. 分裂国家罪的主体主要是窃要职的野心家、阴谋家。②犯罪主观方面的故意内容不同。A. 煽动分裂国家罪的主观方面表现为故意煽动，即煽动分裂国家的主观故意。B. 分裂国家罪的主观方面表现为故意分裂，即组织、策划、实施分裂国家的主观故意。③犯罪客观方面不同。A. 煽动分裂国家罪的客观方面表现为煽动行为，即行为人对特定的个别人或不特定的多数人，以公开或非公开、口头或书面、煽惑或挑动等行为方式，实施分裂国家、破坏国家统一的煽动行为。B. 分裂国家罪的客观方面表现为组织、策划、实施 4 种分裂行为，即行为人分裂国家、破坏国家统一的组织、策划、实施行为。④犯罪形式不同。A. 煽动分裂国家罪的行为方式以共同犯罪为主，以单独犯罪为辅。B. 分裂国家罪的行为方式仅限于共同犯罪。⑤犯罪类型不同。A. 煽动分裂国家罪是举动犯。B. 分裂国家罪是行为犯。⑥刑罚的法定刑梯度不同。

（四）煽动分裂国家罪的刑责

煽动分裂国家罪的法律根据是《刑法》第 56 条、第 103 条第 2 款、第 106 条、第 113 条和《国家安全法》《反恐怖主义法》《反分裂国家法》等。

（1）煽动分裂国家罪的主刑：①非首犯或非罪行重大者，处 5 年以下有期刑、拘役、管制或剥夺政治权利。②首犯或罪行重大者，处 5 年以上有期刑。③与境外机构、组织、个人相勾结，犯煽动分裂国家罪，从重处罚。

（2）煽动分裂国家罪的附加刑：①可并处没收财产。②应附加剥夺政治权利。

五、《刑法》第 105 条第 2 款【煽动颠覆国家政权罪】

从法律渊源的角度看，煽动颠覆国家政权罪的法律根据是《刑法》第 105 条第 2 款、第 106 条、第 113 条、第 56 条等。

（一）煽动颠覆国家政权罪的概念与特征

1. 煽动颠覆国家政权罪的概念

煽动颠覆国家政权罪，是行为人以造谣、诽谤、侮辱、攻击等方式，煽动颠覆国家政权、推翻社会主义制度的犯罪行为。

煽动颠覆国家政权罪源于《惩治反革命条例》（1951 年）、《刑法》（1979 年）的反革命宣传煽动罪，又称为外患罪［奥地利、美国《史密斯法（外侨登记法）（1931 年）》］、妨害国家统治权罪（法国）等。

2. 煽动颠覆国家政权罪的特征

（1）煽动颠覆国家政权罪是行为犯。只要行为人实施了颠覆国家政权的煽动行为，危害国家政权与社会制度的安全，即构成煽动颠覆国家政权罪。

（2）煽动颠覆国家政权罪是目的犯，即以危害国家政权、推翻社会主义制度为根据目的的有组织犯罪；刑罚设置两个档次的法定刑，主要对象是煽动颠覆国家政权犯罪意图的制造者、发动者或首犯、罪行重大者。

（二）煽动颠覆国家政权罪的构成要件

（1）煽动颠覆国家政权罪的主体是一般主体，即具有刑责年龄、刑责能力的自然人，以中国人为主，以外国人、无国籍人为辅，包括中国公民、外国人、无国籍人，均可能成为煽动颠覆国家政权罪的主体。

（2）煽动颠覆国家政权罪的主观方面是故意，以直接故意为主，以间接故意为辅，属于行为人主观上基于煽动不特定人或多数人实施颠覆国家政权、推翻社会主义制度的犯罪故意，即行为人主观上明知自己的行为会使他人产生颠覆国家政权、推翻社会主义制度的犯罪意图，并希望或放任该危害结果的发生。

（1）行为人只要直接故意实施了煽动他人颠覆国家政权、推翻社会主义制度的行为，无论是否煽动成就，即构成煽动颠覆国家政权罪既遂。

（2）行为人间接故意实施了煽动他人颠覆国家政权、推翻社会主义制度的行为，不一定构成煽动颠覆国家政权罪；只有煽动他人成就，才构成煽动颠覆国家政权罪；若煽动他人不成就，则可依教唆犯或牵连犯的原则处罚。

（3）煽动颠覆国家政权罪的客体是双重客体（直接客体、间接客体），包括国家政权、根本制度，即以人民民主专政政权、社会主义制度为核心内容，以行政权、立法权、司法权、军事权为基本类型的国家权力体系。

（4）煽动颠覆国家政权罪的客观方面表现为造谣、诽谤行为（基本行为方式）和非造谣、诽谤行为（次要行为方式），即行为人以不特定人或多数人为行为对象，以造谣、诽谤或其他方式煽动颠覆国家政权、推翻社会主义制度的煽动行为。煽动颠覆国家政权罪的煽动行为，是利用造谣、诽谤及其他方式，进行公开或非公开地鼓动、诱使、欺骗、蛊惑不特定的多数人，煽动颠覆国家政权、推翻社会主义制度的事实行为。①煽动颠覆国家政权罪的基本行为方式是造谣、诽谤行为，即以无中生有、捏造事实、散布谣言、编造、歪曲、攻击、诋毁、污蔑、挑拨、损害等行为方式，煽动颠覆国家政权、推翻社会主义制度的事实行为。②煽动颠覆国家政权罪的次要行为方式是非造谣、诽谤行为，即利用勾引、教唆、发表演讲、录音录像、互联网络、鼓动宣传图片、书画、标语、传单等书面、口头、网络、信息载体方式，煽动颠覆国家政权、推翻社会主义制度。

（三）煽动颠覆国家政权罪的认定

1. 煽动颠覆国家政权罪与非罪的界限

（1）从司法解释的角度看，行为人明知出版物载有煽动颠覆国家政权、推翻政体的内容，而出版、印刷、复制、发行、传播；或利用互联网煽动颠覆国家政权、推翻政体，或组织、利用邪教组织，进行组织、策划、实施煽动颠覆国家政权、推翻政体；或利用突发传染病疫情等灾难，制造、传播谣言，煽动颠覆国家政权、推翻政体的行为，都构成煽动颠覆国家政权罪。

（2）从司法实践的角度看，只要行为人实施了煽动颠覆国家政权、推翻社会主义制度的内容和行为，危害国家政权、社会主义制度的安全利益，不论身在境内外，采取口头、书面、互联网等宣传媒介载体方式，煽动对象、被煽动对象的多少、是否接受煽动、有无煽动效果，还是煽动颠覆国家政权的方式、方法、手段、动机、时间、空间、目的、情节或危害程度的轻重，都不影响煽动颠覆国家政权罪的构成，只是刑法分则主要针对具有社会危害性和犯罪意图的制造者、发动者，包括所有参加宣传煽动者，特别是首犯、罪行重大者进行严厉打击、惩罚，并设置了两个档次的法定刑。

2. 煽动颠覆国家政权罪与颠覆国家政权罪的界限

（1）煽动颠覆国家政权罪与颠覆国家政权罪的共同点。从犯罪特征、性质的角度看，煽动颠覆国家政权罪与颠覆国家政权罪具有同质性的犯罪主体、犯罪客体、犯罪主观方面等犯罪构成要件要素。①犯罪主体是一般主体，是自然人。②犯罪主观方面是犯罪故意，具有颠覆国家政权的犯罪目的。③犯罪客体是人民民主专政、社会主义制度。④犯罪行为具有危害国家安全性。

（2）煽动颠覆国家政权罪与颠覆国家政权罪的不同点。煽动颠覆国家政权罪与颠覆国家政权罪的不同点表现在犯罪客观方面、犯罪主观方面内容、犯罪类型、刑罚等方面。①犯罪客观方面不同。A. 煽动颠覆国家政权罪的客观方面表现为行为人以公开或非公开、口头或书面、造谣或诽谤等煽动行为方式，煽动对象具有不特定性，实施颠覆国家政权、推翻社会主义制度。B. 颠覆国家政权罪的客观方面表现为行为人颠覆国家政权、推翻社会主义制度的组织、策划、实施行为。②犯罪类型不同。A. 煽动颠覆国家政权罪是举动犯，属于任意共同犯罪。B. 颠覆国家政权罪是行为犯，以必要共同犯罪为主，以任意共同犯罪为辅。③犯罪主观方面内容不同。④刑罚的法定刑梯度不同。

（四）煽动颠覆国家政权罪的刑责

煽动颠覆国家政权罪的法律根据是《刑法》第 56 条、第 105 条第 2 款、第 106 条、第 113 条等。

（1）煽动颠覆国家政权罪的主刑：①处 5 年以下有期刑、拘役、管制或剥夺政治权利。②首犯或罪行重大的，处 5 年以上有期刑。③与境外机构、组织、个人相勾结实施犯煽动颠覆国家政权罪的，从重处罚。

（2）煽动颠覆国家政权罪的附加刑：①可并处没收财产。②单独处剥夺政治权利。③应附加并处剥夺政治权利。

六、《刑法》第 105 条第 1 款【颠覆国家政权罪】

（一）颠覆国家政权罪的概念与特征

从法律渊源的角度看，颠覆国家政权罪的法律根据是《刑法》第 105 条第 1 款、第 106 条、第 113 条、第 56 条等。

1. 颠覆国家政权罪的概念

颠覆国家政权罪，是行为人通过组织、策划、实施方式，颠覆国家政权、推翻社会主义制度的颠覆行为。

从颠覆国家政权罪的法律渊源的角度看，颠覆国家政权罪源于 1979 年《刑法》第 92 条阴谋颠覆政府罪，又称为谋反、大逆罪（《唐律》）、内乱罪（奥地利、日本）、暴力夺取政权或暴力掌握政权罪（俄罗斯）等。

2. 颠覆国家政权罪的特征

（1）颠覆国家政权罪是行为犯，而不是结果犯。只要行为人实施颠覆国家政权、推翻社会主义制度的组织行为、策划行为、实施行为的全部或部分，即构成颠覆国家政权罪既遂，不可能要求行为人达到颠覆国家政权的危害后果。

（2）颠覆国家政权罪是故意犯、有组织共同犯罪类型，而不是过失犯。刑法根据首犯、罪行重大者、积极参加者、一般参加者在共同犯罪中的作用，对颠覆国家政权罪设置3个法定刑档次进行不同程度的刑事制裁。

（3）颠覆国家政权罪是情节犯。境内机构、组织、个人与境外机构、组织、个人相勾结，犯颠覆国家政权罪，从重处罚。

（二）颠覆国家政权罪的构成要件

（1）颠覆国家政权罪的主体是一般主体，即具有刑责年龄、刑责能力的自然人，包括中国公民、外国人、无国籍人，具有首犯、罪行重大者、积极参加者、一般参加者之分，均可能成为颠覆国家政权罪的主体。从《刑法》第107条的角度看，境内外机构、组织或个人资助境内机构、组织、个人犯颠覆国家政权罪，则追究有关境内外的个人和境内外机构、组织的直接责任人员的刑责。

（2）颠覆国家政权罪的主观方面是故意，以直接故意为主，以间接故意为辅，要求行为人主观上明知自己的行为会发生颠覆国家政权、推翻社会主义制度的结果，并希望或放任该危害结果的发生。颠覆国家政权罪的主体具有颠覆国家政权、推翻社会主义制度的犯罪目的、犯罪故意。当然，颠覆国家政权罪的犯罪目的是否得逞，对颠覆国家政权罪的定罪量刑没有影响。

（3）颠覆国家政权罪的客体，属于双重客体，包括国体、政体。①国家政权，主要是中央政府和地方政府，包括中国各级权力机关、司法机关、军事机关等国家权力体系。②社会主义制度，包括政治、经济、军事、文化、教育等基本制度。

（4）颠覆国家政权罪的客观方面表现为行为人客观上进行颠覆国家政权、推翻社会主义制度的组织行为、策划行为、实施行为。①颠覆国家政权罪的组织行为，是网罗成员、纠集他人以颠覆国家政权、推翻社会主义制度为目的的行为。②颠覆国家政权罪的策划行为，是策谋、计划颠覆国家政权、推翻社会主义制度的行为。③颠覆国家政权罪的实施行为，是实行颠覆国家政权、推翻社会主义制度的行为。④颠覆国家政权罪的颠覆、推翻的手段方式：暴力、非暴力；公开、非公开（秘密）。⑤颠覆国家政权的内容：颠覆人民民主专政政权；颠覆中央或地方政权机关。⑥推翻社会主义制度的内容：推翻全部社会主义制度；推翻部分社会主义制度。

（三）颠覆国家政权罪的认定

（1）颠覆国家政权罪与非罪的界限：①行为人明知出版物中载有颠覆国家政权、推翻社会主义制度的内容，而出版、印刷、复制、发行、传播，或利用互联网实施颠覆国家政权、推翻社会主义制度行为的，即构成颠覆国家政权罪。②行为人组织、利用邪教组织，进行组织、策划、实施颠覆国家政权、推翻社会主义制度的行为，构成煽动颠覆国家政权罪。③行为人利用突发传染病疫情等灾难，制造、传播谣言，实施颠覆国家政权、推翻社会主义制度的行为，构成煽动颠覆国家政权罪。④行为人对消极腐败问题等社会问题不满或因个人诉求问题没有得到解决而发泄不满情绪、发表过激言词或错误评论等属于社会舆论或公民话语权性质的问题，不构成颠覆国家政权罪。

（2）颠覆国家政权罪与分裂国家罪、煽动分裂国家罪的界限。颠覆国家政权罪与分裂国家罪、煽动分裂国家罪的区别表现为犯罪主观方面、犯罪客观方面不同。①犯罪主观方面不同。A. 颠覆国家政权罪的主观方面是具有颠覆合法的国家政权、推翻社会主义制度的犯罪故意、犯罪目的。B. 分裂国家罪、煽动分裂国家罪的主观方面是具有分裂国家、破坏国家统一和领土完整的犯罪故意、犯罪目的。②犯罪客观方面不同。A. 颠覆国家政权罪的客观方面表现为造成颠覆国家政权的后果，但不一定造成分裂国家的危害后果。B. 分裂国家罪、煽动分裂国家罪的客观方面表现为造成分裂国家的危害后果，被分裂的国家政权也可能不再存在。

（四）颠覆国家政权罪的刑责

颠覆国家政权罪的法律根据是《刑法》第 56 条、第 105 条第 1 款、第 106 条、第 113 条等。

（1）颠覆国家政权罪的主刑：①首犯或罪行重大者，处无期刑或 10 年以上有期刑。②积极参加者，处 3 年以上 10 年以下有期刑。③其他参加者，处 3 年以下有期刑、拘役、管制或剥夺政治权利。④与境外机构、组织、个人相勾结，犯颠覆国家政权罪的，从重处罚。

（2）颠覆国家政权罪的附加刑：①可并处没收财产。②应附加剥夺政治权利。

七、《刑法》第 107 条【资助危害国家安全犯罪活动罪】

从法律渊源的角度看，资助危害国家安全犯罪活动罪的法律根据是《刑法》第 102 条至第 105 条、第 107 条、第 113 条、第 56 条等。

（一）资助危害国家安全犯罪活动罪的概念与特征

1. 资助危害国家安全犯罪活动罪的概念

资助危害国家安全犯罪活动罪，是境内外机构、组织、个人为境内机构、组织、个人实施武装叛乱暴乱、背叛、分裂、煽动分裂、颠覆、煽动颠覆国家政权犯罪的资助行为。

从国际刑法的角度看，1979 年《刑法》第 97 条第 2 款资敌罪具有反革命性、笼统性、混合性，分解为 1997 年《刑法》的资敌罪、资助危害国家安全犯罪活动罪两个罪名，又称为间谍资敌罪、外患罪（韩国）、内乱罪（日本）、叛国罪（西班牙）等。

从故意犯、行为犯、情节犯的角度看，境内外机构、组织或个人资助（为危害国家安全犯罪活动的个人筹集、提供经费、物资或提供场所、其他物质便利的行为；以资助资金到账、物资交付或提供了场所、其他物质便利为犯罪既遂标准）实施危害国家安全犯罪活动犯罪（背叛国家罪；武装叛乱、暴乱罪；分裂国家罪；煽动分裂国家罪；颠覆国家政权罪；煽动颠覆国家政权罪），对直接责任人员，处 5 年以下有期刑、拘役、管制或剥夺政治权利；情节严重，处 5 年以上有期刑。

2. 资助危害国家安全犯罪活动罪的特征

（1）资助危害国家安全犯罪活动罪是目的犯。资助危害国家安全犯罪活动罪的目的是实施危害国家安全的背叛国家罪，武装叛乱、暴乱罪，分裂国家罪，煽动分裂国家罪，颠覆国家政权罪，煽动颠覆国家政权罪。

（2）资助危害国家安全犯罪活动罪的犯罪类型具有特定性、特殊性，包括《刑法》第102条至第105条可适用死刑的7类9种特定类型的危害国家安全罪：背叛国家罪，武装叛乱、暴乱罪，分裂国家罪，煽动分裂国家罪，颠覆国家政权罪，煽动颠覆国家政权罪。从排除法的角度看，资敌罪，叛逃罪，投敌叛变罪，间谍罪和为境外窃取、刺探、收买、非法提供国家秘密、情报罪的资助行为，不构成资助危害国家安全犯罪活动罪，可能构成叛逃罪，投敌叛变罪，资敌罪，间谍罪和为境外窃取、刺探、收买、非法提供国家秘密、情报罪的共犯。

（3）资助危害国家安全犯罪活动罪是故意犯，而不是过失犯。

（4）资助危害国家安全犯罪活动罪是帮助犯或资助犯。资助危害国家安全犯罪活动罪与其他危害国家安全罪的重要区别是资助危害国家安全犯罪活动罪的行为本质特征在于资助他人实施危害国家安全的行为，资助人间接地利用被资助人实施特定类型的危害国家安全犯罪行为。资助危害国家安全犯罪活动罪的资助人、被资助人，都构成资助危害国家安全犯罪活动罪，而不能以资助危害国家安全犯罪活动罪的共犯论处。换言之，资助危害国家安全犯罪活动罪的主体不直接参与实施被资助的犯罪，若行为人不是资助，而是直接参与、共同策划，则不构成资助危害国家安全犯罪活动罪，而构成参与和策划的相应具体罪名。[1]

（5）资助危害国家安全犯罪活动罪是行为犯，而不是结果犯。资助危害国家安全犯罪活动罪的犯罪行为是一种特定类型的危害国家安全犯罪行为，并不要求该行为必须实施或产生危害结果。资助危害国家安全犯罪活动罪存在既遂犯，不存在预备犯、未遂犯。只要行为人实施了危害国家安全犯罪活动的资助行为，包括物质资助（人、财、物等）或提供账号、隐蔽场所、犯罪条件等，即构成资助危害国家安全犯罪活动罪既遂。

也有专家学者认为，资助危害国家安全犯罪活动罪是结果犯，行为人须实现了危害国家安全犯罪的实际资助结果，才构成资助危害国家安全犯罪活动罪，若只是口头说帮助，而实际上并没有实施物资资助，一般不构成犯罪，其中，为犯罪人提供精神上的支持，一般不构成资助危害国家安全犯罪活动罪。[2]

（二）资助危害国家安全犯罪活动罪的构成要件

（1）资助危害国家安全犯罪活动罪的主体是特殊主体，涉及境内外的机构、组织、个人，主要包括中国公民、外国人、无国籍人和境内反动组织、境外敌对机构及其直

---

[1] “资助危害国家安全犯罪活动罪的资助是有形物质的支持，若只是给予精神、舆论上的声援与支持，则不构成此罪。”载刘宪权主编：《刑法学》，上海人民出版社2016年版，第398页。

[2] 周其华：《中国刑法罪名释考》，中国方正出版社2001年版，第13页。

接责任人员；以自然人为原则，以单位（机构、组织等）为例外；以自然人为主，以境内外机构、组织的直接责任人或单位法人代表为辅。一般而言，境外机构、组织、个人可能构成资助危害国家安全犯罪活动罪的共犯。也有专家学者认为，资助危害国家安全犯罪活动罪的主体是一般主体，包括境内外机构、组织、个人。

（2）资助危害国家安全犯罪活动罪的主观方面是故意，以直接故意为主，以间接故意为辅，要求境内外机构、组织、个人主观上认识到资助的境内机构、组织或个人即将实施、正在实施或已实施特定类型的危害国家安全活动，希望或放任该危害结果的发生，否则不能构成资助危害国家安全犯罪活动罪。资助人主观上不知道被资助人实施危害国家安全的犯罪事实，被资助人没有实施危害国家安全的活动，均不构成资助危害国家安全犯罪活动罪。

（3）资助危害国家安全犯罪活动罪的客体是国家安全，包括国家的独立、统一和安全、国体、政体、领土完整、民族和谐、政治稳定等重要内容。当然，从国家安全法的角度看，境外机构、组织、个人资助他人实施危害国家安全的行为，构成犯罪，依法追究刑责。

（4）资助危害国家安全犯罪活动罪的客观方面是《刑法》第102条至第105条法定的资助行为，表现为境内外机构、组织、个人资助境内机构、组织、个人实施武装叛乱暴乱、背叛国家、分裂国家、煽动分裂国家、颠覆国家政权、煽动颠覆国家政权犯罪，危害国家安全的行为。①资助危害国家安全犯罪活动罪的行为方式仅限于资助行为，即境内外机构、组织、个人资助（支持、帮助）境内机构、组织、个人物质条件（经费、场所、物资、设备等），实施特定类型的危害国家安全犯罪。资助危害国家安全犯罪活动罪的资助行为包括资助行为方式、资助内容或服务范围、资助对象或服务对象、资助目的或犯罪动机等。当然，刑法没有限定资助危害国家安全犯罪活动罪的资助方式、资助内容、资助时间。②资助危害国家安全犯罪活动罪的资助内容，包括提供实物、资金、交通工具、通信器材、场所及其他手段、方式、方法、条件等。③资助危害国家安全犯罪活动罪的资助对象是境内机构、组织、个人等被资助人。广义的境内机构、组织包括党政军、司法、公司、企业、事业、团体等单位。④资助危害国家安全犯罪活动罪的资助目的，是行为人资助被资助人实施7种特定类型的危害国家安全犯罪，包括背叛国家罪，分裂国家罪，煽动分裂国家罪，武装叛乱、暴乱罪，颠覆国家政权罪，煽动颠覆国家政权罪。

（三）资助危害国家安全犯罪活动罪的认定

1. 资助危害国家安全犯罪活动罪与非罪的界限

（1）若行为人在境内外机构、组织、个人的资助行为超出了实施特定类型的危害国家安全犯罪的资助范围，与境内组织、个人共同故意组织、策划、实施《刑法》第102条至第105条特定类型的危害国家安全罪（背叛国家罪，分裂国家罪，煽动分裂国家罪，武装叛乱、暴乱罪，颠覆国家政权罪，煽动颠覆国家政权罪），则应以资助危害国家安全犯罪活动罪的共犯论处。若境内外机构、组织、个人的资助行为超出了资助范围，与境内机构、组织、个人共同组织、策划、实施了武装叛乱暴乱、背叛国家、分裂国家、煽动分裂国家、颠覆国家政权、煽动颠覆国家政权的危害国家安全犯罪活动的全部或部分行为，则构成武装叛乱、暴乱罪；背叛国家罪；分裂国家罪；煽动分裂国家罪；颠覆国家政权罪；煽动颠覆国家政权罪的共犯。

实际上，资助危害国家安全犯罪活动罪；资敌罪；帮助恐怖活动罪；帮助信息网络犯罪活动罪；帮助毁灭、伪造证罪；帮助犯罪分子逃避处罚罪等资助、帮助型犯罪，均存在共犯的不同具体犯罪行为到底如何定性的根本问题。“不能简单地认为，刑法只是将特定共同犯罪中的帮助行为规定为独立的犯罪。换言之，资助危害国家安全犯罪活动罪的行为，包括特定共同犯罪中的部分帮助行为，又包括不符合共同犯罪构成条件的资助行为，但不包括符合共同犯罪构成条件的组织、策划、实行、煽动、教唆行为。”〔1〕

（2）若行为人在境内组织、个人实施特定类型的危害国家安全犯罪前、中、后的资助行为，均构成资助危害国家安全犯罪活动罪。无论境内机构、组织、个人何时接受境内外机构、组织、个人的资助，只要接受资助并实施了武装叛乱暴乱、背叛国家、分裂国家、煽动分裂国家、颠覆国家政权、煽动颠覆国家政权的危害国家安全犯罪活动的全部或部分行为，均构成资助危害国家安全犯罪活动罪。境内外机构、组织、个人在境内机构、组织、个人实施特定类型的危害国家安全犯罪活动的前、中、后的时间内，都构成资助危害国家安全犯罪活动罪。

（3）行为人只要实施了资助境内外机构、组织、个人从事危害国家安全犯罪活动，不论被资助人是否接收或资助方式、资助时间、犯罪动机如何，均不影响资助危害国家安全犯罪活动罪的构成。只要境内外机构、组织、个人资助的境内机构、组织、个人实施了武装叛乱暴乱、背叛国家、分裂国家、煽动分裂国家、颠覆国家政权、煽动颠覆国家政权的危害国家安全犯罪活动的全部或部分行为，就构成资助危害国家安全犯罪活动罪。

（4）若行为人实施了资助《刑法》第106条至第112条相对适用死刑的7类9种危害国家安全罪（背叛国家罪；武装叛乱、暴乱罪；投敌叛变罪；资敌罪；分裂国家罪；间谍罪；为境外窃取、刺探、收买、非法提供国家秘密罪；为境外窃取、刺探、收买、非法提供情报罪）的行为，则不构成资助资助危害国家安全犯罪活动罪，应以牵连犯的处罚原则择一重罪论处。

资助危害国家安全犯罪活动罪不包括资助背叛国家罪；武装叛乱、暴乱罪；投敌叛变罪；资敌罪；分裂国家罪；间谍罪；为境外窃取、刺探、收买、非法提供国家秘密罪；为境外窃取、刺探、收买、非法提供情报罪。

（5）若行为人不知境内机构、组织、个人从事危害国家安全犯罪活动而给予资助，则不构成资助危害国家安全犯罪活动罪。

（6）对不知情或受胁迫而资助境内外机构、组织、个人危害国家安全的人，可不

---

〔1〕 张明楷：《刑法学》（第2版），法律出版社2004年版，第532页。

追究刑责。

2. 资助危害国家安全犯罪活动罪与资敌罪的界限

资助危害国家安全犯罪活动罪与资敌罪具有犯罪主体性质、犯罪主观方面、犯罪客体、犯罪类型、附加刑的共同性，具有犯罪主体范围、犯罪客观方面、犯罪对象、犯罪时间、犯罪目的、犯罪动机、主刑等犯罪构成要件要素的差异性。

（1）资助危害国家安全犯罪活动罪与资敌罪的共同点：①犯罪主体具有代理人性。②犯罪主观方面是犯罪故意。③犯罪客体是人民民主专政、社会主义制度。④犯罪类型是行为犯、帮助犯。⑤犯罪行为具有资助性。⑥附加刑包括没收财产、剥夺政治权利。

（2）资助危害国家安全犯罪活动罪与资敌罪的不同点：①犯罪主体范围不同。A. 资助危害国家安全犯罪活动罪的主体是境内外机构、组织、个人。B. 资敌罪的主体是自然人。当然，也有专家学者认为，资助危害国家安全犯罪活动罪、资敌罪的主体都是一般主体。②犯罪客观方面范围不同。A. 资助危害国家安全犯罪活动罪的客观方面表现为境内外机构、组织、个人资助境内机构、组织、个人，实施背叛、武装叛乱暴乱、颠覆、分裂、煽动分裂、煽动颠覆国家政权犯罪的资助行为。B. 资敌罪的客观方面是自然人战时供给敌人武器装备、军用物资的资助行为。③主刑梯度不同。A. 资助危害国家安全犯罪活动罪的主刑梯度：a. 直接责任人员，处 5 年以下有期刑、拘役、管制或剥夺政治权利。b. 情节严重的，处 5 年以上有期刑。B. 资敌罪的主刑梯度：a. 10 年以上有期刑或无期刑。b. 情节较轻的，处 3 年以上 10 年以下有期刑。c. 危害特别严重、情节特别恶劣的，可处死刑。因此，若行为人出于颠覆国家政权目的，战时为敌人提供武器装备的，不一定构成资助危害国家安全犯罪活动罪。若行为人与敌人勾结通谋，具有颠覆国家政权的意思联络，战时为敌人提供武器装备的，则构成颠覆国家政权罪。若行为人与敌人勾结通谋，没有颠覆国家政权的意思联络，战时为敌人提供武器装备的，则构成资敌罪。

（四）资助危害国家安全犯罪活动罪的刑责

资助危害国家安全犯罪活动罪的法律根据是《刑法》第 56、102~105、107、113 条和《刑法修正案（八）》第 20 条、《国家安全法》第 4、20、23 条等刑事法律法规。

（1）资助危害国家安全犯罪活动罪的主刑：①直接责任人员，处 5 年以下有期刑、拘役、管制或剥夺政治权利。②情节严重的，处 5 年以上有期刑。

（2）资助危害国家安全犯罪活动罪的附加刑：①可并处没收财产。②单独处剥夺政治权利。③应附加剥夺政治权利。

八、《刑法》第 108 条【投敌叛变罪】

从法律渊源的角度看，投敌叛变罪的法律根据是《刑法》第 108、113、56 条等。

（一）投敌叛变罪的概念与特征

1. 投敌叛变罪的概念

投敌叛变罪，是指中国公民背叛祖国、投奔敌人营垒，或被敌人逮捕、俘虏后投降敌人，实施危害国家安全活动的投敌叛变行为。

从投敌叛变罪法律渊源的角度看，1997年《刑法》第108条投敌叛变罪源于1979年《刑法》第94条投敌叛变罪、率众投敌叛变罪的混合法条；外国刑法往往将该罪规定在内乱罪、外患罪、间谍罪、妨害军事利益罪中。

从故意犯、行为犯、情节犯的角度看，投敌（投靠敌人）叛变（投奔、效劳敌方营垒；被俘后投降敌方而从事危害国家安全活动；以投敌叛变后实施背叛国家的背叛行为为犯罪既遂标准）的，处3年以上10年以下有期刑；情节严重或带领武装部队人员、警察、民兵投敌叛变的，处10年以上有期刑或无期刑。

有叛变、叛逃、逃避、逃离、逃跑性质的罪名有危害国家安全罪的投敌叛变罪、叛逃罪；破坏金融管理秩序罪的逃汇罪；虚假出资、抽逃出资罪；走私罪的走私普通货物、物品罪；扰乱市场秩序罪的逃避商检罪；危害税收征管罪的逃税罪；逃避追缴欠税罪；危害公共安全罪的交通肇事罪；危害国防利益罪的煽动军人逃离部队罪；雇用逃离部队军人罪；战时拒绝、逃避征召、军事训练罪；战时拒绝、逃避服役罪；战时窝藏逃离部队军人罪；渎职罪的失职致使在押人员脱逃罪；帮助犯罪分子逃避处罚罪；军人违反职责罪的军人叛逃罪；逃离部队罪（平时/战时逃离部队罪）；战时临阵脱逃罪等。

2. 投敌叛变罪的特征

（1）从投敌叛变罪概念的角度看，投敌叛变罪是行为犯。只要中国人实施了投敌叛变行为，即具备了犯罪结果，是否达到投敌叛变的预期目的，不影响投敌叛变罪的构成。

（2）从投敌叛变罪的概念、主观方面的角度看，投敌叛变罪是故意犯，而不是过失犯。从犯罪意图的角度看，投敌叛变罪的故意内容要求行为人主观上明知自己投奔的敌方属于中国的敌对方，具有危害国家安全的犯罪意图。若行为人投奔敌方不是基于危害国家安全的故意意图，而是过失所致，或基于求学经商、投亲靠友等因素投入敌方（敌对国、敌控区），则不构成投敌叛变罪。

（3）从司法解释、刑罚的角度看，投敌叛变罪是情节犯，具有加重情节犯的从重处罚内容。若行为人策动、勾引、收买、带领国家工作人员、武装部队、警察、民兵等武装力量投敌叛变或情节严重，则以投敌叛变罪加重处罚。譬如投敌叛变罪的情节严重情形，包括投敌叛变后，告知敌方有关我方阵地、防线的军事设施、武器装备、军事机密，或参加敌特组织，危害国家安全的情况等，均构成投敌叛变罪。

（4）从投敌叛变罪的主观方面的角度看，投敌叛变罪是政治犯，是一种投奔敌人改变政治立场的犯罪。

（二）投敌叛变罪的构成要件

（1）投敌叛变罪的主体是特殊主体，只能是具有刑责年龄、刑责能力、中国国籍的中国公民，以掌握一定武装权力或政治权力的国家机关工作人员、国家工作人员为主，以普通中国公民为辅。外国人、无国籍人或境外机构、组织的直接责任人员煽动、策动、帮助中国人投敌叛变的，以投敌叛变罪的教唆犯、帮助犯等共犯论处。

从法学界的角度看，投敌叛变罪的主体、主体范围具有争议性。有专家学者认为，投敌叛变罪的主体是一般主体，是年满16周岁以上，具有刑责能力，故意实施投敌叛变行为的中国公民。一般身份的外国人、无国籍人不构成投敌叛变罪的主体。〔1〕

（2）投敌叛变罪的主观方面，是行为人主观上具有投敌叛变而危害国家安全的故意，并希望或放任危害国家安全结果的发生。

若行为人主观上不具有故意投奔敌人或敌占区而偷越国（边）境，也没有实施危害国家安全的活动，则不构成投敌叛变罪，可能构成偷越国（边）境罪，因偷越国（边）境罪的主体主观上没有危害国家安全的故意，客观上没有危害国家安全的行为。

（3）投敌叛变罪的客体是双重客体，即国家安全、利益，包括国家安全、国体、政体等核心内容。

（4）投敌叛变罪的客观方面表现为行为人的投敌投降叛变行为，分为投敌行为（主动投敌叛变行为）、投降行为（被动投敌叛变行为）。若行为人投奔敌人营垒或敌占区、境内外的敌对势力或与中国为敌的外国，为敌人效劳，或被敌人捕获、俘虏后，投降敌人，或带领武装部队人员、警察、民兵投奔敌人，实施危害国家安全的行为，则构成投敌叛变罪。①投敌行为，又称为主动投敌叛变行为，主要行为形式：A. 投奔到境外的敌对方，包括外国或境外国家、控制区。B. 投奔到境内的敌对方。C. 与境内外敌对方联络而成为敌方助手或敌方工作人员。当然，刑法没有规定主动投敌的行为方式、原因、动机、意图。若行为人潜伏参加境内敌对组织、机构接受指挥，实施颠覆、破坏等危害国家安全的活动，则构成危害国家安全罪的某种具体犯罪。②投降行为，又称为被动投敌叛变行为，即被捕、被俘后投降敌人或敌方。若行为人被敌人捕俘后投降，实施危害国家安全的行为，则构成投敌叛变罪。

（三）投敌叛变罪的认定

1. 投敌叛变罪与非罪的界限

投敌叛变罪与非罪的关键是投敌叛变行为的危害程度，是否达到危害国家整体利益或局部利益的严重威胁程度或损害程度。若行为人的投敌叛变行为达到了危害国家整体利益或局部利益的严重威胁程度或损害程度，则构成投敌叛变罪，否则一般不能以投敌叛变罪论处。换言之，对国家整体利益或局部利益造成严重威胁或损害程度的投敌叛变行为，才构成投敌叛变罪。譬如行为人投敌叛变后，告知敌方有关我方阵地、防线的军事设施、武器装备、军事机密，或参加敌特组织，危害国家安全的情况等，属于情节严重情形，均构成投敌叛变罪。若是被捕、被俘后，只是停止反抗、交出武器等一般变节或被迫行为，不能视为犯罪；只有被捕、被俘后，向敌方卖身投靠、出卖组织、提供情报或进行其他危害国家安全行为的，才构成投敌叛变罪。〔2〕①若行为

---

〔1〕周其华：《中国刑法罪名释考》，中国方正出版社2001年版，第14页；刘宪权主编：《刑法学》，上海人民出版社2016年版，第398页："投敌叛变罪的主体为一般主体，一般是中国公民，外国人策动或帮助中国公民投敌叛变，应以投敌叛变罪的共犯论处。"

〔2〕刘宪权主编：《刑法学》，上海人民出版社2016年版，第399页。

人基于追求外国的社会方式或婚姻、求学、务工、继承财产、投亲靠友等非投敌叛变的主观心理态度，也没有实施危害国家安全的活动，则不能认定为投敌叛变罪。②行为人在战争期间误入敌占区，主观上没有投奔敌方营垒的故意，客观上没有实施危害国家安全行为，或虽被敌人捕获、俘虏，但没有危害国家安全行为，都不构成投敌叛变罪。③若外国人、无国籍人策动、帮助中国公民实施了投敌叛变行为，则构成投敌叛变罪的共犯。④若行为人投奔敌方没有背叛国家，只投敌没有叛变，也不构成投敌叛变罪。投敌叛变可是中国公民一个人实施，也可是带领武装部队、警察、民兵等武装力量投敌叛变的行为[1]。

2. 投敌叛变罪的一罪与数罪的界限

刑法界对行为人投敌叛变后，又实施了危害国家安全的他罪行为或非危害国家安全的犯罪行为的定罪量刑，往往存在一罪或数罪并罚等不同观点，应具体犯罪具体分析论证定性。

一般而言，投敌叛变行为本身，也包括危害国家安全的其他行为，譬如行为人可能是主动投敌叛变，或在他人策动、勾引、收买下投敌叛变。①若行为人投奔敌人营垒或投降后，又实施危害国家安全活动的其他行为，属于叛变行为的表现形式，一般认定为投敌叛变情节严重或情节特别恶劣，构成投敌叛变罪，没必要实行数罪并罚或认定为牵连犯择一重罪定罪量刑。若投奔敌人营垒或屈膝投降后，没有实施危害国家安全活动的行为，则很难认定为投敌叛变，一般认定为叛逃罪。[2]②若行为人投敌叛变后，又实施了与投敌叛变具有牵连关系的他罪行为，则应依牵连犯的处罚原则择一重罪处罚，而不能实行数罪并罚；若行为人投敌叛变后，又实施了与投敌叛变没有牵连关系的他罪行为，则应结合投敌叛变等具体犯罪，实行数罪并罚。[3]

也有学者认为，投敌叛变后又向敌人提供情报或参加间谍组织，实施危害国家安全活动，属于投敌叛变罪本身的内容，只构成投敌叛变罪一罪而不构成数罪，也不能认定为牵连犯。

九、《刑法》第109条【叛逃罪】

从法律渊源的角度看，叛逃罪的法律根据是《刑法》第109、113、56条等。

（一）叛逃罪的概念与特征

1. 叛逃罪的概念

叛逃罪，是国家机关工作人员、知悉或掌握国家秘密的国家工作人员履行公务期间擅离岗位叛逃境外或境外叛逃，危害国家安全的行为。

从叛逃罪的法律渊源的角度看，1997年《刑法》第109条叛逃罪源于1979年《刑法》背叛祖国罪的叛逃行为。外国刑法一般没有单独规定叛逃罪，外患罪（意大利）、

---

〔1〕 周其华：《中国刑法罪名释考》，中国方正出版社2001年版，第14~15页。

〔2〕 张明楷：《刑法学》，法律出版社2004年版，第533页。

〔3〕 黄立主编：《刑法分论》，人民出版社2008年版，第31页。

间谍罪、泄露国家秘密罪往往规定了叛逃行为。

从身份犯、故意犯、行为犯、情节犯、侵害犯的角度看，国家机关工作人员在履行公务期间（犯罪时间），擅离岗位（犯罪行为），叛逃境外或在境外叛逃（犯罪行为），处5年以下有期刑、拘役、管制或剥夺政治权利；情节严重的，处5年以上10年以下有期刑。从从重处罚的角度看，掌握国家秘密的国家工作人员叛逃境外或在境外叛逃，以叛逃罪从重处罚。

【2012年·卷1·单选·14】甲系海关工作人员，被派往某国考察。甲担心自己放纵走私被查处，拒不归国。为获得庇护，甲向某国难民署提供中国从未对外公布且影响中国经济安全的海关数据。本案，哪一选项错误？（C）A. 甲构成叛逃罪。B. 甲构成为境外非法提供国家秘密、情报罪。C. 对甲不应数罪并罚。D. 即使刑法分则对叛逃罪未规定剥夺政治权利，也应对甲附加剥夺1年以上5年以下政治权利。

2. 叛逃罪的特征

（1）叛逃罪是一种背叛国家、改变政治立场和政治信仰的犯罪类型。

（2）叛逃罪的主体是特殊主体，属于身份犯、目的犯，包括国家机关工作人员、知悉或掌握国家秘密的国家工作人员两大叛逃罪主体类型，以叛逃境外为目的，具有叛逃境外性、主体特殊性。譬如国家机关工作人员赵某履行公务期间擅离工作岗位，叛逃境外，并接受境外间谍组织代理人的任务，非法提供掌握的国家秘密、情报，后被查获，因此赵某的行为构成叛逃罪、间谍罪，应实行数罪并罚。

（3）叛逃罪是行为犯。叛逃行为的发生时间具有特定性，即须发生在履行公务期间，不论是在境内履行公务期间或在境外履行公务期间，只要履行公务者擅离岗位叛逃到境外，并危害国家安全的，无论犯罪动机如何，均不影响叛逃罪的构成。

（4）叛逃罪是故意犯，而不是过失犯。当然，也有专家学者认为，叛逃罪是结果犯，须是行为人叛逃后，具有危害国家安全的结果，才构成叛逃罪，若没有产生这种结果，不构成叛逃罪。[1]

（二）叛逃罪的构成要件

（1）叛逃罪的主体是特殊主体，以国家机关工作人员为主，以知悉或掌握国家秘密的国家工作人员为辅。叛逃罪的主体主要是涉外国家机关工作人员，以履行公务的国家机关工作人员、知悉或掌握国家秘密的国家工作人员为主，以不履行公务的国家机关工作人员、知悉或掌握国家秘密的国家工作人员为辅。譬如中国驻外使领馆外交人员或出国访问、谈判等外事活动的国家机关工作人员，或国家、党和政府派驻境外履行公务、专项任务的特定人员等，都可能构成叛逃罪的主体。

从《刑法》第93条的角度看，国家工作人员的范围，以国家机关中的公务人员为

---

〔1〕周其华：《中国刑法罪名释考》，中国方正出版社2001年版，第16页；刘宪权主编：《刑法学》，上海人民出版社2016年版，第400页："若叛逃行为没有危害国家安全和利益，则不能构成叛逃罪。""叛逃罪的主观方面表现为故意，即具有危害国家安全的叛逃故意，至于被劫持、被诱骗的，因缺乏叛逃故意，则不应以叛逃罪论处。"

主，以国有公司、企业、事业单位、人民团体和国家机关、国有公司、企业、事业单位委派到非国有公司、企业、事业单位、社会团体以及其他依法律从事公务的人员为辅。①国家机关工作人员范围：国家立法、行政、司法、军事、党委、政协机关的公务人员。②国家工作人员范围：国家机关工作人员，国有公司、企事业单位、人民团体中从事公务的人员，国家机关、国有公司、企事业单位委派到非国有公司、非企事业单位、社会团体从事公务的人员，依法律从事公务的人员。

可见，知悉或掌握国家秘密的国有公司、企业、事业单位、人民团体中的公务人员，国家机关、国有公司、企业、事业单位委派到非国有公司、企业、事业单位、社会团体的公务人员，依法律从事公务的人员，也可能构成叛逃罪的主体。当然，军人叛逃，构成军人违反职责罪。除国家机关工作人员、掌握国家秘密的国家工作人员之外一般身份的中国公民、没有知悉或掌握国家秘密的普通国家工作人员、国有性质或非国有性质的企事业单位、人民团体、社会团体中的公务人员或非公务人员、外国人、无国籍人或境内外机构、组织的代表人，均不能构成叛逃罪的主体，但可能构成叛逃罪的共犯。

（2）叛逃罪的主观方面，只能是故意，以直接故意为主，以间接故意为辅，即行为人主观上明知自己的叛逃行为会发生危害国家安全的结果，并希望或放任该危害结果的发生。从犯罪主观方面的角度看，叛逃罪是故意犯。只要叛逃行为人具有叛逃性、反叛性或背叛性的主观故意，即构成叛逃罪。

（3）叛逃罪的客体是双重客体，主要包括国家安全、国家利益、国家荣誉。

（4）叛逃罪的客观方面表现为行为人在履行公务期间擅离岗位，叛逃境外或在境外叛逃，危害国家安全的行为。若行为人借境内外履行公务期间之机，未经单位组织批准，擅自脱离岗位，投奔外国或境外机构、组织或个人而为之效力，从事危害国家安全活动，即构成叛逃罪。

第一，叛逃行为具有期限性。叛逃行为是履行公务期间的叛逃，是擅离公务岗位的叛逃，是从境内到境外的间接叛逃或境外的直接叛逃。从作案时间的角度看，叛逃罪的叛逃行为须发生在履行公务期间，即具有履行公务期间的期限性。国家机关工作人员、知悉或掌握国家秘密、情报的国家工作人员代表国家、党和政府履行公共事务期间发生叛逃行为，危害国家安全，才构成叛逃罪，否则在非履行公务期间出逃，或借因私出境探亲、求学、旅游、治病、经商等期间的机会叛逃，均不构成叛逃罪。从作案地点的角度看，叛逃罪的叛逃行为须发生在履行公务期间擅离岗位的境内或境外，才构成叛逃罪。

第二，叛逃行为具有境外性。从作案地点的角度看，叛逃行为方式分为叛逃境外、境外叛逃两种类型。①叛逃境外，即行为人采取欺骗、偷渡、伪造身份证件等方式，利用境内履行公务之机擅离岗位而叛逃出境，即构成叛逃罪。②境外叛逃，即行为人在境外履行公务期间擅离岗位而叛逃，即构成叛逃罪。当然，若行为人单纯的叛逃境外或不回境内或偷越国（边）境或滞留境外不归，贪图享受、国外生活方式等，没有实施危害国家安全的犯罪行为，则不构成叛逃罪，但可能构成偷越国（边）境罪等犯罪。

第三，叛逃行为具有危害国家安全性。从擅离岗位的角度看，叛逃行为是擅离岗位、叛逃境外或境外叛逃的行为，具有危害国家安全性。一般而言，没有危害国家安全利益的叛逃行为，不构成叛逃罪。

履行公务期间的三种认定标准：①正常上班时间。②非正常加班时间。③公务员没有被免职或停职，随时执行公务的期间。譬如知悉或掌握国家秘密的公务员在公休日或节假日期间叛逃境外，也可能构成叛逃罪。若国家机关工作人员在因病住院、疗养期间等非履行公务期间，秘密逃往境外，不属于擅离岗位，则不能构成叛逃罪，若在境外从事危害国家安全犯罪，则以具体犯罪行为类型论处。[1]

当然，间谍、策反、刺探、收买国家秘密、情报、培养代理人等方式，也是敌对势力实行和平演变与非和平演变阴谋的惯用手段。叛逃行为是否具有危害国家安全性，关键是以叛逃罪的构成要件要素为根本标准，以行为人投奔境外的组织机构的性质、叛逃的目的与动机、方式与手段等基本事实内容，并结合刑事法律法规的基本原则精神进行综合判断分析论证定性，体现法理情一体化的社会公平正义价值取向，反对阶级阶层矛盾扩大化、定罪量刑政治化、工具化。

（三）叛逃罪的认定

1. 叛逃罪与非罪的界限

叛逃罪与非罪的认定，关键是否具有背叛或反叛的主观故意以及叛逃行为的危害程度。①行为人想叛逃而没有离开自己的工作岗位，不是叛逃行为，也不能构成叛逃罪。②行为人没有叛逃或背叛、反叛的主观故意，只是单纯逃往境外或滞留境外不归或晚归，也没有出卖国家利益或反叛、诽谤、攻击国家、党和政府的言行等具有危害国家安全性的行为，或未达到危害国家安全利益程度的叛逃行为，都不能构成叛逃罪，但可能构成偷越国（边）境罪等违法犯罪。行为人实施背叛或反叛国家，出卖国家利益，甚至发表背叛国家声明，发表文章攻击、诽谤国家政权和政府等的叛逃行为，或达到危害国家安全程度的叛逃行为，即构成叛逃罪，否则属于一般违法行为。如某国家机关工作人员在出国期间，脱离我方谈判代表团，投靠对方谈判机构，并出卖我方谈判的准备内容等情况，很显然构成了叛逃罪。[2]③行为人在外国或境外机构、组织的正常求职、求学、创业、打工谋生、投亲靠友或生病住院、孕产或旅客因客观因素滞留境外，或公务人员在境外履职因非个人意志因素不能如期回国等非犯罪行为，都不会构成叛逃等危害国家安全犯罪，但可能构成一般违法。

---

〔1〕 王作富主编：《刑法》（第2版），中国人民大学出版社2004年版，第252页："若是国家机关工作人员因病住院、疗养期间，秘密逃往境外，不构成叛逃罪。因为在此期间不是履行公务期间，也不是擅离岗位，其在境外从事危害国家安全活动，构成什么罪就按什么罪处理。"

〔2〕 刘宪权主编：《刑法学》，上海人民出版社2016年版，第400页。

2. 叛逃罪与投敌叛变罪的界限

叛逃罪与投敌叛变罪具有相似性、差异性，主要表现为犯罪主体、犯罪客观方面、投靠对象、投靠行为方式、有无时间限制的不同。①犯罪主体要件具有差异性。叛逃罪的主体是特殊主体，只能是国家机关工作人员、知悉或掌握国家秘密的国家工作人员。投敌叛变罪的主体是一般主体，包括国家机关工作人员、掌握国家秘密的国家工作人员在内的任何具备犯罪主体一般要件的中国公民。当然，也有专家学者认为，投敌叛变罪的主体是特殊主体，只能是中国公民。外国人、无国籍人或境外机构、组织的直接责任人员，可能构成投敌叛变罪的共犯。②犯罪客观要件或犯罪客观方面的内容、要求具有差异性。叛逃罪的客观方面表现为叛逃行为，要求行为人在境内履职期间擅离岗位叛逃至境外，或在境外履职期间叛逃，并实施危害国家安全的行为，即构成叛逃罪。叛逃罪的叛逃行为，不要求叛逃行为是否具有叛逃之外的危害国家安全行为；行为人投奔的对象是否具有敌对性、反华性，即构成叛逃罪。投敌叛变罪的客观方面表现为投敌叛变行为，要求行为人投奔敌人营垒、投降敌人，实施危害国家安全的行为，即构成投敌叛变罪。投敌叛变罪的投奔对象是敌对营垒，并具有危害国家安全的行为，才构成投敌叛变罪。③犯罪行为期限具有差异性。叛逃罪的行为期限，要求行为人履行公务期间实施叛逃。投敌叛变罪没有规定行为人投敌叛变的时间限制，也包括履行公务期间发生叛变的可能性。可见，若行为人叛逃境外后，又实施了投奔敌方或加入敌人营垒的行为，则应以投敌叛变罪论处，而不实行数罪并罚。

（四）叛逃罪的刑责

叛逃罪的法律根据是《刑法》第56、109、113条。

（1）叛逃罪的主刑：①第一档法定刑：犯叛逃罪，处5年以下有期刑、拘役、管制或剥夺政治权利。②第二档法定刑：情节严重的，处5年以上10年以下有期刑。③第三档法定刑：知悉或掌握国家秘密的国家工作人员，犯叛逃罪的，从重处罚。

（2）叛逃罪的附加刑：①可并处没收财产。②应附加剥夺政治权利。

十、《刑法》第110条【间谍罪】

（一）间谍罪的概念与特征

1. 间谍罪的概念

间谍罪，又称为特务罪，是行为人故意以非公开的隐蔽方式参加外国或境外间谍组织，或接受间谍组织及其代理人任务，或为敌人指示轰击目标，危害国家安全的行为。

间谍罪具有渊源性、复杂性、国际性。①从国际刑法的角度看，间谍罪源于特务罪、反革命罪，又称为奸细罪、外患罪、叛逆罪、危害国家安全罪、危害国家利益罪等。间谍罪和特务罪只有分工行为的差异，没有本质特征的不同。大多数国家的刑事立法没有规定特务罪，仅将危害国家安全的特定的间谍行为或特务行为，统称为间谍罪。②从中国刑法的角度看，1997年《刑法》第110条间谍罪源于1979年《刑法》特务罪、反革命罪的混合法条。③从社会习惯的角度看，特务的犯罪行为统称为间谍罪；特务组织属于国内敌特组织，间谍组织属于国外敌特组织；凡为国内特务组织效劳的行为，定为特务罪；为国外间谍组织效劳的行为，定为间谍罪。④从大多数国家立法的角度看，一般只规定间谍罪或特务罪，并没有同时规定间谍罪、特务罪两个罪名。⑤《国家安全法》仅规定间谍罪，没有规定特务罪。⑥1997 年《刑法》第 311 条规定拒绝提供间谍犯罪、恐怖主义犯罪、极端主义犯罪证罪，即行为人客观上没有实施间谍性质的犯罪活动，但主观上明知他人具有间谍或恐怖主义、极端主义犯罪行为，在司法机关向其调查有关情况、收集有关证时，拒绝提供，情节严重的，处 3 年以下有期刑、拘役或管制。

【2017 年 · 卷 2 · 多选 · 75】王某因间谍罪被甲省乙市中级法院一审判处死刑，缓期 2 年执行。王某未上诉，检察院未抗诉。判决生效后，发现有新的证据证明原判决认定的事实确有错误。下列哪些机关有权对本案提起审判监督程序？（BD）A. 乙市中级法院。B. 甲省高级法院。C. 甲省检察院。D. 检察院。

2. 间谍罪的特征

（1）间谍罪是选择式罪名、行为犯，具体包括参加间谍组织充当间谍、接受间谍组织及其代理人任务、为敌人指示轰击目标三大间谍行为类型。也有专家学者认为，间谍罪的犯罪构成内容具有特殊性。间谍活动的前行行为（先行行为）属于间谍罪的构成要件内容。譬如，参加间谍组织或接受间谍任务的行为并非间谍活动本身，但这种行为与间谍活动具有显然的因果关系，是间谍活动的前行行为。从间谍罪的危害性的角度看，只要行为人有参加间谍组织或接受间谍任务的行为，即使没有实施间谍活动，也构成间谍罪。对接受间谍组织及其代理人的任务，刑法只要求有接受间谍任务，即构成间谍罪，至于接受间谍任务是否参加间谍组织或是否完成所接受的间谍任务，与定罪无关；对为敌人指示轰炸目标，刑法也只要求有指示行为即可构成间谍罪。[1]

（2）间谍罪是一种故意犯，而不是过失犯。从间谍罪的概念、特征、构成要件要素的角度看，间谍罪的主观态度具有故意性、明知性，主观故意内容因间谍行为方式的不同而有所不同。①参加间谍组织者，须主观上明知间谍组织而参加。②接受间谍任务者，须主观上明知间谍组织或间谍组织代理人的任务而接受。③指示轰击目标者，须主观上明知敌人而为之指示轰炸目标。

（3）间谍罪是目的犯。从犯罪客观方面和司法实践的角度看，人们比较容易认定行为人接受间谍组织及其代理人的任务、为敌人指示轰击目标的间谍行为是否具有危害中国国家安全的性质，很难把握参加间谍组织的间谍行为是否危害中国国家安全。实际上，间谍罪不是结果犯，不以实际上发生法定的危害结果为犯罪构成要件。只要查明行为人参加间谍组织的目标或目的，即可判断行为人的行为是否危害了国家安全，一旦目标针对中国而参加间谍组织，即可认定为危害国家安全，则构成间谍罪。危害国家安全行为，并不需具有物质性的损害结果；行为人实施间谍行为时，即具有危害国家安全性，则构成间谍罪。

---

〔1〕刘宪权主编：《刑法学》，上海人民出版社 2016 年版，第 401~402 页。

（4）间谍罪是情节犯。从刑罚的角度看，刑法根据间谍行为及其犯罪情节的轻重，分为一般情节、较轻情节、情节特别恶劣或危害特别严重3档次法定刑进行刑罚。

（二）间谍罪的构成要件

（1）间谍罪的主体是一般主体、双重主体，即具有刑责年龄、刑责能力的自然人，包括中国人、外国人、无国籍人或境内外机构、组织的直接责任人员。

从法学界的角度看，单位、法人能否成为间谍罪的犯罪主体，具有争议性。①通说认为，单位、法人不能成为间谍罪的犯罪主体。②间谍罪的主体具有广义性，以自然人为原则，以单位为例外。③单位、法人以不能构成间谍罪主体为原则，以构成间谍罪主体为例外，对单位犯罪的处罚原则是双罚制。④《国家安全法》规定，境外机构、组织、个人，与境外机构、组织、个人相勾结的境内组织、个人，均可能构成间谍罪的主体。⑤《刑法》第30条规定，公司、企业、事业单位、机关、团体实施的危害社会的行为，法律规定为单位犯罪，应负刑责。

（2）间谍罪的主观方面表现为故意罪过，只能是犯罪故意，以直接故意为主，以间接故意为辅，即行为人主观上明知自己实施的间谍行为会危害国家安全，并希望或放任该危害结果发生的心理态度。间谍罪的主观方面要求行为人不论实施何种间谍行为，须主观上明确知道自己参加的组织属于间谍组织、接受的任务属于间谍组织或间谍组织代理人派遣的任务、指示的轰炸目标属于为敌人服务的对象，即构成间谍罪明知性的故意罪过。

（3）间谍罪的客体是双重客体，包括国家安全、国家利益。间谍罪的犯罪对象包括国家秘密、国家情报和其他破坏活动。当然，也有专家学者认为，间谍罪的客体属于简单客体，是国家安全。

（4）间谍罪的客观方面是间谍行为，即行为人主观上明知间谍行为的性质、客观上实施了参加间谍组织充当间谍、接受间谍组织或属于间谍组织代理人的派遣任务或为敌人指示轰击目标3种特定类型的间谍行为，包括参加行为、接受行为、指示行为。

从间谍罪的客观方面的角度看，间谍罪的构成内容具有特殊性，间谍行为具有独立性、因果性、法定性、特定性、限定性，刑法对构成间谍罪的间谍行为的具体要求不同。①参加行为，即参加间谍组织，是实施间谍活动的先行行为（前行行为），要求行为人主观上明知是间谍组织而参加，成为间谍组织的正式成员，具有间谍身份，即构成间谍罪。行为人主观上明知是间谍组织而参加，是否接受间谍组织或间谍组织代理人的间谍任务或完成程度，或是否为敌人指示轰炸目标，都不影响间谍罪的构成。一般而言，行为人主观上明知是间谍组织或间谍组织代理人而通过履行一定的手续或程序（挑选、登记、专门训练等）正式加入间谍组织机构，成为间谍成员，即构成间谍罪。特殊而言，行为人没有按常规正式加入间谍组织，事实上作为间谍人员实施了间谍活动，即构成间谍罪。②接受行为，是实施间谍活动的先行行为（前行行为），即接受间谍任务——接受间谍组织或间谍组织代理人派遣的任务，要求行为人主观上明知对方是间谍组织或间谍组织代理人（自然人、单位）而接受其命令、派遣、指使、委托的间谍任务，则构成间谍罪。接受间谍组织代理人的任务与接受间谍组织的任务具有同质性、可罚性，体现了间谍活动的隐蔽性、复杂性。行为人一旦接受间谍组织或间谍组织代理人派遣的间谍任务，即使客观上没有参加间谍组织或没有为敌人指示轰击目标，也仍构成间谍罪。③指示行为，即指示轰击目标——为与中国为敌的外国或境外机构、组织、个人指示轰击目标。只要行为人主观上明知对方是敌人（不含国内暗藏的个别敌对分子）而指示轰击目标（重要设施、建设项目、城市等），不论是否参加间谍组织，或是否接受间谍组织及其代理人的派遣任务，或是否达到预期目的，或犯罪动机、犯罪目的如何，都不影响间谍罪的构成。当然，在战时状态下，行为人主观上明知对方是敌人（敌国、武装力量），在没有参加间谍组织或间谍组织代理人派遣任务的条件下，仍主动以地形图、军事图等画图、文字、使用信号、标记等各种手段方式，为敌人直接或间接指明显示被轰炸被攻击的目标及其特征、方位和出现的时间、路线等有关情报，也构成间谍罪。

妨害司法罪的间谍性质的罪名：①（拒绝提供间谍犯罪、恐怖主义犯罪、极端主义犯罪证据罪）明知他人有间谍犯罪或恐怖主义、极端主义犯罪行为，在司法机关向其调查有关情况、收集有关证据时，拒绝提供，情节严重的，处 3 年以下有期刑、拘役或管制。②（非法生产、销售专用间谍器材、窃听、窃照专用器材罪）自然人或单位非法生产、销售专用间谍器材、窃听、窃照专用器材的，对单位判处罚金，对自然人、单位直接负责的主管人员和其他直接责任人员，处 3 年以下有期刑、拘役或管制，并处或单处罚金；情节严重的，处 3 年以上 7 年以下有期刑，并处罚金。③（非法使用窃听、窃照专用器材罪；组织考试作弊罪）非法使用窃听、窃照专用器材，造成严重后果的，处 2 年以下有期刑、拘役或管制。

（三）间谍罪的认定

1. 间谍罪与非罪的界限

（1）从间谍罪的刑罚的角度看，间谍活动的先行行为具有可罚性，属于间谍罪的构成要件要素。间谍罪是行为犯，不是结果犯，要求行为人主观上故意为间谍组织或间谍组织代理人效力，实施危害国家安全的间谍行为的全部或部分，不论是否造成危害结果，即构成间谍罪。行为人参加间谍组织后是否实施了进一步的间谍活动；接受外国间谍组织或间谍组织代理人派遣任务后是否完成任务；为敌人指示轰击目标的行为是否导致目标被轰击，都不影响间谍罪既遂的构成。

（2）从《刑法》第 13 条的角度看，行为人实施任何犯罪行为，若情节显著轻微、危害不大，可不认为是犯罪。譬如不能构成间谍罪的情形：①行为人被诱骗参加间谍组织，没有实施危害国家安全活动，不构成间谍罪。②对间谍组织中没有参加间谍组织、没有履行参加间谍组织手续、没有实施间谍行为甚至不知道该间谍组织性质，仅从事勤杂、医务、传达等具有单纯性、一般性的行政事务活动或临时聘请的工程技术人员，也不应以间谍罪论处。③从间谍罪的主观方面的角度看，因受蒙骗不明真相而误入间谍组织，了解事实真相后即与之断绝联系，也没有从事间谍活动，或为实现个人的某种目的而为间谍组织或间谍组织代理人非法提供一些非国家秘密、情报性质的情况，均不构成间谍罪。当然，若行为人开始不明真相而误入间谍组织，而后积极要求参加间谍组织、请领任务，或接受潜伏、实施破坏活动等间谍行为，则构成间谍罪。④传播小道消息、违反保密法规不慎泄密失密，或不自觉被敌人利用的过失行为，不构成间谍罪。譬如甲某原是某市医院医生，后受物质诱惑，辞职受聘为某国在华境内的间谍组织的一名专职医生，也没有危害国家安全行为，不能构成间谍罪。⑤行为人通过收听收看敌台网络媒体，邮寄信件以索要钱物为目的，表示为之服务，并没有实施任何间谍行为，也不构成间谍罪。⑥若行为人参加间谍组织或实施间谍行为，不是危害中国国家安全，而是危害他国国家安全，则不构成间谍罪。⑦对以合法形式掩盖非法目的而从事公司、企业或某种机构、组织为幌子，实施间谍行为的单位组织，一般只能对参加间谍组织或履行间谍组织手续或实际从事间谍活动的人，认定为间谍分子，构成间谍罪，不能笼统地都认定为所有人员都是间谍分子，都构成间谍罪。⑧国家工作人员或国家机关工作人员违反国家保密法规，泄露国家重要机密，情节严重，则构成泄露国家重要机密罪，不能以间谍罪论处。

2. 间谍罪的一罪与数罪的界限

（1）只要行为人实施参加间谍组织充当间谍、接受间谍组织或间谍组织代理人的派遣任务或为敌人指示轰击目标三种间谍行为之一，即构成间谍罪既遂；即使行为人同时实施全部间谍行为，也仍以间谍罪一罪论处，而不实行数罪并罚。

（2）若行为人参加间谍组织后，又实施了为境外窃取、刺探、收买、非法提供国家秘密、情报等犯罪活动，或接受外国间谍组织或间谍组织代理人的任务后进一步实施完成间谍任务的行为又触犯其他罪名，或为敌人指示轰炸目标造成了重大财产损失或人员伤亡，均以间谍罪一罪论处，而不能实行数罪并罚。

（3）若行为人先前实施了叛逃行为，而后又实施了间谍行为等没有牵连关系或吸收关系的危害国家安全行为，则应以叛逃罪、间谍罪等危害国家安全罪数罪并罚。大而言之，若行为人实施完毕叛逃行为后，又实施间谍行为或为境外窃取、刺探、收买、非法提供国家秘密、情报、故意杀人等多种犯罪，应以叛逃罪、间谍罪或为境外窃取、刺探、收买、非法提供国家秘密、情报罪、故意杀人罪等刑法分则规定的具体犯罪实行数罪并罚。

当然，针对间谍罪的罪数问题，刑法界具有争议性。譬如，行为人实施了间谍行为的同时，又实施了诸如强奸、杀人、放火、爆炸、绑架、非法拘禁、敲诈勒索等犯罪行为，到底构成间谍罪一罪还是数罪，存在不同争议观点。对此，有学者认为，刑法规定参加间谍组织本身即可构成间谍罪，若行为人参加间谍组织后实施间谍罪的客观方面的其他行为，即使这些行为本身又构成犯罪，也不能以数罪论处；倘若行为人实施间谍罪之外的行为，诸如分裂国家、策动叛逃等，则应以数罪论处。[1]

---

〔1〕刘宪权主编：《刑法学》，上海人民出版社2016年版，第403页。

（四）间谍罪的刑责

从法律渊源的角度看，间谍罪的法律根据是《刑法》第 56、110、113、311 条和《刑法修正案（八）》《国家安全法》《国家安全法实施细则》等刑事法律法规。

（1）间谍罪的主刑：①第一档法定刑：情节严重的，处 10 年以上有期刑或无期刑。②第二档法定刑：情节较轻的，处 3 年以上 10 年以下有期刑。③第三档法定刑：危害特别严重、情节特别恶劣的，可处死刑。

（2）间谍罪的附加刑：①可并处没收财产。②应附加剥夺政治权利。

从反间谍法的角度看，反间谍工作坚持中央统一领导，坚持公开工作与秘密工作相结合、专门工作与群众路线相结合、积极防御、依法惩治的原则。①国家安全机关、公安机关依法律、行政法规和国家有关规定，履行防范、制止和惩治间谍行为（间谍组织及其代理人实施或指使、资助他人实施，或境内外机构、组织、个人与其相勾结实施的危害中国国家安全的活动；参加间谍组织或接受间谍组织及其代理人的任务；间谍组织及其代理人外的其他境外机构、组织、个人实施或指使、资助他人实施，或境内机构、组织、个人与其相勾结实施的窃取、刺探、收买或非法提供国家秘密或情报，或策动、引诱、收买国家工作人员叛变的活动；为敌人指示攻击目标；进行其他间谍活动）外的其他危害国家安全行为的职责，适用《反间谍法》的有关规定。以暴力、威胁方法阻碍国家安全机关依法执行任务，依法追究刑责。故意阻碍国家安全机关依法执行任务，未使用暴力、威胁方法，造成严重后果，依法追究刑责；情节较轻，由国家安全机关处 15 日以下行政拘留。②任何个人和组织都不得非法持有属于国家秘密的文件、资料和其他物品。都不得非法持有、使用间谍活动特殊需要的专用间谍器材。专用间谍器材由国务院国家安全主管部门依国家有关规定确认。对非法持有属于国家秘密的文件、资料和其他物品，以及非法持有、使用专用间谍器材，国家安全机关可依法对其人身、物品、住处和其他有关的地方进行搜查；对其非法持有的属于国家秘密的文件、资料和其他物品，以及非法持有、使用的专用间谍器材予以没收。非法持有属于国家秘密的文件、资料和其他物品，构成犯罪，依法追究刑责；尚不构成犯罪的，由国家安全机关予以警告或处 15 日以下行政拘留。③任何个人和组织对国家安全机关及其工作人员超越职权、滥用职权和其他违法行为，都有权向上级国家安全机关或有关部门检举、控告。受理检举、控告的国家安全机关或有关部门应及时查清事实、负责处理，并将处理结果及时告知检举人、控告人。对协助国家安全机关工作或依法检举、控告的个人和组织，任何个人和组织不得压制和打击报复。当事人对行政处罚决定、行政强制措施决定不服，可自接到决定书之日起 60 日内，向作出决定的上一级机关申请复议；对复议决定不服，可自接到复议决定书之日起 15 日内向法院提起诉讼。在国家安全机关调查了解有关间谍行为的情况、收集有关证据时，有关组织和个人应如实提供，不得拒绝。明知他人有间谍犯罪行为，在国家安全机关向其调查有关情况、收集有关证据时，拒绝提供的，由其所在单位或上级主管部门予以处分，或由国家安全机关处 15 日以下行政拘留；构成犯罪，依法追究刑责。④国家安全机关及其工作人员在工作中，应严格依法办事，不得超越职权、滥用职权，不得侵犯组织和个人的合法权益。国家安全机关及其工作人员依法履行反间谍工作职责获取的组织和个人的信息、材料，只能用于反间谍工作。对属于国家秘密、商业秘密和个人隐私，应保密。国家安全机关工作人员滥用职权、玩忽职守、徇私舞弊，构成犯罪，或有非法拘禁、刑讯逼供、暴力取证、违反规定泄露国家秘密、商业秘密和个人隐私等行为，构成犯罪的，依法追究刑责。泄露有关反间谍工作的国家秘密，由国家安全机关处15日以下行政拘留；构成犯罪，依法追究刑责。⑤国家安全机关对用于间谍行为的工具和其他财物，以及用于资助间谍行为的资金、场所、物资，经设区的市级以上国家安全机关负责人批准，可依法查封、扣押、冻结。国家安全机关对依《反间谍法》查封、扣押、冻结的财物，应妥善保管，并涉嫌犯罪，依刑诉法的规定处理；尚不构成犯罪，有违法事实，对依法应没收的予以没收，依法应销毁的予以销毁；没有违法事实，或与案件无关，应解除查封、扣押、冻结，并及时返还相关财物；造成损失，应依法赔偿3种情形分别处理。国家安全机关没收的财物，一律上缴国库。隐藏、转移、变卖、损毁国家安全机关依法查封、扣押、冻结的财物，或明知是间谍活动的涉案财物而窝藏、转移、收购、代为销售或以其他方法掩饰、隐瞒，由国家安全机关追回；构成犯罪，依法追究刑责。⑥境外机构、组织、个人实施或指使、资助他人实施，或境内机构、组织、个人与境外机构、组织、个人相勾结实施间谍行为，构成犯罪，依法追究刑责。实施间谍行为，有自首或立功表现，可从轻、减轻或免除处罚；有重大立功表现，给予奖励。⑦在境外受胁迫或受诱骗参加敌对组织、间谍组织，从事危害中国国家安全的活动，及时向中国驻外机构如实说明情况，或入境后直接或通过所在单位及时向国家安全机关、公安机关如实说明情况，并有悔改表现，可不予追究。⑧境外人员违反《反间谍法》，可限期离境或驱逐出境。

十一、《刑法》第112条【资敌罪】

（一）资敌罪的概念与特征

从法律渊源的角度看，资敌罪的法律根据是《刑法》第112条、第113条、第56条等。

1. 资敌罪的概念

资敌罪，是中国公民战时为敌人供给武器装备、军用物资的资敌行为。

从战时犯、故意犯、行为犯、情节犯的角度看，战时供给敌人武器装备、军用物资资敌（以实际交付为犯罪既遂标准），处10年以上有期刑或无期刑；情节较轻的，处3年以上10年以下有期刑。

有资助性质的罪名有危害国家安全罪的资助危害国家安全犯罪活动罪、资敌罪（平时资敌罪、战时资敌罪）；金融诈骗罪的集资诈骗罪、非法吸收公众存款罪；扰乱公共秩序罪（妨害社会管理秩序罪）的组织、资助非法聚集罪；危害公共安全罪的帮助恐怖活动罪等。

2. 资敌罪的特征

（1）资敌罪是故意犯，不是过失犯。过失犯不构成资敌罪。

（2）资敌罪是行为犯。只要行为人实施了资敌行为，即具备了危害国家安全的结果，即构成资敌罪。也有专家学者认为，资敌罪是结果犯。资敌行为须对中国国防安全构成威胁，且造成实际损害时才构成犯罪。若情节显著轻微，危害不大，根据《刑法》第13条，即不认为是犯罪，只属于一般的违法行为。[1]

（3）资敌罪是情节犯，以一般情节犯为主，以加重情节犯为辅。

（4）资敌罪是战时犯，不是非战时犯。当然，战时犯主要分布于危害国家安全犯罪、危害国防利益犯罪、军人违反职责犯罪，譬如资敌罪；战时窝藏逃离部队军人罪；战时造谣扰乱军心罪；战时故意提供虚假敌情罪；战时拒绝军事征收、征用罪；战时拒绝、故意延误军事订货罪；战时违抗命令罪；战时造谣扰乱军心罪；战时临阵脱逃罪；战时自伤罪；战时拒不救治伤病军人罪；战时拒绝、逃避服役罪；战时拒绝、逃避征召、军事训练罪等。

从《宪法》第62条的角度看，全国人大开会期间，全国人大有权决定战争与和平问题，宣布国家进入战争状态；全国人大闭会期间，全国人大常委会遇有国家遭受武装侵犯或须履行国际共同防止侵略的条约的情况，有权决定战争状态的宣布。

（5）资敌罪的犯罪行为、犯罪对象、犯罪时间、犯罪内容具有限定性。

（二）资敌罪的构成要件

（1）资敌罪的主体具有特定性，属于特殊主体，即只有具有刑责年龄、刑责能力、中国国籍的中国公民，也包括中国具有司法管辖权的境外使领馆、船舶、航空器等拟制领土上的机构、组织的直接责任人员，才能成为资敌罪的主体。外国人、无国籍人不能成为资敌罪的主体，但可能成为资敌罪的共犯。当然，资敌罪的主体类型具有争议性。也有专家学者认为，资敌罪的主体属于一般主体，即年满16周岁以上、具有刑责能力、故意实施资助敌人行为的自然人。不论是中国公民还是外国人或无国籍人，也不论是在国内还是在国外，只要是在战争时故意资助了敌人的人，就可构成资敌罪。给予敌人精神支持的行为，不构成资敌罪。资敌罪的犯罪结果是危害国家安全的结果，刑法依犯罪情节，分三个档次对资敌罪规定了法定刑。[2]

（2）资敌罪的主观方面具有双重性，主观上表现为故意，以直接故意为主，以间接故意为辅，要求中国公民具有主观方面表现为故意，明知处于战时、资助对象为敌人，仍为之资助供给武器装备、军用物资的心理态度。

（3）资敌罪的客体是简单客体，是国家安全利益。

（4）资敌罪的客观方面，表现为中国公民战时为敌人非法出售、提供武器装备、军用物资的资助行为。①资敌罪的行为方式是一种具有特定性的资敌行为，实际上是

---

〔1〕刘宪权主编：《刑法学》，上海人民出版社2016年版，第405页。

〔2〕周其华：《中国刑法罪名释考》，中国方正出版社2001年版，第17页；刘宪权主编：《刑法学》，上海人民出版社2016年版，第405页，“资敌罪的主体是一般主体，既包括中国公民，也包括外国人、无国籍人”。

一种帮助行为或供给行为，仅限于非法出售、有偿或无偿提供武器装备、军用物资两种行为方式。一是行为人实施资敌行为的时间条件仅限于战时，才构成资敌罪，否则行为人非战时（平时）的资敌行为，不构成资敌罪，可能构成他罪。二是从1997年《刑法》第451条、1982年《宪法》第62条和《戒严法》的角度看，资助时间具有限定性，仅限于战时，分为四种战时类型：A. 国家宣布进入战争状态时。B. 部队受领作战任务时。若国家在非战争状态下，与邻国发生局部边界冲突时，该地区的部队受领作战任务，该地区也应属于处于战时状态。C. 遭受敌突袭时。D. 部队执行戒严任务或处置突发性暴力事件时。②资敌罪的资助对象或供给对象，具有特定性，仅限于敌人，分为国内敌人、国外敌人，包括国内外危害国家安全的敌对营垒、敌对势力、敌对武装力量（外国侵略精神力量、国内反动军事力量）三大对象类型，不包括国内暗藏的个别反动分子、敌对分子、间谍分子。若行为人仅为国内暗藏的个别反动分子、敌对分子、间谍分子提供枪支弹药，不构成资敌罪，可能构成间谍罪或非法持有、私藏枪支、弹药罪；非法出租、出借枪支罪；盗窃、抢夺枪支、弹药、爆炸物、危险物质罪；抢劫枪支、弹药、爆炸物、危险物质罪；违规制造、销售枪支罪；非法携带枪支、弹药、管制刀具、危险物品危及公共安全罪等罪行的共犯论处。从国际战争法的角度看，行为人给予被俘的敌方人员食品药品的行为，不构成资敌罪。③资敌罪的资助方法或供给内容具有特定性，仅限于武器装备、军用物资。武器装备，即直接用于实施、保障作战行动的武器（兵器、枪械、火炮、火箭、导弹、弹药、爆破器材、坦克、装甲战车、战机、舰艇、鱼雷、水雷、核武器等）、武器系统（杀伤手段、投掷或运载工具、指挥器材等）、军事技术器材（通信指挥器材、侦察探测器材、雷达、电子对抗装备、情报处理设备、军用电子计算机、野战工程机械、渡河器材、气象保障器材、军用车辆、伪装器材等）。A. 直接用于杀伤敌人有生力量、破坏敌人作战设施的器械。B. 运兵装甲车、指挥通信设备等直接为战斗服务的设备。②军用物资，即武器装备外供军队作战训练、施工科研、后勤保障等使用的物资（油料、药品、建材、器材、车辆、军服、军被、军用帐篷、军用药品等）。可见，中国公民战时或非战时为敌人提供非武器装备、非军用物资性质的物资，或非战时为敌人提供武器装备、军用物资，均不构成资敌罪，可能构成他罪。

中国公民无论有偿还是无偿为敌人提供武器装备、军用物资，只要这种资敌行为发生在战时，均构成资敌罪。当然，从司法实践、司法解释的角度看，中国公民战时为敌人非法供给的武器装备、军用物资数量的多少，对资敌罪的定罪量刑仅具有一定的参考意义。“只有行为人资敌行为实施的时间须在战时，供给对象属于敌人，供给内容属于武器装备、军用物资3个条件同时具备，才可构成资敌罪，否则不能以资敌罪论处。作为资敌罪的犯罪对象的武器装备、军用物资应达到一定的数量；若仅提供少量枪支弹药帮助个别罪犯进行危害国家安全犯罪，则应按触犯的具体犯罪的共犯处理。”〔1〕

〔1〕 赵秉志：《刑法分则问题专论》，法律出版社2004年版，第44~45页。

（三）资敌罪的认定

1. 资敌罪与非罪的界限

（1）中国公民战时为敌人供给武器装备、军用物资，无论有偿、无偿或购买、携带、运输，均可构成资敌罪。

（2）从犯罪性质、情节的角度看，中国公民战时为敌人供给非武器装备、非军用物资（非用于军事的物资、情报），或非战时为敌人供给武器装备、军用物资，均不能以资敌罪论处，但可能构成间谍罪等犯罪，构成何罪就按何罪处罚。譬如散播和推行其暴力恐怖主张，积极发展组织成员，策划、指挥实施非法运输枪支弹药、暗杀、绑架、爆炸等暴力恐怖行为，筹建暴力恐怖训练基地，组织、领导暴力恐怖犯罪组织，则构成组织、领导恐怖组织罪。

2. 资敌罪与资助危害国家安全犯罪活动罪的界限

资敌罪与资助危害国家安全犯罪活动罪具有关联性、差异性，主要表现为资助对象、资助内容、资助时间、资助行为、犯罪主体的不同。资助危害国家安全犯罪活动罪、资敌罪的资助者与被资助者之间不存在共同犯罪的关系。

（1）犯罪主体不同：①资敌罪的主体是特殊主体，仅限于境内外具有刑责年龄、刑责能力、中国国籍的中国公民。相反，外国或境外机构、组织、单位及其直接责任人员或外国人、无国籍人，不能构成资敌罪的主体，可能构成资敌罪的共犯。②资助危害国家安全犯罪活动罪的主体是双重主体，以一般主体为主，以单位主体为辅，包括境内外机构、组织、个人。

（2）资助对象不同：①资敌罪的资助对象具有特定性，仅限于敌人，包括敌方营垒、武装力量，不包括敌对势力个人。资敌罪的对象是战时的敌人或敌方。②资助危害国家安全犯罪活动罪的资助对象具有特定性，仅限于实施背叛国家罪；分裂国家罪；煽动分裂国家罪；武装叛乱、暴乱罪；颠覆国家政权罪；煽动颠覆国家政权罪 7 种特定类型的危害国家安全犯罪的境内机构、组织、个人。

（3）资助行为不同：①资助罪的行为具有特定性，仅限于中国公民战时为敌人提供武器装备、军用物资的行为。②资助危害国家安全犯罪活动罪的行为具有特定性，仅限于资助他人实施背叛国家、分裂国家、煽动分裂国家、武装叛乱、暴乱、颠覆国家政权、煽动颠覆国家政权 7 种特定类型的危害国家安全犯罪行为。

（4）资助内容或供给内容、资助物资种类不同：①资敌罪的资助内容或供给内容、资助物资种类具有特定性，仅限于武器装备、军用物资。②资助危害国家安全犯罪活动罪的资助内容或供给内容、资助物资种类具有多样性，没有特定性，包括武器装备、军事物资、金钱、物品、设备等不同种类的物资。

（5）资助时间不同：①资敌罪的资助时间具有法定时限性，仅限于战时。②资助危害国家安全犯罪活动罪的资助时间没有法定期限性，资助行为可发生在战时、非战时等任何时候。

3. 资敌罪与为境外窃取、刺探、收买、非法提供军事秘密罪的界限

（1）为境外窃取、刺探、收买、非法提供军事秘密罪与资敌罪、间谍罪的区别，主要表现为犯罪的主观方面、内容、范围、服务对象、主观恶性、社会危害性等要件要素的不同类型。①从行为人主观恶性的角度看，犯间谍罪、资敌罪的行为人，为敌人服务的内容、范围不限于军事秘密，明知服务对象是敌人而直接故意为之，主观恶性较大。②从危害后果的角度看，为境外窃取、刺探、收买、非法提供军事秘密罪的行为结果，可能导致军事秘密落入敌人或一般外国机构、组织、人员之手。

（2）资敌罪与间谍罪的界限：①犯罪的客观方面的表现方式不同。资敌罪的发生时间只能发生在战时阶段，资助的内容只能是武器装备、军用物资。间谍罪的发生时间没有限制，可发生在任何时候，行为内容包括武器装备、军用物资等任何特殊的物资、秘密、情报等。间谍罪只能使军事秘密落入敌人手中，或以其他方式帮助敌人危害国家安全。②犯罪主体不同。资敌罪的主体是特殊主体，只能是中国公民。间谍罪的主体是一般主体，包括中国公民、外国人、无国籍人。

（四）资敌罪的刑责

资敌罪的法律根据是《刑法》第56、112、113条等。

（1）资敌罪的主刑：①处10年以上有期刑或无期刑。②情节较轻的，处3年以上10年以下有期刑。③危害特别严重、情节特别恶劣的，可处死刑。

（2）资敌罪的附加刑：①可并处没收财产。②应附加剥夺政治权利。

十二、《刑法》第111条【为境外窃取、刺探、收买、非法提供国家秘密、情报罪】

从法律渊源的角度看，为境外窃取、刺探、收买、非法提供国家秘密、情报罪的法律根据是《刑法》第111、113、56条等。

（一）为境外窃取、刺探、收买、非法提供国家秘密、情报罪的概念与特征

1. 为境外窃取、刺探、收买、非法提供国家秘密、情报罪的概念

为境外窃取、刺探、收买、非法提供国家秘密、情报罪，是行为人有为境外机构、组织、人员窃取、刺探、收买、非法提供国家秘密或情报的行为，即行为人通过盗窃、刺探、收买、非法提供等手段方式，故意为境外的机构、组织、人员获得国家秘密或情报的行为。

从国际刑法的角度看，外国刑法没有单独规定为境外窃取、刺探、收买、非法提供国家秘密、情报罪，多数归并在内乱罪、外患罪（奥地利）、叛国罪（西班牙）、间谍罪、危害国家安全罪之中。

从国内法的角度看，1979年《刑法》泄露国家秘密罪和为境外窃取、刺探、收买、非法提供国家秘密罪，分别为1997年《刑法》4个罪名：①为境外窃取、刺探、收买、非法提供国家秘密、情报罪。②为境外窃取、刺探、收买、非法提供军事秘密罪。③故意泄露国家秘密罪。④过失泄露国家秘密罪。

从法律渊源的角度看，为境外窃取、刺探、收买、非法提供国家秘密、情报罪的

主要法律渊源是最高法《关于审理为境外窃取、刺探、收买、非法提供国家秘密、情报案件具体应用法律若干问题的解释》(2001年)、《保守国家秘密法》(2010年)、《保守国家秘密法实施条例》(2014年)、《国家安全法》(2015年)等。

从故意犯、危险结果犯、情节犯、涉密犯、缩小解释的角度看,为境外(中国领域外或中国领域内中国政府尚未实施行政管辖的地域:尚未回归的我国台湾地区、1997年7月1日前的香港、1999年12月31日前的澳门)的机构、组织[港澳台等回归前的中国地区;外国的政府、军队、机关在中国境内设置的机构、社团、企事业组织、外国驻华使领馆、办事处、商社、新闻机构等外国的机构、组织及其在中国境内设立的分支(代表)机构、分支组织]、人员[居住(永久居住、长期居住、短期居住)在外国和回归前的台湾、香港、澳门等中国地区的人,居住在中国境内没有中国国籍的人],窃取(采取秘密手段盗窃属于国家秘密或情报的资料、物品;以行为人取得国家秘密、情报为犯罪既遂标准)、刺探(采取各种渠道、使用各种手段,非法探知国家秘密或情报资料的违法犯罪行为)、收买(采取金钱、色情、物质利益等手段诱惑掌握国家秘密或情报的人员获取国家秘密或情报资料、物品)、非法提供(国家秘密的持有者或知悉者非法出卖、交付、告知其他不应知悉国家秘密或情报的人)国家秘密(关系国家的安全和利益,依法定程序确定、在一定时间内只限于一定范围的人员知悉的事项:政党中的秘密事项,国家事务的重大决策,国防建设和武装力量活动,外交和外事活动,国民经济和社会发展、科技、维护国安活动和追究刑事犯罪活动,其他经国家保密工作部门确定应保守的国家秘密事项)或情报(关系国家安全和利益、尚未公开或依有关规定不应公开的事项;涉及非国家秘密性质的国家政治、经济、军事、科技等尚未公开或不宜公开泄露、影响国安和利益的情况和材料;缩小解释)、国家情报(关系国安和利益、尚未公开或依有关规定不应公开的事项;以行为人提供国家秘密、情报为犯罪既遂标准),处5年以上10年以下有期刑(为境外窃取、刺探、收买、非法提供机密级国家秘密;为境外窃取、刺探、收买、非法提供3项以上秘密级国家秘密;为境外窃取、刺探、收买、非法提供国家秘密或情报,对国安和利益造成其他严重损害);情节特别严重(为境外窃取、刺探、收买、非法提供绝密级国家秘密,为境外窃取、刺探、收买、非法提供3项以上机密级国家秘密,为境外窃取、刺探、收买、非法提供国家秘密或情报,对国安和利益造成其他特别严重损害)的,处10年以上有期刑或无期刑;情节较轻(为境外窃取、刺探、收买、非法提供秘密级国家秘密或情报)的,处5年以下有期刑、拘役、管制或剥夺政治权利。

犯为境外窃取、刺探、收买、非法提供国家秘密、情报罪,应附加剥夺政治权利,可并处没收财产;对国家和人民危害特别严重、情节特别恶劣的,可判处死刑。

为境外窃取、刺探、收买、非法提供国家秘密、情报罪是为境外的机构、组织、人员窃取、刺探、收买、非法提供国家秘密或情报的行为。

从司法解释、保守国家秘密法及其实施办法的角度看,法院审理为境外窃取、刺探、收买、非法提供情报案件,需对有关事项是否属于情报进行鉴定,由国家保密工作部门或省级保密工作部门鉴定。①任何组织和个人进行危害中国国安的行为（境外机构、组织、个人实施或指使、资助他人实施，或境内组织、个人与境外机构、组织、个人相勾结实施窃取、刺探、收买、非法提供国家秘密危害中国安全的行为）都须受到法律追究。②审理为境外窃取、刺探、收买、非法提供国家秘密案件，需对有关事项是否属于国家秘密、属于何种密级进行鉴定，由国家保密工作部门或省级保密工作部门鉴定。③从国安法的角度看，在境外受胁迫或受诱骗参加敌对组织，从事危害中国国安的活动，及时向中国驻外机构如实说明情况，或入境后直接或通过所在组织及时向国安机关或公安机关如实说明情况的，一般不予追究。

为境外窃取、刺探、收买、非法提供国家秘密罪的情形：①境外机构、组织、个人实施或指使、资助他人实施，或境内组织、个人与境外机构、组织、个人相勾结实施危害中国国安的行为，构成犯罪，依法追究刑责（为境外机构、组织、人员窃取、刺探、收买、非法提供国家秘密外的情报的行为，构成为境外窃取、刺探、收买、非法提供情报罪）。②行为人知道或应知道未标明密级的事项关系国安和利益，而为境外窃取、刺探、收买、非法提供，以为境外窃取、刺探、收买、非法提供国家秘密罪定罪处罚。③通过互联网将国家秘密或情报非法发送给境外的机构、组织、个人，以为境外窃取、刺探、收买、非法提供国家秘密罪定罪处罚。

从法条竞合关系的角度讲，通过互联网窃取、泄露国家秘密、情报或军事秘密，构成犯罪，或利用计算机实施金融诈骗、盗窃、贪污、挪用公款、窃取国家秘密或他罪，依刑法有关规定定罪处罚。

通过互联网发布国家秘密，情节严重的，以故意泄露国家秘密罪、过失泄露国家秘密罪的规定定罪处罚。国家机关工作人员违反保守国家秘密法，故意或过失泄露国家秘密，情节严重的，处3年以下有期刑或拘役；情节特别严重的，处3年以上7年以下有期刑。从司法解释的角度讲，非国家机关工作人员犯故意泄露国家秘密罪、过失泄露国家秘密罪，依故意泄露国家秘密罪、过失泄露国家秘密罪规定酌情处罚。

2. 为境外窃取、刺探、收买、非法提供国家秘密、情报罪的特征

（1）为境外窃取、刺探、收买、非法提供国家秘密、情报罪是一种行为犯，即只要行为人为境外的机构、组织或个人实施了窃取、刺探、收买、非法提供国家秘密、情报的行为，即具备了危害国家安全的结果，即使没有交付国家秘密或情报，也构成为境外窃取、刺探、收买、非法提供国家秘密、情报罪。

（2）为境外窃取、刺探、收买、非法提供国家秘密、情报罪是一种情节犯，即根据行为人的犯罪情节、危害程度，刑法规定了一般情节、较轻情节、严重情节、情节特别恶劣或危害特别严重四档法定刑进行处罚。

（3）为境外窃取、刺探、收买、非法提供国家秘密、情报罪是一种故意犯，不是过失犯、结果犯。

（4）为境外窃取、刺探、收买、非法提供国家秘密、情报罪是一种选择性的罪名，即行为人具有境外机构、组织、个人实施窃取、刺探、收买、非法提供国家秘密、情

报的全部行为或部分行为，均以为境外窃取、刺探、收买、非法提供国家秘密、情报罪一罪论处，而不实行数罪并罚。

（5）为境外窃取、刺探、收买、非法提供国家秘密、情报罪具有犯罪中止形态性质。譬如，行为人在为境外窃取、刺探、收买、非法提供国家秘密、情报的过程中，自觉、主动地停止，属于犯罪中止形态，对定罪量刑具有一定参考意义，但仍构成为境外窃取、刺探、收买、非法提供国家秘密、情报罪。

（二）为境外窃取、刺探、收买、非法提供国家秘密、情报罪的构成要件

（1）为境外窃取、刺探、收买、非法提供国家秘密、情报罪的主体，是特殊主体，即具有刑责年龄、刑责能力的中国公民，而不包括外国人、无国籍人。

当然，为境外窃取、刺探、收买、非法提供国家秘密、情报罪的主体内容具有争议性。有些学者认为，为境外窃取、刺探、收买、非法提供国家秘密、情报罪的主体是一般主体，属于双重主体，即境内外的人员，包括中国公民、外国人、无国籍人。[1]

（2）为境外窃取、刺探、收买、非法提供国家秘密、情报罪的主观方面，仅限于故意，以直接故意为主，以间接故意为辅，即行为人主观上知道或应知道行为对象属于国家秘密、情报，而故意为境外机构、组织、个人窃取、刺探、收买或非法提供的心理态度。当然，行为人为境外窃取、刺探、收买、非法提供国家秘密、情报罪的犯罪动机、犯罪手段方式，不影响该罪的构成。

（3）为境外窃取、刺探、收买、非法提供国家秘密、情报罪的客体，属于单一客体，即以国家秘密、情报为核心内容的国家安全。

为境外窃取、刺探、收买、非法提供国家秘密、情报罪的犯罪对象或犯罪行为对象是双重对象，包括国家秘密、国家情报，而不含军事秘密、军事情报，否则构成《刑法》第431条第2款为境外窃取、刺探、收买、非法提供军事秘密罪。①从《保守国家秘密法》第2、8条与《保守国家秘密法实施条例》第4条的角度看，国家秘密，分为绝密、秘密、机密三级，是关系国家安全和利益，依法确定在一定时间一定范围一定人员知悉的事项：国家事务重大决策、国防建设和武装力量活动、国民经济和社会发展、科学技术、政党、维护国家安全活动和追查刑事犯罪和其他经国家保密工作部门确定应保守的国家秘密事项；外交外事活动、对外承担保密义务的事项。②国家情报，即涉及国家政治、经济、军事、科技等领域，尚未公开或依有关规定不应公开或不宜公开泄露、影响国家安全利益的情况、材料。当然，单位内部不公开的情况、正常的情报信息交流，不应视为刑法性质的情报。③我国刑法分则规定了有关涉密犯罪，包括间谍罪；非法持有国家绝密、机密文件、资料、物品罪；非法获取国家秘密

---

〔1〕 李希慧主编：《刑法各论》，中国人民大学出版社2007年版，第36页，认为："为境外窃取、刺探、收买、非法提供国家秘密、情报罪的主体为一般主体，既可是中国公民，也可是外国人或无国籍人；既可是境内的人员，也可是境外的人员。"黄立主编：《刑法分论》，中国人民大学出版社2008年版，第36页，认为："为境外窃取、刺探、收买、非法提供国家秘密、情报罪的主体为一般自然人主体，包括中国公民、外国公民和无国籍人。"

罪；非法获取军事秘密罪；故意/过失泄露军事秘密罪；故意/过失泄露国家秘密罪；为境外窃取、刺探、收买、非法提供军事秘密罪；为境外窃取刺探收买非法提供国家秘密、情报罪；侵犯商业秘密罪，以及非法使用窃听、窃照专用器材罪；非法侵入计算机信息系统罪；非法利用信息网络罪；非法获取计算机信息系统数据罪；非法控制计算机信息系统罪；提供侵入、非法控制计算机信息系统程序、工具罪；破坏计算机信息系统罪；拒不履行信息网络安全管理义务罪；帮助信息网络犯罪活动罪；扰乱无线电通讯管理秩序罪等计算机、无线电领域犯罪。

（4）为境外窃取、刺探、收买、非法提供国家秘密、情报罪的客观方面，即行为人客观上为境外机构、组织、个人获得国家秘密、情报实施了窃取、刺探、收买、非法提供行为。

第一，行为人窃取、刺探、收买、非法提供国家秘密或情报的服务对象，是不具有间谍性质的境外机构、组织、个人。相反，若行为人为具有间谍性质的境外机构、组织、个人实施了窃取、刺探、收买、非法提供国家秘密或军事秘密、情报的行为，则构成间谍罪。若行为人窃取、刺探、收买、非法提供军事秘密或情报的服务对象属于不具有间谍性质的境外机构、组织、个人，则可能构成为境外窃取、刺探、收买、非法提供军事秘密罪。①境外，即国外或外国，包括中国领域外的地域；中国领域内尚未实施行政管辖的地域。②境外机构、组织，泛指境外的任何机构、组织，包括回归中国前的港澳台等地区；境外的间谍组织、公司、企业、事业、团体、政党等；外国、境外的机构、组织设立在中国境内的分支（代表）机构、分支组织，譬如外国政府、军队等国家机关在中国境内设置的机构、社团、企事业组织，外国驻华使领馆、办事处、商社、新闻机构等。③境外个人，包括居住（永久居住、长期居住、短期居住）在外国、回归大陆前港澳台等地区的人；居住在中国境内不具有中国国籍的外国人、无国籍人。

可见，刑法没有界定为境外窃取、刺探、收买、非法提供国家秘密、情报罪的服务对象（境外机构、组织、个人）的性质特征，具有泛指性、不特定性，外国是否与中国为敌，或境外机构、组织、个人是何种机构、组织、个人或属于哪国，或被窃取、刺探、收买、非法提供的国家秘密、情报用于何种用途，只要行为人为境外机构、组织、个人实施了窃取、刺探、收买、非法提供国家秘密、情报的行为，均不影响为境外窃取、刺探、收买、非法提供国家秘密、情报罪的构成。

第二，为境外窃取、刺探、收买、非法提供国家秘密、情报罪的行为方式，包括窃取行为、刺探行为、收买行为、非法提供行为四大行为方式类型。①窃取行为，即行为人采取自认为不会被立即发觉的秘密方法，通过盗取文件或使用计算机、电磁波、照相机等手段方式，获取盗窃属于国家秘密或情报的资料或物品。②刺探行为，即行为人通过各种渠道、手段方式，非法探听、侦察、搜集而获取国家秘密、情报资料。一般而言，窃取行为与刺探行为之间没有严格的界限。③收买行为，即军职人员利用金钱、财物、名誉、地位、色情和其他利益等手段方式，非法换取国家秘密、情报持有者或知悉者掌握的国家秘密、情报资料、物品的行为。④非法提供行为，即国家秘密、情报持有者或知悉者违反法律规定，通过直接或间接方式或互联网，非法出卖、交付、告知、发送给境外机构、组织或个人国家秘密、情报的行为。

【案例】 下列哪种行为属于为境外窃取、刺探、收买、非法提供国家秘密罪？(ABC) A. 行为人知道或应知道标明密级的事项，而为境外窃取、刺探、收买、非法提供。B. 行为人知道或应知道标明密级的事项关系国家安全和利益，而为境外窃取、刺探、收买、非法提供。C. 通过互联网将国家秘密或情报非法发送给境外的机构、组织、个人。D. 将国家秘密通过互联网予以发布，情节严重。

（三）为境外窃取、刺探、收买、非法提供国家秘密、情报罪的认定

1. 为境外窃取、刺探、收买、非法提供国家秘密、情报罪与非罪的界限

为境外窃取、刺探、收买、非法提供国家秘密、情报罪与非罪的差异，关键是为外国或境外机构、组织或个人窃取、刺探、收买、非法提供的对象是否属于国家秘密、国家情报，犯罪行为是否涉及为外国或境外机构、组织或个人窃取、刺探、收买、非法提供国家秘密、情报的行为。当然，也有学者认为，为境外窃取、刺探、收买、非法提供国家秘密、情报罪与非罪的认定，关键看是否非法提供，同时也要看非法提供国家秘密或情报的质量与数量大小，是否造成严重后果等；若多次非法提供，则构成犯罪；若偶然因说话不慎，或为显示我方实力而提供，又未造成严重后果，则不构成犯罪。[1]①犯罪对象具有特定性。为境外窃取、刺探、收买、非法提供国家秘密、情报罪的犯罪对象，包括国家秘密、情报。其中，为境外窃取、刺探、收买、非法提供国家秘密罪之外的其他涉密犯罪对象不含情报。若行为人不是为境外机构、组织、个人窃取、刺探、收买、非法提供国家秘密、情报，则不构成为境外窃取、刺探、收买、非法提供国家秘密、情报罪，但可能构成其他涉密犯罪。若行为人为外国或境外机构、组织或个人提供属于非国家秘密、国家情报的情况、资料、信息，则不构成为境外窃取、刺探、收买、非法提供国家秘密、情报罪。从《保守国家秘密法》的角度看，在对外交流合作中，经国家有关部门审批，有限度地公开某些国家秘密，与合作方互换、交流情报、资料的行为，不属于违法犯罪行为。②行为人知道或应知道未标明密级的事项关系国家安全和利益，而为境外窃取、刺探、收买、非法提供的，应以为境外窃取、刺探、收买、非法提供国家秘密、情报罪论处。对此，张明楷所著的《刑法学》认为，将“应知道”而实际上并不知道的情形，认定为故意犯罪，意味着将过失行为认定为故意犯罪，存在疑问。徐小帆编著的《刑事法一本通》认为，为境外窃取、刺探、收买、非法提供国家秘密、情报罪的主观罪过形式，以故意为原则，以过失为例外。③若行为人为境内的机构、组织、个人窃取、刺探、收买国家秘密、情报后，又通过直接或间接方式非法提供给境外机构、组织、个人，仍构成为境外非法提供国家秘密、情报罪。④若行为人实施为境外机构、组织、个人窃取、刺探、收买、非法提供国家秘密、情报的犯罪行为时被抓获，并没有最终获取国家秘密或情报，或没有能

---

〔1〕 刘宪权主编：《刑法学》，上海人民出版社2016年版，第404页。

完成非法提供的犯罪行为，则构成为境外窃取、刺探、收买、非法提供国家秘密、情报罪的未遂形态。⑤若行为人为境外机构、组织、人员窃取、刺探、收买、非法提供国家秘密之外的国家情报，则应以为境外窃取、刺探、收买、非法提供情报罪论处。⑥若行为人窃取、抢夺国有档案，擅自出售、转让国有档案，又构成有关侵犯国家秘密犯罪，则应依牵连犯的处罚原则择一重罪论处。⑦若行为人为境外机构、组织、个人通过互联网非法发送国家秘密、国家情报，则构成为境外窃取、刺探、收买、非法提供国家秘密、情报罪。⑧若行为人在互联网上公然发布国家秘密，情节严重或性质恶劣的，则构成故意泄露国家秘密罪。⑨为境外窃取、刺探、收买、非法提供国家秘密、情报罪与其他涉密犯罪发生法条竞合关系时，则优先适用为境外窃取、刺探、收买、非法提供国家秘密、情报罪。

2. 为境外窃取、刺探、收买、非法提供国家秘密、情报罪与为境外窃取、刺探、收买、非法提供军事秘密罪的界限

为境外窃取、刺探、收买、非法提供国家秘密、情报罪与为境外窃取、刺探、收买、非法提供军事秘密罪都是行为犯、故意犯罪、涉密犯罪，具有为境外窃取、刺探、收买、非法提供国家秘密或军事秘密的犯罪行为特征，主要区别是犯罪主体、犯罪客体、犯罪对象、刑罚梯度的不同，也可能存在法条竞合关系。①犯罪主体不同。为境外窃取、刺探、收买、非法提供国家秘密、情报罪的主体是特殊主体，限于中国公民。为境外窃取、刺探、收买、非法提供军事秘密罪的主体是特殊主体，限于中国军人。②犯罪客体、犯罪对象不同。为境外窃取、刺探、收买、非法提供国家秘密、情报罪的客体是国家安全、国家利益；犯罪对象限于国家秘密、情报。为境外窃取、刺探、收买、非法提供军事秘密罪的客体是国家军事秘密安全利益；犯罪对象限于军事秘密。③刑罚梯度不同。为境外窃取、刺探、收买、非法提供军事秘密罪，处10年以上有期刑、无期刑或死刑。④法条竞合关系性质不同。若行为人为境外窃取、刺探、收买、非法提供的犯罪对象不是国家秘密、情报，而是军事秘密、军事情报，则构成为境外窃取、刺探、收买、非法提供军事秘密罪，属于为境外窃取、刺探、收买、非法提供国家秘密、情报罪与为境外窃取、刺探、收买、非法提供军事秘密罪的法条竞合关系。

（四）为境外窃取、刺探、收买、非法提供国家秘密、情报罪的刑责

为境外窃取、刺探、收买、非法提供国家秘密、情报罪的法律根据是《刑法》第56、113条和最高法《关于审理为境外窃取、刺探、收买、非法提供国家秘密、情报案件具体应用法律若干问题的解释》《国家安全法》《保守国家秘密法》《保守国家秘密法实施条例》等法律法规。

（1）为境外窃取、刺探、收买、非法提供国家秘密、情报罪的主刑：①第一档法定刑：情节较轻（为境外窃取、刺探、收买、非法提供秘密级国家秘密或情报）的，处5年以下有期刑、拘役、管制或剥夺政治权利。②第二档法定刑：情节特别严重（为境外窃取、刺探、收买、非法提供绝密级的国家秘密；为境外窃取、刺探、收买、非法提供3项以上机密级的国家秘密；为境外窃取、刺探、收买、非法提供国家秘密

或情报，对国家安全和利益造成其他特别严重损害）的，处 10 年以上有期刑或无期刑。③第三档法定刑：情节严重（为境外窃取、刺探、收买、非法提供机密级的国家秘密；为境外窃取、刺探、收买、非法提供 3 项以上秘密级的国家秘密；为境外窃取、刺探、收买、非法提供国家秘密或情报，对国家安全和利益造成其他严重损害）的，处 5 年以上 10 年以下有期刑。④第四档法定刑：危害特别严重、情节特别恶劣的，可处死刑。

（2）《国家安全法》第 25 条不予追究罪行的特别规定。在境外受胁迫或受诱骗参加敌对组织，从事危害中国国家安全的活动，及时向中国驻外机构如实说明情况，或入境后直接或通过所在组织及时向国家安全机关或公安机关如实说明情况，不予追究。

（3）为境外窃取、刺探、收买、非法提供国家秘密、情报罪的附加刑：①可并处没收财产。②应附加剥夺政治权利。

第二章

危害国防利益罪（《刑法》第368条至第381条）

从犯罪既遂、犯罪未遂的角度看，危害国防利益罪分为可划分犯罪既遂形态的危害国防利益罪（破坏武器装备、军事设施、军事通信罪；故意提供不合格武器装备、军事设施罪；伪造、变造、买卖武装部队公文、证件、印章罪；盗窃、抢夺武装部队公文、证件、印章罪；非法生产、买卖武装部队制式服装罪；伪造、盗窃、买卖、非法提供、非法使用武装部队专用标志罪等）、不划分犯罪既遂、犯罪未遂形态的危害国防利益罪（①危害结果犯：阻碍军事行动罪；过失提供不合格武器装备、军事设施罪；聚众冲击军事禁区罪；聚众扰乱军事管理区秩序罪；战时故意提供虚假敌情罪等。②纯正不作为犯、情节犯：战时拒绝、逃避征召、军事训练罪；战时拒绝、逃避服役罪；战时拒绝、故意延误军事订货罪；战时拒绝军事征收、征用罪等。③情节犯：煽动军人逃离部队罪；雇用逃离部队军人罪；战时窝藏逃离部队军人罪；非法生产、买卖武装部队制式服装罪。④情节犯、结果犯：接送不合格兵员罪等。⑤行为犯：冒充军人招摇撞骗罪；战时造谣扰乱军心罪；阻碍军人执行职务罪等）。[1]

最高人民检察院、中央军委政法委员会《关于加强军地检察机关公益诉讼协作工作的意见》（2020年）规定：①军地检察机关在依法办理生态环境和资源保护、食品药品安全、国有财产保护、国有土地使用权出让、英雄烈士保护等领域涉军公益诉讼案件中加强协作配合。②办理军地互涉公益诉讼案件，当事人是地方单位或人员的由地方检察机关管辖，是军队单位或人员的由军事检察机关管辖。刑事附带民事公益诉讼案件，一般依刑事案件确定管辖。管辖存在争议，由发生争议的检察院或争议双方各自上级检察院协商确定，不能协商确定的，层报最高人民检察院指定管辖。③办理涉军民事公益诉讼案件，军地检察机关可联合督促法律规定的机关或建议有关组织提起民事公益诉讼；法律规定的机关或有关组织提起民事公益诉讼，军地检察机关可支持起诉。办理涉军行政公益诉讼案件，军地检察机关可联合发出检察建议、联合督导履职、召集军地有关单位共同研究磋商。军事检察机关在确有必要的情况下，可单独向地方有关单位发出检察建议。④办理公益诉讼案件中，地方检察机关需向军队单位、人员或在军队营区内调查取证，军事检察机关应予以协助；军事检察机关需向地方单位或人员调查取证，地方检察机关应予以协助。军地检察机关应充分发挥自身人才、技术和信息等优势，为对方在专业领域调查取证提供支持。⑤对军地互涉的公益诉讼

---

〔1〕刘之雄：《犯罪既遂论》，中国人民公安大学出版社2003年版，第191页，引用时有改动。

案件提起诉讼，军地检察机关可就案件事实、证据、适用法律和诉讼请求等进行充分磋商，探索共同派员参加庭前会议，对提起诉讼的检察机关给予支持。提起公益诉讼的检察机关决定撤回起诉，一般应征求对方检察机关意见。

从最高法、最高检《关于人民检察院提起刑事附带民事公益诉讼应否履行诉前公告程序问题的批复》（2019 年）的角度看，检察院提起刑事附带民事公益诉讼，应履行诉前公告程序。对未履行诉前公告程序，法院应进行释明，告知检察院公告后再行提起诉讼。因检察院履行诉前公告程序，可能影响相关刑事案件审理期限，检察院可另行提起民事公益诉讼。

第一节　平时危害国防利益的犯罪

一、《刑法》第 368 条【阻碍军人执行职务罪；阻碍军事行动罪】

从结果犯的角度看，以暴力、威胁方法阻碍军人依法执行职务，处 3 年以下有期刑、拘役、管制或罚金。从故意犯、结果犯的角度看，故意阻碍武装部队军事行动，造成严重后果的，处 5 年以下有期刑或拘役。

（一）阻碍军人执行职务罪

1. 阻碍军人执行职务罪的概念

阻碍军人执行职务罪，是以暴力、威胁方法阻碍军人依法执行职务的行为。

2. 阻碍军人执行职务罪的构成要件

（1）阻碍军人执行职务罪的客观方面，表现为使用暴力、威胁方法阻碍军人依法执行职务。①行为人须使用了暴力方法（对军人不法行使有形力的一切行为）、威胁方法（以恶害相通告，使他人产生恐惧心理进而实现行为人要求的行为）。从法定刑的角度看，暴力行为致军人重伤或死亡，超出了本罪构成要件所预定的范围，应以伤害罪、杀人罪论处。②须针对军人实施暴力、威胁行为。③须阻碍军人依法执行职务，即导致军人不能或难以依法执行职务。若行为人实施的暴力、威胁行为与军人执行职务没有关系，则不可能构成阻碍军人执行职务罪。阻碍军人的非法行为，不能以阻碍军人执行职务罪论处。

（2）阻碍军人执行职务罪的主体只能是自然人，不包括军人。

（3）阻碍军人执行职务罪的主观方面表现为犯罪故意，即明知军人正在依法执行职务，而故意以暴力、威胁方法予以阻碍。过失不构成阻碍军人执行职务罪；不明知是军人执行职务而阻碍，不构成阻碍军人执行职务罪。误以为军人实施非法行为而阻碍，不构成阻碍军人执行职务罪。

阻碍军人执行职务罪与妨害公务罪的区别：阻碍军人执行职务罪是阻碍军人执行职务。妨害公务罪是阻碍除军人以外的国家机关工作人员等依法执行职务。

（二）阻碍军事行动罪

阻碍军事行动罪，是故意以暴力、威胁手段等阻碍武装部队（解放军的各种部队、武警部队、预备役部队）军事行动（军队实施的作战、作战保障、演习、训练等使用武装力量的集体行动），造成严重后果的行为。

构成阻碍军事行动罪的基本条件是阻碍武装部队军事行为造成严重后果，犯罪主观方面只能出于明知武装部队正在或将要实施军事行动而故意阻碍。

二、《刑法》第369条【破坏武器装备、军事设施、军事通信罪】

从故意犯的角度看，破坏武器装备、军事设施、军事通信罪是故意破坏特定军事对象（武器装备、军事设施、军事通信），危害国防利益的犯罪行为。从犯罪对象、犯罪客体、犯罪行为、危害结果的角度，破坏武器装备、军事设施、军事通信罪的既遂犯问题有争议性，存在行为犯说、危害后果说等不同理论观点。①从行为犯的角度看，破坏武器装备、军事设施、军事通信罪以是否完成刑法分则规定的实际破坏行为为既遂或未遂标准。有专家学者认为，破坏武器装备、军事设施、军事通信罪的既遂还是未遂，应以是否完成了法律规定的破坏行为为标准，而破坏行为是否完成，并不以行为人是否实际对武器装备、军事设施、军事通信造成损坏为准。只要行为人的行为明确表达了破坏武器装备、军事设施、军事通信的意思，就是完成了破坏行为，属于犯罪既遂。〔1〕也有专家学者认为，破坏武器装备、军事设施、军事通信罪应以武器装备、军事设施、军事通信因行为人的破坏行为而出现损害结果为犯罪既遂。〔2〕②从实害结果犯、犯罪客体、犯罪对象的角度看，破坏武器装备、军事设施、军事通信罪以对武器装备、军事设施、军事通信的实际损害或实际破坏程度为犯罪既遂标准，否则行为人虽已着手实施针对武器装备、军事设施、军事通信的破坏行为，因犯罪人主观意志外的原因而尚未造成实际破坏的，只能构成未遂犯。

从故意犯、行为犯、情节犯的角度看，破坏武器装备（实施和保障军事行动的武器、武器系统和军事技术器材）、军事设施［国家直接用于军事目的的建筑、场地、设备（指挥机关，地面和地下的指挥工程、作战工程；军用机场、港口、码头；营区、训练场、试验场；军用洞库、仓库；军用通信、侦察、导航、观测台站，测量、导航、助航标志；军用公路、铁路专用线，军用通信、输电线路，军用输油、输水管道；边防、海防管控设施；国务院和中央军委规定的其他军事设施）和军队为执行任务必需设置的临时设施］、军事通信（无线电通信、有线电通信、光通信、运动通信、简易信号通信；战略通信、战役通信、战术通信；电话、电报、数据、图像通信等）的，处3年以下有期刑、拘役或管制；破坏重要武器装备、军事设施、军事通信的，处3年以上10年以下有期刑；情节特别严重（破坏军事通信罪：①实施破坏军事通信行为，造成重要军事通信中断或严重障碍，严重影响部队完成作战任务或致使部队在作战中遭受损失。②破坏重要军事通信3次以上。③造成部队执行抢险救灾、军事演习或处置突发性事件等任务的通信中断或严重障碍，并因此贻误部队行动，使死亡3人以上、重伤10人以上或财产损失100万元以上。④其他情节特别严重情形）的，处10年以上

---

〔1〕黄林异主编：《危害国防利益罪》，中国人民公安大学出版社1999年版，第77页。

〔2〕赵秉志主编：《犯罪停止形态适用中的疑难问题研究》，吉林人民出版社2001年版，第656页。

有期刑、无期刑或死刑。

从司法解释的角度看，故意实施损毁军事通信线路、设备，破坏军事通信计算机信息系统，干扰、侵占军事通信电磁频谱等行为，以破坏军事通信罪定罪，处3年以下有期刑、拘役或管制；破坏重要军事通信（①军事首脑机关及重要指挥中心的通信。②部队作战中的通信。③等级战备通信。④飞行航行训练、抢险救灾、军事演习或处置突发性事件中的通信。⑤执行试飞试航、武器装备科研试验或远洋航行等重要军事任务中的通信）的，处3年以上10年以下有期刑。

从过失犯、结果犯的角度看，犯过失损坏武器装备、军事设施、军事通信罪，造成严重后果［过失损坏军事通信，造成重要军事通信（①军事首脑机关及重要指挥中心的通信，部队作战中的通信，等级战备通信，飞行航行训练、抢险救灾、军事演习或处置突发性事件中的通信。②执行试飞试航、武器装备科研试验或远洋航行等重要军事任务中的通信）中断或严重障碍］的，处3年以下有期刑或拘役；造成特别严重后果（①过失损坏军事通信，造成重要军事通信中断或严重障碍，严重影响部队完成作战任务或使部队在作战中遭受损失。②造成部队执行抢险救灾、军事演习或处置突发性事件等任务的通信中断或严重障碍，并因此贻误部队行动，造成死亡3人以上、重伤10人以上或财产损失100万元以上的。③其他后果特别严重情形）的，处3年以上7年以下有期刑。

建设、施工单位直接负责的主管人员、施工管理人员，明知是军事通信线路、设备而指使、强令、纵容他人损毁，或不听管护人员劝阻，指使、强令、纵容他人违章作业，造成军事通信线路、设备损毁的，以破坏军事通信罪定罪处罚。

建设、施工单位直接负责的主管人员、施工管理人员，忽视军事通信线路、设备保护标志，指使、纵容他人违章作业，使军事通信线路、设备损毁，构成犯罪，以过失损坏军事通信罪定罪处罚。

破坏、过失损坏军事通信，并造成公用电信设施损毁，危害公共安全，同时构成破坏广电设施、公用电信设施罪、破坏武器装备军事设施军事通信罪、过失损坏武器装备军事设施军事通信罪，依处罚较重的规定定罪处罚。

盗窃军事通信线路、设备，不构成盗窃罪，但破坏军事通信，以破坏武器装备、军事设施、军事通信罪定罪处罚；同时构成生产销售劣药罪、盗窃罪和破坏武器装备、军事设施、军事通信罪，依处罚较重的规定定罪处罚。

违反国家规定，侵入国防建设、尖端科技领域的军事通信计算机信息系统，尚未对军事通信造成破坏，以非法侵入计算机信息系统罪、非法获取计算机信息系统数据非法控制计算机信息系统罪、提供侵入非法控制计算机信息系统程序工具罪定罪处罚；对军事通信造成破坏，同时构成非法侵入计算机信息系统罪、非法获取计算机信息系统数据非法控制计算机信息系统罪、提供侵入非法控制计算机信息系统程序工具罪、破坏计算机信息系统罪、网络服务渎职罪、破坏武器装备军事设施军事通信罪，依处罚较重的规定定罪处罚。

违反国家规定，擅自设置、使用无线电台、站，或擅自占用频率，经责令停止使用后拒不停止使用，干扰无线电通讯正常进行，构成犯罪，以扰乱无线电管理秩序罪定罪处罚；造成军事通信中断或严重障碍，同时构成扰乱无线电管理秩序罪、破坏武器装备军事设施军事通信罪，以处罚较重的规定定罪处罚。

从从重处罚原则的角度讲，战时犯破坏武器装备军事设施军事通信罪、过失损坏武器装备军事设施军事通信罪，从重处罚。

三、《刑法》第370条【故意提供不合格武器装备、军事设施罪；过失提供不合格武器装备、军事设施罪】

从故意犯、行为犯、情节犯的角度看，明知是不合格的武器装备、军事设施而提供给武装部队，处5年以下有期刑或拘役；情节严重（①发生在战时。②影响作战、演习、抢险救灾等重大任务完成。③造成人员轻伤以上。④造成直接经济损失10万元以上。⑤提供不合格的枪支3支以上、子弹100发以上、雷管500枚以上、炸药5000克以上或其他重要武器装备、军事设施。⑥其他故意提供不合格武器装备、军事设施应追究刑责情形）的，处5年以上10年以下有期刑；情节特别严重的，处10年以上有期刑、无期刑或死刑。

从过失犯、结果犯的角度看，犯过失提供不合格武器装备、军事设施罪，造成严重后果（①严重影响作战、演习、抢险救灾等重大任务完成。②造成死亡1人或重伤3人以上。③造成直接经济损失30万元以上。④其他造成严重后果情形）的，处3年以下有期刑或拘役；造成特别严重后果的，处3年以上7年以下有期刑。

从单位犯罪双罚制的角度看，单位犯故意提供不合格武器装备军事设施罪、过失提供不合格武器装备军事设施罪，对单位判处罚金，并对其直接负责的主管人员和其他直接责任人员，处5年以下有期刑或拘役；情节严重的，处5年以上10年以下有期刑；情节特别严重的，处10年以上有期刑、无期刑或死刑。

（1）故意提供不合格武器装备、军事设施罪，是行为人主观上明知是不合格的武器装备、军事设施，而提供给武装部队的行为。

故意提供不合格武器装备、军事设施罪的主体是自然人、单位；主观方面只能是故意，以行为人明知是不合格的武器装备、军事设施为前提；客观方面表现为将不合格的武器装备、军事设施提供给武装部队；有偿提供或无偿提供不合格的武器装备、军事设施，均不影响故意提供不合格武器装备、军事设施罪的构成。

符合故意提供不合格武器装备、军事设施罪的构成要件，不另构成生产、销售伪劣商品的犯罪。

（2）过失提供不合格武器装备、军事设施罪，是因疏忽大意或过于自信提供不合格的武器装备、军事设施给武装部队，造成严重后果的行为。

从比较法的角度看，过失提供不合格武器装备、军事设施罪与故意提供不合格武器装备、军事设施罪具有三大差别：①主观要件不同。过失提供不合格武器装备、军事设施罪的主观方面为过失，故意提供不合格武器装备、军事设施罪为故意。②主体不完全相同。过失提供不合格武器装备、军事设施罪的主体只能是自然人，故意提供不合格武器装备、军事设施罪的主体既可是自然人，也可是单位。③犯罪后果不同。过失提供不合格武器装备、军事设施罪要求造成严重后果，故意提供不合格武器装备、军事设施罪不要求造成严重后果。犯故意提供不合格武器装备、军事设施罪，处 3 年以下有期刑或拘役；后果特别严重的，处 3 年以上 7 年以下有期刑。

四、《刑法》第 371 条【聚众冲击军事禁区罪；聚众扰乱军事管理区秩序罪】

从聚众共犯、战时犯、故意犯、行为犯的角度看，聚众冲击军事禁区，严重扰乱军事禁区秩序，对首犯，处 5 年以上 10 年以下有期刑；对其他积极参加者，处 5 年以下有期刑、拘役、管制或剥夺政治权利。

聚众冲击军事禁区罪的五种立案追诉标准：①发生在战时。②冲击重要军事禁区。③持械或采取暴力手段冲击。④冲击 3 次以上或 1 次冲击持续时间较长。⑤其他严重扰乱军事禁区秩序应追究刑责情形。

从故意犯、情节犯的角度看，聚众扰乱军管区秩序，情节严重，致军管区工作无法进行，造成严重损失的，对首犯，处 3 年以上 7 年以下有期刑；对其他积极参加者，处 3 年以下有期刑、拘役、管制或剥夺政治权利。

聚众扰乱军事管理区秩序罪的七种立案追诉标准：①发生在战时。②扰乱重要军事管理区秩序。③持械或采取暴力手段。④扰乱 3 次以上或 1 次扰乱持续时间较长。⑤造成人员轻伤以上。⑥造成直接经济损失 5 万元以上。⑦其他聚众扰乱军事管理区秩序应追究刑责的情形。

（1）聚众冲击军事禁区罪，是聚众冲击军事禁区，严重扰乱军事禁区秩序的行为。

（2）聚众扰乱军事管理区秩序罪，是聚众扰乱军事管理区秩序，情节严重，致使军事管理区工作无法进行，造成严重损失的行为。

军事禁区、军事管理区具有差异性。《军事设施保护法》（2014 年）第 8 条第 1 款规定：“国家军事设施的性质、作用、安全保密的需要和使用效能的要求，划定军事禁区、军事管理区。”没有划入军事禁区、军事管理区的军事设施，也应采取保护措施。

聚众冲击军事禁区，严重扰乱军事禁区秩序，构成聚众冲击军事禁区罪。聚众扰乱军事管理区秩序，情节严重，致使军事管理区工作无法进行，造成了严重损失的，才构成聚众扰乱军事管理区秩序罪。

从比较法的角度看，聚众冲击军事禁区罪、聚众扰乱军事管理区秩序罪的构成要件不尽相同。符合聚众冲击军事禁区罪、聚众扰乱军事管理区秩序罪的构成要件，不另认定为聚众扰乱社会秩序罪、聚众冲击国家机关罪。对扰乱军事禁区、军事管理区秩序的一般参加者的行为，不得以犯罪论处。

五、《刑法》第 372 条【冒充军人招摇撞骗罪】

冒充军人招摇撞骗罪，是假冒军人身份进行招摇撞骗的行为。

从招摇撞骗罪、故意犯、情节犯的角度看，冒充军人招摇撞骗，处 3 年以下有期刑、拘役、管制或剥夺政治权利；情节严重的，处3年以上10年以下有期刑。

假冒军人身份的三种主要类型：①非军人冒充军人。②级别较低的军人假冒级别较高的军人。③一般部门的军人假冒要害部门的军人。

招摇撞骗，是假借军人身份进行炫耀、蒙骗，但不包括骗取数额巨大财物的行为；对冒充军人骗取数额巨大财物的行为，应认定为诈骗罪。

冒充军人使用伪造、变造、盗窃的武装部队车辆号牌，造成恶劣影响的，也应以冒充军人招摇撞骗罪论处。

冒充军人招摇撞骗罪与招摇撞骗罪的区别：①冒充军人招摇撞骗罪是冒充军人。②招摇撞骗罪是冒充其他国家机关工作人员。行为人在连续性的招摇撞骗过程中，冒充军人招摇撞骗的行为，应认定为冒充军人招摇撞骗罪。行为人在连续性的招摇撞骗过程中，分别冒充军人、国家机关工作人员招摇撞骗，构成犯罪，应数罪并罚。

六、《刑法》第373条【煽动军人逃离部队罪；雇佣逃离部队军人罪】

从故意犯、情节犯的角度看，煽动军人逃离部队或明知是逃离部队的军人而雇用，情节严重的，处3年以下有期刑、拘役或管制。

煽动军人逃离部队案的五种立案追诉标准：①发生在战时。②影响重要军事任务完成。③煽动指挥人员、值班执勤人员或其他负有重要职责人员逃离部队。④煽动3人以上逃离部队。⑤其他情节严重情形。

雇用逃离部队军人罪的五种立案追诉标准：①阻碍部队将被雇用军人带回。②明知是逃离部队的指挥人员、值班执勤人员或其他负有重要职责人员而雇用。③雇用3人以上。④雇用1人6个月以上。⑤其他情节严重情形。

煽动军人逃离部队罪，是鼓动、唆使、怂恿军人逃离部队，情节严重的行为。煽动，应是以口头、书面或其他方式鼓动、唆使、怂恿不特定军人擅自离开部队的行为。唆使特定的军人逃离部队，应属于逃离部队罪的教唆犯。

雇用逃离部队军人罪，是明知是逃离部队的军人而雇用（出资使逃离部队的军人为自己或单位劳动），情节严重的行为。

七、《刑法》第374条【接送不合格兵员罪】

从身份犯、故意犯、情节犯、结果犯的角度看，犯接送不合格兵员罪，在征兵工作中徇私舞弊，接送不合格兵员，情节严重的，处3年以下有期刑或拘役；造成特别严重后果的，处3年以上7年以下有期刑。

接送不合格兵员罪的四种立案追诉标准：①发生在战时。②造成严重后果。③接送不合格特种条件兵员1名以上或普通兵员3名以上。④其他情节严重情形。

接送不合格兵员罪（危害国家利益罪）和招收公务员、学生徇私舞弊罪（渎职罪）有关联性、互补性、差异性，关键在于犯罪对象、犯罪客体、危害程度、量刑的差异。

接送不合格兵员罪，是在征兵工作中徇私舞弊，接送不合格兵员，情节严重的行为。

接送不合格兵员罪的客观方面，表现为在征兵工作（征集应征公民到军队服兵役的工作，包括应征公民登记、身体检查、政治条件审查、接收兵员等）中徇私舞弊（因徇私情、谋私利，而弄虚作假、隐瞒真相），接送不合格（不符合法定条件的兵员，包括身体不合格、政治不合格、年龄不合格、文化程度不合格等）兵员（地方人员向部队输送不合格兵员、部队人员接收不合格兵员），情节严重（接送多名不合格兵员，接送不合格兵员造成了严重后果，接送违法犯罪人、脱逃犯为兵员，接送不合格兵员使用的手段恶劣等）的行为。

也有学者认为，接送不合格兵员罪的行为是逃离部队罪的教唆犯，若无接送不合格兵员罪的规定，对该行为完全可作为逃离部队罪的共犯论处。[1]

接送不合格兵员罪的主体是负责或参与征兵工作的负责兵员政审或体检工作人员、人民武装部队工作人员、部队派出的接收兵员的人员等有关人员；主观方面只能出于明知故意；客观方面是明知是不合格的兵员而故意接受或输送；接受方、输送方具有共同故意，构成共犯。

八、《刑法》第375条【伪造、变造、买卖武装部队公文、证件、印章罪；盗窃、抢夺武装部队公文、证件、印章罪】

从选择罪名、故意犯、情节犯的角度看，犯伪造、变造、买卖武装部队公文、证件、印章罪，伪造、变造、买卖或盗窃、抢夺武装部队公文、证件、印章的，处3年以下有期刑、拘役、管制或剥夺政治权利；情节严重（实施伪造、变造、买卖或盗窃、抢夺武装部队公文、证件、印章的行为，数量达到伪造、变造、买卖或盗窃、抢夺武装部队公文1件以上，或伪造、变造、买卖或盗窃、抢夺武装部队军官证、士兵证、车辆行驶证、车辆驾驶证或其他证件2本以上，或伪造、变造、买卖或盗窃、抢夺武装部队机关印章、车辆牌证印章或其他印章1枚以上标准5倍以上或造成严重后果）的，处3年以上10年以下有期刑。

非法生产、买卖武装部队制式服装罪的立案追诉标准：（1）非法生产、买卖武装部队制式服装，涉嫌非法生产、买卖成套制式服装30套以上，或非成套制式服装100件以上；非法生产、买卖帽徽、领花、臂章等标志服饰合计100件（副）以上；非法经营数额2万元以上；违法所得数额5000元以上；其他情节严重的情形等五种情形之一的，应立案追诉。（2）买卖仿制的现行装备的武装部队制式服装，情节严重，应立案追诉。

伪造、盗窃、买卖、非法提供、非法使用武装部队专用标志罪的立案追诉标准：（1）伪造、盗窃、买卖或非法提供、使用武装部队车辆号牌等专用标志，涉嫌非法提供、使用军以上领导机关车辆号牌之外的其他车辆号牌累计6个月以上；伪造、盗窃、买卖或非法提供、使用武装部队军以上领导机关车辆号牌一副以上或其他车辆号牌3

[1] 陈兴良主编：《刑法疏议》，中国人民公安大学出版社1997年版，第606页。

副以上；伪造、盗窃、买卖或非法提供、使用军徽、军旗、军种符号或其他军用标志合计 100 件（副）以上；造成严重后果或恶劣影响，四种情形之一的，应立案追诉。（2）盗窃、买卖、提供、使用伪造、变造的武装部队车辆号牌等专用标志，情节严重，应立案追诉。

伪造、变造、买卖或盗窃、抢夺武装部队公文、证件、印章，有伪造、变造、买卖或盗窃、抢夺武装部队公文 1 件以上，或伪造、变造、买卖或盗窃、抢夺武装部队军官证、士兵证、车辆行驶证、车辆驾驶证或其他证件 2 本以上，或伪造、变造、买卖或盗窃、抢夺武装部队机关印章、车辆牌证印章或其他印章 1 枚以上，应以伪造、变造、买卖武装部队公文、证件、印章罪或盗窃、抢夺武装部队公文、证件、印章罪定罪处罚。（1）非法生产、买卖武装部队制式服装，情节严重的，处 3 年以下有期刑、拘役或管制，并处或单处罚金。（2）非法生产、买卖武装部队制式服装案的五种立案追诉标准：①违法所得数额 5000 元以上。②非法经营数额 2 万元以上。③非法生产、买卖帽徽、领花、臂章等标志服饰合计 100 件（副）以上。④非法生产、买卖成套制式服装 30 套以上，或非成套制式服装 100 件以上。⑤其他情节严重情形。（3）买卖仿制的现行装备的武装部队制式服装，情节严重，或盗窃、买卖、提供、使用伪造、变造的武装部队车辆号牌等专用标志，情节严重，均应立案追诉。（4）非法生产、买卖武装部队现行装备的制式服装，有非法经营数额 2 万元以上、违法所得数额 5000 元以上、非法生产买卖成套制式服装 30 套以上或非成套制式服装 100 件以上，或非法生产、买卖帽徽、领花、臂章等标志服饰合计 100 件（副）以上、有其他严重情节的，应认定为伪造、变造、买卖武装部队公文、证件、印章罪的“情节严重”，以非法生产、买卖武装部队制式服装罪定罪处罚。（5）伪造、盗窃、买卖、非法提供、非法使用武装部队专用标志罪的四种立案追诉标准：①造成严重后果或恶劣影响。②非法提供、使用军以上领导机关车辆号牌外的其他车辆号牌累计 6 个月以上。③伪造、盗窃、买卖或非法提供、使用武装部队军以上领导机关车辆号牌 1 副以上或其他车辆号牌 3 副以上。④伪造、盗窃、买卖或非法提供、使用军徽、军旗、军种符号或其他军用标志合计 100 件（副）以上。（6）犯伪造、盗窃、买卖、非法提供、非法使用武装部队专用标志罪，伪造、盗窃、买卖或非法提供、使用武装部队车辆号牌等专用标志，情节严重［①非法提供、使用军以上领导机关车辆号牌外的其他车辆号牌累计 6 个月以上。②伪造、盗窃、买卖或非法提供、使用武装部队军以上领导机关车辆号牌 1 副以上或其他车辆号牌 3 副以上。③伪造、盗窃、买卖或非法提供、使用军徽、军旗、军种符号或其他军用标志合计 100 件（副）以上。④造成严重后果或恶劣影响］的，处 3 年以下有期刑、拘役或管制，并处或单处罚金；情节特别严重［a. 伪造、盗窃、买卖或非法提供、使用武装部队车辆号牌等专用标志数量达到伪造、盗窃、买卖或非法提供、使用武装部队军以上领导机关车辆号牌 1 副以上或其他车辆号牌 3 副以上。b. 伪造、盗窃、买卖或非法提供、使用军徽、军旗、军种符号或其他军用标志合计 100 件（副）以上标准 5 倍以上。c. 非法提供、使用军以上领导机关车辆号牌累计 6 个月以上或其他车辆号牌累计 1 年以上。d. 造成特别严重后果或特别恶劣影响］的，处 3 年以上 7 年以下有期刑，并处罚金。（7）单位犯非法生产、买卖武装部队制式服装罪、伪造、盗窃、买卖或非法提供、使用武装部队车辆号牌等专用标志罪，对单位判处罚金，并对其直接负责的主管人员和其他直接责任人员，依各该款规定处罚。（8）犯伪造变造买卖武装部队公文证件印章罪、盗窃抢夺武装部队公文证件印章罪、非法生产买卖武装部队制式服装罪、伪造盗窃买卖非法提供非法使用武装部队专用标志罪，买卖盗窃抢夺伪造变造的武装部队公文证件印章，买卖仿制的现行装备的武装部队制式服装情节严重，盗窃、买卖、提供、使用伪造、变造的武装部队车辆号牌等专用标志情节严重，应追究刑责。（9）伪造、变造、买卖或盗窃、抢夺武装部队公文、证件、印章，以伪造、变造、买卖武装部队公文、证件、印章罪或盗窃、抢夺武装部队公文、证件、印章罪定罪处罚的一般标准：①伪造、变造、买卖或盗窃、抢夺武装部队公文 1 件以上。②伪造、变造、买卖或盗窃、抢夺武装部队军官证、士兵证、车辆行驶证、车辆驾驶证或其他证件 2 本以上。（10）伪造、变造、买卖或盗窃、抢夺武装部队机关印章、车辆牌证印章或其他印章 1 枚以上。非法生产、买卖武装部队现行装备的制式服装，情节严重［①非法经营数额 2 万元以上。②违法所得数额 5000 元以上。③非法生产、买卖成套制式服装 30 套以上，或非成套制式服装 100 件以上。④非法生产、买卖帽徽、领花、臂章等标志服饰合计 100 件（副）以上。⑤有其他严重情节］的，以非法生产、买卖武装部队制式服装罪定罪处罚。（11）伪造、盗窃、买卖或非法提供、使用武装部队车辆号牌等专用标志，情节严重［①非法提供、使用军以上领导机关车辆号牌外的其他车辆号牌累计 6 个月以上。②伪造、盗窃、买卖或非法提供、使用武装部队军以上领导机关车辆号牌 1 副以上或其他车辆号牌 3 副以上。③伪造、盗窃、买卖或非法提供、使用军徽、军旗、军种符号或其他军用标志合计 100 件（副）以上。④造成严重后果或恶劣影响］的，以伪造、盗窃、买卖、非法提供、非法使用武装部队专用标志罪定罪处罚。（12）从故意犯罪的角度看，明知他人实施伪造变造买卖武装部队公文证件印章罪、盗窃抢夺武装部队公文证件印章罪、非法生产买卖武装部队制式服装罪、伪造盗窃买卖非法提供非法使用武装部队专用标志罪规定的犯罪行为，而为其生产、提供专用材料或提供资金、账号、技术、生产经营场所等帮助，以伪造变造买卖武装部队公文证件印章罪、盗窃抢夺武装部队公文证件印章罪、非法生产买卖武装部队制式服装罪、伪造盗窃买卖非法提供非法使用武装部队专用标志罪的共犯论处。（13）实施伪造变造买卖武装部队公文证件印章罪、盗窃抢夺武装部队公文证件印章罪、非法生产买卖武装部队制式服装罪、伪造盗窃买卖非法提供非法使用武装部队专用标志罪规定的犯罪行为，同时又构成逃税、诈骗、冒充军人招摇撞骗等犯罪的，依处罚较重规定定罪处罚。（14）单位实施非法生产、买卖武装部队制式服装罪；伪造、盗窃、买卖、非法提供、非法使用武装部队专用标志罪规定的犯罪行为，对单位判处罚金，并对其直接负责的主管人员和其他直接责任人员，分别依办理妨害武装部队制式服装、车辆号牌管理秩序等刑事案件解释规定处罚。

第二节　战时危害国防利益的犯罪

一、《刑法》第376条【战时拒绝、逃避征召、军事训练罪；战时拒绝、逃避服役罪】

从身份犯、故意犯、战时犯、情节犯的角度看，预备役人员战时（战争时期；国家宣布进入战争状态，部队受领作战任务或遭敌突然袭击时；部队执行戒严任务或处置突发性暴力事件时）拒绝、逃避征召（兵役机关依法向预备役人员发出通知要求按规定时间、地点报到，准备转服现役的行为）或军事训练｛军事理论教育、作战能力训练［军事训练：部队训练、院校训练、预备役训练（后备役训练）］｝，情节严重（多次拒绝、逃避征召或军事训练；组织、煽动他人拒绝、逃避征召或军事训练；以暴力、威胁的方法拒绝征召、携带武器逃避军事训练等）的，处3年以下有期刑或拘役。

战时拒绝、逃避征召、军事训练罪，是预备役人员（编入民兵组织或经登记服预备役的人员）战时拒绝、逃避征召或军事训练，情节严重的行为。战时拒绝、逃避征召（兵役机关依法向预备役人员发出通知，要求其按规定时间、地点报到，准备转服现役）、军事训练（军事理论教育、作战技能训练的活动）罪的主体须是预备役人员；主观方面只能出于故意；客观方面须是战时拒绝、逃避征召或军事训练。

从比较法的角度看，拒绝、逃避征召、军事训练，均表现为不接受征召、不参加军事训练。拒绝征召、军事训练，是拒不接受征召、拒不参加军事训练。逃避征召、军事训练，是采取各种手段避免接受征召和参加军事训练。

战时拒绝、逃避征召、军事训练罪的四种立案追诉标准：①联络、煽动他人共同拒绝、逃避征召或军事训练。②无正当理由经教育仍拒绝、逃避征召或军事训练。③以暴力、威胁、欺骗等手段，或采取自伤、自残等方式拒绝、逃避征召或军事训练。④其他情节严重的情形。

战时拒绝、逃避服役罪的四种立案追诉标准：①联络、煽动他人共同拒绝、逃避服役。②无正当理由经教育仍拒绝、逃避服役。③以暴力、威胁、欺骗等手段，或采取自伤、自残等方式拒绝、逃避服役。④其他情节严重的情形。

二、《刑法》第377条【战时故意提供虚假敌情罪】

从战时犯、故意犯、结果犯的角度看，战时故意向武装部队（解放军、武警部队、民兵和其他参加的武装力量）提供（当面提供、主动提供、书面提供、口头提供等）虚假（编造或谎报、故意改变、严重歪曲或夸大、隐瞒敌情内容等）敌情（敌军的军种、番号、部队组成、武器装备、军事设置、军事布防、军事行动、作战计划、作战意图、车辆调度、物资采供、新闻管制、所处地理位置等一切与作战有关的军事情况），造成严重后果（提供的虚假敌情扰乱我方部队作战部署，干扰部队军事行动，破坏指挥人员作战计划安排，导致我军指挥失误、贻误战机、战斗失利、造成部队伤亡等）的，处3年以上10年以下有期刑；造成特别严重后果（故意提供的虚假敌情导致我方作战部署重大调整或战斗战役失利；造成我方人员重大伤亡或特别重要、多件重要的武器装备军用物资、多处重要军事设施毁损等）的，处 10 年以上有期刑或无期刑。

战时故意提供虚假敌情罪是战时故意向武装部队提供虚假敌情，情节严重的行为。

战时故意提供虚假敌情罪的客观方面，表现为在战时向武装部队提供虚假敌情，造成严重后果的行为。①战时故意提供虚假敌情罪的行为须发生在战时。②战时故意提供虚假敌情罪的行为人须是向武装部队提供虚假敌情（不符合客观事实的有关敌方军事、政治、经济、科学、地理等情报），以客观事实为判断标准。③战时故意提供虚假敌情罪的主观方面只能出于故意，即明知是虚假的敌情而向武装部队提供。④战时故意提供虚假敌情罪的行为须造成了严重后果，否则不构成战时故意提供虚假敌情罪。行为人以为是真实敌情，事实上属于虚假敌情而提供，即使有过失，也不构成战时故意提供虚假敌情罪。

三、《刑法》第 378 条【战时造谣扰乱军心罪】

从战时犯、故意犯、行为犯、情节犯的角度看，战时造谣惑众，扰乱军心，处 3 年以下有期刑、拘役或管制；情节严重的，处 3 年以上 10 年以下有期刑。

从比较法的角度看，战时造谣扰乱军心罪、战时故意提供虚假敌情罪的根本差异在于犯罪对象、犯罪结果、犯罪客观方面内容、法定刑的不同。

战时造谣扰乱军心罪是战时造谣惑众，扰乱军心的严重危害的行为（战时制造和散布虚构的或夸大、缩小事实的谣言，使军人产生怯战、厌战情绪或恐惧心理而扰乱军心的行为）；主体须是军人以外的自然人；主观方面只能是故意；造谣惑众的行为不以针对不特定军人实施为必要，须导致扰乱军心的结果，或具有扰乱军心的危险性。

四、《刑法》第 379 条【战时窝藏逃离部队军人罪】

从战时犯、故意犯、情节犯的角度看，战时明知是逃离部队的军人而为其提供隐蔽处所、财物，情节严重的，处 3 年以下有期刑或拘役。

战时窝藏逃离部队军人罪，是明知是战时逃离部队的军人而为其提供隐蔽处所、财物，情节严重的行为。

战时窝藏逃离部队军人案的立案追诉标准：①有关部门查找时拒不交出。②明知是指挥人员、值班执勤人员或其他负有重要职责人员而窝藏。③窝藏 3 人次以上。④其他情节严重情形。

五、《刑法》第 380 条【战时拒绝、故意延误军事订货罪】

从战时犯、身份犯、故意犯、情节犯的角度看，战时拒绝或故意延误军事订货，情节严重，对单位判处罚金，并对其直接负责的主管人员和其他直接责任人员，处 5 年以下有期刑或拘役；造成严重后果，处 5 年以上有期刑。

战时拒绝、故意延误军事订货罪的四种立案追诉标准：①联络、煽动他人共同拒绝或故意延误军事订货。②拒绝或故意延误重要军事订货，影响重要军事任务完成。③拒绝或故意延误军事订货3次以上。④其他情节严重情形。

战时拒绝、故意延误军事订货罪，是生产、销售武器装备、军用物资的单位，战时拒绝或故意延误军事订货，情节严重的行为；主体只能是有关生产、销售武器装备、军用物资的单位或直接负责的主管人员和其他直接责任人员；主观方面只能是故意；客观方面表现为战时拒绝或延误军事订货的行为，即在战时对武装部队为军事目的而订购武器装备、军用物资，没有正当理由拒不予以接受，或拖延推迟交付部队订购物品的行为。

六、《刑法》第381条【战时拒绝军事征收、征用罪】

从战时犯、故意犯、情节犯的角度看，战时拒绝军事征收、征用，情节严重的，处3年以下有期刑或拘役。

战时拒绝军事征用罪，是行为人在战时拒不同意或拒不接受军事征用，导致情节严重的犯罪行为。行为人在战时拒绝军事征用，是否使用暴力、胁迫手段，并不影响战时拒绝军事征用罪的构成。

战时拒绝军事征收、征用罪的五种立案追诉标准：战时拒绝军事征收、征用，涉嫌无正当理由拒绝军事征收、征用3次以上；采取暴力、威胁、欺骗等手段拒绝军事征收、征用；联络、煽动他人共同拒绝军事征收、征用；拒绝重要军事征收、征用，影响重要军事任务完成；其他情节严重的情形等有五种情形之一的，应立案追诉。

第三章

军人违反职责罪（《刑法》第420条至第451条）

从犯罪形态的角度看，军人违反职责罪分为有既遂犯、未遂犯的军人违反职责罪（非法获取军事秘密罪；为境外窃取、刺探、收买、非法提供军事秘密罪；非法出卖、转让武器装备罪；战时残害居民、掠夺居民财物罪；战时自伤罪；私放俘虏罪等）。没有既遂犯、未遂犯的军人违反职责罪（①过失犯或间接故意犯：擅离、玩忽军事职守罪；过失泄露军事秘密罪；遗失武器装备罪等。②故意犯、结果犯：拒不救援友邻部队罪；战时违抗命令罪；隐瞒、谎报军情罪；拒传、假传军令罪等。③纯正不作为犯：战时拒不救治伤病军人罪；遗弃伤病军人罪。④行为犯：投降罪；战时临阵脱逃罪；战时造谣惑众罪等。⑤情节犯：逃离部队罪；擅自出卖转让军队房地产罪；故意泄露军事秘密罪等。⑥行为犯、情节犯、结果犯：虐待部属罪等）。

从犯罪客体的角度看，军人违反职责罪分为危害作战利益的犯罪、危害军事秘密安全的犯罪、危害部队物质保障的犯罪、违反部队管理秩序的犯罪、违反人道主义的犯罪等不同类型。

从军人违反职责罪的角度看，军人违反职责罪的主刑含拘役、有期刑、无期刑、死刑，无管制、罚金、没收财产等主刑、附加刑。①军人违反职责罪的刑罚类型，含拘役、有期刑、无期刑、死刑。②军人违反职责罪有拘役刑的罪名：逃离部队罪，战时拒不救治伤病军人罪，虐待部属罪，指使部属违反职责罪，阻碍执行军事职务罪，擅离、玩忽军事职守罪，故意泄露军事秘密罪，过失泄露军事秘密罪，武器装备肇事罪，遗弃武器装备罪，遗失武器装备罪，擅自改变武器装备编配用途罪，盗窃、抢夺武器装备、军用物资罪，武器装备肇事罪，擅自出卖、转让军队房地产罪。

军人违反职责罪的最高刑：①战时违抗命令罪的最高刑为处10年以上有期刑、无期刑或死刑。②隐瞒、谎报军情罪，拒传、假传军令罪的最高刑为10年以上有期刑、无期刑或死刑。③投降罪的一般最高刑为10年以上有期刑或无期刑；投降后为敌人效劳，处10年以上有期刑、无期刑或死刑。④战时临阵脱逃罪的最高刑为10年以上有期刑、无期刑或死刑。⑤擅离、玩忽军事职守罪的最高刑为3年以上7年以下有期刑；战时犯擅离、玩忽军事职守罪，处5年以上有期刑。⑥阻碍执行军事职务罪的最高刑为10年以上有期刑或无期刑。战时阻碍执行军事职务罪，从重处罚。⑦指使部属违反职责罪的最高刑为5年以上10年以下有期刑。⑧违令作战消极罪的最高刑为5年以上有期刑。⑨拒不救援友邻部队罪的最高刑为5年以下有期刑。⑩军人叛逃罪的一般最高刑为5年以上有期刑，特殊最高刑为10年以上有期刑、无期刑或死刑（驾驶航空器、舰船叛逃，或有其他特别严重情节）。⑪非法获取军事秘密罪的最高刑为10年以上有期刑。⑫为境外窃取、刺探、收买、非法提供军事秘密、情报罪的最高刑为10年以上有期刑、无期刑或死刑。⑬故意泄露军事秘密罪、过失泄露军事秘密罪的最高刑为5年以上10年以下有期刑；战时犯故意泄露军事秘密罪、过失泄露军事秘密罪的最高刑为10年以上有期刑或无期刑。⑭战时造谣惑众罪的最高刑为10年以上有期刑或无期刑。⑮战时自伤罪的最高刑为3年以上7年以下有期刑。⑯逃离部队罪的最高刑为3年以下有期刑或拘役；战时犯逃离部队罪，处3年以上7年以下有期刑。⑰武器装备肇事罪的最高刑为3年以上7年以下有期刑。⑱擅自改变武器装备编配用途罪的最高刑为3年以上7年以下有期刑。⑲盗窃、抢夺武器装备、军用物资罪；盗窃、抢夺枪支、弹药、爆炸物、危险物质罪的最高刑为10年以上有期刑、无期刑或死刑。⑳非法出卖、转让武器装备罪的最高刑为10年以上有期刑、无期刑或死刑。㉑遗弃武器装备罪的最高刑为5年以上有期刑。㉒遗失武器装备罪的最高刑为3年以下有期刑或拘役。㉓擅自出卖、转让军队房地产罪的最高刑为3年以上10年以下有期刑。㉔虐待部属罪的最高刑为5年以上有期刑。㉕遗弃伤病军人罪的最高刑为5年有期刑。㉖战时拒不救治伤病军人罪的最高刑为5年以上10年以下有期刑。㉗战时残害居民、掠夺居民财物罪的最高刑为10年以上有期刑、无期刑或死刑。㉘私放俘虏罪的最高刑为5年以上有期刑。㉙虐待俘虏罪的最高刑为3年。

从武警法的角度看，武警在执行任务中不履行职责，或有违抗上级决定和命令、行动消极或临阵脱逃；违反规定使用警械、武器；非法剥夺、限制他人人身自由，非法检查、搜查人身、物品、交通工具、住所、场所；体罚、虐待、殴打监管羁押、控制的对象；滥用职权、徇私舞弊，擅离职守或玩忽职守；包庇、纵容违法犯罪活动；泄露国家秘密、军事秘密；其他违法违纪行为等八种行为之一的，按中央军委的有关规定给予处分。(1) 妨碍武警依法执行任务，有侮辱、威胁、围堵、拦截、袭击正执行任务的武警；强行冲闯武警部队设置的警戒带、警戒区；拒绝或阻碍武警执行追捕、检查、搜查、救险、警戒等任务；阻碍执行任务的武警部队的交通工具和人员通行；其他严重妨碍武警执行任务的行为等五种行为之一的，由公安机关依法给予治安管理处罚。(2) 非法制造、买卖、持有、使用武警部队专用标志、警械装备、证件、印章，由公安机关处15日以下拘留或警告，可并处违法所得1倍以上5倍以下罚款。(3) 违反武警法规定，构成犯罪的，依法追究刑责。

中国武警部队依法退出现役的警官、警士和义务兵等人员，适用《退役军人保障法》(2020年)。《退役军人保障法》有关军官的规定适用于文职干部。军队院校学员依法退出现役，参照《退役军人保障法》有关规定执行。参试退役军人参照退役军人保障法有关参战退役军人的规定执行。参战退役军人、参试退役军人的范围和认定标准、认定程序，由中央军委有关部门会同国务院退役军人工作主管部门等部门规定。(1) 退役军人（从解放军依法退出现役的军官、军士、义务兵等人员）弄虚作假骗取退役相关待遇，由县级以上地方政府退役军人工作主管部门取消相关待遇，追缴非法所得，并由其所在单位或有关部门依法给予处分。（2）退役军人违法犯罪，由省级政府退役军人工作主管部门按国家有关规定中止、降低或取消其退役相关待遇，报国务院退役军人工作主管部门备案。退役军人对省级政府退役军人工作主管部门作出的中止、降低或取消其退役相关待遇的决定不服的，可依法申请行政复议或提起行诉。（3）违反退役军人保障法规定，拒绝或无故拖延执行退役军人安置任务，由安置地政府退役军人工作主管部门责令限期改正；逾期不改正，予以通报批评。对该单位主要负责人和直接责任人员，由有关部门依法给予处分。（4）违反《退役军人保障法》规定，构成违反治安管理行为，依法给予治安管理处罚；构成犯罪，依法追究刑责。（5）退役军人工作主管部门及其工作人员有未按规定确定退役军人安置待遇；为不符合条件的人员发放退役军人优待证；挪用、截留、私分退役军人保障工作经费；违反规定确定抚恤优待对象、标准、数额或给予退役军人相关待遇；在退役军人安置工作中出具虚假文件；在退役军人保障工作中利用职务之便为自己或他人谋取私利；在退役军人保障工作中失职渎职；有其他违反法律法规行为，等八种行为之一的，由其上级主管部门责令改正，对直接负责的主管人员和其他直接责任人员依法给予处分。（6）其他负责退役军人有关工作的部门及其工作人员违反退役军人保障法有关规定，由其上级主管部门责令改正，对直接负责的主管人员和其他直接责任人员依法给予处分。

第一节　危害作战利益型的军人违反职责罪

一、《刑法》第421条【战时违抗命令罪】

（一）战时违抗命令罪的概念和特征

从战时犯、身份犯、故意犯、结果犯的角度看，战时（国家宣布进入战争状态、部队领受作战任务或遭到敌人突然袭击时；部队执行戒严任务或处置突发性暴力事件时）违抗命令（不执行、违背、抗拒、拒绝接受作战命令、指示；拖延或迟于履行作战命令、指示；实施不符合作战命令、指示的行为），对作战造成危害（造成战斗、战役失利；干扰作战部署，贻误战机或动摇首长的战斗决心；暴露我军作战意图，给敌人可乘之机，造成部队较大损失等）的，处3年以上10年以下有期刑；使战斗、战役遭受重大损失（造成我军人员重大伤亡、物质损失严重，战斗失利等）的，处10年以上有期刑、无期刑或死刑。

战时违抗命令罪是战时违抗命令（主观上出于故意，客观上违背、抗拒首长、上级职权范围内的命令，含拒绝接受命令、拒不执行命令，或不按命令的具体要求行动等），对作战造成危害的行为。

战时违抗命令罪的五种立案标准：①造成我方人员死亡1人以上（含本数），或重伤2人以上，或轻伤3人以上。②造成武器装备（实施和保障军事行动的武器、武器系统和军事技术器材的统称）、军事设施、军用物资（除武器装备外专供武装力量使用的各种物资的统称，含装备器材、军需物资、医疗物资、油料物资、营房物资等）损毁，直接影响作战任务完成。③造成作战任务不能完成或迟缓完成。④扰乱作战部署或贻误战机。⑤对作战造成其他危害。

从军官服役条例的角度看，在执行作战、抢险救灾等紧急任务时，上级首长有权暂时免去违抗命令、不履行职责或不称职的所属军官的职务，并可临时指派其他军人代理。

从罪与非罪的角度看，不构成违抗作战命令罪的情形：①非故意违抗作战命令、指示，客观条件限制行为人不能完成战斗任务。②执行错误的命令、指示，导致战斗失利。③违抗上级无关作战的命令、指示。

违抗作战命令罪与战时临阵脱逃罪、投降罪、阻碍执行军事职务罪、擅离、玩忽军事职守罪有差异性。①违抗作战命令罪与战时临阵脱逃罪的根本差异在于犯罪客体、犯罪客观方面、犯罪目的的不同。从法条竞合犯的角度看，战时违抗命令、战时临阵脱逃发生法条竞合时，应以战时违抗命令罪论处。②违抗作战命令罪与投降罪的根本差异在于犯罪客体、犯罪客观方面、犯罪主观方面的不同。从法条竞合的角度看，战时违抗命令罪、投降罪发生法条竞合时，应以战时违抗命令罪论处。③违抗作战命令罪与阻碍执行军事职务罪的根本差异在于犯罪对象、犯罪行为、犯罪时间的不同。④违抗作战命令罪与擅离、玩忽军事职守罪的根本差异在于犯罪主体、犯罪客体、犯罪主观方面、犯罪客观方面、犯罪时间、犯罪地点的不同。

（二）战时违抗命令罪的构成要件

战时违抗命令罪，是部属人员在战时故意违抗上级命令，对作战造成危害后果的行为；主体是部属人员；主观方面只能出于故意，即明知是上级的作战命令而故意违抗，对作战造成了危害后果；客观方面表现为战时违抗作战命令，对作战造成危害的行为（拒不执行作战命令；拖延或迟缓执行作战命令；实施不符合作战命令的行为）；须对作战造成危害（行为人违抗作战命令而扰乱了作战部署，贻误了战机，影响了作战任务的完成，或给敌人以可乘之机，使部队遭受较大损失）。

二、《刑法》第422条【隐瞒、谎报军情罪；拒传、假传军令罪】

从身份犯、故意犯、行为犯、结果犯的角度看，故意隐瞒（对首长、上级隐瞒不报告军事情况）、谎报（以编造或篡改的军事情况欺骗首长、上级）军情（兵力、兵员、装备、部署、作战准备、战斗进展、战区地形、地貌、水文、气象、涉及军事的政治、经济、科技等敌我军事信息）或拒传（战时明知作战命令有条件传递而故意拒绝传递）、假传（故意传递虚假的军令战时伪造、篡改军事命令并传达或发布）军令，对作战造成危害（造成首长、上级决策失误；造成重大任务不能完成或迟缓完成；造成死亡1人以上或重伤2人以上或轻伤3人以上；造成军事装备、设施损毁，直接影响作战任务；造成其他危害）的，处3年以上10年以下有期刑；使战斗、战役遭受重大损失（①造成我军人员重大伤亡，武器装备、军事设施和军用物资严重损失，战斗、战役失利等。②造成人员伤亡较大；重要武器装备损失较多；致战斗失利或影响战役全局利益等）的，处10年以上有期刑、无期刑或死刑。

从故意犯、结果犯的角度看，隐瞒、谎报军情罪是故意隐瞒、谎报军情，对作战造成危害的行为。隐瞒、谎报军情罪的五种立案标准：①造成我方人员死亡1人以上，或重伤2人以上，或轻伤3人以上。②造成首长、上级决策失误。③造成作战任务不能完成或迟缓完成。④造成武器装备、军事设施、军用物资损毁，直接影响作战任务完成。⑤对作战造成其他危害。

隐瞒、谎报军情罪和战时造谣惑众罪的根本差异在于犯罪主体、犯罪客观方面的不同。隐瞒、谎报军情罪和遗失武器装备罪的根本差异在于犯罪主体、犯罪对象、犯罪主观方面、犯罪客观方面的不同。遗失武器装备后不及时报告，对作战造成严重危害的，构成隐瞒军情罪。

拒传、假传军令罪是负有传递军令职责的军人，明知是军令而故意拒绝传递或拖延传递，对作战造成危害的行为。(1) 假传军令罪是故意伪造、篡改军令，或明知是伪造、篡改的军令而传达或发布，对作战造成危害的行为。(2) 拒传、假传军令案罪的五种立案标准：①造成我方人员死亡1人以上，或重伤2人以上，或轻伤3人以上。②造成首长、上级决策失误。③造成作战任务不能完成或迟缓完成。④造成武器装备、军事设施、军用物资损毁，直接影响作战任务完成。⑤对作战造成其他危害。

拒传、假传军令罪和战时违抗命令罪的根本差异在于犯罪主体、犯罪客观方面的不同；拒传、假传军令罪和战时造谣惑众罪的根本差异在于犯罪主体、犯罪主观方面的不同。

隐瞒、谎报军情罪，是故意隐瞒、谎报军情（作战时有关敌我的军事情况），对作战造成危害的行为。隐瞒、谎报军情罪的主体是参加作战的军职人员（侦察员、通讯员、机要员等）；主观方面须出于故意（明知军情而故意隐瞒，或明知不真实的军情而报告）；客观方面表现为战时隐瞒、谎报军情，或报告捏造、虚构或其他不真实的军情，对作战造成危害的行为。

拒传、假传军令罪是战时故意拒绝传递军情或故意传达、发布伪造的或篡改的军事命令，对作战造成危害的行为；主体是负有传达任务或发布命令职权的参战军职人员；主观方面须出于故意（明知军情而拒绝传递，或明知伪造或篡改的军事命令而故意传达或发布）；客观方面表现为在战时拒绝传递军情，或传达、发布伪造或篡改的军事命令，对作战造成危害的行为。

三、《刑法》第423条【投降罪】

从身份犯、故意犯、行为犯、情节犯、结果犯的角度看，在战场上（敌我双方作战活动的陆域、海域、空域）贪生怕死（犯罪动机），自动放下武器（能使用武器杀伤敌人而放弃抵抗）投降敌人（迫于敌人的武装压力屈服于战争或武装冲突、部队执行戒严任务或处置突发性暴力事件的敌人）的，处3年以上10年以下有期刑；情节严重（部队首长带领部属集体投敌；因投敌导致阵地丢失、人员伤亡、重要武器装备受损、战斗失利等危害结果；携带秘密文件或从事机要的军职人员投降敌人；在投降敌人过程中，以暴力、威胁手段反抗阻挠、干预其投降的其他人员；矢口否认投降敌人的犯罪事实，态度恶劣等）的，处10年以上有期刑或无期刑；投降后为敌人效劳（主动率部投降；主动向敌人提供我军军事秘密；为敌人积极出谋划策，煽动、勾引我军被俘人员叛变投敌；接受敌人派遣任务；主动要求参加敌军与我军作战；出卖我方军职人员；为敌人进行反动宣传；投降后主动为敌人服务挖工事、搬弹药等）的，处10年以上有期刑、无期刑或死刑。

投降罪是在战场上贪生怕死，自动放下武器投降敌人的行为。凡涉嫌投降敌人的，均应立案。

从法条竞合犯、想象竞合犯的角度看，投降罪、战时临阵脱逃罪发生犯罪竞合时，一般应以投降罪论处。行为人临阵脱逃投降敌人，致战斗、战役遭受重大损失，或投降后为敌人效劳的，应以战时临阵脱逃罪论处。

从比较法的角度看，投降罪和战时临阵脱逃罪的根本差异在于犯罪目的、犯罪客观方面的不同。投降罪和投敌叛变罪的根本差异在于犯罪主体、犯罪主观方面、犯罪地点的不同。被俘后叛变，积极为敌人效劳，或基于蓄谋叛变投敌的犯罪目的，在战场上积极寻找机会，直接投靠敌人的，应以投敌叛变罪论处。

四、《刑法》第424条【战时临阵脱逃罪】

从战时犯、身份犯、故意犯、行为犯、结果犯、情节犯的角度看，战时临阵脱逃（在战场上或战斗中、待命出击时逃离部队、逃避参加作战而离开阵地）的，处3年以下有期刑；情节严重（携带武器装备或军事秘密脱逃；煽动他人或组织他人脱逃；在战斗最激烈、最关键时刻，在重要岗位上脱逃；滥用红十字会旗帜、徽章或私自佩带红十字徽章和袖章；舰艇、飞行人员放弃舰艇、飞机脱逃；对危难情况下的军人和友邻部队，可救援而脱逃；以暴力、威胁手段达到脱逃目的等）的，处3年以上10年以下有期刑；使战斗、战役遭受重大损失（部队遭受重大伤亡；战时遭受严重失利；严重影响战役全局等）的，处10年以上有期刑、无期刑或死刑。

战时临阵脱逃罪，是参战军职人员在战时因贪生怕死、畏惧战斗而逃离部队或战斗岗位的行为。凡战时涉嫌临阵脱逃的，均应立案。

从比较法的角度看，战时临阵脱逃罪与逃离部队罪的根本差异在于犯罪主观方面、犯罪时间、犯罪地点的不同。①战时临阵脱逃罪和擅离军事职守罪的根本差异在于犯罪主体、犯罪主观方面、犯罪后果的不同。②战时临阵脱逃罪和违令作战消极罪的根本差异在于犯罪主观方面、犯罪客观方面的不同。③战时临阵脱逃罪和战时违抗命令罪的根本差异在于犯罪客观方面的不同。从想象竞合犯的角度看，遭到敌人进攻时违反上级坚守阵地的命令逃离阵地，应以战时违抗命令罪定罪处罚。④战时临阵脱逃罪和投降罪的根本差异在于犯罪目的的不同。正在作战时扔下武器逃往敌人阵地，一般应以投降罪论处；致战斗、战役遭受重大损失的，应以战时临阵脱逃罪论处。⑤战时临阵脱逃罪和投敌叛变罪的根本差异在于犯罪主观方面的不同。行为人临阵脱逃，投奔敌人营垒，危害国家安全活动，应以投敌叛变罪论处。

五、《刑法》第428条【违令作战消极罪】

从身份犯、故意犯、情节犯、结果犯的角度看，指挥人员违抗命令，临阵畏缩，作战消极，造成严重后果的，处5年以下有期刑；使战斗、战役遭受重大损失或有其他特别严重情节的，处5年以上有期刑。

违令作战消极罪是军事指挥人员故意违抗命令，临阵畏缩，作战消极（在作战中故意违背、抗拒执行首长、上级的命令，面临战斗任务而畏难怕险，怯战怠战，行动消极），造成严重后果的行为。违令作战消极案罪的五种立案标准：①扰乱作战部署或贻误战机。②造成作战任务不能完成或迟缓完成。③造成我方人员死亡1人以上，或重伤2人以上，或轻伤3人以上。④造成武器装备、军事设施、军用物资或其他财产损毁，直接经济损失20万元以上，或直接经济损失、间接经济损失合计100万元以上。⑤造成其他严重后果。

从比较法的角度看，违令作战消极罪与战时违抗命令罪都是违抗命令的行为，具有关联性、相似性、差别性。①违令作战消极罪主要是违抗积极作战的命令。战时违抗命令罪违抗命令的范围没有限定。②违令作战消极罪客观上只限于临阵畏缩、作战消极。战时违抗命令罪包括一切违抗作战命令的行为。③违令作战消极罪的主体只限于指挥人员。战时违抗命令罪的主体是参加作战应接受作战命令的部属军人。

六、《刑法》第429条【拒不救援友邻部队罪】

从战时犯、故意犯、结果犯的角度讲，在战场上明知友邻部队处境危急请求救援，能救援而不救援，使友邻部队遭受重大损失的，对指挥人员，处5年以下有期刑。

拒不救援友邻部队罪是军事指挥人员在战场上明知友邻部队面临被敌人包围、追击或阵地将被攻陷等处境危急情况请求救援，能救援而故意不救援［根据当时自己部队（分队）所处的环境、作战能力及所担负的任务，有条件组织救援却无组织救援］，使友邻部队遭受重大损失的行为。

拒不救援友邻部队罪的六种立案标准：①造成战斗失利。②造成阵地失陷。③造成突围严重受挫。④造成我方人员死亡3人以上，或重伤10人以上，或轻伤15人以上。⑤造成武器装备、军事设施、军用物资损毁，直接经济损失100万元以上。⑥造成其他重大损失。

拒不救援友邻部队罪是典型的不作为犯罪。①在战场上友邻部队处境危急请求救援时，有关指挥人员就产生了率部队救援的义务。②须具有救援友邻部队的可能性，是否具有该可能性，要根据当时的主客观条件进行判断。③没有救援友邻部队，致使友邻部队遭受重大损失。

七、《刑法》第433条【战时造谣惑众罪】

从战时犯、身份犯、故意犯、行为犯、情节犯的角度讲，战时造谣惑众，动摇军心的，处3年以下有期刑；情节严重的，处3年以上10年以下有期刑；情节特别严重的，处10年以上有期刑或无期刑。

战时造谣惑众罪是参加作战的军职人员战时造谣惑众，动摇军心（故意编造、散布虚构的或夸大、缩小事实的谣言，煽动怯战、厌战或恐怖的情绪，蛊惑官兵，造成或足以造成部队情绪恐慌、士气不振、动摇军心、军心涣散）的行为。凡战时涉嫌造谣惑众，动摇军心的，应立案。参加作战的非军职人员战时造谣惑众，扰乱军心的，应以战时造谣扰乱军心罪论处。

八、《刑法》第434条【战时自伤罪】

从身份犯、故意犯、作为犯、情节犯的角度讲，战时自伤（作为）身体，逃避（不作为）军事义务的，处3年以下有期刑；情节严重的，处3年以上7年以下有期刑。

战时自伤罪是参加作战或担负作战任务的现役军人战时为逃避军事义务（逃避临战准备、作战行动、战场勤务和其他作战保障任务等与作战有关的义务）故意伤害自己身体或授意他人伤害自己身体的行为。凡战时涉嫌自伤使其不能履行军事义务的，均应立案。

从危害结果或犯罪结果的角度看，战时自伤罪以战时自伤身体的作为方式（自伤行为），实施逃避军事义务的不作为义务或危害后果（犯罪目的），以战时自伤自己的身体而达到逃避军事义务的危害程度为战时自伤罪的既遂犯，战时自伤自己的身体而未造成伤害身体或造成的危害后果相对较轻，未达到逃避军事义务的程度，均属于战时自伤罪的未遂犯。

战时自伤罪的构成条件：①从特殊主体、时间条件的角度看，现役军人自伤身体的行为须是在战时。②从犯罪主观方面的角度看，现役军人对自身伤害须有直接故意。行为人在战斗中或在军事行动中，因过失自伤身体的，不能构成犯罪。行为人为逃避军事义务，有意加重已有的伤害，应构成战时自伤罪。③从作案动机或犯罪目的的角度看，现役军人自伤身体基于逃避军事义务（军人根据职责需要履行巡逻任务，值班、值勤任务，作战任务等军事义务）的目的。现役军人以骗取某种荣誉或掩盖自己的过失为目的的行为，不构成战时自伤罪。

第二节　违反部队管理制度型的军人违反职责罪

一、《刑法》第425条【擅离、玩忽军事职守罪】

从身份犯、过失犯、结果犯、渎职犯的角度讲，指挥人员和值班、值勤人员擅离职守或玩忽职守，造成严重后果的，处3年以下有期刑或拘役；造成特别严重后果的，处3年以上7年以下有期刑；战时犯擅离、玩忽军事职守罪，处5年以上有期刑。

擅离、玩忽军事职守罪是具有指挥职务和值班、值勤职务的指战员（①对部队或部属负有组织、领导、管理职责的人员。②专业主管人员在其业务管理范围内，视为军事指挥人员）和值班人员（军队各单位、各部门为保持指挥或履行职责不间断而设立、负责处理本单位、本部门特定事务的人员）、值勤人员（正担任警卫、巡逻、观察、纠察、押运等勤务，或作战勤务工作的人员）擅自离开自己正履行职责的岗位，或在履行职责的岗位上玩忽职守，严重不负责任（过失），不履行或不正确履行职责，造成严重后果的行为。(1) 擅离、玩忽军事职守罪的五种立案标准：①造成重大任务不能完成或迟缓完成。②造成死亡1人以上，或重伤3人以上，或重伤2人、轻伤4人以上，或重伤1人、轻伤7人以上，或轻伤10人以上。③造成枪支、手榴弹、爆炸装置或子弹10发、雷管30枚、导火索或导爆索30米、炸药1000克以上丢失、被盗，或不满（已达到该数额80%以上）规定数量，但后果严重，或造成其他重要武器装备、器材丢失、被盗。④造成武器装备、军事设施、军用物资或其他财产损毁，直接经济损失（与行为有直接因果关系而造成的财产损毁、减少的实际价值）30万元以上，或直接经济损失、间接经济损失（由直接经济损失引起和牵连的其他损失，含失去在正常情况下可能获得的利益和为恢复正常管理活动或为挽回已造成的损失所支付的各种费用等）合计150万元以上。⑤造成其他严重后果。(2) 从司法解释的角度，武器装备、军事设施、军用物资的价值和损失的确定，由部队驻地公检法机关指定的价格事务机构进行估价。武器装备、军事设施、军用物资的价值和损失，由部队军级以上单位的主管部门确定，也可由部队驻地公检法机关指定的价格事务机构进行估价。

擅离、玩忽军事职守罪的主观方面，表现为主观过失，客观上要求发生严重后果；主观罪过应出于过失。擅离职守人的主观罪过具有故意性、过失性。从法定刑的角度看，要求擅离职守出于故意。若将擅离职守限于过失，则难以处理故意性的擅离职守行为。当然，也有学者认为，宜将擅离、玩忽军事职守罪分为擅离军事职守罪、玩忽军事职守罪，擅离军事职守罪为故意犯罪，玩忽军事职守罪为过失犯罪。

1979年《刑法》规定，军人在值班、值勤等执行任务时，擅自将自己管理、使用的枪支、弹药非法出租、出借给他人，造成严重后果行为的，以玩忽职守罪论处。

二、《刑法》第426条【阻碍执行军事职务罪】

从身份犯、故意犯、行为犯、情节犯的角度看，以暴力、威胁方法，阻碍指挥人员或值班、值勤人员执行职务，处5年以下有期刑或拘役；情节严重的，处5年以上10年以下有期刑；情节特别严重的，处10年以上有期刑或无期刑。

从战时犯、身份犯、故意犯、行为犯、从重处罚原则的角度看，战时犯阻碍执行军事职务罪，从重处罚。

阻碍执行军事职务罪是以暴力、威胁方法，阻碍指挥人员或值班、值勤人员执行职务的行为。凡涉嫌阻碍执行军事职务的，应立案。

阻碍执行军事职务罪，是以暴力、威胁方法，阻碍指挥人员或值班、值勤人员执行职务的行为。

三、《刑法》第427条【指使部属违反职责罪】

从身份犯、故意犯、结果犯、情节犯的角度看，滥用职权，指使部属进行违反职责的活动，造成严重后果的，处5年以下有期刑或拘役；情节特别严重的，处5年以上10年以下有期刑。

指使部属违反职责罪是军事指挥人员滥用职权，指使部属进行违反职责的活动，造成严重后果的行为。指使部属违反职责罪的四种立案标准：①造成重大任务不能完成或迟缓完成。②造成死亡1人以上，或重伤2人以上，或重伤1人、轻伤3人以上，或轻伤5人以上。③造成武器装备、军事设施、军用物资或其他财产损毁，直接经济损失20万元以上，或直接经济损失、间接经济损失合计100万元以上。④造成其他严重后果。

指使部属违反职责罪，是滥用职权，指使部属进行违反职责的活动，造成严重后果的行为。

指使部属违反职责罪的客观方面，表现为滥用职权，指使部属进行违反职责的活动，造成严重后果的行为。①须是滥用职权，若不是利用职权，而是采取与职权无关的其他方法使部属进行违反职责的活动，则不构成指使部属违反职责罪。②行为人指使部属所实施的违反职责的活动，须是尚未构成军人违反职责罪的一般违反职责的活动，否则，指使者与具体实施者构成相应犯罪的共犯。譬如，指使部属非法获取军事秘密，指使者与具体实施非法获取军事秘密的人构成共同犯罪，而不构成指使部属违反职责罪。③须造成严重后果。

四、《刑法》第430条【军人叛逃罪】

从身份犯、故意犯、行为犯、情节犯的角度看，在履行公务期间，擅离岗位，叛逃境外或在境外叛逃，危害国家军事利益，处5年以下有期刑或拘役；情节严重的，处5年以上有期刑。驾驶航空器、舰船叛逃，或有其他特别严重情节的，处10年以上有期刑、无期刑或死刑。

军人叛逃罪是军人在履行公务期间，擅离岗位，叛逃境外或在境外叛逃，危害国家军事利益的行为。军人叛逃罪的七种立案标准：①申请政治避难。②公开发表叛国言论。③因反对国家政权和社会主义制度而出逃。④出逃至交战对方区域。⑤投靠境外反动机构或组织。⑥掌握、携带军事秘密出境后滞留不归。⑦进行其他危害国家军事利益的活动。

从比较法的角度讲，军人叛逃罪与叛逃罪的主客观方面相同，关键在于犯罪主体的差异。①军人叛逃罪的主体须是军职人员。②叛逃罪的主体是军职人员以外的国家机关工作人员、掌握国家秘密的国家工作人员。

五、《刑法》第435条【逃离部队罪】

从身份犯、非战时犯、故意犯、情节犯的角度讲，平时逃离部队罪，违反兵役法规，逃离部队，情节严重，处3年以下有期刑或拘役。从身份犯、战时犯、故意犯、行为犯的角度讲，战时逃离部队，处3年以上7年以下有期刑。

逃离部队罪是服役军人故意违反兵役法规（违反国防法、兵役法和军队条令条例及其他有关兵役方面的法律规定），逃避服兵役，逃离部队（擅自离开部队或经批准外出逾期拒不归队），情节严重（携带武器逃离部队、驾驶车船逃离部队、组织他人共同逃离部队、多次逃离部队等）的行为。（1）逃离部队罪的六种立案标准：①策动3人以上或胁迫他人逃离部队。②逃离部队持续时间达3个月以上或3次以上或累计时间达6个月以上。③携带武器装备逃离部队。④在执行重大任务期间逃离部队。⑤担负重要职责的人员逃离部队。⑥有其他情节严重行为。（2）从司法解释的角度看，军人违反兵役法规，非战时逃离部队，情节严重的，以逃离部队罪定罪处罚。

六、《刑法》第447条【私放俘虏罪】

从身份犯、行为犯、故意犯、情节犯的角度看，私放俘虏（未经批准，擅自公开或暗中放走俘虏而脱离我方控制），处5年以下有期刑；私放重要俘虏（俘虏中的敌方中高级军官；掌握重要情报的敌方机要、保密、警卫人员；为侦察敌情而专门抓获的俘虏；掌握我军重要情况的俘虏人员等）、私放俘虏多人或有其他严重情节（收受贿赂或贪图女色私放俘虏；私放俘虏暴露我方重要情况；为俘虏提供逃跑条件或财力、物力资助）的，处5年以上有期刑。

从司法解释的角度看，私放俘虏罪是擅自放走俘虏（被我方俘获不再反抗的敌方人员）的行为。凡涉嫌私放俘虏的，均应立案。

从比较法的角度看，私放俘虏罪与私放在押人员罪的根本差异在于犯罪主体、犯罪客体、犯罪对象、法定刑的不同。

第三节　危害军事秘密型的军人违反职责罪

一、《刑法》第431条【非法获取军事秘密罪；为境外窃取、刺探、收买、非法提供军事秘密罪】

从身份犯、故意犯、危险犯、行为犯、情节犯、涉密犯的角度看，采取窃取、刺探、收买方法，非法获取军事秘密｛关系国家军事利益，依规定的权限和程序确定，在一定时间内只限一定范围的人员知悉的事项：①国防和武装力量建设规划及其实施情况。②国防动员计划及其实施情况。③国防费分配和使用的具体事项，军事物资的筹措、生产、供应、储备等情况中需控制知悉范围的事项。④军队政工中不宜公开的事项。⑤对外军事交流与合作中不宜公开的事项。⑥军事设施（军事指挥机关、地面地下的指挥工程、作战工程、军事基地、军用机场、军用港口码头、军用洞库仓库、军用输油输水管道、军用公路、军用铁路专线、输电线路、试验场、营区、靶场、训练场、通信枢纽、军用通信、侦察、导航、观测台站和测量、导航、助航标志等国家直接用于军事目的的建筑、场地、设备和国务院、中央军委规定的其他军事设施）及其保护情况中不宜公开的事项。⑦军事学术（战略学、战役学、战术学、军制学、军事运筹学、军队指挥学、军事通信学、军队政工学、军事教育训练学、军事后勤学、军事历史学、军事地理学、军事地形学、军事工程地质学、军事经济学、军事管理学、军事社会学、军事语言学、军事人才学、军事伦理学、军事心理学、军事海洋学、军事气象学、军事医学、军事自动化、国防外交学、国防教育学、国防经济学等）和国防科技研究的重要项目、成果及其应用情况中需控制知悉范围的事项。⑧武器装备（枪械、防弹衣、战舰、潜艇、战机等）的研制、生产、配备情况和补充、维修能力，特种军事装备的战术技术性能。⑨军事部署，作战、训练及处置突发事件等军事行动中需控制知悉范围的事项。⑩军事情报（为维护国安和利益而获得的与军事有关的情况及对其研究判断的成果）及其来源，军事通信［军事通信线路、设备、电话、电报、数据、计算机信息系统、电磁频谱、图像通信等；战略通信、战役通信、战术通信无线电通信、有线电通信、光通信（光纤通信、大气激光通信）、运动通信、简易信号通信；指挥通信、协同通信、后方通信、技术保障通信、情报报知通信、警报报知通信等军队为实施指挥，运用通信工具或其他方法进行的信息传递］、信息对抗及其他特种业务的手段、能力，密码及有关资料。⑪武装力量的组织编制，部队的任务、实力、状态等情况中需控制知悉范围的事项，特殊单位及师级以下部队的番号。⑫其他需保密的事项｝的，处5年以下有期刑；情节严重（担负军队重要职责的人员利用职权或其他特殊便利条件非法获取军事秘密的；获取军事秘密的手段恶劣；获取重要或大量的军事秘密；从作战、机要、保密、军务等重要部门非法获取军事秘密）的，处5年以上10年以下有期刑；情节特别严重（担负重要职责的人员利用职权或其他特殊便利条件非法获取军事秘密；获取军事秘密的手段特别恶劣；从作战、机要、保密等重要部门非法获取军事秘密；获取重要或大量的军事秘密，造成重大损失）的，处10年以上有期刑。

为境外的机构、组织、人员窃取、刺探、收买、非法提供军事秘密，处5年以上10年以下有期刑；情节严重的，处10年以上有期刑、无期刑或死刑。

非法获取军事秘密罪的情形：①从想象竞合犯的角度看，非法获取军事秘密而盗窃武器装备、军用物资，同时触犯非法获取军事秘密罪和盗窃武器装备、军用物资罪，以想象竞合犯择一较重的犯罪定罪处罚。②非法获取军事秘密后平时故意泄露军事秘密，以非法获取军事秘密罪定罪处罚，故意泄露军事秘密属于从重处罚情节。③战时非法获取军事秘密后故意泄露，以故意泄露军事秘密罪定罪处罚，非法获取军事秘密属于从重处罚情节。④采取窃取、刺探、收买的方法，非法获取军事秘密的行为，构成非法获取军事秘密罪。

非法获取军事秘密罪是违反国家和军队的保密规定，采取窃取、刺探、收买方法，非法获取军事秘密的犯罪行为。①凡涉嫌非法获取军事秘密的均应立案。②为境外窃取、刺探、收买、非法提供军事秘密罪是违反国家和军队的保密规定，为境外的机构、组织、人员窃取、刺探、收买、非法提供军事秘密的犯罪行为。③凡涉嫌为境外窃取、刺探、收买、非法提供军事秘密，均应立案追究。

二、《刑法》第432条【故意泄露军事秘密罪；过失泄露军事秘密罪】

从故意犯、过失犯、情节犯、涉密犯的角度看，违反保守国家秘密法规，故意或过失泄露军事秘密，情节严重的，处5年以下有期刑或拘役；情节特别严重的，处5年以上10年以下有期刑。

从战时犯、故意犯、过失犯、情节犯、涉密犯的角度看，故意泄露军事秘密罪、过失泄露军事秘密罪，处5年以上10年以下有期刑；情节特别严重的，处10年以上有期刑或无期刑。

故意泄露军事秘密罪是违反国家和军队的保密规定，故意使军事秘密被不应知悉者知悉或超出了限定的接触范围，情节严重的行为。（1）故意泄露军事秘密罪的九种立案标准：①泄露绝密级或机密级军事秘密1项（件）以上。②泄露秘密级军事秘密3项（件）以上。③泄露军事秘密造成严重危害后果。④以牟取私利为目的泄露军事秘密。⑤利用职权指使或强迫他人泄露军事秘密。⑥负有特殊保密义务的人员泄密。⑦执行重大任务时泄密。⑧向公众散布、传播军事秘密。⑨有其他情节严重行为。（2）从涉密罪的角度看，过失泄露军事秘密罪是违反国家和军队的保密规定，过失泄露军事秘密，使军事秘密被不应知悉者知悉或超出了限定的接触范围，情节严重的行为。过失泄露军事秘密罪的六种立案标准：①泄露绝密级军事秘密1项（件）以上。②泄露机密级军事秘密3项（件）以上。③泄露秘密级军事秘密4项（件）以上。④负有特殊保密义务的人员泄密。⑤泄露军事秘密或遗失军事秘密载体，不按规定报告，或不如实提供有关情况，或未及时采取补救措施。⑥有其他情节严重行为。

从涉密罪的角度看，军人违反职责罪的涉密罪名有非法获取军事秘密罪；为境外窃取、刺探、收买、非法提供军事秘密罪；故意泄露军事秘密罪；过失泄露军事秘密罪等。

第四节　危害部队物资保障型的军人违反职责罪

一、《刑法》第436条【武器装备肇事罪】

（一）武器装备肇事罪的概念

从身份犯、过失犯、情节犯、结果犯的角度看，违反武器装备使用规定，情节严重，因而发生责任事故，致人重伤、死亡或造成其他严重后果的，处3年以下有期刑或拘役；后果特别严重（造成较多的人重伤、死亡；重要的武器或技术装备毁坏不能使用；军用物资或公私财物遭受重大损失；严重危害战斗任务完成）的，处3年以上7年以下有期刑。

武器装备肇事罪是军职人员违反武器装备使用规定，情节严重［故意违反武器装备使用规定，或在使用过程中严重不负责任（过失）］，因而发生重大责任事故，致人重伤、死亡或造成其他严重后果的行为。（1）武器装备肇事罪的五种立案标准：①严重损害国家和军队声誉，造成恶劣影响。②影响重大任务完成。③造成死亡1人以上，或重伤2人以上，或轻伤3人以上。④造成武器装备、军事设施、军用物资或其他财产损毁，直接经济损失30万元以上，或直接经济损失、间接经济损失合计150万元以上。⑤造成其他严重后果。（2）从旧司法解释的角度看，军职人员在执勤、训练、作战时使用、操作武器装备，或在管理、维修、保养武器装备的过程中，违反武器装备使用规定和操作规程，情节严重，因而发生重大责任事故，致人重伤、死亡或造成其他严重后果，以武器装备肇事罪论处；凡违反枪支、弹药管理使用规定，私自携带枪支、弹药外出，因玩弄而造成走火或爆炸，致人重伤、死亡或使公私财产遭受重大损失，分别以过失致人重伤罪、过失致人死亡罪或过失爆炸罪论处。（3）军职人员驾驶军用装备车辆，违反武器装备使用规定和操作规程，情节严重，因而发生重大责任事故，致人重伤、死亡或造成其他严重后果，致使其同时违反交通运输规章制度，也应以武器装备肇事罪论处；仅因违反交通运输规章制度而发生重大事故，致人重伤、死亡或使公私财产遭受重大损失，以交通肇事罪论处。

（二）武器装备肇事罪的特征

武器装备肇事罪的主体是军职人员；主观方面只能是过失（疏忽大意的过失、过于自信的过失）；客观方面表现为违反武器装备［武器（直接用于杀伤敌人或破坏敌方作战设施的器械）及其配套的弹药、仪器、器材、设备附件的统称］使用规定，情节严重，发生重大责任事故，致人重伤、死亡或造成其他严重后果的行为。①行为人实施违反武器装备使用规定的行为。军队有关部门分别制定了有关武器装备的使用规定与操作规程。②须情节严重。③须发生重大责任事故，致人重伤、死亡或造成其他严重后果。

（三）武器装备肇事罪的认定

（1）武器装备肇事罪与非罪的界限。军职人员违反武器装备使用规定，但情节不严重，未造成重大事故，或造成了重大事故，但行为人主观上无过失，均不构成武器装备肇事罪。

（2）武器装备肇事罪与他罪的界限。军职人员在执勤、训练、作战时使用、操作武器装备，或在管理、维修、保养武器装备的过程中，违反武器装备使用规定和操作规程，情节严重，因而发生重大责任事故，致人重伤、死亡者或造成其他严重后果，以武器装备肇事罪论处。

军职人员凡违反枪支、弹药管理使用规定，私自携带枪支、弹药外出，因玩弄而造成走火或爆炸，致人重伤、死亡或使公私财产遭受重大损失，分别以过失致人重伤罪、过失致人死亡罪或过失爆炸罪论处。

军职人员驾驶军用装备车辆，违反武器装备使用规定和操作规程，情节严重，因而发生重大责任事故，致人重伤、死亡或造成其他严重后果的，即使同时违反交通运输规章制度，也应以武器装备肇事罪论处；若仅因违反交通运输规章制度而发生重大事故，致人重伤、死亡或使公私财产遭受重大损失，则以交通肇事罪论处。

二、《刑法》第437条【擅自改变武器装备编配用途罪】

从身份犯、故意犯、结果犯的角度看，违反武器装备管理规定，擅自改变武器装备（实施和保障军事行动的武器、武器系统、军事技术器材）的编配用途，造成严重后果的，处3年以下有期刑或拘役；造成特别严重后果的，处3年以上7年以下有期刑。

擅自改变武器装备编配用途罪是违反武器装备管理规定，未经有权机关批准，擅自将编配的武器装备改作其他用途，造成严重后果的犯罪行为。（1）擅自改变武器装备编配用途罪的四种立案标准：①造成重大任务不能完成或迟缓完成。②造成死亡1人以上，或重伤3人以上，或重伤2人、轻伤4人以上，或重伤1人、轻伤7人以上，或轻伤10人以上。③造成武器装备、军事设施、军用物资或其他财产损毁，直接经济损失30万元以上，或直接经济损失、间接经济损失合计150万元以上。④造成其他严重后果。（2）从司法解释的角度看，伪造、盗窃、买卖或非法提供、使用武装部队军以上领导机关车辆号牌1副以上或其他车辆号牌3副以上，或军徽、军旗、军种符号、其他军用标志合计100件（副）以上，或非法提供、使用军以上领导机关车辆号牌外的其他车辆号牌累计6个月以上，造成严重后果或恶劣影响的情形为情节严重，处3年以下有期刑、拘役或管制，并处或单处罚金。

三、《刑法》第438条【盗窃、抢夺武器装备、军用物资罪；盗窃、抢夺枪支、弹药、爆炸物、危险物质罪】

从选择罪名、失控说、身份犯、故意犯、行为犯、情节犯的角度看，盗窃、抢夺武器装备（部队用于实施、保障作战行动的武器及其配套的弹药、仪器、器材、备附件；不含盗窃、抢夺枪支、弹药、爆炸物、危险物质罪的枪支、弹药、爆炸物）或军用物资（车船、药品、器材等非武器装备的军事使用物资）的，处5年以下有期刑或拘役；情节严重（多次盗窃武器装备、军用物资；盗窃武器装备、军用物资数量较大或盗窃武器装备、军用物资的价值数额巨大；盗窃重要武器装备或军用物资；盗窃武器装备或军用物资用于腐化挥霍或造成严重后果；盗窃、抢夺重要或多件武器装备、军用物资；盗窃、抢夺武器装备、军用物资数额巨大；战时盗窃、抢夺武器装备、军用物资，严重影响部队完成任务；采取破坏方法盗窃武器装备、军用物资，造成部队严重损失等）的，处5年以上10年以下有期刑；情节特别严重（组织盗窃大量；内外勾结多次盗窃或盗窃大量武器装备、军用物资；盗窃、抢夺重要武器装备、军用物资或大量武器装备、军用物资；盗窃、抢夺武器装备、军用物资数额特别巨大；严重影响部队完成重要任务；采取破坏方法盗窃武器装备、军用物资，造成部队特别严重损失等）的，处10年以上有期刑、无期刑或死刑。

从故意犯、行为犯、情节犯的角度看，盗窃、抢夺枪支、弹药、爆炸物、危险物质（犯罪对象），依盗窃、抢夺、抢劫枪支、弹药、爆炸物、危险物质罪的规定处罚。

【2007年·卷2·多选·61】丁某盗窃了农民程某的一个手提包，发现包里有大量现金和一把手枪。丁某将真情告诉崔某，并将手枪交给崔某保管，崔某将手枪藏在家里。关于本案，哪些选项正确？（AD）A. 丁某构成盗窃罪。B. 丁某构成盗窃枪支罪。C. 崔某构成窝藏罪。D. 崔某构成非法持有枪支罪。

盗窃枪支罪是军职人员以非法占有为目的，秘密窃取枪支的行为。盗窃武器装备罪是军职人员以非法占有为目的，秘密窃取武器装备的行为。抢夺武器装备罪是以非法占有为目的，乘人不备，公然夺取武器装备的行为。凡涉嫌盗窃、抢夺武器装备的，均应立案。

盗窃军用物资罪是以非法占有为目的，秘密窃取军用物资的行为。抢夺军用物资罪是以非法占有为目的，乘人不备，公然夺取军用物资的行为。凡涉嫌盗窃、抢夺军用物资价值2000元以上，或不满规定数额，但后果严重的，均应立案。

从比较法、失控说、犯罪性质、犯罪客体、犯罪对象的角度看，盗窃、抢夺武器装备、军用物资罪不同于盗窃、抢夺枪支、弹药、爆炸物、危险物质罪。①盗窃、抢夺武器装备、军用物资或枪支、弹药、爆炸物、危险物质罪，均应以被盗窃、被抢夺的武器装备、军用物资或枪支、弹药、爆炸物的实际失控为犯罪既遂标准。②军职人员利用职务便利，盗窃自己管理的军用物资，以贪污罪从重处罚。

四、《刑法》第439条【非法出卖、转让武器装备罪】

从身份犯、故意犯、行为犯、结果犯、情节犯的角度看，非法出卖、转让军队武器装备（军队在编、正在使用、储存备用、保障作战行动的武器、武器系统、军事技术装备）的，处3年以上10年以下有期刑；出卖、转让大量武器装备或有其他特别严重情节（战时出卖、转让武器装备；平时出卖、转让重要武器装备；使武器装备流散社会，危害公共安全或造成严重后果；严重影响部队完成重要任务；出卖、转让的武器装备被用于犯罪活动，出卖、转让给境外机构、组织、人员；造成严重后果等）的，处10年以上有期刑、无期刑或死刑。

非法出卖、转让武器装备罪是违反军队武器装备管理规定，非法出卖（有偿转让武器装备的所有权）、转让［违反武器装备管理规定，未经有权机关批准，擅自用武器装备换取金钱、财物或其他利益，或将武器装备馈赠他人；有偿或无偿地转让军队武器装备的所有权或使用权（有偿转让所有权的属于出卖）］武器装备的行为。

非法出卖、转让武器装备罪的四种立案标准：①非法出卖、转让枪支、手榴弹、爆炸装置。②非法出卖、转让子弹10发、雷管30枚、导火索或导爆索30米、炸药1000克以上，或不满规定数量，但后果严重。③非法出卖、转让武器装备零部件或维修器材、设备，使武器装备报废或直接经济损失30万元以上。④非法出卖、转让其他重要武器装备。

五、《刑法》第440条【遗弃武器装备罪】

从身份犯、故意犯、作为犯、情节犯的角度讲，违抗命令（负有履行保管武器装备义务、有能力承担保管武器装备的下级部属违背、违反、拒不执行上级首长的作战命令、指示），遗弃（故意丢掉、遗弃）武器装备（枪炮、弹药、战车、飞机、舰艇、化学武器、核武器或侦察、通讯、工程、防化、防空技术设备等用于杀伤敌人和破坏敌人作战设施的武器和军事技术设备依法持有或有权管理、供部队使用或暂时损坏但能修复的武器装备）的，处5年以下有期刑或拘役；遗弃重要武器装备（部队主要武器装备、其他在作战中急需或必不可少的武器装备）或大量武器装备，或有其他严重情节（指挥人员带头遗弃；煽动他人遗弃；战时遗弃；严重影响部队完成任务；造成严重后果等）的，处5年以上有期刑。

遗弃武器装备罪是负有保管、使用武器装备义务的军人，违抗命令，故意遗弃（应将置于不安全地方的武器装备妥善管理而不妥善管理；抛弃现有的能发挥作用的武器装备等）武器装备的行为。（1）遗弃武器装备罪的四种立案标准：①遗弃子弹10

发、雷管30枚、导火索或导爆索30米、炸药1000克以上，或不满规定数量，但后果严重。②遗弃武器装备零部件或维修器材、设备，使武器装备报废或直接经济损失30万元以上。③遗弃枪支、手榴弹、爆炸装置。④遗弃其他重要武器装备。（2）遗弃武器装备罪、破坏武器装备罪的根本差异在于犯罪主体、犯罪客观方面的不同；遗弃武器装备罪、战时违抗命令罪的根本差异在于犯罪客观方面、犯罪对象的不同。①从想象竞合犯的角度看，军职人员违抗命令，遗弃武器装备性质恶劣，危害严重，符合战时违抗命令罪的构成条件，应以战时违抗命令罪论处。②军职人员战时临阵脱逃、逃离部队，同时遗弃武器装备、丢掉枪支逃离阵地等，应数罪并罚。

六、《刑法》第441条【遗失武器装备罪】

从身份犯、过失犯、间接故意犯、情节犯的角度看，遗失武器装备（枪械、炮弹、爆破器材、装甲车辆、战机、舰艇、生物武器、化学武器、核武器或雷达、野战工程机械、渡河器材、伪装器材、通信指挥器材、侦察探测器材、气象保障器材、军用测绘器材、军用计算机、电子对抗装备、情报处理设备等），不及时报告或有其他严重情节（编造假情况欺骗组织或嫁祸于人；遗失的武器装备被敌人或罪犯利用；严重影响部队完成任务；造成其他严重后果等）的，处3年以下有期刑或拘役。

遗失武器装备罪是遗失武器装备，不及时报告或有其他严重情节（①给群众生命财产安全造成严重危害。②战时遗失。③遗失的武器装备数量多、价值高。④遗失武器装备严重影响重大任务完成。⑤遗失的武器装备被敌人或境外的机构、组织和人员或国内恐怖组织和人员利用，造成严重后果或恶劣影响等）的犯罪行为（遗失武器装备而不及时报告，不管是否具有其他严重情节；遗失武器装备情节严重，不管是否及时报告）。凡涉嫌遗失武器装备不及时报告或有其他严重情节的，均应立案。

七、《刑法》第442条【擅自出卖、转让军队房地产罪】

从渎职犯、身份犯、故意犯、情节犯的角度看，违反规定，擅自出卖（以牟利为目的，出售军队房地产）、转让（私下赠与他人或换取他物）军队房地产（军队管理、使用的土地、房屋、附属设施设备、林木等），情节严重（出卖、转让军队房地产数量较大或重要房地产；出卖、转让给境外机构、组织、人员；因出卖、转让军队房地产造成严重后果，严重影响部队正常训练、工作、生活；事后弄虚作假欺骗上级等）的，对直接责任人员，处3年以下有期刑或拘役；情节特别严重（出卖、转让数量巨大，出卖、转让特别重要的房地产；因出卖、转让军队房地产造成特别严重后果等）的，处3年以上10年以下有期刑。

擅自出卖、转让军队房地产罪是违反军队房地产（依法由军队使用管理的土地及其地上地下用于营房保障的建筑物、构筑物、附属设施设备，以及其他附着物）管理和使用规定，未经有权机关批准，擅自出卖、转让军队房地产，情节严重的行为。（1）擅自出卖、转让军队房地产罪的四种立案标准：①擅自出卖、转让军队房地产价值30万元以上。②擅自出卖、转让军队房地产给军事设施安全造成严重危害。③擅自出卖、转让军队房地产给境外的机构、组织、人员。④擅自出卖、转让军队房地产严重影响部队正常战备、训练、工作、生活和完成军事任务。⑤有其他情节严重行为。（2）从军队条例的角度看，对因管理不善、失职造成军队房地产严重损失，据情节轻重给予有关人员行政处分、经济处分；构成犯罪，依法追究刑责。对利用军队房地产做交易、送人情等严重违法乱纪，除限期收回房地产外，对决策人和直接责任者给予行政严重警告处分，没收其非法收入；构成犯罪的，依法追究其刑责。

第五节　侵犯部属、伤病军人、平民、俘虏利益型的军人违反职责罪

一、《刑法》第443条【虐待部属罪】

从身份犯、故意犯、情节犯、结果犯的角度看，滥用职权，虐待部属，情节恶劣（指挥人员或担负其他领导职务的军事人员对部属肉体折磨和精神摧残时间长、次数多、被害人多、手段残忍毒辣等），致人重伤或造成其他严重后果（被虐待迫害部属精神失常，身心健康受到严重损害；基于虐待、迫害部属的原因，造成部队管理秩序混乱、各项工作受到严重干扰或战斗、战役严重失利，或造成部属外逃、叛逃、凶杀等严重政治事故等）的，处5年以下有期刑或拘役；致人死亡的，处5年以上有期刑。

虐待部属罪是处于领导岗位的军职人员滥用职权，虐待部属（采取殴打、体罚、冻饿或其他有损身心健康的手段，折磨、摧残部属的行为），情节恶劣（①虐待手段残酷。②虐待伤病残部属。③虐待3人以上。④虐待部属3次以上等），致人重伤、死亡或造成其他严重后果（①部属不堪忍受虐待而自杀、自残造成重伤或精神失常。②诱发其他案件、事故。③导致部属1人逃离部队3次以上，或2人以上逃离部队。④造成恶劣影响等）的犯罪行为。（1）从情节犯、结果犯的角度看，凡涉嫌虐待部属，情节恶劣，致人重伤、死亡或造成其他严重后果的，均应立案。（2）虐待部属罪和虐待罪的根本差异在于犯罪主体、犯罪客体、犯罪对象、法定刑的不同；虐待部属罪和故意伤害罪的根本差异在于犯罪主体、犯罪对象、犯罪客观方面的不同；虐待部属罪和非法拘禁罪的根本差异在于犯罪主体、犯罪对象、犯罪目的或犯罪动机的不同；虐待部属罪和侮辱罪的根本差异在于犯罪构成要件、法定刑的不同。

二、《刑法》第444条【遗弃伤病军人罪】

从身份犯、故意犯、纯正不作为犯、战时犯、情节犯的角度看，在战场（敌我交战的区域）上故意遗弃（明知伤病军人有条件抢救而故意弃置不顾、不予抢救）伤病军人（因作战而受伤、患病的军职人员），情节恶劣（遗弃伤病军人的主观动机恶劣；遗弃伤员多人或多次遗弃；遗弃重要伤病军人；遗弃伤病军人造成严重后果或恶劣影响等）的，对直接责任人员（有条件救护而故意不救护的人员；遗弃自己负责救护伤病军人的人员；故意遗弃伤病军人的负有直接责任的指挥人员、救护人员、实施遗弃行为的军人等），处5年以下有期刑。

遗弃伤病军人罪是对伤员负有救护任务的救护人员和指挥人员在战场上故意遗弃

我方伤病军人，情节恶劣的犯罪行为。遗弃伤病军人罪的四种立案标准：①遗弃伤病军人3人以上。②导致伤病军人死亡、失踪、被俘。③为挟嫌报复而遗弃伤病军人。④有其他恶劣情节。

遗弃伤病军人罪是一种特殊类型的遗弃罪。①遗弃伤病军人罪和遗弃罪的根本差异在于犯罪主体、犯罪客体、犯罪对象、法定刑的不同。②遗弃伤病军人罪和玩忽军事职守罪的根本差异在于犯罪主体、犯罪客体、犯罪地点、犯罪时间的不同，存在法条竞合的可能性。③军职人员明知伤病军人并有条件抢救而故意遗弃不履行职责组织抢救，情节恶劣，应以遗弃伤病军人罪论处；军职人员不认真履行职责，未查明是否存在伤病军人，以致伤病军人被弃置，造成严重后果，应以玩忽军事职守罪论处。

三、《刑法》第445条【战时拒不救治伤病军人罪】

从身份犯、战时犯、故意犯、纯正不作为犯、情节犯、结果犯的角度看，战时（国家宣布进入战争状态、部队受领作战任务或遭敌突然袭击，部队执行戒严任务或处置突发性暴力事件时）在救护治疗职位（正上班、值班或被临时指派从事抢救任务等）上，有条件救治而拒不救治（拒绝提供必要的医疗救护抢救、治疗）危重（伤势或病情严重处于危险状态）伤病军人的，处5年以下有期刑或拘役；造成伤病军人重残（2等以上的残废）、死亡或有其他严重情节（挟嫌报复拒不救治；拒不救治伤病军人的主观动机恶劣；阻止他人救治或煽动他人不救治；拒不救治重要伤病军人；拒不救治伤病军人多人或多次拒不救治伤病军人；拒不救治伤病军人造成严重后果或恶劣影响；故意设置救治工作障碍；拒不救治引起官兵义愤或严重事件等）的，处5年以上10年以下有期刑。

战时拒不救治伤病军人罪是战时处于救护治疗职位上的军职人员、医务工作人员、临时被委派从事医务工作的人员战时在救护治疗职位上，有条件救治而拒不救治（根据伤病军人的伤情或病情，结合救护人员的技术水平、医疗单位的医疗条件及当时的客观环境等因素，能给予救治而拒绝抢救、治疗）危重伤病军人的行为。凡战时涉嫌拒不救治伤病军人的，均应立案。

四、《刑法》第446条【战时残害居民、掠夺居民财物罪】

从身份犯、战时犯、故意犯、实害结果犯、情节犯的角度看，战时在军事行动地区，残害无辜居民或掠夺无辜居民财物，处5年以下有期刑；情节严重（聚众残害无辜居民；掠夺无辜居民财物的首犯，残害无辜居民多人；掠夺无辜居民财物数额巨大；残害无辜居民手段恶劣；严重影响我军军事行动；造成其他严重后果）的，处5年以上10年以下有期刑；情节特别严重（残害大批无辜居民；残害无辜居民手段特别恶劣；掠夺无辜居民财物数额特别巨大；严重影响我军重要军事行动；造成其他特别严重后果）的，处10年以上有期刑、无期刑或死刑。

战时残害居民罪是参加作战的军职人员战时在军事行动地区残害无辜居民（对我军无敌对行动的平民）的行为。（1）战时残害居民罪的三种立案标准：①强奸无辜居民。②故意造成无辜居民死亡、重伤或轻伤3人以上。③故意损毁无辜居民财物价值5000元以上，或不满规定数额，但手段恶劣、后果严重。（2）战时掠夺居民财物罪是战时在军事行动地区抢劫、抢夺无辜居民财物的行为。战时掠夺居民财物罪的二种立案标准：①抢劫无辜居民财物。②抢夺无辜居民财物价值2000元以上，或不满规定数额，但手段恶劣、后果严重。（3）战时残害居民掠夺居民财物罪、抢夺罪、抢劫罪的根本差异在于犯罪主体、犯罪对象、犯罪地点的不同。

五、《刑法》第448条【虐待俘虏罪】

从身份犯、故意犯、行为犯、情节犯的角度看，虐待俘虏，情节恶劣（虐待俘虏屡教不改；虐待俘虏手段特别残酷；导致俘虏伤残、自杀、凶杀、逃跑、闹事等严重后果；造成恶劣政治影响）的，处3年以下有期刑。

虐待俘虏罪，是故意虐待（肉体上的摧残、精神上的折磨、生活上的非人道待遇的行为）俘虏，情节恶劣（采用残忍手段进行虐待，虐待行为造成严重后果，多次或一贯虐待俘虏的等）的行为。

从联合国关于战俘待遇的《日内瓦公约》（1956年）的角度看，虐待俘虏罪是虐待俘虏（不人道的生活待遇，侮辱人格，打骂、体罚、折磨、摧残身体等酷刑，强迫从事危险性、屈辱性的工作等），情节恶劣的行为。

虐待俘虏罪的七种立案标准：①虐待俘虏3人以上，或虐待俘虏3次以上。②指挥人员虐待俘虏。③造成恶劣影响。④导致俘虏自杀、逃跑等严重后果。⑤虐待伤病俘虏。⑥虐待俘虏手段特别残忍。⑦有其他恶劣情节。

从比较法的角度看，虐待俘虏罪和虐待被监管人罪的差异在于犯罪主体、犯罪客体、犯罪客观方面的不同。

第四章

贪污贿赂罪（《刑法》第382条至第396条）

从职务犯、贪污贿赂罪的角度看，私分罚没财物罪的特殊主体是有罚没权的司法机关和行政执法机关。①单位受贿罪的特殊主体是国家机关、国有公司、企事业单位、人民团体。②单位行贿罪的特殊主体，是公司、企事业单位、机关、人民团体。③对单位行贿罪的一般主体是自然人、单位。

贪污贿赂犯罪和渎职犯罪的主体：（1）国家机关工作人员的认定：①国家机关工作人员（在国家机关中从事公务的人员），含国家权力机关、行政机关、司法机关和军事机关中从事公务的人员。②根据有关立法解释，在依法律法规规定行使国家行政管理职权的组织中从事公务的人员，或在受国家机关委托代表国家行使职权的组织中从事公务的人员，或虽未列入国家机关人员编制但在国家机关中从事公务的人员，或在乡（镇）以上中共机关、政协机关中从事公务的人员，均视为国家机关工作人员。（2）国家机关、国有公司、企事业单位委派到非国有公司、企事业单位、社会团体从事公务的人员的认定：①委派，即委任、派遣，其形式多种多样，如任命、指派、提名、批准等。不论被委派的人身份如何，只要是接受国家机关、国有公司、企事业单位委派，代表国家机关、国有公司、企事业单位在非国有公司、企事业单位、社会团体中从事组织、领导、监督、管理等工作，都可认定为国家机关、国有公司、企事业单位委派到非国有公司、企事业单位、社会团体从事公务的人员。②如国家机关、国有公司、企事业单位委派在国有控股或参股的股份有限公司从事组织、领导、监督、管理等工作的人员，应以国家工作人员论。③国有公司、企业改制为股份有限公司后，原国有公司、企业的工作人员和股份有限公司新任命的人员中，除代表国有投资主体行使监督、管理职权的人外，不以国家工作人员论。（3）其他依法律从事公务的人员的认定：①其他依法律从事公务的人员有两个特征：在特定条件下行使国家管理职能；依法律规定从事公务，含依法履行职责的人大代表；依法履行审判职责的陪审员；协助乡镇政府、街道办事处从事行政管理工作的村委会、居委会等农村和城市基层组织人员；其他由法律授权从事公务的人员。②村委会等村基层组织人员，属于其他依法律从事公务的人员该类人员的七种认定标准：A. 救灾、抢险、防汛、优抚、扶贫、移民、救济款物的管理。B. 社会捐助公益事业款物的管理。C. 国有土地的经营和管理。D. 土地征用补偿费用的管理。E. 代征、代缴税款。F. 有关计划生育、户籍、征兵工作。G. 协助政府从事的其他行政管理工作。（4）从事公务的理解：①从事公务，是代表国家机关、国有公司、企事业单位、人民团体等履行组织、领导、监督、管理等职责。②公务主要表现为与职权相联系的公共事务以及监督、管理国有财产的职务活动。如国家机关工作人员依法履行职责，国有公司的董事、经理、监事、会计、出纳人员等管理、监督国有财产等活动，属于从事公务。③那些不具备职权内容的劳务活动、技术服务工作，如售货员、售票员等所从事的工作，一般不认为是公务。

从宽严相济政策的角度看，对国家工作人员贪污贿赂、滥用职权、失职渎职的严重犯罪，黑恶势力犯罪、重大安全责任事故、制售伪劣食品药品所涉及的国家工作人员职务犯罪，发生在社会保障、征地拆迁、灾后重建、企业改制、医疗、教育、就业等领域严重损害群众利益、社会影响恶劣、群众反映强烈的国家工作人员职务犯罪，发生在经济社会建设重点领域、重点行业的严重商业贿赂犯罪等，要依法从严惩处。①对国家工作人员职务犯罪和商业贿赂犯罪中性质恶劣、情节严重、涉案范围广、影响面大，或案发后隐瞒犯罪事实、毁灭证据、订立攻守同盟、负案潜逃等拒不认罪悔罪的，要坚决依法从严惩处。②对被告人犯罪所得数额不大，但对国家财产和群众利益造成重大损失、社会影响极其恶劣的职务犯罪和商业贿赂犯罪案件，也应依法从严惩处。③要严格掌握职务犯罪法定减轻处罚情节的认定标准与减轻处罚的幅度，严格控制依法减轻处罚后判处3年以下有期刑适用缓刑的范围，切实规范职务犯罪缓刑、免刑的适用。

贪污贿赂罪的最高刑：（1）贪污罪、受贿罪的处罚：①贪污、受贿数额较大或有其他较重情节，处3年以下有期刑或拘役，并处罚金。②贪污、受贿数额巨大或有其他严重情节，处3年以上10年以下有期刑，并处罚金或没收财产。③贪污、受贿数额特别巨大或有其他特别严重情节，处10年以上有期刑或无期刑，并处罚金或没收财产；数额特别巨大，并使国家和人民利益遭受特别重大损失，处无期刑或死刑，并处没收财产。④索贿，从重处罚。（2）挪用公款罪的最高刑为处5年以上有期刑；挪用公款数额巨大不退还，处10年以上有期刑或无期刑；挪用用于救灾、抢险、防汛、优抚、扶贫、移民、救济款物归个人使用，从重处罚。（3）单位受贿罪的最高刑为5年以下有期刑或拘役。（4）利用影响力受贿罪的最高刑为7年以上有期刑，并处罚金或者没收财产。（5）行贿罪、关联行贿罪的最高刑为10年以上有期刑或无期刑，并处罚金或者没收财产。（6）对有影响力的人行贿罪的最高刑为7年以上10年以下有期刑，并处罚金。（7）介绍贿赂罪、对单位行贿罪的最高刑为3年以下有期刑或拘役，并处罚金。（8）单位行贿罪的最高刑为5年以下有期刑或拘役，并处罚金。（9）巨额财产来源不明罪的最高刑为5年以上10年以下有期刑。（10）隐瞒境外存款罪的最高刑为2年以下有期刑或拘役。（11）私分国有资产罪、私分罚没财物罪的最高刑为3年以上7年以下有期刑，并处罚金。

第一节　贪污型犯罪

从两高《关于办理职务犯罪案件严格适用缓刑、免予刑事处罚若干问题的意见》（2012年）的角度看，严格掌握职务犯罪案件缓刑、免予刑罚的适用。职务犯罪案件的刑罚适用直接关系反腐败工作的实际效果。法院、检察院要深刻认识职务犯罪的严重社会危害性，正确贯彻宽严相济刑事政策，充分发挥刑罚的惩治和预防功能。要在全面把握犯罪事实和量刑情节的基础上严格依刑法规定的条件适用缓刑、免予刑罚，既要考虑从宽情节，又要考虑从严情节；既要做到刑罚与犯罪相当，又要做到刑罚执行方式与犯罪相当，切实避免缓刑、免予刑罚不当适用造成的消极影响。（1）法院审理职务犯罪案件时应注意听取检察机关、被告人、辩护人提出的量刑意见，分析影响性案件案发前后的社会反映，必要时可征求案件查办等机关的意见。对情节恶劣、社会反映强烈的职务犯罪案件，不得适用缓刑、免予刑罚。（2）具有不如实供述罪行；不予退缴赃款赃物或将赃款赃物用于非法活动；属于共同犯罪中情节严重的主犯；犯有数个职务犯罪依法实行并罚或以一罪处理；曾因职务违纪违法行为受过行政处分；犯罪涉及的财物属于救灾、抢险、防汛、优抚、扶贫、移民、救济、防疫等特定款物；受贿犯罪中具有索贿情节；渎职犯罪中徇私舞弊情节或滥用职权情节恶劣；其他不应适用缓刑、免予刑罚的情形等九种情形之一的职务犯罪分子，一般不适用缓刑或免予刑罚。（3）对具有不如实供述罪行；不予退缴赃款赃物或将赃款赃物用于非法活动；属于共同犯罪中情节严重的主犯；犯有数个职务犯罪依法实行并罚或以一罪处理；曾因职务违纪违法行为受过行政处分；犯罪涉及的财物属于救灾、抢险、防汛、优抚、扶贫、移民、救济、防疫等特定款物；受贿犯罪中具有索贿情节；渎职犯罪中徇私舞弊情节或滥用职权情节恶劣；其他不应适用缓刑、免予刑罚的情形等九种情形之一，但根据全案事实和量刑情节，检察机关认为确有必要适用缓刑或免予刑罚并据此提出量刑建议的，应经检察委员会讨论决定；审理法院认为确有必要适用缓刑或免予刑罚，应经审委会讨论决定。（4）不具有不如实供述罪行；不予退缴赃款赃物或将赃款赃物用于非法活动；属于共同犯罪中情节严重的主犯；犯有数个职务犯罪依法实行并罚或以一罪处理；曾因职务违纪违法行为受过行政处分；犯罪涉及的财物属于救灾、抢险、防汛、优抚、扶贫、移民、救济、防疫等特定款物；受贿犯罪中具有索贿情节；渎职犯罪中徇私舞弊情节或滥用职权情节恶劣；其他不应适用缓刑、免予刑罚的情形等九种情形的，全部退缴赃款赃物，依法判处 3 年有期刑以下刑罚，符合刑法规定的缓刑适用条件的贪污、受贿犯罪分子，可适用缓刑。（5）不具有不如实供述罪行；不予退缴赃款赃物或将赃款赃物用于非法活动；属于共同犯罪中情节严重的主犯；犯有数个职务犯罪依法实行并罚或以一罪处理；曾因职务违纪违法行为受过行政处分；犯罪涉及的财物属于救灾、抢险、防汛、优抚、扶贫、移民、救济、防疫等特定款物；受贿犯罪中具有索贿情节；渎职犯罪中徇私舞弊情节或滥用职权情节恶劣；其他不应适用缓刑、免予刑罚的情形等九种情形，挪用公款进行营利活动或超过 3 个月未还构成犯罪，一审宣判前已将公款归还，依法判处 3 年有期刑以下刑罚，符合刑法规定的缓刑适用条件，可适用缓刑；在案发前已归还，情节轻微，不需判处刑罚，可免予刑罚。

一、《刑法》第382条【贪污罪】

（一）贪污罪的概念和特征

从身份犯、故意犯、数额犯的角度看，贪污罪是国家工作人员利用职务便利，采取侵吞、窃取、骗取或以其他手段非法占有公共财物的贪污行为，是国家工作人员或受国家机关、国有公司、企事业单位、人民团体委托管理、经营国有财产的人员，利用职务便利（利用职务上主管、管理、经手公共财物的权力及方便条件），侵吞、窃取、骗取或以其他手段非法占有公共财物数额较大（个人贪污数额3万元以上不满20万元；个人贪污数额不满3万元，但有贪污救灾、抢险、防汛、防疫、优抚、扶贫、移民、救济款物及募捐款物、赃款赃物、罚没款物、暂扣款物，以及贪污手段恶劣、毁灭证据、转移赃物等情节）的犯罪行为。

从刑法基本原理和贪污罪的法律根据的角度看，刑法规定了贪污罪的概念、罪状、法定刑；司法解释规定了贪污罪的具体认定标准。贪污罪是一种公权力领域的严重经济犯罪，具有非常严重的破坏力、杀伤力和影响力，从根本上严重损害党和政府的形象力、公信力，阻碍法治建设的进程，造成不可低估的社会危机。贪污罪是特殊身份犯、数额犯、情节犯、故意犯、目的犯。

从法律渊源、法律根据角度看，贪污罪认定的刑事法律根据是《刑法》第26、91、93、183、287、271、382、383、394条和《刑法修正案（九）》、贪污罪司法解释等。

从比较法、犯罪形态的角度看，贪污罪、盗窃罪的既遂标准问题有相似性。贪污罪的既遂标准问题有争议性，存在失控说、控制说、占有说等不同理论观点。[1]

（二）贪污罪的认定

贪污罪的法定刑：①贪污数额1万元以上不满3万元，有贪污救灾、抢险、防汛、优抚、扶贫、移民、救济、防疫、社会捐助等特定款物；曾因贪污、受贿、挪用公款受过党纪、行政处分；曾因故意犯罪受过刑事追究；赃款赃物用于非法活动；拒不交代赃款赃物去向或拒不配合追缴工作，使款物无法追缴；造成恶劣影响或其他严重后果的情形（其他较重情节），依法判处3年以下有期刑或拘役，并处罚金。②贪污数额10万元以上不满20万元，有曾因贪污、受贿、挪用公款受过党纪、行政处分；曾因故意犯罪受过刑事追究；赃款赃物用于非法活动；拒不交代赃款赃物去向或拒不配合追缴工作，使款物无法追缴；造成恶劣影响或其他严重后果的情形（其他严重情节），依法判处3年以上10年以下有期刑，并处罚金或没收财产。③贪污数额150万元以上不满300万元，有贪污救灾、抢险、防汛、优抚、扶贫、移民、救济、防疫、社会捐助等特定款物；曾因贪污、受贿、挪用公款受过党纪、行政处分；曾因故意犯罪受过刑事追究；赃款赃物用于非法活动；拒不交代赃款赃物去向或拒不配合追缴工作，使款

---

〔1〕伍柳村主编：《贪污罪挪用公款罪个案研究》，四川大学出版社1992年版，第76页（贪污罪失控既遂说）；宣炳昭：《惩治贪污贿赂罪的理论与实践》，陕西人民教育出版社1992年版，第80页（贪污罪控制既遂说）；赵建平：《贪污贿赂犯罪界限与定罪量刑研究》，中国方正出版社2000年版，第124页（贪污罪占有既遂说）。

物无法追缴；造成恶劣影响或其他严重后果的情形（其他特别严重情节），依法判处10年以上有期刑、无期刑或死刑，并处罚金或没收财产。

贪污罪的情形：①从身份犯、数额犯的角度看，国家工作人员在国内公务活动或对外交往中接受礼物，依国家规定应交公而不交公，数额较大，以贪污罪定罪处罚（《刑法》第394条）。②从情节犯、数额犯、转化犯的角度看，挪用公款以达到挪用公款罪的数额标准为犯罪既遂标准，否则不构成挪用公款罪，但在挪用公款行为构成犯罪而携带挪用公款潜逃的条件下，挪用公款罪转化为贪污罪，以贪污罪定罪处罚。③国家工作人员利用职务便利，在国家出资企业改制过程中隐匿公司、企业财产，在其不再有国家工作人员身份后将所隐匿财产据为己有，以贪污罪定罪处罚（《刑法》第382、383条）。④受国家机关、国有公司、企事业单位、人民团体委托管理、经营国有财产（因承包、租赁、聘用等管理、经营国有财产）的人员，利用职务便利，侵吞、窃取、骗取或以其他手段非法占有国有财物，以贪污罪追究其刑责。⑤国有保险公司的工作人员与国有保险公司委派到非国有保险公司从事公务的人员利用职务便利，故意编造未曾发生的保险事故进行虚假理赔，骗取保险金归自己所有的，以贪污罪追究刑责。⑥国有公司企业或其他国有单位中从事公务的人员与国有公司企业或其他国有单位委派到非国有公司、企业以及其他非国有单位从事公务的人员，利用职务便利，将本单位财物非法占为己有，以贪污罪追究刑责（《刑法》第183条第2款、第271条第2款、第382条、第383条、第394条）。⑦可认定行为人有非法占有公款的目的，以贪污罪定罪处罚的四种情形：A. 携带挪用的公款潜逃，对其携带挪用的公款部分，以贪污罪定罪处罚［携带挪用的公款潜逃，以贪污罪、受贿罪定罪处罚（《刑法》第382、383条）］。B. 行为人挪用公款后采取虚假发票平账、销毁有关账目等手段，使所挪用的公款已难以在单位财务账目上反映出来，且未归还，应以贪污罪定罪处罚。C. 行为人截取单位收入不入账，非法占有，使所占有的公款难以在单位财务账目上反映出来，且未归还，应以贪污罪定罪处罚。D. 有证据证明行为人有能力归还所挪用的公款而拒不归还，并隐瞒挪用的公款去向，应以贪污罪定罪处罚。⑧挪用公款以达到挪用公款罪的数额标准为犯罪既遂标准，否则不构成挪用公款罪，但在挪用公款行为构成犯罪而携带挪用公款潜逃的条件下，挪用公款罪转化为贪污罪，以贪污罪定罪处罚。⑨与国家工作人员或受国家机关、国有公司、企事业单位、人民团体委托管理、经营国有财产的人员勾结，伙同贪污，以贪污罪的共犯论处。⑩从想象竞合犯的角度看，非国家工作人员明知国家工作人员以非法占有国有资产为目的，而为其提供虚假证明文件等便利，并得到好处费的行为，构成贪污罪的共犯，同时构成了贪污罪、提供虚假证明文件罪，应以想象竞合犯择一重罪以贪污罪定罪处罚。

贪污、侵占用于预防、控制突发传染病疫情等灾害的款物或挪用归个人使用，构成犯罪，分别以贪污罪、侵占罪、挪用公款罪、挪用资金罪定罪，依法从重处罚。

国家工作人员违反规定投资入股生产经营，构成办理危害生产安全刑事案件解释规定的有关犯罪，或国家工作人员的贪污、受贿犯罪行为与安全事故发生存在关联性，从重处罚；同时构成贪污、受贿犯罪和危害生产安全犯罪的，依数罪并罚规定处罚。

以村委会等村基层组织人员从事属于村民自治范围的经营、管理活动为例外，村委会等村基层组织人员从事协助政府从事行政管理工作的公务（村委会等村基层组织人员，属于其他依法律从事公务的人员的七种认定标准：①救灾、抢险、防汛、优抚、扶贫、移民、救济款物的管理。②社会捐助公益事业款物的管理。③国有土地的经营和管理。④土地征用补偿费用的管理。⑤代征、代缴税款。⑥有关计划生育、户籍、征兵工作。⑦协助政府从事的其他行政管理工作），利用职务便利，非法占有公共财物、挪用公款、索取他人财物或非法收受他人财物，构成犯罪，适用贪污罪（《刑法》第382、383条）、挪用公款罪（《刑法》第384条）、受贿罪（《刑法》第385、386条）的规定。

检察机关对村委会等村基层组织人员协助政府从事行政管理工作中发生的利用职务便利，非法占有公共财物、挪用公款、索取他人财物或非法收受他人财物，构成犯罪的案件，应直接受理，分别以涉嫌贪污罪、挪用公款罪、受贿罪立案侦查。

检察院办理刑事申诉案件，应执行检察机关案件管理有关规定。办理刑事申诉案件中发现原案办理过程中有贪污贿赂、渎职等违法违纪行为，应移送有关部门处理。对多次贪污或受贿、行贿未经处理，累计计算贪污或受贿、行贿数额。

从比较法的角度看，受贿罪、行贿罪属于对向犯。一般而言，行贿方、受贿方均成立犯罪，即行贿方的行为成立犯罪时，受贿方的行为必然成立犯罪，但仅一方成立犯罪的现象也大量存在。

贪污罪的计算方法：①对多次贪污未经处理（未受过刑罚、行政处分），按累计贪污数额处罚。②多次贪污未经处理，是指两次以上的贪污行为，既未受过刑罚，也未受过行政处理。③累计贪污数额应按刑法有关追诉时效规定执行；累计计算追诉时效期限内的贪污数额，不计算已过追诉时效期限的贪污数额。

共同贪污罪的计算方法：共犯理论认为，两人以上共同贪污，按个人所得数额及其在犯罪中的作用，分别处罚。被贪污、挪用的公款所生利息，不应作为贪污、挪用公款的犯罪数额计算，但该利息是贪污、挪用公款行为给被害单位造成实际经济损失的一部分，应作为被告人的非法所得，连同其贪污、挪用的公款一并依法追缴。

从故意犯、情节犯、数额犯的角度看，犯贪污罪，据情节轻重，分别给予3种处罚：(1) 贪污数额较大（贪污3万元以上不满20万元）或有其他较重情节［①贪污数额1万元以上不满3万元，有贪污救灾、抢险、防汛、优抚、扶贫、移民、救济、防疫、社会捐助等特定款物，或赃款赃物用于非法活动，拒不交代赃款赃物去向或拒不配合追缴工作而使款物无法追缴，曾因贪污受贿挪用公款受过党纪政纪处分、曾因故意犯罪受过刑事追究、造成恶劣影响或其他严重后果。②受贿数额1万元以上不满3万元，有赃款赃物用于非法活动，拒不交代赃款赃物去向或拒不配合追缴工作而使款物无法追缴，曾因贪污受贿挪用公款受过党纪政纪处分、曾因故意犯罪受过刑事追究、造成恶劣影响或其他严重后果，或有多次索贿、为他人谋取职务提拔调整、为他人谋取不正当利益（①谋取违反法律、法规、国家政策与国务院各部门规章规定的利益。②谋取违反法律、法规、国家政策与国务院各部门规章规定的帮助或方便条件）而使公共财产、国家和人民利益遭受损失情形］的，处3年以下有期刑或拘役，并处罚金。(2) 贪污数额巨大（贪污或受贿数额20万元以上不满300万元）或有其他严重情节（①贪污数额10万元以上不满20万元，有贪污救灾、抢险、防汛、优抚、扶贫、移民、救济、防疫、社会捐助等特定款物，或赃款赃物用于非法活动，拒不交代赃款赃物去向或拒不配合追缴工作而使款物无法追缴，曾因贪污受贿挪用公款受过党纪政纪处分、曾因故意犯罪受过刑事追究、造成恶劣影响或其他严重后果。②受贿数额10万元以上不满20万元，有多次索贿、为他人谋取职务提拔调整，或为他人谋取不正当利益，使公共财产、国家和人民利益遭受损失）的，处3年以上10年以下有期刑，并处罚金或没收财产。(3) 贪污数额特别巨大（贪污或受贿数额300万元以上）或有其他特别严重情节（①贪污数额150万元以上不满300万元，有贪污救灾、抢险、防汛、优抚、扶贫、移民、救济、防疫、社会捐助等特定款物，或赃款赃物用于非法活动，拒不交代赃款赃物去向或拒不配合追缴工作而使款物无法追缴，曾因贪污受贿挪用公款受过党纪政纪处分、曾因故意犯罪受过刑事追究、造成恶劣影响或其他严重后果。②受贿数额150万元以上不满300万元，有多次索贿、为他人谋取职务提拔调整，或为他人谋取不正当利益，使公共财产、国家和人民利益遭受损失）的，处10年以上有期刑或无期刑，并处罚金或没收财产；数额特别巨大（贪污或受贿数额300万元以上），并使国家和人民利益遭受特别重大损失的，处无期刑或死刑，并处没收财产。

贪污罪、受贿罪的定罪量刑标准为数额较大（3万元）、数额巨大（20万元以上不满300万元）、数额特别巨大（300万元以上）、较重情节、严重情节、特别严重情节。

贪污、受贿1万元以上不满3万元，同时有特定情节，也应追究刑责；数额不满数额巨大、数额特别巨大，但达到起点一半，同时有特定情节，也应认定为严重情节或特别严重情节，依法从重处罚。贿赂犯罪的财物含货币、物品、以货币结算的房屋装修、债务免除等财产性利益，或以实际支付或应支付的数额计算犯罪数额的会员服务、旅游等财产性利益。从扩张解释的角度看，国家工作人员收受财物，事先虽未接受请托，但可能影响职权行使的情形，视为承诺为他人谋取利益。国家工作人员"身边人"的贪污受贿犯罪，将贪污、受贿赃款赃物用于公务或社会捐赠，不影响犯罪认定。国家工作人员受贿犯罪，同时滥用职权损害国家人民利益，除刑法另有规定的一律实行数罪并罚。贪污贿赂犯罪规定了远重于他罪的罚金刑判罚标准，并强化了对赃款赃物的追缴，对贪污贿赂犯罪分子违法所得的一切财物一追到底，不设时限，永不清零。

对多次受贿未经处理，累算受贿数额。国家工作人员利用职务上的便利为请托人谋取利益前后多次收受请托人财物，受请托前收受的财物数额为1万元以上的，应一并计入受贿数额。国家工作人员出于贪污、受贿的故意，非法占有公共财物、收受他人财物后，将赃款赃物用于单位公务支出或社会捐赠，不影响贪污罪、受贿罪的认定，但量刑时可酌情考虑。特定关系人索取、收受他人财物，国家工作人员知道后未退还或上交，应认定国家工作人员有受贿故意。国家工作人员利用职务上的便利，收受他人财物，为他人谋取利益，同时构成受贿罪和刑法分则第三章第三节、第九章规定的渎职犯罪，除刑法另有规定外，以受贿罪和渎职犯罪数罪并罚。

携带挪用的公款潜逃，以贪污罪、受贿罪定罪处罚（《刑法》第382、385条）。

贪污、受贿数额特别巨大，犯罪情节特别严重、社会影响特别恶劣、给国家和人民利益造成特别重大损失的，可判处死刑；但有自首、立功、如实供述自己罪行、真诚悔罪、积极退赃，或避免、减少损害结果的发生等情节，不须立即执行，可判处死缓；根据犯罪情节等情况可判处死缓，同时裁判决定在其死缓执行二年期满依法减为无期刑后，终身监禁，不得减刑、假释。

贪污受贿罪的处罚：①贪污、受贿数额特别巨大，犯罪情节特别严重、社会影响特别恶劣、给国家和人民利益造成特别重大损失的，可判处死刑，但有自首，立功，如实供述自己罪行、真诚悔罪、积极退赃，或避免、减少损害结果的发生等情节，不是须立即执行，可判处死缓。②符合贪污、受贿数额特别巨大，犯罪情节特别严重、社会影响特别恶劣、给国家和人民利益造成特别重大损失的情形，据犯罪情节等情况可判处死缓，同时裁判决定在其死缓执行二年期满依法减为无期刑后，终身监禁，不得减刑、假释。③贪污或受贿数额3万元以上不满20万元（数额较大）的，依法判处3年以下有期刑或拘役，并处罚金。④贪污或受贿数额20万元以上不满300万元（数额巨大）的，依法判处3年以上10年以下有期刑，并处罚金或没收财产。⑤贪污或受贿数额300万元以上（数额特别巨大）的，依法判处10年以上有期刑、无期刑或死刑，并处罚金或没收财产。⑥犯贪污罪、受贿罪，在提起公诉前如实供述自己罪行、真诚悔罪、积极退赃，避免、减少损害结果的发生，有贪污、贿赂数额较大（3万元以上不满20万元）或有其他较重情节，处3年以下有期刑或拘役，并处罚金；有贪污、贿赂数额巨大（20万元以上不满300万元,）或有其他严重情节的，处3年以上10年以下有期刑，并处罚金或没收财产，或贪污、贿赂数额特别巨大（300万元以上）或有其他特别严重情节的，处10年以上有期刑或无期刑，并处罚金或没收财产；数额特别巨大的，并使国家和人民利益遭受特别重大损失的，处无期刑或死刑，并处没收财产。⑦犯贪污罪、贿赂罪，有贪污贿赂数额特别巨大（300万元以上）或有其他特别严重情节，或数额特别巨大，并使国家和人民利益遭受特别重大损失情形，被判死缓并执行，法院根据犯罪情节等情况可同时决定在其死缓执行二年期满依法减为无期刑后，终身监禁，不得减刑、假释。⑧对贪污罪、受贿罪判处3年以下有期刑或拘役，应并处10万元以上50万元以下的罚金；判处3年以上10年以下有期刑，应并处20万元以上犯罪数额2倍以下的罚金或没收财产；判处10年以上有期刑或无期刑，应并处50万元以上犯罪数额2倍以下的罚金或没收财产；对刑法规定并处罚金的其他贪污贿赂犯罪，应在10万元以上犯罪数额2倍以下判处罚金。⑨贪污贿赂犯罪分子违法所得的一切财物，应予以追缴或责令退赔，对被害人的合法财产应及时返还。对尚未追缴到案或尚未足额退赔的违法所得，应继续追缴或责令退赔（《刑法》第64条）。

对职务犯罪案件，尤其是对原为县处级以上领导干部罪犯的减刑、假释案件一律开庭审理。从犯罪物品处理的角度看，罪犯违法所得的一切财物，应追缴或责令退赔；对被害人的合法财产，应及时返还；违禁品和供犯罪所用的本人财物，应没收。没收的财物和罚金，一律上缴国库，不得挪用和自行处理。因此，贪污贿赂罪犯违法所得的一切财物处理的基本方式方法在于首先应追缴或责令退赔，对被害人的合法财产应及时返还，然后对尚未追缴到案或尚未足额退赔的违法所得，应继续追缴或责令退赔。

从刑法、贪污贿赂刑事案件解释的角度看，贪污罪、受贿罪的量刑、处罚有关联性、互补性、差异性。(1) 从受贿罪的角度看，国家工作人员利用职务便利，索取他人财物，或非法收受他人财物，为他人谋取利益（①有实际或承诺为他人谋取利益，或明知他人有具体请托事项，或履职时未被请托，但事后基于该履职事由收受他人财物的情形。②国家工作人员索取、收受有上下级关系的下属或有行政管理关系的被管理人员的财物价值3万元以上，可能影响职权行使，视为承诺为他人谋取利益），或在经济往来中，违反国家规定，收受各种名义的回扣、手续费，归个人所有，或国有公司、企业或其他国有单位中从事公务的人员和国有公司、企业或其他国有单位委派到非国有公司、企业、其他单位从事公务的人员有利用职务便利，索取他人财物或非法收受他人财物，为他人谋取利益，或在经济往来中，利用职务便利，违反国家规定，收受各种名义的回扣、手续费，归个人所有，数额较大，根据受贿所得数额及情节，以受贿罪、贪污罪定罪处罚，从重处罚索贿型受贿罪。①对多次受贿未经处理，累计计算受贿数额。②特定关系人索取、收受他人财物，国家工作人员知道后未退还或上交，应认定国家工作人员有受贿故意。③国家工作人员利用职务便利为请托人谋取利益前后多次收受请托人财物，受请托前收受的财物数额1万元以上，应一并计入受贿数额。④国家工作人员出于贪污、受贿的故意，非法占有公共财物、收受他人财物后，将赃款赃物用于单位公务支出或社会捐赠，不影响贪污罪、受贿罪的认定，但量刑时可酌情考虑。⑤国家工作人员利用职务便利，收受他人财物，为他人谋取利益，同时构成受贿罪和妨害对公司企业的管理秩序罪、渎职犯罪，以受贿罪和渎职犯罪数罪并罚，以刑法另有规定为例外。⑥国家工作人员在国内公务活动或对外交往中接受礼物，依国家规定应交公而不交公，数额较大，依贪污罪、受贿罪（《刑法》第382、385条）定罪处罚。(2) 贪污或受贿数额较大的标准为3万元以上不满20万元，应依法判处3年以下有期刑或拘役，并处罚金。(3) 贪污罪、受贿罪的数额巨大标准是贪污或受贿数额20万元以上不满300万元，依法判处3年以上10年以下有期刑，并处罚金或没收财产。(4) 贪污罪、受贿罪的数额特别巨大的基本标准是贪污或受贿300万元以上，应依法判处10年以上有期刑、无期刑或死刑，并处罚金或没收财产。(5) 贪污罪的其他较重情节的基本标准是贪污1万元以上不满3万元，有贪污救灾、抢险、防汛、优抚、扶贫、移民、救济、防疫、社会捐助等特定款物，或赃款赃物用于非法活动，或拒不交代赃款赃物去向或拒不配合追缴工作，致款物无法追缴，或曾因贪污、受贿、挪用公款受过党纪、行政处分，或曾因故意犯罪受过刑事追究，或造成恶劣影响或其他严重后果的，依法判处 3 年以下有期刑或拘役，并处罚金。（6）受贿罪的其他较重情节的基本标准为受贿 1 万元以上不满 3 万元，有赃款赃物用于非法活动，或拒不交代赃款赃物去向或拒不配合追缴工作，致款物无法追缴，或曾因贪污、受贿、挪用公款受过党纪、行政处分，或曾因故意犯罪受过刑事追究，或造成恶劣影响或其他严重后果，或有多次索贿，或为他人谋取职务提拔、调整，或为他人谋取不正当利益，致公共财产、国家和人民利益遭受损失的，应依法判处 3 年以下有期刑或拘役，并处罚金。（7）贪污罪的其他严重情节的基本标准是贪污 10 万元以上不满 20 万元，有贪污救灾、抢险、防汛、优抚、扶贫、移民、救济、防疫、社会捐助等特定款物，或赃款赃物用于非法活动，或拒不交代赃款赃物去向或拒不配合追缴工作，致款物无法追缴，或曾因贪污、受贿、挪用公款受过党纪、行政处分，或曾因故意犯罪受过刑事追究，或造成恶劣影响或其他严重后果的，依法判处 3 年以上 10 年以下有期刑，并处罚金或没收财产。（8）受贿罪的其他严重情节的基本标准是受贿 10 万元以上不满 20 万元，有多次索贿，或为他人谋取职务提拔、调整，或为他人谋取不正当利益，致公共财产、国家和人民利益遭受损失的，依法判处 3 年以上 10 年以下有期刑，并处罚金或没收财产。（9）贪污罪的其他特别严重情节的基本标准是贪污 150 万元以上不满 300 万元，有贪污救灾、抢险、防汛、优抚、扶贫、移民、救济、防疫、社会捐助等特定款物，或赃款赃物用于非法活动，或拒不交代赃款赃物去向或拒不配合追缴工作，致款物无法追缴，或曾因贪污、受贿、挪用公款受过党纪、行政处分，或曾因故意犯罪受过刑事追究，或造成恶劣影响或其他严重后果的，依法判处 10 年以上有期刑、无期刑或死刑，并处罚金或没收财产。（10）贪污罪的其他特别严重情节的基本标准是受贿 150 万元以上不满 300 万元，有多次索贿，或为他人谋取职务提拔、调整，或为他人谋取不正当利益，致公共财产、国家和人民利益遭受损失的情形，应依法判处 10 年以上有期刑、无期刑或死刑，并处罚金或没收财产。①一般而言，贪污、受贿数额特别巨大，犯罪情节特别严重、社会影响特别恶劣、给国家和人民利益造成特别重大损失，可判处死刑。②特殊而言，贪污、受贿数额特别巨大，犯罪情节特别严重、社会影响特别恶劣、给国家和人民利益造成特别重大损失，但有自首、立功、如实供述自己罪行、真诚悔罪、积极退赃，或避免、减少损害结果的发生等情节，不是须立即执行的，可判处死缓。③符合贪污、受贿数额特别巨大，犯罪情节特别严重、社会影响特别恶劣、给国家和人民利益造成特别重大损失，可判处死刑的情形，根据犯罪情节等情况可判处死缓二年执行，同时裁判决定在其死缓执行二年期满依法减为无期刑后，终身监禁，不得减刑、假释。（11）对贪污罪、受贿罪判处 3 年以下有期刑或拘役，应并处 10 万元以上 50 万元以下罚金。①判处 3 年以上 10 年以下有期刑，应并处 20 万元以上犯罪数额 2 倍以下罚金或没收财产。②判处 10 年以上有期刑或无期刑，应并处 50 万元以上犯罪数额 2 倍以下罚金或没收财产。③对刑法规定并处罚金的其他贪污贿赂犯罪，应在 10 万元以上犯罪数额 2 倍以下判处罚金。（12）从非国家工作人员受贿罪的角度看，公司、企业或其他单位的工作人员利用职务便利，索取他人财物或非法收受他人财物，为他人谋取利益，或公司、企业或其他单位的工作人员在经济往来中，利用职务便利，违反国家规定，收受各种名义的回扣、手续费，归个人所有，数额较大，处 5 年以下有期刑或拘役；数额巨大，处 5 年以上有期刑，可并处没收财产。(13) 单位犯罪以单罚制为主，以双罚制为辅。譬如，从单位受贿罪的角度看，国家机关、国有公司、企事业单位、人民团体，索取、非法收受他人财物，为他人谋取利益，情节严重，或在经济往来中，在账外暗中收受各种名义的回扣、手续费，情节严重，以受贿论，对单位判处罚金，并对其直接负责的主管人员和其他直接责任人员，处 5 年以下有期刑或拘役。

从身份犯、故意犯、数额犯的角度看，国家工作人员在国内公务活动或对外交往中接受礼物，依国家规定应交公而不交公，数额较大，依贪污罪、受贿罪（《刑法》第 382、385 条）的规定定罪处罚。

二、《刑法》第 384 条【挪用公款罪】

从身份犯、发展构成要件要素的角度看，挪用公款罪是国家工作人员（犯罪主体）明知（犯罪主观方面）是公款而利用职务上的便利（犯罪手段），故意挪用公款归个人使用，非法取得公款的使用权，进行非法活动或挪用公款（犯罪对象）数额较大（数额犯），进行营利活动（犯罪目的），或挪用公款数额较大超过 3 个月（时间犯）未还的严重危害行为（犯罪客观方面）。

从身份犯、故意犯、数额犯、情节犯的角度看，国家工作人员利用职务便利挪用公款归个人使用（将公款供本人、亲友或其他自然人使用；以个人名义将公款供其他单位使用；个人决定以单位名义将公款供其他单位使用，谋取个人利益；挪用者本人使用、给他人使用），进行非法活动（挪用公款数额 3 万元以上，归个人使用，进行非法活动），或挪用公款数额较大（挪用公款数额 5 万元以上，归个人使用，进行营利活动或超过 3 个月未还），进行营利活动，犯挪用公款罪，处 5 年以下有期刑或拘役；情节严重（①挪用公款归个人使用，进行非法活动：a. 挪用公款数额 100 万元以上。b. 挪用救灾、抢险、防汛、优抚、扶贫、移民、救济特定款物数额 50 万元以上不满 100 万元。c. 挪用公款数额 50 万元以上不满 100 万元，不退还。d. 其他严重的情节。②挪用公款归个人使用，进行营利活动或超过 3 个月未还：a. 挪用公款数额 200 万元以上。b. 挪用救灾、抢险、防汛、优抚、扶贫、移民、救济特定款物，数额 100 万元以上不满 200 万元。c. 挪用公款不退还，数额 100 万元以上不满 200 万元。d. 其他严重的情节）的，处 5 年以上有期刑；挪用公款数额巨大（①挪用公款 300 万元以上，归个人使用，进行非法活动。②挪用公款 500 万元以上，归个人使用，进行营利活动或超过 3 个月未还）不退还（①多次挪用公款不还，挪用公款数额累计计算。②多次挪用公款并后次挪用的公款归还前次挪用的公款，挪用公款数额以案发时未还的数额认定）的，处 10 年以上有期刑或无期刑；挪用用于救灾、抢险、防汛、优抚、扶贫、移民、救济款物归个人使用的，从重处罚。

国有公司、企业或其他国有单位中从事公务的人员和国有公司、企业或其他国有单位委派到非国有公司、企业以及其他单位从事公务的人员有利用职务上的便利，挪用本单位资金归个人使用或借贷给他人，数额较大、超过3个月未还，或虽未超过3个月，但数额较大、进行营利活动，或进行非法活动的行为，依《刑法》第384条挪用公款罪定罪处罚。

挪用公款罪的定罪量刑标准：①挪用公款归个人使用，进行非法活动，数额3万元以上（数额较大）或数额300万元以上（数额巨大）：挪用公款数额100万元以上；挪用救灾、抢险、防汛、优抚、扶贫、移民、救济特定款物，数额50万元以上不满100万元；挪用公款不退还，数额50万元以上不满100万元；其他严重的情节（情节严重）。②挪用公款归个人使用，进行营利活动或超过3个月未还，数额5万元以上（数额较大）或数额500万元以上（数额巨大）：挪用公款数额200万元以上；挪用救灾、抢险、防汛、优抚、扶贫、移民、救济特定款物，数额100万元以上不满200万元；挪用公款不退还，数额100万元以上不满200万元；其他严重的情节（情节严重）。

挪用公款罪的认定：（1）单位决定将公款给个人使用行为的认定：①经单位领导集体研究决定将公款给个人使用，或单位负责人为单位的利益，决定将公款给个人使用，不以挪用公款罪定罪处罚。②经单位领导集体研究决定将公款给个人使用，或单位负责人为单位的利益，决定将公款给个人使用的行为使单位遭受重大损失，构成他罪，依刑法有关规定对责任人员定罪处罚。（2）挪用公款供其他单位使用行为的认定：①以个人名义（对行为人逃避财务监管，或与使用人约定以个人名义进行，或借款、还款都以个人名义进行，将公款给其他单位使用）将公款供其他单位使用，个人决定（a. 行为人在职权范围内决定；b. 超越职权范围决定）以单位名义将公款供其他单位使用谋取个人利益（既含行为人与使用人事先约定谋取个人利益实际尚未获取的情况，也含虽未事先约定但实际已获取了个人利益的情况；既含不正当利益，也含正当利益；既含财产性利益，也含升学、就业等非财产性利益性质的具体实际利益），属于挪用公款归个人使用。②将公款供其他单位使用，认定是否属于以个人名义，不能只看形式，要从实质上把握。（3）挪用公款数额较大，归个人进行营利活动，构成挪用公款罪，不受挪用时间和是否归还的限制。（4）挪用公款存入银行、用于集资、购买股票、国债等，属于挪用公款进行营利活动。（5）挪用有价证券、金融凭证用于质押行为性质的认定：①挪用金融凭证、有价证券用于质押，使公款处于风险之中，与挪用公款为他人提供担保无实质的区别。②符合挪用公款罪规定，以挪用公款罪定罪处罚。③挪用公款数额以实际或可能承担的风险数额认定。（6）挪用公款归还个人欠款行为性质的认定：①挪用公款归还个人欠款，应根据产生欠款的原因分别认定属于挪用公款的何种情形。②归还个人进行非法活动或进行营利活动产生的欠款，应认定为挪用公款进行非法活动或进行营利活动。（7）挪用公款用于注册公司、企业行为性质的认定：①申报注册资本是为进行生产经营活动作准备，属于成立公司、企业进行营利活动的组成部分。②挪用公款归个人用于公司、企业注册资本验资证明，应认定为挪用公款进行营利活动。(8) 挪用公款后尚未投入实际使用的行为性质的认定：挪用公款后尚未投入实际使用，只要同时具备数额较大和超过3个月未还的构成要件，应认定为挪用公款罪，但可酌情从轻处罚。

挪用公款罪转化为贪污罪的认定：(1) 挪用公款罪与贪污罪的主要区别在于行为人主观上是否有非法占有公款的目的。(2) 挪用公款是否转化为贪污，应按主客观相一致原则，具体判断和认定行为人主观上是否有非法占有公款的目的。(3) 可认定行为人有非法占有公款的目的，以贪污罪定罪处罚的四种情形：①携带挪用的公款潜逃，对其携带挪用的公款部分，以贪污罪定罪处罚。②行为人挪用公款后采取虚假发票平账、销毁有关账目等手段，使所挪用的公款已难以在单位财务账目上反映出来，且未归还，应以贪污罪定罪处罚。③行为人截取单位收入不入账，非法占有，使所占有的公款难以在单位财务账目上反映出来，且未归还，应以贪污罪定罪处罚。④有证据证明行为人有能力归还所挪用的公款而拒不归还，并隐瞒挪用的公款去向，应以贪污罪定罪处罚。(4) 从情节犯、数额犯、转化犯的角度看，挪用公款以达到挪用公款罪的数额标准为犯罪既遂标准，否则不构成挪用公款罪，但在挪用公款行为构成犯罪而携带挪用公款潜逃的条件下，挪用公款罪转化为贪污罪，以贪污罪定罪处罚。

挪用公款罪的情形：(1) 国有商业银行、证交所、期交所、证券公司、期货经纪公司、保险公司或其他国有金融机构的工作人员和国有商业银行、证交所、期交所、证券公司、期货经纪公司、保险公司或其他国有金融机构委派到非国有机构从事公务的人员利用职务便利挪用本单位或客户资金，以挪用公款罪定罪处罚。(2) 国家工作人员利用职务便利，挪用失业保险基金和下岗职工基本生活保障资金归个人使用，构成犯罪，应以挪用公款罪追究刑责。(3) 国有单位领导向其主管的有法人资格的下级单位借公款归个人使用的认定：国有单位领导利用职务便利指令有法人资格的下级单位将公款供个人使用，属于挪用公款行为，构成犯罪，应以挪用公款罪定罪处罚。(4) 挪用金融凭证、有价证券用于质押，使公款处于风险之中，符合刑法挪用公款罪规定的，以挪用公款罪定罪处罚。(5) 国家出资企业的工作人员在公司、企业改制过程中为购买公司、企业股份，利用职务便利，将公司、企业的资金或金融凭证、有价证券等用于个人贷款担保，以挪用资金罪或挪用公款罪定罪处罚。(6) 从最高人民检察院关于国家工作人员挪用非特定公物能否定罪的请示的批复的角度看，挪用公款罪中未含挪用非特定公物归个人使用的行为，对该行为不以挪用公款论处，若构成他罪，依刑法相关规定定罪处罚。(7) 挪用公款给他人使用，使用人与挪用人共谋，指使或参与策划取得挪用款，以挪用公款罪的共犯定罪处罚。(8) 因挪用公款索取、收受贿赂构成犯罪，或挪用公款进行非法活动构成他罪，依数罪并罚的规定处罚。

三、《刑法》第396条【私分国有资产罪；私分罚没财物罪】

从身份犯、故意犯、数额犯的角度看，国家机关、国有公司、企事业单位、人民团体，违反国家规定，以单位名义将国有资产（国家依法取得与认定，或国家以各种形式对企业投资与投资收益、国家向行政事业单位拨款等形成的资产）集体私分给个人，数额较大（①私分国有资产，累计数额10万元以上。②私分罚没财物，累计数额10万元以上），对其直接负责的主管人员和其他直接责任人员，处3年以下有期刑或拘役，并处或单处罚金；数额巨大，处3年以上7年以下有期刑，并处罚金。

私分国有资产罪是国家机关、国有公司、企事业单位、人民团体，违反国家规定，以单位名义将国有资产集体私分给个人，数额较大的行为。涉嫌私分国有资产，累计数额10万元以上的，应立案。

私分罚没财物罪是司法机关、行政执法机关违反国家规定，将应上缴国家的罚没财物，以单位名义集体私分给个人的行为。①涉嫌私分罚没财物，累计数额10万元以上的，应立案。②司法机关、行政执法机关违反国家规定，将应上缴国家的罚没财物，以单位名义集体私分给个人，以私分罚没财物罪处罚。

私分型的罪名有私分国有资产罪，私分罚没财物罪，非法处置查封、扣押、冻结的财产罪等。从比较法的角度看，私分国有资产罪、私分罚没财物罪的根本差异在于犯罪对象的不同。

四、《刑法》第395条【巨额财产来源不明罪；隐瞒境外存款罪】

从身份犯、故意犯、数额犯、情节犯的角度看，国家工作人员的财产、支出明显超过合法收入，差额巨大，可责令该国家工作人员说明来源，不能说明（行为人拒不说明财产来源；行为人无法说明财产的具体来源；行为人所说的财产来源经司法机关查证并不属实；行为人所说的财产来源因线索不具体等原因，司法机关无法查实，但能排除存在来源合法的可能性和合理性）来源，差额部分以非法所得（行为人的全部财产与能认定的所有支出的总和减去能证实的有真实来源的所得）论，处5年以下有期刑或拘役；差额特别巨大，处5年以上10年以下有期刑；财产的差额部分应追缴。

巨额财产来源不明罪是国家工作人员的财产或支出明显超过合法收入，差额巨大，本人不能说明其合法来源的行为。涉嫌巨额财产来源不明，数额30万元以上，应立案。

巨额财产来源不明罪的认定：(1) 行为人不能说明巨额财产来源合法的认定：①行为人拒不说明财产来源。②行为人无法说明财产的具体来源。③行为人所说的财产来源经司法机关查证并不属实。④行为人所说的财产来源因线索不具体等原因，司法机关无法查实，但能排除存在来源合法的可能性和合理性。(2) 巨额财产来源不明罪的非法所得（行为人的全部财产与能认定的所有支出的总和减去能证实的有真实来源的所得）的数额计算的方式方法：①应把国家工作人员个人财产与其共同生活的家庭成员的财产、支出等一并计算，且一并减去其所有的合法收入以及确属与其共同生活的家庭成员个人的非法收入。②行为人所有的财产含房产、家具、生活用品、学习用品及股票、债券、存款等动产和不动产；行为人的支出含合法支出和不合法的支出，含日常生活、工作、学习费用、罚款及向他人行贿的财物等；行为人的合法收入含工资、奖金、稿酬、继承等法律和政策允许的各种收入。③为便于计算犯罪数额，对行为人的财产和合法收入，一般可从行为人有比较确定的收入和财产时开始计算。

从身份犯、故意犯、数额犯、情节犯的角度看，国家工作人员在境外的存款，应依国家规定申报，数额较大、隐瞒不报的，处 2 年以下有期刑或拘役；情节较轻，由其所在单位或上级主管机关酌情给予行政处分。

第二节　贿赂犯罪

一、《刑法》第 385 条【受贿罪】

（一）受贿罪的概念和特征

受贿罪是国家工作人员（身份犯），利用职务上的便利（犯罪手段），索取他人财物，或非法收受他人财物为他人谋取利益的严重危害行为（犯罪客观方面）。

德国刑法理论认为，受贿罪的法益具有多样性。①国家意志说。受贿罪的法益是国家意志，即受贿罪使国家意志受到无端阻挠与违法篡改。②纯洁性说。受贿罪所侵犯的法益是公务行为的纯洁与真实。③无报酬性说。受贿罪的法益是公务行为的无报酬性。不可收买性包含无报酬性。④不可收买性说或信赖说。受贿罪的法益是社会大众对公务员、公务行为的信赖。

（二）受贿罪的认定和处罚

从身份犯、故意犯、目的犯、情节犯、数额犯的角度看，国家工作人员利用职务便利（①利用本人职务上主管、负责、承办某项公共事务的职权。②利用职务上有隶属、制约关系的其他国家工作人员的职权。③担任单位领导职务的国家工作人员通过不属自己主管的下级部门的国家工作人员的职务），索取他人财物，或非法收受他人财物（①个人受贿数额 5000 元以上。②个人受贿数额不满 5000 元，但有因受贿行为使国家或社会利益遭受重大损失，或故意刁难、要挟有关单位、个人，造成恶劣影响，或强行索取财物的情形），为他人谋取利益（①实际或承诺为他人谋取利益。②国家工作人员索取、收受有上下级关系的下属或有行政管理关系的被管理人员的财物价值 3 万元以上，可能影响职权行使，视为承诺为他人谋取利益。③明知他人有具体请托事项。④履职时未被请托，但事后基于该履职事由收受他人财物。⑤担任单位领导职务的国家工作人员通过不属自己主管的下级部门的国家工作人员的职务为他人谋取利益，应认定为利用职务便利为他人谋取利益）的，构成受贿罪。

受贿罪是国家工作人员利用职务便利（利用本人职务范围内的权力，即自己职务上主管、负责或承办某项公共事务的职权及其所形成的便利条件），索取他人财物（索取他人财物，不论是否为他人谋取利益，均可构成受贿罪），或非法收受他人财物（非法收受他人财物，须同时具备为他人谋取利益的条件，才能构成受贿罪），为他人谋取利益（为他人谋取的利益是否正当，为他人谋取的利益是否实现，不影响受贿罪的认定）的犯罪行为。①受贿罪的法益是职务行为的不可收买性，国家工作人员非法收受他人给予的现金、支票时，职务行为的不可收买性已被破坏。②国家工作人员非法收受他人的财物，取得并控制该财物，构成受贿罪既遂，并未实际取现，不影响犯罪既遂的成立。

从身份犯、行为犯、数额犯、情节犯的角度看，国家工作人员在经济往来中，违反国家规定，收受各种名义的回扣、手续费，归个人所有的，以受贿论处。

对多次贪污或受贿、行贿未经处理，累计计算贪污或受贿、行贿数额。在共同受贿犯罪中，根据共犯部分行为全部责任原则，应按共同犯罪涉及的总金额认定犯罪金额。

受贿罪分为一般受贿罪、特殊受贿罪，具有一般性、特殊性，主要有国家工作人员受贿罪、非国家工作人员受贿罪、单位受贿罪、利用影响力受贿罪等。审判人员审案时，有贪污受贿、徇私舞弊、枉法裁判的行为，当事人及其法定代理人、近亲属因此进行申诉的，法院应重新审判。

从传统刑法理论的角度看，受贿罪的既遂标准问题有争议性，存在承诺说、谋取利益说、收受贿赂说、实际收受贿赂说（通说）等不同理论观点。〔1〕通说认为，国家工作人员非法收受他人的财物，取得并控制该财物，即成立受贿罪既遂，并未实际取现，不影响受贿罪既遂的成立。

从犯罪行为、犯罪形态的角度看，受贿行为分为索取贿赂行为（利用职权或职务便利，索取他人财物或财产利益的索贿行为）、接受贿赂行为（利用职务便利，收受他人财物或财产利益，为他人谋取利益的受贿行为）等不同类型。①索取贿赂的犯罪既遂、犯罪未遂问题有争议性，存在未遂犯否定说、未遂犯肯定说〔2〕等不同理论观点。②接受贿赂的既遂犯、未遂犯问题有争议性，存在受贿人承诺既遂说、受贿人收受贿赂既遂说、受贿人为他人谋取利益既遂说、〔3〕受贿人收受贿赂为他人谋取利益既遂说〔4〕等不同理论观点。

贪污罪、受贿罪的为他人谋取利益的认定：（1）贪污罪、受贿罪的“为他人谋取利益”，只需许诺、承诺、实施或实现为他人谋取利益即可。①非法收受他人财物，同时有为他人谋取利益，才能构成受贿罪。②为他人谋取的利益是否正当，为他人谋取的利益是否实现，不影响受贿罪的成立。（2）有实际或承诺为他人谋取利益；明知他人有具体请托事项；履职时未被请托，但事后基于该履职事由收受他人财物的情形，应认定为为他人谋取利益，构成犯罪，应以受贿罪定罪处罚。（3）国家工作人员利用职务上的便利为请托人谋取利益，并与请托人事先约定，在其离退休后收受请托人财物，构成犯罪，以受贿罪定罪处罚。（4）国家工作人员索取、收受有上下级关系的下

---

〔1〕 赵秉志主编：《犯罪停止形态适用中的疑难问题研究》，吉林人民出版社2001年版，第681页（贪污罪的既遂标准问题有承诺说、收受贿赂说、谋取利益说，以受贿人实际收取到贿赂为贪污罪的既遂标准）。另外，王作富主编：《刑法分则实务研究（下）》，中国方正出版社2001年版，第1789页；金泽刚：《犯罪既遂的理论与实践》，人民法院出版社2001年版，第475页；肖介清：《受贿罪的定罪与量刑》，人民法院出版社2000年版，第244页；王俊平、李山河：《受贿罪研究》，人民法院出版社2002年版，第188页。目前，理论界基本以受贿人实际收取到贿赂为贪污罪的既遂标准。

〔2〕 陈兴良主编：《罪名指南》，中国政法大学出版社2000年版，第327页。

〔3〕 陈兴良主编：《罪名指南》，中国政法大学出版社2000年版，第327页。

〔4〕 但伟：《妨害对公司、企业的管理秩序罪的定罪与量刑》，人民法院出版社2001年版，第318页。

属或有行政管理关系的被管理人员的财物价值 3 万元以上，可能影响职权行使，视为承诺为他人谋取利益。（5）国家工作人员利用职务上的便利为某单位谋取利益后，收受他人财物的行为属于受贿既遂，犯罪后对赃物的处置，不影响犯罪的既遂。（6）从收受财物的时间、方式、价值大小、当事人亲疏关系等情况的角度看，财物给付人给付国家工作人员数额较大的财物时提出了具体请托事项、给付财物行为和国家工作人员职务行为之间有关、国家工作人员收受财物时承诺为他人谋取利益以及事后为他人谋取了利益，存在权力寻租关系，均构成受贿罪。（7）财物给付人给付国家工作人员财物时虽未提出具体请托事项，但国家工作人员多次接受其财物，日后利用职务之便为其谋取了利益，应将多次收受财物的数额累计，以受贿罪论处。（8）国家工作人员明知请客送礼人有具体请托事项而收受财物，数额较大，或收受数额较大的财物时承诺为他人谋取利益、事后为他人谋取了利益，一般以受贿罪论处。（9）国家工作人员利用本人职权或地位形成的便利条件，通过其他国家工作人员职务上的行为，为请托人谋取不正当利益，索取请托人财物或收受请托人财物，以受贿论处。（10）从司法实践的角度看，国家工作人员以假赌博方式收受可能影响公正执行公务（与执行公务相关联、与公正执行公务相冲突，含管理和服务对象所赠、主管范围内的下属单位和个人所赠或其工作业务范围内外商、私营企业主所赠，其他与行使职权有关系的单位和个人所赠）的礼品、礼金、消费卡和有价证券、股权、其他金融产品等财物（货币、物品、财产利益），数额较大，或存在权力寻租关系的敛财行为，均构成受贿罪。

受贿罪的法定刑：（1）受贿数额 1 万元以上不满 3 万元，有曾因贪污、受贿、挪用公款受过党纪、行政处分；曾因故意犯罪受过刑事追究；赃款赃物用于非法活动；拒不交代赃款赃物去向或拒不配合追缴工作，使款物无法追缴；造成恶劣影响或其他严重后果的情形；或者多次索贿；为他人谋取不正当利益，使公共财产、国家和人民利益遭受损失；为他人谋取职务提拔、调整的情形（其他较重情节），依法判处 3 年以下有期刑或拘役，并处罚金。（2）受贿数额 10 万元以上不满 20 万元，有曾因贪污、受贿、挪用公款受过党纪、行政处分；曾因故意犯罪受过刑事追究；赃款赃物用于非法活动；拒不交代赃款赃物去向或拒不配合追缴工作，使款物无法追缴；造成恶劣影响或其他严重后果的情形；或者多次索贿；为他人谋取不正当利益，使公共财产、国家和人民利益遭受损失；为他人谋取职务提拔、调整的情形（其他严重情节），依法判处 3 年以上 10 年以下有期刑，并处罚金或没收财产。（3）受贿数额 150 万元以上不满 300 万元，有曾因贪污、受贿、挪用公款受过党纪、行政处分；曾因故意犯罪受过刑事追究；赃款赃物用于非法活动；拒不交代赃款赃物去向或拒不配合追缴工作，使款物无法追缴；造成恶劣影响或其他严重后果的情形；或者多次索贿；为他人谋取不正当利益，使公共财产、国家和人民利益遭受损失；为他人谋取职务提拔、调整的情形（其他特别严重情节），依法判处 10 年以上有期刑、无期刑或死刑，并处罚金或没收财产。

受贿罪的情形：（1）国家工作人员利用职务便利为请托人谋取利益，并与请托人事先约定，在其离职后收受请托人财物，构成犯罪，以受贿罪定罪处罚。（2）国家工作人员在国家出资企业改制过程中利用职务便利为请托人谋取利益，事先约定在其不再有国家工作人员身份后收受请托人财物，或在身份变化前后连续收受请托人财物，以受贿罪定罪处罚（《刑法》第385、386条）。(3) 国家工作人员利用本人职权或地位形成的便利条件，通过其他国家工作人员职务上的行为，为请托人谋取不正当利益，索取请托人财物或收受请托人财物，以受贿罪追究刑责。(4) 国有公司、企业中从事公务的人员与国有公司、企业委派到非国有公司、企业从事公务的人员利用职务便利，索取他人财物或非法收受他人财物，为他人谋取利益，或在经济往来中，违反国家规定，收受各种名义的回扣、手续费，归个人所有，以受贿罪追究刑责。(5) 国有金融机构工作人员与国有金融机构委派到非国有金融机构从事公务的人员在金融业务活动中索取他人财物或非法收受他人财物，为他人谋取利益，或违反国家规定，收受各种名义的回扣、手续费归个人所有，以受贿罪追究刑责（《刑法》第163条第3款、第184条第2款、第385、386、388条）。(6) 国家机关工作人员利用职务上的便利，收受他人财物，为他人谋取与窨井盖（包括城市、城乡接合部和乡村等地的窨井盖以及其他井盖）相关利益，同时构成受贿罪和刑法分则第9章规定的渎职犯罪，除刑法另有规定外，以受贿罪和渎职犯罪数罪并罚。

国家工作人员利用职务便利收受他人财物，为他人谋取利益，同时构成受贿罪和妨害对公司、企业的管理秩序罪、渎职罪，除刑法另有规定外，以受贿罪和妨害对公司、企业的管理秩序罪、渎职罪的具体犯罪实行数罪并罚。

【2017年·卷2·多选·62】关于受贿罪，哪些选项正确？(ABCD) A. 国家工作人员明知其近亲属利用自己的职务行为受贿，构成受贿罪。B. 国家工作人员虚假承诺利用职务之便为他人谋利，收取他人财物，构成受贿罪。C. 国家机关工作人员实施渎职犯罪并收受贿赂，同时构成渎职罪和受贿罪，除《刑法》有特别规定外，以渎职罪和受贿罪数罪并罚。D. 国家工作人员明知他人有请托事项而收受其财物，视为具备“为他人谋取利益”的构成要件，是否已实际为他人谋取利益，不影响受贿的认定。

从身份犯、故意犯、行为犯、数额犯、情节犯的角度看，《刑法》第388条国家工作人员利用本人职权或地位形成的便利条件（行为人与被其利用的国家工作人员之间在职务上虽无隶属、制约关系，但行为人利用了本人职权或地位产生的影响和一定的工作联系，如单位内不同部门的国家工作人员之间、上下级单位无职务上隶属、制约关系的国家工作人员之间、有工作联系的不同单位的国家工作人员之间等），通过其他国家工作人员职务上的行为，为请托人谋取不正当利益，索取请托人财物或收受请托人财物，以受贿罪论处。

【2015年·卷2·单选·20】根据《刑法》规定，国家工作人员利用本人职权或(1)形成的便利条件，通过其他(2)职务上的行为，为请托人谋取(3)，索取请托人财物或收受请托人财物，以(4)论处。这在刑法理论上称为(5)将哪一选项内容填充到以上相应位置正确？(D) A. (1) 地位 (2) 国家机关工作人员 (3) 利益 (4) 利用影响力受贿罪 (5) 间接受贿。B. (1) 职务 (2) 国家工作人员 (3) 利益 (4) 受

贿罪（5）斡旋受贿。C.（1）职务（2）国家机关工作人员（3）不正当利益（4）利用影响力受贿罪（5）间接受贿。D.（1）地位（2）国家工作人员（3）不正当利益（4）受贿罪（5）斡旋受贿。

《刑法》第386条规定了，受贿罪的处罚原则。从故意犯、数额犯、情节犯的角度看，犯受贿罪，据受贿所得数额及情节，以贪污罪处罚。对索贿行为，从重处罚。

国家工作人员利用职务便利为请托人谋取利益前后多次收受请托人财物，受请托前收受的财物数额1万元以上，应一并计入受贿数额。（1）国家工作人员出于贪污、受贿的故意，非法占有公共财物、收受他人财物后，将赃款赃物用于单位公务支出或社会捐赠，不影响贪污罪、受贿罪的认定，但量刑时可酌情考虑。特定关系人索取、收受他人财物，国家工作人员知道后未退还或上交，应认定国家工作人员有受贿故意。（2）贪污贿赂罪犯违法所得的一切财物，应追缴或责令退赔，对被害人的合法财产应及时返还。对尚未追缴到案或尚未足额退赔的违法所得，应继续追缴或责令退赔。（3）对贪污罪、受贿罪判处3年以下有期刑或拘役，应并处10万元以上50万元以下罚金；判处3年以上10年以下有期刑，应并处20万元以上犯罪数额2倍以下罚金或没收财产；判处10年以上有期刑或无期刑，应并处50万元以上犯罪数额2倍以下罚金或没收财产。（4）对刑法规定并处罚金的其他贪污贿赂犯罪，应在10万元以上犯罪数额2倍以下判处罚。

共同受贿犯罪的认定：（1）非国家工作人员与国家工作人员勾结伙同受贿，应以受贿罪的共犯追究刑责。（2）国家工作人员的近亲属或情人向国家工作人员代为转达行贿者的请托事项，收受行贿者的财物并告知该国家工作人员，构成受贿罪的共犯。（3）非国家工作人员是否构成受贿罪共犯，取决于双方有无共同受贿的故意和行为，国家工作人员的近亲属向国家工作人员代为转达请托事项，收受请托人财物并告知该国家工作人员，或国家工作人员明知其近亲属收受了他人财物，仍按近亲属的要求利用职权为他人谋取利益，对该国家工作人员应认定为受贿罪，其近亲属以受贿罪共犯论处。①近亲属以外的其他人与国家工作人员通谋，由国家工作人员利用职务便利为请托人谋取利益，收受请托人财物后双方共同占有，构成受贿罪共犯，国家工作人员利用职务便利为他人谋取利益，并指定他人将财物送给其他人。②构成犯罪，应以受贿罪定罪处罚。

以借款为名索取或非法收受财物行为的认定：（1）国家工作人员利用职务便利以借为名向他人索取财物，或非法收受财物为他人谋取利益，应认定为受贿。（2）具体认定以借款为名索取或非法收受财物行为时，不能仅仅看是否有书面借款手续，应根据综合因素判定：①有无正当、合理的借款事由。②款项的去向。③双方平时关系如何、有无经济往来。④出借方是否要求国家工作人员利用职务便利为其谋取利益。⑤借款后是否有归还的意思表示涉及股票受贿案件的认定：（1）国家工作人员利用职务便利索取或非法收受股票，未支付股本金，为他人谋取利益，构成受贿罪，其受贿数额按收受股票时的实际价格计算。（2）行为人支付股本金而购买较有可能升值的股票，因不是无偿收受请托人财物，不以受贿罪论处。（3）股票已上市且已升值，行为人仅支付股本金，其“购买”股票时的实际价格与股本金的差价部分应认定为受贿。

二、《刑法》第387条【单位受贿罪】

从单位犯罪、数额犯、情节犯的角度看，国家机关、国有公司、企事业单位、人民团体，索取、非法收受他人财物，为他人谋取利益，情节严重（①单位受贿数额10万元以上。②单位受贿数额不满10万元，但有故意刁难、要挟有关单位、个人，造成恶劣影响，或强行索取财物，或使国家或社会利益遭受重大损失的情形）的，对单位判处罚金，并对其直接负责的主管人员和其他直接责任人员，处5年以下有期刑或拘役。

单位受贿罪是国家机关、国有公司、企事业单位、人民团体，索取、非法收受他人财物，为他人谋取利益，情节严重的行为。①索取他人财物或非法收受他人财物，须同时具备为他人谋取利益的条件，且是情节严重的行为，才能构成单位受贿罪。②国家机关、国有公司、企事业单位、人民团体，在经济往来中，在账外暗中收受各种名义的回扣、手续费，以受贿论，以单位受贿罪处罚。

三、《刑法》第388条之一【利用影响力受贿罪】

从故意犯、数额犯、情节犯的角度看，国家工作人员的近亲属或其他与该国家工作人员关系密切的人，通过该国家工作人员职务上的行为，或利用该国家工作人员职权或地位形成的便利条件，通过其他国家工作人员职务上的行为，为请托人谋取不正当利益，索取请托人财物或收受请托人财物，数额较大或有其他较重情节，处3年以下有期刑或拘役，并处罚金；数额巨大或有其他严重情节，处3年以上7年以下有期刑，并处罚金；数额特别巨大或有其他特别严重情节，处7年以上有期刑，并处罚金或没收财产。

利用影响力受贿罪是国家工作人员的近亲属、亲友或其他与该国家工作人员关系密切的人，通过该国家工作人员职务上的行为，或利用该国家工作人员职权或地位形成的便利条件，通过其他国家工作人员职务上的行为，为请托人谋取不正当利益的人（犯罪主体），索取请托人财物或收受请托人财物，数额较大或有其他较重情节的行为，要求行为人具有利用国家工作人员的地位或职权，为请托人谋取不正当利益的故意。

【2011年·卷2·单选·19】大学生甲为获得公务员面试高分，送给面试官乙（某机关领导）2瓶高档白酒，乙拒绝。次日，甲再次到乙家，偷偷将一块价值1万元的金币放在茶几上离开。乙不知情。保姆以为乙知道此事，将金币放入乙的柜子。对本案，哪一选项错误？（D）A. 甲的行为成立行贿罪。B. 乙的行为不构成受贿罪。C. 认定甲构成行贿罪与乙不构成受贿罪不矛盾。D. 保姆的行为成立利用影响力受贿罪。

从司法解释、对向犯的角度看，利用影响力受贿罪、对有影响力的人行贿罪的定罪量刑适用标准，参照办理贪污贿赂刑事案件解释的受贿罪、行贿罪规定执行。①国家工作人员索取、收受有上下级关系的下属或有行政管理关系的被管理人员的财物价值3万元以上，可能影响职权行使，视为承诺为他人谋取利益。②国家工作人员违反规定投资入股生产经营，构成办理危害生产安全刑事案件解释规定的有关犯罪，或国家工作人员的贪污、受贿犯罪行为与安全事故发生存在关联性，从重处罚；同时构成贪污、受贿犯罪和危害生产安全犯罪的，实行数罪并罚。③实施利用影响力受贿罪后为谋取不正当利益（主观的构成要件要素；表明行为人内心、主观方面的要素）又构成他罪的，应数罪并罚。

利用影响力受贿罪的情形：①离退休人员在利用过去的职务便利收受财物且与国家工作人员无共犯关系的场合，才构成利用影响力受贿罪。②离职的国家工作人员或其近亲属及其他与其关系密切的人，利用该离职的国家工作人员原职权或地位形成的便利条件，为请托人谋取不正当利益，索取请托人财物或收受请托人财物，数额较大或有其他较重情节、数额特别巨大或有其他特别严重情节，构成利用影响力受贿罪。

四、《刑法》第 389 条【行贿罪】

从职务廉洁性说、保护信赖说、故意犯、目的犯、数额犯、情节犯的角度看，为谋取不正当利益（基于贿赂行为与职务行为之间的对价关系，行贿人、受贿人违反法律法规、规章、政策、行业规范，为自己提供帮助或方便条件，或违背公平公正原则，谋取不应获得的竞争优势利益；谋取违反法律、法规、国家政策和国务院各部门规章规定的利益），给予国家工作人员以财物，构成行贿罪。

从特殊规定优于一般规定原则的角度看，行贿人在被追诉前主动交代行贿行为，可减轻处罚或免除处罚。

从普通犯、故意犯、情节犯、数额犯的角度看，行贿罪是行为人为谋取不正当利益（犯罪目的），给予国家工作人员（犯罪主体）以财物或财产利益（犯罪对象）的严重危害行为。①行贿罪的既遂是送出贿赂。②行为人已完成受贿行为，受贿人事后退回财物，不影响行贿犯罪的既遂。③行为人被国家工作人员敲诈勒索而被迫给予财产或财产利益，未获取不正当利益的，不构成行贿罪。

行贿罪的情形：①犯行贿罪，有行贿数额 100 万元以上不满 500 万元；行贿数额 50 万元以上不满 100 万元，并有向 3 人以上行贿；将违法所得用于行贿；通过行贿谋取职务提拔、调整；向负有食品、药品、安全生产、环保等监督管理职责的国家工作人员行贿，实施非法活动；向司法工作人员行贿，影响司法公正的情形；其他严重的情节（情节严重）。②犯行贿罪，有行贿数额 500 万元以上；行贿数额 250 万元以上不满 500 万元，并有向 3 人以上行贿；将违法所得用于行贿；通过行贿谋取职务提拔、调整；向负有食品、药品、安全生产、环保等监督管理职责的国家工作人员行贿，实施非法活动；向司法工作人员行贿，影响司法公正的情形；其他特别严重的情节（情节特别严重）。③为谋取不正当利益，向国家工作人员行贿，造成经济损失数额 100 万元以上不满 500 万元（使国家利益遭受重大损失）。④为谋取不正当利益，向国家工作人员行贿，造成经济损失数额 500 万元以上（使国家利益遭受特别重大损失）。⑤为谋取不正当利益，向国家工作人员行贿，数额 3 万元以上，或行贿数额 1 万元以上不满 3 万元，有向 3 人以上行贿；将违法所得用于行贿；通过行贿谋取职务提拔、调整；向负有食品、药品、安全生产、环保等监督管理职责的国家工作人员行贿，实施非法活动；向司法工作人员行贿，影响司法公正；造成经济损失数额50万元以上不满100万元的情形，均应以行贿罪追究刑责。⑥行为人不具备升学、就业、承包工程等条件时，通过给予国家工作人员数额较大的财物，谋取违反法律、法规、国家政策和国务院各部门规章规定的利益（谋取不正当利益），构成行贿罪。

从司法解释、司法实践的角度看，在经济往来中，违反国家规定，给予国家工作人员以财物，数额较大，或违反国家规定，给予国家工作人员以各种名义的回扣、手续费，以行贿论处。（1）因被勒索给予国家工作人员以财物，未获得不正当利益，不是行贿。（2）民企为开展正常经营活动而给付“回扣、好处费”的行为涉嫌行贿犯罪，要区分个人犯罪和单位犯罪，要从起因、目的、行贿数额、次数、时间、对象、谋利性质及用途等方面综合考虑其社会危害性。①有情节较轻、积极主动配合有关机关调查，对办理受贿案件起关键作用，因国家工作人员不作为而不得已行贿的和认罪认罚等情形，要依法从宽处理。②因被勒索给予国家工作人员以财物，未获得不正当利益，不能认定为行贿犯罪。（3）严格把握恶意侵占国有资产犯罪的罪名适用。①对不符合贪污罪、行贿罪等犯罪构成要件的，依法不能定罪处罚。②对民营企业依据法律、行政法规参与国有企业重组改制产生的民事纠纷，不应以犯罪处理。

一般而言，行贿罪是行贿人为谋取不正当利益，给予国家工作人员以财物［货币、物品、财产性利益（a. 房屋装修、债务免除等可折算为货币的物质利益。b. 会员服务、旅游等需支付货币的非财产性利益）以实际支付或应支付的数额计算犯罪数额］，或在经济往来中，违反国家规定，给予国家工作人员以财物，数额较大，或违反国家规定，给予国家工作人员以各种名义的回扣、手续费，数额较大的行为，以因被勒索给予国家工作人员以财物，未获得不正当利益，不是行贿，此为例外。（1）为谋取不正当利益，向国家工作人员行贿，数额3万元以上，应以行贿罪追究刑责的基本标准：①向3人以上行贿。②将违法所得用于行贿。③通过行贿谋取职务提拔、调整。④向负有食品、药品、安全生产、环保等监管职责的国家工作人员行贿，实施非法活动。⑤向司法工作人员行贿，影响司法公正。⑥造成经济损失数额50万元以上不满100万元。（2）从行贿罪的处罚、关联行贿罪的角度看，犯行贿罪，处5年以下有期刑或拘役，并处罚金；因行贿谋取不正当利益，情节严重（①行贿数额100万元以上不满500万元。②行贿数额50万元以上不满100万元，并向3人以上行贿，或将违法所得用于行贿，或通过行贿谋取职务提拔、调整，或向负有食品、药品、安全生产、环保等监管职责的国家工作人员行贿，实施非法活动，或向司法工作人员行贿，影响司法公正。③其他严重的情节），或使国家利益遭受重大损失的，处5年以上10年以下有期刑，并处罚金；情节特别严重（①行贿数额500万元以上。②行贿数额1万元以上不满3万元，应以行贿罪追究刑责的基本标准为行贿250万元以上不满500万元，并有向3人以上行贿，或将违法所得用于行贿，或通过行贿谋取职务提拔、调整，或向负有食品、药品、安全生产、环保等监管职责的国家工作人员行贿，实施非法活动），或向司法工作人员行贿、影响司法公正的情形，或其他特别严重情节，或使国家利益遭受特别重大损失（①为谋取不正当利益，向国家工作人员行贿，造成经济损失500万元以上。②为谋取不正当利益，向国家工作人员行贿，造成经济损失100万元以上不满500万元）的，处10年以上有期刑或无期刑，并处罚金或没收财产。(3) 犯行贿罪，犯罪较轻（根据行贿犯罪的事实、情节，可能被判处3年有期刑以下刑罚），对侦破重大案件（根据犯罪的事实、情节，已或可能被判处10年有期刑以上刑罚，或案件在本省级内或全国范围内有较大影响）起关键作用（①主动交代办案机关未掌握的重大案件线索。②主动交代的犯罪线索不属于重大案件的线索，但该线索对重大案件侦破有重要作用。③主动交代行贿事实，对重大案件的证据收集有重要作用。④主动交代行贿事实，对重大案件的追逃、追赃有重要作用)，或有重大立功表现，可减轻或免除处罚。(4) 行贿人在被追诉前主动交代行贿行为，可从轻或减轻处罚。其中，犯罪较轻（根据行贿犯罪的事实、情节，可能被判处3年有期刑以下刑罚)，对侦破重大案件（根据犯罪的事实、情节，或可能被判处10年有期刑以上刑罚，或案件在本省级内或全国范围内有较大影响）起关键作用（①主动交代办案机关未掌握的重大案件线索。②主动交代的犯罪线索不属于重大案件的线索，但该线索对重大案件侦破有重要作用。③主动交代行贿事实，对重大案件的证据收集有重要作用。④主动交代行贿事实，对重大案件的追逃、追赃有重要作用)，或有重大立功表现，可减轻或免除处罚。(5) 从自然人、单位对非国家工作人员行贿罪、对外国公职人员国际公共组织官员行贿罪的角度看，为谋取不正当利益，给予公司、企业或其他单位的工作人员以财物，或为谋取不正当商业利益，给予外国公职人员或国际公共组织官员以财物，数额较大，或单位犯对非国家工作人员行贿罪、对外国公职人员国际公共组织官员行贿罪，对单位判处罚金，并对其直接负责的主管人员和其他直接责任人员，处3年以下有期刑或拘役，并处罚金；数额巨大的，处3年以上10年以下有期刑，并处罚金。行贿人在被追诉前主动交代行贿行为，可减轻处罚或免除处罚。(6) 对有影响力的人行贿罪的定罪量刑适用标准，参照贪污贿赂刑事案件解释行贿罪规定执行。①从对有影响力的人行贿罪的角度看，为谋取不正当利益，向国家工作人员的近亲属或其他与该国家工作人员关系密切的人，或向离职的国家工作人员或其近亲属、其他与其关系密切的人行贿，处3年以下有期刑或拘役，并处罚金；情节严重，或使国家利益遭受重大损失的，处3年以上7年以下有期刑，并处罚金；情节特别严重，或使国家利益遭受特别重大损失的，处7年以上10年以下有期刑，并处罚金。②单位对有影响力的人行贿20万元以上，应以对有影响力的人行贿罪追究刑责。单位犯对有影响力的人行贿罪（单位对有影响力的人行贿20万元以上)，对单位判处罚金，并对其直接负责的主管人员和其他直接责任人员，处3年以下有期刑或拘役，并处罚金。(7) 从自然人、单位对非国家工作人员行贿罪、对外国公职人员国际公共组织官员行贿罪的角度看，为谋取不正当利益，给予公司、企业或其他单位的工作人员以财物，或为谋取不正当商业利益，给予外国公职人员或国际公共组织官员以财物，数额较大，或单位犯对非国家工作人员行贿罪、对外国公职人员国际公共组织官员行贿罪，对单位判处罚金，并对其直接负责的主管人员和其他直接责任人员，处 3 年以下有期刑或拘役，并处罚金；数额巨大，处 3 年以上 10 年以下有期刑，并处罚金。行贿人在被追诉前主动交代行贿行为，可减轻处罚或免除处罚。①对非国家工作人员行贿罪的数额较大、数额巨大的数额起点，按贪污贿赂刑事案件解释行贿罪数额较大、数额巨大的数额标准规定的 2 倍执行。②对非国家工作人员行贿罪数额较大的数额标准是为谋取不正当利益，向非国家工作人员行贿 6 万元以上，或行贿 2 万元以上不满 6 万元，有向 3 人以上行贿，或将违法所得用于行贿，或通过行贿谋取职务提拔、调整，或向负有食品、药品、环保、安全生产等监管职责的国家工作人员行贿，实施非法活动，或向司法工作人员行贿，影响司法公正，或造成经济损失 50 万元以上不满 100 万元的情形，应以对非国家工作人员行贿罪追究刑责。③对非国家工作人员行贿罪的数额巨大的数额起点是行贿 200 万元以上不满 1000 万元，或行贿 100 万元以上不满 200 万元。（8）单位为谋取不正当利益而行贿，或违反国家规定，给予国家工作人员以回扣、手续费，情节严重，对单位判处罚金，并对其直接负责的主管人员和其他直接责任人员，处 5 年以下有期刑或拘役，并处罚金。（9）因行贿取得的违法所得归个人所有，以行贿罪（《刑法》第 389、390 条）定罪处罚。

职务侵占罪、非国家工作人员受贿罪的数额较大（6 万元以上）、数额巨大（100 万元以上）的数额起点，按受贿罪、贪污罪相对应的数额标准的 2 倍、5 倍执行。①职务侵占罪、非国家工作人员受贿罪的数额较大标准为 6 万元以上不满 40 万元，应依法判处 3 年以下有期刑或拘役，并处罚金。②职务侵占罪、非国家工作人员受贿罪的数额巨大的数额起点是贪污或受贿数额 100 万元以上不满 1500 万元，依法判处 3 年以上 10 年以下有期刑，并处罚金或没收财产。

根据《刑法》第 390 条的规定，从故意犯、情节犯、数额犯的角度看，犯行贿罪，处 5 年以下有期刑或拘役，并处罚金；因行贿谋取不正当利益（①行贿人谋取的利益违反法律法规、规章、政策规定，或要求国家工作人员违反法律法规、规章、政策、行业规范规定，为自己提供帮助或方便条件。②违背公平公正原则，在经济、组织人事管理等活动中，谋取竞争优势），情节严重（①行贿数额 100 万元以上不满 500 万元。②行贿数额 50 万元以上不满 100 万元，并有向 3 人以上行贿、将违法所得用于行贿、通过行贿谋取职务提拔调整、向司法工作人员行贿以影响司法公正，或向负有食品、药品、安全生产、环保等监管职责的国家工作人员行贿以实施非法活动。③其他严重的情节），或使国家利益遭受重大损失（①因行贿谋取不正当利益，造成直接经济损失数额 100 万元以上。②为谋取不正当利益，向国家工作人员行贿，造成经济损失数额 100 万元以上不满 500 万元）的，处 5 年以上 10 年以下有期刑，并处罚金；情节特别严重（①行贿数额 500 万元以上。②行贿数额 250 万元以上不满 500 万元，并有向 3 人以上行贿、将违法所得用于行贿、通过行贿谋取职务提拔调整、向司法工作人员行贿以影响司法公正，或向负有食品、药品、安全生产、环保等监管职责的国家工作人员行贿以实施非法活动。③其他特别严重的情节），或使国家利益遭受特别重大损失

（为谋取不正当利益，向国家工作人员行贿，造成经济损失数额500万元以上）的，处10年以上有期刑或无期刑，并处罚金或没收财产。

行贿罪是为谋取不正当利益，给予国家工作人员以财物，数额较大的行为。①从立案标准的角度看，为谋取不正当利益，向国家工作人员行贿数额3万元以上，或行贿数额1万元以上不满3万元，但有向3人以上行贿、将违法所得用于行贿、通过行贿谋取职务提拔调整、向司法工作人员行贿以影响司法公正、向负有食品、药品、安全生产、环保等监管职责的国家工作人员行贿以实施非法活动，或造成经济损失数额50万元以上不满100万元，均应以行贿罪追责。②在经济往来中，违反国家规定，给予国家工作人员以财物，数额较大，或违反国家规定，给予国家工作人员以各种名义的回扣、手续费，以行贿罪追究刑责。③因被勒索给予国家工作人员以财物，已获得不正当利益，以行贿罪追究刑责。

行贿人在被追诉前（检察机关对行贿人的行贿行为进行刑事立案前）主动交代行贿行为的，可从轻或减轻处罚。其中，犯罪较轻（根据行贿犯罪事实、情节，可能被判3年有期刑以下刑罚），对侦破重大案件（根据犯罪事实、情节，已或可能被判10年有期刑以上刑罚，或在本省级或全国范围内有较大影响的案件）起关键作用（①主动交代办案机关未掌握的重大案件线索。②主动交代的犯罪线索不属于重大案件的线索，但该线索对重大案件侦破有重要作用。③主动交代行贿事实，对重大案件的证据收集有重要作用。④主动交代行贿事实，对重大案件的追逃、追赃有重要作用），或有重大立功表现，可减轻或免除处罚。因行贿人在被追诉前主动交代行贿行为而破获相关受贿案件，对行贿人不适用立功规定，但可减轻或免除处罚。

行贿罪的处罚：（1）单位行贿在被追诉前，单位集体决定或单位负责人决定主动交代单位行贿行为，可对单位及相关责任人员减轻处罚或免除处罚；受委托直接办理单位行贿事项的直接责任人员在被追诉前主动交代自己知道的单位行贿行为，可对该直接责任人员减轻处罚或免除处罚。（2）行贿人被追诉后如实供述自己罪行，可从轻处罚；因其如实供述自己罪行，避免特别严重后果发生的，可减轻处罚。（3）行贿人揭发受贿人与其行贿无关的他罪行为，查证属实，依立功规定，可从轻、减轻或免除处罚。（4）行贿人谋取不正当利益的行为构成犯罪，应与行贿犯罪实行数罪并罚。行贿犯罪取得的不正当财产性利益应追缴、责令退赔或返还被害人。（5）因行贿犯罪取得财产性利益外的经营资格、资质或职务晋升等其他不正当利益，建议有关部门依相关规定处理。（6）一般而言，实施行贿犯罪而不适用缓刑和免刑的五种情形：①向3人以上行贿。②因行贿受过行政处罚或刑罚。③为实施违法犯罪活动而行贿。④造成严重危害后果。⑤其他不适用缓刑和免刑的情形。（7）特殊而言，有行贿人在被追诉前主动交代行贿行为，可从轻或减轻处罚的情形，不受实施行贿犯罪一般不适用缓刑和免刑五种情形（①向3人以上行贿。②因行贿受过行政处罚或刑罚。③为实施违法犯罪活动而行贿。④造成严重危害后果。⑤其他不适用缓刑和免刑情形）的限制。

五、《刑法》第390条之一【对有影响力的人行贿罪】

从故意犯、目的犯、情节犯、结果犯的角度看，为谋取不正当利益，向国家工作人员的近亲属或其他与该国家工作人员关系密切的人，或向离职的国家工作人员或其近亲属及其他与其关系密切的人行贿，处 3 年以下有期刑或拘役，并处罚金；情节严重，或使国家利益遭受重大损失，处 3 年以上 7 年以下有期刑，并处罚金；情节特别严重，或使国家利益遭受特别重大损失，处 7 年以上 10 年以下有期刑，并处罚金。

单位对有影响力的人行贿数额 20 万元以上，应以对有影响力的人行贿罪追究刑责，对单位判处罚金，并对其直接负责的主管人员和其他直接责任人员，处 3 年以下有期刑或拘役，并处罚金。

六、《刑法》第 391 条【对单位行贿罪】

从故意犯、行为犯、数额犯的角度看，为谋取不正当利益，给予国家机关、国有公司、企事业单位、人民团体以财物，或在经济往来中，违反国家规定，给予各种名义的回扣、手续费（①个人行贿数额 10 万元以上、单位行贿数额 20 万元以上。②个人行贿数额不满 10 万元、单位行贿数额 10 万元以上不满 20 万元，但有为谋取非法利益行贿；向 3 个以上单位行贿；向党政机关、司法机关、行政执法机关行贿；使国家或社会利益遭受重大损失的情形）的，处 3 年以下有期刑或拘役，并处罚金。

对单位行贿罪是为谋取不正当利益，给予国家机关、国有公司、企事业单位、人民团体以财物，或在经济往来中，违反国家规定，给予上述单位各种名义的回扣、手续费的行为。

单位犯对单位行贿罪，对单位判处罚金，并对其直接负责的主管人员和其他直接责任人员，以对单位行贿罪处罚。

七、《刑法》第 393 条【单位行贿罪】

从单位犯罪、故意犯、情节犯、数额犯的角度看，单位为谋取不正当利益而行贿，或违反国家规定，给予国家工作人员以回扣、手续费，情节严重（单位行贿数额 20 万元以上；单位为谋取不正当利益行贿，数额 10 万元以上不满 20 万元，但有为谋取非法利益行贿，向 3 人以上行贿，向党政领导、司法工作人员、行政执法人员行贿，使国家或社会利益遭受重大损失的情形）的，对单位判处罚金，并对其直接负责的主管人员和其他直接责任人员，处 5 年以下有期刑或拘役，并处罚金。

单位行贿罪是公司、企事业单位、机关、人民团体为谋取不正当利益行贿，或违反国家规定，给予国家工作人员以回扣、手续费，情节严重的行为。①因行贿取得的违法所得归个人所有，以个人行贿的行贿罪、关联行贿罪定罪处罚。②单位行贿罪与个人行贿罪的根本差异在于犯罪主观方面的不同，表现为是为单位谋取不正当利益还是为个人谋取不正当利益。

八、《刑法》第 392 条【介绍贿赂罪】

介绍贿赂罪是向国家工作人员介绍贿赂，情节严重的行为。介绍贿赂人在被追诉前主动交代介绍贿赂行为，可减轻处罚或免刑。

从身份犯、故意犯、情节犯、数额犯的角度看，向国家工作人员介绍贿赂（在行贿人与受贿人之间沟通关系、撮合条件，使贿赂行为得以实现的行为)，情节严重［①介绍个人向国家工作人员行贿，数额2万元以上。②介绍单位向国家工作人员行贿，数额20万元以上。③介绍贿赂数额不满2万元（介绍个人向国家工作人员行贿数额)、20万元（介绍单位向国家工作人员行贿数额)，但有为使行贿人获取非法利益介绍贿赂、3次以上或为3人以上介绍贿赂或向党政领导、司法工作人员、行政执法人员介绍贿赂，或使国家或社会利益遭受重大损失的情形］的，处3年以下有期刑或拘役，并处罚金。

第五章

渎职罪（《刑法》第397条至第419条）

从法律渊源的角度看，国家治理安全责任事故型渎职违法犯罪的法律法规体系，涉及《刑法》《监察法》《安全生产法》《中国共产党纪律处分条例》《中国共产党问责条例》《中国共产党纪律检查机关监督执纪工作规则》《中央纪委国家监委开展特别重大生产安全责任事故追责问责审查调查工作规定（试行）》等。譬如，中央纪委国家监委负责对特别重大生产安全责任事故涉及的党组织和党员、干部以及监察对象涉嫌违纪或职务违法、职务犯罪开展审查调查；对违纪或职务违法的党组织和党员、干部以及监察对象依纪依法作出党纪政务处分决定或提出处理处置建议；对涉嫌职务犯罪，依法移送检察机关审查起诉；对地方党委和政府、各级职能部门、相关单位及领导人员贯彻落实党中央关于安全生产的决策部署以及安全生产法律法规不力，履行管理、监督职责不力等情况进行问责；对参与事故调查的有关单位及人员依规依法履行职责、秉公用权等情况进行监督；对责任事故追责问责审查调查中发现的突出问题，向有关党组织、单位提出纪律检查建议或监察建议，督促完善制度，提高治理水平。

从《政府督查工作条例》（2020年）的角度看，政府督查是县级以上政府在法定职权范围内根据工作需要组织开展的监督检查。（1）政府督查内容包括党中央、国务院重大决策部署落实情况；上级和本级政府重要工作部署落实情况；督查对象法定职责履行情况；本级政府所属部门和下级政府的行政效能。（2）政府督查对象包括本级政府所属部门；下级政府及其所属部门；法律、法规授权的具有管理公共事务职能的组织；受行政机关委托管理公共事务的组织。上级政府可对下一级政府及其所属部门开展督查，必要时可对所辖各级政府及其所属部门开展督查。（3）政府督查可采取要求督查对象自查、说明情况；听取督查对象汇报；开展检查、访谈、暗访；组织座谈、听证、统计、评估；调阅、复制与督查事项有关的资料；通过信函、电话、媒体等渠道收集线索；约谈督查对象负责人或相关责任人；运用现代信息技术手段开展“互联网+督查”等八种方式。（4）政府督查机构及督查人员违反《政府督查工作条例》规定，滥用职权、徇私舞弊、玩忽职守，泄露督查过程中所知悉的国家秘密、商业秘密、个人隐私，或违反廉政规定，对负有责任的领导人员和直接责任人员依法依规给予处理；构成犯罪的，依法追究刑责。①督查对象及其工作人员不得阻碍督查工作，不得隐瞒实情、弄虚作假，不得伪造、隐匿、毁灭证据。有上述情形的，由政府督查机构责令改正；情节严重的，依法依规追究责任。②对督查人员或提供线索、反映情况的单位和个人进行威胁、打击、报复、陷害的，依法依规追究责任。

从《行政执法机关移送涉嫌犯罪案件的规定》（2020年）的角度看，行政执法机关（依法律、法规或规章的规定，对破坏社会主义市场经济秩序、妨害社会管理秩序以及其他违法行为具有行政处罚权的行政机关，以及法律、法规授权的具有管理公共事务职能、在法定授权范围内实施行政处罚的组织）在依法查处违法行为过程中，发现公职人员有贪污贿赂、失职渎职或利用职权侵犯公民人身权利和民主权利等违法行为，涉嫌构成职务犯罪，应依刑法、刑诉法、监察法等法律规定及时将案件线索移送监察机关或检察院处理。

从《监察法》的角度看，监察委办案（贪污贿赂案、渎职侵权案、侵犯公民人身权利、民主权利犯罪案）共58个罪名：①贪污贿赂罪：贪污罪，挪用公款罪，受贿罪，利用影响力受贿罪，行贿罪，对有影响力的人行贿罪，单位受贿罪，对单位行贿罪，介绍贿赂罪，单位行贿罪，巨额财产来源不明罪，隐瞒境外存款罪，私分国有资产罪，私分罚没财物罪。②渎职罪：滥用职权罪；玩忽职守罪；故意泄露国家秘密罪；过失泄露国家秘密罪；徇私枉法罪；民事、行政枉法裁判罪；执行判决、裁定失职罪；执行判决、裁定滥用职权罪；枉法仲裁罪；私放在押人员罪；失职致使在押人员脱逃罪；徇私舞弊减刑、假释、暂予监外执行罪；徇私舞弊不移交刑事案件罪；滥用管理公司、证券职权罪；徇私舞弊不征、少征税款罪；徇私舞弊发售发票、抵扣税款、出口退税罪；违法提供出口退税凭证罪；国家机关工作人员签订、履行合同失职被骗罪；违法发放林木采伐许可证罪；环境监管失职罪；食品、药品监管渎职罪；传染病防治失职罪；非法批准征收、征用、占用土地罪；非法低价出让国有土地使用权罪；放纵走私罪；商检徇私舞弊罪；商检失职罪；动植物检疫徇私舞弊罪；动植物检疫失职罪；放纵制售伪劣商品犯罪行为罪；办理偷越国（边）境人员出入境证件罪；不解救被拐卖、绑架妇女、儿童罪；阻碍解救被拐卖、绑架妇女、儿童罪；帮助犯罪分子逃避处罚罪；招收公务员、学生徇私舞弊罪；失职造成珍贵文物损毁、流失罪。③侵犯公民人身权利、民主权利罪：国家机关工作人员利用职权实施的非法拘禁罪；国家机关工作人员利用职权实施的非法搜查罪；刑讯逼供罪；暴力取证罪；虐待被监管人罪；报复陷害罪；国家机关工作人员利用职权实施的破坏选举罪。

国家监察委员会、最高人民法院、最高人民检察院、公安部、司法部《关于在扫黑除恶专项斗争中分工负责、互相配合、互相制约、严惩公职人员涉黑涉恶违法犯罪问题的通知》（2020年）规定：①国家机关工作人员包庇黑社会性质的组织，或纵容黑社会性质的组织进行违法犯罪活动，以包庇、纵容黑社会性质组织罪定罪处罚。②国家机关工作人员既组织、领导、参加黑社会性质组织，又对该组织进行包庇、纵容，应以组织、领导、参加黑社会性质组织罪从重处罚。③国家机关工作人员包庇、纵容黑社会性质组织，该包庇、纵容行为同时还构成包庇罪；伪证罪；妨害作证罪；徇私枉法罪；滥用职权罪；帮助犯罪分子逃避处罚罪；徇私舞弊不移交刑事案件罪，以及徇私舞弊减刑、假释、暂予监外执行罪等其他犯罪，应择一重罪处罚。④非国家机关工作人员与国家机关工作人员共同包庇、纵容黑社会性质组织，且不属于该组织成员，以包庇、纵容黑社会性质组织罪的共犯论处。非国家机关工作人员的行为同时还构成其他犯罪，应择一重罪处罚。⑤公职人员利用职权或职务便利实施包庇、纵容黑恶势力、伪证、妨害作证，帮助毁灭、伪造证据，以及窝藏、包庇等犯罪行为，应酌情从重处罚。事先有通谋而实施支持帮助、包庇纵容等保护行为，以具体犯罪的共犯论处。

从身份犯、犯罪构成要件的角度看，渎职罪分为普通国家工作人员的渎职罪（滥用职权罪，玩忽职守罪，失职造成珍贵文物损毁、流失罪，违法提供出口退税凭证罪，招收公务员、学生徇私舞弊罪，故意泄露国家秘密罪和过失泄露国家秘密罪，国家机关工作人员签订、履行合同失职被骗罪，非法批准征收、征用、占用土地罪，非法低价出让国有土地使用权罪）、司法工作人员的渎职罪（徇私枉法罪，枉法仲裁罪，民事、行政枉法裁判罪，执行判决、裁定失职罪，执行判决、裁定滥用职权罪，私放在押人员罪，失职致使在押人员脱逃罪，徇私舞弊减刑、假释、暂予监外执行罪，帮助犯罪分子逃避处罚罪）、特定国家机关工作人员的渎职罪［滥用管理公司、证券职权罪；徇私舞弊不移交刑事案件罪；徇私舞弊不征、少征税款罪；徇私舞弊发售发票、抵扣税款、出口退税罪；违法提供出口退税证罪；违法发放林木采伐许可证罪；环境监管失职罪；食品、药品监管渎职罪；传染病防治失职罪；放纵走私罪；商检徇私舞弊罪；商检失职罪；动植物检疫徇私舞弊罪；动植物检疫失职罪；放纵制售伪劣商品犯罪行为罪；帮助犯罪分子逃避处罚罪；办理偷越国（边）境人员出入境证件罪；放行偷越国（边）境人员罪；不解救被拐卖、绑架妇女、儿童罪；阻碍解救被拐卖、绑架妇女儿童罪］等不同类型。

渎职罪的最高刑：①滥用职权罪、玩忽职守罪的一般最高刑为 3 年以上 7 年以下有期刑；国家机关工作人员徇私舞弊，犯滥用职权罪、玩忽职守罪的一般最高刑为 5 年以上 10 年以下有期刑。②故意泄露国家秘密罪、过失泄露国家秘密罪的最高刑为 3 年以上 7 年以下有期刑。③徇私枉法罪的最高刑为 10 年以上有期刑。④民事、行政枉法裁判罪的最高刑为 5 年以上 10 年以下有期刑。⑤执行判决、裁定失职罪，执行判决、裁定滥用职权罪的最高刑为 5 年以上 10 年以下有期刑。⑥司法工作人员收受贿赂，有徇私枉法、民事行政枉法裁判、执行判决裁定失职的行为，同时又构成受贿罪，依处罚较重的规定定罪处罚。⑦枉法仲裁罪的最高刑为 3 年以上 7 年以下有期刑。⑧私放在押人员罪的最高刑为 10 年以上有期刑。⑨失职致使在押人员脱逃罪的最高刑为 3 年以上 10 年以下有期刑。⑩徇私舞弊减刑、假释、暂予监外执行罪的最高刑为 3 年以上 7 年以下有期刑。⑪徇私舞弊不移交刑事案件罪的最高刑为 3 年以上 7 年以下有期刑。⑫滥用管理公司、证券职权罪的最高刑为 5 年以下有期刑或拘役。⑬徇私舞弊不征、少征税款罪的最高刑为 5 年以上有期刑。⑭徇私舞弊发售发票、抵扣税款、出口退税罪，违法提供出口退税凭证罪的最高刑为 5 年以上有期刑。⑮国家机关工作人员签订、履行合同失职被骗罪的最高刑为 3 年以上 7 年以下有期刑。⑯违法发放林木采伐许可证罪的最高刑为 3 年以下有期刑或拘役。⑰环境监管失职罪的最高刑为 3 年以下有期刑或拘役。⑱食品、药品监管渎职罪的最高刑为 5 年以上 10 年以下有期刑。⑲徇私舞弊犯食品监管渎职罪，从重处罚。⑳传染病防治失职罪的最高刑为3年以下有期刑或拘役。㉑非法批准征收、征用、占用土地罪，非法低价出让国有土地使用权罪的最高刑为3年以上7年以下有期刑。㉒放纵走私罪的最高刑为5年以上有期刑。㉓商检徇私舞弊罪的最高刑为5年以上10年以下有期刑。㉔商检失职罪的最高刑为3年以下有期刑或拘役。㉕动植物检疫徇私舞弊罪的最高刑为5年以上10年以下有期刑。㉖动植物检疫失职罪的最高刑为3年以下有期刑或拘役。㉗放纵制售伪劣商品犯罪行为罪的最高刑为5年以下有期刑或拘役。㉘办理偷越国（边）境人员出入境证件罪；放行偷越国（边）境人员罪的最高刑为3年以上7年以下有期刑。㉙不解救被拐卖、绑架妇女、儿童罪，阻碍解救被拐卖、绑架妇女儿童罪的最高刑为5年以下有期刑或拘役；负有解救职责的国家机关工作人员利用职务阻碍解救，构成阻碍解救被拐卖、绑架妇女儿童罪的最高刑为2年以下有期刑或拘役。㉚帮助犯罪分子逃避处罚罪的最高刑为3年以上10年以下有期刑。㉛招收公务员、学生徇私舞弊罪的最高刑为3年以下有期刑或拘役。㉜失职造成珍贵文物损毁、流失罪的最高刑为3年以下有期刑或拘役。

一、《刑法》第397条【滥用职权罪；玩忽职守罪】

从身份犯、渎职犯、故意犯、行为犯（作为犯、不作为犯）、情节犯、结果犯的角度看，国家机关工作人员滥用（超越职权的滥用；违法行使职权的滥用）职权或玩忽（不履行职责；不认真履行职责）职守，使公共财产、国家和人民利益遭受重大损失［①滥用职权造成死亡1人以上，或重伤3人以上，或轻伤9人以上，或重伤2人、轻伤3人以上，或重伤1人、轻伤6人以上；造成经济损失30万元以上；造成恶劣社会影响；其他使公共财产、国家和人民利益遭受重大损失的情形。②玩忽职守造成死亡1人以上，或重伤3人以上，或轻伤10人以上；造成直接经济损失30万元以上，或直接经济损失不满30万元，但间接经济损失超过100万元；徇私舞弊，造成直接经济损失20万元以上；造成有关公司、企业等单位停产、严重亏损、破产；严重损害国家声誉，或造成恶劣社会影响；海关、外汇管理部门的工作人员严重不负责任（过失），造成巨额外汇被骗或逃汇；其他使公共财产、国家利益和人民利益遭受重大损失的情形；徇私舞弊，有上述情形］的，处3年以下有期刑或拘役；情节特别严重［①造成死亡3人以上，或重伤9人以上，或轻伤27人以上，或重伤6人、轻伤9人以上，或重伤3人、轻伤18人以上。②造成经济损失（a. 渎职犯罪或与渎职犯罪相关联的犯罪立案时已实际造成的财产损失，含为挽回渎职犯罪所造成损失而支付的各种开支、费用等。b. 立案后至提起公诉前持续发生的经济损失，应一并计入渎职犯罪造成的经济损失）150万元以上。③造成经济损失150万元以上的后果，不报、迟报、谎报或授意、指使、强令他人不报、迟报、谎报事故情况，使损失后果持续、扩大或抢救工作延误。④造成特别恶劣社会影响。⑤其他特别严重的情节］的，处3年以上7年以下有期刑，以刑法另有规定依规定，为例外。

滥用职权罪是国家机关工作人员超越职权，违法决定、处理其无权决定、处理的事项，或违反规定处理公务，使公共财产、国家利益和人民利益遭受重大损失的行为。

（1）国家机关工作人员实施滥用职权、疏于审查或审查不严的行为，使盗窃、抢劫、诈骗、抢夺的机动车被办理登记手续，分别达到3辆以上或价值总额达到30万元以上、5辆以上或价值总额达到50万元的数量、数额标准5倍以上，或明知是盗窃、抢劫、诈骗、抢夺的机动车而办理登记手续，属于滥用职权罪的情节特别严重，处3年以上7年以下有期刑。（2）国家机关工作人员滥用职权（①违规或指使他人违规更改、调换车辆档案。②指使他人为明知是登记手续不全或不符合规定的机动车办理登记手续。③明知是登记手续不全或不符合规定的机动车而办理登记手续。④其他滥用职权的行为），使盗窃、抢劫、诈骗、抢夺的机动车被办理登记手续，数量达到3辆以上或价值总额达到30万元以上，以滥用职权罪定罪，处3年以下有期刑或拘役。（3）国家工作人员未经上级同意，委托证券公司理财造成公共财产重大损失，构成滥用职权罪。（4）在窨井盖采购、施工、验收、使用、检查过程中负有决定、管理、监督等职责的国家机关工作人员玩忽职守或滥用职权，致使公共财产、国家和人民利益遭受重大损失，依《刑法》第397条的规定，分别以玩忽职守罪、滥用职权罪定罪处罚。（5）在依法律、法规规定行使窨井盖行政管理职权的公司、企业、事业单位中从事公务的人员以及在受国家机关委托代表国家机关行使窨井盖行政管理职权的组织中从事公务的人员，玩忽职守或滥用职权，致使公共财产、国家和人民利益遭受重大损失，依《刑法》第397条滥用职权罪或玩忽职守罪和全国人大常委会《关于〈中华人民共和国刑法〉第九章渎职罪主体适用问题的解释》规定，分别以玩忽职守罪、滥用职权罪定罪处罚。（6）依法严惩危害水生生物资源的渎职犯罪。对长江流域重点水域水生生物资源保护负有监管、行政执法职责的国家机关工作人员，滥用职权或玩忽职守，致使公共财产、国家和人民利益遭受重大损失，应以《刑法》第397条滥用职权罪或玩忽职守罪定罪处罚。

【2012年·卷2·单选·21】下列哪一行为应以玩忽职守罪论处？（C）A. 法官执行判决时严重不负责任，因未履行法定执行职责，致当事人利益遭受重大损失。B. 检察官讯问嫌犯甲，甲要求上厕所，因检察官违规打开械具后未跟随，致甲在厕所翻窗逃跑。C. 值班警察与女友电话聊天时接到杀人报警，又闲聊10分钟后才赶往现场，因延迟出警，致被害人被杀、歹徒逃走。D. 市政府基建负责人因听信朋友介绍，未经审查便与对方签订建楼合同，致被骗300万元。

玩忽职守罪是国家机关工作人员严重不负责任（过失），不履行或不认真履行职责，使公共财产、国家利益和人民利益遭受重大损失的行为。①国家机关工作人员徇私舞弊，实施滥用职权、疏于审查或审查不严的行为，使盗窃、抢劫、诈骗、抢夺的机动车被办理登记手续的行为，构成犯罪，以玩忽职守罪定罪处罚。②国家机关工作人员疏于审查或审查不严，使盗窃、抢劫、诈骗、抢夺的机动车被办理登记手续，数量达到5辆以上或价值总额达到50万元以上，以玩忽职守罪定罪，处3年以下有期刑或拘役。③司法工作人员出于严重官僚主义，极端不负责，草率从事，情节严重或造成错押、错捕等严重后果，以玩忽职守罪论处。④邮电工作人员不负责任，玩忽职守，误拆、遗失、丢失邮件、电报，延误投递，情节严重，给国家和人民利益造成重大损失，应以玩忽职守罪追责。

以滥用职权罪或玩忽职守罪等罪追究刑责的情形：（1）负有无线电监管职责的国家机关工作人员滥用职权或玩忽职守，使公共财产、国家和人民利益遭受重大损失，应以滥用职权罪或玩忽职守罪追究刑责。（2）从司法解释的角度看，在预防、控制突发传染病疫情等灾害（突然发生，造成或可能造成社会公众健康严重损害的重大传染病疫情、群体性不明原因疾病以及其他严重影响公众健康的灾害）的工作中，负有组织、协调、指挥、灾害调查、控制、医疗救治、信息传递、交通运输、物资保障等职责的国家机关工作人员，滥用职权或玩忽职守，使公共财产、国家和人民利益遭受重大损失，以滥用职权罪或玩忽职守罪定罪处罚。法院、检察院办理有关妨害预防、控制突发传染病疫情等灾害的刑事案件，对有自首、立功等悔罪表现，依法从轻、减轻、免除处罚或依法作出不起诉决定。（3）国家机关工作人员滥用职权或玩忽职守，危害矿山生产安全，使公共财产、国家和人民利益遭受重大损失，以滥用职权罪或玩忽职守罪定罪处罚的六种情形：①对已依法取得批准的矿山生产经营单位不再具备安全生产条件而不撤销原批准或发现违反安全生产法律法规的行为不查处。②对未依法取得批准、验收的矿山生产经营单位擅自从事生产经营活动不依法处理。③对不符合矿山法定安全生产条件的事项批准或验收通过。④强令审核、验收部门及其工作人员对不符合矿山法定安全生产条件的事项实施批准或验收通过的行为，或实施其他阻碍下级部门及其工作人员依法履行矿山安全生产监管职责行为。⑤在矿山生产安全事故发生后，负有报告职责的国家机关工作人员不报或谎报事故情况，贻误事故抢救。⑥其他滥用职权或玩忽职守的行为。（4）国家机关工作人员在履行安全监管职责时滥用职权、玩忽职守，使公共财产、国家和人民利益遭受重大损失，或徇私舞弊，对发现的刑事案件依法应移交司法机关追究刑责而不移交，情节严重的，分别以滥用职权罪、玩忽职守罪或徇私舞弊不移交刑事案件罪定罪处罚。（5）国家情报工作机构及其工作人员有超越职权、滥用职权，侵犯公民和组织的合法权益，利用职务便利为自己或他人谋取私利，泄露国家秘密、商业秘密和个人信息等违法违纪行为，依法给予处分；构成犯罪的，依法追责。（6）县级以上政府有关部门及其工作人员在英雄烈士保护工作中滥用职权、玩忽职守、徇私舞弊，对直接负责的主管人员和其他直接责任人员，依法给予处分；构成犯罪的，依法追究刑责。（7）国家机关工作人员在行使反兴奋剂管理职权时滥用职权或玩忽职守，造成严重兴奋剂违规事件，严重损害国家声誉或造成恶劣社会影响，符合《刑法》第 397 条滥用职权罪、玩忽职守罪规定的，以滥用职权罪、玩忽职守罪定罪处罚。依法或受委托行使反兴奋剂管理职权的单位的工作人员，在行使反兴奋剂管理职权时滥用职权或玩忽职守，以滥用职权罪、玩忽职守罪定罪处罚。

滥用职权罪、玩忽职守罪的根本差异在于犯罪主观方面、犯罪行为表现形式的不同。

国家机关工作人员滥用职权或玩忽职守，实施四种违法犯罪行为（①违反石油天然气管道保护条例等国家规定，在油气设备安全保护范围内批准建设项目。②违反国家规定，给不符合法定条件的单位、个人发放石油、天然气勘查、开采、加工、经营等许可证。③超越职权范围，批准发放石油、天然气勘查、开采、加工、经营等许可证。④对发现或经举报查实的未经依法批准、许可擅自从事石油、天然气勘查、开采、加工、经营等违法活动不查封、取缔），使公共财产、国家和人民利益遭受重大损失的，以滥用职权罪或玩忽职守罪定罪处罚。

公司、企事业单位的工作人员在依法或受委托行使安全监管职责时滥用职权或玩忽职守，构成犯罪的，应依《刑法》第九章渎职罪主体适用问题的解释规定，适用渎职罪规定追究刑责。

债务人经法定程序被宣告破产，债务人潜逃、去向不明，或因行为人的责任超过诉讼时效等，使债权已无法实现，无法实现的债权部分应认定为渎职犯罪的经济损失。

渎职犯罪或与渎职犯罪相关联的犯罪立案后，罪犯及其亲友自行挽回的经济损失，司法机关或罪犯所在单位及其上级主管部门挽回的经济损失，或因客观原因减少的经济损失，不扣减，但可作为酌定从轻处罚的情节。

负有监管职责的国家机关工作人员滥用职权或玩忽职守，使不符合安全标准的食品、有毒、有害食品、假药、劣药等流入社会，对群众生命、健康造成严重危害后果，依渎职罪规定从严惩处。

从故意犯、身份犯、情节犯、渎职犯的角度看，国家机关工作人员徇私舞弊，犯滥用职权罪、玩忽职守罪，处5年以下有期刑或拘役；情节特别严重的，处5年以上10年以下有期刑，以刑法另有规定依规定，为例外。

依法或受委托行使国家行政管理职权的公司、企事业单位的工作人员，在行使行政管理职权时滥用职权或玩忽职守，构成犯罪，适用渎职罪的规定追究刑责。

二、《刑法》第398条【故意泄露国家秘密罪；过失泄露国家秘密罪】

从身份犯、情节犯、结果犯、故意犯、过失犯、渎职犯的角度看，国家机关工作人员违反保守国家秘密法规定，故意或过失泄露国家秘密（政党中的秘密事项、国家事务的重大决策、国防建设和武装力量活动、外交和外事活动、国民经济和社会发展、科技、维护国安活动和追究刑事犯罪活动、其他经国家保密工作部门确定应保守的国家秘密事项）或情报（涉及非国家秘密性质的国家政治经济军事科技等尚未公开或不宜公开泄露、影响国安和利益的情况和材料），情节严重（①国家机关工作人员涉嫌故意泄露国家秘密的行为有：泄露绝密级或机密级国家秘密；泄露秘密级国家秘密3项以上；向公众散布、传播国家秘密；泄露国家秘密已造成严重危害后果；利用职权指使或强迫他人违反国家保守秘密法的规定泄露国家秘密；以牟取私利为目的泄露国家秘密；其他情节严重的情形。②国家机关工作人员涉嫌过失泄露国家秘密的行为有：泄露绝密级国家秘密；泄露机密级国家秘密3项以上；泄露秘密级国家秘密3项以上，造成严重危害后果；泄露国家秘密或遗失秘密文件不如实提供有关情况；其他情节严重的情形）的，处3年以下有期刑或拘役；情节特别严重的，处3年以上7年以下有期刑。

非国家机关工作人员犯故意泄露国家秘密罪或过失泄露国家秘密罪，以故意泄露国家秘密罪或过失泄露国家秘密罪酌情处罚。

故意泄露国家秘密罪是国家机关工作人员或非国家机关工作人员违反保守国家秘密法，故意使国家秘密被不应知悉者知悉或使国家秘密超出了限定的接触范围，情节严重的行为。

过失泄露国家秘密罪是国家机关工作人员或非国家机关工作人员违反保守国家秘密法，过失泄露国家秘密，或遗失秘密文件，使国家秘密被不应知悉者知悉或超出了限定的接触范围，情节严重的行为。

三、《刑法》第399条【徇私枉法罪；民事、行政枉法裁判罪；执行判决、裁定失职罪；执行判决、裁定滥用职权罪】

从身份犯、故意犯、行为犯、情节犯、目的犯、渎职犯的角度看，司法工作人员［公安、国安、监狱、军队保卫部门、检察院（铁路运输检察院、林业检察院等专门检察院）、法院从事侦查、检察、审判工作的人员］徇私枉法、徇情枉法，对明知无罪的人而使其受追诉（枉法追诉）、对明知有罪的人而故意包庇不使其受追诉（枉法不追诉），或在刑审活动中故意违背事实和法律作枉法裁判（枉法裁判），处5年以下有期刑或拘役；情节严重（多次徇私、徇情枉法；案发后拒不认罪等）的，处5年以上10年以下有期刑；情节特别严重（徇私、徇情枉法造成重大冤假错案；故意包庇重大罪犯；包庇多名罪犯造成极其恶劣影响等）的，处10年以上有期刑。

从司法解释的角度看，徇私枉法罪的立案标准为：①对明知无犯罪事实或其他依法不应追究刑责的人采取伪造、隐匿、毁灭证明或其他隐瞒事实、违背法律的手段，以追究刑责为目的进行立案、侦查（含强制措施）、起诉、审判。②对明知有犯罪事实而需追究刑责的人，采取伪造、隐匿、毁灭证据或其他隐瞒事实、违背法律的手段，故意包庇使其不受立案、侦查（含强制措施）、起诉、审判。③采取伪造、隐匿、毁灭证据或其他隐瞒事实、违反法律的手段，故意使罪重的人受较轻的追诉，或使罪轻的人受较重的追诉。④在立案后，故意违背事实和法律，应采取强制措施而不采取强制措施，或虽采取强制措施，但无正当理由中断侦查或超过法定期限不采取任何措施，实际放任不管，违法撤销、变更强制措施，使嫌犯、被告人实际脱离司法机关侦控。⑤在刑事审判活动中，故意违背事实和法律作出枉法判决、裁定（有罪判无罪、无罪判有罪、重罪轻判、轻罪重判）。⑥其他枉法追诉，不追诉、枉法裁判行为。

从身份犯、故意犯、情节犯、渎职犯的角度看，司法工作人员（法院院长、副院长、审委会委员、庭长、副庭长、审判员、助理审判员、陪审员等）在民事、行政审判活动中故意违背事实和法律作枉法裁判，情节严重（①枉法裁判，使当事人或其近亲属自杀、自残造成重伤、死亡，或精神失常。②枉法裁判，造成个人财产直接经济损失10万元以上，或直接经济损失不满10万元，但间接经济损失50万元以上。③枉法裁判，造成法人或其他组织财产直接经济损失20万元以上，或直接经济损失不满20

万元，但间接经济损失 100 万元以上。④伪造、变造有关材料、证据，制造假案枉法裁判。⑤串通当事人制造伪证，毁灭证据或篡改庭审笔录而枉法裁判。⑥徇私情私利，明知是伪造、变造的证据采信，或故意对应采信的证据不予采信，或故意违反法定程序，或故意错误适用法律而枉法裁判。⑦其他情节严重的情形）的，处 5 年以下有期刑或拘役；情节特别严重的，处 5 年以上 10 年以下有期刑。

民事、行政枉法裁判罪是司法工作人员徇私枉法、徇情枉法，在民事、行政审判活动中故意违背事实与法律作枉法裁判，情节严重的行为。

从身份犯、故意犯、结果犯、渎职犯的角度看，犯执行判决、裁定失职罪，在执行判决、裁定活动中，严重不负责任（过失），或犯执行判决、裁定滥用职权罪，滥用职权，不依法采取诉讼保全措施、不履行法定执行职责，或违法采取诉讼保全措施、强制执行措施，使当事人或其他人的利益遭受重大损失的，处 5 年以下有期刑或拘役；使当事人或其他人的利益遭受特别重大损失的，处 5 年以上 10 年以下有期刑。

从身份犯、故意犯、情节犯、渎职犯、牵连犯的角度看，司法工作人员收受贿赂，有徇私枉法、民事行政枉法裁判、执行判决、裁定失职、执行判决裁定滥用职权、枉法仲裁的犯罪行为，同时又构成受贿罪的，依处罚较重的规定定罪处罚。

四、《刑法》第 399 条之一【枉法仲裁罪】

从身份犯、故意犯、情节犯、渎职犯、口袋罪的角度看，依法承担仲裁职责的人员，在仲裁活动中故意违背事实和法律作枉法裁决，情节严重的，处 3 年以下有期刑或拘役；情节特别严重的，处 3 年以上 7 年以下有期刑。

任何单位或个人不得要求法官从事超出法定职责范围的事务。对领导干部等干预司法活动、插手具体案件处理，或法院内部人员过问案件情况，办案人员应全面如实记录并报告；有违法违纪情形的，由有关机关根据情节轻重追究行为人的责任。

五、《刑法》第 400 条【私放在押人员罪；失职致使在押人员脱逃罪】

从身份犯、故意犯、行为犯、情节犯、渎职犯的角度看，司法工作人员（看守所、拘留所、少年犯管教所、拘役所、监狱等负有监管职责的管教人员、看守人员、执行逮捕、押解罪犯的人员）私放（利用自己看管、管教、押解、提审等职务便利条件，无合法手续，私自释放、逃避关押）在押（在羁押场所、押解途中）的嫌犯、被告人或罪犯（已决犯、未决犯），处 5 年以下有期刑或拘役；情节严重（私放重要的嫌犯、被告人或罪犯；私放多名嫌犯、被告人或罪犯；私放的嫌犯、被告人或罪犯继续犯罪或造成其他严重后果等）的，处 5 年以上 10 年以下有期刑；情节特别严重的，处 10 年以上有期刑。

私放在押人员罪是司法工作人员私放在押（含在羁押场所与押解途中）的嫌犯、被告人或罪犯的行为。①从司法实践的角度看，被私放的在押人员托管的时间长短、是否按时返回监所，均不影响私放在押人员罪的构成。②从牵连犯的角度看，司法工作人员收受贿赂私放在押的嫌犯、被告人或罪犯，同时触犯受贿罪、私放在押人员罪，应依牵连犯处罚较重的犯罪处罚。

私放在押人员罪的立案标准：①私自将在押的嫌犯、被告人、罪犯放走，或授意、指使、强迫他人将在押的嫌犯、被告人、罪犯放走。②伪造、变造有关法律文书，以使在押的嫌犯、被告人、罪犯脱逃。③为在押的嫌犯、被告人、罪犯通风报信、提供条件，帮助其脱逃。④其他私放在押的嫌犯、被告人、罪犯的行为。

从身份犯、过失犯、结果犯、渎职犯的角度看，司法工作人员因严重不负责任（过失或职务过错），使在押的嫌犯、被告人或罪犯脱逃，造成严重后果（使依法可能判处或已判处 10 年以上有期刑、无期刑、死刑的嫌犯、被告人、罪犯脱逃；3 次以上使嫌犯、被告人、罪犯脱逃，或 1 次使 3 名以上嫌犯、被告人、罪犯脱逃；嫌犯、被告人、罪犯脱逃后，打击报复控告人、检举人、被害人、证人与司法工作人员等，或继续犯罪，危害社会；其他使在押的嫌犯、被告人、罪犯脱逃，造成严重后果的行为)，处 3 年以下有期刑或拘役；造成特别严重后果的，处 3 年以上 10 年以下有期刑。

六、《刑法》第 401 条【徇私舞弊减刑、假释、暂予监外执行罪】

从身份犯、故意犯、行为犯、情节犯、渎职犯的角度看，司法工作人员徇私舞弊（虚构事实、隐瞒真相、伪造条件等)，对不符合减刑、假释、暂予监外执行条件的罪犯，减刑、假释或暂予监外执行的，处 3 年以下有期刑或拘役；情节严重（违法对严重的罪犯减刑假释，危害社会；违法减刑、假释或暂予监外执行造成恶劣的社会影响；受贿而违法减刑、假释或暂予监外执行；被违法减刑、假释、暂予监外执行的罪犯继续犯罪等）的，处 3 年以上 7 年以下有期刑。

徇私舞弊减刑、假释、暂予监外执行罪是司法工作人员徇私舞弊，对不符合减刑、假释、暂予监外执行条件的罪犯减刑、假释、暂予监外执行的行为。

七、《刑法》第 402 条【徇私舞弊不移交刑事案件罪】

从身份犯、故意犯、情节犯、结果犯的角度看，行政执法人员徇私舞弊，对依法应移交司法机关追究刑责的不移交，情节严重（对依法可能判处 3 年以上有期刑、无期刑、死刑的犯罪案件不移交；3 次以上不移交犯罪案件，或 1 次不移交犯罪案件涉及 3 名以上嫌犯；司法机关发现并提出意见后，无正当理由仍不予移交；以罚代刑，放纵嫌犯，使嫌犯继续进行违法犯罪活动；行政执法部门主管领导阻止移交；隐瞒、毁灭证据，伪造材料，改变刑事案件性质；直接负责的主管人员与其他直接责任人员为牟取本单位私利不移交刑事案件，情节严重；其他情节严重的情形）的，处 3 年以下有期刑或拘役；造成严重后果的，处 3 年以上 7 年以下有期刑。

徇私舞弊不移交刑事案件罪是行政执法人员徇私情私利，伪造材料，隐瞒情况，弄虚作假，对依法应移交司法机关追究刑责的案件，不移交司法机关处理，情节严重的行为。①徇私舞弊不移交刑事案件罪、滥用职权罪存在特别法和普通法的法条竞合关系，行为人的行为同时触犯徇私舞弊不移交刑事案件罪、滥用职权罪的规定和其他有关条款规定，应按特别法的规定定罪处罚。②国家机关工作人员在履行安全监管职责时滥用职权、玩忽职守，使公共财产、国家和人民利益遭受重大损失，或徇私舞弊，对发现的刑事案件依法应移交司法机关追究刑责而不移交，情节严重，分别以滥用职权罪、玩忽职守罪或徇私舞弊不移交刑事案件罪定罪处罚。

八、《刑法》第403条【滥用管理公司、证券职权罪】

从身份犯、故意犯、结果犯的角度看，国家有关主管部门的国家机关工作人员，徇私舞弊，滥用职权，对不符合法律规定条件的公司设立、登记申请或股票、债券发行、上市申请，批准或登记，使公共财产、国家和人民利益遭受重大损失（市场监管部门的工作人员对不符合法律规定条件的公司设立、登记申请，违法批准、登记，严重扰乱市场秩序；市场监管部门、金融证券管理机构的工作人员对不符合法律规定条件的公司设立、登记申请或股票、债券发行、上市申请违法批准或登记，使犯罪行为得逞；金融证券管理机构工作人员对不符合法律规定条件的股票、债券发行、上市申请，违法批准，严重损害公众利益，或严重扰乱金融秩序；上级部门强令登记机关及其工作人员实施徇私舞弊，滥用职权，对不符合法律规定条件的公司设立、登记申请或股票、债券发行、上市申请批准或登记，使公共财产、国家和人民利益遭受重大损失；其他使公共财产、国家利益和人民利益遭受重大损失的情形）的，处5年以下有期刑或拘役。

滥用管理公司、证券职权罪是市场监管、银行、证券管理等国家有关主管部门的工作人员徇私舞弊，滥用职权，对不符合法律规定条件的公司设立、登记申请或股票、债券发行、上市申请批准或登记，使公共财产、国家利益和人民利益遭受重大损失的行为，以及上级部门、当地政府强令登记机关及其工作人员实施上述行为的行为。

上级部门强令登记机关及其工作人员实施滥用管理公司、证券职权的犯罪行为，对其直接负责的主管人员，以滥用管理公司、证券职权罪处罚。

九、《刑法》第404条【徇私舞弊不征、少征税款罪】

从身份犯、结果犯的角度看，税务机关的工作人员徇私舞弊，不征或少征应征税款，使国家税收遭受重大损失，处5年以下有期刑或拘役；造成特别重大损失的，处5年以上有期刑。

【2002年·卷2·单选·10】税务稽查员甲发现A公司欠税80万元，便私下与A公司有关人员联系，要求对方汇10万元到自己存折上以了结此事。A公司将10万元汇到甲的存折上后，甲利用职务上的便利为A公司免交80万元税款办理了手续。对甲的行为应如何处理？（C）A. 认定为徇私舞弊不征、少征税款罪，从重处罚。B. 认定为受贿罪，从重处罚。C. 认定为徇私舞弊不征、少征税款罪与受贿罪的竞合，从一重处罚。D. 认定为徇私舞弊不征、少征税款罪与受贿罪，实行数罪并罚。

十、《刑法》第 405 条【徇私舞弊发售发票、抵扣税款、出口退税罪；违法提供出口退税证罪】

从身份犯、故意犯、结果犯、渎职犯的角度看，税务机关的工作人员违反法律、行政法规规定，在办理发售发票、抵扣税款、出口退税工作中，徇私舞弊，使国家利益遭受重大损失（为徇私情私利，违反法律、行政法规，伪造材料，隐瞒情况，弄虚作假，对不应发售的发票发售，对不应抵扣的税款抵扣，对不应给予出口退税的给予退税，或擅自决定发售不应发售的发票、抵扣不应抵扣的税款、给予出口退税，使国家税收损失累计达 10 万元以上；徇私舞弊，使国家税收损失累计不满 10 万元，但有索取、收受贿赂或其他恶劣情节）的，处 5 年以下有期刑或拘役；使国家利益遭受特别重大损失的，处 5 年以上有期刑。

徇私舞弊发售发票、抵扣税款、出口退税罪是税务机关工作人员违反法律、行政法规，在办理发售发票、抵扣税款、出口退税工作中徇私舞弊，使国家利益遭受重大损失的行为。

其他国家机关工作人员违反国家规定，在提供出口货物报关单、出口收汇核销单等出口退税凭证的工作中，徇私舞弊，使国家利益遭受重大损失（①为徇私情私利，违反国家规定，伪造材料，隐瞒情况，弄虚作假，提供不真实的出口货物报关单、出口收汇核销单等出口退税凭证，使国家税收损失累计达 10 万元以上。②徇私舞弊，使国家税收损失累计不满 10 万元，但有索取、收受贿赂或其他恶劣情节）的，犯违法提供出口退税证罪，处 5 年以下有期刑或拘役；使国家利益遭受特别重大损失的，处 5 年以上有期刑。

违法提供出口退税凭证罪是海关、商检、外汇管理等国家机关工作人员违反国家规定，在提供出口货物报关单、出口收汇核销单等出口退税凭证的工作中徇私舞弊，使国家利益遭受重大损失的行为。

十一、《刑法》第 406 条【国家机关工作人员签订、履行合同失职被骗罪】

从身份犯、过失犯、结果犯、渎职犯的角度看，国家机关工作人员在签订、履行合同过程中，因严重不负责任（过失）［作为、不作为；违反纪律、规章制度，盲目轻信、马虎草率、敷衍塞责、粗枝大叶，严重不负责任（过失）、不履行或不正确履行自己的职责义务］被诈骗，使国家利益遭受重大损失（经济损失、非经济损失；造成直接经济损失 30 万元以上；其他使国家利益遭受重大损失）的，处 3 年以下有期刑或拘役；使国家利益遭受特别重大损失（重大的经济损失；严重损害国家机关的正常活动、社会声誉等）的，处 3 年以上 7 年以下有期刑。

国家机关工作人员签订、履行合同失职被骗罪是国家机关工作人员在签订、履行合同过程中，因严重不负责任（过失），不履行或不认真履行职责被诈骗，使国家利益遭受重大损失的行为。①签订、履行合同失职被骗罪的“签订、履行”是记述的构成要件要素、积极的构成要件要素。②从比较法的角度看，国家机关工作人员签订、履行合同失职被骗罪和签订、履行合同失职被骗罪的主观方面、客观方面有相似性，关键在于犯罪主体的不同。

十二、《刑法》第407条【违法发放林木采伐许可证罪】

从身份犯、故意犯、数额犯、情节犯、结果犯、渎职犯的角度看，林业主管部门的工作人员违反森林法规定，超过批准的年采伐限额发放林木采伐许可证或违反规定滥发林木采伐许可证，情节严重（①滥发林木采伐许可证，导致国家禁止采伐的林木被采伐。②滥发林木采伐许可证，导致珍贵树木或国家重点保护的其他树木被滥伐。③发放林木采伐许可证允许采伐数量累计超过批准的年采伐限额，导致林木被超限额采伐10立方米以上。④滥发林木采伐许可证，导致防护林、特种用途林被滥伐5立方米以上，或幼树被滥伐200株以上。⑤滥发林木采伐许可证，导致林木被滥伐20立方米以上，或导致幼树被滥伐1000株以上。⑥其他情节严重，使森林遭受严重破坏情形），使森林遭受严重破坏，处3年以下有期刑或拘役。

违法发放林木采伐许可证罪是林业主管部门的工作人员违反森林法，超过批准的年采伐限额发放林木采伐许可证或违反规定滥发林木采伐许可证，情节严重，使森林遭受严重破坏的行为。①林业主管部门工作人员违法发放林木采伐许可证，使森林遭受严重破坏，以违法发放林木采伐许可证罪追究刑责；以其他方式滥用职权或玩忽职守，使森林遭受严重破坏，以滥用职权罪或玩忽职守罪追究刑责。②林业主管部门工作人员外的国家机关工作人员，违反森林法规定，滥用职权或玩忽职守，使林木被滥伐40立方米以上或幼树被滥伐2000株以上，或使防护林、特种用途林被滥伐10立方米以上或幼树被滥伐400株以上，或使珍贵树木被采伐、毁坏4立方米或4株以上，或使国家重点保护的其他植物被采伐、毁坏后果严重，或使国家严禁采伐的林木被采伐、毁坏情节恶劣，以滥用职权罪或玩忽职守罪追责。

十三、《刑法》第408条【环境监管失职罪】

从身份犯、过失犯、结果犯、渎职犯的角度看，负有环保监管职责的国家机关（大气、海洋、河流、湖泊、水利、土地、矿产、林业、草原、农业、渔业等行业的环保监管部门、环保协管部门）工作人员严重不负责任（过失）（违反环保法、海洋环保法、水污染防治法、大气污染防治法、固体废物污染防治法、水法、渔业法、草原法、森林法、土地管理法、矿产资源法、野生动物保护法等法律法规，极不负职责），导致发生重大环境污染事故（肆意、擅自向土地、水体、大气排放、倾倒或处置有放射性的废物、含传染病病原体的废物、有毒物质或其他危险废物，使生态环境严重破坏恶化，危及人类生存），使公私财产遭受重大损失或造成人身伤亡的严重后果的，处3年以下有期刑或拘役。

环境监管失职罪是负有环保监管职责的国家机关工作人员严重不负责任（过失），不履行或不认真履行环保监管职责导致发生重大环境污染事故，使公私财产遭受重大损失或造成人身伤亡的严重后果的行为。

环境监管失职罪的立案标准：①造成直接经济损失 30 万元以上。②造成人员死亡 1 人以上或重伤 3 人以上或轻伤 10 人以上。③使一定区域内的居民的身心健康受到严重危害。④其他使公私财产遭受重大损失或造成人身伤亡严重后果的情形。

从比较法的角度看，环境监管失职罪、重大责任事故罪的主观方面有相似性，关键在于犯罪主体、犯罪客体、犯罪行为方式、犯罪环境或犯罪地点的不同。

十四、《刑法》第 408 条之一【食品、药品监管渎职罪】

从身份犯、过失犯、结果犯、渎职犯的角度看，负有食品药品安监职责的国家机关工作人员，滥用职权（积极作为）或玩忽职守（消极的不作为），有瞒报、谎报食品安全（食品添加剂、食品包装材料、容器、洗涤剂、消毒剂、食品生产经营的工具设备、食用农产品的质量安全管理，食品流通经营或餐饮服务）事故、药品安全事件；对发现的严重食品药品安全违法行为未按规定查处；在药品和特殊食品审批审评过程中，对不符合条件的申请准予许可；依法应移交司法机关追究刑责不移交；有其他滥用职权或玩忽职守行为 5 种情形之一，造成严重后果（造成有关食品安全事故的其他严重后果）或有其他严重情节的，处 5 年以下有期刑或拘役；造成特别严重后果或有其他特别严重情节的，处 5 年以上 10 年以下有期刑。

从从重处罚的角度看，负有食品安全监管职责的国家机关工作人员徇私舞弊犯食品、药品监管渎职罪的，从重处罚。

从比较法的角度讲，食品、药品监管渎职罪、商检徇私舞弊罪、动植物检疫徇私舞弊罪和徇私情节的滥用职权罪、玩忽职守罪的法定刑有相似性，关键在于犯罪动机、犯罪目的、犯罪行为、犯罪后果的不同。①从结果犯的角度看，商检、动植物检疫部门等有关国家机关工作人员在食品安全监管过程中渎职失职，发生重大食品安全事故或与食品安全事故有关的其他严重后果，构成食品安全监管渎职罪，否则可能构成商检徇私舞弊罪、商检失职罪、动植物检疫徇私舞弊罪或动植物检疫失职罪。②从身份犯、结果犯的角度看，卫生健康、农业、质检、市场监管等有关国家机关工作人员在食品安全监管过程中渎职失职，发生重大食品安全事故或与食品安全事故有关的其他严重后果，构成食品安全监管渎职罪，否则可能构成滥用职权罪、玩忽职守罪、放纵制售伪劣商品犯罪行为罪。

十五、《刑法》第 410 条【非法批准征收、征用、占用土地罪；非法低价出让国有土地使用权罪】

非法批准征用、占用土地罪是国家机关工作人员徇私舞弊，违反土地管理法规，滥用职权，非法批准征用、占用土地，情节严重的行为。对应追诉的多次实施或 1 年内多次实施非法转让、倒卖土地使用权或非法低价出让国有土地使用权、非法占有耕地、非法批准征用、占有土地的行为，按累计的数量、数额处罚。

非法低价出让国有土地使用权罪是国家机关工作人员徇私舞弊，违反土地管理法规，滥用职权，非法低价出让国有土地使用权，情节严重的行为。

从身份犯、故意犯、情节犯、结果犯、渎职犯的角度看，国家机关工作人员徇私舞弊，违反土地管理法规（草原法等），滥用职权，非法批准征收、征用、占用土地，情节严重（①非法批准征用、占用基本农田10亩以上；非法批准征用、占用基本农田外的耕地30亩以上；非法批准征用、占用其他土地50亩以上；虽未达到非法批准征用、占用基本农田10亩以上或基本农田外的耕地30亩以上或其他土地50亩以上数量标准，但非法批准征用、占用土地造成直接经济损失30万元以上；造成耕地大量毁坏等恶劣情节。②非法批准征收、征用、占用草原，造成20亩以上草原被毁坏；非法批准征收、征用、占用草原40亩以上；非法批准征收、征用、占用草原，造成直接经济损失30万元以上或有其他恶劣情节）的，处3年以下有期刑或拘役；使国家或集体利益遭受特别重大损失（①非法批准征用、占用基本农田20亩以上；非法批准征用、占用基本农田外的耕地60亩以上；非法批准征用、占用其他土地100亩以上；非法批准征用、占用土地，造成基本农田50亩以上或其他土地10亩以上严重毁坏；非法批准征用、占用土地造成直接经济损失50万元以上等恶劣情节。②非法批准征收、征用、占用草原，造成40亩以上草原被毁坏；非法批准征收、征用、占用草原80亩以上；非法批准征收、征用、占用草原，造成直接经济损失60万元以上或其他特别恶劣情节）的，处3年以上7年以下有期刑。

从身份犯、故意犯、情节犯、结果犯、渎职犯的角度看，国家机关工作人员徇私舞弊，违反土地管理法规（草原法等），滥用职权，非法低价出让国有土地使用权，情节严重［非法低价（含无偿）出让国有土地使用权面积30亩以上，并出让价格低于国家规定的最低价格的60%；造成国有土地资产流失价额30万元以上；非法低价出让国有土地使用权的数量虽未达到30亩以上，并出让价格低于国家规定的最低价格的60%数量标准，但造成国有土地资产流失价值20万元以上或植被遭到严重破坏；非法低价出让国有土地使用权，影响群众生产、生活，引起纠纷，造成恶劣影响或其他严重后果］的，处3年以下有期刑或拘役；使国家或集体利益遭受特别重大损失［非法低价（含无偿）出让国有土地使用权面积60亩以上，并出让价格低于国家规定的最低价格的40%；造成国有土地资产流失价额50万元以上］的，处3年以上7年以下有期刑。

十六、《刑法》第414条【放纵制售伪劣商品犯罪行为罪】

从身份犯、故意犯、纯正不作为犯、情节犯、渎职犯的角度看，对生产、销售伪劣商品犯罪行为负有追究责任的国家机关工作人员（市场监管部门、质检部门等），徇私舞弊，不履行法律规定的追究职责（国家机关工作人员徇私舞弊，对生产、销售伪劣商品犯罪不履行法律规定的查处职责），情节严重（放纵制售假药，有毒、有害食品犯罪行为；放纵依法可能判处3年有期刑以上刑罚的生产、销售、伪劣商品犯罪行为；对生产、销售伪劣商品犯罪行为不履行追究职责，使生产、销售伪劣商品犯罪行为得以继续；对生产、销售伪劣商品犯罪行为不履行追究职责，使国家利益和人民利益遭受重大损失或造成恶劣影响；3次以上不履行追究职责，或对3个以上有生产、销售伪劣商品犯罪行为的单位或个人不履行追究职责）的，处5年以下有期刑或拘役。

放纵制售伪劣商品犯罪行为罪是对生产、销售伪劣商品犯罪行为负有追究责任的市场监管、质检等机关工作人员徇私舞弊，不履行法律规定的追究职责，情节严重的行为。

十七、《刑法》第411条【放纵走私罪】

从身份犯、故意犯、纯正不作为犯、情节犯的角度看，海关工作人员徇私舞弊，放纵走私（海关工作人员侦查或查处等阶段基于贿赂、说情、私情私利、贪财、诱惑、袒护亲友或报复、嫉妒等目的、动机，利用职权，故意对走私行为不处理、不查处、不处罚、不移交明知走私行为而弄虚作假、隐瞒事实包庇、放纵走私犯罪），情节严重（放纵走私犯罪；因放纵走私使国家应收税额损失累计达10万元以上；3次以上放纵走私行为或1次放纵3起以上走私行为；因收受贿赂放纵走私）的，处5年以下有期刑或拘役；情节特别严重（放纵重大的走私犯罪分子；放纵走私给国家造成特别巨大的经济损失等）的，处5年以上有期刑。

放纵走私罪是海关工作人员徇私舞弊，放纵走私，情节严重的行为。从海关法的角度看，海关工作人员放纵走私，根据情节轻重，给予行政处分或依法追究刑责。

十八、《刑法》第417条【帮助犯罪分子逃避处罚罪】

从身份犯、故意犯、行为犯、情节犯、渎职犯的角度看，有查禁犯罪活动职责的国家机关（司法、海关、税务等国家机关）工作人员（特殊主体），向罪犯通风报信（通过口述、视频、电话、电报、传真、书信、微信、微博、QQ、第三人转告等方式方法泄露、提供有关查禁犯罪活动的时间、地点、人员、方案、计划、部署等内部秘密信息）、提供便利（为犯罪分子提供住处等隐藏处所、钱物、交通工具、证件资助其逃跑；指点迷津，协助其串供、隐匿、毁灭、伪造、篡改证据等）的，帮助罪犯逃避处罚（刑罚等），处3年以下有期刑或拘役；情节严重（对性质恶劣的犯罪分子或犯罪集团通风报信、提供便利；多次向犯罪分子通风报信，或因向犯罪分子通风报信、提供便利，造成严重后果等）的，处3年以上10年以下有期刑。

帮助罪犯逃避处罚罪是有查禁犯罪活动职责的同法及公安、国家安全、海关、税务等国家机关的工作人员向罪犯通风报信、提供便利，帮助罪犯逃避处罚的行为。

帮助犯罪分子逃避处罚罪的立案标准：①为使犯罪分子逃避处罚，向犯罪分子及其亲属泄漏有关部门查禁犯罪活动的部署、人员、措施、时间、地点等情况。②为使犯罪分子逃避处罚，向犯罪分子及其亲属提供交通工具、通信设备、隐藏处所等便利条件。③为使犯罪分子逃避处罚，向犯罪分子及其亲属泄漏案情，帮助、指示其隐匿、毁灭、伪造证据及串供、翻供。④其他向犯罪分子通风报信、提供便利、帮助犯罪分子逃避处罚的行为。

帮助罪犯逃避处罚罪的情形：①有查禁扰乱无线电管理秩序犯罪活动职责的国家机关工作人员，向罪犯通风报信、提供便利，帮助罪犯逃避处罚，应以帮助犯罪分子逃避处罚罪追究刑责；事先通谋，以帮助犯罪分子逃避处罚罪的共犯论处。②有查禁犯罪活动职责的国家机关工作人员为达到受贿目的，利用职务便利，帮助罪犯逃避处罚，应以受贿罪、帮助犯罪分子逃避处罚罪实行数罪并罚。③有查禁犯罪活动职责的国家机关工作人员，向罪犯通风报信、提供便利，帮助罪犯逃避处罚的，构成帮助犯罪分子逃避处罚罪。④从牵连犯的角度看，有查禁犯罪活动职责的国家机关工作人员对犯罪分子通风报信的内容涉及国家秘密、国际情报或军事秘密、军事情报，又触犯故意泄露国家秘密罪或故意泄露军事秘密罪，应依牵连犯择一重罪原则从重处罚。⑤从牵连犯的角度看，有查禁犯罪活动职责的国家机关工作人员与犯罪分子基于共同故意的事先通谋犯罪而事后帮助逃避处罚的，应依牵连犯择一重罪原则从重处罚。⑥负有查禁破坏水生生物资源犯罪活动职责的国家机关工作人员，向犯罪分子通风报信、提供便利，帮助犯罪分子逃避处罚，应以《刑法》第 417 条帮助犯罪分子逃避处罚罪定罪处罚。

十九、《刑法》第 409 条【传染病防治失职罪】

从身份犯、情节犯、渎职犯的角度看，从事传染病防治的政府卫生健康部门的工作人员严重不负责任（过失），导致传染病传播或流行，情节严重（在国家对突发传染病疫情等灾害采取预防、控制措施后，有隐瞒、缓报、谎报或授意、指使、强令他人隐瞒、缓报、谎报疫情、灾情，造成传染范围扩大或疫情、灾情加重；或拒不执行突发传染病疫情等灾害应急处理指挥机构的决定、命令，造成传染范围扩大或疫情、灾情加重；对发生突发传染病疫情等灾害的地区或突发传染病病人、病原携带者、疑似突发传染病病人，未按预防、控制突发传染病疫情等灾害工作规范的要求做好防疫、检疫、隔离、防护、救治等工作，或采取的预防、控制措施不当，造成传染范围扩大或疫情、灾情加重；其他严重情节），处 3 年以下有期刑或拘役。

在预防、控制突发传染病疫情等灾害期间，从事传染病防治的政府卫生健康行政部门的工作人员，或在受政府卫生健康行政部门委托代表政府卫生健康行政部门行使职权的组织中从事公务的人员，或虽未列入政府卫生健康行政部门人员编制但在政府卫生健康行政部门从事公务的人员，在代表政府卫生健康行政部门行使职权时，严重不负责任（过失），导致传染病传播或流行，情节严重的，以传染病防治失职罪定罪处罚。

二十、《刑法》第 412 条【商检徇私舞弊罪；商检失职罪】

从身份犯、故意犯、行为犯、结果犯、渎职犯的角度看，国家商检部门、商检机构的工作人员徇私舞弊，伪造检验结果（对不合格的商品作检验合格的结果，对合格的商品作检验不合格的结果；为出具检验证书更换检验标的物或直接篡改检验证书；导致依法不应进出口的商品进出口，依法应进出口的商品不能进出口）的，处 5 年以下有期刑或拘役；造成严重后果（致依法不应进出口的商品进出口；依法应进出口的商品不能进出口等）的，处 5 年以上 10 年以下有期刑（加重法定刑）。

从司法解释、海关法、进出口商品检验法的角度看，商检徇私舞弊罪是国家商检部门、商检机构的工作人员徇私舞弊，伪造检验结果的行为。国家商检部门、商检机构的工作人员涉嫌在商品检验过程中，为徇私情私利，对报检的商品采取伪造、变造的手段对商检的单证、印章、标志、封识、质量认证标志等作虚假的证明或出具不真实的结论，含将送检的合格商品检验为不合格，或将不合格检验为合格等行为，对该行为均应立案。

从身份犯、过失犯、结果犯、渎职犯的角度看，国家商检部门、商检机构的工作人员严重不负责任（过失），对应检验的物品不检验，或延误检验出证、错误出证，使国家利益遭受重大损失（因不检验或延误检验出证、错误出证，使依法进出口商品不能进口或出口，导致合同、订单被取消，或外商向我方索赔或影响我方向外商索赔，直接经济损失达30万元以上；因不检验或延误检验出证、错误出证，使不合格商品进口或出口，严重损害国家利益和人民利益；3次以上不检验或延误检验出证、错误出证，严重影响国家对外经贸关系或国家声誉）的，处3年以下有期刑或拘役。

商检失职罪是国家商检部门、商检机构的工作人员严重不负责任（过失），对应检验的物品不检验，或延误检验出证、错误出证，使国家利益遭受重大损失的行为。

二十一、《刑法》第413条【动植物检疫徇私舞弊罪；动植物检疫失职罪】

从身份犯、故意犯、行为犯、结果加重犯、渎职犯的角度看，动植物检疫机关（国家动植物检疫机关、口岸动植物检疫机关）的检疫人员徇私舞弊，伪造检疫结果（通过检疫放行通知单、动物过境许可证、动物检疫证书、植物检疫证书、动物健康证书、兽医卫生证书、熏蒸消毒证书等方式方法，伪造、出具被检疫内容全部虚假或部分虚假的不合格结果）的，处5年以下有期刑或拘役；造成严重后果（结果加重情节）的，处5年以上10年以下有期刑。

动植物检疫徇私舞弊罪是国家检验检疫部门及检验检疫机构中从事动植物检疫工作的人员徇私舞弊，伪造检疫结果的行为。①国家检验检疫部门及检验检疫机构中从事动植物检疫工作的人员涉嫌在动植物检疫过程中，为徇私情私利，采取伪造、变造的手段对检疫的单证、印章、标志、封识等作虚假的证明或出具不真实的结论，含将合格检为不合格，或将不合格检为合格等行为，这些行为都应予立案。②从进出口动植物检疫法的角度看，动植物检疫机关检疫人员滥用职权，徇私舞弊，伪造检疫结果，或玩忽职守，延误检疫出证，构成犯罪的，依法追究刑责；不构成犯罪的，给予行政处分。③国家检验检疫部门及检验检疫机构中从事动植物检疫的非检疫人员徇私舞弊、滥用职权指使他人伪造检疫结果，构成动植物检疫徇私舞弊罪的共犯。④国家检验检疫部门及检验检疫机构中从事动植物检疫的工作人员与走私动植物、动植物制品的人勾结，伪造检疫结果帮助走私，应依牵连犯择一重罪处罚原则以走私珍贵动物、珍贵动物制品罪或走私珍稀植物、珍稀植物制品罪等罪论处。

重大、特大动植物检疫徇私舞弊案件的立案标准：（1）重大动植物检疫徇私舞弊案件的立案标准：①徇私舞弊，3次以上伪造检疫结果。②造成直接经济损失50万元以上。（2）特大动植物检疫徇私舞弊案件的立案标准：①徇私舞弊，5次以上伪造检疫结果。②造成直接经济损失100万元以上。

从身份犯、过失犯、结果犯、渎职犯的角度看，动植物检疫机关的检疫人员严重不负责任（过失），对应检疫的检疫物不检疫，或延误检疫出证、错误出证，使国家利益遭受重大损失（因不检疫，或延误检疫出证、错误出证，使依法进出口的动植物不能进口或出口，导致合同、订单被取消，或外商向我方索赔或影响我方向外商索赔，直接经济损失达30万元以上；因不检疫，或延误检疫出证、错误出证，导致重大疫情发生、传播或流行；因不检疫或延误检疫出证、错误出证，导致疫情发生，造成人员死亡或残疾；3次以上不检疫，或延误检疫出证、错误出证，严重影响国家对外经贸关系与国家声誉）的，处3年以下有期刑或拘役。

从司法解释的角度看，动植物检疫失职罪是国家检验检疫部门及检验检疫机构中从事动植物检疫工作的人员严重不负责任（过失），对应检疫的检疫物不检疫，或延误检疫出证、错误出证，使国家利益遭受重大损失的行为。

二十二、《刑法》第419条【失职造成珍贵文物损毁、流失罪】

从身份犯、过失犯、结果犯、渎职犯的角度看，国家机关工作人员严重不负责任（过失），造成珍贵文物损毁或流失，后果严重（①导致全国重点文物保护单位、省级文物保护单位的本体严重损毁或灭失。②导致国家一、二、三级文物损毁或流失。导致国家二级以上文物或5件以上三级文物损毁或流失。③其他后果严重情形）的，处3年以下有期刑或拘役。

失职造成珍贵文物损毁、流失罪是国家机关工作人员严重不负责任（过失），造成珍贵文物损毁或流失，后果严重的行为。

从犯罪对象、犯罪客体的角度看，文物类的罪名有：失职造成珍贵文物损毁、流失罪（渎职罪）；倒卖文物罪；走私文物罪（走私罪）；故意损毁文物罪；过失损毁文物；故意损毁名胜古迹罪；盗掘古文化遗址、古墓葬罪；盗掘古人类化石、古脊椎动物化石罪（妨害文物管理罪）等。

二十三、《刑法》第415条【办理偷越国（边）境人员出入境证件罪；放行偷越国（边）境人员罪】

从中国公民出境入境管理法、外国人入境出境管理法、身份犯、故意犯、行为犯、情节犯的角度讲，负责办理［利用自己职务范围内的权力、地位形成的便利条件，对企图偷越境的人员利用职务，非法签发护照（外交护照、公务护照、普通护照）］签证及其他出入境证件（边防证、海员证、过境通行证、港澳同胞回乡证等）的国家机关（公安机关、外交外事机关等）工作人员，对明知是企图偷越国（边）境（越境）的人员办理出入境证件，或边防、海关等国家机关工作人员，对明知［能证明负责办理护照、签证及其他出入境证件或边防、海关等国家机关工作人员知道或应知道对方是企图偷越国（边）境的人员仍办理出入境证件或放行的犯罪事实］是偷越国（边）境的人员放行的，处3年以下有期刑或拘役；情节严重（多次或给多人办理出入境证件，造成严重后果）的，处3年以上7年以下有期刑。

办理偷越国（边）境人员出入境证件罪是负责办理护照、签证以及其他出入境证件的国家机关工作人员对明知是企图偷越国（边）境的人员，办理出入境证件的行为。①负责办理护照、签证以及其他出入境证件的国家机关工作人员涉嫌在办理护照、签证以及其他出入境证件的过程中，对明知是企图偷越国（边）境的人员办理出入境证件的，应予立案。②负责办理护照、签证及其他出入境证件或边防、海关等国家机关工作人员为企图偷越国边境的人办理护照、签证等出入国边境证件或放行的行为，构成办理偷越国（边）境人员出入境证件罪或放行偷越国（边）境人员罪，以情节显著轻微、危害不大而不认为是犯罪为例外。③负责办理护照，签证及其他出入境证件或边防、海关等国家机关工作人员收受他人贿赂，为企图偷越国（边）境的人员办理出入境证件或放行的行为，既触犯受贿罪，又触犯办理偷越国（边）境人员出入境证件罪或放行偷越国（边）境人员罪的，实行数罪并罚，并从重处罚。

放行偷越国（边）境人员罪是边防、海关等国家机关工作人员对明知是偷越国（边）境的人员放行的行为。边防、海关等国家机关工作人员涉嫌在履行职务过程中，对明知是偷越国（边）境的人员放行的，应予立案。

二十四、《刑法》第416条【不解救被拐卖、绑架妇女、儿童罪；阻碍解救被拐卖、绑架妇女、儿童罪】

从身份犯、故意犯、结果犯、渎职犯的角度看，对被拐卖、绑架的妇女、儿童（基于出卖、收买、勒索财物的目的，控制、出卖、收买、偷盗的妇女、儿童或婴幼儿）负有解救职责的国家机关（司法、民政、妇联等主管解救工作或负有解救职责的单位）工作人员（特殊主体），接到被拐卖、绑架的妇女、儿童及其家属的解救要求或接到其他人的举报，而不解救被拐卖、绑架的妇女、儿童，造成严重后果（①因不进行解救，导致被拐卖、绑架的妇女、儿童及其亲属伤残、死亡、精神失常。②因不进行解救，导致被拐卖、绑架的妇女、儿童被转移、隐匿、转卖，不能及时解救。③3次以上或对3名以上被拐卖、绑架的妇女、儿童不进行解救。④对被拐卖、绑架的妇女、儿童不进行解救，造成恶劣社会影响），处5年以下有期刑或拘役。

从身份犯、故意犯、行为犯、情节犯、渎职犯的角度看，负有解救职责的国家机关工作人员利用职务阻碍解救的，处2年以上7年以下有期刑；情节较轻（利用职权，禁止、阻止或妨碍有关部门、人员解救被拐卖、绑架的妇女、儿童；利用职务便利，向拐卖、绑架者或收买者通风报信，妨碍解救工作正常进行的；其他利用职务阻碍解救被拐卖、绑架的妇女、儿童的行为）的，处2年以下有期刑或拘役。

不解救被拐卖、绑架妇女、儿童罪是对被拐卖、绑架的妇女、儿童负有解救职责的公安、司法等国家机关工作人员接到被拐卖、绑架的妇女、儿童及其家属的解救要求或接到其他人的举报，对被拐卖、绑架的妇女、儿童不进行解救，造成严重后果的行为。

阻碍解救被拐卖、绑架妇女、儿童罪是对被拐卖、绑架的妇女、儿童负有解救职责的公安、司法等国家机关工作人员利用职务阻碍解救被拐卖、绑架妇女、儿童的行为。

拐卖妇女、儿童罪和不解救被拐卖、绑架妇女、儿童罪、阻碍解救被拐卖、绑架妇女、儿童罪有关联性、互补性、差异性，区别在于犯罪主体、犯罪客体、定罪量刑的不同。

二十五、《刑法》第 418 条【招收公务员、学生徇私舞弊罪】

从身份犯、故意犯、结果犯、渎职犯的角度看，国家机关（组织、劳动、人事、教育部门等）工作人员在招收（面向社会或有关方面公开招考招聘、非单位内部考试）公务员（公务员法等）、学生（大中小学生等）工作中徇私舞弊（基于徇私舞弊的目的，采取篡改档案材料、年龄或降低年龄、考试成绩，伪造体检表、个人履历表、立功受奖记录，隐瞒或伪装隐瞒不良表现，名为公开招考实为内定等方式方法，故意排挤符合条件者而违反规定录用、录取不符合条件的人），情节严重（徇私舞弊给国家招考声誉造成极坏影响，或严重扰乱招考工作的正常秩序，造成人财物力的重大损失；严重危害考生个人身心健康，给考生或其家庭造成重大损失；多次实施徇私舞弊行为）的，处 3 年以下有期刑或拘役。

招收公务员、学生徇私舞弊罪是国家机关工作人员在招收公务员、省级以上教育行政部门组织招收的学生工作中徇私舞弊，情节严重的行为。

招收公务员、学生徇私舞弊罪的立案标准：①徇私情私利，利用职务便利，伪造、变造人事、户口档案、考试成绩等，弄虚作假招收公务员、学生。②徇私情私利，3 次以上招收或 1 次招收 3 名以上不合格的公务员、学生。③因招收不合格的公务员、学生，导致被排挤的合格人员或其亲属精神失常或自杀。④因徇私舞弊招收公务员、学生，导致该项招收工作重新进行。⑤招收不合格的公务员、学生，造成恶劣社会影响。

从情节犯、结果犯的角度看，犯接送不合格兵员罪，在征兵工作中徇私舞弊，接送不合格兵员，情节严重（①发生在战时。②造成严重后果。③接送不合格特种条件兵员 1 名以上或普通兵员 3 名以上。④其他情节严重情形）的，处 3 年以下有期刑或拘役；造成特别严重后果的，处 3 年以上 7 年以下有期刑。

从《公安机关录用人民警察政治考察工作办法》的角度看，招录公安机关应对考察对象及其家庭成员的个人基本信息、违法犯罪情况等进行网上核查。对核查中发现有问题的，可委托属地公安机关进行调查核实。对考察对象以及家庭成员违纪违法等处理的认定，以作出处理的单位或组织出具的法律文书或处理决定材料为准。①考察对象的家庭成员具有因故意杀人、故意伤害致人重伤或死亡、强奸、抢劫、贩卖毒品、放火、爆炸、投放危险物质罪等社会影响恶劣的严重犯罪，或贪污贿赂数额巨大、具有严重情节，受到刑罚；有危害国家安全、荣誉和利益行为；组织、参加、支持暴力恐怖、民族分裂、宗教极端、邪教、黑社会性质的组织，或参与相关活动；其他可能影响考察对象录用后依法公正履职的情形之一，其本人不得确定为拟录用人选。②考察对象具有泄露国家秘密、工作秘密，或有危害国家安全、荣誉和利益行为；组织、参加、支持暴力恐怖、民族分裂、宗教极端、邪教、黑社会性质等非法组织，或参与相关活动；组织、参加反对中国共产党的理论和路线方针政策的网络论坛、群组、直播等活动；组织、参加、支持非法集会、游行、示威等活动；编造、制作、发表、出版、传播反对中国共产党、反对中国特色社会主义制度或违反国家法律法规的有害信息，或参加国家禁止的政治性组织等；通过网络组党结社，参与或动员不法串联、联署、集会等网上非法活动；曾受到刑罚或依据刑法被免予刑罚，或曾被劳动教养、收容教养或收容教育；曾因结伙斗殴、盗窃、诈骗、哄抢、抢夺、敲诈勒索等行为，受到行政拘留处罚；曾被吊销律师、公证员执业证书；曾被开除团籍或在接受高等教育期间受到开除学籍处分；受过记大过以上处分或撤销党内职务以上处分；被机关按规定取消录用；被机关或国有企业辞退；事业单位工作人员被降低岗位等级或撤职以上处分；担任领导职务的公务员引咎辞职或被责令辞职不满 3 年；压制批评，打击报复或弄虚作假，误导、欺骗领导或公众；玩忽职守，贻误工作或滥用职权，侵害公民、法人以及其他组织的合法权益；贪污、行贿、受贿，利用职务之便为自己或他人谋取私利或违反财经纪律，浪费国家或集体资财；组织、参加、支持色情、吸毒、赌博、迷信等活动；在国家法定考试中被认定有舞弊等严重违纪违规行为或在法律规定的国家考试以外的其他考试中被认定为组织作弊；已取得或正申请国（境）外永久居留权、长期居留许可；配偶已取得或正申请外国国籍或国（境）外永久居留权、长期居留许可；没有配偶，子女全部取得或正申请外国国籍或国（境）外永久居留权、长期居留许可；上述人员属于香港、澳门居民已领取中国居民身份证的除外；个人档案中记载出生日期、参加工作时间、入党（团）时间、学历学位、经历、身份等信息的重要材料缺失、严重失实，且在规定的考察期限内，考察对象无法补齐或涉嫌涂改造假无法有效认定；严重违反职业道德、社会公德、家庭美德；品德不良，社会责任感和为人民服务意识较差；被依法列为失信联合惩戒对象；其他不符合担任公安机关警察政治素质和道德品行条件 21 种情形之一，不得确定为拟录用人选。

第六章

危害公共安全罪（《刑法》第114条至第139条）

从法律渊源的角度讲，综合交通法规体系由跨运输方式法规、铁路法规、公路法规、水路法规、民航法规、邮政法规六大系统构成，包括《交通运输部关于完善综合交通法规体系的意见》《道路运输条例》《铁路法》《铁路安全管理条例》《铁路交通事故应急救援和调查处理条例》《公路法》《收费公路管理条例》《公路安全保护条例》《海商法》《国内水路运输管理条例》《国际海运条例》《港口法》《航道法》《航道管理条例》《航标条例》《海上交通安全法》《内河交通安全管理条例》《船舶和海上设施检验条例》《船舶登记条例》《防治船舶污染海洋环境管理条例》《潜水条例》《民用航空法》《民用航空器适航管理条例》《民用航空器国籍登记条例》《民用航空器权利登记条例》《民用机场管理条例》《飞行基本规则》《通用航空飞行管制条例》《民用航空安全保卫条例》《邮政法》《快递暂行条例》等。

从犯罪主体的角度看，危害公共安全罪的犯罪主体以一般主体为主（帮助恐怖活动罪；非法制造、买卖、运输、邮寄、储存枪支、弹药、爆炸物罪；非法制造、买卖、运输、储存危险物质罪），以特殊主体为辅（工程重大安全事故罪的特殊主体含建设单位、设计单位、施工单位、工程监理单位）。

从犯罪对象的角度看，危害公共安全罪涉及枪支、弹药、爆炸物、危险物质（品）、管制刀具的罪名：非法携带枪支、弹药、管制刀具、危险物品危及公共安全罪；非法制造、买卖、运输、邮寄、储存枪支、弹药、爆炸物罪；非法制造、买卖、运输、储存危险物质罪；非法持有、私藏枪支、弹药罪；非法出租、出借枪支罪；违规制造、销售枪支罪；盗窃、抢夺枪支、弹药、爆炸物、危险物质罪；抢劫枪支、弹药、爆炸物、危险物质罪；丢失枪支不报罪。

从犯罪主观方面的角度看，危害公共安全罪以故意犯罪为主，以过失犯罪为辅（过失损坏交通工具罪；过失损坏交通设施罪；过失损坏电力设备罪；过失损坏易燃易爆设备罪；过失损坏广播电视设施、公用电信设施罪；消防责任事故罪；铁路运营安全事故罪；交通肇事罪；危险物品肇事罪；重大飞行事故罪；重大责任事故罪；重大劳动安全事故罪；工程重大安全事故罪；教育设施重大安全事故罪）。

从犯罪客体的角度看，危害公共安全罪分为以危险方法危害公共安全的危害公共安全犯罪（放火罪和失火罪、决水罪和过失决水罪、爆炸罪和过失爆炸罪、投放危险物质罪和过失投放危险物质罪、以危险方法危害公共安全罪和过失以危险方法危害公共安全罪）；破坏特定对象危害公共安全的犯罪（破坏交通工具罪和过失破坏交通工具罪、破坏交通设施罪和过失破坏交通设施罪、破坏电力设备罪和过失破坏电力设备罪、破坏易燃易爆设备罪和过失破坏易燃易爆设备罪、破坏广播电视设施、公用电信设施罪和过失破坏广播电视设施、公用电信设施罪）；造成重大责任事故危害公共安全的犯罪（交通肇事罪，危险驾驶罪，危险物品肇事罪，强令、组织他人违章冒险作业罪，大型群众性活动重大安全事故罪，工程重大安全事故罪，教育设施重大安全事故罪，重大劳动安全事故罪，重大责任事故罪，重大飞行事故罪，铁路运营安全事故罪，不报、谎报安全事故罪，消防责任事故罪）；实施恐怖活动危害公共安全的犯罪（组织、领导、参加恐怖组织罪，帮助恐怖活动罪，准备实施恐怖活动罪，宣扬恐怖主义、极端主义、煽动实施恐怖活动罪，利用极端主义破坏法律实施罪，强制穿戴恐怖主义、极端主义服饰、标志罪，非法持有宣扬恐怖主义、极端主义物品罪，暴力危及飞行安全罪，劫持航空器罪，劫持船只、汽车罪）；违反枪支、弹药、爆炸物、危险物质管理规定危害公共安全的犯罪（非法制造、买卖、运输、邮寄、储存枪支、弹药、爆炸物罪，非法制造、买卖、运输、储存危险物质罪，违规制造、销售枪支罪，非法持有、私藏枪支、弹药罪，非法出租、出借枪支罪，非法携带枪支、弹药、管制刀具、危险物品危及公共安全罪，盗窃、抢夺枪支、弹药、爆炸物、危险物质罪，抢劫枪支、弹药、爆炸物、危险物质罪，丢失枪支不报罪）。

从比较法、犯罪客体和犯罪对象关系的角度看，危害公共安全罪的43个罪名含故意犯、过失犯、危险犯、实害犯、结果犯、行为犯等。①5个实施暴力、恐怖活动的犯罪：组织、领导、参加恐怖活动组织罪，帮助恐怖活动罪，劫持航空器罪，劫持船只、汽车罪，暴力危及飞行安全罪。②9个以枪支、弹药、爆炸物、危险物质为对象的犯罪：丢失枪支不报罪，盗窃、抢夺枪支、弹药、爆炸物、危险物质罪，抢劫枪支、弹药、爆炸物、危险物质罪，非法制造、买卖、运输、邮寄、储存枪支、弹药、爆炸物罪，非法制造、买卖、运输、储存危险物质罪，违规制造、销售枪支罪，非法持有、私藏枪支、弹药罪，非法出租、出借枪支罪，非法携带枪支、弹药、管制刀具、危险物品危及公共安全罪。③9个过失造成重大责任事故的犯罪：消防责任事故罪，铁路运营安全事故罪，交通肇事罪，危险物品肇事罪，重大飞行事故罪，重大责任事故罪，重大劳动安全事故罪，工程重大安全事故罪，教育设施重大安全事故罪。④10个以危险方法危害公共安全的犯罪：以危险方法危害公共安全罪，过失以危险方法危害公共安全罪，放火罪，失火罪，决水罪，过失决水罪，爆炸罪，过失爆炸罪，投放危险物质罪，过失投放危险物质罪。⑤10个破坏特定设施、设备的犯罪：破坏交通工具罪，过失损坏交通工具罪，破坏交通设施罪，过失损坏交通设施罪，破坏电力设备罪，过失损坏电力设备罪，破坏易燃易爆设备罪，过失损坏易燃易爆设备罪，破坏广播电视设施、公用电信设施罪，过失损坏广播电视设施、公用电信设施罪。

危害公共安全罪的最高刑：①放火罪、决水罪、爆炸罪、投放危险物质罪、以危险方法危害公共安全罪，尚未造成严重后果的，处3年以上10年以下有期刑，致人重伤、死亡或使公私财产遭受重大损失的，处10年以上有期刑、无期刑或死刑。②过失犯放火罪、决水罪、爆炸罪、投放危险物质罪、以危险方法危害公共安全罪，处3年以上7年以下有期刑；情节较轻的，处3年以下有期刑或拘役。③破坏交通工具罪，尚未造成严重后果的，处3年以上10年以下有期刑。④破坏交通设施罪，尚未造成严重后果的，处3年以上10年以下有期刑。⑤破坏电力设备罪、破坏易燃易爆设备罪，尚未造成严重后果的，处3年以上10年以下有期刑。⑥破坏交通工具罪、破坏交通设施罪、破坏电力设备罪、破坏易燃易爆设备罪，造成严重后果的，处10年以上有期刑、无期刑或死刑。⑦过失犯破坏交通工具罪、破坏交通设施罪、破坏电力设备罪、破坏易燃易爆设备罪，过失犯前款犯罪的，处3年以上7年以下有期刑；情节较轻的，处3年以下有期刑或拘役。⑧组织、领导、参加恐怖组织罪，处10年以上有期刑或无期刑，并处没收财产；积极参加的，过失犯前款罪的处3年以上10年以下有期刑，并处罚金；其他参加的，处3年以下有期刑、拘役、管制或剥夺政治权利，可并处罚金。犯组织、领导、参加恐怖组织罪，并实施杀人、爆炸、绑架等犯罪，依数罪并罚的规定处罚。⑨帮助恐怖活动罪，情节严重的，处5年以上有期刑，并处罚金或没收财产。⑩准备实施恐怖活动罪，情节严重，处5年以上有期刑，并处罚金或没收财产。⑪宣扬恐怖主义、极端主义、煽动实施恐怖活动罪，情节严重的，处5年以上有期刑，并处罚金或没收财产。⑫利用极端主义破坏法律实施罪，情节特别严重的，处7年以上有期刑，并处罚金或没收财产。⑬强制穿戴宣扬恐怖主义、极端主义服饰、标志罪，处3年以下有期刑、拘役或管制，并处罚金。⑭非法持有宣扬恐怖主义、极端主义物品罪，情节严重的，处3年以下有期刑、拘役或管制，并处或单处罚金。⑮劫持航空器罪，处10年以上有期刑或无期刑；致人重伤、死亡或使航空器遭受严重破坏的，处死刑。⑯劫持船只、汽车罪，处5年以上10年以下有期刑；造成严重后果的，处10年以上有期刑或无期刑。⑰暴力危及飞行安全罪，尚未造成严重后果的，处5年以下有期刑或拘役；造成严重后果的，处5年以上有期刑。⑱重大飞行事故罪，造成严重后果的，处3年以下有期刑或拘役；造成飞机坠毁或人员死亡的，处3年以上7年以下有期刑。⑲重大责任事故罪，发生重大伤亡事故或造成其他严重后果的，处3年以下有期刑或拘役；情节特别恶劣的，处3年以上7年以下有期刑。⑳工程重大安全事故罪，造成重大安全事故的，对直接责任人员，处5年以下有期刑或拘役，并处罚金；后果特别严重的，处5年以上10年以下有期刑，并处罚金。㉑教育设施重大安全事故罪，发生重大伤亡事故的，对直接责任人员，处3年以下有期刑或拘役；后果特别严重的，处3年以上7年以下有期刑。㉒重大劳动安全事故罪，发生重大伤亡事故或造成其他严重后果的，对直接负责的主管人员和其他直接责任人员，处3年以下有期刑或拘役；情节特别恶劣的，处3年以上7年以下有期刑。㉓大型群众性活动重大安全事故罪，情节特别恶劣的，处3年以上7年以下有期刑。㉔铁路运营安全事故罪，造成严重后果的，处3年以下有期刑或拘役；造成特别严重后果的，处3年以上7年以下有期刑。㉕消防责任事故罪，造成严重后果的，对直接责任人员，处3年以下有期刑或拘役；后果特别严重的，处3年以上7年以下有期刑。㉖强令、组织他人违章冒险作业罪，发生重大伤亡事故或造成其他严重后果的，处5年以下有期刑或拘役；情节特别恶劣的，处5年以上有期刑。㉗不报、谎报安全事故罪，情节严重的，处3年以下有期刑或拘役；情节特别严重的，处3年以上7年以下有期刑。㉘危险物品肇事罪，发生重大事故，造成严重后果的，处3年以下有期刑或拘役；后果特别严重的，处3年以上7年以下有期刑。㉙交通肇事罪、危险驾驶罪，致人重伤、死亡或使公私财产遭受重大损失的，处3年以下有期刑或拘役；交通运输肇事后逃逸或有其他特别恶劣情节的，处3年以上7年以下有期刑；因逃逸致人死亡的，处7年以上有期刑。㉚破坏广播电视设施、公用电信设施罪，危害公共安全的，处3年以上7年以下有期刑；造成严重后果的，处7年以上有期刑。㉛过失犯破坏广播电视设施、公用电信设施罪，处3年以上7年以下有期刑；情节较轻的，处3年以下有期刑或拘役。㉜非法携带枪支、弹药、管制刀具、危险物品危及公共安全罪，情节严重的，处3年以下有期刑、拘役或管制。㉝非法制造、买卖、运输、邮寄、储存枪支、弹药、爆炸物罪、非法制造、买卖、运输、储存危险物质罪，情节严重的，处10年以上有期刑、无期刑或死刑。㉞非法持有、私藏枪支、弹药罪、非法出租、出借枪支罪，情节严重的，处3年以上7年以下有期刑。㉟违规制造、销售枪支罪，处5年以下有期刑；情节严重的，处5年以上10年以下有期刑；情节特别严重的，处10年以上有期刑或无期刑。㊱盗窃、抢夺枪支、弹药、爆炸物、危险物质罪，危害公共安全的，处3年以上10年以下有期刑；情节严重的，处10年以上有期刑、无期刑或死刑。㊲抢劫枪支、弹药、爆炸物、危险物质罪，危害公共安全，或盗窃、抢夺国家机关、军警人员、民兵的枪支、弹药、爆炸物，处10年以上有期刑、无期刑或死刑。㊳丢失枪支不报罪，造成严重后果的，处3年以下有期刑或拘役。

一、《刑法》第114条【放火罪；决水罪；爆炸罪；投放危险物质罪；以危险方法危害公共安全罪】

从故意犯、行为犯、情节犯、结果犯、危险犯、《刑法修正案（三）》的角度看，以放火、决水、爆炸及投放毒害性、放射性、传染病病原体等危险物质或以其他危险方法危害公共安全，尚未造成严重后果的，处3年以上10年以下有期刑；致人重伤、死亡或使公私财产遭受重大损失的，处10年以上有期刑、无期刑或死刑。

爆炸罪是故意引起爆炸物或其他设备、装置爆炸，危害公共安全的危险犯罪行为。（1）已满14周岁不满16周岁的人犯爆炸罪，应负刑责。（2）从《刑法修正案（十一）》的角度看，已满16周岁的人犯罪，应负刑责。已满14周岁不满16周岁的人，犯故意杀人、故意伤害致人重伤或死亡、强奸、抢劫、贩卖毒品、放火、爆炸、投放危险物质罪，应负刑责。已满12周岁不满14周岁的人，犯故意杀人、故意伤害罪，致人死亡或以特别残忍手段致人重伤造成严重残疾，情节恶劣，经最高检核准追诉，应负刑责。对已满16周岁的人犯罪，已满14周岁不满16周岁的人，犯故意杀人、故意伤害致人重伤或死亡、强奸、抢劫、贩卖毒品、放火、爆炸、投放危险物质罪，已满12周岁不满14周岁的人，犯故意杀人、故意伤害罪，致人死亡或以特别残忍手段致人重伤造成严重残疾，情节恶劣，追究刑责的不满18周岁的人，应从轻或减轻处罚。因不满16周岁不予刑罚，责令其父母或其他监护人加以管教；必要时，依法进行专门矫治教育。

从司法实践、相当因果关系说、条件说的角度看，采取放火、爆炸等危险手段烧毁、破坏、炸毁、砸毁未使用过程中的交通工具，导致丧失使用价值，不构成破坏交通工具罪，可能构成放火罪、爆炸罪、故意毁坏财物罪、破坏生产经营罪等犯罪。①用爆炸方法炸毁江河、湖泊、水库的堤坝，造成泛滥成灾，危害公共安全，应以决水罪定罪处罚。②违反国家规定，排放、倾倒、处置含有毒害性、放射性、传染病病原体等物质的污染物，同时构成污染环境罪、非法处置进口的固体废物罪、投放危险物质罪等犯罪的，依处罚较重规定定罪处罚。

从两高《关于办理妨害预防、控制突发传染病疫情等灾害的刑事案件具体应用法律若干问题的解释》、最高法《关于印发醉酒驾车犯罪适用法律问题指导意见及相关典型案例的通知》（2009年）、两高一部[1]《关于依法惩治妨害公共交通工具安全驾驶违法犯罪行为的指导意见》（2019年）的角度看，以危险方法危害公共安全罪的情形：（1）行为人驾驶机动车辆在公路上采取故意变道、转弯等危险行为，与其他正常行驶的车辆发生碰撞导致交通事故，从而获取赔偿等不法利益，尚未造成严重后果的，可以危险方法危害公共安全罪论处。（2）故意驾驶车辆在道路上横冲直撞，客观上足以危害到公共安全，构成以危险方法危害公共安全罪。（3）乘客在公共交通工具（①从事旅客运输的各种公共汽车、公路客运车大中型出租车、火车、轨道交通、轮船、飞机等。②虽没有营业执照，但实际从事旅客运输的大中型交通工具，单位班车、校车等交通工具，不含小型出租车）行驶过程中，抢夺方向盘、变速杆等操纵装置，殴打、拉拽驾驶人员，或有其他妨害安全驾驶的行为，危害公共安全，尚未造成严重后果的，处3年以上10年以下有期刑，以以危险方法危害公共安全罪定罪处罚；致人重伤、死亡或使公私财产遭受重大损失的，处10年以上有期刑、无期刑或死刑，以以危险方法危害公共安全罪定罪处罚。①乘客在公共交通工具行驶过程中，抢夺方向盘、变速杆等操纵装置，殴打、拉拽驾驶人员，或有其他妨害安全驾驶行为，危害公共安全，从重处罚的七种情形：a. 在夜间行驶或恶劣天气条件下行驶的公共交通工具上实施。b. 在临水、临崖、急弯、陡坡、高速公路、高架道路、桥隧路段及其他易发生危险的路段实施。c. 在人员、车辆密集路段实施。d. 在实际载客10人以上或时速60公里以上的公共交通工具上实施。e. 经他人劝告、阻拦后仍继续实施。f. 持械袭击驾驶人员。g. 其他严重妨害安全驾驶的行为。②乘客在公共交通工具行驶过程中，抢夺方向盘、变速杆等操纵装置，殴打、拉拽驾驶人员，或有其他妨害安全驾驶行为（a. 在夜间行驶或恶劣天气条件下行驶的公共交通工具上实施。b. 在临水、临崖、急弯、陡坡、高速公路、高架道路、桥隧路段及其他易发生危险的路段实施。c. 在人员、车辆密集路段实施。d. 在实际载客10人以上或时速60公里以上的公共交通工具上实施。e. 经他人劝告、阻拦后仍继续实施。f. 持械袭击驾驶人员。g. 其他严重妨害安全驾驶的行为），

---

〔1〕 一部，指公安部。

危害公共安全，即使尚未造成严重后果，一般也不得适用缓刑。③乘客在公共交通工具行驶过程中，随意殴打其他乘客，追逐、辱骂他人，或起哄闹事，妨害公共交通工具运营秩序，以寻衅滋事罪定罪处罚；妨害公共交通工具安全行驶，危害公共安全，尚未造成严重后果的，处3年以上10年以下有期刑；致人重伤、死亡或使公私财产遭受重大损失的，处10年以上有期刑、无期刑或死刑，以以危险方法危害公共安全罪定罪处罚。④驾驶人员在公共交通工具行驶过程中，与乘客发生纷争后违规操作或擅离职守，与乘客厮打、互殴，危害公共安全，尚未造成严重后果的，处3年以上10年以下有期刑，以以危险方法危害公共安全罪定罪处罚；致人重伤、死亡或使公私财产遭受重大损失的，处10年以上有期刑、无期刑或死刑，以以危险方法危害公共安全罪定罪处罚。(4) 患有突发传染病或疑似突发传染病而拒绝接受检疫、强制隔离或治疗，过失造成传染病传播，情节严重，危害公共安全的，按过失以危险方法危害公共安全罪定罪处罚。(5) 故意传播突发传染病病原体，危害公共安全，以危险方法危害公共安全罪定罪处罚。(6) 行为人以不确定性目标为目标、以传播恶性疾病（性病等）为趣味、以社交平台炫耀为手法，可以危险方法危害公共安全罪论处。(7) 药品或食品生产企业在生产药品或食品过程中未检验药用或食用辅料，导致药品或食品投入市场后造成严重后果，销售药用或食用辅料的人构成以危险方法危害公共安全罪。(8) 采取放火、爆炸或以其他危险方法自伤、自残、自杀，危害公共安全，致人重伤、死亡或公私财产遭受重大损失的，以放火罪、爆炸罪、以危险方法危害公共安全罪追责。(9) 从《关于公安机关处置信访活动中违法犯罪行为适用法律的指导意见》(2013年) 的角度看，为制造社会影响、发泄不满情绪、实现个人诉求，驾驶机动车在公共场所任意冲闯，危害公共安全，致人重伤、死亡或公私财产遭受重大损失的，以危险方法危害公共安全罪追究刑责。(10) 驾车冲撞、碾轧、拖拽、剐蹭民警，或挤别、碰撞正执行职务的警用车辆，危害公共安全或民警生命、健康安全，符合《刑法》第114（以危险方法危害公共安全罪）、115（以危险方法危害公共安全罪）、232（故意杀人罪）、234（故意杀人罪）条规定，应以危险方法危害公共安全罪、故意杀人罪或故意伤害罪定罪，酌情从重处罚。

二、《刑法》第115条【放火罪；决水罪；爆炸罪；投放危险物质罪；以危险方法危害公共安全罪】

从故意犯、结果犯、实害犯、危险犯的角度看，采取放火、决水、爆炸及投放毒害性、放射性、传染病病原体等物质或以其他危险方法危害公共安全，致人重伤、死亡或使公私财产遭受重大损失（犯罪后果）的，处10年以上有期刑、无期刑或死刑。

从概括罪名、行为犯的角度看，以危险方法危害公共安全罪是故意以放火、决水、爆炸、投毒外的相当危险方法，客观上足以危害公共安全的犯罪行为。驾车冲撞、碾轧、拖拽、剐蹭民警，或挤别、碰撞正执行职务（民警在非工作时间，依警察法等法律履行职责，应视为执行职务）的警用车辆，危害公共安全或民警生命、健康安全，符合《刑法》第114（以危险方法危害公共安全罪）、115（以危险方法危害公共安全罪）、232（故意杀人罪）、234（故意杀人罪）条规定，应以危险方法危害公共安全罪、故意杀人罪或故意伤害罪定罪，酌情从重处罚。

从最高法公报的角度看，行为人明知楼下系人流密集的学校操场，仍故意从高空连续抛物，其行为足以危及不特定多数人的生命健康和财产安全，并实际造成1人重伤的严重后果，应依法以以危险方法危害公共安全罪追究刑责。

从过失犯、情节犯的角度看，过失犯放火罪、决水罪、爆炸罪、投放危险物质罪、以危险方法危害公共安全罪，处3年以上7年以下有期刑；情节较轻，处3年以下有期刑或拘役。

从过失犯、情节犯的角度看，失火罪是过失引起火灾，致人重伤、死亡或使公私财产遭受重大损失，危害公共安全的犯罪行为。

从犯罪构成体系的角度看，放火罪的行为对象、犯罪客体具有公共安全性、公共利益性、不特定性、广泛性等基本特征，涉及公共安全的犯罪客体和不特定多数人或公私财物的行为对象，放火行为（作为、不作为）和主观罪过（直接故意、间接故意）、危害公共安全的结果或威胁之间具有刑法因果关系。从法理学、法学界、危险犯的角度看，放火罪的既遂标准问题具有争议性，存在目的物点火说、燃烧说、独立燃烧说（通说）〔1〕、重要部分燃烧说等不同理论观点。

从危险犯的角度看，决水罪的既遂标准有争议性，存在冲溢（水流溢出防护堤）说（通说）、公共危险说、财物浸没说、物质毁损说、效用灭失说等不同理论观点。〔2〕

从危险犯的角度看，爆炸罪的既遂标准有争议性，存在爆炸行为终了说、〔3〕爆炸严重危及公共安全说〔4〕等不同理论观点。

投放危险物质罪是行为人实施了投放毒害性、放射性、传染病病原体等物质危害公共安全、尚未造成严重后果，或致人重伤、死亡或使公私财产遭受重大损失的行为。从危险犯的角度看，投放危险物质罪的既遂标准有争议性，以危险发生（危险物质发生危害公共安全的危险结果）说为通说，又分为危险物质的投放行为实行终了说、〔5〕投放的危险物质混入并独立发生作用说〔6〕等不同理论观点。

投放危险物质罪的适用问题：①对环境污染行为适用投放危险物质罪追究刑责时，应重点审查判断行为人的主观恶性、污染行为的恶劣程度、污染物的毒害性危险性、污染持续时间、污染结果是否可逆、是否对公共安全造成现实、具体、明确的危险或危害等因素。②对行为人明知其排放、倾倒、处置的污染物含有毒害性、放射性、传

〔1〕鲍遂献、雷东生：《危害公共安全罪》，中国人民公安大学出版社1999年版，第27页；刘志伟主编：《危害公共安全犯罪疑难问题司法对策》，吉林人民出版社2001年版，第36页。

〔2〕赵秉志主编：《犯罪停止形态适用中的疑难问题研究》，吉林人民出版社2001年版，第237页。

〔3〕鲍遂献、雷东生：《危害公共安全罪》，中国人民公安大学出版社1999年版，第50页。

〔4〕金泽刚：《犯罪既遂的理论与实践》，人民法院出版社2001年版，第111页。

〔5〕鲍遂献、雷东生：《危害公共安全罪》，中国人民公安大学出版社1999年版，第62页。

〔6〕林亚刚：《危害公共安全罪新论》，武汉大学出版社2001年版，第127页。

染病病原体等危险物质，仍实施环境污染行为放任其危害公共安全（主要是向饮用水水源保护区，饮用水供水单位取水口和出水口，南水北调水库、干渠、涵洞等配套工程，重要渔业水体以及自然保护区核心区等特殊保护区域，排放、倾倒、处置毒害性极强的污染物，危害公共安全并造成严重后果的情形），造成重大人员伤亡、重大公私财产损失等严重后果的，以污染环境罪论处明显不足以罚当其罪，可按投放危险物质罪定罪量刑。

盗窃、破坏人员密集往来的非机动车道、人行道以及车站、码头、公园、广场、学校、商业中心、厂区、社区、院落等生产生活、人员聚集场所的窨井盖，足以危害公共安全，尚未造成严重后果，以危险方法危害公共安全罪定罪处罚；致人重伤、死亡或使公私财产遭受重大损失，以危险方法危害公共安全罪处罚；过失致人重伤、死亡或使公私财产遭受重大损失，以过失以危险方法危害公共安全罪定罪处罚。

【2017年·卷2·多选·57】下列哪些行为构成投放危险物质罪？（AB）A. 甲故意非法开启实验室装有放射性物质的容器，致使多名实验人员遭受辐射。B. 乙投放毒害性、放射性、传染病病原体外的其他有害物质，危害公共安全。C. 丙欲制造社会恐慌气氛，将食品干燥剂粉末冒充炭疽杆菌，大量邮寄给他人。D. 丁在食品中违法添加易使人形成瘾癖的罂粟壳粉末，食品在市场上极为畅销。

三、《刑法》第116条【破坏交通工具罪】

从故意犯、具体危险犯、扩大解释的角度看，破坏正在使用中（准备运行或正运行中、停机待修中）的火车、汽车、电车、船只、航空器，足以使火车、汽车、电车、船只、航空器发生倾覆、毁坏（事故类毁坏）危险（以发生危险状态为既遂标准：故意破坏火车、汽车、电车、船只、航空器，足以使火车、汽车、电车、船只、航空器发生倾覆、毁坏危险，危害公共安全），尚未造成严重后果的，处3年以上10年以下有期刑。

从司法实践的角度看，用爆炸的方法破坏火车、汽车、电车、船只、飞机等交通工具，或破坏轨道、桥梁、隧道、公路、机场等特定的交通设备，危害公共安全，应分别以破坏交通工具罪或破坏交通设备罪定罪处罚。用爆炸方法破坏正在使用运行中的交通工具、交通设施、电力设备、煤气设备、易燃易爆设备、广电设施、公用电信设施等公共设施，应分别构成破坏交通工具罪、破坏交通设施罪、破坏电力设备罪、破坏易燃易爆设备罪、破坏广播电视设施公用电信设施罪等犯罪。

从犯罪行为直接指向的角度看，破坏交通设备定罪量刑问题有争议性，存在破坏交通设施罪说、破坏交通工具罪说等不同理论观点。①破坏交通设备行为的直接指向是交通设施，直接破坏交通设备，构成破坏交通设施罪。②破坏交通设备行为的直接指向是交通工具（旅客运输工具、货物运输工具；铁路、公路、水路、航空、管道运输工具等）导致足以倾覆、毁坏，或造成严重后果，或破坏正在使用中的火车、汽车、电车、船只、航空器等交通工具本身，引起交通工具发生倾覆、毁坏危险，或破坏交通设备的行为已造成或足以造成交通工具倾覆或毁坏，危害交通运输安全，均构成破坏交通工具罪。①破坏交通工具罪的客观方面表现为实施破坏正在使用中（准备运行或正在运行中、停机待修中）的交通工具（火车、汽车、电车、船只、航空器等）的行为，并足以使其发生倾覆、毁坏危险。②正在使用中的交通工具应作广义理解，含准备运行或正在运行中、停机待修中的火车、汽车、电车、船只、航空器等不同类型的交通工具。

破坏交通设施罪、破坏交通工具罪有关联性、互补性、差异性，都属于危害交通运输安全犯罪，关键在于犯罪对象、犯罪目的的不同。破坏正在使用、待用、适用阶段的交通工具或交通设施，已或足以造成交通工具倾覆、毁坏，或修理人员故意制造验收不易发现的交通工具或交通设施隐患，即使未验收适用，或被破坏的交通工具或交通设施部位可能导致事故，或破坏正在使用中的轨道、桥梁、隧道、公路、机场、航道、灯塔、标志等保证交通工具正常行驶的交通设施，达到引起火车、汽车等交通工具发生倾覆、毁坏的危险，均构成破坏交通工具罪或破坏交通设施罪。

四、《刑法》第117条【破坏交通设施罪】

从故意犯、具体危险犯的角度看，破坏轨道、桥梁、隧道、公路、机场、航道、灯塔、标志［正在使用中（已交付使用或处于正在使用中）直接关系交通运输安全（直接关系到火车、汽车、电车、船只、航空器的行车、行船、飞行安全）的交通设备（铁路线路、铁路车辆、铁路机车、铁路车站、铁路信号和通信设备、高速铁路、重载运输等）］或进行其他破坏活动，足以使火车、汽车、电车、船只、航空器发生倾覆、毁坏的危险（以发生危险状态为既遂标准），尚未造成严重后果的，处3年以上10年以下有期刑。

破坏交通设施罪的情形：①从铁路法的角度看，故意毁坏、移动铁路行车信号装置或在铁路线路上放置障碍物足以使列车倾覆，或盗窃铁路线路上行车设施的零件、部件或铁路线路上的器材，危及行车安全，尚未造成严重后果，或虽未造成严重后果，但经铁路有关部门鉴定，足以危及行车安全，或严重危害或危及行车等交通运输安全，或造成严重后果（行为人故意毁损、移动铁路行车信号装置或在铁路线路上放置足以使列车倾覆的障碍物，或盗窃铁路线路上行车设施的零件、部件、铁路线路上的器材，造成人身伤亡、重大财产毁损、中断铁路行车等严重后果），或造成人身伤亡、重大财产毁损、中断铁路行车等造成严重后果，均应以破坏交通设施罪定罪处罚。②盗割正在使用中的铁路专用电话线（交通设施），既触犯破坏交通设施罪，又触犯盗窃罪，属于想象竞合犯，应以破坏交通设施罪一重罪处罚。③盗窃、破坏正在使用中的社会机动车通行道路上的窨井盖，足以使汽车、电车发生倾覆、毁坏的危险，尚未造成严重后果的，以破坏交通设施罪定罪处罚；造成严重后果的，以破坏交通设施罪处罚；过失造成严重后果的，以过失损坏交通设施罪定罪处罚。

故意损毁、移动铁路行车信号装置或在铁路线路上放置足以使列车倾覆的障碍物，尚未造成严重后果的，处3年以上10年以下有期刑，以破坏交通设施罪定罪处罚；造成严重后果的，处10年以上有期刑、无期刑或死刑，以破坏交通工具罪定罪处罚。

行为人使用放火、爆炸、决水等危害公共安全的手段破坏未交付使用的交通工具，应以放火罪或爆炸罪等定罪处罚。

从牵连犯的角度看，破坏或盗窃正在建设、正在修理且未交付使用或未验收适用、报废、已废弃不使用、未投入使用的交通设施，构成故意毁坏公私财物或盗窃罪。

行为人故意在使用中的民用航空器上放置危险品或唆使他人放置危险品，足以毁坏该民用航空器，危及飞行安全，尚未造成严重后果的，或破坏火车、汽车、电车、船只、飞机，足以使火车、汽车、电车、船只、飞机发生倾覆、毁坏的危险，尚未造成严重后果的，处 3 年以上 10 年以下有期刑，均以破坏交通工具罪定罪处罚；破坏交通工具、交通设备、电力煤气设备、易燃易爆设备造成严重后果的，处 10 年以上有期刑、无期刑或死刑，以破坏交通工具罪定罪处罚。

五、《刑法》第 118 条【破坏电力设备罪；破坏易燃易爆设备罪】

从故意犯、危险犯的角度看，破坏电力、燃气或其他易燃易爆设备［在实施盗窃油气（石油：原油、成品油；天然气：煤层气等）等行为过程中，采用切割、打孔、撬砸、拆卸、开关等手段破坏正使用的油气设备（用于石油、天然气生产、储存、运输等易燃易爆设备）］，危害公共安全（在实施盗窃油气等行为过程中，破坏正使用的油气设备，采用切割、打孔、撬砸、拆卸手段，以明显未危害公共安全为例外；采用开、关等手段，足以引发火灾或爆炸等危险情形），尚未造成严重后果的，处 3 年以上 10 年以下有期刑。

从司法解释的角度看，行为人着手实施盗窃油气行为，因意志以外的原因未得逞的为：以数额巨大的油气为盗窃目标；已将油气装入包装物或运输工具，达到数额较大标准 3 倍以上；携带盗油卡子、手摇钻、电钻、电焊枪等切割、打孔、撬砸、拆卸工具；其他情节严重 4 种情形，以盗窃罪（未遂）追究刑责。

在共同盗窃油气、破坏油气设备等犯罪中，实际控制、为主出资或组织、策划、纠集、雇佣、指使他人参与犯罪，应依法认定为主犯；对于其他人员，在共犯中起主要作用的，也应依法认定为主犯。

在输油输气管道投入使用前擅自安装阀门，在管道投入使用后将该阀门提供给他人盗窃油气，以盗窃罪、破坏易燃易爆设备罪等有关犯罪的共犯论处。

行为人与油气企业人员勾结共同盗窃油气，未利用油气企业人员职务便利，仅是利用其易于接近油气设备、熟悉环境等方便条件，以盗窃罪的共犯论处；同时构成破坏易燃易爆设备罪，依处罚较重规定定罪处罚。

在实施盗窃油气等行为过程中，采用切割、打孔、撬砸、拆卸、开关等手段破坏正在使用的油气设备，属于破坏易燃易爆设备罪的“破坏燃气或其他易燃易爆设备”的行为；危害公共安全，尚未造成严重后果的，以破坏易燃易爆设备罪定罪处罚。

盗窃油气或正在使用的油气设备，构成犯罪，但未危害公共安全的，以盗窃罪定罪处罚。盗窃油气，数额巨大但尚未运离现场的，以盗窃未遂定罪处罚。为他人盗窃油气而偷开油气井、油气管道等油气设备阀门排放油气或提供其他帮助，以盗窃罪的共犯定罪处罚。盗窃油气同时构成盗窃罪和破坏易燃易爆设备罪的，依刑法处罚较重规定定罪处罚。

明知是盗窃犯罪所得的油气或油气设备，而窝藏、转移、收购、加工、代为销售或以其他方法掩饰、隐瞒，以掩饰、隐瞒犯罪所得、犯罪所得收益罪定罪处罚；事前有通谋的，以盗窃犯罪的共犯定罪处罚。

违反矿产资源法规定，非法开采或破坏性开采石油、天然气资源，以非法采矿罪、破坏性采矿罪和最高法审理非法采矿、破坏性采矿刑事案件解释规定追究刑责。

国家机关工作人员滥用职权或玩忽职守，实施 4 种违法犯罪行为（①违反《石油天然气管道保护条例》等国家规定，在油气设备安全保护范围内批准建设项目。②违反国家规定，给不符合法定条件的单位、个人发放石油、天然气勘查、开采、加工、经营等许可证。③超越职权范围，批准发放石油、天然气勘查、开采、加工、经营等许可证。④对发现或经举报查实的未经依法批准、许可擅自从事石油、天然气勘查、开采、加工、经营等违法活动不查封、取缔），使公共财产、国家和人民利益遭受重大损失的，以滥用职权罪或玩忽职守罪定罪处罚。

六、《刑法》第 119 条【破坏交通工具罪；破坏交通设施罪；破坏电力设备罪；破坏易燃易爆设备罪；过失损坏交通工具罪；过失损坏交通设施罪；过失损坏电力设备罪；过失损坏易燃易爆设备罪】

从故意犯、行为犯、结果犯的角度看，破坏交通工具、交通设施、电力设备（①含处于运行、应急等使用中的电力设备；已通电使用，只是因枯水季节或电力不足等原因暂停使用的电力设备；已交付使用但尚未通电的电力设备。②不含尚未安装完毕的电力设备和已安装完毕但尚未交付使用的电力设备）、燃气设备、易燃易爆设备，造成严重后果［①破坏电力设备，造成 1 人以上死亡、3 人以上重伤或 10 人以上轻伤。②造成直接经济损失（直接经济损失的计算范围，含电量损失金额，被毁损设备材料的购置、更换、修复费用，以及因停电给用户造成的直接经济损失等）100 万元以上。③造成 1 万户以上用户电力供应中断 6 小时以上，使生产、生活受到严重影响。④造成其他危害公共安全严重后果］的，处 10 年以上有期刑、无期刑或死刑。

破坏电力设备罪是故意破坏电力设备、危害公共安全尚未造成严重后果或已造成严重后果的行为。

从过失犯、结果犯、法定犯的角度看，过失犯破坏交通工具罪、破坏交通设施罪、破坏电力设备罪、破坏易燃易爆设备罪，处 3 年以上 7 年以下有期刑；情节较轻的，处 3 年以下有期刑或拘役。

从过失犯、结果犯、情节犯的角度看，过失损坏电力设备，造成严重后果（①造成 1 人以上死亡、3 人以上重伤或 10 人以上轻伤。②造成直接经济损失 100 万元以上。③造成 1 万户以上用户电力供应中断 6 小时以上，使生产、生活受到严重影响。④造成其他危害公共安全严重后果），以过失损坏电力设备罪判处 3 年以上 7 年以下有期刑；情节较轻的，处 3 年以下有期刑或拘役。

盗窃电力设备，危害公共安全，但不构成盗窃罪的，以破坏电力设备罪定罪处罚；同时构成盗窃罪和破坏电力设备罪的，依刑罚较重的规定定罪处罚。

盗窃电力设备，未危及公共安全，但应追究刑责的，可根据案件的不同情况，按盗窃罪等罪处罚。

七、《刑法》第120条【组织、领导、参加恐怖组织罪】

从集团共犯、故意犯、危险行为犯的角度看，组织、领导恐怖活动组织，处10年以上有期刑或无期刑，并处没收财产；积极参加者，处3年以上10年以下有期刑，并处罚金；其他参加者，处3年以下有期刑、拘役、管制或剥夺政治权利，可并处罚金。

犯组织、领导、参加恐怖组织罪并实施杀人、爆炸、绑架等犯罪的，依数罪并罚规定处罚。

组织、领导、参加恐怖组织罪和组织、领导、参加黑社会性质组织罪的根本差异在于犯罪组织、犯罪客体的不同。

八、《刑法》第120条之一【帮助恐怖活动罪】

从故意犯、帮助犯、行为犯、情节犯的角度看，资助（为恐怖活动组织或实施恐怖活动的个人筹集、提供经费、物资或提供场所其他物质便利的行为）恐怖活动（恐怖主义性质的组织、策划、准备实施、实施造成或意图造成人员伤亡、重大财产损失、公共设施损坏、社会秩序混乱等严重社会危害的活动；宣扬恐怖主义，煽动实施恐怖活动，或非法持有宣扬恐怖主义的物品，强制他人在公共场所穿戴宣扬恐怖主义的服饰、标志；组织、领导、参加恐怖活动组织；为恐怖活动组织、恐怖活动人员、实施恐怖活动或恐怖活动培训提供信息、资金、物资、劳务、技术、场所等支持、协助、便利；其他恐怖活动）组织（3人以上为实施恐怖活动而组成的犯罪组织）、实施恐怖活动的个人（预谋实施、准备实施和实际实施恐怖活动的个人），或资助恐怖活动培训的，处5年以下有期刑、拘役、管制或剥夺政治权利，并处罚金；情节严重的，处5年以上有期刑，并处罚金或没收财产。

从单位犯罪的角度看，单位犯帮助恐怖活动罪的，对单位判处罚金，并对其直接负责的主管人员和其他直接责任人员，处5年以下有期刑、拘役、管制或剥夺政治权利，并处罚金；情节严重的，处5年以上有期刑，并处罚金或没收财产。

资助恐怖活动组织或实施恐怖活动的个人，应立案追诉。为恐怖活动组织、实施恐怖活动或恐怖活动培训招募、运送人员，构成帮助恐怖活动罪。

有恐怖主义性质的恐怖活动行为类型：①组织、领导、参加恐怖活动组织（3人以上为实施恐怖活动而组成的犯罪组织）。②组织、策划、准备实施、实施造成或意图造成人员伤亡、重大财产损失、公共设施损坏、社会秩序混乱等严重社会危害的活动。③宣扬恐怖主义（通过暴力、破坏、恐吓等手段，制造社会恐慌、危害公共安全、侵犯人身财产，或胁迫国家机关、国际组织，以实现其政治、意识形态等目的的主张和行为），煽动实施恐怖活动，或非法持有宣扬恐怖主义的物品，强制他人在公共场所穿戴宣扬恐怖主义的服饰、标志。④为恐怖活动组织、恐怖活动人员（实施恐怖活动的人和恐怖活动组织的成员）、实施恐怖活动或恐怖活动培训提供信息、资金、物资、劳务、技术、场所等支持、协助、便利。⑤其他恐怖活动。

九、《刑法》第120条之二【准备实施恐怖活动罪】

从故意犯、行为犯、情节犯的角度看，有准备实施恐怖活动（①组织恐怖活动培训或积极参加恐怖活动培训。②为实施恐怖活动准备凶器、危险物品或其他工具。③为实施恐怖活动与境外恐怖活动组织或人员联络。④为实施恐怖活动进行策划或其他准备）的，处5年以下有期刑、拘役、管制或剥夺政治权利，并处罚金；情节严重的，处5年以上有期刑，并处罚金或没收财产。

有准备实施恐怖活动犯罪行为，同时构成他罪的，依处罚较重规定定罪处罚

十、《刑法》第120条之三【宣扬恐怖主义、极端主义、煽动实施恐怖活动罪】

从故意犯、行为犯、情节犯的角度看，以制作、散发宣扬恐怖主义、极端主义（宗教极端主义）的图书、音频视频资料或其他物品，或通过讲授、发布信息等方式宣扬恐怖主义、极端主义，或煽动（怂恿、鼓动等言论刺激）实施恐怖活动的，处5年以下有期刑、拘役、管制或剥夺政治权利，并处罚金；情节严重的，处5年以上有期刑，并处罚金或没收财产。

宣扬恐怖主义、极端主义、煽动实施恐怖活动罪和煽动颠覆国家政权罪、煽动分裂国家罪的根本差异在于犯罪客体、犯罪目的、犯罪行为方式、犯罪后果、法定刑的不同。

十一、《刑法》第120条之四【利用极端主义破坏法律实施罪】

从故意犯、行为犯、情节犯的角度看，利用极端主义煽动（怂恿、鼓动等言论刺激）、胁迫（威胁、强迫等）群众破坏国家法律确立的婚姻、司法、教育、社会管理等制度实施，处3年以下有期刑、拘役或管制，并处罚金；情节严重的，处3年以上7年以下有期刑，并处罚金；情节特别严重的，处7年以上有期刑，并处罚金或没收财产。

明知他人有恐怖主义、极端主义犯罪行为，仍窝藏、包庇，情节轻微，尚不构成犯罪，或在司法机关向其调查有关情况、收集有关证据时，拒绝提供的，由公安机关处10日以上15日以下拘留，可并处1万元以下罚款。

利用型的罪名有利用极端主义破坏法律实施罪；职务侵占罪；贪污罪；受贿罪；挪用资金罪；挪用公款罪；违法运用资金罪；背信运用受托财产罪；背信损害上市公司利益罪；内幕交易、泄露内幕信息罪；利用未公开信息交易罪；为亲友非法牟利罪；非法经营同类营业罪；非国家工作人员受贿罪；金融工作人员购买假币、以假币换取货币罪；虚假诉讼罪；虚假广告罪；非法拘禁罪；破坏军婚罪；帮助信息网络犯罪活动罪；包庇、纵容黑社会性质组织罪；组织、利用会道门、邪教组织、利用迷信破坏法律实施罪；组织、利用会道门、邪教组织、利用迷信致人重伤、死亡罪；组织、强迫、引诱、容留、介绍卖淫罪；阻碍解救被拐卖、绑架妇女、儿童罪等。

公安机关依法履行网络安全保卫和监管职责，网络安全行业主管部门（含监管部门）依法履行网络安全主管、监管责任。根据网络（包含网络设施、信息系统、数据资源等）在国家安全、经济建设、社会生活中的重要程度，以及其遭到破坏后的危害程度等因素，科学确定网络的安全保护等级，实施分等级保护、分等级监管，重点保障关键信息基础设施和第三级（含第三级）以上网络的安全，构建以密码技术、可信计算、人工智能、大数据分析等为核心的网络安全保护体系。依《网络安全等级保护基本要求》《网络安全等级保护安全设计技术要求》等国家标准，按“谁主管谁负责、谁运营谁负责”原则、“一个中心（安全管理中心）、三重防护（安全通信网络、安全区域边界、安全计算环境）”的要求，实施网络安全保护“实战化、体系化、常态化”和“动态防御、主动防御、纵深防御、精准防护、整体防控、联防联控”的“三化六防”措施。应将符合认定条件的基础网络、大型专网、核心业务系统、云平台、大数据平台、物联网、工业控制系统、智能制造系统、新型互联网、新兴通讯设施等重点保护对象纳入关键信息基础设施。

十二、《刑法》第 120 条之五【强制穿戴宣扬恐怖主义、极端主义服饰、标志罪】

从故意犯、行为犯、恐怖犯的角度看，以暴力、胁迫等方式强制他人在公共场所穿着、佩戴宣扬恐怖主义、极端主义服饰、标志的，处 3 年以下有期刑、拘役或管制，并处罚金。

十三、《刑法》第 120 条之六【非法持有宣扬恐怖主义、极端主义物品罪】

从故意犯、情节犯的角度看，明知是宣扬恐怖主义、极端主义的图书、音频视频资料或其他物品而非法持有，情节严重的，处 3 年以下有期刑、拘役或管制，并处或单处罚金。

参与为宣扬恐怖主义、极端主义或实施恐怖主义、极端主义活动提供信息、资金、物资、劳务、技术、场所等支持、协助、便利，或宣扬恐怖主义极端主义或煽动实施恐怖活动极端主义活动、制作传播非法持有宣扬恐怖主义极端主义的物品、强制他人在公共场所穿戴宣扬恐怖主义极端主义的服饰、标志，情节轻微，尚不构成犯罪的，由公安机关处 10 日以上 15 日以下拘留，可并处 1 万元以下罚款。

十四、《刑法》第 122 条【劫持船只、汽车罪】

从故意犯、行为犯、结果犯的角度看，以暴力、胁迫或其他方法劫持船只（机动船只）、汽车的，处 5 年以上 10 年以下有期刑；造成严重后果的，处 10 年以上有期刑或无期刑。

从犯罪对象、犯罪客体的角度看，交通类型的罪名有聚众扰乱公共场所秩序、交通秩序罪；破坏交通工具罪；破坏交通设施罪；交通肇事罪；铁路运营安全事故罪；劫持船只、汽车罪；劫持航空器罪；暴力危及飞行安全罪；重大飞行事故罪；抢劫罪；聚众斗殴罪；运送他人偷越国（边）境罪等。

劫持船只、汽车罪和破坏交通工具罪的根本差异在于犯罪对象、犯罪主观方面、犯罪客观方面的不同；劫持船只、汽车罪和抢劫罪的根本差异在于犯罪目的、犯罪对象、犯罪客体、犯罪客观方面的不同。

十五、《刑法》第 121 条【劫持航空器罪】

从普遍管辖原则、国际犯、国内犯、故意犯、行为犯、危险犯、结果犯、实际控制说、否定未遂说的角度看，采取暴力（殴打、捆绑、爆炸、杀伤、行凶等）、胁迫（精神恐吓、人身强制等）或其他方法（麻醉、吸毒等）劫持（以劫持行为或实际控制行为为既遂标准）航空器［飞行中的民用航空器（①航空器装载结束，机舱外门关闭时起，到打开任一机门以卸载时为止的任何时间。②飞机强迫降落，主管当局接管该航空器及其所载人员、财产前）、使用中的民用航空器（从地面人员或机组对某一特定飞行器开始进行飞行前准备起，直到降落后 24 小时止）；在中国登记的航空器、在中国领域降落的航空器、在中国有永久居所或主要营业地的租用型航空器］的，处 10 年以上有期刑或无期刑；致人重伤、死亡或使航空器遭到严重破坏的，处死刑。

十六、《刑法》第 123 条【暴力危及飞行安全罪】

从故意犯、结果加重犯、危险犯的角度看，对飞行中的航空器上的人员使用暴力（殴打、捆绑等），危及飞行安全，尚未造成严重后果的，处 5 年以下有期刑或拘役；造成严重后果的，处 5 年以上有期刑。

凡在中国船舶（各类排水或非排水船、筏、水上飞机、潜水器和移动式平台）或航空器内犯罪，也适用中国刑法。从犯罪对象、犯罪客体的角度看，以飞行器或航空器为犯罪对象的罪名有多样性、互补性、差异性，含重大飞行事故罪；暴力危及飞行安全罪；劫持航空器罪；破坏交通设施（轨道、桥梁、隧道、公路、机场、航道、灯塔、标志等）罪；破坏交通工具（高铁、火车、汽车、电车、船只、航空器等）罪等。

暴力危及飞行安全罪与重大飞行事故罪的根本差异在于犯罪主体、犯罪主观方面、犯罪客观方面、犯罪后果的不同；暴力危及飞行安全罪与劫持航空器罪的根本差异在于犯罪主观方面、犯罪客观方面的不同；暴力危及飞行安全罪与破坏交通工具罪的根本差异在于犯罪对象、犯罪客观方面的不同。

十七、《刑法》第 131 条【重大飞行事故罪】

从身份犯、过失犯、结果犯的角度看，航空人员［从事民用航空活动的空勤人员（驾驶员、领航员、飞行通信员、机械员、乘务员）、地勤人员（民用航空维护人员、空中交通管制员、飞行签派员、航空台通信员）］违反规章制度（民用航空器的维修操作管理、空域管理、运输管理、安全飞行管理等），致使发生重大飞行事故（民航飞行事故造成死亡 39 人以下，或航空器在飞行过程中失踪，飞机上人员在 39 人以下；飞机迫降到无法运出的地方），造成严重后果（航空器或其他航空设施受到严重损坏，航空器上人员遭受重伤，公私财产受到严重损失等）的，处 3 年以下有期刑或拘役；造成飞机坠毁或人员死亡的，处 3 年以上 7 年以下有期刑。

一般而言，重大飞行事故刑事案件由犯罪结果发生地机场公安机关管辖；特殊而言，犯罪结果发生地未设机场公安机关或不在机场公安机关管辖范围内的，由地方公安机关管辖，有关机场公安机关协助。

重大飞行事故罪与暴力危及飞行安全罪的根本差异在于犯罪主体、犯罪主观方面、犯罪客观方面、犯罪后果、法定刑的不同；重大飞行事故罪与过失损坏交通工具罪的根本差异在于犯罪主体、犯罪后果原因的不同；重大飞行事故罪与重大责任事故罪的根本差异在于犯罪主体、犯罪地点或犯罪场合的不同。

对行驶中的公共交通工具的驾驶人员使用暴力或抢控驾驶操纵装置，干扰公共交通工具正常行驶，危及公共安全；行驶中的公共交通工具的驾驶人员在行驶的公共交通工具上擅离职守，与他人互殴或殴打他人，危及公共安全的，处 1 年以下有期刑、拘役或管制，并处或单处罚金。

具有对行驶中的公共交通工具的驾驶人员使用暴力或抢控驾驶操纵装置，干扰公共交通工具正常行驶，危及公共安全；行驶中的公共交通工具的驾驶人员在行驶的公共交通工具上擅离职守，与他人互殴或殴打他人，危及公共安全行为，同时构成他罪，依处罚较重规定定罪处罚。

十八、《刑法》第 124 条【破坏广播电视设施、公用电信设施罪；过失损坏广播电视设施、公用电信设施罪】

从故意犯、危险犯、结果犯的角度看，破坏广电设施、公用电信设施（广电台中直接关系节目播出的设施、广电传输网内的设施，参照国家广电行政主管部门和其他相关部门有关规定确定），危害公共安全，处 3 年以上 7 年以下有期刑；造成严重后果的，处 7 年以上有期刑。

采取拆卸、毁坏设备，剪割缆线，删除、修改、增加广电设备系统中存储、处理、传输的数据和应用程序，非法占用频率等手段，破坏正使用的广电设施，有四种情形［①造成救灾、抢险、防汛和灾害预警等重大公共信息无法发布。②造成县级、地市（设区的市）级广电台中直接关系节目播出的设施无法使用，信号无法播出。③造成省级以上广电传输网内的设施无法使用，地市（设区的市）级广电传输网内的设施无法使用 3 小时以上，县级广电传输网内的设施无法使用 12 小时以上，信号无法传输。④其他危害公共安全情形］，依破坏广电设施、公用电信设施罪规定，以破坏广播电视设施罪处 3 年以上 7 年以下有期刑。

实施采取拆卸、毁坏设备，剪割缆线，删除、修改、增加广电设备系统中存储、处理、传输的数据和应用程序，非法占用频率等手段，破坏正使用的广电设施的行为，有四种情形［①造成省级以上广电台中直接关系节目播出的设施无法使用，信号无法播出。②造成救灾、抢险、防汛和灾害预警等重大公共信息无法发布，因此贻误排除险情或疏导群众，使 1 人以上死亡、3 人以上重伤或财产损失 50 万元以上，或引起严重社会恐慌、社会秩序混乱。③造成省级以上广电传输网内的设施无法使用 3 小时以上，地市（设区的市）级广电传输网内的设施无法使用 12 小时以上，县级广电传输网内的设施无法使用 48 小时以上，信号无法传输。④造成其他严重后果］的，应认定为破坏广电设施、公用电信设施罪的造成严重后果，以破坏广电设施罪处7年以上有期刑。

过失犯破坏广电设施、公用电信设施罪，处3年以上7年以下有期刑；情节较轻的，处3年以下有期刑或拘役。

过失损坏广电设施构成犯罪，但能主动向有关部门报告，积极赔偿损失或修复被损坏设施的，可酌情从宽处罚。

过失损坏正在使用的广电设施，造成严重后果［①造成省级以上广电台中直接关系节目播出的设施无法使用，信号无法播出。②造成救灾、抢险、防汛和灾害预警等重大公共信息无法发布，因此贻误排除险情或疏导群众，致使1人以上死亡、3人以上重伤或财产损失50万元以上，或引起严重社会恐慌、社会秩序混乱。③造成省级以上广电传输网内的设施无法使用3小时以上，地市（设区的市）级广电传输网内的设施无法使用12小时以上，县级广电传输网内的设施无法使用48小时以上，信号无法传输。④造成其他严重后果］，以过失损坏广播电视设施罪处3年以上7年以下有期刑；情节较轻的，处3年以下有期刑或拘役。

建设、施工单位的管理人员、施工人员，在建设、施工过程中，违反广播电视设施保护规定，故意或过失损毁正在使用的广电设施，构成犯罪的，以破坏广播电视设施罪或过失损坏广播电视设施罪定罪处罚（破坏广播电视设施、公用电信设施罪；过失破坏广播电视设施、公用电信设施罪的量刑标准）。

破坏正在使用的广电设施未危及公共安全，或故意毁坏尚未投入使用的广电设施，造成财物损失数额较大或有其他严重情节的，以故意毁坏财物罪定罪处罚。

实施破坏广电设施犯罪，并利用广电设施实施煽动分裂国家、煽动颠覆国家政权、煽动民族仇恨、民族歧视或宣扬邪教等行为，同时构成他罪的，依处罚较重的规定定罪处罚。

破坏、过失损坏军事通信，并造成公用电信设施损毁，危害公共安全，同时构成破坏广播电视设施、公用电信设施罪、破坏武器装备、军事设施、军事通信罪、过失损坏武器装备、军事设施、军事通信罪的，依处罚较重规定定罪处罚。

盗窃军事通信线路、设备，不构成盗窃罪，但破坏军事通信的，以破坏武器装备、军事设施、军事通信罪定罪处罚；同时构成生产销售劣药罪、盗窃罪和破坏武器装备、军事设施、军事通信罪的，依处罚较重的规定定罪处罚。

十九、《刑法》第125条【非法制造、买卖、运输、邮寄、储存枪支、弹药、爆炸物罪；非法制造、买卖、运输、储存危险物质罪】

从选择罪名、故意犯、行为犯、情节犯的角度看，非法制造、买卖（获取金钱、获取其他物质性利益）、运输、邮寄、储存枪支、弹药、爆炸物（非法制造、买卖、运输、邮寄、储存炸药、发射药、黑火药1000克以上或烟火药3000克以上、雷管30枚以上或导火索、导爆索30米以上）的，处3年以上10年以下有期刑；情节严重（非法制造、买卖、运输、邮寄、储存炸药、发射药、黑火药5000克以上或烟火药15 000克以上、雷管150枚以上或导火索、导爆索150米以上）的，处10年以上有期刑、无期刑或死刑。

单位犯非法制造、买卖、运输、邮寄、储存枪支、弹药、爆炸物罪、非法制造、买卖（获取金钱、获取其他物质性利益）、运输、储存危险物质罪的，对单位判处罚金，并对其直接负责的主管人员和其他直接责任人员，处3年以上10年以下有期刑；情节严重的，处10年以上有期刑、无期刑或死刑。

从选择罪名、情节犯的角度看，非法制造、买卖（出卖、购买）、运输、储存毒害性、放射性、传染病病原体等物质，危害公共安全，以非法制造、买卖、运输、储存危险物质罪处罚。

从《保安服务管理条例》的角度看，从事武装守护押运的保安员违反规定使用枪支，依《专职守护押运人员枪支使用管理条例》的规定处罚。

二十、《刑法》第126条【违规制造、销售枪支罪】

从选择罪名、行政犯、故意犯、情节犯的角度看，依法被指定、确定的枪支制造企业、销售企业，违反枪支管理规定，有违规制造、销售枪支行为（①以非法销售为目的，超过限额或不按规定的品种制造、配售枪支。②以非法销售为目的，制造无号、重号、假号的枪支。③非法销售枪支或在境内销售为出口制造的枪支）的，对单位判处罚金，并对其直接负责的主管人员和其他直接责任人员，处5年以下有期刑；情节严重的，处5年以上10年以下有期刑；情节特别严重的，处10年以上有期刑或无期刑。

二十一、《刑法》第127条【盗窃、抢夺枪支、弹药、爆炸物、危险物质罪；抢劫枪支、弹药、爆炸物、危险物质罪】

从选择罪名、失控说、失控和控制说、故意犯、情节犯、特殊盗窃罪的角度，盗窃、抢夺枪支、弹药、爆炸物，或盗窃、抢夺毒害性、放射性、传染病病原体等物质（以实际控制为既遂标准），危害公共安全，处3年以上10年以下有期刑；情节严重的，处10年以上有期刑、无期刑或死刑。抢劫枪支、弹药、爆炸物，或抢劫毒害性、放射性、传染病病原体等物质，危害公共安全，或盗窃、抢夺国家机关、军警人员、民兵的枪支、弹药、爆炸物的，处10年以上有期刑、无期刑或死刑。

抢劫、抢夺民警枪支，符合《刑法》第127条第2款抢劫枪支危害公共安全，应以抢劫枪支罪、抢夺枪支罪定罪。

盗窃、抢夺武器装备或军用物资，处5年以下有期刑或拘役；情节严重的，处5年以上10年以下有期刑；情节特别严重的，处10年以上有期刑、无期刑或死刑。盗窃、抢夺枪支、弹药、爆炸物，以盗窃、抢夺枪支、弹药、爆炸物、危险物质罪论处。

从故意犯、行为犯的角度看，抢劫枪支、弹药、爆炸物，或抢劫毒害性、放射性、传染病病原体等物质，危害公共安全，或盗窃、抢夺国家机关、军警人员、民兵的枪支、弹药、爆炸物（以实际控制为既遂标准）的，处10年以上有期刑、无期刑或死刑。

二十二、《刑法》第128条【非法持有、私藏枪支、弹药罪；非法出租、出借枪支罪】

非法持有枪支罪是无合法根据地实际占有或控制枪支的非法持有行为（不符合配

备、配置枪支、弹药条件的人员，违反枪支管理法律法规的规定，擅自持有枪支、弹药的行为）。

非法出租、出借枪支罪是依法配备公务用枪的人员或单位，违反枪支管理规定，私自出租、出借枪支，或依法配置枪支的人员或单位，违反枪支管理规定，非法出租、出借枪支，造成严重后果的行为。依法配备公务用枪的人将枪支赠与他人，可将赠与枪支包容评价为出借枪支，构成非法出借枪支罪。

从选择罪名、行政犯、故意犯、持有犯、行为犯、情节犯、抽象危险犯的角度看，违反枪支管理规定（枪支管理法等），非法持有（不符合配备、配置枪支、弹药条件的人擅自拥有、携带、佩带或以其他方式公然拥有、持有枪支、弹药）、私藏（①曾依法配备、配置枪支、弹药的人在配备、配置枪支、弹药的条件消除后仍私自秘密藏匿且拒不交出。②未依法取得持枪证件而持有、携带，或有证件而将枪支、弹药携带出依法规定场所。③在禁止携带枪支、弹药的区域、场所携带）枪支（以火药或压缩气体等为动力，利用管状器具发射金属弹丸或其他物质，足以致人伤亡或丧失知觉的各种枪支）、弹药，处3年以下有期刑、拘役或管制；情节严重（非法持有、私藏民用枪支、弹药，数量较大；出于犯罪目的，非法持有、私藏枪支、弹药，非法持有、私藏军事系统或非军事系统的公务用枪、弹药；对国家工作人员使用暴力或威胁抗拒收缴非法持有、私藏的枪支、弹药）的，处3年以上7年以下有期刑。

从身份犯、故意犯、行为犯、情节犯的角度看，依法配备公务用枪的人员，非法出租、出借枪支的，处3年以下有期刑、拘役或管制；情节严重的，处3年以上7年以下有期刑。依法配置枪支的人员，非法出租、出借枪支，造成严重后果的，处3年以上7年以下有期刑。

单位犯非法持有、私藏枪支、弹药罪，非法出租、出借枪支罪的，对单位判处罚金，并对其直接负责的主管人员和其他直接责任人员，处3年以下有期刑、拘役或管制；情节严重的，处3年以上7年以下有期刑。

违反枪支管理规定，非法持有、私藏枪支、弹药，应立案追诉的情形：①非法持有、私藏军用枪支1支以上。②非法持有、私藏以火药为动力发射枪弹的非军用枪支1支以上，或以压缩气体等为动力的其他非军用枪支2支以上。③非法持有、私藏军用子弹20发以上、气枪铅弹1000发以上或其他非军用子弹200发以上。④非法持有、私藏手榴弹、炸弹、地雷、手雷等有杀伤性弹药1枚以上。⑤非法持有、私藏的弹药造成人员伤亡、财产损失。

为盗窃财物而误盗枪支、弹药，定盗窃罪（可能是未遂），盗窃后将枪支弹药私藏，构成非法持有枪支弹药罪。①明知是枪支而盗窃，构成盗窃枪支、弹药罪，否则不知包内是枪支、弹药而窃取，可能构成盗窃罪或非法持有枪支弹药罪。②有持枪资格人员丧失资格后，拒不交出枪支，构成私藏枪支罪。

非法出租、出借枪支罪的情形：①依法配备公务用枪的人有出租、出借枪支行为，即构成非法出租、出借枪支罪，无需发生危害后果。②依法配备公务用枪的人员，违反法律规定，将公务用枪用作借债质押物，使枪支处于非依法持枪人的控制、使用之下，严重危害公共安全，应以非法出借枪支罪追究刑责。③依法配备公务用枪的人将枪支赠与他人，构成非法出借枪支罪。④依法配置枪支（不含公务用枪）的人员有出租、出借枪支行为，只有造成严重后果的，才构成非法出租、出借枪支罪。⑤依法配置枪支的人员，非法出租、出借枪支，造成严重后果，以非法出租、出借枪支罪处罚，处3年以下有期刑、拘役或管制；情节严重的，处3年以上7年以下有期刑。⑥单位犯非法持有私藏枪支弹药罪、非法出租出借枪支罪的，对单位判处罚金，并对其直接负责的主管人员和其他直接责任人员，处3年以下有期刑、拘役或管制；情节严重的，处3年以上7年以下有期刑。

非法持有枪支罪的情形：①依法配备公务用枪的人员，违反法律规定，将公务用枪用作借债质押物，使枪支处于非依法持枪人的控制、使用之下，严重危害公共安全，接受枪支质押的人员，也构成犯罪，应以非法持有枪支罪追究其刑责。②无持枪资格的人员实际占有或控制枪支，构成非法持有枪支罪。

非法持有、私藏枪支、弹药罪和盗窃、抢夺枪支、弹药、爆炸物罪的根本差异在于犯罪对象、犯罪客观方面的行为方式的不同；非法持有枪支、弹药罪和私藏枪支、弹药罪的根本差异在于犯罪主体、犯罪客观方面的不同。

二十三、《刑法》第129条【丢失枪支不报罪】

从身份犯、过失犯、不作为犯、结果犯、渎职犯、报告义务的角度讲，依法配备公务用枪的人员（配枪人），丢失（被盗、被抢、被骗、丢失等）枪支不及时（立即）报告（丢枪后未向所在单位报告，或丢枪后向所在单位报告，配枪人本人和所在单位均未向公安机关报告），造成严重后果（丢失的枪支被他人使用造成人员轻伤以上伤亡事故；丢失的枪支被他人利用进行违法犯罪活动；其他造成严重后果的情形）的，处3年以下有期刑或拘役。

丢失枪支不报罪是依法配备公务用枪的人员违反枪支管理规定，丢失枪支不及时报告造成严重后果的行为。依法配备公务用枪的人员所配备的枪支一旦发生被盗、被抢或丢失的事件，应立即向公安机关报告，这是依法配备公务用枪人员的义务。违反枪支管理法，枪支被盗、被抢或丢失的，不及时报告，由公安机关对个人或单位负有直接责任的主管人员和其他直接责任人员处警告或15日以下拘留；构成犯罪的，依法追究刑责。

依法配备公务用枪的人员（配枪人）私自出租、出借枪支，借枪人丢失枪后告诉配枪人，但配枪人不及时报告公安机关的认定问题有争议性，存在牵连犯择一重罪处罚说、数罪并罚说等不同理论观点，一般认为，应以非法出租、出借枪支罪与丢失枪支不报罪进行数罪并罚。

二十四、《刑法》第130条【非法携带枪支、弹药、管制刀具、危险物品危及公共安全罪】

从故意犯、行为犯、持有犯、情节犯的角度看，非法携带枪支、弹药、管制刀具或爆炸性、易燃性、放射性、毒害性、腐蚀性物品，进入公共场所或公共交通工具，危及公共安全，情节严重的，处3年以下有期刑、拘役或管制。

从司法解释的角度看，违反国家规定，制造、买卖、储存、运输、邮寄、携带、使用、提供、处置爆炸性、毒害性、放射性、腐蚀性物质或传染病病原体等危险物质，或非法携带枪支、弹药、管制器具或爆炸性、放射性、毒害性、腐蚀性物品进入医疗机构，处10日以上15日以下拘留；情节较轻的，处5日以上10日以下拘留。①非法携带枪支、弹药或弩、匕首等国家规定的管制器具，处5日以下拘留，可并处500元以下罚款；情节较轻的，处警告或200元以下罚款。②非法携带枪支、弹药或弩、匕首等国家规定的管制器具进入公共场所或公共交通工具，处5日以上10日以下拘留，可并处500元以下罚款；危及公共安全情节严重的，构成非法携带枪支、弹药、管制刀具、危险物品危及公共安全罪，依刑法有关规定定罪处罚。

在信访接待场所、其他国家机关或公共场所、公共交通工具上非法携带枪支、弹药、弓弩、匕首等管制器具，或爆炸性、毒害性、放射性、腐蚀性等危险物质，应予及时制止，收缴枪支、弹药、管制器具、危险物质，危及公共安全，情节严重的，以非法携带枪支、弹药、管制刀具、危险物品危及公共安全罪追究刑责。

枪支类的经济犯罪罪名：违规制造、销售枪支罪；非法制造、买卖、运输、邮寄、储存枪支、弹药、爆炸物罪；非法出租、出借枪支罪；非法买卖、运输核材料罪（危害公共安全罪）等。

二十五、《刑法》第132条【铁路运营安全事故罪】

从身份犯、过失犯、结果犯的角度看，铁路职工违反规章制度，使发生铁路运营安全事故，造成严重后果的，处3年以下有期刑或拘役；造成特别严重后果的，处3年以上7年以下有期刑。

对过失犯罪，如安全责任事故犯罪等，主要应根据犯罪造成危害后果的严重程度、被告人主观罪过的大小以及被告人案发后的表现等，综合掌握处罚的宽严尺度。对过失犯罪后积极抢救、挽回损失或有效防止损失进一步扩大的，要依法从宽。对造成的危害后果虽不是特别严重，但情节特别恶劣或案发后故意隐瞒案情，甚至逃逸，给及时查明事故原因和迅速组织抢救造成贻误的，要依法从重处罚。

二十六、《刑法》第133条【交通肇事罪】

交通肇事罪是违反交通管理法规，发生重大交通事故，致人重伤、死亡或使公私财产遭受重大损失，危害公共安全的行为。①在实行公共交通管理的范围内发生重大交通事故，依交通肇事罪和交通肇事刑事案件解释的有关规定办理。②从司法解释的角度看，交通运输肇事后逃逸属于在发生交通事故后，为逃避法律追究而逃跑的行为。③从交通事故发生的时间、地点、过程、交通事故发生后的客观环境、交通事故双方的表现等综合因素的角度看，交通运输肇事后逃逸具有故意性、目的性、非法性。④交通肇事罪以过失犯罪为原则，以故意犯罪为例外。

从过失犯、结果犯、结果加重犯、情节犯的角度看，违反交通运输管理法规，因而发生重大事故，致人重伤、死亡（交通肇事造成死亡1人或重伤3人以上，并负事故全部或主要责任）或使公私财产遭受重大损失的，处3年以下有期刑或拘役；交通运输肇事后逃逸（肇事人具有死亡1人或重伤3人以上，负事故全部或主要责任；死亡3人以上，负事故同等责任；造成公共财产或他人财产直接损失，负事故全部或主要责任，无能力赔偿数额30万元以上；酒后、吸食毒品后驾驶机动车辆；无驾驶资格驾驶机动车辆；明知是安全装置不全或安全机件失灵的机动车辆而驾驶；明知是无牌证或已报废的机动车辆而驾驶；严重超载驾驶的情形，在发生交通事故后，为逃避法律追究从逃离事故现场等具备逃跑条件的地点逃跑的法定加重情节行为）或有其他特别恶劣情节［交通肇事有死亡2人以上或重伤5人以上，负事故全部或主要责任；死亡6人以上，负事故同等责任；造成公共财产或他人财产直接损失（在30万元至60万元或60万元至100万元的幅度内），负事故全部或主要责任，无能力赔偿数额60万元以上的情形］的，处3年以上7年以下有期刑；因逃逸（发生交通事故后，为逃避法律追究而逃跑的行为）致人死亡（行为人在交通肇事后为逃避法律追究而逃跑，使被害人因得不到救助而死亡的情形）的，处7年以上有期刑（最高15年）。

交通肇事罪的情形：①因交通违章造成死亡1人或重伤3人以上，只有认定行为人承担全部或主要责任时，才可构成交通肇事罪；负次要责任的，对肇事行为不承担刑责。②从事交通运输人员或非交通运输人员，违反交通运输管理法规，发生重大交通事故，在分清事故责任基础上，构成犯罪的，以交通肇事罪定罪处罚。③交通肇事致1人以上重伤，负事故全部或主要责任，并有酒后、吸食毒品后驾驶机动车辆；无驾驶资格驾驶机动车辆；明知是安全装置不全或安全机件失灵的机动车辆而驾驶；明知是无牌证或已报废的机动车辆而驾驶；严重超载驾驶；为逃避法律追究逃离事故现场的情形，以交通肇事罪定罪处罚。④交通肇事有死亡1人或重伤3人以上的，负事故全部或主要责任；死亡3人以上的，负事故同等责任；造成公共财产或他人财产直接损失（30万元至60万元或60万元至100万元的幅度内），负事故全部或主要责任，无能力赔偿数额30万元以上的情形，处3年以下有期刑或拘役。⑤单位主管人员、机动车辆所有人或机动车辆承包人指使、强令他人违章驾驶造成重大交通事故，有死亡1人或重伤3人以上情形，负事故全部或主要责任；死亡3人以上的，负事故同等责任；造成公共财产或他人财产直接损失，负事故全部或主要责任，无能力赔偿数额30万元以上；交通肇事致1人以上重伤，负事故全部或主要责任，并有酒后、吸食毒品后驾驶机动车辆；无驾驶资格驾驶机动车辆；明知是安全装置不全或安全机件失灵的机动车辆而驾驶；明知是无牌证或已报废的机动车辆而驾驶；严重超载驾驶；为逃避法律追究逃离事故现场的情形，以交通肇事罪定罪处罚。⑥醉酒驾驶机动车并造成重大人员伤亡的，构成交通肇事罪。⑦交通肇事后，单位主管人员、机动车辆所有人、承包人或乘车人指使肇事人逃逸，使被害人因得不到救助而死亡的，以交通肇事罪的共犯论处。⑧实施“碰瓷”，驾驶机动车对其他机动车进行追逐、冲撞、挤别、拦截或突然加减速、急刹车等可能影响交通安全的行为，因而发生重大事故，致人重伤、死亡或使公私财物遭受重大损失，符合《刑法》第133条交通肇事罪规定的，以交通肇事罪定罪处罚。

行为人在交通肇事后为逃避法律追究，将被害人带离事故现场后隐藏或遗弃，使被害人无法得到救助而死亡或严重残疾（重伤）的，应分别以故意杀人罪或故意伤害罪定罪处罚。

在公共交通管理的范围外，驾驶机动车辆或使用其他交通工具致人伤亡或使公共财产或他人财产遭受重大损失，构成犯罪的，分别依重大责任事故罪、强令违章冒险作业罪、重大劳动安全事故罪、大型群众性活动重大安全事故罪或过失致人死亡罪等规定定罪处罚。

二十七、《刑法》第133条之一【危险驾驶罪】

危险驾驶罪是在道路上驾驶机动车追逐竞驶，情节恶劣，或在道路上醉酒驾驶机动车的行为。①机动车所有人、管理人对从事校车业务或旅客运输，严重超过额定乘员载客，或严重超过规定时速行驶、违反危险化学品安全管理规定运输危险化学品，危及公共安全行为负有直接责任，以危险驾驶罪处拘役，并处罚金。②在道路上驾驶机动车，血液酒精含量达到80毫克/100毫升以上，属于醉酒驾驶机动车，以危险驾驶罪定罪处罚。③行为人在公共停车场醉酒驾驶机动车，应以危险驾驶罪论处。④醉酒驾驶机动车，以暴力、威胁方法阻碍公安机关依法检查，又构成妨害公务罪等他罪的，依数罪并罚规定处罚。⑤对醉酒驾驶机动车的被告人判处罚金，应根据被告人的醉酒程度、是否造成实际损害、认罪悔罪态度等情况，确定与主刑相适应的罚金数额。目前，刑法尚未将毒驾、疲驾纳入危险驾驶罪的行为方式。

从过失犯、行为犯、情节犯、危险犯的角度看，在道路（公路、城市道路和虽在单位管辖范围内但允许社会机动车通行的地方，含广场、公共停车场等用于公众通行的场所）上驾驶机动车，有醉酒（血液酒精含量达到80毫克/100毫升以上）驾驶机动车、追逐竞驶情节恶劣、从事校车业务或旅客运输，严重超过额定乘员载客或严重超过规定时速行驶、违反危险化学品安全管理规定运输危险化学品危及公共安全的行为，犯危险驾驶罪，处拘役，并处罚金。

醉酒驾驶机动车要求行为人存在饮酒行为。血液酒精含量检验鉴定意见是认定嫌犯是否醉酒的依据。（1）嫌犯经呼气酒精含量检验达到80毫克/100毫升以上的醉酒标准，在抽取血样前脱逃，可将呼气酒精含量检验结果作为认定其醉酒的依据。①嫌犯在公安机关依法检查时，为逃避法律追究，在呼气酒精含量检验或抽取血样前又饮酒，经检验其血液酒精含量达到80毫克/100毫升以上的醉酒标准，应认定为醉酒。②公安机关在查处醉酒驾驶机动车的嫌犯时，对查获、呼气酒精含量检验和抽取血样过程应制作记录；有条件的，应拍照、录音或录像；有证人的，应收集证人证言。③办理醉酒驾驶机动车刑事案件，应严格执行刑事诉讼法有关规定，切实保障嫌犯、被告人的诉讼权，在法定诉讼期限内及时侦查、起诉、审判。④对醉酒驾驶机动车的嫌犯、被告人，据案件情况，可拘留或取保候审。⑤对符合取保候审条件，但嫌犯、被告人不能提出保证人，也不交纳保证金的，可监视居住。⑥对违反取保候审、监视居住规定的嫌犯、被告人，情节严重的，可逮捕。⑦有交通肇事、危险驾驶的犯罪行为，同时构成他罪的，依处罚较重规定定罪处罚。（2）醉酒驾驶机动车，以危险驾驶罪从重处罚的8种情形：①造成交通事故且负事故全部或主要责任，或造成交通事故后逃逸，尚未构成他罪。②血液酒精含量达到200毫克/100毫升以上。③在高速公路、城市快速路上驾驶。④驾驶载有乘客的营运机动车。⑤有严重超员、超载或超速驾驶，无驾驶资格驾驶机动车，使用伪造或变造的机动车牌证等严重违反道路交通安全法的行为。⑥逃避公安机关依法检查，或拒绝、阻碍公安机关依法检查尚未构成他罪。⑦曾因酒后驾驶机动车受过行政处罚或刑事追究。⑧其他可从重处罚情形。（3）危险驾驶罪的量刑：①构成危险驾驶罪，可在1个月到2个月拘役幅度内确定量刑起点。②在量刑起点的基础上，可根据危险驾驶行为等其他影响犯罪构成的犯罪事实增加刑罚量，确定基准刑。③对醉酒驾驶机动车的被告人，应综合考虑被告人的醉酒程度、机动车类型、车辆行驶道路、行车速度、是否造成实际损害及认罪悔罪等情况，准确定罪量刑。④对情节显著轻微危害不大的，不定罪处罚；犯罪情节轻微不需判刑的，可免刑。

二十八、《刑法》第134条【重大责任事故罪；强令、组织他人违章冒险作业罪】

重大责任事故罪是在生产、作业中违反有关安全管理规定，发生重大伤亡事故或造成其他严重后果的犯罪行为。

重大责任事故罪等过失导致他人死亡的犯罪和过失致人死亡罪的关系是特殊法和普通法的关系，适用特殊法优于普通法的规定。

从身份犯、过失犯、结果犯、情节犯的角度看，犯重大责任事故罪，行为人（①对生产、作业负有组织、指挥或管理职责的负责人、管理人员、实际控制人、投资人等人员。②直接从事生产、作业的人员）在生产、作业中违反有关安全管理规定，因而发生重大伤亡事故或造成其他严重后果的，处3年以下有期刑或拘役；情节特别恶劣的，处3年以上7年以下有期刑。

犯强令、组织他人违章冒险作业罪，特定行为人（对生产、作业负有组织、指挥或管理职责的负责人、管理人员、实际控制人、投资人等人员）明知存在事故隐患、继续作业存在危险，仍违反有关安全管理规定，强令他人违章冒险作业（①利用组织、指挥、管理职权，强制他人违章作业。②采取威逼、胁迫、恐吓等手段，强制他人违章作业。③故意掩盖事故隐患，组织他人违章作业。④其他强令他人违章作业的行为），因而发生重大伤亡事故或造成其他严重后果的，处5年以下有期刑或拘役；情节特别恶劣，处5年以上有期刑。

强令他人违章冒险作业，或明知存在重大事故隐患而不排除，仍冒险组织作业，因而发生重大伤亡事故或造成其他严重后果的，处5年以下有期刑或拘役；情节特别恶劣，处5年以上有期刑。

在生产、作业中违反有关安全管理规定，有关闭、破坏直接关系生产安全的监控、报警、防护、救生设备、设施，或篡改、隐瞒、销毁其相关数据、信息；因存在重大事故隐患被依法责令停产停业、停止施工、停止使用有关设备、设施、场所或立即采取排除危险的整改措施，而拒不执行；涉及安全生产的事项未经依法批准或许可，擅自从事矿山开采、金属冶炼、建筑施工，以及危险物品生产、经营、储存等高度危险的生产作业活动三种情形之一，具有发生重大伤亡事故或其他严重后果的现实危险，处1年以下有期刑、拘役或管制。

过失导致物品从高空坠落，致人死亡、重伤，符合《刑法》第233（过失致人死亡罪）、235（过失致人重伤罪）条规定，依过失致人死亡罪、过失致人重伤罪定罪处罚。在生产、作业中违反有关安全管理规定，从高空坠落物品，发生重大伤亡事故或造成其他严重后果，依《刑法》第134条第1款（重大责任事故罪），以重大责任事故罪定罪处罚。

有强迫行为性质的罪名有强令违章作业罪、强迫交易罪、强迫劳动罪、强迫卖淫罪、强迫卖血罪、强迫他人吸毒罪、强奸罪、寻衅滋事罪、滥用管理公司、证券职权罪等。

从两高《关于办理危害生产安全刑事案件适用法律若干问题的解释》（2015年）的角度看，在安全事故发生后，直接负责的主管人员和其他直接责任人员故意阻挠开展抢救，导致人员死亡或重伤，或为逃避法律追究，对被害人进行隐藏、遗弃，使被害人因无法得到救助而死亡或重度残疾，分别以故意杀人罪或故意伤害罪定罪处罚。

生产不符合保障人身、财产安全的国家标准、行业标准的安全设备，或明知安全设备不符合保障人身、财产安全的国家标准、行业标准而进行销售，使发生安全事故，造成严重后果的，以生产、销售不符合安全标准的产品罪定罪处罚。

实施采取弄虚作假、行贿等手段，故意逃避、阻挠负有安全监管职责的部门实施监督检查，同时构成行贿罪的，依数罪并罚规定处罚。

国家工作人员违反规定投资入股生产经营，构成《关于办理危害生产安全刑事案件适用法律若干问题的解释》规定的有关犯罪，或国家工作人员的贪污、受贿犯罪行为与安全事故发生存在关联性的，从重处罚；同时构成贪污、受贿犯罪和危害生产安全犯罪的，依数罪并罚规定处罚。

国家机关工作人员在履行安全监管职责时滥用职权、玩忽职守，使公共财产、国家和人民利益遭受重大损失，或徇私舞弊，对发现的刑事案件依法应移交司法机关追究刑责而不移交，情节严重的，分别以滥用职权罪、玩忽职守罪或徇私舞弊不移交刑事案件罪定罪处罚。

公司、企事业单位的工作人员在依法或受委托行使安全监管职责时滥用职权或玩忽职守，构成犯罪的，适用渎职罪的规定追究刑责。

对实施危害生产安全犯罪适用缓刑犯的，可根据犯罪情况，禁止其在缓刑考验期限内从事与安全生产相关联的特定活动；对被判刑的罪犯，可根据犯罪情况和预防再犯罪的需要，禁止其自刑罚执行完毕之日或假释之日起3年至5年内从事与安全生产相关的职业。

实施铁路运营安全事故罪、重大责任事故罪、强令、组织他人违章冒险作业罪、重大劳动安全事故罪、大型群众性活动重大安全事故罪、危险物品肇事罪、工程重大安全事故罪、教育设施重大安全事故罪、消防责任事故罪、不报谎报安全事故罪，在安全事故发生后积极组织、参与事故抢救，或积极配合调查、主动赔偿损失，可酌情从轻处罚。

实施铁路运营安全事故罪、重大责任事故罪、强令、组织他人违章冒险作业罪、重大劳动安全事故罪、大型群众性活动重大安全事故罪、危险物品肇事罪、工程重大安全事故罪、教育设施重大安全事故罪、消防责任事故罪；不报、谎报安全事故罪，从重处罚的七种情形：①1 年内曾因危害生产安全违法犯罪活动受过行政处罚或刑罚。②采取弄虚作假、行贿等手段，故意逃避、阻挠负有安全监管职责的部门实施监督检查。③关闭、破坏必要的安全监控和报警设备。④未依法取得安全许可证件或安全许可证件过期、被暂扣、吊销、注销后从事生产经营活动。⑤已发现事故隐患，经有关部门或个人提出后，仍不采取措施。⑥安全事故发生后转移财产意图逃避承担责任。⑦其他从重处罚情形。

实施铁路运营安全事故罪、重大责任事故罪、重大劳动安全事故罪；大型群众性活动重大安全事故罪、危险物品肇事罪、消防责任事故罪；不报、谎报安全事故罪，因而发生安全事故，有造成直接经济损失 100 万元以上、造成死亡 1 人以上或重伤 3 人以上，或其他造成严重后果或重大安全事故的情形，应认定为“造成严重后果”或“发生重大伤亡事故或造成其他严重后果”，对相关责任人员，处 3 年以下有期刑或拘役。

实施强令、组织他人违章冒险作业罪的行为，因而发生安全事故，有造成直接经济损失 100 万元以上、造成死亡 1 人以上或重伤 3 人以上，或其他造成严重后果或重大安全事故的情形，应认定为“发生重大伤亡事故或造成其他严重后果”，对相关责任人员，处 5 年以下有期刑或拘役。

实施工程重大安全事故罪的行为，因而发生安全事故，有造成直接经济损失 100 万元以上、造成死亡 1 人以上或重伤 3 人以上，或其他造成严重后果或重大安全事故的情形，应认定为“造成重大安全事故”，对直接责任人员，处 5 年以下有期刑或拘役，并处罚金。

实施教育设施重大安全事故罪的行为，因而发生安全事故，有造成直接经济损失 100 万元以上、造成死亡 1 人以上或重伤 3 人以上，或其他造成严重后果或重大安全事故的情形，应认定为“发生重大伤亡事故”，对直接责任人员，处 3 年以下有期刑或拘役。

实施铁路运营安全事故罪、重大责任事故罪、重大劳动安全事故罪、大型群众性活动重大安全事故罪、危险物品肇事罪、消防责任事故罪、不报谎报安全事故罪的行为，因而发生安全事故，有造成直接经济损失 500 万元以上而负事故主要责任的、造成死亡 3 人以上或重伤 10 人以上而负事故主要责任的，或其他造成特别严重后果、情节特别恶劣或后果特别严重情形的，对相关责任人员，处 3 年以上 7 年以下有期刑。

实施强令、组织他人违章冒险作业罪的行为，因而发生安全事故，有造成死亡 3 人以上或重伤 10 人以上，负事故主要责任的，构成强令、组织他人违章冒险作业罪，对相关责任人员，处 5 年以上有期刑。

实施工程重大安全事故罪的行为，因而发生安全事故，有造成直接经济损失 500 万元以上而负事故主要责任的、造成死亡 3 人以上或重伤 10 人以上而负事故主要责任的，或其他造成特别严重后果、情节特别恶劣或后果特别严重情形的，对直接责任人员，处 5 年以上 10 年以下有期刑，并处罚金。

实施教育设施重大安全事故罪的行为，因而发生安全事故，有造成死亡 1 人以上或重伤 3 人以上，同时造成直接经济损失 500 万元以上并负事故主要责任的，或同时造成恶劣社会影响，或造成死亡 3 人以上或重伤 10 人以上而负事故主要责任的，对直接责任人员，处 3 年以上 7 年以下有期刑。

二十九、《刑法》第 134 条之一【危险作业罪】

在生产、作业中违反有关安全管理的规定，具有关闭、破坏直接关系生产安全的监控、报警、防护、救生设备、设施，或篡改、隐瞒、销毁其相关数据、信息；因存在重大事故隐患被依法责令停产停业、停止施工、停止使用有关设备、设施、场所或立即采取排除危险的整改措施，而拒不执行；涉及安全生产的事项未经依法批准或许可，擅自从事矿山开采、金属冶炼、建筑施工，以及危险物品生产、经营、储存等高度危险的生产作业活动三种情形之一，具有发生重大伤亡事故或其他严重后果的现实危险的，处 1 年以下有期刑、拘役或管制。

三十、《刑法》第 136 条【危险物品肇事罪】

从过失犯、结果犯的角度看，违反爆炸性、易燃性、放射性、毒害性、腐蚀性物品的管理规定，在生产、储存、运输、使用中发生重大事故，造成严重后果的，处 3 年以下有期刑或拘役；后果特别严重的，处 3 年以上 7 年以下有期刑。

危险物品肇事罪是违反爆炸性、易燃性、放射性、毒害性、腐蚀性物品的管理规定，在生产、储存、运输、使用中发生重大事故，造成严重后果的行为。一般而言，肇事型的罪名有交通肇事罪、武器装备肇事罪、危险物品肇事罪、危险驾驶罪等。

三十一、《刑法》第 137 条【工程重大安全事故罪】

从单位犯、过失犯、结果犯的角度看，建设单位、设计单位、施工单位、工程监理单位违反国家规定，降低工程质量标准，造成重大安全事故的，对直接责任人员，处 5 年以下有期刑或拘役，并处罚金；后果特别严重的，处 5 年以上 10 年以下有期刑，并处罚金。

窨井盖建设、设计、施工、工程监理单位违反国家规定，降低工程质量标准，造成重大安全事故的，以工程重大安全事故罪定罪处罚。

三十二、《刑法》第 138 条【教育设施重大安全事故罪】

从身份犯、过失犯、结果犯的角度看，明知校舍或教育教学设施有危险，而不采取措施或不及时报告，致使发生重大伤亡事故的，对直接责任人员，处 3 年以下有期刑或拘役；后果特别严重的，处 3 年以上 7 年以下有期刑。

三十三、《刑法》第 135 条【重大劳动安全事故罪】

从过失犯、情节犯的角度看，安全生产设施或安全生产条件不符合国家规定，因而发生重大伤亡事故或造成其他严重后果的，对直接负责的主管人员和其他直接责任人员（①对安全生产设施或安全生产条件不符合国家规定负有直接责任的生产经营单位负责人、管理人员、实际控制人、投资人。②其他对安全生产设施或安全生产条件负有管理、维护职责的电工、瓦斯检查工等人员），处 3 年以下有期刑或拘役；情节特别恶劣的，处 3 年以上 7 年以下有期刑。

农业机械驾驶、操作人员违反国家规定的安全操作规程，违章作业，责令改正，依有关法律、行政法规的规定处罚；构成犯罪，依法追究刑责。

三十四、《刑法》第 135 条之一【大型群众性活动重大安全事故罪】

从过失犯、结果犯、情节犯的角度看，举办大型群众性活动（法人或其他组织面向社会公众举办的每场次预计参加人数达到 1000 人以上的体育比赛活动；演唱会、音乐会等文艺演出活动；展览、展销等活动；游园、灯会、庙会、花会、焰火晚会等活动；人才招聘会、现场开奖的彩票销售等活动；不含影剧院、音乐厅、公园、娱乐场所等在其日常业务范围内举办的活动）违反安全管理规定（大型群众性活动安全管理条例等），因而发生重大伤亡事故或造成其他严重后果的，对直接负责的主管人员和其他直接责任人员（大型群众性活动的承办者对其承办活动的安全负责，承办者的主要负责人为大型群众性活动的安全责任人），处 3 年以下有期刑或拘役；情节特别恶劣的，处 3 年以上 7 年以下有期刑。

举办大型群众性活动违反安全管理规定，应立案追诉的情形：①造成死亡 1 人以上，或重伤 3 人以上。②造成直接经济损失 50 万元以上。③其他造成严重后果的情形。

三十五、《刑法》第 139 条【消防责任事故罪】

从过失犯、结果犯的角度看，犯消防责任事故罪，违反消防管理法规，经消防监督机构通知采取改正措施而拒绝执行，造成严重后果的，对直接责任人员，处 3 年以下有期刑或拘役；后果特别严重的，处 3 年以上 7 年以下有期刑。

三十六、《刑法》第 139 条之一【不报、谎报安全事故罪】

从情节犯的角度看，犯不报、谎报安全事故罪，在矿山生产经营单位等安全事故发生后，负有报告职责的人员（①负有组织、指挥或管理职责的负责人、管理人员、实际控制人、投资人。②其他负有报告职责的人员）不报或谎报事故情况，贻误事故抢救，情节严重［①在安全事故发生后，负有报告职责的人员不报或谎报事故情况，贻误事故抢救，导致事故后果扩大，增加死亡1人以上，或增加重伤3人以上，或增加直接经济损失100万元以上。②实施致使不能及时有效开展事故抢救的四种行为：a. 决定不报、迟报、谎报事故情况或指使、串通有关人员不报、迟报、谎报事故情况。b. 在事故抢救期间擅离职守或逃匿。c. 伪造、破坏事故现场，或转移、藏匿、毁灭遇难人员尸体，或转移、藏匿受伤人员。d. 毁灭、伪造、隐匿与事故有关的图纸、记录、计算机数据等资料及其他证据。③其他情节严重情形］的，处3年以下有期刑或拘役；情节特别严重（①在安全事故发生后，负有报告职责的人员采用暴力、胁迫、命令等方式阻止他人报告事故情况，导致事故后果扩大。②导致事故后果扩大，增加死亡3人以上，或增加重伤10人以上，或增加直接经济损失500万元以上。③其他情节特别严重情形）的，处3年以上7年以下有期刑。

在安全事故发生后，负有报告职责的人员（负有组织、指挥或管理职责的负责人、管理人员、实际控制人、投资人，以及其他负有报告职责的人员）不报或谎报事故情况，贻误事故抢救，应立案追诉的三种情形：①导致事故后果扩大，增加死亡1人以上，或增加重伤3人以上，或增加直接经济损失100万元以上。②实施决定不报、迟报、谎报事故情况或指使、串通有关人员不报、迟报、谎报事故情况；在事故抢救期间擅离职守或逃匿；伪造、破坏事故现场，或转移、藏匿、毁灭遇难人员尸体，或转移、藏匿受伤人员；毁灭、伪造、隐匿与事故有关的图纸、记录、计算机数据等资料以及其他证据四种行为之一，致使不能及时有效开展事故抢救。③其他不报、谎报安全事故情节严重的情形。

不报、谎报安全事故罪，是在安全事故发生后，负有报告职责的人员（生产经营单位的负责人、实际控制人、负责经营的投资人以及其他负有报告职责的人员）不报或谎报事故情况，贻误事故抢救，情节严重的行为。矿山企业主管人员违章指挥、强令工人冒险作业，因而发生重大伤亡事故的，依刑法有关规定追究刑责；对矿山事故隐患不采取措施，因而发生重大伤亡事故的，依刑法有关规定追究刑责。违反矿山安全法规定，有未对职工进行安全教育、培训，分配职工上岗作业；未按规定及时、如实报告矿山事故；未按规定提取或使用安全技术措施装箱费用；拒绝矿山安全监督人员现场检查或在被检查时隐瞒事故隐患、不如实反映情况；使用不符合国家安全标准或行业安全标准的设备、器材、防护用品、安全检测仪器的情形，由劳动行政主管部门责令改正，可并处罚款；情节严重的，提请县级以上政府决定责令停产整顿；对主管人员和直接责任人员由其所在单位或上级主管机关给予行政处分。

第七章 破坏社会主义市场经济秩序罪（《刑法》第140条至第231条）

从犯罪构成要件的角度看，破坏社会主义市场经济秩序罪的犯罪主体以一般主体为主，以特殊主体为辅。(1) 生产、销售伪劣商品罪（生产、销售伪劣产品罪；生产、销售、提供假药罪；生产、销售、提供劣药罪；生产、销售不符合卫生标准的化妆品罪；生产、销售不符合安全标准的食品罪；生产、销售不符合安全标准的产品罪；生产、销售有毒、有害食品罪；生产、销售不符合标准的医用器材罪；生产、销售伪劣农药、兽药、化肥、种子罪）的一般主体是自然人、单位。(2) 走私罪（走私假币罪；走私贵重金属罪；走私淫秽物品罪；走私文物罪；走私废物罪；走私武器、弹药罪；走私核材料罪；走私普通货物、物品罪；走私珍贵动物、珍贵动物制品罪；走私国家禁止进出口的货物、物品罪）的一般主体，含自然人、单位等。(3) 妨害对公司、企业的管理秩序罪（为亲友非法牟利罪；非法经营同类营业罪；非国家工作人员受贿罪；对非国家工作人员行贿罪；对外国公职人员、国际公共组织官员行贿罪；徇私舞弊低价折股、出售国有资产罪；国有公司、企业、事业单位人员失职罪；国有公司、企业、事业单位人员滥用职权罪；签订、履行合同失职被骗罪；妨害清算罪；虚假破产罪；虚报注册资本罪；虚假出资、抽逃出资罪；欺诈发行证券罪；背信损害上市公司利益罪；违规披露、不披露重要信息罪；隐匿、故意销毁会计凭证、会计账簿、财务会计报告罪）的主体有混合性，以一般主体为主，以特殊主体为辅。①虚报注册资本罪的一般主体含公司登记的申请人、自然人、单位。②虚假出资、抽逃出资罪的一般主体含公司发起人和股东、自然人、单位。③向公司、企业人员行贿罪的一般主体含自然人、单位。(4) 破坏金融管理秩序罪（逃汇罪；洗钱罪；吸收客户资金不入账罪；非法吸收公众存款罪；高利转贷罪；妨害信用卡管理罪；窃取、收买、非法提供信用卡信息罪；金融工作人员购买假币、以假币换取货币罪；伪造货币罪；变造货币罪；持有、使用假币罪；出售、购买、运输假币罪；擅自设立金融机构罪；擅自发行股票、公司、企业债券罪；伪造、变造金融票证罪；伪造、变造国家有价证券罪；伪造、变造股票、公司、企业债券罪；伪造、变造、转让金融机构经营许可证、批准文件罪；骗取贷款、票据承兑、金融票证罪；对违法票据承兑、付款、保证罪；违规出具金融票证罪；违法发放贷款罪；违法运用资金罪；背信运用受托财产罪；操纵证券、期货市场罪；内幕交易、泄露内幕信息罪；利用未公开信息交易罪；编造并传播证券、期货交易虚假信息罪；诱骗投资者买卖证券、期货合约罪；挪用资金罪；挪用公款罪；职务侵占罪；贪污罪；非国家工作人员受贿罪等）的主体以一般主体为主（高利转贷罪、非法吸收公众存款罪、伪造变造金融票证罪、伪造变造国家有价证券罪），以特殊主体为辅（①违法向关系人发放贷款罪、违法发放贷款罪、用账外客户资金非法拆借发放贷款罪、违规出具金融票证罪、对违法票据承兑、付款、保证罪的特殊主体是银行或其他金融机构的工作人员、单位。②逃汇罪的特殊主体是国有公司、企业或其他国有单位）。(5) 金融诈骗罪（集资诈骗罪；贷款诈骗罪；保险诈骗罪；票据诈骗罪；金融凭证诈骗罪；信用证诈骗罪；信用卡诈骗罪；有价证券诈骗罪）的犯罪主体以一般主体为主（贷款诈骗罪、信用卡诈骗罪、有价证券诈骗罪），以特殊主体为辅。(6) 危害税收征管罪（持有伪造的发票罪；非法出售发票罪；非法制造、出售非法制造的用于骗取出口退税、抵扣税款发票罪；非法制造、出售非法制造的发票罪；非法出售用于骗取出口退税、抵扣税款发票罪；非法购买增值税专用发票、购买伪造的增值税专用发票罪；非法出售增值税专用发票罪；伪造、出售伪造的增值税专用发票罪；骗取出口退税罪；逃税罪；抗税罪；逃避追缴欠税罪；虚开发票罪；虚开增值税专用发票、用于骗取出口退税、抵扣税款发票罪；虚开增值税专用发票罪、出售伪造的增值税专用发票罪等）的犯罪主体以一般主体为主（逃税罪；逃避追缴欠税罪；骗取出口退税罪；虚开增值税专用发票、用于骗取出口退税、抵扣税款发票罪；伪造、出售伪造的增值税专用发票罪；非法出售增值税专用发票罪；非法购买增值税专用发票罪、购买伪造的增值税专用发票罪；非法制造、出售非法制造的用于骗取出口退税、抵扣税款发票罪；非法制造、出售非法制造的发票罪；非法出售用于骗取出口退税、抵扣税款发票罪；非法出售发票罪），以特殊主体为辅。(7) 侵犯知识产权罪（侵犯商业秘密罪；侵犯著作权罪；假冒专利罪；假冒注册商标罪；销售假冒的注册商标的商品罪；非法制造、销售非法制造的注册商标标识罪；销售侵权复制品罪等）的主体都是一般主体，含自然人、单位。(8) 扰乱市场秩序罪（串通投标罪；逃避商检罪；合同诈骗罪；强迫交易罪；非法经营罪；非法转让、倒卖土地使用权罪；提供虚假证明文件罪；出具证明文件重大失实罪；虚假广告罪；损害商业信誉、商品声誉罪；组织、领导传销活动罪；伪造、倒卖伪造的有价票证罪；倒卖车票、船票罪）的主体以一般主体为主（损害商业信誉、商品声誉罪；合同诈骗罪；非法经营罪；强迫交易罪；伪造、倒卖伪造的有价票证罪；倒卖车票、船票罪；非法转让、倒卖土地使用权罪），以特殊主体为辅（虚假广告罪；串通投标罪；提供虚假证明文件罪；出具证明文件重大失实罪）。

从犯罪客体的角度看，破坏社会主义市场经济秩序罪具有多样性、复杂性、类型性、关联性、互补性、差异性等内外部特征，分为生产、销售伪劣商品的犯罪（生产、销售伪劣产品罪；生产、销售、提供假药罪；生产、销售、提供劣药罪；生产、销售不符合卫生标准的化妆品罪；生产、销售不符合安全标准的食品罪；生产、销售不符合安全标准的产品罪；生产、销售有毒、有害食品罪；生产、销售不符合标准的医用器材罪生产、销售伪劣农药、兽药、化肥、种子罪）。

第一节 生产、销售伪劣商品罪

从犯罪对象的角度看，生产、销售伪劣产品罪的犯罪对象含伪劣产品、伪劣药品（假药、劣药）、有毒、有害食品、伪劣农药兽药化肥种子、不符合标准的卫生器材、不符合卫生标准的化妆品、不符合安全标准的食品或产品等。

对生产、销售伪劣商品行为的法条适用原则：生产、销售、提供假药、劣药、伪劣农药兽药化肥种子，不符合卫生标准的化妆品，不符合标准的卫生器材，不符合安全标准的产品，不符合安全标准的食品，有毒、有害食品，不构成生产、销售、提供假药罪、生产、销售、提供劣药罪，生产、销售有毒、有害食品罪，生产、销售伪劣农药、兽药、化肥、种子罪，生产、销售不符合标准的卫生器材罪，生产、销售不符合卫生标准的化妆品罪，生产、销售不符合安全标准的食品罪，生产、销售不符合安全标准的产品罪，但销售金额5万元以上的，依生产、销售伪劣产品罪定罪处罚。

生产、销售假药、劣药、伪劣农药、兽药、化肥、种子，不符合卫生标准的化妆品，不符合标准的卫生器材，不符合安全标准的产品，不符合安全标准的食品，有毒、有害食品，构成生产、销售、提供假药罪，生产、销售、提供劣药罪，生产、销售有毒、有害食品罪，生产、销售伪劣农药兽药化肥种子罪，生产、销售不符合标准的卫生器材罪，生产、销售不符合卫生标准的化妆品罪，生产、销售不符合安全标准的食品罪，生产、销售不符合安全标准的产品罪的犯罪，同时又构成生产、销售伪劣产品罪的，依处罚较重规定定罪处罚。

单位犯生产、销售伪劣商品罪之罪的处罚原则：单位犯生产销售伪劣产品罪；生产销售、提供假药罪；生产、销售、提供劣药罪；生产、销售有毒、有害食品罪；生产、销售伪劣农药、兽药、化肥、种子罪；生产、销售不符合标准的卫生器材罪；生产、销售不符合卫生标准的化妆品罪；生产、销售不符合安全标准的食品罪；生产、销售不符合安全标准的产品罪，对单位判处罚金，并对其直接负责的主管人员和其他直接责任人员，依各条相应规定处罚。

一、《刑法》第140条【生产、销售伪劣产品罪】

从选择罪名、故意犯、数额犯、侵害犯的角度看，生产者、销售者在产品中掺杂、掺假，以假充真，以次充好或以不合格产品冒充合格产品，销售金额5万元以上不满20万元的，处2年以下有期刑或拘役，并处或单处销售金额15%以上2倍以下罚金；销售金额20万元以上不满50万元的，处2年以上7年以下有期刑，并处销售金额15%以上2倍以下罚金；销售金额50万元以上不满200万元的，处7年以上有期刑，并处销售金额15%以上2倍以下罚金；销售金额200万元以上的，处15年有期刑或无期刑，并处销售金额15%以上2倍以下罚金或没收财产。

【2014年·卷3·多项·58】关于生产、销售伪劣商品罪，哪些判决正确？（ACD）

A. 甲销售的假药无批准文号，但颇有疗效，销售金额达500万元，如按销售假药罪处理会导致处罚较轻，法院以销售伪劣产品罪定罪处罚。B. 甲明知病死猪肉有害，仍将大量收购的病死猪肉，冒充合格猪肉在市场上销售。法院以销售有毒、有害食品罪定罪处罚。C. 甲明知贮存的苹果上使用了禁用农药，仍将苹果批发给零售商。法院以销售有毒、有害食品罪定罪处罚。D. 甲以为是劣药而销售，但实际上销售了假药，且对人体健康造成严重危害。法院以销售劣药罪定罪处罚。

生产、销售伪劣产品罪的情形：①生产、销售其他特定产品虽不构成犯罪，但只要销售金额5万元以上，都可按生产、销售伪劣产品罪定罪处罚。②伪劣产品尚未销售，货值金额达15万以上，以生产、销售伪劣产品罪（未遂）定罪处罚。③生产、销售不符合食品安全［食品（各种供人食用或饮用的成品和原料以及按传统既是食品又是中药材的物品，不含以治疗为目的的物品）无毒、无害，符合应有的营养要求，对人体健康不造成任何急性、亚急性或慢性危害］标准的食品添加剂（为改善食品品质和色、香、味以及为防腐、保鲜和加工工艺的需要而加入食品中的人工合成或天然物质，含营养强化剂），用于食品的包装材料和容器（包装、盛放食品或食品添加剂用的纸、竹、木、金属、搪瓷、陶瓷、塑料、橡胶、天然纤维、化学纤维、玻璃等制品和直接接触食品或食品添加剂的涂料）、洗涤剂和消毒剂（直接用于洗涤或消毒食品、餐具、饮具以及直接接触食品的工具、设备或食品包装材料和容器的物质），或用于食品生产经营的工具、设备（在食品或食品添加剂生产、销售、使用过程中直接接触食品或食品添加剂的机械、管道、传送带、容器、用具、餐具等）等，构成犯罪的，以生产、销售伪劣产品罪定罪处罚。④生产、销售伪劣卷烟、雪茄烟等烟草专卖品（卷烟、雪茄烟、烟丝、复烤烟叶、烟叶、卷烟纸、滤嘴棒、烟用丝束、烟草专用机械），销售金额5万元以上的，以生产、销售伪劣产品罪定罪处罚。⑤伪劣卷烟、雪茄烟等烟草专卖品尚未销售，货值金额达到生产、销售伪劣产品罪的销售金额定罪起点数额标准的3倍以上，或销售金额未达到5万元，但与未销售货值金额合计达到15万元以上的，以生产、销售伪劣产品罪（未遂）定罪处罚；销售金额和未销售货值金额分别达到不同的法定刑幅度或均达到同一法定刑幅度，在处罚较重的法定刑幅度内酌情从重处罚。⑥明知他人实施生产、销售伪劣产品犯罪，而为其提供贷款、资金、账号、发票、证明、许可证件，或提供生产、经营场所、设备、运输、仓储、保管、邮寄、代理进出口等便利条件，或提供生产技术、卷烟配方，应按生产、销售伪劣产品罪的共犯追究刑责。

查获的未销售伪劣卷烟、雪茄烟，能查清销售价格，按实际销售价格计算。无法查清实际销售价格，有品牌的，按该品牌卷烟、雪茄烟的查获地省级烟草专卖行政主管部门出具的零售价格计算；无品牌的，按查获地省级烟草专卖行政主管部门出具的上年度卷烟平均零售价格计算。

非法经营烟草专卖品，能查清销售或购买价格的，以其销售或购买的价格计算非法经营数额。无法查清销售或购买价格而计算非法经营数额的五种方式方法：①查获的复烤烟叶、烟叶的价格按查获地省级烟草专卖局出具的上年度烤烟调拨平均基准价格计算。②烟丝的价格按查获的复烤烟叶、烟叶的价格按查获地省级烟草专卖局出具的上年度烤烟调拨平均基准价格计算标准的 1.5 倍计算。③查获的卷烟、雪茄烟的价格，有品牌的，按该品牌卷烟、雪茄烟的查获地省级烟草专卖局出具的零售价格计算；无品牌的，按查获地省级烟草专卖行政主管部门出具的上年度卷烟平均零售价格计算。④卷烟辅料（卷烟纸、滤嘴棒、烟用丝束）的价格，有品牌的，按该品牌辅料的查获地省级烟草专卖局出具的价格计算；无品牌的，按查获地省级烟草专卖局出具的上年度烟草行业生产卷烟所需该类卷烟辅料的平均价格计算。⑤非法生产、销售、购买烟草专用机械（由国家烟草专卖局烟草专用机械名录所公布，在卷烟、雪茄烟、烟丝、复烤烟叶、烟叶、卷烟纸、滤嘴棒、烟用丝束的生产加工过程中，能完成 1 项或多项特定加工工序，可独立操作的机械设备）的价格按国家烟草专卖局下发的全国烟草专用机械产品指导价格目录进行计算；目录中无该烟草专用机械，按省级以上烟草专卖局出具的目录中同类烟草专用机械（在卷烟、雪茄烟、烟丝、复烤烟叶、烟叶、卷烟纸、滤嘴棒、烟用丝束的生产加工过程中，能完成相同加工工序的机械设备）的平均价格计算。

未经卷烟、雪茄烟等烟草专卖品注册商标所有人许可，在卷烟、雪茄烟等烟草专卖品上使用与其注册商标相同的商标，情节严重的，以假冒注册商标罪定罪处罚。

销售明知是假冒他人注册商标的卷烟、雪茄烟等烟草专卖品，销售金额较大，以销售假冒注册商标的商品罪定罪处罚。

伪造、擅自制造他人卷烟、雪茄烟注册商标标识或销售伪造、擅自制造的卷烟、雪茄烟注册商标标识，情节严重的，以非法制造、销售非法制造的注册商标标识罪定罪处罚。

明知他人实施生产、销售伪劣卷烟、雪茄烟等烟草专卖品（生产、销售伪劣产品罪），或未经卷烟、雪茄烟等烟草专卖品注册商标所有人许可，在卷烟、雪茄烟等烟草专卖品上使用与其注册商标相同的商标（假冒注册商标罪），或销售明知是假冒他人注册商标的卷烟、雪茄烟等烟草专卖品（销售假冒注册商标的商品罪），或伪造、擅自制造他人卷烟、雪茄烟注册商标标识或销售伪造、擅自制造的卷烟、雪茄烟注册商标标识（非法制造、销售非法制造的注册商标标识罪），或违反国家烟草专卖管理法律法规，未经烟草专卖行政主管部门许可，无烟草专卖生产企业许可证、烟草专卖批发企业许可证、特种烟草专卖经营企业许可证、烟草专卖零售许可证等许可证明，非法经营烟草专卖品（非法经营罪），而为其提供贷款、资金、账号、发票、证明、许可证件，或提供生产、经营场所、设备、运输、仓储、保管、邮寄、代理进出口等便利条件，或提供生产技术、卷烟配方，应以各罪的共犯追究刑责。

以暴力、威胁方法阻碍烟草专卖执法人员依法执行职务，构成犯罪的，以妨害公务罪追责。

违反国家烟草专卖管理法律法规，未经烟草专卖行政主管部门许可，无烟草专卖生产企业许可证、烟草专卖批发企业许可证、特种烟草专卖经营企业许可证、烟草专卖零售许可证等许可证明，非法经营烟草专卖品，情节严重（①情节严重情形：a. 非法经营卷烟20万支以上。b. 非法经营数额5万元以上，或违法所得数额2万元以上。c. 曾因非法经营烟草专卖品3年内受过2次以上行政处罚，又非法经营烟草专卖品且数额3万元以上。②情节特别严重情形：a. 非法经营卷烟100万支以上。b. 非法经营数额25万元以上，或违法所得数额10万元以上）的，以非法经营罪定罪处罚。

行为人实施非法生产、销售烟草专卖品犯罪，同时构成生产、销售伪劣产品罪或侵犯知识产权犯罪、非法经营罪的，依处罚较重规定定罪处罚。

以提供给他人生产、销售食品为目的，违反国家规定，生产、销售国家禁止用于食品生产、销售的非食品原料，情节严重，或违反国家规定，生产、销售国家禁止生产、销售、使用的农药、兽药，饲料、饲料添加剂，或饲料原料、饲料添加剂原料，情节严重，以非法经营罪论处；同时又构成生产、销售伪劣产品罪或生产、销售伪劣农药、兽药罪等他罪，依处罚较重规定定罪处罚。

违反国家规定，私设生猪屠宰厂（场），从事生猪屠宰、销售等经营活动，情节严重的，以非法经营罪定罪处罚；同时又构成生产、销售不符合安全标准的食品罪或生产、销售有毒、有害食品罪等他罪，依处罚较重的规定定罪处罚。

预防、控制突发传染病疫情等灾害期间，生产、销售伪劣的防治、防护产品、物资，或生产、销售用于防治传染病的假药、劣药，构成犯罪的，以生产、销售伪劣产品罪或生产、销售、提供假药罪或生产、销售、提供劣药罪定罪，依法从重处罚。

实施无危险废物经营许可证（未取得危险废物经营许可证，或超出危险废物经营许可证的经营范围）从事收集、贮存（将固体废物临时置于特定设施或场所中的活动）、利用（从固体废物中提取物质作为原材料或燃料的活动）、处置（将固体废物焚烧和用其他改变固体废物的物理、化学、生物特性的方法，达到减少已产生的固体废物数量、缩小固体废物体积、减少或消除其危险成分的活动，或将固体废物最终置于符合环保规定要求的填埋场的活动）危险废物（列入国家危险废物名录或根据国家规定的危险废物鉴别标准和鉴别方法认定的有危险特性的固体废物）经营活动的行为，没有超标排放污染物、非法倾倒污染物或其他违法造成环境污染情形，可认定为非法经营情节显著轻微危害不大，不认为是犯罪；构成生产、销售伪劣产品罪等他罪的，以他罪论处。

二、《刑法》第141条【生产、销售、提供假药罪】

从选择罪名、抽象危险犯、故意犯、行为犯、数额犯、情节犯的角度看，生产（以生产、销售假药为目的，具有合成、精制、提取、储存、加工炮制药品原料；将药品原料、辅料、包装材料制成成品过程中，进行配料、混合、制剂、储存、包装；印制包装材料、标签、说明书三种情形之一）、销售（医疗机构、医疗机构工作人员明知是假药而有偿提供给他人使用，或为出售而购买、储存）假药（①假药是依《药品管理法》的规定属于假药和按假药处理的药品、非药品。②是否属于假药难以确定，可根据地市级以上药品监督管理部门出具的认定意见等相关材料进行认定；必要时，可委托省级以上药品监督管理部门设置或确定的药品检验机构进行检验)，药品使用单位的人员明知是假药而提供给他人使用的，处3年以下有期刑或拘役，并处罚金；对人体健康造成严重危害［①造成轻伤或重伤（据人体损伤程度鉴定标准鉴定）。②造成轻度残疾或中度残疾（据《人体损伤程度鉴定标准》伤残等级评定标准评定）。③造成器官组织损伤导致一般功能障碍或严重功能障碍。④其他对人体健康造成严重危害情形］或有其他严重情节［①造成较大突发公共卫生事件。②生产、销售金额（销售假药所得和可得的全部违法收入）20万元以上不满50万元。③生产、销售金额10万元以上不满20万元，并有造成轻伤或重伤、轻度残疾或中度残疾、器官组织损伤导致一般功能障碍或严重功能障碍，或其他对人体健康造成严重危害的情形。④根据生产、销售的时间、数量、假药种类等，应定为情节严重］的，处3年以上10年以下有期刑，并处罚金；致人死亡或有其他特别严重情节［①造成重大、特别重大突发公共卫生事件。②致人重度残疾。③造成3人以上重伤、中度残疾或器官组织损伤导致严重功能障碍。④造成5人以上轻度残疾或器官组织损伤导致一般功能障碍。⑤造成10人以上轻伤。生产、销售金额50万元以上。⑥生产、销售金额20万元以上不满50万元，并有生产、销售假药的酌情从重处罚情形（a. 2年内曾因危害药品安全违法犯罪活动受过行政处罚或刑罚。b. 医疗机构、医疗机构工作人员生产、销售假药。c. 在自然灾害、事故灾难、公共卫生事件、社会安全事件等突发事件期间，生产、销售用于应对突发事件的假药。d. 生产、销售的假药以孕产妇、婴幼儿、儿童或危重病人为主要使用对象。e. 生产、销售的假药属于麻醉药品、精神药品、医疗用毒性药品、放射性药品、避孕药品、血液制品、疫苗。f. 生产、销售的假药属于注射剂药品、急救药品。g. 其他应酌情从重处罚的情形）。⑦根据生产、销售的时间、数量、假药种类等，应认定为情节特别严重］的，处10年以上有期刑、无期刑或死刑，并处罚金或没收财产。

【2015年·卷2·单选·13】下列哪一犯罪属于抽象危险犯？(D) A. 污染环境罪。B. 投放危险物质罪。C. 破坏电力设备罪。D. 生产、销售假药罪。

生产、销售、提供假药罪是生产者、销售者违反国家药品管理法规，生产、销售假药的行为。

生产、销售假药，应立案追诉，但销售少量根据民间传统配方私自加工的药品，或销售少量未经批准进口的国外、境外药品，未造成他人伤害后果或延误诊治，情节显著轻微危害不大的除外。

药品注册申请单位的工作人员，故意使用虚假药物非临床研究报告、药物临床试验报告及相关材料，或在医疗器械注册申请中，故意提供、使用虚假的医疗器械临床试验报告及相关材料，骗取药品批准证明文件生产、销售药品，应以生产、销售、提供假药罪定罪处罚。

从《疫苗管理法》(2019年) 的角度看，生产、销售的疫苗属于假药的，处违法生产、销售疫苗货值金额15倍以上30倍以下的罚款；货值金额不足50万元，并处200万元以上1500万元以下罚款；货值金额50万元以上不足100万元，并处500万元以上 3000 万元以下罚款。明知疫苗存在质量问题仍销售、接种，造成受种者死亡或健康严重损害，受种者或其近亲属除要求赔偿损失外，还可要求相应的惩罚性赔偿。

三、《刑法》第 142 条【生产、销售、提供劣药罪】

从选择罪名、结果要件说、故意犯、数额犯的角度看，生产（以生产、销售劣药为目的，实施印制包装材料、标签、说明书的行为，或合成、精制、提取、储存、加工炮制药品原料的行为，或将药品原料、辅料、包装材料制成成品过程中，进行配料、混合、制剂、储存、包装的行为）、销售（医疗机构、医疗机构工作人员明知是假药而有偿提供给他人使用，或为出售而购买、储存的行为）劣药（依药品管理法规定属于劣药的药品），药品使用单位的人员明知是劣药而提供给他人使用，对人体健康造成严重危害（①造成轻伤或重伤。②造成轻度残疾或中度残疾。③造成器官组织损伤导致一般功能障碍或严重功能障碍。④其他对人体健康造成严重危害情形）的，处 3 年以上 10 年以下有期刑，并处罚金［销售金额（销售劣药所得和可得的全部违法收入）15%以上 2 倍以下罚金］；后果特别严重（①生产、销售劣药，造成重大、特别重大突发公共卫生事件。②致人死亡。③致人重度残疾。④造成 3 人以上重伤、中度残疾或器官组织损伤导致严重功能障碍。⑤造成 5 人以上轻度残疾或器官组织损伤导致一般功能障碍。⑥造成 10 人以上轻伤）的，处 10 年以上有期刑或无期刑，并处罚金（销售金额 15%以上 2 倍以下罚金）或没收财产。

违反药品管理法规，有生产、销售国务院药监部门禁止使用的药品；未取得药品相关批准证明文件生产、进口药品或明知是上述药品而销售；药品申请注册中提供虚假的证明、数据、资料、样品或采取其他欺骗手段；编造生产、检验记录四种情形之一，足以严重危害人体健康的，处 3 年以下有期刑或拘役，并处或单处罚金；对人体健康造成严重危害或有其他严重情节的，处 3 年以上 7 年以下有期刑，并处罚金。具有违反药品管理法规，有生产、销售国务院药监部门禁止使用的药品；未取得药品相关批准证明文件生产、进口药品或明知是上述药品而销售；药品申请注册中提供虚假的证明、数据、资料、样品或采取其他欺骗手段；编造生产、检验记录四种情形之一，同时又构成生产、销售假药、劣药之罪或他罪，依处罚较重的规定定罪处罚。

销售少量根据民间传统配方私自加工的药品，或销售少量未经批准进口的国外、境外药品，未造成他人伤害后果（轻伤、重伤、伤害致人死亡）或延误诊治，情节显著轻微危害不大的，不认为是犯罪。司法机关难以确定是否属于生产、销售假药、劣药罪的假药、劣药，可根据地市级以上药监部门出具的认定意见等相关材料进行认定。必要时，可委托省级以上药监部门设置或确定的药品检验机构进行检验。

犯生产、销售、提供假药罪，一般应依法判处生产、销售金额 2 倍以上罚金；存在共犯的，对各共犯人合计判处的罚金应在生产、销售金额（生产、销售假药、劣药所得和可得的全部违法收入）的 2 倍以上。明知他人生产、销售假药、劣药，具有提供广告宣传等帮助行为；提供资金、贷款、账号、发票、证明、许可证件；提供生产、经营场所、设备或运输、储存、保管、邮寄、网络销售渠道等便利条件；提供生产技术或原料、辅料、包装材料、标签、说明书4种情形共犯论处。

实施生产、销售假药、劣药犯罪，同时构成生产、销售伪劣产品、侵犯知识产权、非法经营、非法行医、非法采供血等犯罪的，依处罚较重的规定定罪处罚。

实施生产、销售假药的犯罪行为，同时又构成生产、销售伪劣产品罪、以危险方法危害公共安全罪等犯罪的，依处罚较重的规定定罪处罚。

广告主、广告经营者、广告发布者违反国家规定，利用广告对药品作虚假宣传，情节严重的，以虚假广告罪定罪处罚。

单位犯《办理危害药品安全刑事案件适用法律若干问题的解释》规定之生产、销售假药、劣药罪，对单位判处罚金，并对直接负责的主管人员和其他直接责任人员，依该解释规定的自然人犯罪的定罪量刑标准处罚。对实施《办理危害药品安全刑事案件适用法律若干问题的解释》之生产、销售假药、劣药罪的罪犯，应依刑法规定的条件，严格缓刑、免刑的适用。对适用缓刑的，应同时宣告禁止令，禁止罪犯在缓刑考验期内从事药品生产、销售及相关活动。

四、《刑法》第142条之一【妨害药品管理罪】

违反药品管理法规，具有生产、销售国务院药品监管部门禁止使用的药品；未取得药品相关批准证明文件生产、进口药品或明知是上述药品而销售；药品申请注册中提供虚假的证明、数据、资料、样品或采取其他欺骗手段；编造生产、检验记录4种情形之一，足以严重危害人体健康，处3年以下有期刑或拘役，并处或单处罚金；对人体健康造成严重危害或有其他严重情节，处3年以上7年以下有期刑，并处罚金。违反药品管理法规，具有生产、销售国务院药品监管部门禁止使用的药品；未取得药品相关批准证明文件生产、进口药品或明知是上述药品而销售；药品申请注册中提供虚假的证明、数据、资料、样品或采取其他欺骗手段；编造生产、检验记录4种情形之一，足以严重危害人体健康的行为，同时又构成《刑法》第141、142条生产、销售、提供假药罪；生产、销售、提供劣药罪；妨害药品管理罪规定之罪或他罪，依处罚较重的规定定罪处罚。

五、《刑法》第143条【生产、销售不符合安全标准的食品罪】

从选择罪名、抽象危险犯、故意犯、结果犯、情节犯的角度看，生产、销售不符合食品安全（食品无毒、无害，符合应有的营养要求，对人体健康不造成任何急性、亚急性或慢性危害）标准的食品（各种供人食用或饮用的成品和原料以及按传统既是食品又是中药材的物品，不含以治疗为目的的物品），足以造成严重食物中毒事故或其他严重食源性疾病［①婴幼儿食品中生长发育所需营养成分严重不符合食品安全标准（食品、食品添加剂、食品相关产品中的致病性微生物，农药残留、兽药残留、生物毒素、重金属等污染物质以及其他危害人体健康物质的限量规定；食品添加剂的品种、使用范围、用量；专供婴幼儿和其他特定人群的主辅食品的营养成分要求；与卫生、营养等食品安全要求有关的标签、标志、说明书的要求；食品生产经营过程的卫生要求；与食品安全有关的质量要求；与食品安全有关的食品检验方法与规程；其他需制定为食品安全标准的内容）。②含有严重超出标准限量的致病性微生物、农药残留、兽药残留、重金属、污染物质及其他危害人体健康的物质。③属于病死、死因不明或检验检疫不合格的畜、禽、兽、水产动物及其肉类、肉类制品。④属于国家为防控疾病等特殊需要明令禁止生产、销售。⑤其他足以造成严重食物中毒事故或严重食源性疾病情形］的，处3年以下有期刑或拘役，并处罚金；对人体健康造成严重危害（①造成轻伤以上伤害。②造成轻度残疾或中度残疾。③造成器官组织损伤导致一般功能障碍或严重功能障碍。④造成10人以上严重食物中毒或其他严重食源性疾病。⑤其他对人体健康造成严重危害情形）或有其他严重情节（①生产、销售金额10万元以上不满20万元，属于婴幼儿食品。②生产、销售金额10万元以上不满20万元，不符合食品安全标准的食品数量较大或生产、销售持续时间较长。③生产、销售金额10万元以上不满20万元，1年内曾因危害食品安全违法犯罪活动受过行政处罚或刑罚。④生产、销售金额20万元以上。⑤其他情节严重情形）的，处3年以上7年以下有期刑，并处罚金；后果特别严重（①造成3人以上重伤、中度残疾或器官组织损伤导致严重功能障碍。②造成10人以上轻伤、5人以上轻度残疾或器官组织损伤导致一般功能障碍。③造成30人以上严重食物中毒或其他严重食源性疾病。④致人死亡或重度残疾。⑤其他特别严重的后果）的，处7年以上有期刑或无期刑，并处罚金或没收财产。

生产、销售不符合安全标准的食品罪是生产、销售不符合安全标准的食品，足以造成严重食物中毒事故或其他严重食源性疾病的行为。生产、销售不符合安全标准的食品罪的立案追诉标准：①生产、销售不符合食品安全标准的食品，涉嫌食品含有严重超出标准限量的致病性微生物、农药残留、兽药残留、重金属、污染物质以及其他危害人体健康的物质；属于病死、死因不明或检验检疫不合格的畜、禽、兽、水产动物及其肉类、肉类制品；属于国家为防控疾病等特殊需要明令禁止生产、销售的食品；婴幼儿食品中生长发育所需营养成分严重不符合食品安全标准；其他足以造成严重食物中毒事故或严重食源性疾病的情形五种情形之一的，应予立案追诉。②在食品加工、销售、运输、贮存等过程中，违反食品安全标准，超限量或超范围滥用食品添加剂，足以造成严重食物中毒事故或其他严重食源性疾病的，应立案追诉。③在食用农产品种植、养殖、销售、运输、贮存等过程中，违反食品安全标准，超限量或超范围滥用添加剂、农药、兽药等，足以造成严重食物中毒事故或其他严重食源性疾病的，应立案追诉。

生产、销售含有兴奋剂目录所列物质的食品，符合《刑法》第143（生产、销售不符合安全标准的食品罪）、144（生产、销售有毒、有害食品罪）条规定的，以生产、销售不符合安全标准的食品罪、生产、销售有毒、有害食品罪定罪处罚。

生产、销售不符合安全标准的食品罪的认定：（1）犯生产、销售不符合安全标准的食品罪或生产、销售有毒、有害食品罪，一般应依法判处生产、销售金额2倍以上罚金。（2）在食品加工、销售、运输、贮存等过程中，违反食品安全标准，超限量或超范围滥用食品添加剂（为改善食品品质和色、香、味以及为防腐、保鲜和加工工艺的需要而加入食品中的人工合成或天然物质，含营养强化剂），足以造成严重食物中毒事故或其他严重食源性疾病，或在食用农产品（来源于农业的初级产品，即在农业活动中获得的植物、动物、微生物及其产品）种植、养殖、销售、运输、贮存等过程中，违反食品安全标准，超限量或超范围滥用添加剂、农药、兽药等，足以造成严重食物中毒事故或其他严重食源性疾病，以生产销售不符合安全标准的食品罪处罚。（3）生产、销售不符合食品安全标准的食品，有毒、有害食品，符合生产、销售不符合安全标准的食品罪、生产、销售有毒、有害食品罪规定的，以生产、销售不符合安全标准的食品罪或生产、销售有毒、有害食品罪定罪处罚；同时构成他罪的，依处罚较重的规定定罪处罚。（4）生产、销售不符合食品安全标准的食品，无证据证明足以造成严重食物中毒事故或其他严重食源性疾病，不构成生产、销售不符合安全标准的食品罪，但构成生产、销售伪劣产品罪等他罪的，依该他罪定罪处罚。（5）明知他人生产、销售不符合食品安全标准的食品、有毒、有害食品，以生产销售不符合安全标准的食品罪或生产销售有毒、有害食品罪的共犯论的四种情形：①提供广告等宣传。②提供资金、贷款、账号、发票、证明、许可证件。③提供生产技术或食品原料、食品添加剂、食品相关产品。④提供生产、经营场所或运输、贮存、保管、邮寄、网络销售渠道等便利条件。（6）负有食品安全监管职责的国家机关工作人员，滥用职权或玩忽职守，导致发生重大食品安全事故或造成其他严重后果，同时构成食品监管渎职罪和徇私舞弊不移交刑事案件罪、商检徇私舞弊罪、动植物检疫徇私舞弊罪、放纵制售伪劣商品犯罪行为罪等其他渎职犯罪的，依处罚较重规定定罪处罚。负有食品安全监管职责的国家机关工作人员滥用职权或玩忽职守，不构成食品监管渎职罪，但构成其他渎职犯罪的，依该他罪定罪处罚。（7）负有食品安全监管职责的国家机关工作人员与他人共谋，利用其职务行为帮助他人实施危害食品安全犯罪，同时构成渎职犯罪和危害食品安全犯罪共犯的，依处罚较重的规定定罪处罚。（8）从农产品质量安全法的角度看，国家建立农产品质量安全监测制度，禁止在有毒、有害物质超过规定标准的区域生产、捕捞、采集食用农产品和建立农产品生产基地；禁止违反法律法规的规定向农产品产地排放或倾倒废水、废气、固体废物（在生产、生活和其他活动中产生的丧失原有利用价值或虽未丧失利用价值但被抛弃或放弃的固态、半固态和置于容器中的气态的物品、物质以及法律、行政法规规定纳入固体废物管理的物品、物质）或其他有毒、有害物质，禁止在农产品生产过程中使用国家明令禁止使用的农业投入品。①生产、销售禁止销售的农产品（含有国家禁止使用的农药、兽药或其他化学物质；农药、兽药等化学物质残留或含有的重金属等有毒、有害物质不符合农产品质量安全（农产品质量符合保障人的健康、安全的要求）标准；含有的致病性寄生虫、微生物或生物毒素不符合农产品质量安全标准；使用的保鲜剂、防腐剂、添加剂等材料不符合国家有关强制性的技术规范；其他不符合农产品质量安全标准），给消费者造成损害的，依法承担赔偿责任。②农产品批发市场中销售国家禁止销售的农产品行为，消费者可直接向农产品生产者、销售者要求赔偿，可向农产品批发市场要求赔偿；属于生产者、销售者责任的，农产品批发市场有权追偿。（9）违反食品安全法规定，造成人身、财产或其他损害，依法承担赔偿责任。生产经营者财产不足以同时承担民事赔偿责任和缴纳罚款、罚金时，先承担民事赔偿责任。（10）消费者因不符合食品安全标准的食品受到损害，可向经营者要求赔偿损失，也可向生产者要求赔偿损失。接到消费者赔偿要求的生产经营者，应实行首负责任制，先行赔付，不得推诿；属于生产者责任的，经营者赔偿后有权向生产者追偿；属于经营者责任的，生产者赔偿后有权向经营者追偿。（11）生产不符合食品安全标准的食品或经营明知是不符合食品安全标准的食品，消费者除要求赔偿损失外，还可向生产者或经营者要求支付价款10倍或损失3倍的赔偿金；增加赔偿的金额不足1000元的，为1000元，但食品的标签、说明书存在不影响食品安全且不会对消费者造成误导的瑕疵除外。

六、《刑法》第144条【生产、销售有毒、有害食品罪】

从选择罪名、故意犯、行为犯、结果犯、情节犯、数额犯、转化犯的角度看，在生产、销售的食品中掺入有毒、有害的非食品原料（应认定为“有毒、有害的非食品原料”的四种情形：①法律、法规禁止在食品生产经营活动中添加、使用的物质。②国务院有关部门公布的《食品中可能违法添加的非食用物质名单》《保健食品中可能非法添加的物质名单》所列物质。③国务院有关部门公告禁止使用的农药、兽药以及其他有毒、有害物质。④其他危害人体健康的物质）或销售明知掺有有毒、有害的非食品原料的食品的，处5年以下有期刑，并处罚金；对人体健康造成严重危害（①造成轻伤以上伤害。②造成轻度残疾或中度残疾。③造成器官组织损伤导致一般功能障碍或严重功能障碍。④造成10人以上严重食物中毒或其他严重食源性疾病。⑤其他对人体健康造成严重危害情形）或有其他严重情节（①有毒、有害的非食品原料毒害性强或含量高。②生产、销售金额20万元以上不满50万元。③生产、销售金额10万元以上不满20万元，属于婴幼儿食品。④生产、销售金额10万元以上不满20万元，有毒、有害食品的数量较大或生产、销售持续时间较长。⑤生产、销售金额10万元以上不满20万元，1年内曾因危害食品安全违法犯罪活动受过行政处罚或刑罚。⑥其他情节严重情形）的，处5年以上10年以下有期刑，并处罚金；致人死亡或有其他特别严重情节［生产、销售有毒、有害食品，生产、销售金额50万元以上，或有五种行为情形（①造成3人以上重伤、中度残疾或器官组织损伤导致严重功能障碍。②造成10人以上轻伤、5人以上轻度残疾或器官组织损伤导致一般功能障碍。③造成30人以上严重食物中毒或其他严重食源性疾病。④致人死亡或重度残疾。⑤其他特别严重的后果）］的，以生产、销售、提供假药罪从重处罚，处10年以上有期刑、无期刑或死刑，并处罚金或没收财产。

生产、销售有毒、有害食品罪是在生产、销售的食品中掺入有毒、有害的非食品原料，或销售明知掺有有毒、有害的非食品原料的食品（生产、销售了有毒、有害的非食品原料的食品）的行为（①在生产的食品中掺入有毒、有害的非食品原料。②在销售的食品中掺入有毒、有害的非食品原料。③明知是掺有有毒、有害的非食品原料的食品而销售)。

生产、销售有毒、有害食品罪的立案追诉标准：①在生产、销售的食品中掺入有毒、有害的非食品原料，或销售明知掺有有毒、有害的非食品原料的食品，应立案追诉。②在食品加工、销售、运输、贮存等过程中，掺入有毒、有害的非食品原料，或使用有毒、有害的非食品原料加工食品，应立案追诉。③在食用农产品种植、养殖、销售、运输、贮存等过程中，使用禁用农药、兽药等禁用物质或其他有毒、有害物质，应立案追诉。④在保健食品或其他食品中非法添加国家禁用药物等有毒、有害物质，应立案追诉。

从比较法的角度看，生产、销售有毒、有害食品罪和生产、销售不符合安全标准的食品罪的关系是特殊法条和一般法条的关系。在生产、销售的食品中掺入非食品原料，未达到有毒、有害的程度，但该食品不符合食品安全标准，足以造成严重食物中毒事故或其他严重食源性疾病的，应以生产、销售有毒、有害食品罪论处。

在食品加工、销售、运输、贮存等过程中，违反食品安全标准，超限量或超范围滥用食品添加剂，或在食用农产品种植、养殖、销售、运输、贮存等过程中违反食品安全标准，超限量或超范围滥用添加剂、农药、兽药等，足以造成严重食物中毒事故或其他严重食源性疾病的，均构成生产、销售不符合安全标准的食品罪。

生产、销售有毒、有害的食品罪的情形：(1) 明知他人生产、销售不符合食品安全标准的食品或有毒、有害食品，以生产、销售不符合安全标准的食品罪或生产、销售有毒、有害食品罪的共犯论处的四种情形：①提供广告等宣传。②提供生产技术或食品原料、食品添加剂、食品相关产品。③提供资金、贷款、账号、发票、证明、许可证件。④提供生产、经营场所或运输、贮存、保管、邮寄、网络销售渠道等便利条件。(2) 在食品加工、销售、运输、贮存等过程中，掺入有毒、有害的非食品原料（①法律法规禁止在食品生产经营活动中添加、使用的物质。②食品中可能违法添加的非食用物质名单、保健食品中可能非法添加的物质名单上的物质。③国务院有关部门公告禁止使用的农药、兽药及其他有毒、有害物质。③其他危害人体健康的物质)，或使用有毒、有害的非食品原料加工食品，或在食用农产品种植、养殖、销售、运输、贮存等过程中，使用禁用农药、兽药等禁用物质或其他有毒、有害物质，或在保健食品或其他食品中非法添加国家禁用药物等有毒、有害物质，均以生产、销售有毒、有害的食品罪定罪处罚。(3) 实施违反国家规定，私设生猪屠宰厂（场），从事生猪屠宰、销售等经营活动的非法经营犯罪行为，同时又构成生产、销售不符合安全标准的食品罪或生产、销售有毒、有害食品罪等他罪的，依处罚较重规定定罪处罚。(4) 生产、销售不符合食品安全标准的食品或有毒、有害食品，构成犯罪的，以生产、销售不符合安全标准的食品罪或生产、销售有毒、有害食品罪定罪处罚；同时构成他罪的，依处罚较重规定定罪处罚。犯生产、销售不符合安全标准的食品罪或生产、销售有毒、有害食品罪，一般应依法判处生产、销售金额 2 倍以上罚金。

生产、销售伪劣产品罪的情形：①生产、销售不符合食品安全标准的食品添加剂，用于食品的包装材料、容器、洗涤剂、消毒剂，或用于食品生产经营的工具、设备等，构成犯罪的，以生产、销售伪劣产品罪定罪处罚。②生产、销售不符合食品安全标准的食品，无证据证明足以造成严重食物中毒事故或其他严重食源性疾病，不构成生产、销售不符合安全标准的食品罪，但构成生产、销售伪劣产品罪等他罪的，以该他罪定罪处罚。③违反国家规定，实施以提供给他人生产、销售食品为目的，生产、销售国家禁止用于食品生产、销售的非食品原料，或生产、销售国家禁止生产、销售、使用的农药、兽药，饲料、饲料添加剂或饲料原料、饲料添加剂原料的非法经营犯罪行为，同时又构成生产、销售伪劣产品罪或生产、销售伪劣农药、兽药罪等他罪的，依处罚较重规定定罪处罚。④锅炉、压力容器、压力管道元件、起重机械、大型游乐设施的制造过程和锅炉、压力容器、电梯、起重机械、客运索道、大型游乐设施的安装、改造、重大维修过程，以及锅炉清洗过程，未经国务院特种设备安全监管部门核准的检验检测机构按安全技术规范的要求进行监督检验，由特种设备安全监管部门责令改正，已出厂，没收违法生产、销售的产品，已实施安装、改造、重大维修或清洗，责令限期进行监督检验，处5万元以上20万元以下罚款；有违法所得的，没收违法所得；情节严重的，撤销制造、安装、改造或维修单位已取得的许可，并由市场监管部门吊销其营业执照；触犯刑法的，对负有责任的主管人员和其他直接责任人员依生产、销售伪劣产品罪或他罪，依法追究刑责。

单位实施生产、销售伪劣产品、有毒、有害食品、不符合食品安全标准犯罪，依两高《关于办理危害食品安全刑事案件适用法律若干问题的解释》的定罪量刑标准处罚。①对实施生产、销售伪劣产品、有毒、有害食品、不符合食品安全标准的食品的罪犯，应依刑法规定的条件严格适用缓刑、免刑。②根据犯罪事实、情节和悔罪表现，对符合刑法规定的缓刑适用条件的罪犯，可适用缓刑，但应同时宣告禁止令，禁止其在缓刑考验期限内从事食品生产、销售及相关活动。

以提供给他人生产、销售食品为目的，违反国家规定，生产、销售国家禁止用于食品生产、销售的非食品原料，情节严重的，或违反国家规定，生产、销售国家禁止生产、销售、使用的农药、兽药，饲料、饲料添加剂或饲料原料、饲料添加剂原料，或违反国家规定，私设生猪屠宰厂（场），从事生猪屠宰、销售等经营活动，情节严重的，均以非法经营罪定罪处罚。

广告主、广告经营者、广告发布者违反国家规定，利用广告对保健食品或其他食品作虚假宣传，情节严重的，以虚假广告罪定罪处罚。

从《关于依法严惩“地沟油”犯罪活动的通知》（2012年）的角度看，地沟油犯罪，是用餐厨垃圾、废弃油脂、各类肉及肉制品加工废弃物等非食品原料，生产、加工“食用油”，以及明知是利用地沟油生产、加工的油脂而作为食用油销售的行为。①地沟油犯罪严重危害人民群众身体健康和生命安全，严重影响国家形象，损害党和政府的公信力。②对涉及多地区的地沟油犯罪案件，公检法机关要在案件管辖、调查取证等方面通力合作，形成打击合力，切实维护食品安全。

原食品药品监管总局、公安部《关于加大食品药品安全执法力度严格落实食品药品违法行为处罚到人的规定》（2018 年）规定：①食品药品监管部门发现食品药品安全违法行为涉嫌构成以危险方法危害公共安全罪（《刑法》第 114、115 条），生产、销售伪劣产品罪（《刑法》第 140 条），生产、销售、提供假药罪（《刑法》第 141 条），生产、销售、提供劣药罪（《刑法》第 142 条），生产、销售不符合安全标准的食品罪（《刑法》第 143 条），生产、销售有毒、有害食品罪（《刑法》第 144 条），生产、销售不符合标准的医用器材罪（《刑法》第 145 条），生产、销售不符合卫生标准的化妆品罪（《刑法》第 148 条），非法经营罪（《刑法》第 225 条），提供虚假证明文件罪（《刑法》第 229 条）等犯罪，按原食品药品监管总局、公安部、最高人民法院、最高人民检察院、国务院食品安全办联合印发的《食品药品行政执法与刑事司法衔接工作办法》（2015 年）执行。②公安机关发现的食品药品安全违法行为，经审查无犯罪事实，或立案侦查后认为不需追究刑责，但依法可行政拘留的，应及时作出行政拘留的处罚；不属于依法可行政拘留的情形，但应追究其他行政法律责任的，应及时将案件移交同级食品药品监管等部门。

七、《刑法》第 145 条【生产、销售不符合标准的医用器材罪】

从故意犯、数额犯、结果犯的角度看，生产不符合保障人体健康的国家标准、行业标准的医疗器械、医用卫生材料，或销售明知是不符合保障人体健康的国家标准、行业标准的医疗器械、医用卫生材料，足以严重危害人体健康的，处 3 年以下有期刑或拘役，并处销售金额 15%以上 2 倍以下罚金；对人体健康造成严重危害的，处 3 年以上 10 年以下有期刑，并处销售金额 15%以上 2 倍以下罚金；后果特别严重的，处 10 年以上有期刑或无期刑，并处销售金额 15%以上 2 倍以下罚金或没收财产。

在预防、控制突发传染病疫情等灾害期间，生产用于防治传染病的不符合保障人体健康的国家标准、行业标准的医疗器械、医用卫生材料，或销售明知是用于防治传染病的不符合保障人体健康的国家标准、行业标准的医疗器械、医用卫生材料，没有防护、救治功能，足以严重危害人体健康的，以生产、销售不符合标准的医用器材罪定罪，依法从重处罚。

医疗机构或个人，知道或应知道在预防、控制突发传染病疫情等灾害期间，生产用于防治传染病的不符合保障人体健康的国家标准、行业标准的医疗器械、医用卫生材料，或销售明知是用于防治传染病的不符合保障人体健康的国家标准、行业标准的医疗器械、医用卫生材料而购买并有偿使用的，以销售不符合标准的医用器材罪定罪，依法从重处罚。

八、《刑法》第 146 条【生产、销售不符合安全标准的产品罪】

从选择罪名、故意犯、结果犯的角度看，生产不符合保障人身、财产安全的国家标准、行业标准的电器、压力容器、易燃易爆产品或其他不符合保障人身、财产安全的国家标准、行业标准的产品，或销售明知是以上不符合保障人身、财产安全的国家标准、行业标准的产品，造成严重后果的，处5年以下有期刑，并处销售金额15%以上2倍以下罚金；后果特别严重的，处5年以上有期刑，并处销售金额15%以上2倍以下罚金。

生产不符合保障人身、财产安全的国家标准、行业标准的安全设备，或明知安全设备不符合保障人身、财产安全的国家标准、行业标准而进行销售，致使发生安全事故，造成严重后果的，以生产、销售不符合安全标准的产品罪定罪处罚。

生产不符合保障人身、财产安全的国家标准、行业标准的窨井盖，或销售明知是不符合保障人身、财产安全的国家标准、行业标准的窨井盖，造成严重后果的，以生产、销售不符合安全标准的产品罪定罪处罚。

九、《刑法》第147条【生产、销售伪劣农药、兽药、化肥、种子罪】

从选择罪名、故意犯、结果犯的角度看，生产假农药、假兽药、假化肥，销售明知是假的或失去使用效能的农药、兽药、化肥、种子，或生产者、销售者以不合格的农药、兽药、化肥、种子冒充合格的农药、兽药、化肥、种子，致使生产遭受较大损失的，处3年以下有期刑或拘役，并处或单处销售金额15%以上2倍以下罚金；致使生产遭受重大损失的，处3年以上7年以下有期刑，并处销售金额15%以上2倍以下罚金；致使生产遭受特别重大损失的，处7年以上有期刑或无期刑，并处销售金额15%以上2倍以下罚金或没收财产。

从经济法和刑法的关系的角度看，市场经济领域的假冒伪劣产品的违法犯罪性质问题有争议性，存在违法说、犯罪说、违法犯罪说等不同理论观点。从司法实践、社会实践的角度看，生产、销售伪劣产品案件，以告诉才处理的自诉案件为主，以非告诉才处理的公诉案件为辅，应推行公益诉讼模式，有效遏制食品药品安全领域渎职犯罪僵尸法条的滋生及其社会危害问题。

十、《刑法》第148条【生产、销售不符合卫生标准的化妆品罪】

从故意犯、结果犯的角度看，生产不符合卫生标准的化妆品，或销售明知是不符合卫生标准的化妆品，造成严重后果的，处3年以下有期刑或拘役，并处或单处销售金额15%以上2倍以下罚金。

第二节　走私罪

走私罪的12个罪名：(1) 涉税走私的罪名：走私普通货物、物品罪。(2) 涉国家禁止进出口物品走私的罪名：走私武器、弹药罪；走私核材料罪；走私假币罪；走私文物罪；走私贵重金属罪；走私珍贵动物、珍贵动物制品罪；走私淫秽物品罪；走私毒品罪；走私制毒物品罪。

走私犯罪行为分为通关走私、绕关走私、关内变相走私、间接走私、立法推定走私等。(1) 通关走私（①通过设立海关的进出口口岸，以隐蔽的方式逃避海关监管，偷运应税、禁止或限制货物物品进出境的行为。②采用伪报、藏匿、蒙混、闯关等隐蔽而不被海关察觉的方式方法或手段，逃避海关监管进出境的货物、物品和运输工具，走私进境的行为）。(2) 绕关走私［走私集团、边民、合伙结帮者、海上绕关走私者等不经国家开放的进出口岸和准许进出境的国境、孔道（陆地边境、海上），非法携运应税、禁止、限制货物或物品进出境的绕关走私行为］。(3) 后续走私（未经海关许可或未办结海关进出境手续前，擅自销售或转让保税货物或特定减免税货物进行牟利的后续走私行为）。

走私罪的类型：(1) 侵害犯：走私普通货物、物品罪（关内变相走私；走私进口）；走私文物罪（走私出口）；走私贵重金属罪（走私出口）。(2) 抽象危险犯：走私淫秽物品罪，走私武器、弹药罪，走私核材料罪，走私假币罪，走私国家禁止进出口的货物、物品罪，走私固体废物罪（走私进口）。

走私罪的最高刑：①走私武器、弹药罪，走私核材料罪，走私假币罪，走私国家禁止进出口的货物、物品罪，情节特别严重的，处无期刑，并处没收财产。②走私文物罪，走私贵重金属罪，情节特别严重的，处 10 年以上有期刑或无期刑，并处没收财产。③走私珍贵动物、珍贵动物制品罪，情节严重的，处 5 年以上有期刑，并处罚金。④走私淫秽物品罪，情节严重的，处 10 年以上有期刑或无期刑，并处罚金或没收财产。⑤走私废物罪，情节特别严重的，处 5 年以上有期刑，并处罚金。⑥走私普通货物、物品罪，走私货物、物品偷逃应缴税额巨大或有其他严重情节的，处 3 年以上 10 年以下有期刑，并处偷逃应缴税额 1 倍以上 5 倍以下罚金；走私货物、物品偷逃应缴税额特别巨大或有其他特别严重情节的，处 10 年以上有期刑或无期刑，并处偷逃应缴税额 1 倍以上 5 倍以下罚金或没收财产。⑦单位犯走私普通货物、物品罪，情节特别严重的，对单位判处罚金，并对其直接负责的主管人员和其他直接责任人员处 10 年以上有期刑。

海上发生刑事案件的法院管辖原则、海上发生刑事案件的海警机构立案侦查管辖原则（管辖地未设置海警机构，由有关海警局商同级检察院、法院指定管辖）：①在中国内水、领海发生的犯罪，由犯罪地（包括犯罪行为发生地、犯罪结果发生地）或被告人登陆地的法院管辖，若由被告人居住地的法院审判更为适宜，可由被告人居住地的法院管辖。②在中国领域外的中国船舶内的犯罪，由该船舶最初停泊的中国口岸所在地或被告人登陆地、入境地（包括进入中国陆地边境、领海以及航空器降落在中国境内的地点）的法院管辖。③中国公民在中国领海外的海域犯罪，由其登陆地、入境地、离境前居住地或现居住地的法院管辖；被害人是中国公民，也可由被害人离境前居住地或现居住地的法院管辖。④外国人在中国领海外的海域对中国国家或公民犯罪，根据中国刑法应受到处罚，由该外国人登陆地、入境地、入境后居住地的法院管辖，也可由被害人离境前居住地或现居住地的法院管辖。⑤对于中国缔结或参加的国际条约规定的罪行，中国在所承担的条约义务的范围内行使刑事管辖权，由被告人被抓获地、登陆地或入境地的法院管辖。

海警机构办理刑事案件应主动接受检察机关监督，与检察机关建立信息共享平台，定期向检察机关通报行政执法与刑事司法衔接，刑事立案、破案，采取强制措施等情况。（1）沿海省级海警局办理刑事案件，需提请批准逮捕或移送起诉，依法向所在地省级检察院提请或移送。①沿海省级海警局下属海警局，中国海警局各分局、直属局办理刑事案件，需提请批准逮捕或移送起诉，依法向所在地设区的市级检察院提请或移送。②海警工作站办理刑事案件，需提请批准逮捕或移送起诉，依法向所在地基层检察院提请或移送。（2）检察院对海警机构移送起诉的海上刑事案件，按刑诉法、司法解释以及本通知的有关规定进行审查后，认为应由其他检察院起诉，应将案件移送有管辖权的检察院。需按刑诉法、司法解释以及最高法、最高检、中国海警局《关于海上刑事案件管辖等有关问题的通知》（2020年）的有关规定指定审判管辖，海警机构应在移送起诉前向检察院通报，由检察院协商同级法院办理指定管辖有关事宜。（3）对检察院提起公诉的海上刑事案件，法院经审查认为符合刑诉法、司法解释以及《关于海上刑事案件管辖等有关问题的通知》有关规定，应依法受理。（4）海警机构所在地的检察院依法对海警机构的刑事立案、侦查活动实行监督。①海警机构办理重大、疑难、复杂的刑事案件，可商请检察院介入侦查活动，并听取检察院的意见和建议。②检察院认为确有必要时，可派员介入海警机构的侦查活动，对收集证据、适法提出意见，监督侦查活动是否合法，海警机构应予以配合。

一、《刑法》第151条【走私武器、弹药罪；走私核材料罪；走私假币罪；走私文物罪；走私贵重金属罪；走私珍贵动物、珍贵动物制品罪；走私国家禁止进出口的货物、物品罪】

从故意犯、行为犯、数额犯、情节犯的角度看，走私武器、弹药（武器、弹药的种类，参照进口税则、禁止进出境物品表有关规定确定）、核材料或伪造的货币（①货币含正在流通的国内外货币。②伪造的境外货币数额，折合成人民币计算）的，处7年以上有期刑，并处罚金或没收财产；情节特别严重的，处无期刑，并处没收财产；情节较轻［①走私武器、弹药：a. 走私以压缩气体等非火药为动力发射枪弹的枪支2支以上不满5支。b. 走私气枪铅弹500发以上不满2500发，或其他子弹10发以上不满50发。c. 未达到上述数量标准，但属于集团首犯，使用特种车辆从事走私活动，或走私的武器、弹药被用于实施犯罪等情形。d. 走私各种口径在60毫米以下常规炮弹、手榴弹或枪榴弹等分别或合计不满5枚。②走私伪造的货币，数额2000元以上不满2万元，或数量200张（枚）以上不满2000张（枚）］的，处3年以上7年以下有期刑，并处罚金。

走私国家禁止进出口的珍贵动物及其制品，符合《刑法》第151条第2款走私珍贵动物、珍贵动物制品罪（走私国家禁止进出口的珍贵动物及其制品，处5年以上10年以下有期刑，并处罚金；情节特别严重，处10年以上有期刑或无期刑，并处没收财产；情节较轻，处5年以下有期刑，并处罚金），以走私珍贵动物、珍贵动物制品罪定罪处罚。

实施最高法《关于审理走私、非法经营、非法使用兴奋剂刑事案件适用法律若干问题的解释》(2019 年）规定的行为，涉案物质属于毒品、制毒物品等，构成有关犯罪，依相应犯罪定罪处罚。对是否属于该解释规定的“兴奋剂”“兴奋剂目录所列物质”“体育运动”“国内、国际重大体育竞赛”等专门性问题，应依据《体育法》《反兴奋剂条例》等法律法规，结合国务院体育主管部门出具的认定意见等证据材料作出认定。

走私假币罪是违反海关法律法规，逃避海关监督管理，非法运输、携带、邮寄假币进出境的行为。①采用运输方式将大量假币运到国外，应以走私假币罪定罪量刑。②走私伪造的货币，构成走私假币罪。③走私伪造的货币总面额 2000 元以上或币量 200 张（枚）以上，应立案追诉。

走私武器、弹药罪是违反海关法规，逃避海关监管，非法携带、运输、邮寄武器、弹药进出国（边）境的行为。走私各种弹药的弹头、弹壳，构成犯罪，以走私弹药罪定罪处罚。

走私武器罪的情形：(1) 走私的仿真枪经鉴定为枪支，构成犯罪，以走私武器罪定罪处罚。(2) 走私枪支（以火药或压缩气体等为动力，利用管状器具发射金属弹丸或其他物质，足以致人伤亡或丧失知觉的各种枪支）散件，构成犯罪，以走私武器罪定罪处罚。①成套枪支散件以相应数量的枪支计，非成套枪支散件以每 30 件为 1 套枪支散件计。②子弹分为军用子弹、非军用子弹，或气枪铅弹（以压缩气体等非火药为动力发射枪弹的枪支主要使用的子弹，沿用非军用子弹的量刑标准）、其他子弹（以火药为动力发射枪弹的枪支使用的子弹，沿用军用子弹量刑标准）等。

走私各种弹药的弹头、弹壳，构成犯罪［以走私武器、弹药的情节较轻（走私各种弹药的弹头、弹壳的定罪量刑标准为气枪铅弹 500 发以上不满 2500 发或其他子弹 20 发以上不满 50 发，或走私各种口径在 60 毫米以下常规炮弹、手榴弹或枪榴弹等分别或合计不满 5 枚）数量标准的 5 倍为执行标准］的，以走私弹药罪定罪处罚。

走私报废或无法组装并使用的各种弹药的弹头、弹壳（弹头、弹壳是否属于报废或无法组装并使用或废物，由国家有关技术部门进行鉴定)，构成犯罪，以走私普通货物、物品罪定罪处罚；属于废物的，以走私废物罪定罪处罚。

从故意犯、行为犯、数额犯、情节犯的角度看，犯走私文物罪、走私贵重金属罪、走私珍贵动物罪、走私珍贵动物制品罪或走私国家禁止进出口的货物、物品罪，走私国家禁止出口的文物（文物保护法禁止出境的文物范围)、黄金、白银和其他贵重金属或国家禁止进出口的珍贵动物（列入国家重点保护野生动物名录中的国家一、二级保护野生动物，濒危野生动植物种国际贸易公约附录Ⅰ、Ⅱ中的野生动物，驯养繁殖的国家一、二级保护野生动物）及其制品的，处 5 年以上 10 年以下有期刑，并处罚金(①走私国家禁止出口的二级文物不满 3 件，或三级文物 3 件以上不满 9 件。②二级文物价值 20 万元以上不满 100 万元。③走私国家禁止出口的三级文物不满 3 件，且有造成文物严重毁损或无法追回等情节)；情节特别严重｛①走私国家禁止出口的文物（a. 一级文物价值100万元以上。b. 走私国家禁止出口的一级文物1件以上，或二级文物3件以上，或三级文物9件以上。c. 走私国家禁止出口的文物达到一级文物1件以上，或二级文物3件以上，或三级文物9件以上的数量标准，且属于犯罪集团首犯，使用特种车辆从事走私活动，或造成文物严重毁损、无法追回等情形）。②走私珍贵动物制品［a. 数额100万元以上。b. 走私国家一、二级保护动物达到办理走私刑事案件解释（2014年）附表中（1）的数量标准，且属于犯罪集团首犯，使用特种车辆从事走私活动，或造成该珍贵动物死亡、无法追回等情形。c. 走私国家一、二级保护动物达到办理走私刑事案件解释（2014年）附表中（2）的数量标准］。③走私珍贵动物及其制品［a. 走私珍贵动物制品数额20万元以上不满100万元。b. 走私国家一、二级保护动物达到办理走私刑事案件解释（2014年）附表中（1）的数量标准。c. 走私国家一、二级保护动物未达到办理走私刑事案件解释（2014年）附表中（1）的数量标准，但有造成该珍贵动物死亡或无法追回等情节］｝的，处10年以上有期刑或无期刑，并处没收财产；情节较轻［①走私国家禁止出口的文物：a. 三级文物2件以下。b. 三级文物价值5万元以上不满20万元。②走私国家一、二级保护动物未达到办理走私刑事案件解释（2014年）附表中（1）的数量标准，或走私珍贵动物制品数额不满20万元］的，处5年以下有期刑，并处罚金。

运动员、运动员辅助人员走私兴奋剂目录所列物质，或其他人员以在体育竞赛中非法使用为目的走私兴奋剂目录所列物质，涉案物质属于国家禁止进出口的货物、物品，具有1年内曾因走私被给予2次以上行政处罚后又走私；用于或准备用于未成年人运动员、残疾人运动员；用于或准备用于国内、国际重大体育竞赛；其他造成严重恶劣社会影响的情形等四种情形之一的，应依《刑法》第151条（走私武器、弹药罪；走私核材料罪；走私假币罪；走私文物罪；走私贵重金属罪；走私珍贵动物、珍贵动物制品罪；走私国家禁止进出口的货物、物品罪）第3款（走私国家禁止进出口的货物、物品罪：走私珍稀植物及其制品等国家禁止进出口的其他货物、物品，处5年以下有期刑或拘役，并处或单处罚金；情节严重，处5年以上有期刑，并处罚金）的规定，以走私国家禁止进出口的货物、物品罪定罪处罚。对前款规定外的走私兴奋剂目录所列物质行为，适用两高《关于办理走私刑事案件适用法律若干问题的解释》规定的定罪量刑标准。

走私贵重金属罪是非法运输贵重金属出境，数额较大的行为。从犯罪行为的角度看，走私贵重金属出境，数额较大的，构成走私贵重金属罪；走私贵重金属入境（进境），数额较大的，构成走私普通货物、物品罪，而不构成走私贵重金属罪。

走私有科学价值的古脊椎动物化石、古人类化石，构成犯罪的，以走私文物罪定罪处罚。走私、盗窃、损毁、倒卖、盗掘或非法转让有科学价值的古脊椎动物化石、古人类化石，依刑法和两高《关于办理妨害文物管理等刑事案件适用法律若干问题的解释》的有关规定定罪量刑。

走私两高《关于办理走私刑事案件适用法律若干问题的解释》附表未规定的珍贵

动物，参照附表规定的同属或同科动物的数量标准执行；未规定珍贵动物的制品，按破坏野生动物资源刑事案件中涉及的CITES附录Ⅰ、Ⅱ所列陆生野生动物制品价值核定问题的通知（2012年）有关规定核定价值。

单位犯走私武器弹药罪、走私核材料罪、走私假币罪、走私文物罪、走私贵重金属罪、走私珍贵动物罪、走私珍贵动物制品罪、走私国家禁止进出口的货物物品罪的，对单位判处罚金，并对其直接负责的主管人员和其他直接责任人员，依各罪规定处罚。

单位犯走私武器弹药罪、走私核材料罪、走私假币罪、走私文物罪、走私贵重金属罪、走私珍贵动物罪、走私珍贵动物制品罪、走私国家禁止进出口的货物物品罪、走私淫秽物品罪、走私废物罪的，依两高《关于办理走私刑事案件适用法律若干问题的解释》标准定罪处罚。

实施走私犯罪，应认定为犯罪既遂的三种情形：①在海关监管现场被查获。②以虚假申报方式走私，申报行为实施完毕。③以保税货物或特定减税、免税进口的货物、物品为对象走私，在境内销售，或申请核销行为实施完毕。

在走私的货物、物品中藏匿武器、弹药、核材料、假币、文物、贵重金属、珍贵动物、珍贵动物制品、国家禁止进出口的货物物品、淫秽物品、废物、贩卖运输制造毒品、非法生产、买卖、运输制毒物品、走私制毒物品罪的货物、物品，构成犯罪的，以实际走私的货物、物品定罪处罚；构成数罪的，实行数罪并罚。

二、《刑法》第152条【走私淫秽物品罪；走私废物罪】

从故意犯、目的犯、数额犯、情节犯的角度看，以牟利或传播为目的，走私淫秽的影片、录像带、录音带、图片、书刊或其他淫秽物品｛以牟利或传播为目的，走私淫秽物品在情节较轻标准［①走私淫秽录像带、影碟50盘（张）以上不满100盘（张）。②走私淫秽录音带、音碟100盘（张）以上不满200盘（张）。③走私淫秽扑克、书刊、画册100副（册）以上不满200副（册）。④走私淫秽照片、画片500张以上不满1000张。⑤走私其他淫秽物品相当于上述数量］的最高数量以上不满最高数量5倍｝的，处3年以上10年以下有期刑，并处罚金；情节严重［以牟利或传播为目的，走私淫秽物品在情节较轻标准（①走私淫秽录像带、影碟50盘（张）以上不满100盘（张）。②走私淫秽录音带、音碟100盘（张）以上不满200盘（张）。③走私淫秽扑克、书刊、画册100副（册）以上不满200副（册）。④走私淫秽照片、画片500张以上不满1000张。⑤走私其他淫秽物品相当于上述数量）的最高数量5倍以上，或在情节较轻标准的最高数量以上不满5倍，但属于集团首犯，使用特种车辆从事走私活动等情形］的，处10年以上有期刑或无期刑，并处罚金或没收财产；情节较轻［①走私淫秽录像带、影碟50盘（张）以上不满100盘（张）。②走私淫秽录音带、音碟100盘（张）以上不满200盘（张）。③走私淫秽扑克、书刊、画册100副（册）以上不满200副（册）。④走私淫秽照片、画片500张以上不满1000张。⑤走私其他淫秽物品相当于上述数量］的，处3年以下有期刑、拘役或管制，并处罚金。

走私淫秽物品罪是以牟利或传播为目的，违反海关法规，逃避海关监管，非法运输、携带、邮寄淫秽的影片、录像带、录音带、图片、书刊或其他淫秽物品进出境，数额较大或情节严重的行为，要求走私行为人须明知其走私的是淫秽物品，否则不成立走私淫秽物品罪。①淫秽物品是客观的构成要件要素（犯罪对象）、规范的构成要件要素（需法官进行价值判断才能认定）。②从定罪量刑的主客观相一致原则的角度看，误将淫秽光盘当作普通光盘走私而不具有走私淫秽物品的目的，逃税数额较大时，不构成走私淫秽物品罪，而成立走私普通货物、物品罪。

走私淫秽物品罪、走私废物罪的情形：①逃避海关监管将境外固体废物、液态废物、气态废物运输进境，情节严重（走私国家禁止进口的废物或国家限制进口的可用作原料的废物，有走私国家禁止进口的危险性固体废物、液态废物分别或合计达到1吨以上不满5吨；走私国家禁止进口的非危险性固体废物、液态废物分别或合计达到5吨以上不满20吨；走私国家限制进口的可用作原料的固体废物、液态废物分别或合计达到20吨以上不满100吨；未达到上述数量标准，但属于集团首犯，使用特种车辆从事走私活动，或造成环境严重污染等情形）的，处5年以下有期刑，并处或单处罚金；情节特别严重（走私国家禁止进口的废物或国家限制进口的可用作原料的废物走私数量超过情节严重标准；达到情节严重标准，且属于集团首犯，使用特种车辆从事走私活动，或造成环境严重污染等情形，或未达到情节严重标准但造成环境严重污染且后果特别严重）的，处5年以上有期刑，并处罚金。②走私置于容器中的气态废物，构成犯罪的，参照走私国家禁止进口的废物或国家限制进口的可用作原料的废物（走私废物罪）的情节严重、情节特别严重标准处罚。③走私淫秽物品，有传播目的，无牟利目的，数额较大或情节严重的，仍构成走私淫秽物品罪。④单位犯走私淫秽物品罪、走私废物罪的，对单位判处罚金，对直接负责的主管人员和其他直接责任人员以走私淫秽物品罪、走私废物罪定罪处罚。

三、《刑法》第153条【走私普通货物、物品罪】

从走私共犯、故意犯、结果犯、数额犯、情节犯的角度看，走私武器、弹药、核材料、假币、文物、贵重金属、珍贵动物、珍贵动物制品（珍贵动物的肉、生皮、原毛、绒、脏器、脂、血液、精液、卵、胚胎、骨、蹄、头、角、筋、奶、蛋等）、国家禁止进出口的货物、物品、淫秽物品、废物、毒品外的货物、物品，据情节轻重分别处罚：①走私货物、物品偷逃应缴税额（进出口货物、物品应缴纳的进出口关税和进口环节海关代征税的税额，以走私行为实施时的税则、税率、汇率和完税价格计算；多次走私的，以每次走私行为实施时的税则、税率、汇率和完税价格逐票计算；走私行为实施时间不能确定的，以案发时的税则、税率、汇率和完税价格计算）较大（走私普通货物、物品，偷逃应缴税额10万元以上不满50万元）或1年内（以因走私第一次受到行政处罚的生效之日与又走私行为实施之日的时间间隔计算确定）曾因走私被给予2次行政处罚（被给予2次行政处罚的走私行为，含走私普通货物、物品及其他货物、物品）后又走私（又走私行为仅指走私普通货物、物品）的，处3年以下有期刑或拘役，并处偷逃应缴税额1倍以上5倍以下罚金。②走私货物、物品偷逃应缴税额巨大（偷逃应缴税额50万元以上不满250万元）或有其他严重情节（偷逃应缴税额30万元以上不满50万元，有集团首犯、聚众阻挠缉私、使用特种车辆从事走私活动、为实施走私犯罪向国家机关工作人员行贿，或教唆、利用未成年人、孕妇等特殊人群走私）的，处3年以上10年以下有期刑，并处偷逃应缴税额1倍以上5倍以下罚金。③走私货物、物品偷逃应缴税额特别巨大（偷逃应缴税额250万元以上）或有其他特别严重情节（偷逃应缴税额150万元以上不满250万元，有集团首犯、聚众阻挠缉私、使用特种车辆从事走私活动、为实施走私犯罪向国家机关工作人员行贿，或教唆、利用未成年人、孕妇等特殊人群走私）的，处10年以上有期刑或无期刑，并处偷逃应缴税额1倍以上5倍以下罚金或没收财产。

单位犯走私普通货物、物品罪的，对单位判处罚金，并对其直接负责的主管人员和其他直接责任人员，处3年以下有期刑或拘役；情节严重的，处3年以上10年以下有期刑；情节特别严重的，处10年以上有期刑。

实施具有1年内曾因走私被给予2次以上行政处罚后又走私；用于或准备用于未成年人运动员、残疾人运动员；用于或准备用于国内、国际重大体育竞赛；其他造成严重恶劣社会影响的情形等四种情形之一的行为，涉案物质不属于国家禁止进出口的货物、物品，但偷逃应缴税额1万元以上或1年内曾因走私被给予2次以上行政处罚后又走私，应依《刑法》第153条走私普通货物、物品罪的规定，以走私普通货物、物品罪定罪处罚。对前款规定外的走私兴奋剂目录所列物质行为，适用两高《关于办理走私刑事案件适用法律若干问题的解释》（2014年）规定的定罪量刑标准。

四、《刑法》第154条【走私货物、物品罪的特殊形式】

根据走私罪的规定构成犯罪，以走私普通货物、物品罪定罪处罚的走私行为类型：①未经海关许可并未补缴应缴税额，擅自将批准进口的来料加工、来件装配、补偿贸易的原材料、零件、制成品、设备等保税货物（经海关批准，未办理纳税手续进境，在境内储存、加工、装配后应复运出境的货物，含通过加工贸易、补偿贸易等方式进口的货物，以及在保税仓库、保税工厂、保税区或免税商店内等储存、加工、寄售的货物），在境内销售牟利。②未经海关许可并未补缴应缴税额，擅自将特定减税、免税进口的货物、物品，在境内销售牟利。

走私普通货物、物品罪的情形：①误将淫秽光盘当作普通光盘走私而不具有走私淫秽物品的目的，故其逃税数额较大时，成立走私普通货物、物品罪。②走私报废或无法组装并使用的各种弹药的弹头、弹壳（弹壳是否属于报废或无法组装并使用或废物，由国家有关技术部门进行鉴定），构成犯罪的，以走私普通货物、物品罪定罪处罚；属于废物的，以走私废物罪定罪处罚。走私各种弹药的弹头、弹壳，构成犯罪的，以走私弹药罪定罪处罚。

五、《刑法》第155条【以走私罪论处的间接走私行为】

从故意犯、数额犯的角度看，以走私罪论处，依走私罪有关规定处罚的两种走私行为：①直接向走私人非法收购国家禁止进口物品，或直接向走私人非法收购走私进口的其他货物、物品，数额较大。②在内海（含内河的入海口水域）、领海、界河、界湖运输、收购、贩卖国家禁止进出口物品，或运输、收购、贩卖国家限制进出口货物、物品，数额较大，无合法证明。

六、《刑法》第 156 条【走私共犯】

从共犯（聚众共犯、集团共犯、走私共犯、毒品再犯）的角度看，与走私罪犯通谋，为其提供贷款、资金、账号、发票、证明，或为其提供运输、保管、邮寄或其他方便的，以走私罪的共犯论处。

直接向走私人非法收购走私进口的货物、物品，在内海、领海、界河、界湖运输、收购、贩卖国家禁止进出口的物品，或无合法证明，在内海、领海、界河、界湖运输、收购、贩卖国家限制进出口的货物、物品，构成犯罪的，应按走私货物、物品的种类，分别依走私武器、弹药罪，走私核材料罪；走私假币罪；走私文物罪；走私贵重金属罪；走私珍贵动物罪；走私珍贵动物制品罪；走私国家禁止进出口的货物、物品罪；走私淫秽物品罪；走私废物罪；走私普通货物物品罪；走私贩卖运输、制造毒品罪；非法生产、买卖、运输制毒物品、走私制毒物品罪规定定罪处罚。对危害国家安全、走私、洗钱、金融诈骗、黑社会性质的组织、毒品犯罪案件的嫌犯、被告人逃匿 1 年后不能到案，或嫌犯、被告人死亡的，依刑法规定应追缴其违法所得，检察院可向法院提出没收违法所得的申请。

七、《刑法》第 157 条【武装掩护走私、抗拒缉私的规定】

从故意犯、行为犯、情节犯的角度看，武装掩护走私，以走私武器弹药罪、走私核材料罪、走私假币罪的刑罚（处 7 年以上有期刑，并处罚金或没收财产；情节特别严重的，处无期刑，并处没收财产；情节较轻的，处 3 年以上 7 年以下有期刑，并处罚金）从重处罚。

以暴力、威胁方法抗拒缉私，以走私罪和妨害公务罪（阻碍国家机关工作人员依法执行职务罪）数罪并罚。

以暴力抗拒检查、拘留、逮捕，情节严重的，应以走私、贩卖、运输、制造毒品罪一罪定罪处罚。组织他人偷越国（边）境，以暴力、威胁方法抗拒检查，构成组织他人偷越国边境罪的加重情节。

【2006 年 · 卷 2 · 单选 · 7】对哪一情形应实行数罪并罚？（A）A. 在走私普通货物、物品过程中，以暴力、威胁方法抗拒缉私。B. 在走私毒品过程中，以暴力方法抗拒检查，情节严重。C. 在组织他人偷越国（边）境过程中，以暴力方法抗拒检查。D. 在运送他人偷越国（边）境过程中，以暴力方法抗拒检查。

第三节　妨害对公司、企业的管理秩序罪

妨害对公司、企业的管理秩序罪的最高刑：①自然人犯虚报注册资本罪，虚报注

册资本数额巨大、后果严重或有其他严重情节的，处3年以下有期刑或拘役，并处或单处虚报注册资本金额1%以上5%以下罚金；单位犯虚报注册资本罪的，对单位判处罚金，并对其直接负责的主管人员和其他直接责任人员处3年以下有期刑或拘役。②自然人犯虚假出资、抽逃出资罪，数额巨大、后果严重或有其他严重情节的，处5年以下有期刑或拘役，并处或单处虚假出资金额或抽逃出资金额2%以上10%以下的罚金；单位犯虚假出资、抽逃出资罪的，对单位判处罚金，并对其直接负责的主管人员和其他直接责任人员处5年以下有期刑或拘役。③自然人犯欺诈发行证券罪，数额巨大、后果严重或有其他严重情节的，处5年以下有期刑或拘役，并处或单处非法募集资金金额1%以上5%以下罚金；单位犯欺诈发行证券罪的，对单位判处罚金，并对其直接负责的主管人员和其他直接责任人员处5年以下有期刑或拘役。④自然人、单位犯违规披露、不披露重要信息罪，严重损害股东或其他人利益，或有其他严重情节的，对其直接负责的主管人员和其他直接责任人员，处3年以下有期刑或拘役，并处或单处2万元以上20万元以下罚金。⑤自然人犯妨害清算罪，严重损害债权人或其他人利益的，对其直接负责的主管人员和其他直接责任人员，或单位犯妨害清算罪的，对单位判处罚金，并对其直接负责的主管人员和其他直接责任人员，处5年以下有期刑或拘役，并处或单处2万元以上20万元以下罚金。⑥犯隐匿、故意销毁会计凭证、会计账簿、财务会计报告罪，情节严重的，处5年以下有期刑或拘役，并处或单处2万元以上20万元以下罚金。⑦犯虚假破产罪，严重损害债权人或其他人利益的，对其直接负责的主管人员和其他直接责任人员，处5年以下有期刑或拘役，并处或单处2万元以上20万元以下罚金。⑧犯非国家工作人员受贿罪，数额较大的，处5年以下有期刑或拘役；数额巨大的，处5年以上有期刑，可并处没收财产。⑨犯对非国家工作人员行贿罪；对外国公职人员、国际公共组织官员行贿罪，数额较大的，处3年以下有期刑或拘役，并处罚金；数额巨大的，处3年以上10年以下有期刑，并处罚金。⑩犯非法经营同类营业罪，数额巨大的，处3年以下有期刑或拘役，并处或单处罚金；数额特别巨大的，处3年以上7年以下有期刑，并处罚金。⑪犯为亲友非法牟利罪，使国家利益遭受重大损失，处3年以下有期刑或拘役，并处或单处罚金；使国家利益遭受特别重大损失的，处3年以上7年以下有期刑，并处罚金。⑫犯签订、履行合同失职被骗罪，使国家利益遭受特别重大损失，处3年以上7年以下有期刑。⑬犯国有公司、企事业单位人员失职罪、国有公司、企事业单位人员滥用职权罪，造成国有公司、企业破产或严重损失，使国家利益遭受重大损失的，处3年以下有期刑或拘役；使国家利益遭受特别重大损失的，处3年以上7年以下有期刑。⑭犯徇私舞弊低价折股、出售国有资产罪，使国家利益遭受重大损失的，处3年以下有期刑或拘役；使国家利益遭受特别重大损失的，处3年以上7年以下有期刑。⑮犯背信损害上市公司利益罪，使上市公司利益遭受重大损失的，处3年以下有期刑或拘役，并处或单处罚金；使上市公司利益遭受特别重大损失的，处3年以上7年以下有期刑，并处罚金。⑯犯背信运用受托财产罪（商业银行、证交所、期交所、证券公司、期货经纪公司、保险公司或其他金融机构，违背受托义务，擅自运用客户资金或其他委托、信托的财产），情节严重的，对单位判处罚金，并对其直接负责的主管人员和其他直接责任人员，处 3 年以下有期刑或拘役，并处 3 万元以上 30 万元以下罚金；情节特别严重的，处 3 年以上 10 年以下有期刑，并处 5 万元以上 50 万元以下罚金。⑰犯违法运用资金罪（社会保障基金管理机构、住房公积金管理机构等公众资金管理机构，以及保险公司、保险资产管理公司、证券投资基金管理公司，违反国家规定运用资金），实行单罚制，对其直接负责的主管人员和其他直接责任人员，情节严重的，处 3 年以下有期刑或拘役，并处 3 万元以上 30 万元以下罚金；情节特别严重的，处 3 年以上 10 年以下有期刑，并处 5 万元以上 50 万元以下罚金。

【2017 年 · 卷 1 · 多选 · 51】 有研究表明，在实施行贿犯罪的企业中，有一部分企业是因担心竞争对手提前行贿，自己不行贿就会“输在起跑线上”，才实施了行贿行为。对此，哪些说法正确？（BCD）A. 市场环境不良是企业行贿的诱因，应适当减轻对此类犯罪的处罚。B. 应健全以公平为核心的市场法律制度，维护公平竞争的市场秩序。C. 应加快反腐败立法，从源头上堵塞企业行贿的漏洞。D. 须强化对公权力的制约，核心是正确处理政府和市场的关系。

妨害对公司、企业的管理秩序罪的转化犯的情形：①从职务侵占罪转化犯的角度看，保险公司的工作人员利用职务便利，故意编造未曾发生的保险事故进行虚假理赔，骗取保险金归自己所有，以保险诈骗罪定罪处罚。②从职务侵占罪转化犯的角度看，国有保险公司工作人员和国有保险公司委派到非国有保险公司从事公务的人员有利用职务便利，故意编造未曾发生的保险事故进行虚假理赔，骗取保险金归自己所有的犯罪行为，以贪污罪定罪处罚。③从非国家工作人员受贿罪的转化犯的角度看，银行或其他金融机构的工作人员在金融业务活动中索取他人财物或非法收受他人财物，为他人谋取利益，或违反国家规定，收受各种名义的回扣、手续费，归个人所有，依非国家工作人员受贿罪的规定定罪处罚。④从非国家工作人员受贿罪的转化犯的角度看，国有金融机构工作人员和国有金融机构委派到非国有金融机构从事公务的人员在金融业务活动中索取他人财物或非法收受他人财物，为他人谋取利益，或违反国家规定，收受各种名义的回扣、手续费，归个人所有，以受贿罪定罪处罚。⑤商业银行、证交所、期交所、证券公司、期货经纪公司、保险公司或其他金融机构的工作人员利用职务便利，挪用本单位或客户资金，依挪用资金罪、挪用公款罪的规定定罪处罚。⑥国有商业银行、证交所、期交所、证券公司、期货经纪公司、保险公司或其他国有金融机构的工作人员和国有商业银行、证交所、期交所、证券公司、期货经纪公司、保险公司或其他国有金融机构委派到商业银行、证交所、期交所、证券公司、期货经纪公司、保险公司或其他金融机构的非国有机构从事公务的人员有利用职务便利，挪用本单位或客户资金的犯罪行为，以挪用公款罪定罪处罚。

一、《刑法》第 158 条【虚报注册资本罪】

从行政犯、故意犯、情节犯、结果犯、数额犯的角度看，申请公司（只适用于依法实行注册资本实缴登记制的公司）登记使用虚假证明文件或采取其他欺诈手段虚报注册资本，欺骗公司登记主管部门，取得公司登记（行为结果），虚报注册资本数额巨大、后果严重或有其他严重情节（从属关系）的，处 3 年以下有期刑或拘役，并处或单处虚报注册资本金额 1%以上 5%以下罚金。

单位犯虚报注册资本罪的，对单位判处罚金，并对其直接负责的主管人员和其他直接责任人员，处 3 年以下有期刑或拘役。

虚报注册资本罪的五种立案追诉标准：①造成投资者或其他债权人直接经济损失累计数额 10 万元以上。②超过法定出资期限，实缴注册资本不足法定注册资本最低限额，有限责任公司虚报数额 30 万元以上并占其应缴出资数额 60%以上，股份有限公司虚报数额 300 万元以上并占其应缴出资数额 30%以上。③超过法定出资期限，实缴注册资本达到法定注册资本最低限额，但仍虚报注册资本，有限责任公司虚报数额 100 万元以上并占其应缴出资数额 60%以上，股份有限公司虚报数额 1000 万元以上并占其应缴出资数额 30%以上。④虽未达到造成投资者或其他债权人直接经济损失累计数额 10 万元以上，或超过法定出资期限，实缴注册资本不足法定注册资本最低限额，有限责任公司虚报数额 30 万元以上并占其应缴出资数额 60%以上，股份有限公司虚报数额 300 万元以上并占其应缴出资数额 30%以上，或超过法定出资期限，实缴注册资本达到法定注册资本最低限额，但仍虚报注册资本，有限责任公司虚报数额 100 万元以上并占其应缴出资数额 60%以上，股份有限公司虚报数额 1000 万元以上并占其应缴出资数额 30%以上的数额标准，但有向公司登记主管人员行贿、为进行违法活动而注册，或 2 年内因虚报注册资本受过行政处罚 2 次以上又虚报注册资本的情形。⑤其他后果严重或其他严重情节的情形。

【2016 年 · 卷 1 · 单选 · 13】 全国人大常委会关于《刑法》第 158、159 条的解释规定："《刑法》第 158、159 条的规定，只适用于依法实行注册资本实缴登记制的公司。"关于该解释，哪一说法正确？（C） A. 效力低于《刑法》。B. 全国人大常委会只能就《刑法》作法律解释。C. 对法律条文进行了限制解释。D. 是学理解释。

从比较法的角度看，虚报注册资本罪，虚假出资、抽逃出资罪的适用范围，只适用于依法实行注册资本实缴登记制的公司。使用虚假证明文件虚报注册资本，欺骗公司登记主管部门，以取得公司登记，虚报注册资本数额巨大、后果严重或有其他严重情节的，构成虚报注册资本罪；公司后又抽逃出资的，构成抽逃出资罪。

从全国人大常委会《关于〈中华人民共和国刑法〉第一百五十八条、第一百五十九条的解释》的角度看，《刑法》第 158（虚报注册资本罪）、159（虚假出资、抽逃出资罪）条的规定，只适用于依法实行注册资本实缴登记制的公司。

二、《刑法》第 159 条【虚假出资、抽逃出资罪】

从选择罪名、身份犯、故意犯、情节犯、结果犯、数额犯的角度看，公司（只适用于依法实行注册资本实缴登记制的公司）发起人、股东违反公司法规定未交付货币、实物或未转移财产权，虚假出资（以虚假的出资证明骗取公司股权的虚假行为），或在公司成立后又抽逃出资（以不实的出资参与公司资本运营而享有公司股权），数额巨大、后果严重或有其他严重情节的，处 5 年以下有期刑或拘役，并处或单处虚假出资金额或抽逃出资金额 2%以上 10%以下罚金。

单位犯虚假出资、抽逃出资罪的，实行双罚制，对单位判处罚金，并对其直接负责的主管人员和其他直接责任人员，处 5 年以下有期刑或拘役。

虚假出资、抽逃出资罪的五种立案追诉标准：①造成公司、股东、债权人的直接经济损失累计数额 10 万元以上。②超过法定出资期限，有限责任公司股东虚假出资数额 30 万元以上并占其应缴出资数额 60%以上，股份有限公司发起人、股东虚假出资数额 300 万元以上并占其应缴出资数额 30%以上。③有限责任公司股东抽逃出资数额 30 万元以上并占其实缴出资数额 60%以上，股份有限公司发起人、股东抽逃出资数额 300 万元以上并占其实缴出资数额 30%以上。④虽未达到造成公司、股东、债权人的直接经济损失累计数额 10 万元以上，或超过法定出资期限，有限责任公司股东虚假出资数额 30 万元以上并占其应缴出资数额 60%以上，股份有限公司发起人、股东虚假出资数额 300 万元以上并占其应缴出资数额 30%以上，或有限责任公司股东抽逃出资数额 30 万元以上并占其实缴出资数额 60%以上，股份有限公司发起人、股东抽逃出资数额 300 万元以上并占其实缴出资数额 30%以上的数额标准，但有 2 年内因虚假出资、抽逃出资受过行政处罚 2 次以上又虚假出资、抽逃出资，或公司发起人、股东合谋虚假出资、抽逃出资，或利用虚假出资、抽逃出资所得资金进行违法活动，或使公司资不抵债或无法正常经营。⑤其他后果严重或有其他严重情节的情形。

三、《刑法》第 160 条【欺诈发行证券罪】

《刑法修正案（十一）》第 8 条以欺诈发行证券罪取消欺诈发行股票、债券罪。

从故意犯、结果犯、数额犯、情节犯的角度看，在招股说明书、认股书、公司、企业债券募集办法等发行文件中隐瞒重要事实或编造重大虚假内容，发行股票或公司、企业债券、存托凭证或国务院依法认定的其他证券，数额巨大、后果严重或有其他严重情节的，处 5 年以下有期刑或拘役，并处或单处罚金；数额特别巨大、后果特别严重或有其他特别严重情节的，处 5 年以上有期刑，并处罚金。控股股东、实际控制人组织、指使实施前款行为，处 5 年以下有期刑或拘役，并处或单处非法募集资金金额 20%以上 1 倍以下罚金；数额特别巨大、后果特别严重或有其他特别严重情节的，处 5 年以上有期刑，并处非法募集资金金额 20%以上 1 倍以下罚金。单位犯前两款罪，对单位判处非法募集资金金额 20%以上 1 倍以下罚金，并对其直接负责的主管人员和其他直接责任人员，依第 1 款规定处罚。

欺诈发行证券罪的五种立案追诉标准：①发行数额 500 万元以上。②伪造、变造国家机关公文、有效证明文件或相关凭证、单据。③利用募集的资金进行违法活动。④转移或隐瞒所募集资金。⑤其他后果严重或有其他严重情节的情形。

四、《刑法》第 161 条【违规披露、不披露重要信息罪】

从身份犯、故意犯、结果犯、情节犯的角度看，依法负有信息披露义务的公司、企业向股东和社会公众提供虚假的或隐瞒重要事实的财务会计报告，或对依法应披露的其他重要信息不按规定披露，严重损害股东或其他人利益，或有其他严重情节；依法负有信息披露义务的公司、企业的控股股东、实际控制人实施或组织、指使实施向股东和社会公众提供虚假的或隐瞒重要事实的财务会计报告，或对依法应披露的其他重要信息不按规定披露，严重损害股东或其他人利益，或有其他严重情节的行为，或隐瞒相关事项导致严重损害股东或其他人利益，或有其他严重情节的情形发生，对其直接负责的主管人员和其他直接责任人员；犯违规披露、不披露重要信息罪的控股股东、实际控制人是单位，对单位判处罚金，并对其直接负责的主管人员和其他直接责任人员，处5年以下有期刑或拘役，并处或单处罚金；情节特别严重，处5年以上10年以下有期刑，并处罚金。

违规披露、不披露重要信息罪的九种立案追诉标准：①使不符合发行条件的公司、企业骗取发行核准并上市交易。②使公司发行的股票、公司债券或国务院依法认定的其他证券被终止上市交易或多次被暂停上市交易。③多次提供虚假的或隐瞒重要事实的财务会计报告，或多次对依法应披露的其他重要信息不按规定披露。④在公司财务会计报告中将亏损披露为盈利，或将盈利披露为亏损。⑤造成股东、债权人或其他人直接经济损失数额累计50万元以上。⑥虚增或虚减资产达到当期披露的资产总额30%以上。⑦虚增或虚减利润达到当期披露的利润总额30%以上。⑧未按规定披露的重大诉讼、仲裁、担保、关联交易或其他重大事项所涉及的数额或连续12个月的累计数额占净资产50%以上。⑨其他严重损害股东、债权人或其他人利益，或有其他严重情节的情形。

五、《刑法》第162条【妨害清算罪】

从故意犯、数额犯、情节犯的角度看，公司、企业进行清算时，隐匿财产，对资产负债表或财产清单作虚伪记载或在未清偿债务前分配公司、企业财产，严重损害债权人或其他人利益的，对其直接负责的主管人员和其他直接责任人员，处5年以下有期刑或拘役，并处或单处2万元以上20万元以下罚金。

妨害清算罪的六种立案追诉标准：①造成债权人或其他人直接经济损失数额累计10万元以上。②隐匿财产价值50万元以上。③对资产负债表或财产清单作虚伪记载涉及金额50万元以上。④在未清偿债务前分配公司、企业财产价值50万元以上。⑤虽未达到造成债权人或其他人直接经济损失数额累计10万元以上，或隐匿财产价值50万元以上，或对资产负债表或财产清单做虚伪记载涉及金额50万元以上的数额标准，但应清偿的职工的工资、社会保险费用和法定补偿金得不到及时清偿，造成恶劣社会影响。⑥其他严重损害债权人或其他人利益情形。

六、《刑法》第162条之一【隐匿、故意销毁会计凭证、会计账簿、财务会计报告罪】

从故意犯、情节犯的角度看，隐匿或故意销毁依法应保存的会计凭证、会计账簿、财务会计报告，情节严重的，处5年以下有期刑或拘役，并处或单处2万元以上20万元以下罚金。

隐匿、故意销毁会计凭证、会计账簿、财务会计报告罪的三种立案追诉标准：①依法应向司法机关、行政机关、有关主管部门等提供而隐匿、故意销毁或拒不交出会计凭证、会计账簿、财务会计报告。②隐匿、故意销毁的会计凭证、会计账簿、财务会计报告涉及金额50万元以上。③其他情节严重情形。

单位犯隐匿、故意销毁会计凭证、会计账簿、财务会计报告罪的，对单位判处罚金，并对其直接负责的主管人员和其他直接责任人员，依隐匿、故意销毁会计凭证、会计账簿、财务会计报告罪处罚。

七、《刑法》第162条之二【虚假破产罪】

从单位犯、故意犯、数额犯的角度看，公司、企业通过隐匿财产、承担虚构的债务或以其他方法转移、处分财产，实施虚假破产，严重损害债权人或其他人利益的，对其直接负责的主管人员和其他直接责任人员，处5年以下有期刑或拘役，并处或单处2万元以上20万元以下罚金。

虚假破产罪的六种立案追诉标准：①造成债权人或其他人直接经济损失数额累计10万元以上。②隐匿财产价值50万元以上。③承担虚构的债务涉及金额50万元以上。④以其他方法转移、处分财产价值50万元以上。⑤虽未达到造成债权人或其他人直接经济损失数额累计10万元以上、隐匿财产价值50万元以上、承担虚构的债务涉及金额50万元以上，或以其他方法转移、处分财产价值50万元以上的数额标准，但应清偿的职工的工资、社会保险费用和法定补偿金得不到及时清偿，造成恶劣社会影响。⑥其他严重损害债权人或其他人利益的情形。

八、《刑法》第163条【非国家工作人员受贿罪】

从身份犯、故意犯、数额犯的角度看，公司、企业或其他单位的工作人员利用职务便利索取他人财物（索取贿赂）或非法收受（接受贿赂）他人财物［货币、物品、财产性利益（①房屋装修、债务免除等可折算为货币的物质利益。②会员服务、旅游等需支付货币的其他利益，以实际支付或应支付的数额计算）］，为他人谋取利益（①实际或承诺为他人谋取利益。②明知他人有具体请托事项。③履职时未被请托，但事后基于该履职事由收受他人财物），数额较大（6万元以上）的，处3年以下有期刑，并处罚金；数额巨大或者有其他严重情节的，处3年以上10年以下有期刑，并处罚金；数额特别巨大或有其他特别严重情节，处10年以上有期刑或无期刑，并处罚金。

非国家工作人员受贿罪是公司、企业或其他单位的工作人员利用职务便利，为他人谋取利益，索取他人财物或非法收受他人财物，数额较大的行为。

从比较法、立案标准的角度看，非国家工作人员受贿罪、职务侵占罪的数额较大（6万元以上）、数额巨大（6万元以上）的数额起点，按受贿罪、贪污罪的数额较大（贪污或受贿数额3万元以上不满20万元）、数额巨大（贪污或受贿数额20万元以上不满 300 万元）数额标准规定的 2 倍、5 倍执行。

一般而言，非国家工作人员利用职务便利实施经济犯罪，由嫌犯工作单位所在地公安机关管辖；特殊而言，若由犯罪行为实施地或嫌犯居住地的公安机关管辖更为适宜的，也可由犯罪行为实施地或嫌犯居住地的公安机关管辖。

从非国家工作人员受贿罪的转化犯的角度看，银行或其他金融机构的工作人员在金融业务活动中索取他人财物或非法收受他人财物，为他人谋取利益的，或违反国家规定，收受各种名义的回扣、手续费，归个人所有的，依非国家工作人员受贿罪的规定定罪处罚。

从一般身份犯的角度看，公司、企业或其他单位的工作人员在经济往来中，利用职务便利违反国家规定，收受各种名义的回扣、手续费，归个人所有的，以非国家工作人员受贿罪定罪处罚。

从特殊身份犯的角度看，国有公司、企业或其他国有单位中从事公务的人员和国有公司、企业或其他国有单位委派到非国有公司、企业及其他单位从事公务的人员，利用职务便利索取他人财物或非法收受他人财物，为他人谋取利益，或在经济往来中，利用职务便利违反国家规定，收受各种名义的回扣、手续费，归个人所有，以受贿罪定罪处罚（《刑法》第 385、386 条）。

九、《刑法》第 164 条第 1 款【对非国家工作人员行贿罪】

从对偶犯、故意犯、数额犯的角度看，为谋取不正当利益，给予公司、企业或其他单位的工作人员以财物，数额较大的，处 3 年以下有期刑或拘役，并处罚金；数额巨大的，处 3 年以上 10 年以下有期刑，并处罚金。

为谋取不正当利益，给予公司、企业或其他单位的工作人员以财物，个人行贿数额 1 万元以上，单位行贿数额 20 万元以上，应立案追诉。(1) 从《办理贪污贿赂刑事案件解释》(2016 年）的角度看，对国家工作人员行贿罪、对非国家工作人员行贿罪的数额较大、数额巨大的数额标准有 2 倍之差。①为谋取不正当利益，对非国家工作人员行贿罪的数额较大数额起点在 6 万元以上。②贿赂犯罪的财物，含货币、物品、财产性利益（a. 房屋装修、债务免除等可折算为货币的物质利益。b. 会员服务、旅游等需支付货币的其他利益，以实际支付或应支付的数额计算）。(2) 为谋取不正当商业利益，给予外国公职人员或国际公共组织官员以财物，个人行贿数额 1 万元以上，单位行贿数额 20 万元以上的，应立案追诉。

十、《刑法》第 164 条第 2 款【对外国公职人员、国际公共组织官员行贿罪】

从故意犯、数额犯、情节犯的角度看，为谋取不正当商业利益，给予外国公职人员或国际公共组织官员以财物，依对外国公职人员、国际公共组织官员行贿罪处罚。

为谋取不正当商业利益，给予外国公职人员或国际公共组织官员以财物，个人行贿数额 1 万元以上的，单位行贿数额 20 万元以上的，应立案追诉。

单位犯对非国家工作人员行贿罪、对外国公职人员、国际公共组织官员行贿罪的，对单位判处罚金，并对其直接负责的主管人员和其他直接责任人员，依对非国家工作人员行贿罪处罚。行贿人在被追诉前主动交代行贿行为的，可减轻处罚或免除处罚。

十一、《刑法》第165条【非法经营同类营业罪】

从公司法、企业法、竞业禁止义务、身份犯、故意犯、目的犯、数额犯的角度看，国有公司、企业（国有资本占主体的公司、企业）的董事（股东选举产生的对内执行公司业务、对外代表公司的常设性执行机构的成员）、经理（公司董事会聘任的主持日常管理工作的高管人员）利用职务便利，自己经营（为自己独资或担任股东的公司、企业等经济组织从事经营活动）或为他人经营（在他人经办的公司、企业中参股投资而实际经营、管理、重大决策或指挥）与其所任职公司、企业同类的营业（相同营业或同一类别、相似类别的经营业务），获取非法利益（利用职务便利故意放弃本国有公司、企业的经营而使其蒙受经济损失，为其参股投资的他人公司、企业谋取了属于其任职国有公司、企业的商业机会、利益，含经营数额、销售数额、非法获利、违法所得），数额巨大的，处3年以下有期刑或拘役，并处或单处罚金；数额特别巨大的，处3年以上7年以下有期刑，并处罚金。

国有公司、企业的董事、经理利用职务便利，自己经营或为他人经营与其所任职公司、企业同类的企业，获取非法利益，数额在10万元以上的，应立案追诉。

十二、《刑法》第166条【为亲友非法牟利罪】

从身份犯、故意犯、结果犯的角度看，国有公司、企事业单位的工作人员，利用职务便利，使国家利益遭受重大损失的，处3年以下有期刑或拘役，并处或单处罚金；使国家利益遭受特别重大损失的，处3年以上7年以下有期刑，并处罚金。

为亲友非法牟利罪的三种行为类型：①将本单位的盈利业务交由自己的亲友进行经营。②向自己的亲友经管的单位采购不合格商品。③以明显高于市场的价格向自己的亲友经管的单位采购商品或以明显低于市场的价格向自己的亲友经管的单位销售商品。

十三、《刑法》第167条【签订、履行合同失职被骗罪】

从身份犯、过失犯、结果犯的角度看，国有公司、企事业单位直接负责的主管人员，在签订、履行合同过程中，因严重不负责任（过失）被诈骗，使国家利益遭受重大损失的，处3年以下有期刑或拘役；使国家利益遭受特别重大损失的，处3年以上7年以下有期刑。

诈骗是对方当事人的行为已涉嫌诈骗犯罪，不以对方当事人已被法院判决构成诈骗犯罪作为立案追诉的前提。签订、履行合同失职被骗罪的三种立案追诉标准：①造成国家直接经济损失数额50万元以上。②造成有关单位破产，停业、停产6个月以上，或被吊销许可证和营业执照、责令关闭、撤销、解散。③其他使国家利益遭受重大损失的情形。

金融机构、从事对外贸易经营活动的公司、企业的工作人员严重不负责任（过失），造成100万美元以上外汇被骗购或逃汇1000万美元以上，应立案追诉。

十四、《刑法》第168条【国有公司、企业、事业单位人员失职罪；国有公司、企业、事业单位人员滥用职权罪】

从身份犯、过失犯、结果犯的角度看，国有公司、企业的工作人员，因严重不负责任（过失）或滥用职权，造成国有公司、企业破产或严重损失，使国家利益遭受重大损失的，处3年以下有期刑或拘役；使国家利益遭受特别重大损失的，处3年以上7年以下有期刑。

国有公司、企事业单位的工作人员，徇私舞弊或滥用职权，造成国有公司、企事业单位破产或严重损失，使国家利益遭受损失的，从重处罚。

国有公司、企事业单位人员失职罪的三种立案追诉标准：①造成有关单位破产，停业、停产1年以上，或被吊销许可证和营业执照、责令关闭、撤销、解散。②造成国家直接经济损失数额50万元以上。③其他使国家利益遭受重大损失的情形。

国有公司、企事业单位人员滥用职权罪的三种立案追诉标准：①造成国家直接经济损失数额30万元以上。②造成有关单位破产，停业、停产6个月以上，或被吊销许可证和营业执照、责令关闭、撤销、解散。③其他使国家利益遭受重大损失的情形。

国有公司、企事业单位的工作人员，在预防、控制突发传染病疫情等灾害的工作中，因严重不负责任（过失）或滥用职权，造成国有公司、企业破产或严重损失，使国家利益遭受重大损失的，以国有公司、企事业单位人员失职罪或国有公司、企事业单位人员滥用职权罪定罪处罚。

国有事业单位的工作人员因严重不负责任（过失）或滥用职权，使国家利益遭受重大损失的，以国有公司、企事业单位人员滥用职权罪处罚。

国有公司、企事业单位的工作人员，徇私舞弊，犯国有公司、企事业单位人员失职罪、国有公司、企事业单位人员滥用职权罪的，依国有公司、企事业单位人员失职罪从重处罚。

十五、《刑法》第169条【徇私舞弊低价折股、出售国有资产罪】

从身份犯、故意犯、结果犯的角度看，国有公司、企业或其上级主管部门直接负责的主管人员，徇私舞弊，将国有资产低价折股或低价出售，使国家利益遭受重大损失的，处3年以下有期刑或拘役；使国家利益遭受特别重大损失的，处3年以上7年以下有期刑。

徇私舞弊低价折股、出售国有资产罪的三种立案追诉标准：①造成国家直接经济损失数额30万元以上。②造成有关单位破产，停业、停产6个月以上，或被吊销许可证和营业执照、责令关闭、撤销、解散。③其他使国家利益遭受重大损失的情形。

十六、《刑法》第169条之一【背信损害上市公司利益罪】

从身份犯、故意犯、数额犯、结果犯的角度看，上市公司的控股股东或实际控制人，指使上市公司董事、监事、高管人员，或上市公司的董事、监事、高管人员违背对公司的忠实义务，利用职务便利，操纵上市公司，使上市公司利益遭受重大损失的，处3年以下有期刑或拘役，并处或单处罚金；使上市公司利益遭受特别重大损失的，处3年以上7年以下有期刑，并处罚金。

背信损害上市公司利益罪的六种行为类型：①无偿向其他单位或个人提供资金、商品、服务或其他资产。②以明显不公平的条件，提供或接受资金、商品、服务或其他资产。③向明显没有清偿能力的单位或个人提供资金、商品、服务或其他资产。④为明显没有清偿能力的单位或个人提供担保，或无正当理由为其他单位或个人提供担保。⑤无正当理由放弃债权、承担债务。⑥采用其他方式损害上市公司利益。

背信损害上市公司利益罪的七种立案追诉标准：①使公司发行的股票、公司债券（公司依法定程序发行、约定在一定期限还本付息的有价证券）或国务院依法认定的其他证券被终止上市交易或多次被暂停上市交易。②无正当理由放弃债权、承担债务，使上市公司直接经济损失数额达150万元以上。③无偿向其他单位或个人提供资金、商品、服务或其他资产，使上市公司直接经济损失数额达150万元以上。④为明显不有清偿能力的单位或个人提供担保，或无正当理由为其他单位或个人提供担保，使上市公司直接经济损失数额达150万元以上。⑤向明显没有清偿能力的单位或个人提供资金、商品、服务或其他资产，使上市公司直接经济损失数额达150万元以上。⑥以明显不公平的条件，提供或接受资金、商品、服务或其他资产，使上市公司直接经济损失数额达150万元以上。⑦其他使上市公司利益遭受重大损失的情形。

犯背信损害上市公司利益罪的上市公司的控股股东或实际控制人是单位的，对单位判处罚金，并对其直接负责的主管人员和其他直接责任人员，依徇私舞弊低价折股、出售国有资产罪的刑罚（使国家利益遭受重大损失的，处3年以下有期刑或拘役；使国家利益遭受特别重大损失的，处3年以上7年以下有期刑）处罚。

第四节　破坏金融管理秩序罪

破坏金融管理秩序罪的最高刑：①伪造货币罪的最高刑为10年以上有期刑或无期刑，并处罚金或没收财产（伪造货币集团的首犯；伪造货币数额特别巨大；有其他特别严重情节）。②出售、购买、运输假币罪，数额特别巨大的，处10年以上有期刑或无期刑，并处5万元以上50万元以下罚金或没收财产。③金融工作人员购买假币、以假币换取货币罪，数额巨大或有其他严重情节的，处10年以上有期刑或无期刑，并处2万元以上20万元以下罚金或没收财产。④持有、使用假币罪，数额特别巨大的，处10年以上有期刑，并处5万元以上50万元以下罚金或没收财产。⑤变造货币罪，数额巨大的，处3年以上10年以下有期刑，并处2万元以上20万元以下罚金。⑥擅自设立金融机构罪，伪造、变造、转让金融机构经营许可证、批准文件罪，情节严重的，处3年以上10年以下有期刑，并处，5万元以上50万元以下罚金。⑦高利转贷罪，数额巨大的，处3年以上7年以下有期刑，并处违法所得，1倍以上5倍以下罚金。⑧骗取贷款、票据承兑、金融票证罪，给银行或其他金融机构造成特别重大损失或有其他特别严重情节的，处3年以上7年以下有期刑，并处罚金。⑨非法吸收公众存款罪，数额巨大或有其他严重情节的，处3年以上10年以下有期刑，并处5万元以上50万元以下罚金。⑩伪造、变造金融票证罪，窃取、收买、非法提供信用卡信息罪，情节特别严重的，处10年以上有期刑或无期刑，并处5万元以上50万元以下罚金或没收财产。⑪妨害信用卡管理罪，数量巨大或有其他严重情节的，处3年以上10年以下有期刑，并处2万元以上20万元以下罚金。⑫伪造、变造股票、公司、企业债券罪，数额巨大的，处3年以上10年以下有期刑，并处2万元以上20万元以下罚金。⑬伪造、变造国家有价证券罪，数额巨大的，处3年以上10年以下有期刑，并处5万元以上50万元以下罚金；数额特别巨大，处10年以上有期刑或无期刑，并处5万元以上50万元以下罚金或没收财产。⑭擅自发行股票、公司、企业债券罪，数额巨大、后果严重或有其他严重情节的，处5年以下有期刑或拘役，并处或单处非法募集资金金额1%以上5%以下罚金。⑮内幕交易、泄露内幕信息罪，利用未公开信息交易罪，情节特别严重的，处5年以上10年以下有期刑，并处违法所得1倍以上5倍以下罚金。⑯编造并传播证券、期货交易虚假信息罪，造成严重后果的，处5年以下有期刑或拘役，并处或单处1万元以上10万元以下罚金。⑰诱骗投资者买卖证券、期货合约罪，造成严重后果的，处5年以下有期刑或拘役，并处或单处1万元以上10万元以下罚金；情节特别恶劣的，处5年以上10年以下有期刑，并处2万元以上20万元以下罚金。⑱操纵证券、期货市场罪，情节特别严重的，处5年以上10年以下有期刑，并处罚金。⑲违法发放贷款罪，数额巨大或造成重大损失的，处5年以下有期刑或拘役，并处1万元以上10万元以下罚金；数额特别巨大或造成特别重大损失的，处5年以上有期刑，并处2万元以上20万元以下罚金。⑳吸收客户资金不入账罪，数额巨大或造成重大损失的，处5年以下有期刑或拘役，并处2万元以上20万元以下罚金；数额特别巨大或造成特别重大损失的，处5年以上有期刑，并处5万元以上50万元以下罚金。㉑违规出具金融票证罪，情节严重的，处5年以下有期刑或拘役；情节特别严重的，处5年以上有期刑。㉒对违法票据承兑、付款、保证罪，造成重大损失的，处5年以下有期刑或拘役；造成特别重大损失的，处5年以上有期刑。㉓逃汇罪，情节严重的，对单位判处罚金，并对其直接负责的主管人员和其他直接责任人员，处5年以下有期刑或拘役。㉔洗钱罪，情节严重的，处5年以上10年以下有期刑，并处洗钱数额5%以上20%以下罚金。㉕单位犯洗钱罪的，对单位判处罚金，并对其直接负责的主管人员和其他直接责任人员，处5年以下有期刑或拘役；情节严重的，处5年以上10年以下有期刑。

一、《刑法》第170条【伪造货币罪】

从故意犯、行为犯、情节犯、数额犯的角度看，伪造（模仿所造的假币相对应的真货币或自行设计制作足以使一般人误认为是真实货币的假币；仿照真货币的图案、形状、色彩等特征非法制造假币，冒充真币的行为）货币（无货币发行权的人，仿照真货币的图案、形状、色彩等特征，非法制造外观上足以使一般人误认为是货币的假货币，冒充真币，妨害货币的公共信用的行为；在国内流通的本币、在国内可兑换的境外货币、正在流通的境外货币）的，处3年以上10年以下有期刑，并处罚金；有下列情形之一的，处10年以上有期刑或无期刑，并处罚金或没收财产：①伪造货币集团的首犯。②伪造货币数额特别巨大。③有其他特别严重情节。

以正在流通的境外货币为对象的假币犯罪，依伪造货币罪，变造货币罪或持有、使用假币罪，出售、购买、运输假币罪，金融工作人员购买假币、以假币换取货币罪的规定定罪处罚。

以央行发行的普通纪念币和贵金属纪念币为对象的假币犯罪，以伪造货币罪，出售、购买、运输假币罪，金融工作人员购买假币、以假币换取货币罪、伪造货币罪，持有、使用假币罪，变造货币罪定罪处罚。

以使用为目的，伪造停止流通的货币，或使用伪造的停止流通的货币，以刑法第266条诈骗罪定罪处罚。

从最高法《关于审理伪造货币等案件具体应用法律若干问题的解释（二）》（2010年）的角度看，假普通纪念币犯罪的数额，以面额计算；假贵金属纪念币犯罪的数额，以贵金属纪念币的初始发售价格计算。假境外货币犯罪的数额，按案发当日中国外汇交易中心或央行授权机构公布的中国货币对该货币的中间价折合成中国货币计算。中国外汇交易中心或央行授权机构未公布汇率中间价的境外货币，按案发当日境内银行中国货币对该货币的中间价折算成中国货币，或该货币在境内银行、国际外汇市场对美元汇率，与中国货币对美元汇率中间价进行套算。

从比较法的角度看，伪造货币与变造货币的根本差异在于新币与旧币是否具有同一性。①伪造货币不具有同一性，譬如将一个国家（地区）的货币加工成另一个国家（地区）的新币、旧币。②变造货币具有同一性，是对真货币采用剪贴、挖补、揭层、涂改、移位、重印等方法进行加工处理，改变真币的形态、价值（数量增多，价值升高或数量减少，价值降低）的行为。

伪造货币罪的三种立案追诉标准：（1）制造货币［①货币含人民币（含普通纪念币、贵金属纪念币）、港元、澳门元、新台币和其他国家及地区的法定货币。②贵金属纪念币的面额以中行授权中国金币总公司的初始发售价格为准］版样或为他人伪造货币提供版样。（2）伪造货币，总面额2000元以上或币量200张（枚）以上。（3）其他伪造货币应追究刑责的情形。

伪造货币罪的情形：①同时采用伪造和变造手段，制造真伪拼凑货币的行为，以伪造货币罪定罪处罚。②以真货币为材料，制作成丧失真货币外观的假币的行为，应认定为伪造货币罪。③将金属货币熔化后，制作成较薄的、更多的金属货币，数额较大的行为，构成伪造货币罪。④从牵连犯的角度看，伪造货币并出售或运输伪造的货币（同宗货币），以伪造货币罪从重处罚。⑤伪造与出售、运输非同宗货币，伪造与运输之间不存在牵连关系，应数罪并罚。⑥以正在流通的境外货币为对象的假币犯罪，或以央行发行的普通纪念币和贵金属纪念币为对象的假币犯罪，均以伪造货币罪、出售购买运输假币罪、金融工作人员购买假币以假币换取货币罪、伪造货币罪、持有使用假币罪、变造货币罪规定定罪处罚。

以使用为目的，伪造停止流通的货币，或使用伪造的停止流通的货币，以诈骗罪定罪处罚。

二、《刑法》第 171 条【出售、购买、运输假币罪；金融工作人员购买假币、以假币换取货币罪】

从选择罪名、故意犯、数额犯、犯罪既遂合意说、犯罪既遂交付说的角度看，出售、购买伪造的货币或明知是伪造的货币而运输，数额较大的，处 3 年以下有期刑或拘役，并处 2 万元以上 20 万元以下罚金；数额巨大的，处 3 年以上 10 年以下有期刑，并处 5 万元以上 50 万元以下罚金；数额特别巨大的，处 10 年以上有期刑或无期刑，并处 5 万元以上 50 万元以下罚金或没收财产。

出售、购买、运输假币罪是出售、购买伪造的货币，或明知是伪造的货币而进行运输，数额较大的行为。①出售、购买伪造的货币或明知是伪造的货币而运输，总面额 4000 元以上或币量在 400 张（枚）以上，应立案追诉。②出售假币时被抓获，除现场查获的假币应认定为出售假币的数额外，现场外在行为人住所或其他藏匿地查获的假币，也应认定为出售假币的数额。

从身份犯、故意犯、数额犯、情节犯的角度看，银行或其他金融机构的工作人员购买伪造的货币或利用职务便利以伪造的货币换取货币的，处 3 年以上 10 年以下有期刑，并处 2 万元以上 20 万元以下罚金；数额巨大或有其他严重情节的，处 10 年以上有期刑或无期刑，并处 2 万元以上 20 万元以下罚金或没收财产；情节较轻的，处 3 年以下有期刑或拘役，并处或单处 1 万元以上 10 万元以下罚金。

银行或其他金融机构的工作人员购买伪造的货币或利用职务便利以伪造的货币换取货币，总面额 2000 元以上或币量在 200 张（枚）以上的，应立案追诉。

三、《刑法》第 172 条【持有、使用假币罪】

从故意犯、持有犯、数额犯的角度看，明知是伪造的货币而持有、使用（将假币作为真货币而使用；以外表合法的方式使用假币，如购买商品、兑换另一货币、存入银行、赠与他人，或将假币用于交纳罚款或罚金等；以非法的方式使用货币，如将假币用于赌博；将伪造的货币赠与他人等），数额较大的，处 3 年以下有期刑或拘役，并处或单处 1 万元以上 10 万元以下罚金；数额巨大的，处 3 年以上 10 年以下有期刑，并处 2 万元以上 20 万元以下罚金；数额特别巨大的，处 10 年以上有期刑，并处 5 万元以上 50 万元以下罚金或没收财产。

持有、使用假币罪是违反货币管理法规，明知是伪造的货币而故意持有使用，数额较大的行为。①明知伪造的货币而持有、使用，总面额 4000 元以上或币量在 400 张（枚）以上，应立案追诉。②未将假币作为真币纳入流通或兑换领域，显示假币以证明经济实力，可构成持有假币罪。

【2015 年 · 卷 2 · 单选 · 14】下列哪一行为不成立使用假币罪（不考虑数额）？（D）A. 用假币缴纳罚款。B. 用假币兑换外币。C. 在朋友结婚时，将假币塞进红包送

给朋友。D. 与网友见面时，显示假币以证明经济实力。

使用假币罪是明知是伪造的货币而冒充真币运用，使不具备流通性的假币得以充当真币而流通，数额较大的行为。①行为人出售、运输假币构成犯罪，同时有使用假币行为，依出售、购买、运输假币罪，金融工作人员购买假币以假币换取货币罪、伪造货币罪、持有使用假币罪，实行数罪并罚。②“行贿人”完全利用欺骗手段谋取不正当利益，用没有使用价值的假币行贿，应以使用假币罪论处，不能以行贿罪论处。

四、《刑法》第 173 条【变造货币罪】

从故意犯、数额犯的角度看，变造货币（对真币采用剪贴、挖补、揭层、涂改、移位、重印等方法加工处理，改变真币的面值、含量、形态、价值的变造行为；以货币变造行为的成功为犯罪既遂标准），数额较大的，处 3 年以下有期刑或拘役，并处或单处 1 万元以上 10 万元以下罚金；数额巨大的，处 3 年以上 10 年以下有期刑，并处 2 万元以上 20 万元以下罚金。

变造货币，总面额 2000 元以上或币量在 200 张（枚）以上，应立案追诉。

五、《刑法》第 174 条【擅自设立金融机构罪；伪造、变造、转让金融机构经营许可证、批准文件罪】

从行政犯、故意犯、行为犯、情节犯的角度看，未经国家有关主管部门批准，擅自设立商业银行、证交所、期交所、证券公司、期货经纪公司、保险公司或其他金融机构的，处 3 年以下有期刑或拘役，并处或单处 2 万元以上 20 万元以下罚金；情节严重的，处 3 年以上 10 年以下有期刑，并处 5 万元以上 50 万元以下罚金。

擅自设立金融机构罪的两种立案追诉标准：①擅自设立商业银行、证交所、期交所、证券公司、期货公司、保险公司或其他金融机构。②擅自设立商业银行、证交所、期交所、证券公司、期货公司、保险公司或其他金融机构筹备组织。

伪造、变造、转让商业银行、证交所、期交所、证券公司、期货公司、保险公司或其他金融机构的经营许可证或批准文件的，应立案追诉。

从选择罪名的角度看，伪造、变造、转让商业银行、证交所、期交所、证券公司、期货经纪公司、保险公司或其他金融机构的经营许可证或批准文件的，以伪造、变造、转让金融机构经营许可证、批准文件罪处罚。

单位犯擅自设立金融机构罪、伪造、变造、转让金融机构经营许可证、批准文件罪的，对单位判处罚金，并对其直接负责主管人员和其他直接责任人员，以擅自设立金融机构罪处罚。

六、《刑法》第 175 条【高利转贷罪】

高利转贷罪是违反国家规定，以转贷牟利为目的，套取金融机构信贷资金高利转贷他人，违法所得数额较大的行为。高利转贷罪的两种立案追诉标准：①高利转贷，违法所得数额 10 万元以上。②虽未达到高利转贷违法所得数额 10 万元以上标准，但 2 年内因高利转贷受过行政处罚 2 次以上，又高利转贷。

从故意犯、目的犯、数额犯的角度看，以转贷牟利为目的，套取金融机构信贷资金高利转贷他人，违法所得数额较大的，处 3 年以下有期刑或拘役，并处违法所得 1 倍以上 5 倍以下罚金；数额巨大的，处 3 年以上 7 年以下有期刑，并处违法所得 1 倍以上 5 倍以下罚金。

单位犯高利转贷罪、骗取贷款、票据承兑、金融票证罪的，对单位判处罚金，并对其直接负责的主管人员和其他直接责任人员，处 3 年以下有期刑或拘役。

七、《刑法》第 175 条之一【骗取贷款、票据承兑、金融票证罪】

从故意犯、结果犯、数额犯、情节犯的角度看，以欺骗手段取得银行或其他金融机构贷款、票据承兑、信用证、保函等，给银行或其他金融机构造成重大损失，处 3 年以下有期刑或拘役，并处或单处罚金；给银行或其他金融机构造成特别重大损失或有其他特别严重情节的，处 3 年以上 7 年以下有期刑，并处罚金。

骗取贷款、票据承兑、金融票证罪的四种立案追诉标准：①以欺骗手段取得贷款、票据承兑、信用证、保函等，给银行或其他金融机构造成直接经济损失数额 20 万元以上。②以欺骗手段取得贷款、票据承兑、信用证、保函等，数额 100 万元以上。③虽未达到以欺骗手段取得贷款、票据承兑、信用证、保函等，给银行或其他金融机构造成直接经济损失数额 20 万元以上，或以欺骗手段取得贷款、票据承兑、信用证、保函等，数额 100 万元以上的数额标准，但多次以欺骗手段取得贷款、票据承兑、信用证、保函等。④其他给银行或其他金融机构造成重大损失或有其他严重情节的情形。

单位犯骗取贷款、票据承兑、金融票证罪的，对单位判处罚金，并对其直接负责的主管人员和其他直接责任人员，依骗取贷款、票据承兑、金融票证罪处罚。

八、《刑法》第 176 条【非法吸收公众存款罪】

从故意犯、结果犯、情节犯、数额犯的角度看，非法吸收公众存款或变相吸收［通过亲友口口相传方式，向亲友的亲戚朋友（亲友、朋友、熟人等）吸收资金；或向亲友吸收资金的同时，明知该亲友向其亲戚朋友（亲友、朋友、熟人等）等吸收资金而放任，或向社会公众吸收资金的同时，向亲友吸收资金，具备对不特定社会对象非法集资的概括故意］公众存款［①违反国家金融管理法律规定，向社会公众（单位、个人）吸收资金的行为，同时具备通过媒体、推介会、传单、手机短信等途径向社会公开宣传（以各种途径向社会公众传播吸收资金的信息、明知吸收资金的信息向社会公众扩散而放任），向社会公众即社会不特定对象吸收资金；未经有关部门依法批准或借用合法经营的形式吸收资金；承诺在一定期限内以货币、实物、股权等方式还本付息或给付回等四个条件，除刑法另有规定外。②从目的解释、限制条件、出罪条款的角度看，未向社会公开宣传，在亲友（向亲友中的特定对象吸收资金或向小部分亲友吸收资金，未故意或放任人员范围扩大）或单位内部针对特定对象吸收资金，不属于非法吸收或变相吸收公众存款］，扰乱金融秩序的，处 3 年以下有期刑或拘役，并处或单处罚金；数额巨大或有其他严重情节［有四种非法吸收或变相吸收公众存款的违法犯罪行为（①个人非法吸收或变相吸收公众存款对象100人以上，单位非法吸收或变相吸收公众存款对象500人以上。②个人非法吸收或变相吸收公众存款，给存款人造成直接经济损失数额50万元以上，单位非法吸收或变相吸收公众存款，给存款人造成直接经济损失数额250万元以上。③个人非法吸收或变相吸收公众存款数额100万元以上，单位非法吸收或变相吸收公众存款数额500万元以上。④造成特别恶劣社会影响或其他特别严重后果），属于非法吸收公众存款罪的数额巨大或有其他严重情节］的，或单位犯非法吸收公众存款罪，对单位判处罚金，并对其直接负责的主管人员和其他直接责任人员，处10年以上有期刑，并处罚金。

具有非法吸收公众存款或变相吸收公众存款，或单位犯非法吸收公众存款罪行为，在提起公诉前积极退赃退赔，减少损害结果发生的，可从轻或减轻处罚。

非法吸收公众存款罪的五种立案追诉标准：①造成恶劣社会影响。②个人非法吸收或变相吸收公众存款给存款人造成直接经济损失数额10万元以上，单位非法吸收或变相吸收公众存款给存款人造成直接经济损失数额50万元以上。③个人非法吸收或变相吸收公众存款数额20万元以上，单位非法吸收或变相吸收公众存款数额100万元以上。④个人非法吸收或变相吸收公众存款30户以上，单位非法吸收或变相吸收公众存款150户以上。⑤其他扰乱金融秩序情节严重的情形。

【2015年·卷2·单选·77】关于破坏社会主义市场经济秩序罪的认定，哪一选项错误？（D）A. 采用运输方式将大量假币运到国外，应以走私假币罪定罪量刑。B. 以暴力、胁迫手段强迫他人借贷，情节严重，触犯强迫交易罪。C. 未经批准，擅自发行、销售彩票，应以非法经营罪定罪处罚。D. 为项目筹集资金，向亲戚宣称有高息理财产品，以委托理财方式吸收10名亲戚300万元资金，构成非法吸收公众存款罪。

非法集资案件的管辖问题：①跨区域非法集资刑事案件按《国务院关于进一步做好防范和处置非法集资工作的意见》（2015年）确定的工作原则办理；若合并侦查、诉讼更为适宜，可合并办理。②办理跨区域非法集资刑事案件，若多个公安机关都有权立案侦查，一般由主要犯罪地（非法集资活动的主要组织、策划、实施地，集资行为人的注册地、主要营业地、主要办事机构所在地，集资参与人的主要所在地等）公安机关作为案件主办方，对主要嫌犯立案侦查和移送审查起诉；由他罪地公安机关作为案件分办地根据案件具体情况，对本地区嫌犯立案侦查和移送审查起诉。③管辖不明或有争议的，按有利于查清犯罪事实、有利于诉讼的原则，由其共同的上级公安机关协调确定或指定有关公安机关作为案件主办地立案侦查。需提请批准逮捕、移送审查起诉、提起公诉的，由分别立案侦查的公安机关所在地的检察院、法院受理。④对重大、疑难、复杂的跨区域非法集资刑事案件，公安机关应在协调确定或指定案件主办地立案侦查的同时，通报同级检察院、法院。检察院、法院参照前款规定，确定主要犯罪地作为案件主办地，他罪地作为案件分办地，由所在地的检察院、法院负责起诉、审判。

非法集资的非法性的认定依据问题：①公检法机关认定非法集资的非法性，应以国家金融管理法律法规作为依据。②对国家金融管理法律法规仅作原则性规定，可根据法律规定的精神并参考中国人民银行、银保监会、证监会等行政主管部门依国家金融管理法律法规制定的部门规章或国家有关金融管理的规定、办法、实施细则等规范性文件的规定予以认定。

非法集资人主观故意的认定问题：（1）认定嫌犯、被告人是否有非法吸收公众存款的犯罪故意，应依据嫌犯、被告人的任职情况、职业经历、专业背景、培训经历、本人因同类行为受到行政处罚或刑事追究情况以及吸收资金方式、宣传推广、合同资料、业务流程等证据，结合其供述，进行综合分析判断。（2）嫌犯、被告人使用诈骗方法非法集资，有集资后不用于生产经营活动或用于生产经营活动与筹集资金规模明显不成比例，使集资款不能返还；肆意挥霍集资款，使集资款不能返还；携带集资款逃匿；将集资款用于违法犯罪活动；抽逃、转移资金、隐匿财产，逃避返还资金；隐匿、销毁账目，或搞假破产、假倒闭，逃避返还资金；拒不交代资金去向，逃避返还资金；其他可以认定非法占有目的的情形，可认定为集资诈骗罪的以非法占有为目的。①行为人部分非法集资行为有非法占有目的，对该部分非法集资行为所涉集资款以集资诈骗罪定罪处罚。②非法集资共同犯罪中部分行为人有非法占有目的，其他行为人无非法占有集资款的共同故意和行为，对有非法占有目的的行为人以集资诈骗罪定罪处罚。（3）办案机关在办理非法集资刑事案件中，应根据案件具体情况注意收集运用涉及嫌犯、被告人的关键证据（是否使用虚假身份信息对外开展业务；是否虚假订立合同、协议；是否虚假宣传，明显超出经营范围或夸大经营、投资、服务项目及盈利能力；是否吸收资金后隐匿、销毁合同、协议、账目；是否传授或接受规避法律、逃避监管的方法等）。

非法集资案件的犯罪数额的认定问题：①非法吸收或变相吸收公众存款构成犯罪，有在向亲友或单位内部人员吸收资金的过程中，明知亲友或单位内部人员向不特定对象吸收资金而予以放任；以吸收资金为目的，将社会人员吸收为单位内部人员，并向其吸收资金；向社会公开宣传，同时向不特定对象、亲友或单位内部人员吸收资金的情形，向亲友或单位内部人员吸收的资金应与向不特定对象吸收的资金一并计入犯罪数额。②非法吸收或变相吸收公众存款的数额，以行为人所吸收的资金全额计算。集资参与人收回本金或获得回报后又重复投资的数额不予扣除，但可作为量刑情节酌情考虑。

从主客观相一致原则的角度看，非法吸收公众存款罪有非法性、公开性、利诱性、公众性。（1）行为人非法吸收或变相吸收公众存款，有四种违法犯罪情形（①个人非法吸收或变相吸收公众存款对象 30 人以上，单位非法吸收或变相吸收公众存款对象 150 人以上。②个人非法吸收或变相吸收公众存款，给存款人造成直接经济损失，数额 10 万元以上，单位非法吸收或变相吸收公众存款，给存款人造成直接经济损失，数额 50 万元以上。③个人非法吸收或变相吸收公众存款，数额 20 万元以上，单位非法吸收或变相吸收公众存款，数额 100 万元以上。④造成恶劣社会影响或其他严重后果）的，应以非法吸收公众存款罪追究刑责。(2) 行为人实施11种非法吸收公众存款的违法犯罪行为［①利用民间会、社等组织非法吸收资金。②以投资入股的方式非法吸收资金。③以委托理财的方式非法吸收资金。④以转让林权并代为管护等方式非法吸收资金。⑤以代种植（养殖）、租种植（养殖）、联合种植（养殖）等方式非法吸收资金。⑥没有房产销售的真实内容或不以房产销售为主要目的，以返本销售、售后包租、约定回购、销售房产份额等方式非法吸收资金。⑦没有销售商品、提供服务的真实内容或不以销售商品、提供服务为主要目的，以商品回购、寄存代售等方式非法吸收资金。⑧没有发行股票、债券的真实内容，以虚假转让股权、发售虚构债券等方式非法吸收资金。⑨没有募集基金的真实内容，以假借境外基金、发售虚构基金等方式非法吸收资金。⑩没有销售保险的真实内容，以假冒保险公司、伪造保险单据等方式非法吸收资金。⑪其他非法吸收资金的行为］，符合非法吸收公众存款或变相吸收公众存款规定的条件［违反国家金融管理法律规定，向社会公众（含单位和个人）吸收资金的行为，同时具备通过媒体、推介会、传单、手机短信等途径向社会公开宣传，向社会公众即社会不特定对象吸收资金；未经有关部门依法批准或借用合法经营的形式吸收资金；承诺在一定期限内以货币、实物、股权等方式还本付息或给付返回等四个条件，除刑法另有规定外］的，应以非法吸收公众存款罪定罪处罚。(3) 从审理非法集资刑事案件解释集资人的主观意图、募集资金方式的角度看，社会公众属于社会不特定对象。①未向社会公开宣传，在亲友或单位内部针对特定对象吸收资金，不属于非法吸收或变相吸收公众存款。②行为人对未特定指向明确要求的集资对象能提供资金都愿意吸收并支付高息，或向不特定性、不可控性的集资宣传对象通过社会公开散布信息方式（媒体、推介会、传单、手机短信等途径、亲友口口相传等），都属于向社会公开募集资金。(4) 从犯罪对象的角度看，向亲友吸收资金数额能否从犯罪数额中扣除问题有争议性，存在肯定说、否定说、折中说等不同理论观点。①否定说认为，从公司化多层级人员吸收资金案件的角度看，公司化多层级人员吸收资金的低层业务人员未公开宣传，仅向特定亲友吸收资金，不应认定为非法吸收公众资金，其上级人员向社会公开宣传并吸收不特定对象资金数额应含其吸收亲友资金。因此，向亲友吸收的资金数额不应计入非法吸收的资金中。②折中说认为，向亲友吸收资金案件以非法吸收公众存款行为开始的时间为界限。a. 向亲友吸收资金行为发生在非法吸收公众存款前的行为不构成非法吸收公众资金罪，不计算数额。b. 向亲友吸收存款的行为发生在非法吸收公众资金的同时或此后的行为是否属于出罪，决定吸收亲友存款应否计入非法吸存资金。(5) 从非法占有目的认定的角度看，非法吸收公众存款罪、集资诈骗罪的客观方面有非法募集资金的性质，关键在于是否有非法占有目的的主观意图。从主客观相一致原则、非法集资的占有目的的集资理由、集资方法、履约表现、违约后态度、非法集资活动的综合表现，事前事中事后的各种主客观因素等综合因素的角度看，有非法占有目的的情形：①明知无归还能力而大量骗取资金。②集资后不用于生产经营活动或用于生产经营活动与筹集资金规模明显不成比例，致集资款不能返还。③为谋取不正当利益，擅自改变集资款用途，致集资款无法偿还。④取得集资款后，以股份制改造、兼并、破产等方式逃避偿还集资款义务。⑤以诈骗方法非法集资来的大部分集资款用于归还债务、弥补亏空。⑥为继续骗取集资款，拆东补西等。（6）从经济犯罪定罪量刑的重要标准、社会危害程度的主要根据的角度看，集资诈骗罪的数额为实际获得的集资款，不含已归还本息的数额。非法吸收公众存款犯罪数额为全部吸收存款的总和；特殊而言，不能单凭非法集资款较大数额的不能返还，或将大部分资金用于投资或生产经营活动，将少量资金用于个人消费或挥霍的结果，即推定行为人有非法占有目的。（7）未向社会公开宣传，在亲友或单位内部针对特定对象吸收资金，不属于非法吸收或变相吸收公众存款。向特定亲戚吸收资金，不认为是针对不特定公众，不构成非法吸收公众存款罪。

从最高检“办理涉民营企业案件执法司法标准”的角度看，办理涉民营企业案件，严格把握认定非法集资的非法性的关键在于准确区分经营活动中的正当融资行为与非法集资犯罪问题，坚决防止将经济纠纷当作犯罪处理，坚决防止将民责变为刑责，经审查认定案件事实不清、证据不足，经 2 次补充侦查仍证据不足，不符合起诉条件，或经 1 次退回补充侦查，仍证据不足，不符合起诉条件且无再次退回补充侦查必要的，应作出不起诉决定，坚决防止“带病起诉”。（1）民营企业在经营活动中的正当融资行为，应与非法集资犯罪严格区分。①对民营企业非法吸收公众存款，主要用于正常的生产经营活动，能及时清退所吸收资金的，可不起诉或免刑；情节显著轻微的，不作为犯罪处理。②对民营企业生产、经营、融资等经济活动，除法律、行政法规明确禁止外，不得以违法犯罪对待。（2）严格把握非法集资“非法性”的认定，应以商业银行法、非法金融机构和非法金融业务活动取缔办法等国家金融管理法律法规作为依据，同时可参考央行、中行保险监管委、中国证券监管委等行政主管部门依国家金融管理法律法规制定的部门规章或国家有关金融管理规定、办法、实施细则等规范性文件。①严格把握正当融资行为与非法吸收公众存款罪的界限，对民营企业非法吸收公众存款，主要用于正常的生产经营活动，能及时清退所吸收资金的，可不起诉或免刑；情节显著轻微的，不作为犯罪处理。②严格把握正当融资行为与集资诈骗罪的界限，对民营企业的融资行为，只有证据证明确系以非法占有为目的，才能以集资诈骗罪认定。③严格适用非法经营罪，防止刑事打击扩大化的问题，对民营企业的经营行为，法律和司法解释未作出明确禁止性规定的，不得以非法经营罪追究刑责。④严格把握认定标准，严格按刑法规定理解和适用非法经营罪的“违反国家规定”（违反全国人大及其常委会制定的法律和决定，国务院制定的行政法规、规定的行政措施、发布的决定和命令），坚决防止以未经批准登记代替“违反国家规定”的认定，避免办案时机把握不当影响民营企业生产。⑤严格按法律和司法解释，慎用非法经营罪的“其他严重扰乱市场秩序的非法经营行为”的兜底条款，对法律和司法解释未明确规定，办案中对是否认定为非法经营行为存在分歧，应作为法律适用问题向最高人民检察院请示。（3）民营企业为开展正常经营活动而给付“回扣、好处费”的行为涉嫌行贿犯罪，要区分个人犯罪和单位犯罪，要从起因目的、行贿数额、次数、时间、对象、谋利性质及用途等方面综合考虑其社会危害性。①有情节较轻、积极主动配合有关机关调查，对办理受贿案件起关键作用，因国家工作人员不作为而不得已行贿的和认罪认罚等情形，要依法从宽处理。②因被勒索给予国家工作人员以财物，未获得不正当利益，不能认定为行贿犯罪。(4) 严格把握恶意侵占国有资产犯罪的罪名适用。①对不符合贪污罪、行贿罪等犯罪构成要件，依法不能定罪处罚。②对民营企业依据法律、行政法规参与国有企业重组改制产生的民事纠纷，不应以犯罪处理。(5) 从区分涉民企案件个人犯罪和单位犯罪的角度看，民企实施犯罪行为，但刑法分则和其他法律未规定追究单位刑责，不得以单位犯罪追究民企的刑责。民营企业单位犯罪，还要严格区分企业财产和民营企业经营者个人财产的界限，不能将企业财产和个人财产相混淆，不能将对企业判处罚金和对民营企业直接负责的主管人员和其他直接责任人员判处的罚金相混淆。(6) 有证据证明公安机关可能存在违法动用刑事手段插手民事、经济纠纷，或利用立案实施报复陷害、敲诈勒索以及谋取其他非法利益等违法立案情形，应要求公安机关书面说明立案理由。检察院认为公安机关立案理由不能成立，应通知公安机关撤销案件。(7) 检察院办理涉民企案件，要做好风险防控预案，避免因办案时机或方式的把握不当，严重影响民营企业正常生产、工作秩序或引发群体性、突发性事件。(8) 要慎重发布涉及民营企业案件的新闻，对涉及案件情况的相关报道失实，应及时采取适当方式澄清事实，在法律允许的范围内合理顾及民营企业关切，最大限度地维护民营企业声誉。

国家工作人员有明知单位和个人所申请机构或业务涉嫌非法集资，仍为其办理行政许可或注册手续；明知所主管、监管的单位有涉嫌非法集资行为，未依法及时处理或移送处置非法集资职能部门；查处非法集资过程中滥用职权、玩忽职守、徇私舞弊；徇私舞弊不向司法机关移交非法集资刑事案件；其他通过职务行为或利用职务影响，支持、帮助、纵容非法集资的情形，构成犯罪，应依法追究刑责。

以非法占有为目的，使用诈骗方法实施11种非法吸收公众存款的违法犯罪行为：①利用民间会、社等组织非法吸收资金。②以投资入股的方式非法吸收资金。③以委托理财的方式非法吸收资金。④以转让林权并代为管护等方式非法吸收资金。⑤以代种植（养殖）、租种植（养殖）、联合种植（养殖）等方式非法吸收资金。⑥没有房产销售的真实内容或不以房产销售为主要目的，以返本销售、售后包租、约定回购、销售房产份额等方式非法吸收资金。⑦没有销售商品、提供服务的真实内容或不以销售商品、提供服务为主要目的，以商品回购、寄存代售等方式非法吸收资金。⑧没有发行股票、债券的真实内容，以虚假转让股权、发售虚构债券等方式非法吸收资金。⑨没有募集基金的真实内容，以假借境外基金、发售虚构基金等方式非法吸收资金。⑩没有销售保险的真实内容，以假冒保险公司、伪造保险单据等方式非法吸收资金。⑪其他非法吸收资金的行为，应以集资诈骗罪定罪处罚。

非法吸收或变相吸收公众存款的数额，以行为人所吸收的资金全额计算。案发前后已归还的数额，可作为量刑情节酌情考虑。

非法吸收或变相吸收公众存款，主要用于正常的生产经营活动，能及时清退所吸收资金的，可免刑；情节显著轻微的，不作为犯罪处理。

单位犯非法吸收公众存款罪的，对单位判处罚金，并对其直接负责的主管人员和其他直接责任人员，依非法吸收公众存款罪处罚。

九、《刑法》第 177 条【伪造、变造金融票证罪】

从选择罪名、故意犯、情节犯、数额犯的角度看，伪造、变造金融票证［①伪造信用卡（复制他人信用卡、将他人信用卡信息资料写入磁条介质、芯片或以其他方法伪造信用卡 1 张以上，或伪造空白信用卡 10 张以上）。②伪造、变造信用证或附随的单据、文件。③伪造、变造汇票、本票、支票。④伪造、变造委托收款凭证、汇款凭证、银行存单等其他银行结算凭证］的，处 5 年以下有期刑或拘役，并处或单处 2 万元以上 20 万元以下罚金；情节严重（①伪造信用卡 5 张以上不满 25 张。②伪造的信用卡内存款余额、透支额度单独或合计数额 20 万元以上不满 100 万元。③伪造空白信用卡 50 张以上不满 250 张。④其他情节严重的情形）的，处 5 年以上 10 年以下有期刑，并处 5 万元以上 50 万元以下罚金；情节特别严重［①伪造信用卡 25 张以上。②伪造空白信用卡 250 张以上。③伪造的信用卡内存款余额、透支额度（以信用卡被伪造后发卡行记录的最高存款余额、可透支额度计算）单独或合计数额 100 万元以上。④情节特别严重的情形］的，处 10 年以上有期刑或无期刑，并处 5 万元以上 50 万元以下罚金或没收财产。

复制他人信用卡、将他人信用卡信息资料写入磁条介质、芯片或以其他方法伪造信用卡 1 张以上，或伪造空白信用卡 10 张以上，应认定为“伪造信用卡”，以伪造金融票证罪定罪处罚。

窃取、收买、非法提供他人信用卡信息资料，足以伪造可进行交易的信用卡，或足以使他人以信用卡持卡人名义进行交易，涉及信用卡 1 张以上不满 5 张，以窃取、收买、非法提供信用卡信息罪定罪处罚。

伪造、变造金融票证罪的两种立案追诉标准：①伪造信用卡 1 张以上，或伪造空白信用卡 10 张以上。②伪造、变造汇票、本票、支票，或伪造、变造委托收款凭证、汇款凭证、银行存单等其他银行结算凭证，或伪造、变造信用证或附随的单据、文件，总面额 1 万元以上或数量 10 张以上。

窃取、收买、非法提供他人信用卡信息资料，足以伪造可进行交易的信用卡，或足以使他人以信用卡持卡人名义进行交易，涉及信用卡 1 张以上不满 5 张，以窃取、收买、非法提供信用卡信息罪定罪处罚；涉及信用卡 5 张以上，应认定为窃取、收买、非法提供信用卡信息罪的数量巨大。

伪造信用卡，应认定为伪造、变造金融票证罪的情节严重的四种情形：①伪造信用卡 5 张以上不满 25 张。②伪造空白信用卡 50 张以上不满 250 张。③伪造的信用卡内存款余额、透支额度单独或合计数额 20 万元以上不满 100 万元。④其他情节严重情形。

伪造信用卡，应认定为伪造、变造金融票证罪的情节特别严重的四种情形：①伪造信用卡 25 张以上。②伪造空白信用卡 250 张以上。③伪造的信用卡内存款余额、透支额度（以信用卡被伪造后发卡行记录的最高存款余额、可透支额度计算）单独或合计数额 100 万元以上。④其他情节特别严重情形。

复制他人信用卡、将他人信用卡信息资料写入磁条介质、芯片或以其他方法伪造信用卡 1 张以上，或伪造空白信用卡 10 张以上，应认定为伪造信用卡，以伪造金融票证罪定罪处罚。

单位犯伪造、变造金融票证罪的，实行双罚制，对单位判处罚金，并对其直接负责的主管人员和其他直接责任人员，以伪造、变造金融票证罪定罪处罚。

十、《刑法》第 177 条之一【妨害信用卡管理罪】

从故意犯、数额犯的角度看，犯妨害信用卡管理罪［①明知伪造的信用卡而持有、运输，或明知伪造的空白信用卡而非法持有（通过诈骗、盗窃、抢夺、抢劫等违法犯罪的手段获得他人数量较大的信用卡而持有）、运输，数量较大（明知是伪造的空白信用卡而持有、运输 10 张以上不满 100 张）。②非法持有他人信用卡，数量较大（非法持有他人信用卡 5 张以上不满 50 张）。③使用虚假的身份证明骗领信用卡。④出售、购买、为他人提供伪造的信用卡或以虚假的身份证明骗领的信用卡］的，处 3 年以下有期刑或拘役，并处或单处 1 万元以上 10 万元以下罚金；数量巨大［①明知是伪造的信用卡而持有、运输 10 张以上。②明知是伪造的空白信用卡而持有、运输 100 张以上。③非法持有他人信用卡 50 张以上。④使用虚假的身份证明（违背他人意愿，使用其居民身份证、军官证、士兵证、港澳居民往来内地通行证、台湾居民来往大陆通行证、护照等身份证明申领信用卡，或使用伪造、变造的身份证明申领信用卡）骗领信用卡 10 张以上。⑤出售、购买、为他人提供伪造的信用卡或使用虚假的身份证明骗领的信用卡（违背他人意愿，使用其居民身份证、军官证、士兵证、港澳居民往来内地通行证、台湾居民来往大陆通行证、护照等身份证明申领信用卡，或使用伪造、变造的身份证明申领信用卡）10 张以上。⑥窃取、收买、非法提供他人信用卡信息资料，足以伪造可进行交易的信用卡，或足以使他人以信用卡持卡人名义进行交易，涉及信用卡 5 张以上］或有其他严重情节的，处 3 年以上 10 年以下有期刑，并处 2 万元以上 20 万元以下罚金。

银行或其他金融机构的工作人员利用职务便利犯妨害信用卡管理罪，从重处罚。

妨害信用卡管理罪的情形：（1）妨害信用卡管理罪的五种立案追诉标准：①使用虚假的身份证明骗领信用卡。②出售、购买、为他人提供伪造的信用卡或以虚假的身份证明骗领的信用卡。③明知是伪造的信用卡而持有、运输。④非法持有他人信用卡，数量累计 5 张以上。⑤明知是伪造的空白信用卡而持有、运输，数量累计 10 张以上。（2）窃取、收买或非法提供他人信用卡信息资料，足以伪造可进行交易的信用卡，或足以使他人以信用卡持卡人名义进行交易，涉及信用卡 1 张以上，应立案追诉。（3）窃取、收买或非法提供他人信用卡信息资料，以妨害信用卡管理罪处罚。

为信用卡申请人制作、提供虚假的财产状况、收入、职务等资信证明材料，涉及伪造、变造、买卖国家机关公文、证件、印章，或涉及伪造公司、企事业单位、人民团体印章，应追究刑责，分别以伪造变造买卖国家机关公文证件印章罪、伪造公司企事业单位人民团体印章罪定罪处罚。

承担资产评估、验资、验证、会计、审计、法律服务等职责的中介组织或其人员，为信用卡申请人提供虚假的财产状况、收入、职务等资信证明材料，应追究刑责，分别以提供虚假证明文件罪、出具证明文件重大失实罪定罪处罚。

十一、《刑法》第 178 条【伪造、变造国家有价证券罪；伪造、变造股票、公司、企业债券罪】

从选择罪名、行为犯、数额犯的角度看，伪造、变造国库券或国家发行的其他有价证券，数额较大的，处 3 年以下有期刑或拘役，并处或单处 2 万元以上 20 万元以下罚金；数额巨大的，处 3 年以上 10 年以下有期刑，并处 5 万元以上 50 万元以下罚金；数额特别巨大的，处 10 年以上有期刑或无期刑，并处 5 万元以上 50 万元以下罚金或没收财产。

伪造、变造国库券或国家发行的其他有价证券，总面额 2000 元以上，或伪造、变造股票或公司、企业债券，总面额 5000 元以上，均应立案追诉。

伪造、变造股票或公司、企业债券，数额较大的，处 3 年以下有期刑或拘役，并处或单处 1 万元以上 10 万元以下罚金；数额巨大的，处 3 年以上 10 年以下有期刑，并处 2 万元以上 20 万元以下罚金。

单位犯伪造变造国家有价证券罪、伪造变造股票公司企业债券罪的，对单位判处罚金，并对其直接负责的主管人员和其他直接责任人员，依伪造、变造国家有价证券罪、伪造、变造股票、公司、企业债券罪处罚。

十二、《刑法》第 179 条【擅自发行股票、公司、企业债券罪】

从行政犯、故意犯、情节犯、数额犯的角度看，未经国家有关主管部门批准，擅自发行股票或公司、企业债券（未经国家有关主管部门批准，向社会不特定对象发行、以转让股权等方式变相发行股票或公司、企业债券，或向特定对象发行、变相发行股票或公司、企业债券累计超过 200 人），数额巨大、后果严重或有其他严重情节的，处 5 年以下有期刑或拘役，并处或单处非法募集资金金额 1%以上 5%以下的罚金。

擅自发行股票、公司、企业债券罪的情形：（1）擅自发行股票、公司、企业债券罪的四种立案追诉标准：①不能及时清偿或清退。②发行数额 50 万元以上。③虽未达到发行数额 50 万元以上数额标准，但擅自发行使 30 人以上的投资者购买了股票或公司、企业债券。④其他后果严重或有其他严重情节情形。（2）未经国家有关主管部门批准，向社会不特定对象发行、以转让股权等方式变相发行股票或公司、企业债券，或向特定对象发行、变相发行股票或公司、企业债券累计超过 200 人（擅自发行股票、公司、企业债券），构成犯罪的，以擅自发行股票、公司、企业债券罪定罪处罚。（3）单位犯擅自发行股票、公司、企业债券罪，对单位判处罚金，并对其直接负责的主管人员和其他直接责任人员，处5年以下有期刑或拘役。

违反国家规定，未经依法核准擅自发行基金份额募集基金，情节严重的，以非法经营罪定罪处罚。

广告经营者、广告发布者违反国家规定，利用广告为非法集资活动相关的商品或服务作虚假宣传，有四种违法犯罪情形（①2年内利用广告作虚假宣传，受过行政处罚2次以上。②违法所得数额10万元以上。③造成严重危害后果或恶劣社会影响。④其他情节严重情形）的，以虚假广告罪定罪处罚。

明知他人从事欺诈发行股票、债券，非法吸收公众存款，擅自发行股票、债券，集资诈骗或组织、领导传销活动等集资犯罪活动，为其提供广告等宣传的，以非法吸收公众存款罪、擅自发行股票债券罪、集资诈骗罪、组织、领导传销活动罪等相关集资犯罪的共犯论处。

十三、《刑法》第180条【内幕交易、泄露内幕信息罪；利用未公开信息交易罪】

从身份犯、故意犯、情节犯的角度看，证券、期货交易内幕信息的知情人员［（1）证券交易内幕信息的知情人（内幕人士或内幕人员）：①发行人的董事、监事、高管人员（公司的经理、副经理、财务负责人、上市公司的董事会秘书和公司章程规定的其他人）。②持有公司5%以上股份的大股东及其董事、监事、高管人员，公司的实际控制人及其董事、监事、高管人员。③发行人控股的公司及其董事、监事、高管人员。④所任公司职务可获取公司有关内幕信息的人员（公司打字员、有关研究人员和业务人员、办公室秘书等）。⑤证券监管机构工作人员及因法定职责对证券的发行、交易进行管理的其他人员。⑥保荐人、承销的证券公司、证交所、证券登记结算机构、证券服务机构的有关人员（能接触到发行人、上市公司出具审计报告、资产评估报告和法律意见书等文件的保荐人，承销的证券公司、证交所的有关人员，证券登记结算机构、证券服务机构中的有关人员）。⑦证监会规定的其他人员。（2）期货交易管理内幕信息的知情人员：①期交所的管理人员、因任职可获取内幕信息的从业人员。②国务院期货监管机构、其他有关部门的工作人员。③国务院期货监管机构规定的其他人员］，或非法获取证券、期货交易内幕信息的人员｛①利用窃取、骗取、套取、窃听、利诱、刺探或私下交易等手段获取内幕信息。②内幕信息知情人员的近亲属或其他与内幕信息知情人员关系密切的人员，在内幕信息敏感期内，从事或明示、暗示他人从事，或泄露内幕信息导致他人从事与该内幕信息有关的证券、期货交易，相关交易行为明显异常，且无正当理由或正当信息来源。③在内幕信息敏感期内，与内幕信息知情人员联络、接触，从事或明示、暗示他人从事，或泄露内幕信息导致他人从事与该内幕信息有关的证券、期货交易，相关交易行为明显异常［从相关交易行为的时间吻合度、交易背离度、利益关联度等因素认定：①开户、销户、激活资金账户或指定交易（托管）、撤销指定交易（转托管）的时间与该内幕信息的形成、变化、公开（内幕信息在国务院证券、期货监管机构指定的报刊、网站等媒体披露）时间基本一致。

②资金变化与该内幕信息的形成、变化、公开时间基本一致。③买入或卖出与内幕信息有关的证券、期货合约时间与内幕信息的形成、变化和公开时间基本一致。④买入或卖出与内幕信息有关的证券、期货合约时间与获悉内幕信息的时间基本一致。⑤买入或卖出证券、期货合约行为明显与平时交易习惯不同。⑥买入或卖出证券、期货合约行为，或集中持有证券、期货合约行为与该证券、期货公开信息反映的基本面明显背离。⑦账户交易资金进出与该内幕信息知情人员或非法获取人员有关联关系（公司控股股东、实际控制人、董事、监事、高管人员与其直接或间接控制的企业之间的关系，以及可能导致公司利益转移的其他关系。但国家控股的企业之间不仅因为同受国家控股而有关联关系）或利害关系。⑧其他交易行为明显异常的情形]，且无正当理由或正当信息来源}，在涉及证券的发行，证券、期货交易或其他对证券、期货交易价格有重大影响的信息尚未公开前，买入或卖出该证券，或从事与该内幕信息有关的期货交易，或泄露该信息，或明示、暗示他人从事上述交易活动，情节严重的，处5年以下有期刑或拘役，并处或单处违法所得（通过内幕交易行为获利或避免的损失）1倍以上5倍以下罚金；情节特别严重的，处5年以上10年以下有期刑，并处违法所得1倍以上5倍以下罚金。

内幕交易、泄露内幕信息罪、利用未公开信息交易罪的情形：（1）单位犯内幕交易、泄露内幕信息罪的，对单位判处罚金，并对其直接负责的主管人员和其他直接责任人员，处5年以下有期刑或拘役。（2）内幕交易、泄露内幕信息罪的五种立案追诉标准：①多次进行内幕交易、泄露内幕信息。②获利或避免损失数额累计15万元以上。③期货交易占用保证金数额累计30万元以上。④证券交易成交额累计50万元以上。⑤其他情节严重情形。（3）利用未公开信息交易罪的五种立案追诉标准：①多次利用内幕信息外的其他未公开信息进行交易活动。②获利或避免损失数额累计15万元以上。③期货交易占用保证金数额累计30万元以上。④证券交易成交额累计50万元以上。⑤其他情节严重情形。（4）从司法解释的角度看，不属内幕交易、泄露内幕信息罪的从事与内幕信息有关的证券、期货交易的四种情形：①交易有其他正当理由或正当信息来源。②依据已被他人披露的信息而交易。③按事先订立的书面合同、指令、计划从事相关证券、期货交易。④持有或通过协议、其他安排与他人共同持有上市公司5%以上股份的自然人、法人或其他组织收购该上市公司股份。（5）发生可能对上市公司股票交易价格产生较大影响的重大事件（①公司的经营方针和经营范围的重大变化。②公司的重大投资行为和重大的购置财产的决定。③公司订立重要合同，可能对公司的资产、负债、权益和经营成果产生重要影响。④公司发生重大债务和未能清偿到期重大债务的违约情况。⑤公司发生重大亏损或重大损失。⑥公司生产经营外部条件发生的重大变化。⑦公司的董事、1/3以上监事或经理发生变动。⑧持有公司5%以上股份的股东或实际控制人，其持有股份或控制公司的情况发生较大变化。⑨公司减资、合并、分立、解散及申请破产的决定。⑩涉及公司的重大诉讼，股东大会、董事会决议被依法撤销或宣告无效。⑪公司涉嫌犯罪被司法机关立案调查，公司董事、监事、高管人员涉嫌犯罪被司法机关采取强制措施。⑫证监会规定的其他事项)，投资者尚未得知时，上市公司应立即将有关该重大事件的情况向证监会和证交所报送临时报告，并予公告，说明事件的起因、目前的状态和可能产生的法律后果。在证券交易活动中，涉及公司的经营、财务或对该公司证券的市场价格有重大影响的尚未公开的信息，为内幕信息（①可能对上市公司股票交易价格产生较大影响的重大事件。②公司分配股利或增资的计划。③公司股权结构的重大变化。④公司债务担保的重大变更。⑤公司营业用主要资产的抵押、出售或报废1次超过该资产的30%。⑥公司的董事、监事、高管人员的行为可能依法承担重大损害赔偿责任。⑦上市公司收购的有关方案。⑧证监会认定的对证券交易价格有显著影响的其他重要信息)。(6) 可能对上市公司股票交易价格产生较大影响的重大事件的发生时间、公司分配股利或增资的计划、上市公司收购的有关方案、国务院期货监管机构及其他相关部门制定的对期货交易价格可能发生重大影响的政策、期交所作出的可能对期货交易价格发生重大影响的决定等的形成时间，应认定为内幕信息的形成时间。影响内幕信息形成的动议、筹划、决策或执行人员，其动议、筹划、决策或执行初始时间，应认定为内幕信息的形成时间。(7) 在内幕信息敏感期（内幕信息自形成至公开的期间）内从事或明示、暗示他人从事或泄露内幕信息导致他人从事与该内幕信息有关的证券、期货交易，应认定为内幕交易、泄露内幕信息罪有情节严重情节（①3次以上。②获利或避免损失数额15万元以上。③期货交易占用保证金数额30万元以上。④证券交易成交额50万元以上。⑤有其他严重情节)、情节特别严重性（①获利或避免损失数额75万元以上。②期货交易占用保证金数额150万元以上。③证券交易成交额250万元以上。④有其他特别严重情节)。(8) 内幕信息、知情人员的范围，依法律（证券法、公司法等)、行政法规规定确定。内幕信息的泄露人员或内幕交易的明示、暗示人员未实际从事内幕交易，其罚金数额按因泄露而获悉内幕信息人员或被明示、暗示人员从事内幕交易的违法所得计算。2次以上实施内幕交易或泄露内幕信息行为，未经行政处理或刑事处理，应对相关交易数额依法累计计算。(9) 在同一案件中，成交额、占用保证金额、获利或避免损失额分别构成情节严重、情节特别严重的，按处罚较重的数额定罪处罚。(10) 构成共犯的，按共犯行为人的成交总额、占用保证金总额、获利或避免损失总额定罪处罚，但判处各被告人罚金的总额应掌握在获利或避免损失总额的1倍以上5倍以下。(11) 证交所、期交所、证券公司、期货经纪公司、基金管理公司、商业银行、保险公司等金融机构的从业人员及有关监管部门或行业协会的工作人员，利用因职务便利获取内幕信息外的其他未公开信息，违反规定，从事与该信息相关的证券、期货交易活动，或明示、暗示他人从事相关交易活动，情节严重的，按内幕交易、泄露内幕信息罪处罚。

单位犯内幕交易、泄露内幕信息罪，利用未公开信息交易罪的，对单位判处罚金，并对其直接负责的主管人员和其他直接责任人员，处5年以下有期刑或拘役。内幕信息、知情人员的范围，依法律、行政法规的规定确定。

从两高《关于办理利用未公开信息交易刑事案件适用法律若干问题的解释》(2019

年）的角度看，证交所、期交所、证券公司、期货经纪公司、基金管理公司、商业银行、保险公司等金融机构的从业人员以及有关监管部门或行业协会的工作人员，利用因职务便利获取的内幕信息外的其他未公开的信息［①包括证券、期货的投资决策、交易执行信息；证券持仓数量及变化、资金数量及变化、交易动向信息；其他可能影响证券、期货交易活动的信息。②内幕信息外的其他未公开的信息难以认定，司法机关可在有关行政主（监）管部门的认定意见的基础上，根据案件事实和法律规定作出认定］，违反规定（违反法律、行政法规、部门规章、全国性行业规范有关证券、期货未公开信息保护的规定，以及行为人所在的金融机构有关信息保密、禁止交易、禁止利益输送等规定），从事与该信息相关的证券、期货交易活动，或明示、暗示他人从事相关交易活动（应综合 6 个方面进行认定：行为人具有获取未公开信息的职务便利；行为人获取未公开信息的初始时间与他人从事相关交易活动的初始时间具有关联性；行为人与他人之间具有亲友关系、利益关联、交易终端关联等关联关系；他人从事相关交易的证券、期货品种、交易时间与未公开信息所涉证券、期货品种、交易时间等方面基本一致；他人从事的相关交易活动明显不具有符合交易习惯、专业判断等正当理由；行为人对明示、暗示他人从事相关交易活动没有合理解释），情节严重（①违法所得数额在 100 万元以上；2 年内 3 次以上利用未公开信息交易；明示、暗示 3 人以上从事相关交易活动。②利用未公开信息交易，违法所得数额在 50 万元以上，或证券交易成交额在 500 万元以上，或期货交易占用保证金数额在 100 万元以上，具有以出售或变相出售未公开信息等方式，明示、暗示他人从事相关交易活动；因证券、期货犯罪行为受过刑事追究；2 年内因证券、期货违法行为受过行政处罚；造成恶劣社会影响或其他严重后果等四种情形之一），依内幕交易、泄露内幕信息罪，利用未公开信息交易罪的规定｛包括情节特别严重［①利用未公开信息交易，违法所得（a. 行为人利用未公开信息从事与该信息相关的证券、期货交易活动所获利益或避免的损失。b. 行为人明示、暗示他人利用未公开信息从事相关交易活动，被明示、暗示人员从事相关交易活动所获利益或避免的损失）数额在 1000 万元以上。②违法所得数额在 500 万元以上，或证券交易成交额在 5000 万元以上，或期货交易占用保证金数额在 1000 万元以上，具有利用未公开信息交易，违法所得数额在 50 万元以上，或证券交易成交额在 500 万元以上，或期货交易占用保证金数额在 100 万元以上，具有以出售或变相出售未公开信息等方式，明示、暗示他人从事相关交易活动；因证券、期货犯罪行为受过刑事追究；2 年内因证券、期货违法行为受过行政处罚；造成恶劣社会影响或其他严重后果等四种情形之一］的规定｝处罚。

符合两高《关于办理利用未公开信息交易刑事案件适用法律若干问题的解释》（2019 年）第 5、6 条利用未公开信息交易罪的情节严重标准（①利用未公开信息交易，具有违法所得数额在 100 万元以上；2 年内 3 次以上利用未公开信息交易；明示、暗示 3 人以上从事相关交易活动 3 种情形之一。②利用未公开信息交易，违法所得数额在 50 万元以上，或证券交易成交额在 500 万元以上，或期货交易占用保证金数额在

100万元以上，具有以出售或变相出售未公开信息等方式，明示、暗示他人从事相关交易活动；因证券、期货犯罪行为受过刑事追究；2年内因证券、期货违法行为受过行政处罚；造成恶劣社会影响或其他严重后果等四种情形之一），行为人如实供述犯罪事实，认罪悔罪，并积极配合调查，退缴违法所得，可从轻处罚；其中犯罪情节轻微，可依法不起诉或免予刑罚。符合刑诉法规定的认罪认罚从宽适用范围和条件，依刑诉法的规定处理。

行为人未实际从事与未公开信息相关的证券、期货交易活动，其罚金数额按被明示、暗示人员从事相关交易活动的违法所得计算。

两次以上利用未公开信息交易，依法应予行政处理或刑事处理而未经处理，相关交易数额或违法所得数额累计计算。

十四、《刑法》第181条【编造并传播证券、期货交易虚假信息罪；诱骗投资者买卖证券、期货合约罪】

从故意犯、结果犯的角度看，编造并传播影响证券、期货交易的虚假信息，扰乱证券、期货交易市场，造成严重后果的，处5年以下有期刑或拘役，并处或单处1万元以上10万元以下罚金。

编造并传播证券、期货交易虚假信息罪的五种立案追诉标准：①使交易价格和交易量异常波动。②造成投资者直接经济损失数额5万元以上。③获利或避免损失数额累计5万元以上。④虽未达到造成投资者直接经济损失数额5万元以上，或获利或避免损失数额累计5万元以上的数额标准，但多次编造并传播影响证券、期货交易的虚假信息。⑤其他造成严重后果情形。

诱骗投资者买卖证券、期货合约罪的四种立案追诉标准：①使交易价格和交易量异常波动。②造成投资者直接经济损失数额5万元以上。③获利或避免损失数额累计5万元以上。④其他造成严重后果的情形。

从身份犯、故意犯、结果犯、情节犯的角度看，证交所、期交所、证券公司、期货经纪公司的从业人员，证券业协会、期货业协会或证券期货监管部门的工作人员，故意提供虚假信息或伪造、变造、销毁交易记录，诱骗投资者买卖证券、期货合约，造成严重后果的，处5年以下有期刑或拘役，并处或单处1万元以上10万元以下罚金；情节特别恶劣的，处5年以上10年以下有期刑，并处2万元以上20万元以下罚金。

从单位犯、双罚制的角度看，单位犯编造并传播证券期货交易虚假信息罪、诱骗投资者买卖证券期货合约罪的，对单位判处罚金，并对其直接负责的主管人员和其他直接责任人员，处5年以下有期刑或拘役。

十五、《刑法》第182条【操纵证券、期货市场罪】

从身份犯、故意犯、情节犯、数额犯的角度看，具有单独或合谋，集中资金优势、持股或持仓优势或利用信息优势联合或连续买卖；与他人串通，以事先约定的时间、价格和方式相互进行证券、期货交易；在自己实际控制的账户（①应认定为操纵证券、期货市场罪的“自己实际控制的账户”五种类型：行为人以自己名义开户并使用的实名账户；行为人向账户转入或从账户转出资金，并承担实际损益的他人账户；行为人通过行为人以自己名义开户并使用的实名账户、行为人向账户转入或从账户转出资金并承担实际损益的他人账户外的方式管理、支配或使用的他人账户；行为人通过投资关系、协议等方式对账户内资产行使交易决策权的他人账户；其他有证据证明行为人具有交易决策权的账户。②有证据证明行为人对行为人以自己名义开户并使用的实名账户；行为人向账户转入或从账户转出资金，并承担实际损益的他人账户；行为人通过行为人以自己名义开户并使用的实名账户、行为人向账户转入或从账户转出资金并承担实际损益的他人账户外的方式管理、支配或使用的他人账户的三种账户内资产无交易决策权的除外）之间进行证券交易，或以自己为交易对象，自买自卖期货合约；不以成交为目的，频繁或大量申报买入、卖出证券、期货合约并撤销申报；利用虚假或不确定的重大信息，诱导投资者进行证券、期货交易；对证券、证券发行人、期货交易标的公开作出评价、预测或投资建议，同时进行反向证券交易或相关期货交易；以其他方法操纵证券、期货市场（利用虚假或不确定的重大信息，诱导投资者作出投资决策，影响证券、期货交易价格或证券、期货交易量，并进行相关交易或谋取相关利益；通过对证券及其发行人、上市公司、期货交易标的公开作出评价、预测或投资建议，误导投资者作出投资决策，影响证券、期货交易价格或证券、期货交易量，并进行与其评价、预测、投资建议方向相反的证券交易或相关期货交易；通过策划、实施资产收购或重组、投资新业务、股权转让、上市公司收购等虚假重大事项，误导投资者作出投资决策，影响证券交易价格或证券交易量，并进行相关交易或谋取相关利益；通过控制发行人、上市公司信息的生成或控制信息披露的内容、时点、节奏，误导投资者作出投资决策，影响证券交易价格或证券交易量，并进行相关交易或谋取相关利益；不以成交为目的，频繁申报、撤单或大额申报、撤单，误导投资者作出投资决策，影响证券、期货交易价格或证券、期货交易量，并进行与申报相反的交易或谋取相关利益；通过囤积现货，影响特定期货品种市场行情，并进行相关期货交易；以其他方法操纵证券、期货市场）七种情形之一，操纵证券、期货市场，影响证券、期货交易价格或证券、期货交易量，情节严重［（1）操纵证券、期货市场，具有七种违法犯罪情形之一：①持有或实际控制证券的流通股份数量达到该证券的实际流通股份总量10%以上，实施单独或合谋，集中资金优势、持股或持仓优势或利用信息优势联合或连续买卖，操纵证券、期货交易价格或证券、期货交易量的操纵证券市场行为，连续10个交易日（证券、期货市场开市交易的连续10个交易日，并非指行为人连续交易的10个交易日）的累计成交量达到同期该证券总成交量的20%以上。②实施与他人串通，以事先约定的时间、价格和方式相互进行证券、期货交易，影响证券、期货交易价格或证券、期货交易量；在自己实际控制的账户之间进行证券交易，或以自己为交易对象，自买自卖期货合约，影响证券、期货交易价格或证券、期货交易量的操纵证券市场行为，连续10个交易日的累计成交量达到同期该证券总成交量的20%以上。③实施利用虚假或不确定的重大信息，诱导投资者作出投资决策，影响证券、期货交易价格或证券、期货交易量，并进行相关交易或谋取相关利益；通过对证券及其发行人、上市公司、期货交易标的公开作出评价、预测或投资建议，误导投资者作出投资决策，影响证券、期货交易价格或证券、期货交易量，并进行与其评价、预测、投资建议方向相反的证券交易或相关期货交易；通过策划、实施资产收购或重组、投资新业务、股权转让、上市公司收购等虚假重大事项，误导投资者作出投资决策，影响证券交易价格或证券交易量，并进行相关交易或谋取相关利益；通过控制发行人、上市公司信息的生成或控制信息披露的内容、时点、节奏，误导投资者作出投资决策，影响证券交易价格或证券交易量，并进行相关交易或谋取相关利益的操纵证券市场行为，证券交易成交额在1000万元以上。④实施单独或合谋，集中资金优势、持股或持仓优势或利用信息优势联合或连续买卖，操纵证券、期货交易价格或证券、期货交易量；通过囤积现货，影响特定期货品种市场行情，并进行相关期货交易的操纵期货市场行为，实际控制的账户合并持仓连续10个交易日的最高值超过期货交易所限仓标准的2倍，累计成交量达到同期该期货合约总成交量20%以上，且期货交易占用保证金数额在500万元以上。⑤实施与他人串通，以事先约定的时间、价格和方式相互进行证券、期货交易，影响证券、期货交易价格或证券、期货交易量；在自己实际控制的账户之间进行证券交易，或以自己为交易对象，自买自卖期货合约，影响证券、期货交易价格或证券、期货交易量；利用虚假或不确定的重大信息，诱导投资者作出投资决策，影响证券、期货交易价格或证券、期货交易量，并进行相关交易或谋取相关利益；通过对证券及其发行人、上市公司、期货交易标的公开作出评价、预测或投资建议，误导投资者作出投资决策，影响证券、期货交易价格或证券、期货交易量，并进行与其评价、预测、投资建议方向相反的证券交易或相关期货交易的操纵期货市场行为，实际控制的账户连续10个交易日的累计成交量达到同期该期货合约总成交量20%以上，且期货交易占用保证金数额在500万元以上。⑥实施不以成交为目的，频繁申报、撤单或大额申报、撤单，误导投资者作出投资决策，影响证券、期货交易价格或证券、期货交易量，并进行与申报相反的交易或谋取相关利益的操纵证券、期货市场行为，当日累计撤回申报量达到同期该证券、期货合约总申报量50%以上，且证券撤回申报额在1000万元以上、撤回申报的期货合约占用保证金数额在500万元以上。⑦实施操纵证券、期货市场行为，违法所得（通过操纵证券、期货市场所获利益或避免的损失）数额在100万元以上。（2）操纵证券、期货市场，违法所得数额在50万元以上，具有七种情形之一：①发行人、上市公司及其董事、监事、高管人员、控股股东或实际控制人实施操纵证券、期货市场行为。②收购人、重大资产重组的交易对方及其董事、监事、高管人员、控股股东或实际控制人实施操纵证券、期货市场行为。③行为人明知操纵证券、期货市场行为被有关部门调查，仍继续实施。④因操纵证券、期货市场行为受过刑事追究。⑤2年内因操纵证券、期货市场行为受过行政处罚。⑥在市场出现重大异常波动等特定时段操纵证券、期货市场。⑦造成恶劣社会影响或其他严重后果］的，处5年以下有期刑或拘役，并处或单处罚金；情节特别严重［（1）应认定为操纵证券、期货市场罪的“情节特别严重”的七种情形：①持有或实际控制证券的流通股份数量达到该证券的实际流通股份总量10%以上，实施单独或合谋，集中资金优势、持股或持仓优势或利用信息优势联合或连续买卖，操纵证券、期货交易价格或证券、期货交易量的操纵证券市场行为，连续10个交易日的累计成交量达到同期该证券总成交量50%以上。②实施与他人串通，以事先约定的时间、价格和方式相互进行证券、期货交易，影响证券、期货交易价格或证券、期货交易量；在自己实际控制的账户之间进行证券交易，或以自己为交易对象，自买自卖期货合约，影响证券、期货交易价格或证券、期货交易量的操纵证券市场行为，连续10个交易日的累计成交量达到同期该证券总成交量的50%以上。③实施利用虚假或不确定的重大信息，诱导投资者作出投资决策，影响证券、期货交易价格或证券、期货交易量，并进行相关交易或谋取相关利益；通过对证券及其发行人、上市公司、期货交易标的公开作出评价、预测或投资建议，误导投资者作出投资决策，影响证券、期货交易价格或证券、期货交易量，并进行与其评价、预测、投资建议方向相反的证券交易或相关期货交易；通过策划、实施资产收购或重组、投资新业务、股权转让、上市公司收购等虚假重大事项，误导投资者作出投资决策，影响证券交易价格或证券交易量，并进行相关交易或谋取相关利益；通过控制发行人、上市公司信息的生成或控制信息披露的内容、时点、节奏，误导投资者作出投资决策，影响证券交易价格或证券交易量，并进行相关交易或谋取相关利益的操纵证券市场行为，证券交易成交额在5000万元以上。④实施单独或合谋，集中资金优势、持股或持仓优势或利用信息优势联合或连续买卖，操纵证券、期货交易价格或证券、期货交易量；通过囤积现货，影响特定期货品种市场行情，并进行相关期货交易的操纵期货市场行为，实际控制的账户合并持仓连续10个交易日的最高值超过期货交易所限仓标准的5倍，累计成交量达到同期该期货合约总成交量的50%以上，且期货交易占用保证金数额在2500万元以上。⑤实施与他人串通，以事先约定的时间、价格和方式相互进行证券、期货交易，影响证券、期货交易价格或证券、期货交易量；在自己实际控制的账户之间进行证券交易，或以自己为交易对象，自买自卖期货合约，影响证券、期货交易价格或证券、期货交易量；利用虚假或不确定的重大信息，诱导投资者作出投资决策，影响证券、期货交易价格或证券、期货交易量，并进行相关交易或谋取相关利益；通过对证券及其发行人、上市公司、期货交易标的公开作出评价、预测或投资建议，误导投资者作出投资决策，影响证券、期货交易价格或证券、期货交易量，并进行与其评价、预测、投资建议方向相反的证券交易或相关期货交易的操纵期货市场行为，实际控制的账户连续10个交易日的累计成交量达到同期该期货合约总成交量的50%以上，且期货交易占用保证金数额在2500万元以上。⑥实施操纵证券、期货市场行为，违法所得数额在1000万元以上。（2）实施操纵证券、期货市场行为，违法所得数额在500万元以上，并具有发行人、上市公司及其董事、监事、高管人员、控股股东或实际控制人实施操纵证券、期货市场行为；收购人、重大资产重组的交易对方及其董事、监事、高管人员、控股股东或实际控制人实施操纵证券、期货市场行为；行为人明知操纵证券、期货市场行为被有关部门调查，仍继续实施；因操纵证券、期货市场行为受过刑事追究；2年内因操纵证券、期货市场行为受过行政处罚；在市场出现重大异常波动等特定时段操纵证券、期货市场；造成恶劣社会影响或其他严重后果的7种情形之一，应认定为操纵证券、期货市场罪的“情节特别严重”］的，处5年以上10年以下有期刑，并处罚金。

单位犯操纵证券、期货市场罪的，对单位判处罚金，并对其直接负责的主管人员和其他直接责任人员，依操纵证券、期货市场罪的规定处罚。

从两高《关于办理操纵证券、期货市场刑事案件适用法律若干问题的解释》（2019年）的角度看，单位实施操纵证券、期货市场行为（单独或合谋，集中资金优势、持股或持仓优势或利用信息优势联合或连续买卖，操纵证券、期货交易价格或证券、期货交易量；与他人串通，以事先约定的时间、价格和方式相互进行证券、期货交易，影响证券、期货交易价格或证券、期货交易量；在自己实际控制的账户之间进行证券交易，或以自己为交易对象，自买自卖期货合约，影响证券、期货交易价格或证券、期货交易量；以其他方法操纵证券、期货市场）的，依《关于办理操纵证券、期货市场刑事案件适用法律若干问题的解释》（2019年）规定的定罪量刑标准，对其直接负责的主管人员和其他直接责任人员定罪处罚，并对单位判处罚金。

操纵证券、期货市场罪的情形：（1）操纵证券、期货市场罪的八种立案追诉标准：①上市公司及其董事、监事、高管人员（公司的经理、副经理、财务负责人，上市公司董事会秘书和公司章程规定的其他人员）、实际控制人（虽不是公司的股东，但通过投资关系、协议或其他安排，能实际支配公司行为的人）、控股股东（其出资额占有限责任公司资本总额50%以上或其持有的股份占股份有限公司股本总额50%以上的股东；出资额或持有股份的比例虽不足50%，但依其出资额或持有的股份所享有的表决权已足以对股东会、股东大会的决议产生重大影响的股东）或其他关联人单独或合谋，利用信息优势，操纵该公司证券交易价格或证券交易量。②证券公司、证券投资咨询机构、专业中介机构或从业人员，违背有关从业禁止规定，买卖或持有相关证券，通过对证券或其发行人、上市公司公开作出评价、预测或投资建议，在该证券的交易中谋取利益，情节严重。③在自己实际控制的账户之间进行证券交易，或以自己为交易对象，自买自卖期货合约，且在该证券或期货合约连续20个交易日内成交量累计达到该证券或期货合约同期总成交量的20%以上。④与他人串通，以事先约定的时间、价格和方式相互进行证券或期货合约交易，且在该证券或期货合约连续20个交易日内成交量累计达到该证券或期货合约同期总成交量的20%以上。⑤单独或合谋，持有或实际控制证券的流通股份数达到该证券的实际流通股份总量30%以上，且在该证券连续20个交易日内联合或连续买卖股份数累计达到该证券同期总成交量的30%以上。⑥单独或合谋，持有或实际控制期货合约的数量超过期交所业务规则限定的持仓量的50%以上，且在该期货合约连续20个交易日内联合或连续买卖期货合约数累计达到该期货合约同期总成交量的30%以上。⑦单独或合谋，当日连续申报买入或卖出同一证券、期货合约并在成交前撤回申报，撤回申报量占当日该种证券总申报量或该种期货合约总申报量的50%以上。⑧其他情节严重情形。(2) 单位犯操纵证券、期货市场罪，对单位判处罚金，并对其直接负责的主管人员和其他直接责任人员，依操纵证券、期货市场罪处罚。(3) 认定盗窃有价支付凭证、有价证券、有价票证的盗窃数额的两种方式方法：①盗窃不记名、不挂失的有价支付凭证、有价证券、有价票证，应按票面数额和盗窃时应得的孳息、奖金或奖品等可得收益一并计算盗窃数额。②盗窃记名的有价支付凭证、有价证券、有价票证，已兑现，按兑现部分的财物价值计算盗窃数额；未兑现，但失主无法通过挂失、补领、补办手续等方式避免损失，按给失主造成的实际损失计算盗窃数额。(4) 从《关于办理证券期货违法犯罪案件工作若干问题的意见》的角度看，证券监管机构依据行政机关移送涉嫌犯罪案件有关规定，在办理可能移送公安机关查处的证券期货违法案件过程中，经履行批准程序，可商请公安机关协助查询、复制被调查对象的户籍、出入境信息等资料，对有关涉案人员按相关规定采取边控、报备措施。①证券监管机构向公安机关提出请求时，应明确协助办理的具体事项，提供案件情况及相关材料。②证券监管机构办理证券期货违法案件，案情重大、复杂、疑难，可商请公安机关就案件性质、证据等问题提出参考意见；对有证据表明可能涉嫌犯罪的行为人可能逃匿或销毁证据，证券监管机构应及时通知公安机关；涉嫌犯罪的，公安机关应及时立案侦查。③证券监管机构依据行政机关移送涉嫌犯罪案件有关规定，在向公安机关移送重大、复杂、疑难的涉嫌证券期货犯罪案件前，应启动协调会商机制，就行为性质认定、案件罪名适用、案件管辖等问题进行会商。④公检法机关在办理涉嫌证券期货犯罪案件过程中，可商请证券监管机构指派专业人员配合开展工作，协助查阅、复制有关专业资料。证券监管机构可根据司法机关办案需要，依法就案件涉及的证券期货专业问题向司法机关出具认定意见。⑤司法机关对证券监管机构随案移送的物证、书证、鉴定结论、视听资料、现场笔录等证据要及时审查，作出是否立案的决定；随案移送的证据，经法定程序查证属实，可作为定案的根据。⑥证券监管机构依据行政机关移送涉嫌犯罪案件有关规定向公安机关移交证据，应制作证据移交清单，双方经办人员应签字确认，加盖公章，相关证据随证据移交清单一并移交。⑦对涉众型证券期货犯罪案件，在已收集的证据能充分证明基本犯罪事实的前提下，公安机关可在被调查对象范围内按一定比例收集和调取书证、被害人陈述、证人证言等相关证据。⑧以证交所、期交所、证券登记结算机构、期货保证金监控机构以及证券公司、期货公司留存的证券期货委托记录和交易记录、登记存管结算资料等电子数据作为证据，数据提供单位应以电子光盘或其他载体记录相关原始数据，并说明制作方法、制作时间及制作人等信息，并由复制件制作人和原始电子数据持有人签名或盖章。⑨发行人、上市公司或其他信息披露义务人在证券监管机构指定的信息披露媒体、信息披露义务人或证交所网站发布的信息披露公告，其打印件或据此制作的电子光盘，经核对无误后，说明其来源、制作人、制作时间、制作地点等，可作为刑事证据使用，但有其他证据证明打印件或光盘内容与公告信息不一致外。涉嫌证券期货犯罪的第一审案件，由中院管辖，同级检察院负责提起公诉，地（市）级以上公安机关负责立案侦查。

十六、《刑法》第183条【职务侵占罪；贪污罪】

从身份犯、故意犯、数额犯的角度看，保险公司的工作人员利用职务便利故意编造未曾发生的保险事故进行虚假理赔，骗取保险金归自己所有，以职务侵占罪、贪污罪（《刑法》第271条）定罪处罚（公司、企业或其他单位的人员，利用职务便利将本单位财物非法占为己有，数额较大的，处5年以下有期刑或拘役；数额巨大的，处5年以上有期刑，可并处没收财产）。

从身份犯、故意犯、数额犯的角度看，国有保险公司工作人员和国有保险公司委派到非国有保险公司从事公务的人员利用职务便利故意编造未曾发生的保险事故进行虚假理赔，骗取保险金归自己所有的，以贪污罪、受贿罪（《刑法》第382、383条）定罪处罚。

贪污罪、受贿罪属于领得罪、夺取罪。①携带挪用的公款潜逃，以贪污罪、受贿罪定罪处罚（《刑法》第382、383条）。②贪污、侵占用于预防、控制突发传染病疫情等灾害（突然发生，造成或可能造成社会公众健康严重损害的重大传染病疫情、群体性不明原因疾病以及其他严重影响公众健康的灾害）的款物或挪用归个人使用，构成犯罪的，分别以贪污罪、侵占罪、挪用公款罪、挪用资金罪定罪，依法从重处罚。

十七、《刑法》第184条【非国家工作人员受贿罪；受贿罪】

从行政犯、身份犯、故意犯、数额犯、情节犯的角度看，银行或其他金融机构的工作人员在金融业务活动中索取他人财物或非法收受他人财物，为他人谋取利益，或违反国家规定，收受各种名义的回扣、手续费，归个人所有，以非国家工作人员受贿罪定罪处罚。

非国家工作人员受贿罪、职务侵占罪的数额较大（6万元以上）、数额巨大（100万元以上）的数额起点，按受贿罪、贪污罪相对应的数额较大（3万元以上不满20万元）、数额巨大（20万元以上不满300万元）的数额标准规定的2倍、5倍执行。

十八、《刑法》第185条【挪用资金罪；挪用公款罪】

从身份犯、故意犯、情节犯、数额犯的角度看，商业银行、证交所、期交所、证券公司、期货经纪公司、保险公司或其他金融机构的工作人员利用职务便利挪用本单位或客户资金，以挪用资金罪、挪用公款罪（《刑法》第272条）定罪处罚。

从国有企业性质、身份犯、故意犯、数额犯、时间犯的角度看，国有商业银行、证交所、期交所、证券公司、期货经纪公司、保险公司或其他国有金融机构的工作人员和国有商业银行、证交所、期交所、证券公司、期货经纪公司、保险公司或其他国有金融机构委派到商业银行、证交所、期交所、证券公司、期货经纪公司、保险公司或其他金融机构（国有机构）从事公务的人员利用职务便利挪用本单位或客户资金，以挪用公款罪定罪处罚。

挪用公款罪是国家工作人员利用职务上的便利，挪用公款归个人使用（将公款供本人、亲友或其他自然人使用；以个人名义将公款供其他单位使用；个人决定以单位名义将公款供其他单位使用，谋取个人利益），进行非法活动（违法犯罪活动，原则上不要求挪用公款数额达到较大标准、挪用时间超过3个月未还），或挪用公款数额较大（挪用公款归个人使用，数额5000元至1万元以上，进行非法活动；挪用公款数额1万元至3万元以上，归个人进行营利活动；挪用公款归个人使用，数额1万元至3万元以上，超过3个月未还）、进行营利活动（要求数额较大，无挪用时间要求），或挪用公款数额较大、超过3个月未还（案发前未还；有数额、时间的要求）的犯罪行为。①国有金融机构工作人员和国有金融机构委派到非国有金融机构从事公务的人员，利用职务便利，挪用本单位或客户资金，以挪用公款罪追究刑责。②国有公司、企业或其他国有单位中从事公务的人员和国有公司、企业或其他国有单位委派到非国有公司、企业以及其他单位从事公务的人员，利用职务便利，挪用本单位资金归个人使用或借贷给他人，数额较大、超过3个月未还，或虽未超过3个月，但数额较大，进行营利活动，或进行非法活动，以挪用公款罪追责（《刑法》第185条第2款、第272第2款、第384条）。

从司法解释角度看，挪用公款罪的追诉时效：①挪用公款归个人使用，进行非法活动，或挪用公款数额较大、进行营利活动，犯罪的追诉期限从挪用行为实施完毕之日起算。②挪用公款数额较大、超过3个月未还，犯罪的追诉期限从挪用公款罪成立之日起算。③挪用公款行为有连续状态，犯罪的追诉期限应从最后一次挪用行为实施完毕之日或犯罪成立之日起算。

挪用公款归个人使用的情形：（1）国家工作人员利用职务便利，以个人名义将公款借给其他自然人或没有法人资格的私营独资企业、私营合伙企业等使用，属于挪用公款归个人使用。（2）国家工作人员利用职务便利为谋取个人利益，以个人名义将公款借给其他单位使用，属于挪用公款归个人使用。（3）挪用公款归个人使用（将公款供本人、亲友或其他自然人使用；以个人名义将公款供其他单位使用；个人决定以单位名义将公款供其他单位使用，谋取个人利益），既含挪用者本人使用，也含给他人使用（a. 挪用公款归个人使用，含挪用者本人使用或给他人使用。b. 挪用公款给私有公司、私有企业使用，属于挪用公款归个人使用）。①多次挪用公款不还，挪用公款数额累计计算；多次挪用公款，并以后次挪用的公款归还前次挪用的公款，挪用公款数额以案发时未还的实际数额认定。②挪用公款数额巨大不退还，是挪用公款数额巨大，因客观原因在一审宣判前不能退还。③挪用公款归个人使用，进行非法活动，或挪用公款数额较大、进行营利活动，犯罪的追诉期限从挪用行为实施完毕之日起计算。④挪用公款数额较大、超过3个月未还，犯罪的追诉期限从挪用公款罪成立之日起计算。⑤挪用公款行为有连续状态，犯罪的追诉期限应从最后一次挪用行为实施完毕之日或犯罪成立之日起算。

对挪用公款罪，应区分不同情况认定：（1）挪用公款归个人使用，数额较大、超过3个月未还，构成挪用公款罪。①挪用正在生息或需要支付利息的公款归个人使用，数额较大，超过3个月但在案发前全部归还本金的，可从轻处罚或免除处罚；给国家、集体造成的利息损失应予追缴。②挪用公款数额巨大，超过3个月，案发前全部归还的，可酌情从轻处罚。（2）挪用公款数额较大，归个人进行营利活动，构成挪用公款罪，不受挪用时间和是否归还的限制；在案发前部分或全部归还本息的，可从轻处罚；情节轻微，可免除处罚。（3）挪用公款存入银行、用于集资、购买股票、国债等，属于挪用公款进行营利活动；所获取的利息、收益等违法所得，应追缴，但不计入挪用公款的数额。（4）挪用公款归个人使用，进行赌博、走私等非法活动，构成挪用公款罪，不受数额较大和挪用时间的限制。（5）挪用公款给他人使用，不知道使用人用公款进行营利活动或用于非法活动，数额较大、超过3个月未还，构成挪用公款罪；明知使用人用于营利活动或非法活动，应认定为挪用人挪用公款进行营利活动或非法活动。

挪用公款罪的共犯、转化犯、罪数问题：①挪用公款给其他个人使用的案件，使用人与挪用人共谋，指使或参与策划取得挪用款，对使用人以挪用公款罪的共犯追究刑责。②挪用公款给他人使用，使用人与挪用人共谋，指使或参与策划取得挪用款，以挪用公款罪的共犯定罪处罚。③因挪用公款索取、收受贿赂构成犯罪，依数罪并罚规定处罚。④挪用公款进行非法活动构成他罪，依数罪并罚规定处罚。⑤携带挪用的公款潜逃，以贪污罪、受贿罪定罪处罚。

从身份犯、行为犯、数额犯、情节犯的角度看，国家工作人员利用职务便利挪用公款归个人使用，进行非法活动（挪用公款数额3万元以上，归个人使用，进行非法活动），或挪用公款数额较大（挪用公款数额5万元以上，归个人使用，进行营利活动或超过3个月未还），进行营利活动的，犯挪用公款罪，处5年以下有期刑或拘役；情节严重（①挪用公款归个人使用，进行非法活动：a. 挪用公款数额100万元以上。b. 挪用救灾、抢险、防汛、优抚、扶贫、移民、救济特定款物数额50万元以上不满100万元。c. 挪用公款数额50万元以上不满100万元，不退还。d. 其他严重的情节。②挪用公款归个人使用，进行营利活动或超过3个月未还：a. 挪用公款数额200万元以上。b. 挪用救灾、抢险、防汛、优抚、扶贫、移民、救济特定款物，数额100万元以上不满200万元。c. 挪用公款不退还，数额100万元以上不满200万元。d. 其他严重的情节。③挪用公款数额巨大，或数额虽未达到巨大，但挪用公款手段恶劣；多次挪用公款；因挪用公款严重影响生产、经营，造成严重损失等情形）的，处5年以上有期刑；挪用公款数额巨大（a. 挪用公款300万元以上，归个人使用，进行非法活动。b. 挪用公款500万元以上，归个人使用，进行营利活动或超过3个月未还）不退还的，处10年以上有期刑或无期刑；挪用用于救灾、抢险、防汛、优抚、扶贫、移民、救济款物归个人使用的，从重处罚。（1）挪用救灾、抢险、防汛、优抚、扶贫、移民、救济款物归个人使用的数额标准，参照挪用公款归个人使用进行非法活动的数额标准。（2）挪用公款归个人使用，进行非法活动，以挪用公款5000元至1万元为追究刑责的数额起点。①挪用公款5万元至10万元以上，属于挪用公款归个人使用，进行非法活动，情节严重的情形。②挪用公款归个人使用，进行非法活动，情节严重的其他情形，按挪用公款归个人使用，数额较大、进行营利活动，或数额较大、超过3个月未还的数额较大或数额较大的起点标准执行。

十九、《刑法》第185条之一【背信运用受托财产罪；违法运用资金罪】

从单位犯罪、故意犯、数额犯、情节犯的角度看，商业银行、证交所、期交所、证券公司、期货经纪公司、保险公司或其他金融机构，违背受托义务，擅自运用客户资金或其他委托、信托的财产，情节严重的，对单位判处罚金，并对其直接负责的主管人员和其他直接责任人员，处3年以下有期刑或拘役，并处3万元以上30万元以下罚金；情节特别严重的，处3年以上10年以下有期刑，并处5万元以上50万元以下罚金。

背信运用受托财产罪的三种立案追诉标准：①擅自运用客户资金或其他委托、信托的财产数额30万元以上。②虽未达到运用客户资金或其他委托、信托的财产数额30万元以上数额标准，但多次擅自运用客户资金或其他委托、信托的财产，或擅自运用多个客户资金或其他委托、信托的财产。③其他情节严重情形。

从单位犯罪、身份犯、数额犯的角度看，社会保障基金管理机构、住房公积金管理机构等公众资金管理机构，以及保险公司、保险资产管理公司、证券投资基金管理公司，违反国家规定运用资金的，对其直接负责的主管人员和其他直接责任人员，以违法运用资金罪处罚。

违法运用资金案的立案追诉标准：①违反国家规定运用资金数额30万元以上。②虽未达到运用资金数额30万元以上的数额标准，但多次违反国家规定运用资金。③其他情节严重情形。

二十、《刑法》第186条【违法发放贷款罪】

从身份犯、故意犯、数额犯的角度看，银行或其他金融机构的工作人员违反国家规定发放贷款，数额巨大或造成重大损失的，处5年以下有期刑或拘役，并处1万元以上10万元以下罚金；数额特别巨大或造成特别重大损失的，处5年以上有期刑，并处2万元以上20万元以下罚金。

违法发放贷款罪的两种立案追诉标准：①违法发放贷款，数额100万元以上。②违法发放贷款，造成直接经济损失数额20万元以上。

银行或其他金融机构的工作人员违反国家规定，向关系人（依商业银行法、有关金融法规确定关系人的范围）发放贷款的，以违法发放贷款罪从重处罚。

单位犯违法发放贷款罪的，对单位判处罚金，并对其直接负责的主管人员和其他直接责任人员，以违法发放贷款罪处罚。

二十一、《刑法》第187条【吸收客户资金不入账罪】

从身份犯、故意犯、数额犯的角度看，银行或其他金融机构的工作人员吸收客户资金不入账，数额巨大或造成重大损失的，处5年以下有期刑或拘役，并处2万元以上20万元以下罚金；数额特别巨大或造成特别重大损失的，处5年以上有期刑，并处5万元以上50万元以下罚金。

吸收客户资金不入账罪的两种立案追诉标准：①吸收客户资金不入账，数额100万元以上。②吸收客户资金不入账，造成直接经济损失数额20万元以上。

单位犯吸收客户资金不入账罪的，对单位判处罚金，并对其直接负责的主管人员和其他直接责任人员，以吸收客户资金不入账罪处罚。

二十二、《刑法》第188条【违规出具金融票证罪】

从身份犯、故意犯、情节犯的角度看，银行或其他金融机构的工作人员违反规定，为他人出具信用证或其他保函、票据、存单、资信证明，情节严重的，处5年以下有期刑或拘役；情节特别严重，处5年以上有期刑。

违规出具金融票证罪的五种立案追诉标准：①多次违规出具信用证或其他保函、票据、存单、资信证明。②接受贿赂违规出具信用证或其他保函、票据、存单、资信证明。③违反规定为他人出具信用证或其他保函、票据、存单、资信证明，造成直接经济损失数额20万元以上。④违反规定为他人出具信用证或其他保函、票据、存单、资信证明，数额100万元以上。⑤其他情节严重情形。

单位犯违规出具金融票证罪的，对单位判处罚金，并对其直接负责的主管人员和其他直接责任人员，以违规出具金融票证罪处罚。

二十三、《刑法》第189条【对违法票据承兑、付款、保证罪】

从身份犯、故意犯、结果犯的角度看，银行或其他金融机构的工作人员在票据业务中，对违反票据法规定的票据承兑、付款或保证，造成重大损失的，处5年以下有期刑或拘役；造成特别重大损失的，处5年以上有期刑。

银行或其他金融机构及其工作人员在票据业务中，对违反票据法规定的票据承兑、付款或保证，造成直接经济损失数额20万元以上，应立案追诉。

单位犯对违法票据承兑、付款、保证罪的，对单位判处罚金，并对其直接负责的主管人员和其他直接责任人员，以对违法票据承兑、付款、保证罪处罚。

二十四、《刑法》第190条【逃汇罪】

从单位犯罪、行政犯、故意犯、情节犯的角度看，国有公司、企业或其他国有单位，违反国家规定，擅自将外汇存放境外或将境内外汇非法转移到境外（犯罪行为），情节严重的，对单位判处罚金，并对其直接负责的主管人员和其他直接责任人员，处5年以下有期刑或拘役。

公司、企业或其他单位，违反国家规定，擅自将外汇存放境外，或将境内外汇非法转移到境外，单笔在200万美元以上或累计数额500万美元以上，或骗购外汇，数额50万美元以上的，均应立案追诉。

二十五、《刑法》第191条【洗钱罪】

从故意犯、行为犯、情节犯、数额犯的角度看，为掩饰、隐瞒毒品犯罪、黑社会性质的组织犯罪、恐怖活动犯罪、走私犯罪、贪污贿赂犯罪、破坏金融管理秩序犯罪、金融诈骗犯罪的所得及其产生的收益的来源和性质，具有提供资金账户；将财产转换为现金、金融票据、有价证券；通过转账或其他支付结算方式转移资金；跨境转移资产；以其他方法掩饰、隐瞒犯罪所得及其收益的来源和性质五种行为之一，没收实施以上犯罪的所得及其产生的收益；单位犯洗钱罪，对单位判处罚金，并对其直接负责的主管人员和其他直接责任人员，处 5 年以下有期刑或拘役，并处或单处罚金；情节严重的，处 5 年以上 10 年以下有期刑，并处罚金。

单位犯洗钱罪的，对单位判处罚金，并对其直接负责的主管人员和其他直接责任人员，处 5 年以下有期刑或拘役；情节严重的，处 5 年以上 10 年以下有期刑。

洗钱罪是明知是毒品犯罪、黑社会性质犯罪、恐怖活动犯罪、走私犯罪、贪污贿赂犯罪、破坏金融管理秩序犯罪、金融诈骗犯罪七种上游犯罪的所得及其收益，为掩饰、隐瞒其来源与性质，而提供资金账户，协助将财产转换为现金、金融票据、有价证券，通过转账或其他结算方式协助资金转移，协助将资金汇往境外，或以其他方式掩饰、隐瞒犯罪所得及其收益的性质和来源的行为。①从洗钱罪的上游犯罪类型的角度看，贷款诈骗为金融诈骗性质的犯罪。②一般而言，单位不能成立贷款诈骗罪的主体，单位实施贷款诈骗的行为以合同诈骗罪处罚，但单位实施贷款诈骗行为的本质仍是对银行贷款的诈骗，为其所得实施洗钱行为，成立洗钱罪。③对危害国家安全、走私、洗钱、金融诈骗、黑社会性质的组织、毒品犯罪案件的嫌犯、被告人逃匿，在通缉 1 年后不能到案，或嫌犯、被告人死亡，依刑法规定应追缴其违法所得及其他涉案财产，应写出没收违法所得意见书，移送检察院。

洗钱罪的五种立案追诉标准：①提供资金账户。②通过转账或其他结算方式协助资金转移。③协助将资金汇往境外。④协助将财产转换为现金、金融票据、有价证券。⑤以其他方法掩饰、隐瞒犯罪所得及其收益的来源和性质。

第五节　金融诈骗罪

从犯罪形态、罪责刑相适应原则的角度看，金融诈骗罪的既遂、未遂问题有争议性，存在区别说、控制说、占有说、非法占有说、非法占有目的实现说、非法取得说等理论观点。[1]

金融诈骗罪的罪名：合同诈骗罪；票据诈骗罪；贷款诈骗罪；信用卡诈骗罪；信用证诈骗罪；金融凭证诈骗罪；集资诈骗罪；有价证券诈骗罪；保险诈骗罪；招摇撞骗罪。

金融诈骗罪的最高刑：①集资诈骗罪，数额较大的，处 5 年以下有期刑或拘役，

---

〔1〕 李文燕主编：《金融诈骗犯罪研究》，中国人民公安大学出版社 2002 年版，第 51 页（区别说）；金泽刚：《犯罪既遂的理论与实践》，人民法院出版社 2001 年版，第 293 页（控制说）；陈兴良主编：《罪名指南》，中国政法大学出版社 2000 年版，第 446 页（非法占有目的实现说）；刘之雄：《犯罪既遂论》，中国人民公安大学出版社 2003 年版，第 279 页（非法取得说）。

并处2万元以上20万元以下罚金；数额巨大或有其他严重情节的，处5年以上10年以下有期刑，并处5万元以上50万元以下罚金；数额特别巨大或有其他特别严重情节的，处10年以上有期刑或无期刑，并处5万元以上50万元以下罚金或没收财产。②贷款诈骗罪，数额较大的，处5年以下有期刑或拘役，并处2万元以上20万元以下罚金；数额巨大或有其他严重情节的，处5年以上10年以下有期刑，并处5万元以上50万元以下罚金；数额特别巨大或有其他特别严重情节的，处10年以上有期刑或无期刑，并处5万元以上50万元以下罚金或没收财产。③票据诈骗罪、金融凭证诈骗罪，数额较大的，处5年以下有期刑或拘役，并处2万元以上20万元以下罚金；数额巨大或有其他严重情节的，处5年以上10年以下有期刑，并处5万元以上50万元以下罚金；数额特别巨大或有其他特别严重情节的，处10年以上有期刑或无期刑，并处5万元以上50万元以下罚金或没收财产。④信用证诈骗罪，数额巨大或有其他严重情节的，处5年以上10年以下有期刑，并处5万元以上50万元以下罚金；数额特别巨大或有其他特别严重情节的，处10年以上有期刑或无期刑，并处5万元以上50万元以下罚金或没收财产。⑤信用卡诈骗罪、盗窃罪，数额巨大或有其他严重情节的，处5年以上10年以下有期刑，并处5万元以上50万元以下罚金；数额特别巨大或有其他特别严重情节的，处10年以上有期刑或无期刑，并处5万元以上50万元以下罚金或没收财产。⑥有价证券诈骗罪，数额较大的，处5年以下有期刑或拘役，并处2万元以上20万元以下罚金；数额巨大或有其他严重情节的，处5年以上10年以下有期刑，并处5万元以上50万元以下罚金；数额特别巨大或有其他特别严重情节的，处10年以上有期刑或无期刑，并处5万元以上50万元以下罚金或没收财产。⑦保险诈骗罪，数额较大的，处5年以下有期刑或拘役，并处1万元以上10万元以下罚金；数额巨大或有其他严重情节的，处5年以上10年以下有期刑，并处2万元以上20万元以下罚金；数额特别巨大或有其他特别严重情节的，处10年以上有期刑，并处2万元以上20万元以下罚金或没收财产。⑧单位犯保险诈骗罪的，对单位判处罚金，并对其直接负责的主管人员和其他直接责任人员，处5年以下有期刑或拘役；数额巨大或有其他严重情节的，处5年以上10年以下有期刑；数额特别巨大或有其他特别严重情节的，处10年以上有期刑。⑨从金融诈骗罪的角度看，单位犯集资诈骗罪、票据诈骗罪、金融凭证诈骗罪、信用证诈骗罪的，对单位判处罚金，并对其直接负责的主管人员和其他直接责任人员，处5年以下有期刑或拘役，可并处罚金；数额巨大或有其他严重情节的，处5年以上10年以下有期刑，并处罚金；数额特别巨大或有其他特别严重情节的，处10年以上有期刑或无期刑，并处罚金。

单位犯金融诈骗罪的处罚规定：单位犯金融诈骗罪第194（票据诈骗罪、金融凭证诈骗罪）、195条（信用证诈骗罪）规定之罪，对单位判处罚金，并对其直接负责的主管人员和其他直接责任人员，处5年以下有期刑或拘役，可并处罚金；数额巨大或有其他严重情节的，处5年以上10年以下有期刑，并处罚金；数额特别巨大或有其他特别严重情节的，处10年以上有期刑或无期刑，并处罚金（《刑法》第200条）。

【**2017年·卷2·单选·14**】关于诈骗犯罪的论述，哪一选项正确（不考虑数额）？（B）A. 与银行工作人员相勾结，使用伪造的银行存单，骗取银行巨额存款，只能构成票据诈骗罪，不构成金融凭证诈骗罪。B. 单位以非法占有目的骗取银行贷款，不能以贷款诈骗罪追究单位的刑责，但可该罪追究策划人员的刑责。C. 购买意外伤害保险，制造自己意外受重伤假象，骗取保险公司巨额保险金，仅构成保险诈骗罪，不构成合同诈骗罪。D. 签订合同时并无非法占有目的，履行合同过程中才产生非法占有目的，后收受被害人贷款逃匿，不构成合同诈骗罪。

一、《刑法》第192条【集资诈骗罪】

从故意犯、目的犯、数额犯、情节犯的角度看，以非法占有为目的（有使用诈骗方法非法集资的八种情形：①携带集资款逃匿。②将集资款用于违法犯罪活动。③拒不交代资金去向，逃避返还资金。④隐匿、销毁账目，或搞假破产、假倒闭，逃避返还资金。⑤抽逃、转移资金、隐匿财产，逃避返还资金。⑥肆意挥霍集资款，使集资款不能返还。⑦集资后不用于生产经营活动或用于生产经营活动与筹集资金规模明显不成比例，使集资款不能返还。⑧其他可认定非法占有目的情形），使用诈骗方法非法集资，数额较大（①个人进行集资诈骗，数额10万元以上。②单位进行集资诈骗，数额50万元以上）的，处5年以下有期刑或拘役，并处2万元以上20万元以下罚金；数额巨大（①个人进行集资诈骗，数额30万元以上。②单位进行集资诈骗，数额150万元以上）或有其他严重情节，处5年以上10年以下有期刑，并处5万元以上50万元以下罚金；数额特别巨大（①个人进行集资诈骗，数额100万元以上。②单位进行集资诈骗，数额500万元以上），或单位犯集资诈骗罪，对单位判处罚金，并对其直接负责的主管人员和其他直接责任人员，处3年以上7年以下有期刑，并处罚金；数额巨大或有其他严重情节，处7年以上有期刑或无期刑，并处罚金或没收财产。

国家工作人员有明知单位和个人所申请机构或业务涉嫌非法集资，仍为其办理行政许可或注册手续；明知所主管、监管的单位有涉嫌非法集资行为，未依法及时处理或移送处置非法集资职能部门；查处非法集资过程中滥用职权、玩忽职守、徇私舞弊；徇私舞弊不向司法机关移交非法集资刑事案件；其他通过职务行为或利用职务影响，支持、帮助、纵容非法集资的情形，构成犯罪，应依法追究刑责。

非法集资案件的管辖问题：①跨区域非法集资刑事案件按《国务院关于进一步做好防范和处置非法集资工作的意见》（2015年）确定的工作原则办理；若合并侦查、诉讼更为适宜的，可合并办理。②办理跨区域非法集资刑事案件，若多个公安机关都有权立案侦查的，一般由主要犯罪地（非法集资活动的主要组织、策划、实施地，集资行为人的注册地、主要营业地、主要办事机构所在地，集资参与人的主要所在地等）公安机关作为案件主办地，对主要嫌犯立案侦查和移送审查起诉；由他罪地公安机关作为案件分办地根据案件具体情况，对本地区嫌犯立案侦查和移送审查起诉。③管辖不明或有争议的，按有利于查清犯罪事实、有利于诉讼的原则，由其共同的上级公安机关协调确定或指定有关公安机关作为案件主办地立案侦查。需提请批准逮捕、移送审查起诉、提起公诉的，由分别立案侦查的公安机关所在地的检察院、法院受理。④对重大、疑难、复杂的跨区域非法集资刑事案件，公安机关应在协调确定或指定案件主办地立案侦查的同时，通报同级检察院、法院，因此检察院、法院确定主要犯罪地作为案件主办地，他罪地作为案件分办地，由所在地的检察院、法院负责起诉、审判。

非法集资案件的犯罪数额的认定问题：①非法吸收或变相吸收公众存款构成犯罪，有在向亲友或单位内部人员吸收资金的过程中，明知亲友或单位内部人员向不特定对象吸收资金而予以放任；以吸收资金为目的，将社会人员吸收为单位内部人员，并向其吸收资金；向社会公开宣传，同时向不特定对象、亲友或单位内部人员吸收资金的情形，向亲友或单位内部人员吸收的资金应与向不特定对象吸收的资金一并计入犯罪数额。②非法吸收或变相吸收公众存款的数额，以行为人所吸收的资金全额计算。集资参与人收回本金或获得回报后又重复投资的数额不予扣除，但可作为量刑情节酌情考虑。

集资诈骗的数额以行为人实际骗取的数额计算，案发前已归还的数额应扣除。①行为人为实施集资诈骗活动而支付的广告费、中介费、手续费、回扣，或用于行贿、赠与等费用，不扣除。②行为人为实施集资诈骗活动而支付的利息，除本金未归还可予折抵本金外，应计入诈骗数额。

集资诈骗罪的两种立案追诉标准：①个人集资诈骗，数额10万元以上。②单位集资诈骗，数额50万元以上。

从非法吸收公众存款罪的本质（非法吸收公众存款的非法性、集资性、市场性、公开性、利诱性、迷惑性、社会性、严重性、风险性）的角度看，以非法占有为目的，使用诈骗方法实施11种非法吸收公众存款的违法犯罪行为［①利用民间会、社等组织非法吸收资金。②以投资入股的方式非法吸收资金。③以委托理财的方式非法吸收资金。④以转让林权并代为管护等方式非法吸收资金。⑤以代种植（养殖）、租种植（养殖）、联合种植（养殖）等方式非法吸收资金。⑥不具有房产销售（转移房屋的占有、使用、收益、处分的全部权利；房产销售不能等同于商品销售或提供服务；不动产使用权依法不能单独出售）的真实内容或不以房产销售为主要目的，以返本销售、售后包租、约定回购、销售房产份额等方式非法吸收资金（以房地产为名进行非吸的判断标准：涉案单位是否有权进行销售、转让等处理；支付给投资人一定回报的理由是否正当；给付的回报额度、约定的条件等是否符合一般的市场交易规则；等）。⑦没有销售商品、提供服务的真实内容或不以销售商品、提供服务为主要目的，以商品回购、寄存代售等方式非法吸收资金。⑧没有发行股票、债券的真实内容，以虚假转让股权、发售虚构债券等方式非法吸收资金。⑨没有募集基金的真实内容，以假借境外基金、发售虚构基金等方式非法吸收资金。⑩没有销售保险的真实内容，以假冒保险公司、伪造保险单据等方式非法吸收资金。⑪其他非法吸收资金的行为］的，应以集资诈骗罪定罪处罚。

集资诈骗罪中的非法占有目的，应区分情形进行具体认定。（1）行为人部分非法集资行为有非法占有目的，对该部分非法集资行为所涉集资款以集资诈骗罪定罪处罚；非法集资共犯中部分行为人有非法占有目的，其他行为人无非法占有集资款的共同故意和行为，对有非法占有目的的行为人以集资诈骗罪定罪处罚。(2) 集资诈骗罪的量刑：构成集资诈骗罪，可根据不同情形在相应的幅度内确定量刑起点：①达到数额较大起点，可在2年以下有期刑、拘役幅度内确定量刑起点。②达到数额巨大起点或有其他严重情节，可在5年至6年有期刑幅度内确定量刑起点。③达到数额特别巨大起点或有其他特别严重情节，可在10年至12年有期刑幅度内确定量刑起点，以依法应判无期刑为例外。(3) 在量刑起点的基础上，据集资诈骗数额等其他影响犯罪构成的犯罪事实增加刑罚量，确定基准刑。

非法集资手段网络化、多样化，从实体产品转向金融产品。非法集资组织化、网络化趋势日益明显，线上线下相互结合，传播速度更快、覆盖范围更广。犯罪分子假借迎合国家政策，打着金融创新、经济新业态、资本运作等幌子，从种植养殖、资源开发、房地产向投资理财、网络借贷、股权众筹、虚拟货币转变，迷惑性更强，金融互助、消费返利、养老投资等新型犯罪层出不穷，互联网+传销+非法集资模式案件多发，层级扩张快，传染性很强，金融监管、防范打击难度加大，易形成跨区域大案。

从《关于办理非法集资刑事案件若干问题的意见》（2019年）的角度看，公检法机关认定非法集资的非法性，应以国家金融管理法律法规作为依据。对国家金融管理法律法规仅作原则性规定，可根据法律规定的精神并参考中国银行、中国银监会、中国证监会等行政主管部门依国家金融管理法律法规制定的部门规章或国家有关金融管理的规定、办法、实施细则等规范性文件的规定予以认定。

非法集资单位犯罪的认定问题：①单位实施非法集资犯罪活动，全部或大部分违法所得归单位所有，应认定为单位犯罪。②个人为进行非法集资犯罪活动而设立的单位实施犯罪，或单位设立后，以实施非法集资犯罪活动为主要活动，不以单位犯罪论处，对单位中组织、策划、实施非法集资犯罪活动的人员应以自然人犯罪依法追究刑责。③判断单位是否以实施非法集资犯罪活动为主要活动，应根据单位实施非法集资的次数、频度、持续时间、资金规模、资金流向、投入人力物力情况、单位进行正当经营的状况以及犯罪活动的影响、后果等因素综合考虑认定。

非法集资涉案下属单位的处理问题：①办理非法集资刑事案件中，公检法机关应全面查清涉案单位，含上级单位（总公司、母公司）和下属单位（分公司、子公司）的主体资格、层级、关系、地位、作用、资金流向等，区分情况依法作出处理。②上级单位已被认定为单位犯罪，下属单位实施非法集资犯罪活动，且全部或大部分违法所得归下属单位所有，对该下属单位也应认定为单位犯罪。上级单位和下属单位构成共同犯罪，应根据犯罪单位的地位、作用，确定犯罪单位的刑责。③上级单位已被认定为单位犯罪，下属单位实施非法集资犯罪活动，但全部或大部分违法所得归上级单位所有，对下属单位不单独认定为单位犯罪。下属单位中涉嫌犯罪的人员，可作为上级单位的其他直接责任人员依法追究刑责。④上级单位未被认定为单位犯罪，下属单位被认定为单位犯罪，对上级单位中组织、策划、实施非法集资犯罪的人员，一般可与下属单位按自然人与单位共同犯罪处理。⑤上级单位与下属单位均未被认定为单位犯罪，一般以上级单位与下属单位中承担组织、领导、管理、协调职责的主管人员和发挥主要作用的人员作为主犯，以其他积极参加非法集资犯罪的人员作为从犯，按自然人共同犯罪处理。

非法集资犯罪涉及非法吸收公众存款罪、集资诈骗罪等罪名，关键在于犯罪客体、犯罪对象、社会危害程度、法定刑的不同。集资诈骗罪的刑罚重于非法吸收公众存款罪的刑罚。

二、《刑法》第193条【贷款诈骗罪】

从故意犯、目的犯、数额犯、情节犯的角度看，以非法占有为目的，诈骗银行或其他金融机构的贷款（①编造引进资金、项目等虚假理由。②使用虚假经济合同。③使用虚假证明文件。④使用虚假的产权证明作担保或超出抵押物价值重复担保。⑤以其他方法诈骗贷款），数额较大的，处5年以下有期刑或拘役，并处2万元以上20万元以下罚金；数额巨大或有其他严重情节的，处5年以上10年以下有期刑，并处5万元以上50万元以下罚金；数额特别巨大或有其他特别严重情节的，处10年以上有期刑或无期刑，并处5万元以上50万元以下罚金或没收财产。

贷款诈骗罪是以非法占有为目的，编造引进资金、项目等虚假理由、使用虚假的经济合同、使用虚假的证明文件、使用虚假的产权证明作担保、超出抵押物价值重复担保或以其他方法，诈骗银行或其他金融机构的贷款，数额较大的行为。以非法占有为目的，诈骗银行或其他金融机构的贷款，数额2万元以上的，应立案追诉。

对集资诈骗、贷款诈骗、制贩假币以及扰乱、操纵证券、期货市场等严重危害金融秩序的犯罪，生产、销售假药、劣药、有毒、有害食品等严重危害食品药品安全的犯罪，走私等严重侵害国家经济利益的犯罪，造成严重后果的重大安全责任事故犯罪，重大环境污染、非法采矿、盗伐林木等各种严重破坏环境资源的犯罪等，要依法从严惩处，维护国家的经济秩序，保护广大群众的生命健康安全。

从全国法院审理金融犯罪案件工作座谈会纪要的角度看，单位不能构成贷款诈骗罪的主体，但有争议性。1997年《刑法》对单位贷款诈骗行为以合同诈骗罪论处，尚未规定单位为贷款诈骗罪的主体。

对法律规定有附加财产刑的，要依法适用。对侵财型和贪利型犯罪，更要注重通过依法适用财产刑使罪犯受到经济上的惩罚，剥夺其重新犯罪的能力和条件。要切实加大财产刑的执行力度，确保刑罚的严厉性和惩罚功能得以实现。被告人非法占有、处置被害人财产不能退赃，在决定刑罚时，应作为重要情节考虑，体现从严处罚的精神。

贷款诈骗罪、金融凭证诈骗罪都是目的犯，有将贷款或用伪造、变造的金融凭证骗取的钱财占为己有或使第三者不法所有而未归还的意图或非法占有或不法所有的根本目的。

三、《刑法》第194条【票据诈骗罪；金融凭证诈骗罪】

从诈骗犯、故意犯、目的犯、数额犯、情节犯的角度看，进行金融票据诈骗活动，数额较大的，处5年以下有期刑或拘役，并处2万元以上20万元以下罚金；数额巨大或有其他严重情节的，处5年以上10年以下有期刑，并处5万元以上50万元以下罚金；数额特别巨大或有其他特别严重情节的，处10年以上有期刑或无期刑，并处5万元以上50万元以下罚金或没收财产（①明知是伪造、变造的汇票、本票、支票而使用。②明知是作废的汇票、本票、支票而使用。③冒用他人的汇票、本票、支票。④签发空头支票或与其预留印鉴不符的支票，骗取财物。⑤汇票、本票的出票人签发无资金保证的汇票、本票或在出票时作虚假记载，骗取财物）。

从刑法、票据法的角度看，票据诈骗罪是以非法占有为目的，采用虚构事实、隐瞒真相的方法，利用金融票据进行诈骗活动，数额较大的行为。（1）票据诈骗罪的两种立案标准：①个人进行金融票据｛金融票证：票据（汇票、本票、支票）、金融凭证［贷记卡、准贷记卡；银行卡（个人银行卡、对公账户、结算卡、非银行支付机构账户）、非银行卡；公司卡、个人卡；普通卡、金卡；国际卡、地区卡］｝诈骗，数额1万元以上。②单位进行金融票据诈骗，数额10万元以上。（2）以签发空头支票的方式骗取数额较大的财物，构成票据诈骗罪。（3）从比较法的角度看，票据诈骗罪和诈骗罪之间是适用特殊条款优于普通条款原则的特殊条款和普通条款的法条竞合关系。

对以窃取、收买等手段非法获取他人信用卡信息资料后在异地使用的信用卡诈骗犯罪案件，持卡人信用卡申领地的公检法机关可依法立案侦查、起诉、审判。银行进账单、支付系统专用凭证、转账贷方传票属于银行结算凭证，而支票存根联是出票人自行留存、用于核对账务的内部凭证，不属于银行结算凭证。

金融凭证诈骗罪是使用伪造、变造的委托收款凭证、汇款凭证、银行存单等其他银行结算凭证，骗取他人财物，数额较大的行为。（1）金融凭证诈骗罪的两种立案追诉标准：①个人进行金融凭证诈骗，数额1万元以上。②单位进行金融凭证诈骗，数额10万元以上。（2）使用伪造、变造的委托收款凭证、汇款凭证、银行存单等其他银行结算凭证，以金融凭证诈骗罪处罚。

从《关于依法严厉打击惩戒治理非法买卖电话卡银行卡违法犯罪活动的通告》（2020年）的角度看，手机卡包括平时所用的中国移动、联通、电信三大运营商的手机卡、虚拟运营商的电话卡和物联网卡。（1）凡是实施非法出租、出售、购买“两卡”（包括手机卡、物联网卡、个人银行卡、单位银行账户及结算卡、支付账户等）违法犯罪活动的人员，须立即停止一切违法犯罪活动。自《关于依法严厉打击惩戒治理非法买卖电话卡银行卡违法犯罪活动的通告》2020年12月16日发布之日起至2021年1月15日前，主动投案自首，如实供述、积极揭发，可依法从轻或减轻处罚。在规定期限内拒不投案自首，将依法从严惩处。（2）公检法机关将以“零容忍”的态度，依法从严打击非法买卖“两卡”违法犯罪活动，全力斩断非法买卖“两卡”的黑灰产业链。（3）电信行业监管部门和央行将依法加强行业监管，电信企业、银行业金融机构、非银行支付机构要按“谁开卡、谁负责”的原则，落实主体责任，强化风险防控。(4) 公安机关将对重点电信运营商和银行营业网点加强巡查，及时发现非法买卖“两卡”的可疑人员。涉案“两卡”较多地区公安机关将逐一上门，与涉案“两卡”开卡人见面，并签订承诺书。(5) 对经设区的市级及以上公安机关认定的非法出租、出售、购买银行账户（卡）或支付账户的单位和个人及相关组织者，银行业金融机构和非银行支付机构根据《对买卖银行卡或账户的个人实施惩戒的通知》（2019年）实施5年内暂停其银行账户（卡）非柜面业务、支付账户所有业务，不得新开户等惩戒措施。相关单位和个人对惩戒提出申诉，经公安机关确认后，银行业金融机构和非银行支付机构将及时解除相关惩戒措施，恢复业务办理。对经设区的市级及以上公安机关认定并处理的非法出租、出售、购买电话卡的失信用户，电信行业监管部门将联合公安机关，推动实施相关惩戒措施。

四、《刑法》第195条【信用证诈骗罪】

从故意犯、行为犯、情节犯、数额犯的角度看，进行信用证诈骗活动，犯信用证诈骗罪，处5年以下有期刑或拘役，并处2万元以上20万元以下罚金；数额巨大或有其他严重情节的，处5年以上10年以下有期刑，并处5万元以上50万元以下罚金；数额特别巨大或有其他特别严重情节的，处10年以上有期刑或无期刑，并处5万元以上50万元以下罚金或没收财产（①骗取信用证。②使用作废的信用证。③使用伪造、变造的信用证或附随的单据、文件。④以其他方法进行信用证诈骗活动）。

信用证诈骗罪的四种立案追诉标准：①骗取信用证。②使用作废的信用证。③使用伪造、变造的信用证或附随的单据、文件。④以其他方法进行信用证诈骗活动。

五、《刑法》第196条【信用卡诈骗罪；盗窃罪】

从合法占有转化犯、故意犯、目的犯、数额犯、情节犯的角度看，犯信用卡诈骗罪，进行信用卡（商业银行或其他金融机构发行的有消费支付、信用贷款、转账结算、存取现金等全部功能或部分功能的电子支付卡）诈骗活动｛(1) 恶意透支［持卡人以非法占有为目的（①使用透支的资金进行违法犯罪活动。②明知无还款能力而大量透支，无法归还。③肆意挥霍透支的资金，无法归还。④透支后逃匿、改变联系方式，逃避银行催收。⑤抽逃、转移资金，隐匿财产，逃避还款。⑥其他非法占有资金，拒不归还的行为)，超过规定限额或规定期限透支，并经发卡银行催收后仍不归还的行为］。(2) 冒用他人信用卡（①拾得他人信用卡并使用，含在自动柜员机上使用。②骗取他人信用卡并使用。③窃取、收买、骗取或以其他非法方式获取他人信用卡信息资料，并通过互联网、通讯终端等使用。④其他冒用他人信用卡情形）。(3) 使用作废的信用卡。(4) 使用伪造的信用卡，或使用以虚假的身份证明骗领的信用卡｝，数额较大（①使用伪造的信用卡、以虚假的身份证明骗领的信用卡、作废的信用卡或冒用他人信用卡，进行信用卡诈骗活动，数额5000元以上不满5万元。②信用卡恶意透支数额5万元以上不满50万元）的，处5年以下有期刑或拘役，并处2万元以上20万元以下罚金；数额巨大（①使用伪造的信用卡、以虚假的身份证明骗领的信用卡、作废的信用卡或冒用他人信用卡，进行信用卡诈骗活动，数额5万元以上不满50万元。②恶意透支信用卡数额50万元以上不满500万元）或有其他严重情节的，处5年以上10年以下有期刑，并处5万元以上50万元以下罚金；数额特别巨大（①使用伪造的信用卡、以虚假的身份证明骗领的信用卡、作废的信用卡或冒用他人信用卡，进行信用卡诈骗活动，数额50万元以上。②信用卡恶意透支数额500万元以上）或有其他特别严重情节的，处10年以上有期刑或无期刑，并处5万元以上50万元以下罚金或没收财产。

从转化犯的角度看，盗窃信用卡并使用的，以盗窃罪定罪处罚。

信用卡诈骗罪是以非法占有为目的，利用信用卡进行诈骗活动，数额较大的行为。从先消费后结算型的诈骗罪的角度看，信用卡诈骗案的立案追诉标准：①恶意透支信用卡数额5万元以上。②使用伪造的信用卡，或使用以虚假的身份证明骗领的信用卡，或使用作废的信用卡，或冒用他人信用卡，进行诈骗活动，数额5000元以上。

信用卡诈骗罪的情形：①透支后逃避银行催收，属于恶意透支，恶意透支信用卡数额5万元以上，构成信用卡诈骗罪。②冒用他人信用卡的间接正犯行为，或冒用他人信用卡进行诈骗活动，数额5000元以上，构成信用卡诈骗罪。③使用伪造的信用卡，或使用作废的信用卡，进行诈骗活动，数额5000元以上，构成信用卡诈骗罪。④使用伪造的信用卡，使用作废的信用卡，冒用他人信用卡，或恶意透支，数额较大，构成信用卡诈骗罪。⑤从牵连犯的角度看，以虚假身份证明骗领信用卡触犯了妨害信用卡管理罪，并使用以虚假的身份证明骗领的信用卡，数额较大，以信用卡诈骗罪择一重罪论处。⑥以非法占有为目的，采取虚构事实的手段，或以逃避电话费追收为目的，使用伪造的身份证办理手机入网手续并使用手机，造成电信资费损失数额较大，构成信用卡诈骗罪。⑦将为他人保管的信用卡用于购物，属于冒用他人信用卡的情况，构成信用卡诈骗罪。

信用卡诈骗罪的认定：（1）信用卡恶意透支是持卡人以非法占有为目的，超过规定限额或规定期限透支，并经发卡银行两次催收（有效催收的认定标准：a. 在透支超过规定限额或规定期限后进行。b. 催收应采用能确认持卡人收悉的方式，但持卡人故意逃避催收除外。c. 两次催收至少间隔30日。d. 符合催收有关规定或约定）后超过3个月仍不归还。①对是否属于有效催收，应根据发卡银行提供的电话录音、信息送达记录、信函送达回执、电子邮件送达记录、持卡人或其家属签字以及其他催收原始证据材料作出判断。②发卡银行提供的相关证据材料，应有银行工作人员签名、银行公章。③发卡银行违规以信用卡透支形式变相发放贷款，持卡人未按规定归还，不适用信用卡诈骗罪的恶意透支的规定；构成他罪的，以他罪论处。（2）从罪与非罪的角度看，信用卡恶意透支数额（含公安机关刑事立案时尚未归还的实际透支的本金数额，或在恶意透支的条件下持卡人拒不归还的数额或尚未归还的数额，不含利息、复利、滞纳金、手续费等发卡银行收取的费用，而归还或支付的数额，应认定为归还实际透支的本金）在5万元以上不满50万元，在公安机关立案前已偿还全部透支款息，情节显著轻微，可依法不追究刑责。①恶意透支应追究刑责，但在公安机关立案后法院判决宣告前已偿还全部透支款息的，可从轻处罚，情节轻微的，可免除处罚。②恶意透支数额较大，在公安机关立案前已偿还全部透支款息，情节显著轻微的，可依法不追究刑责。③恶意透支数额较大，在提起公诉前全部归还或有其他情节轻微情形的，可不起诉；在一审判决前全部归还或有其他情节轻微情形，可免刑，但曾因信用卡诈骗受过两次以上处罚除外。（3）持卡人以非法占有为目的，采用使用销售点终端机具（POS机）等方法，以虚构交易、虚开价格、现金退货等方式向信用卡持卡人直接支付现金方式恶意透支，应追究刑责，以信用卡诈骗罪定罪处罚。（4）从司法解释的角度看，单位实施信用卡恶意透支规定的行为，适用《关于办理妨害信用卡管理刑事案件具体应用法律若干问题的解释》（2018年）规定的相应自然人犯罪的定罪量刑标准。

【2017年·卷2·多选·58】关于信用卡诈骗罪，哪些选项错误？（ACD）A. 以非法占有目的，用虚假身份证明骗领信用卡后又使用该卡，应以妨害信用卡管理罪与信用卡诈骗罪并罚。B. 根据司法解释，在自动柜员机（ATM机）上擅自使用他人信用卡，属于冒用他人信用卡的行为，构成信用卡诈骗罪。C. 透支时具有归还意思，透支后经发卡银行两次催收，超过3个月仍不归还，属于恶意透支，成立信用卡诈骗罪。D. 刑法规定，盗窃信用卡并使用，以盗窃罪论处。与此相应，拾得信用卡并使用，就应以侵占罪论处。

不构成信用卡诈骗罪的情形：①违反国家规定，使用销售点终端机具（POS机）等方法，以虚构交易、虚开价格、现金退货等方式向信用卡持卡人直接支付现金，情节严重（数额100万元以上，或造成金融机构资金20万元以上逾期未还，或造成金融机构经济损失10万元以上），情节特别严重（数额500万元以上，或造成金融机构资金100万元以上逾期未还，或造成金融机构经济损失50万元以上），以非法经营罪定罪处罚。②单位实施复制他人信用卡、将他人信用卡信息资料写入磁条介质、芯片或以其他方法伪造信用卡，或违反国家规定，使用销售点终端机具（POS机）等方法，以虚构交易、虚开价格、现金退货等方式向信用卡持卡人直接支付现金的犯罪行为，情节严重的，以伪造金融票证罪或非法经营罪的定罪量刑标准执行。③以虚假的工作单位证明及收入证明骗领信用卡，不能认定为妨害信用卡管理罪。

信用卡诈骗罪的量刑：（1）构成信用卡诈骗罪，可根据不同情形在相应的幅度内确定量刑起点：①达到数额较大起点，可在2年以下有期刑、拘役幅度内确定量刑起点。②达到数额巨大起点或有其他严重情节，可在5年至6年有期刑幅度内确定量刑起点。③达到数额特别巨大起点或有其他特别严重情节，可在10年至12年有期刑幅度内确定量刑起点，以依法应判无期刑为例外。（2）在量刑起点的基础上，可根据信用卡诈骗数额等其他影响犯罪构成的犯罪事实增加刑罚量，确定基准刑。

对以窃取、收买等手段非法获取他人信用卡信息资料后在异地使用的信用卡诈骗犯罪案件，持卡人信用卡申领地的公安机关、检察院、法院可依法立案侦查、起诉、审判。

六、《刑法》第 197 条【有价证券诈骗罪】

从故意犯、数额犯、情节犯、诈骗犯的角度看，使用伪造、变造的国库券或国家发行的其他有价证券，进行诈骗活动，数额较大的，处 5 年以下有期刑或拘役，并处 2 万元以上 20 万元以下罚金；数额巨大或有其他严重情节的，处 5 年以上 10 年以下有期刑，并处 5 万元以上 50 万元以下罚金；数额特别巨大或有其他特别严重情节的，处 10 年以上有期刑或无期刑，并处 5 万元以上 50 万元以下罚金或没收财产。

使用伪造、变造的国库券或国家发行的其他有价证券进行诈骗活动，数额 1 万元以上，应立案追诉。

七、《刑法》第 198 条【保险诈骗罪】

从故意犯、情节犯、数额犯、诈骗犯的角度看，投保人、被保险人、受益人进行保险诈骗活动（①投保人故意虚构保险标的，骗取保险金。②投保人、被保险人或受益人对发生的保险事故编造虚假的原因或夸大损失的程度，骗取保险金。③投保人、被保险人或受益人编造未曾发生的保险事故，骗取保险金。④投保人、被保险人故意造成财产损失的保险事故，骗取保险金。⑤投保人、受益人故意造成被保险人死亡、伤残或疾病，骗取保险金），数额较大（①个人进行保险诈骗，数额 1 万元以上。②单位进行保险诈骗，数额 5 万元以上）的，处 5 年以下有期刑或拘役，并处 1 万元以上 10 万元以下罚金；数额巨大（①个人进行保险诈骗数额在 5 万元以上。②单位进行保险诈骗数额在 25 万元以上）或有其他严重情节的，处 5 年以上 10 年以下有期刑，并处 2 万元以上 20 万元以下罚金；数额特别巨大（①个人进行保险诈骗数额 20 万元以上。②单位进行保险诈骗数额 100 万元以上）或有其他特别严重情节的，处 10 年以上有期刑，并处 2 万元以上 20 万元以下罚金或没收财产。

投保人、受益人故意造成被保险人死亡、伤残或疾病，骗取保险金，同时构成他罪的，依数罪并罚的规定处罚。

单位犯保险诈骗罪的，对单位判处罚金，并对其直接负责的主管人员和其他直接责任人员，处 5 年以下有期刑或拘役；数额巨大或有其他严重情节的，处 5 年以上 10 年以下有期刑；数额特别巨大或有其他特别严重情节的，处 10 年以上有期刑。

保险事故的鉴定人、证明人、财产评估人故意提供虚假的证明文件，为他人诈骗提供条件（以保险诈骗构成犯罪为前提条件）的，以保险诈骗的共犯论处。

行为人不具有诈骗保险金的诈骗故意，不构成保险诈骗罪的过失情形：①因不知保险标的不合格而以合格标的保险；保险标的价值计算错误而逾额保险等过失虚构保险标的。②保险事故成因的认识错误导致错报或计算经济损失错误。③误认为发生保险事故。④投保人、被保险人的过失行为或意外行为，导致财产损失或被保险人死亡、伤残或疾病。

保险诈骗罪的情形：（1）进行保险诈骗活动，数额较大，构成保险诈骗罪（保险诈骗罪的两种立案追诉标准：①个人进行保险诈骗，数额 1 万元以上。②单位进行保险诈骗，数额 5 万元以上）。(2) 被保险人自己以骗取保险金为目的实施了自伤行为，仍可构成保险诈骗罪。(3) 从职务侵占罪转化犯的角度看，保险公司的工作人员利用职务便利，故意编造未曾发生的保险事故进行虚假理赔，骗取保险金归自己所有的犯罪行为，以保险诈骗罪定罪处罚。(4) 实施保险诈骗活动，故意以纵火、杀人、伤害、传播传染病、虐待、遗弃等行为方式制造财产损失、被保险人死亡、伤残、疾病的结果，骗取保险金，按数罪并罚处罚。(5) 受益人故意造成被保险人伤残的同时，又构成故意伤害罪，实行数罪并罚。(6) 有投保人、被保险人故意造成财产损失的保险事故骗取保险金、投保人、受益人故意造成被保险人死亡、伤残或疾病骗取保险金的行为，同时构成他罪，依数罪并罚规定处罚。(7) 投保人、被保险人或受益人进行保险欺诈活动，构成犯罪，依法追究刑责的五种行为：①投保人故意虚构保险标的，骗取保险金。②未发生保险事故而谎称发生保险事故，骗取保险金。③故意造成财产损失的保险事故，骗取保险金。④故意造成被保险人死亡、伤残或疾病等人身保险事故，骗取保险金。⑤伪造、变造与保险事故有关的证明、资料和其他证据，或指使、唆使、收买他人提供虚假证明、资料或其他证据，编造虚报的事故原因或夸大损失程度，骗取保险金。对此，情节轻微，不构成犯罪的，依国家有关规定给予行政处罚（《保险法》第 131 条）。(8) 实施"碰瓷"，虚构事实、隐瞒真相，骗取赔偿，骗取保险金，符合《刑法》第 198 条规定，以保险诈骗罪定罪处罚。

第六节　危害税收征管罪

危害税收征管罪的最高刑：①逃税罪，逃避缴纳税款数额较大并占应纳税额 10% 以上的，处 3 年以下有期刑或拘役，并处罚金；数额巨大并占应纳税额 30% 以上的，处 3 年以上 7 年以下有期刑，并处罚金。②抗税罪，情节严重的，处 3 年以上 7 年以下有期刑，并处拒缴税款 1 倍以上 5 倍以下罚金。③骗取出口退税罪，数额较大的，处 5 年以下有期刑或拘役，并处骗取税款 1 倍以上 5 倍以下罚金；数额巨大或有其他严重情节的，处 5 年以上 10 年以下有期刑，并处骗取税款 1 倍以上 5 倍以下罚金；数额特别巨大或有其他特别严重情节的，处 10 年以上有期刑或无期刑，并处骗取税款 1 倍以上 5 倍以下罚金或没收财产。④虚开增值税专用发票、用于骗取出口退税、抵扣税款发票罪，虚开的税款数额较大或有其他严重情节的，处 3 年以上 10 年以下有期刑，并处 5 万元以上 50 万元以下罚金；虚开的税款数额巨大或有其他特别严重情节的，处 10 年以上有期刑或无期刑，并处 5 万元以上 50 万元以下罚金或没收财产。⑤单位犯虚开增值税专用发票、用于骗取出口退税、抵扣税款发票罪的，对单位判处罚金，并对其直接负责的主管人员和其他直接责任人员，处 3 年以下有期刑或拘役；虚开的税款数额较大或有其他严重情节的，处 3 年以上 10 年以下有期刑；虚开的税款数额巨大或有其他特别严重情节的，处 10 年以上有期刑或无期刑。⑥单位犯虚开发票罪，情节严重的，处 2 年以下有期刑、拘役或管制，并处罚金；情节特别严重的，处 2 年以上 7 年以下有期刑，并处罚金。⑦伪造、出售伪造的增值税专用发票罪，数量较大或有其他严重情节的，处3年以上10年以下有期刑，并处5万元以上50万元以下罚金；数量巨大或有其他特别严重情节的，处10年以上有期刑或无期刑，并处5万元以上50万元以下罚金或没收财产。⑧单位犯伪造、出售伪造的增值税专用发票罪的，对单位判处罚金，并对其直接负责的主管人员和其他直接责任人员，数量较大或有其他严重情节的，处3年以上10年以下有期刑；数量巨大或有其他特别严重情节的，处10年以上有期刑或无期刑。⑨非法出售增值税专用发票罪，数量较大的，处3年以上10年以下有期刑，并处5万元以上50万元以下罚金；数量巨大的，处10年以上有期刑或无期刑，并处5万元以上50万元以下罚金或没收财产。⑩非法购买增值税专用发票、购买伪造的增值税专用发票的，处5年以下有期刑或拘役，并处或单处2万元以上20万元以下罚金。⑪非法购买增值税专用发票或购买伪造的增值税专用发票又虚开或出售，分别依虚开增值税专用发票、用于骗取出口退税、抵扣税款发票罪；虚开发票罪；伪造、出售伪造的增值税专用发票罪；非法出售增值税专用发票罪的规定定罪处罚。⑫非法制造、出售非法制造的用于骗取出口退税、抵扣税款发票罪，非法出售用于骗取出口退税、抵扣税款发票罪，数量巨大的，处3年以上7年以下有期刑，并处5万元以上50万元以下罚金；数量特别巨大的，处7年以上有期刑，并处5万元以上50万元以下罚金或没收财产。⑬非法制造、出售非法制造的发票罪，非法出售发票罪，情节严重，处2年以上7年以下有期刑，并处5万元以上50万元以下罚金。⑭从转化犯的角度看，盗窃增值税专用发票或可用于骗取出口退税、抵扣税款的其他发票，以盗窃罪定罪处罚。⑮从转化犯的角度看，使用欺骗手段骗取增值税专用发票或可用于骗取出口退税、抵扣税款的其他发票，以诈骗罪定罪处罚。⑯自然人持有伪造的发票，或单位持有伪造的发票，对单位判处罚金，并对其直接负责的主管人员和其他直接责任人员，数量较大的，处2年以下有期刑、拘役或管制，并处罚金；数量巨大的，处2年以上7年以下有期刑，并处罚金。⑰单位犯逃税罪、逃避追缴欠税罪、骗取出口退税罪、非法出售增值税专用发票罪、非法购买增值税专用发票、购买伪造的增值税专用发票罪；虚开增值税专用发票罪、出售伪造的增值税专用发票罪、非法出售增值税专用发票罪、非法制造、出售非法制造的用于骗取出口退税、抵扣税款发票罪；非法制造、出售非法制造的发票罪；非法出售用于骗取出口退税、抵扣税款发票罪；非法出售发票罪的，对单位判处罚金，并对其直接负责的主管人员和其他直接责任人员，依各该条的规定处罚。⑱从税务机关征缴优先原则的角度看，犯逃税罪、抗税罪、逃避追缴欠税罪、骗取出口退税罪、偷税罪、虚开发票罪或虚开增值税专用发票、用于骗取出口退税、抵扣税款发票罪，被判处罚金、没收财产，在执行前，应先由税务机关追缴税款和所骗取的出口退税款。

一、《刑法》第201条【逃税罪】

从故意犯、单纯行为犯、结果犯的角度看，纳税人采取欺骗、隐瞒手段进行虚假纳税申报或不申报，逃避缴纳税款数额较大并占应纳税额10%以上的，处3年以下有期刑或拘役，并处罚金；数额巨大并占应纳税额30%以上的，处3年以上7年以下有期刑，并处罚金。

逃税罪的立案追诉标准：①纳税人5年内因逃避缴纳税款受过刑罚或被税务机关给予2次以上行政处罚，又逃避缴纳税款，数额5万元以上并占各税种应纳税总额10%以上。②纳税人采取欺骗、隐瞒手段进行虚假纳税申报或不申报，逃避缴纳税款，数额5万元以上并占各税种应纳税总额10%以上，经税务机关依法下达追缴通知后，不补缴应纳税款、不缴纳滞纳金或不接受行政处罚。③扣缴义务人采取欺骗、隐瞒手段，不缴或少缴已扣、已收税款，数额5万元以上。

逃税罪的认定方式方法：①纳税人在公安机关立案后再补缴应纳税款、缴纳滞纳金或接受行政处罚，不影响刑责的追究。②对多次实施逃税犯罪行为，未经处理，按累计数额计算。③纳税人采取欺骗、隐瞒手段进行虚假纳税申报或不申报行为，经税务机关依法下达追缴通知后，补缴应纳税款，缴纳滞纳金，已受行政处罚，不追究刑责，以5年内因逃避缴纳税款受过刑罚或被税务机关给予2次以上行政处罚为例外。④扣缴义务人采取欺骗、隐瞒手段进行虚假纳税申报或不申报手段，不缴或少缴已扣、已收税款，数额较大，以逃税罪处罚。从税务机关征缴优先原则的角度看，犯逃税罪、抗税罪、逃避追缴欠税罪、骗取出口退税罪、偷税罪、虚开增值税专用发票、用于骗取出口退税、抵扣税款发票罪；虚开发票罪，被判罚金、没收财产，在执行前，应先由税务机关追缴税款和所骗取的出口退税款。⑤因偷税被税务机关给予2次行政处罚又偷税，构成偷税罪；因偷税被给予3次、4次行政处罚又偷税，构成偷税罪，属于当然解释。

二、《刑法》第202条【抗税罪】

从故意犯、单纯行为犯、情节犯、数额犯的角度看，以暴力、威胁方法拒不缴纳税款的，处3年以下有期刑或拘役，并处拒缴税款1倍以上5倍以下罚金；情节严重的，处3年以上7年以下有期刑，并处拒缴税款1倍以上5倍以下罚金。

抗税罪的四种立案追诉标准：①聚众抗拒缴纳税款。②以给税务工作人员及其亲友的生命、健康、财产等造成损害为威胁，抗拒缴纳税款。③造成税务工作人员轻微伤以上。④以其他暴力、威胁方法拒不缴纳税款。

三、《刑法》第203条【逃避追缴欠税罪】

从故意犯、数额犯的角度看，纳税人欠缴应纳税款，采取转移或隐匿财产的手段，使税务机关无法追缴欠缴的税款，数额1万元以上不满10万元的，处3年以下有期刑或拘役，并处或单处欠缴税款1倍以上5倍以下罚金；数额10万元以上的，处3年以上7年以下有期刑，并处欠缴税款1倍以上5倍以下罚金。

纳税人欠缴应纳税款，采取转移或隐匿财产的手段，使税务机关无法追缴欠缴的税款，数额1万元以上，应立案追诉。

四、《刑法》第204条【骗取出口退税罪；逃税罪】

从故意犯、数额犯、情节犯的角度看，以假报出口或其他欺骗手段，骗取国家出口退税款，数额较大的，处5年以下有期刑或拘役，并处骗取税款1倍以上5倍以下罚金；数额巨大或有其他严重情节的，处5年以上10年以下有期刑，并处骗取税款1倍以上5倍以下罚金；数额特别巨大或有其他特别严重情节的，处10年以上有期刑或无期刑，并处骗取税款1倍以上5倍以下罚金或没收财产。

以假报出口或其他欺骗手段，骗取国家出口退税款，数额5万元以上，应立案追诉。

从想象竞合犯数罪并罚特例的角度看，骗取出口退税，构成骗取出口退税罪；同时将已交纳的税款骗回，骗回的部分，构成逃税罪，并与骗取出口退税罪数罪并罚。

逃税罪是纳税人、扣缴义务人故意违反税收法规、采取伪造、变造、隐匿、擅自销毁账簿、记账凭证、在账簿上多列支出或不列、少列收入、经税务机关通知申报而拒不申报或进行虚假的纳税申报的手段，不缴或少缴应缴纳税款，情节严重的行为。纳税人缴纳税款后，采取以假报出口或其他欺骗手段方法，骗取所缴纳的税款，依逃税罪定罪处罚；骗取税款超过所缴纳的税款部分，以骗取出口退税罪处罚。

五、《刑法》第205条【虚开增值税专用发票、用于骗取出口退税、抵扣税款发票罪】

从故意犯、行为犯、情节犯、数额犯的角度看，虚开增值税专用发票［基本联次（记账联或销货方发票联、抵扣联或购货方用来扣税、发票联或购货方用来记账）、基本联次附加其他联次；仅限于增值税一般纳税人领购使用或虚开用于骗取出口退税、抵扣税款的其他发票（属于为他人虚开、为自己虚开、让他人为自己虚开、介绍他人虚开行为之一）］的，处3年以下有期刑或拘役，并处2万元以上20万元以下罚金；虚开的税款数额较大或有其他严重情节的，处3年以上10年以下有期刑，并处5万元以上50万元以下罚金；虚开税款数额巨大或有其他特别严重情节的，处10年以上有期刑或无期刑，并处5万元以上50万元以下罚金或没收财产。

虚开增值税专用发票、用于骗取出口退税、抵扣税款发票罪的情形：①虚开增值税专用发票或虚开用于骗取出口退税、抵扣税款的其他发票，虚开的税款数额1万元以上或使国家税款被骗数额5000元以上的，应立案追诉。②单位犯虚开增值税专用发票、用于骗取出口退税、抵扣税款发票罪，对单位判处罚金，并对其直接负责的主管人员和其他直接责任人员，处3年以下有期刑或拘役；虚开的税款数额较大或有其他严重情节的，处3年以上10年以下有期刑；虚开的税款数额巨大或有其他特别严重情节的，处10年以上有期刑或无期刑。③实施骗取出口退税犯罪，同时构成虚开增值税专用发票罪等他罪的，依刑法处罚较重的规定定罪处罚。

增值税发票开具的基本要求：①自2017年7月1日起，购买方为企业（公司、非公司制企业法人、企业分支机构、个人独资企业、合伙企业和其他企业），索取增值税普通发票时，应向销售方提供纳税人识别号或统一社会信用代码；销售方为其开具增值税普通发票时，应在“购买方纳税人识别号”栏填写购买方的纳税人识别号或统一社会信用代码，否则不符合规定的发票，不得作为税收凭证。②销售方开具增值税发票时，发票内容应按实际销售情况如实开具，不得根据购买方要求填开与实际交易不符的内容。销售方开具发票时，通过销售平台系统与增值税发票税控系统后台对接，导入相关信息开票，系统导入的开票数据内容应与实际交易相符，如不相符应及时修改完善销售平台系统。

六、《刑法》第205条之一【虚开发票罪】

从故意犯、数额犯、情节犯的角度看，犯虚开发票罪，虚开增值税专用发票、用于骗取出口退税、抵扣税款发票外的其他发票（普通发票分为存根联、发票联、记账联），情节严重的，处2年以下有期刑、拘役或管制，并处罚金；情节特别严重的，处2年以上7年以下有期刑，并处罚金。

虚开发票罪的情形：（1）虚开《刑法》第205条虚开增值税专用发票、用于骗取出口退税、抵扣税款发票罪规定外的其他发票，涉嫌虚开发票100份以上或虚开金额累计在40万元以上；虽未达到上述数额标准，但5年内因虚开发票行为受过行政处罚2次以上，又虚开发票；其他情节严重的情形三种情形之一的，应立案追诉。（2）单位犯虚开发票罪，对单位判处罚金，并对其直接负责的主管人员和其他直接责任人员，以虚开发票罪处罚。

七、《刑法》第206条【伪造、出售伪造的增值税专用发票罪】

从故意犯、行为犯、数额犯、情节犯的角度看，伪造或出售伪造的增值税专用发票的，处3年以下有期刑、拘役或管制，并处2万元以上20万元以下罚金；数量较大或有其他严重情节的，处3年以上10年以下有期刑，并处5万元以上50万元以下罚金；数量巨大或有其他特别严重情节的，处10年以上有期刑或无期刑，并处5万元以上50万元以下罚金或没收财产。

伪造或出售伪造的增值税专用发票25份以上或票面额累计10万元以上的，应立案追诉。

单位犯伪造、出售伪造的增值税专用发票罪的，对单位判处罚金，并对其直接负责的主管人员和其他直接责任人员，处3年以下有期刑、拘役或管制；数量较大或有其他严重情节的，处3年以上10年以下有期刑；数量巨大或有其他特别严重情节的，处10年以上有期刑或无期刑。

八、《刑法》第207条【非法出售增值税专用发票罪】

从故意犯、行为犯、数额犯的角度看，非法出售增值税专用发票的，处3年以下有期刑、拘役或管制，并处2万元以上20万元以下罚金；数量较大的，处3年以上10年以下有期刑，并处5万元以上50万元以下罚金；数量巨大的，处10年以上有期刑或无期刑，并处5万元以上50万元以下罚金或没收财产。

非法出售增值税专用发票25份以上或票面额累计10万元以上的，应立案追诉。

以发票为犯罪对象的罪名：徇私舞弊发售发票、抵扣税款、出口退税罪；持有伪造的发票罪；非法出售发票罪；虚开发票罪；虚开增值税专用发票、用于骗取出口退税、抵扣税款发票罪；伪造、出售伪造的增值税专用发票罪；非法出售增值税专用发票罪；非法购买增值税专用发票、购买伪造的增值税专用发票罪；虚开增值税专用发票罪；出售伪造的增值税专用发票罪；非法制造、出售非法制造的用于骗取出口退税、抵扣税款发票罪；非法制造、出售非法制造的发票罪；非法出售用于骗取出口退税、抵扣税款发票罪等。

与走私罪犯通谋，为其提供贷款、资金、账号、发票、证明，或为其提供运输、保管、邮寄或其他方便的，以走私罪的共犯论处。

九、《刑法》第208条【非法购买增值税专用发票、购买伪造的增值税专用发票罪；虚开增值税专用发票罪；出售伪造的增值税专用发票罪；非法出售增值税专用发票罪】

从选择罪名、故意犯、行为犯的角度看，非法购买增值税专用发票或购买伪造的增值税专用发票的，处5年以下有期刑或拘役，并处或单处2万元以上20万元以下罚金。

非法购买增值税专用发票或购买伪造的增值税专用发票25份以上或票面额累计10万元以上（非法购买增值税专用发票、购买伪造的增值税专用发票）的，应立案追诉。

行为人非法购买增值税专用发票或购买伪造的增值税专用发票又虚开或出售的，分别以虚开增值税专用发票、用于骗取出口退税、抵扣税款发票罪、虚开发票罪、伪造出售伪造的增值税专用发票罪、非法出售增值税专用发票罪定罪处罚。

十、《刑法》第209条【非法制造、出售非法制造的用于骗取出口退税、抵扣税款发票罪；非法制造、出售非法制造的发票罪；非法出售用于骗取出口退税、抵扣税款发票罪；非法出售发票罪】

从选择罪名、故意犯、行为犯、数额犯的角度看，伪造、擅自制造或出售伪造、擅自制造的可用于骗取出口退税、抵扣税款的其他发票，或非法出售可用于骗取出口退税、抵扣税款的其他发票的，处3年以下有期刑、拘役或管制，并处2万元以上20万元以下罚金；数量巨大的，处3年以上7年以下有期刑，并处5万元以上50万元以下罚金；数量特别巨大的，处7年以上有期刑，并处5万元以上50万元以下罚金或没收财产。

伪造、擅自制造或出售伪造、擅自制造的可用于骗取出口退税、抵扣税款的非增值税专用发票50份以上或票面额累计20万元以上（非法制造、出售非法制造的用于骗取出口退税、抵扣税款发票罪），或伪造、擅自制造或出售伪造、擅自制造的没有骗取出口退税、抵扣税款功能的普通发票100份以上或票面额累计40万元以上（非法制造、出售非法制造的发票罪），或非法出售可用于骗取出口退税、抵扣税款的非增值税专用发票50份以上或票面额累计20万元以上（非法出售用于骗取出口退税、抵扣税款发票罪），或非法出售普通发票100份以上或票面额累计40万元以上（非法出售发票罪）的，均应立案追诉。

伪造、擅自制造或出售伪造、擅自制造的用于骗取出口退税、抵扣税款发票外的其他发票，或非法出售可用于骗取出口退税、抵扣税款的其他发票外的其他发票的，处2年以下有期刑、拘役或管制，并处或单处1万元以上5万元以下罚金；情节严重的，处2年以上7年以下有期刑，并处5万元以上50万元以下罚金。

十一、《刑法》第210条【盗窃罪；诈骗罪】

从特别法优于普通法、故意犯、转化犯的角度看，盗窃增值税专用发票或可用于骗取出口退税、抵扣税款的其他发票，以盗窃罪、诈骗罪（《刑法》第264条）定罪处罚。

【2015年·卷2·多选·171】下列哪些行为触犯诈骗罪（不考虑数额）？（ABD）A. 甲对李某家的保姆说："李某现在使用的手提电脑是我的，你还给我吧。"保姆信以为真，将电脑交给甲。B. 甲对持有外币的乙说："你手上拿的是假币，得扔掉，否则要坐牢。"乙将外币扔掉，甲乘机将外币捡走。C. 甲为灾民募捐，一般人捐款几百元。富商经过募捐地点时，甲称："不少人都捐一二万元，您多捐点吧。"富商信以为真，捐款2万元。D. 乙窃取摩托车，准备骑走。甲觉其可疑，装成摩托车主人的样子说："你想把我的车骑走啊？"乙弃车逃走，甲将摩托车据为己有。

十二、《刑法》第210条之一【持有伪造的发票罪】

从故意犯、持有犯、数额犯的角度看，明知是伪造的发票（在购销商品、提供或接受服务以及从事其他经营活动中，开具、收取的收付款凭证）而持有，或单位犯持有伪造的发票罪，对单位判处罚金，并对其直接负责的主管人员和其他直接责任人员，数量较大（明知是伪造的发票而持有伪造的增值税专用发票50份以上或票面额累计20万元以上）的，处2年以下有期刑、拘役或管制，并处罚金；数量巨大（①持有伪造的可用于骗取出口退税、抵扣税款的其他发票100份以上或票面额累计40万元以上。②持有伪造的增值税专用发票、可用于骗取出口退税、抵扣税款的其他发票外的其他发票200份以上或票面额累计80万元以上）的，处2年以上7年以下有期刑，并处罚金。

使用欺骗手段骗取增值税专用发票或可用于骗取出口退税、抵扣税款的其他发票，以持有伪造的发票罪定罪处罚。

持有伪造的发票罪的三种立案追诉标准：①明知是伪造的发票而持有伪造的增值税专用发票50份以上或票面额累计20万元以上，应立案追诉。②持有伪造的可用于骗取出口退税、抵扣税款的其他发票100份以上或票面额累计40万元以上，应立案追诉。③持有伪造的增值税专用发票、可用于骗取出口退税、抵扣税款的其他发票外的其他发票200份以上或票面额累计80万元以上的，应立案追诉。

从发票管理办法及其实施细则的角度看，增值税专用发票由国家税务总局确定的企业印制；其他发票，按国家税务总局，由省级税务机关确定的企业印制。（1）使用发票的单位和个人有权申请税务机关对发票的真伪进行鉴别。①收到申请的税务机关应受理并负责鉴别发票的真伪；鉴别有困难，可提请发票监制税务机关协助鉴别。②在伪造、变造现场、买卖地、存放地查获的发票，由当地税务机关鉴别。（2）禁止私自印制、伪造、变造发票，禁止非法制造发票防伪专用品，禁止非法代开发票。（3）任何单位和个人应按发票管理规定使用发票，不得转借、转让、介绍他人转让发票、发票监制章和发票防伪专用品；知道或应知道是私自印制、伪造、变造、非法取得或废止的发票而受让、开具、存放、携带、邮寄、运输；拆本使用发票；扩大发票使用范围；以其他凭证代替发票使用；为他人、为自己开具与实际经营业务情况不符的发票；让他人为自己开具与实际经营业务情况不符的发票；介绍他人开具与实际经营业务情况不符的发票。（4）对违反发票管理法规的行为，任何单位和个人均可举报；税务机关应为检举人保密，并酌情给予奖励。

第七节　侵犯知识产权罪

【单位犯侵犯知识产权罪的处罚原则】单位犯假冒注册商标罪、销售假冒注册商标的商品罪、非法制造、销售非法制造的注册商标标识罪、假冒专利罪、侵犯著作权罪、销售侵权复制品罪、侵犯商业秘密罪的，对单位判处罚金，并对其直接负责的主管人员和其他直接责任人员，依侵犯知识产权罪各该条规定处罚。

从《行政执法机关移送涉嫌犯罪案件的规定》（2020 年）的角度，知识产权领域的违法案件，行政执法机关根据调查收集的证据和查明的案件事实，认为存在犯罪的合理嫌疑，需公安机关采取措施进一步获取证据以判断是否达到刑事案件立案追诉标准，应向公安机关移送。

从《民法典》的角度看，民事主体依法享有知识产权（权利人依法就作品，发明、实用新型、外观设计，商标，地理标志，商业秘密，集成电路布图设计，植物新品种，法律规定的其他客体享有的专有的民商事权利）。

【认定为侵犯著作权犯罪案件“以营利为目的”的五种情形】销售侵犯著作权作品外；以会员制方式通过信息网络传播他人作品，收取会员注册费或其他费用；以在他人作品中刊登收费广告、捆绑第三方作品等方式直接或间接收取费用；通过信息网络传播他人作品，或利用他人上传的侵权作品，在网站或网页上提供刊登收费广告服务，直接或间接收取费用；其他利用他人作品牟利的情形。

【侵犯著作权犯罪案件“未经著作权人许可”的认定问题】未经著作权人许可，一般应依据著作权人或其授权的代理人、著作权集体管理组织、国家著作权行政管理部门指定的著作权认证机构出具的涉案作品版权认证文书，或证明出版者、复制发行者伪造、涂改授权许可文件或超出授权许可范围的证据，结合其他证据综合认定。涉案作品种类众多且权利人分散的案件中，上述证据确实难以一一取得，但有证据证明涉案复制品系非法出版、复制发行，且出版者、复制发行者不能提供获得著作权人许可的相关证明材料，可认定为“未经著作权人许可”，但有证据证明权利人放弃权利、涉案作品的著作权不受中国著作权法保护，或著作权保护期限已届满的除外。

【多次实施侵犯知识产权行为累计计算数额问题】①多次实施侵犯知识产权行为，未经行政处理或刑罚，非法经营数额、违法所得数额或销售金额累计计算。②2年内多次实施侵犯知识产权违法行为，未经行政处理，累计数额构成犯罪，应依法定罪处罚。③实施侵犯知识产权犯罪行为的追诉期限，适用刑法有关规定，不受2年的限制。

【为他人实施侵犯知识产权犯罪提供原材料、机械设备等行为的定性问题】明知他人实施侵犯知识产权犯罪，而为其提供生产、制造侵权产品的主要原材料、辅助材料、半成品、包装材料、机械设备、标签标识、生产技术、配方等帮助，或提供互联网接入、服务器托管、网络存储空间、通讯传输通道、代收费、费用结算等服务，以侵犯知识产权犯罪的共犯论处。

【侵犯知识产权犯罪竞合的处理问题】行为人实施侵犯知识产权犯罪，同时构成生产、销售伪劣商品犯罪的，依侵犯知识产权犯罪、生产销售伪劣商品犯罪中处罚较重规定定罪处罚。

从《关于办理侵犯知识产权刑事案件适用法律若干问题的意见》（2011年）的角度看，侵犯知识产权犯罪案件由侵犯知识产权犯罪案件的犯罪地（侵权产品制造地、储存地、运输地、销售地，传播侵权作品、销售侵权产品的网站服务器所在地、网络接入地、网站建立者或管理者所在地，侵权作品上传者所在地，权利人受到实际侵害的犯罪结果发生地）公安机关立案侦查；必要时，可由嫌犯居住地公安机关立案侦查。对有多个侵犯知识产权犯罪地，由最初受理的公安机关或主要犯罪地公安机关管辖。（1）多个侵犯知识产权犯罪地的公安机关对管辖有争议，由共同的上级公安机关指定管辖，需提请批捕、移送审查起诉、提起公诉，由该公安机关所在地的同级检察院、法院受理。（2）对不同嫌犯、犯罪团伙跨地区实施的涉及同一批侵权产品的制造、储存、运输、销售等侵犯知识产权犯罪行为，符合并案处理要求，有关公安机关可一并立案侦查，需提请批捕、移送审查起诉、提起公诉，由该公安机关所在地的同级检察院、法院受理。①办理侵犯知识产权刑事案件中行政执法部门收集、调取证据的效力问题：A. 行政执法部门依法收集、调取、制作的物证、书证、视听资料、检验报告、鉴定结论、勘验笔录、现场笔录，经公安机关、检察院审查，法院庭审质证确认，可作为刑事证据使用。B. 行政执法部门制作的证人证言、当事人陈述等调查笔录，公安机关认为有必要作为刑事证据使用，应依法重新收集、制作。②办理侵犯知识产权刑事案件的抽样取证问题和委托鉴定问题：A. 公安机关在办理侵犯知识产权刑事案件时，可根据工作需要抽样取证，或商请同级行政执法部门、有关检验机构协助抽样取证。B. 法律法规对抽样机构或抽样方法有规定的，应委托规定的机构并按规定方法抽取样品。公检法机关在办理侵犯知识产权刑事案件时，对需鉴定的事项，应委托国家认可的有鉴定资质的鉴定机构进行鉴定。C. 公检法机关应对鉴定结论审查，听取权利人、嫌犯、被告人对鉴定结论的意见，可要求鉴定机构作出相应说明。③侵犯知识产权犯罪自诉案件的证据收集问题：法院依法受理侵犯知识产权刑事自诉案件，对当事人因客观原因不能取得的证据，提起自诉时能提供有关线索，申请法院调取的，法院应依法调取。

侵犯知识产权罪的最高刑：①假冒注册商标罪，情节严重的，处3年以下有期刑或拘役，并处或单处罚金；情节特别严重的，处3年以上7年以下有期刑，并处罚金。②销售假冒注册商标的商品罪，销售金额数额较大的，处3年以下有期刑或拘役，并处或单处罚金；销售金额数额巨大的，处3年以上7年以下有期刑，并处罚金。③非法制造、销售非法制造的注册商标标识罪，情节严重的，处3年以下有期刑、拘役或管制，并处或单处罚金；情节特别严重的，处3年以上7年以下有期刑，并处罚金。④假冒专利罪，情节严重的，处3年以下有期刑或拘役，并处或单处罚金。⑤侵犯著作权罪，违法所得数额较大或有其他严重情节的，处3年以下有期刑或拘役，并处或单处罚金；违法所得数额巨大或有其他特别严重情节的，处3年以上7年以下有期刑，并处罚金。⑥销售侵权复制品罪，违法所得数额巨大的，处3年以下有期刑或拘役，并处或单处罚金。⑦侵犯商业秘密罪，给商业秘密的权利人造成重大损失（给商业秘密的权利人造成损失数额或因侵犯商业秘密违法所得数额在30万元以上；直接导致商业秘密的权利人因重大经营困难而破产、倒闭；造成商业秘密的权利人其他重大损失）的，处3年以下有期刑或拘役，并处或单处罚金；造成特别严重后果（给商业秘密的权利人造成损失数额或因侵犯商业秘密违法所得数额在250万元以上）的，处3年以上7年以下有期刑，并处罚金。

从知识产权案件诉讼程序的角度看，当事人对发明专利、实用新型专利、植物新品种、集成电路布图设计、技术秘密、计算机软件等专业技术性较强的知识产权民事案件第一审判决、裁定不服，提起上诉的，由最高人民法院审理。①当事人对专利、植物新品种、集成电路布图设计、技术秘密、计算机软件等专业技术性较强的知识产权行政案件第一审判决、裁定不服，提起上诉的，由最高人民法院审理。②对已发生法律效力的专利、植物新品种、集成电路布图设计、技术秘密、计算机软件等案件第一审判决、裁定、调解书，依法申请再审、抗诉等，适用审判监督程序，由最高人民法院审理；最高人民法院可依法指令下级人民法院再审。

一、《刑法》第213条【假冒注册商标罪】

从故意犯、行为犯、情节犯、数额犯、两高《关于办理侵犯知识产权刑事案件具体应用法律若干问题的解释（三）》的角度看，未经注册商标所有人许可，在同一种商品［认定“同一种商品”，应在权利人注册商标核定使用的商品和行为人实际生产销售的商品之间进行比较：①名称（市场监管总局商标局在《商标注册用商品和服务国际分类》的商标注册工作中对商品使用的商品名称）相同的商品。②名称不同但指同一事物的商品（在功能、用途、主要原料、消费对象、销售渠道等方面相同或基本相同，相关公众一般认为是同一种事物的商品）］、服务上使用与其注册商标相同的商标（六种情形：改变注册商标的字体、字母大小写或文字横竖排列，与注册商标之间基本无差别；改变注册商标的文字、字母、数字等之间的间距，与注册商标之间基本无差别；改变注册商标颜色，不影响体现注册商标显著特征；在注册商标上仅增加商品通用名称、型号等缺乏显著特征要素，不影响体现注册商标显著特征；与立体注册商标的三维标志及平面要素基本无差别；其他与注册商标基本无差别、足以对公众产生误导的商标），情节严重，处3年以下有期刑，并处或单处罚金；情节特别严重，处3年以上10年以下有期刑，并处罚金。

假冒注册商标罪的三种立案追诉标准：①非法经营数额5万元以上或违法所得数额3万元以上。②假冒2种以上注册商标，非法经营数额3万元以上或违法所得数额2万元以上。③其他情节严重情形。

未经卷烟、雪茄烟等烟草专卖品注册商标所有人许可，在卷烟、雪茄烟等烟草专卖品上使用与其注册商标相同的商标，情节严重的，以假冒注册商标罪定罪处罚。

二、《刑法》第214条【销售假冒注册商标的商品罪】

从故意犯、数额犯的角度看，销售（直接购买、预售、分期付款等）明知（故意或合谋、蓄谋）是假冒注册商标的商品，违法所得数额较大或有其他严重情节的，处3年以下有期刑，并处或单处罚金；违法所得数额巨大或有其他特别严重情节的，处3年以上10年以下有期刑，并处罚金。

销售假冒注册商标的商品罪的三种立案追诉标准：①销售假冒注册商标的商品金额5万元以上。②销售金额不满5万元，但已销售金额与尚未销售的货值金额合计在15万元以上。③尚未销售，货值金额15万元以上。

尚未附着或尚未全部附着假冒注册商标标识的侵权产品价值是否计入非法经营数额的问题：在计算制造、储存、运输和未销售的假冒注册商标侵权产品价值时，对已制作完成但尚未附着（含加贴）或尚未全部附着（含加贴）假冒注册商标标识的产品，若有确实、充分证据证明该产品将假冒他人注册商标，其价值应计入非法经营数额。未销售的假冒注册商标的商品的价值，按标价或已查清的侵权产品的实际销售平均价格计算，未标价或无法查清其实际销售价格，按被侵权产品的市场中间价格计算。

销售假冒注册商标的商品犯罪案件中尚未销售或部分销售情形的定罪量刑问题：销售明知是假冒注册商标的商品，有假冒注册商标的商品尚未销售，货值金额15万元以上，或假冒注册商标的商品部分销售，已销售金额不满5万元，但与尚未销售的假冒注册商标的商品的货值金额合计在15万元以上情形，以销售假冒注册商标的商品罪（未遂）定罪处罚。

假冒注册商标的商品尚未销售（库存的假冒注册商标的商品；为销售而前期购买的已支付货款的商品），货值金额分别达到15万元以上不满25万元、25万元以上的，分别依销售假冒注册商标的商品罪规定的各法定刑幅度定罪处罚。销售（在销售过程中，买方已下单的商品、签收后被退回的商品等）金额和未销售（库存的假冒注册商标的商品；为销售而前期购买的已支付货款的商品等）货值金额分别达到不同的法定刑幅度或均达到同一法定刑幅度的，在处罚较重的法定刑或同一法定刑幅度内酌情从重处罚。

销售明知是假冒他人注册商标的卷烟、雪茄烟等烟草专卖品，销售金额较大的，以销售假冒注册商标的商品罪定罪处罚。

从司法实践、刷单行为、第三方支付、物流交易信息的角度看，电商的经营人在网络上销售假冒注册商标的商品达到数额较大的法定数额，构成销售假冒注册商标的商品罪。

依法负有电商监管职责的部门的工作人员，玩忽职守、滥用职权、徇私舞弊，或泄露、出售或非法向他人提供在履行职责中所知悉的个人信息、隐私和商业秘密，依法追究法律责任。

三、《刑法》第 215 条【非法制造、销售非法制造的注册商标标识罪】

从选择罪名、故意犯、情节犯、数额犯的角度看，伪造、擅自制造他人注册商标标识或销售伪造、擅自制造的注册商标标识，情节严重的，处 3 年以下有期刑，并处或单处罚金；情节特别严重的，处 3 年以上 10 年以下有期刑，并处罚金。

非法制造、销售非法制造的注册商标标识罪的三种立案追诉标准：①伪造、擅自制造或销售伪造、擅自制造 2 种以上注册商标标识数量 1 万件以上，或非法经营数额 3 万元以上，或违法所得数额 2 万元以上。②伪造、擅自制造或销售伪造、擅自制造的注册商标标识数量 2 万件以上，或非法经营数额 5 万元以上，或违法所得数额 3 万元以上。③其他情节严重情形。

伪造、擅自制造他人卷烟、雪茄烟注册商标标识或销售伪造、擅自制造的卷烟、雪茄烟注册商标标识，情节严重的，以非法制造、销售非法制造的注册商标标识罪定罪处罚。

从销售他人非法制造的注册商标标识犯罪案件中尚未销售或部分销售情形的定罪问题的角度看，销售他人伪造、擅自制造的注册商标标识，有四种情形（尚未销售他人伪造、擅自制造的注册商标标识数量 6 万件以上；尚未销售他人伪造、擅自制造的 2 种以上注册商标标识数量 3 万件以上；部分销售他人伪造、擅自制造的注册商标标识，已销售标识数量不满 2 万件，但与尚未销售标识数量合计在 6 万件以上；部分销售他人伪造、擅自制造的 2 种以上注册商标标识，已销售标识数量不满 1 万件，但与尚未销售标识数量合计在 3 万件以上）的，以销售非法制造的注册商标标识罪（未遂）定罪处罚。

四、《刑法》第 216 条【假冒专利罪】

从专利法、故意犯、情节犯、目的犯的角度看，假冒他人专利［以获取非法利益为目的，违反专利法，未经专利权人许可，在其制造或销售的产品、产品的包装上非法使用、标注专利权人享有专利权保护期限内的专利（发明专利、实用新型专利、外观设计专利）号；未经专利权人许可，在广告或其他宣传材料中使用他人的专利号，使人将所涉及的技术误认为是他人的专利技术；未经专利权人许可，在合同中使用他人的专利号，使人将合同涉及的技术误认为是他人的专利技术；伪造或变造他人的专利证书、专利文件或专利申请文件］，情节严重（多次假冒他人专利；假冒专利权人专利手段恶劣；假冒专利权人专利，非法获利数额较大或非法经营数额巨大；假冒专利权人专利，造成专利权人利益或国家利益的重大损害、恶劣影响等）的，处3年以下有期刑或拘役，并处或单处罚金。

假冒专利罪的四种立案追诉标准：①假冒2项以上他人专利，非法经营数额10万元以上或违法所得数额5万元以上。②非法经营数额20万元以上或违法所得数额10万元以上。③给专利权人造成直接经济损失（假冒专利权人专利，导致专利权人直接的财产损毁、减少的实际价值）在50万元以上。④其他情节严重情形。

行为人假冒他人专利的同时又生产、销售他人专利的伪劣商品，应依吸收犯原则以假冒专利罪从重处罚。

从数罪并罚的角度看，假冒他人专利的同时又假冒他人注册商标，或假冒他人专利、注册商标的同时又生产或销售伪劣商品，均应以假冒专利罪、假冒他人注册商标罪数罪并罚。

从专利法的角度看，假冒专利，除依法承担民责外，由管理专利工作的部门责令改正并予公告，没收违法所得，可并处违法所得4倍以下罚款；没有违法所得，可处20万元以下罚款；构成犯罪，依法追究刑责。（1）任何单位或个人将在中国完成的发明或实用新型向外国申请专利，应事先报经国务院专利行政部门进行保密审查，按国务院规定的保密审查的程序、期限等执行，否则向外国申请专利的发明或实用新型，在中国申请专利，不授予专利权；向外国申请专利，泄露国家秘密，由所在单位或上级主管机关给予行政处分；构成犯罪的，依法追究刑责。（2）不视为侵犯专利权的五种情形：①专为科研和实验而使用有关专利。②专利产品或依专利方法直接获得的产品，由专利权人或经其许可的单位、个人售出后，使用、许诺销售、销售、进口该产品。③在专利申请日前已制造相同产品、使用相同方法或已做好制造、使用的必要准备，并仅在原有范围内继续制造、使用。④临时通过中国领陆、领水、领空外国运输工具，依其所属国同中国签订的协议或共同参加的国际条约，或依互惠原则，为运输工具自身需要而在其装置和设备中使用有关专利。⑤为提供行政审批所需要的信息，制造、使用、进口专利药品或专利医疗器械，以及专门为其制造、进口专利药品或专利医疗器械。（3）为生产经营目的使用、许诺销售或销售不知道是未经专利权人许可而制造并售出的专利侵权产品，能证明该产品合法来源，不承担赔偿责任。

五、《刑法》第217条【侵犯著作权罪】

从故意犯、目的犯、数额犯、情节犯的角度看，以营利为目的（销售侵犯著作权作品外；以会员制方式通过信息网络传播他人作品，收取会员注册费或其他费用；以在他人作品中刊登收费广告、捆绑第三方作品等方式直接或间接收取费用；通过信息网络传播他人作品，或利用他人上传的侵权作品，在网站或网页上提供刊登收费广告服务，直接或间接收取费用；其他利用他人作品牟利），具有未经著作权人许可，复制发行、通过信息网络向公众传播其文字作品、音乐、美术、视听作品、计算机软件及法律、行政法规规定的其他作品；出版他人享有专有出版权的图书；未经录音录像制作者许可，复制发行、通过信息网络向公众传播其制作的录音录像；未经表演者许可，复制发行录有其表演的录音录像制品，或通过信息网络向公众传播其表演；制作、出售假冒他人署名的美术作品；未经著作权人或与著作权有关的权利人许可，故意避开或破坏权利人为其作品、录音录像制品等采取的保护著作权或与著作权有关的权利的技术措施六种侵犯著作权或与著作权有关的权利的情形之一，违法所得数额较大（①个人违法所得数额5万元以上。②单位违法所得数额20万元以上）或有其他严重情节（①因侵犯著作权曾2次以上被追究行政责任或民事责任，2年内又实施侵犯著作权行为。②个人非法经营数额20万元以上，单位非法经营数额100万元以上。③造成其他严重后果）或有其他严重情节的，处3年以下有期刑，并处或单处罚金；违法所得数额巨大（个人违法所得数额20万元以上，单位违法所得数额100万元以上）或有其他特别严重情节（个人非法经营数额100万元以上，单位非法经营数额500万元以上；造成其他特别严重后果），处3年以上10年以下有期刑，并处罚金｛①出版他人享有专有出版权的图书。②制作、出售假冒他人署名的美术作品。③未经著作权人许可，复制发行［行为人以营利为目的，未经著作权人许可（a. 一般应依据著作权人或其授权的代理人、著作权集体管理组织、国家著作权行政管理部门指定的著作权认证机构出具的涉案作品版权认证文书，或证明出版者、复制发行者伪造、涂改授权许可文件或超出授权许可范围的证据，结合其他证据综合认定。b. 在涉案作品种类众多且权利人分散的案件中，上述证据确实难以一一取得，但有证据证明涉案复制品系非法出版、复制发行，且出版者、复制发行者不能提供获得著作权人许可的相关证明材料，以有证据证明权利人放弃权利、涉案作品的著作权不受中国著作权法保护，或著作权保护期限已届满的除外）而实施的复制、发行（a. 总发行、批发、零售、通过信息网络传播及出租、展销等活动。b. 侵权产品的持有人通过广告、征订等方式推销侵权产品）或既复制又发行其文字作品、音乐、电影、电视、录像作品、计算机软件及其他作品的行为］其文字作品、音乐、电影、电视、录像作品、计算机软件及其他作品。④未经录音录像制作者许可，复制发行其制作的录音录像｝。

从著作权法的角度看，著作权人（作者；其他依《著作权法》享有著作权的自然人、法人或非法人组织）依法享有著作权（包括署名权、保护作品完整权、信息网络传播权、发表权、发行权、出租权、翻译权、修改权、改编权、汇编权、复制权、展览权、表演权、放映权、广播权、摄制权、应由著作权人享有的其他权利17种基本人身权和财产权）。(1) 著作权人可许可他人行使复制权、发行权、出租权、展览权、表演权、放映权、广播权、信息网络传播权、摄制权、改编权、翻译权、汇编权、应由著作权人享有的其他权利，并依约定或《著作权法》有关规定获得报酬。(2) 著作权人可全部或部分转让复制权、发行权、出租权、展览权、表演权、放映权、广播权、信息网络传播权、摄制权、改编权、翻译权、汇编权、应由著作权人享有的其他权利，并依约定或《著作权法》有关规定获得报酬。

从两高《关于办理侵犯知识产权刑事案件具体应用法律若干问题的解释（三）》

的角度看，《刑法》第217条侵犯著作权罪的作品、录音制品上以通常方式署名的自然人、法人或非法人组织，应推定为著作权人或录音制作者，且该作品、录音制品上存在着相应权利，但有相反证明的除外。在涉案作品、录音制品种类众多且权利人分散的案件中，有证据证明涉案复制品系非法出版、复制发行，且出版者、复制发行者不能提供获得著作权人、录音制作者许可的相关证据材料，可认定为《刑法》第217条侵犯著作权罪的"未经著作权人许可""未经录音制作者许可"，但有证据证明权利人放弃权利、涉案作品的著作权或录音制品的有关权利不受中国著作权法保护、权利保护期限已届满的除外。

从《关于办理侵犯知识产权刑事案件适用法律若干问题的意见》（2011年）的角度看，从通过信息网络传播侵权作品行为的定罪处罚标准问题的角度看，侵犯著作权罪属于情节犯、数额犯。（1）侵犯著作权罪的其他严重情节：以营利为目的，未经著作权人许可，通过信息网络向公众传播他人文字作品、音乐、电影、电视、美术、摄影、录像作品、录音录像制品、计算机软件及其他作品，有六种情形：①非法经营数额5万元以上。②传播他人作品的数量合计在500件（部）以上。③传播他人作品的实际被点击数达到5万次以上。④以会员制方式传播他人作品，注册会员达到1000人以上。⑤数额或数量虽未达到非法经营数额5万元以上、传播他人作品的数量合计在500件（部）以上、传播他人作品的实际被点击数达到5万次以上，或以会员制方式传播他人作品，注册会员达到1000人以上标准，但分别达到其中2项以上标准1半以上。⑥其他严重情节情形。（2）侵犯著作权罪的其他特别严重情节：以营利为目的，未经著作权人许可，通过信息网络向公众传播他人文字作品、音乐、电影、电视、美术、摄影、录像作品、录音录像制品、计算机软件及其他作品，数额或数量达到非法经营数额5万元以上、传播他人作品的数量合计在500件（部）以上、传播他人作品的实际被点击数达到5万次以上，或以会员制方式传播他人作品，注册会员达到1000人以上，或数额或数量虽未达到非法经营数额5万元以上、传播他人作品的数量合计在500件（部）以上、传播他人作品的实际被点击数达到5万次以上，或以会员制方式传播他人作品，注册会员达到1000人以上标准，但分别达到其中2项以上标准1半以上标准5倍以上。

从司法解释的角度看，实施侵犯著作权行为，又销售该侵权复制品，违法所得数额巨大的，只定侵犯著作权罪，不实行数罪并罚。①实施侵犯著作权的犯罪行为，又明知是他人的侵权复制品而销售，构成犯罪的，应实行数罪并罚。②非法出版、复制、发行他人作品，侵犯著作权构成犯罪，按侵犯著作权罪定罪处罚，不认定为非法经营罪等他罪。

六、《刑法》第218条【销售侵权复制品罪】

从故意犯、目的犯、数额犯的角度看，以营利为目的，销售明知是侵犯著作权罪（以营利为目的，未经著作权人许可，复制发行其文字作品、音乐、电影、电视、录像作品、计算机软件及其他作品；出版他人享有专有出版权的图书；未经录音录像制作者许可，复制发行其制作的录音录像；制作、出售假冒他人署名的美术作品，违法所得数额较大或有其他严重情节的，处3年以下有期刑或拘役，并处或单处罚金；违法所得数额巨大或有其他特别严重情节的，处3年以上7年以下有期刑，并处罚金）规定的侵权复制品，违法所得数额巨大或有其他严重情节的，处5年以下有期刑，并处或单处罚金。

以营利为目的，实施销售侵权复制品的行为，个人违法所得数额10万元以上，单位违法所得数额50万元以上的，以销售侵权复制品罪定罪处罚。

七、《刑法》第219条【侵犯商业秘密罪】

侵犯商业秘密罪，给商业秘密的权利人造成重大损失（给商业秘密的权利人造成损失数额或因侵犯商业秘密违法所得数额在30万元以上；直接导致商业秘密的权利人因重大经营困难而破产、倒闭；造成商业秘密的权利人其他重大损失）的，处3年以下有期刑或拘役，并处或单处罚金；造成特别严重后果（给商业秘密的权利人造成损失数额或因侵犯商业秘密违法所得数额在250万元以上）的，处3年以上7年以下有期刑，并处罚金。

从故意犯、结果犯的角度看，具有以盗窃（采取非法复制、未经授权或超越授权使用计算机信息系统等方式窃取商业秘密）、贿赂、欺诈、胁迫、电子侵入或其他不正当手段（以贿赂、欺诈、电子侵入等方式获取权利人的商业秘密）获取权利人（商业秘密的所有人和经商业秘密所有人许可的商业秘密使用人）的商业秘密（不为公众所知悉，能为权利人带来经济利益，有实用性并经权利人采取保密措施的技术信息和经营信息）；披露、使用或允许他人使用以盗窃、贿赂、欺诈、胁迫、电子侵入或其他不正当手段获取的权利人（商业秘密的所有人和经商业秘密所有人许可的商业秘密使用人）的商业秘密；违反保密义务或违反权利人有关保守商业秘密的要求，披露、使用或允许他人使用其所掌握的商业秘密三种侵犯商业秘密行为之一，情节严重的，处三年以下有期刑，并处或单处罚金；情节特别严重的，处3年以上10年以下有期刑，并处罚金。

明知具有以盗窃、贿赂、欺诈、胁迫、电子侵入或其他不正当手段获取权利人的商业秘密；披露、使用或允许他人使用以盗窃、贿赂、欺诈、胁迫、电子侵入或其他不正当手段获取的权利人的商业秘密；违反保密义务或违反权利人有关保守商业秘密的要求，披露、使用或允许他人使用其所掌握的商业秘密三种侵犯商业秘密行为，获取、披露、使用或允许他人使用该商业秘密，以侵犯商业秘密论。

为境外的机构、组织、人员窃取、刺探、收买、非法提供商业秘密，处5年以下有期刑，并处或单处罚金；情节严重，处5年以上有期刑，并处罚金。

盗窃技术成果（利用科学技术知识、信息和经验作出的涉及产品、工艺、材料及其改进等的技术方案，包括专利、专利申请、技术秘密、计算机软件、集成电路布图设计、植物新品种等）等商业秘密，以侵犯商业秘密罪定罪处罚。侵犯商业秘密行为（①以盗窃、利诱、胁迫或其他不正当手段获取权利人的商业秘密。②披露、使用或允许他人使用盗窃、利诱、胁迫或其他不正当手段获取的权利人的商业秘密。③违反约定或违反权利人有关保守商业秘密的要求，披露、使用或允许他人使用其所掌握的商业秘密。④明知或应知侵犯商业秘密行为，获取、使用或披露他人的商业秘密），构成犯罪的，以侵犯商业秘密论处。

从最高检、公安部《关于修改侵犯商业秘密刑事案件立案追诉标准的决定》（2020年）的角度看，侵犯商业秘密的4种立案追诉标准：①给商业秘密权利人造成损失数额在30万元以上。②因侵犯商业秘密违法所得数额在30万元以上。③直接导致商业秘密的权利人因重大经营困难而破产、倒闭。④其他给商业秘密权利人造成重大损失的情形。

侵犯商业秘密罪的四种立案追诉标准规定的造成损失数额或违法所得数额的认定方式方法：①以不正当手段获取权利人的商业秘密，尚未披露、使用或允许他人使用，损失数额可根据该项商业秘密的合理许可使用费确定。②以不正当手段获取权利人的商业秘密后，披露、使用或允许他人使用，损失数额可根据权利人因被侵权造成销售利润的损失确定，但该损失数额低于商业秘密合理许可使用费的，根据合理许可使用费确定。③违反约定、权利人有关保守商业秘密的要求，披露、使用或允许他人使用其所掌握的商业秘密，损失数额可根据权利人因被侵权造成销售利润的损失确定。④明知商业秘密是不正当手段获取或是违反约定、权利人有关保守商业秘密的要求披露、使用、允许使用，仍获取、使用或披露，损失数额可根据权利人因被侵权造成销售利润的损失确定。⑤因侵犯商业秘密行为导致商业秘密已为公众所知悉或灭失，损失数额可根据该项商业秘密的商业价值确定。商业秘密的商业价值，可根据该项商业秘密的研究开发成本、实施该项商业秘密的收益综合确定。⑥因披露或允许他人使用商业秘密而获得的财物或其他财产性利益，应认定为违法所得。

以不正当手段获取权利人的商业秘密后，披露、使用或允许他人使用，损失数额可根据权利人因被侵权造成销售利润的损失确定，但该损失数额低于商业秘密合理许可使用费，根据合理许可使用费确定；违反约定、权利人有关保守商业秘密的要求，披露、使用或允许他人使用其所掌握的商业秘密，损失数额可根据权利人因被侵权造成销售利润的损失确定；明知商业秘密是不正当手段获取或是违反约定、权利人有关保守商业秘密的要求披露、使用、允许使用，仍获取、使用或披露，损失数额可根据权利人因被侵权造成销售利润的损失确定的三种方式认定造成损失数额或违法所得数额的权利人因被侵权造成销售利润的损失，可根据权利人因被侵权造成销售量减少的总数乘以权利人每件产品的合理利润确定；销售量减少的总数无法确定，可根据侵权产品销售量乘以权利人每件产品的合理利润确定；权利人因被侵权造成销售量减少的总数和每件产品的合理利润均无法确定，可根据侵权产品销售量乘以每件侵权产品的合理利润确定。商业秘密系用于服务等其他经营活动，损失数额可根据权利人因被侵权而减少的合理利润确定。

商业秘密的权利人为减轻对商业运营、商业计划的损失或重新恢复计算机信息系统安全、其他系统安全而支出的补救费用，应计入给商业秘密的权利人造成的损失。

从两高《关于办理侵犯知识产权刑事案件具体应用法律若干问题的解释（三）》的角度看，实施《刑法》第219条规定侵犯商业秘密罪具有以下特征：以盗窃、贿赂、欺诈、胁迫、电子侵入或其他不正当手段获取权利人的商业秘密；披露、使用或允许他人使用以盗窃、贿赂、欺诈、胁迫、电子侵入或其他不正当手段获取的权利人的商业秘密；违反保密义务或违反权利人有关保守商业秘密的要求，披露、使用或允许他人使用其所掌握的商业秘密的三种侵犯商业秘密行为造成的损失数额或违法所得数额，可按以下六种方式认定：①以不正当手段获取权利人的商业秘密，尚未披露、使用或允许他人使用，损失数额可根据该项商业秘密的合理许可使用费确定。②以不正当手段获取权利人（权利人因被侵权造成销售利润的损失的，可根据权利人因被侵权造成销售量减少的总数乘以权利人每件产品的合理利润确定；销售量减少的总数无法确定的，可根据侵权产品销售量乘以权利人每件产品的合理利润确定；权利人因被侵权造成销售量减少的总数和每件产品的合理利润均无法确定的，可根据侵权产品销售量乘以每件侵权产品的合理利润确定）的商业秘密后，披露、使用或允许他人使用，损失数额可根据权利人因被侵权造成销售利润的损失确定，但该损失数额低于商业秘密合理许可使用费，根据合理许可使用费确定。③违反约定、权利人有关保守商业秘密的要求，披露、使用或允许他人使用其所掌握的商业秘密，损失数额可根据权利人因被侵权造成销售利润的损失确定。④明知商业秘密是不正当手段获取或违反约定、权利人有关保守商业秘密的要求仍获取、使用或披露，损失数额可根据权利人因被侵权造成销售利润的损失确定。⑤因侵犯商业秘密行为导致商业秘密已为公众所知悉或灭失，损失数额可根据该项商业秘密的商业价值确定。商业秘密的商业价值，可根据该项商业秘密的研究开发成本、实施该项商业秘密的收益综合确定。⑥因披露或允许他人使用商业秘密而获得的财物或其他财产性利益，应认定为违法所得。

以不正当手段获取权利人的商业秘密后，披露、使用或允许他人使用，损失数额可根据权利人因被侵权造成销售利润的损失确定，但该损失数额低于商业秘密合理许可使用费，根据合理许可使用费确定；违反约定、权利人有关保守商业秘密的要求，披露、使用或允许他人使用其所掌握的商业秘密，损失数额可根据权利人因被侵权造成销售利润的损失确定；明知商业秘密是不正当手段获取或违反约定、权利人有关保守商业秘密的要求披露、使用、允许使用，仍获取、使用或披露的，损失数额可根据权利人因被侵权造成销售利润的损失确定的规定的权利人因被侵权造成销售利润的损失，可根据权利人因被侵权造成销售量减少的总数乘以权利人每件产品的合理利润确定；销售量减少的总数无法确定的，可根据侵权产品销售量乘以权利人每件产品的合理利润确定；权利人因被侵权造成销售量减少的总数和每件产品的合理利润均无法确定的，可根据侵权产品销售量乘以每件侵权产品的合理利润确定。商业秘密系用于服务等其他经营活动，损失数额可根据权利人因被侵权而减少的合理利润确定。

商业秘密的权利人为减轻对商业运营、商业计划的损失或重新恢复计算机信息系统安全、其他系统安全而支出的补救费用，应计入给商业秘密的权利人造成的损失。

在刑事诉讼程序中，当事人、辩护人、诉讼代理人或案外人书面申请对有关商业秘密或其他需保密的商业信息的证据、材料采取保密措施，应根据案件情况采取组织诉讼参与人签署保密承诺书等必要的保密措施，否则违反该保密措施的要求或法律法规规定的保密义务，依法承担相应责任。擅自披露、使用或允许他人使用在刑事诉讼程序中接触、获取的商业秘密，符合《刑法》第219条侵犯商业秘密罪，依法追究刑责。

《刑法》第220条【单位犯侵犯知识产权罪的处罚规定】单位犯侵犯知识产权罪（第213~219条假冒专利罪；假冒注册商标罪；销售假冒注册商标的商品罪；非法制造、销售非法制造的注册商标标识罪；销售侵权复制品罪；侵犯著作权罪；侵犯商业秘密罪），对单位判处罚金，并对其直接负责的主管人员和其他直接责任人员，依侵犯知识产权罪各该条规定（假冒专利罪；假冒注册商标罪；销售假冒注册商标的商品罪；非法制造、销售非法制造的注册商标标识罪；销售侵权复制品罪；侵犯著作权罪；侵犯商业秘密罪）处罚。

从两高《关于办理侵犯知识产权刑事案件具体应用法律若干问题的解释（三）》的角度看，除特殊情况外，假冒注册商标的商品、非法制造的注册商标标识、侵犯著作权的复制品、主要用于制造假冒注册商标的商品、注册商标标识或侵权复制品的材料和工具，应依法予以没收和销毁。上述物品需作为民事、行政案件的证据使用，经权利人申请，可在民事、行政案件终结后或采取取样、拍照等方式对证据固定后予以销毁。

具有主要以侵犯知识产权为业；因侵犯知识产权被行政处罚后再次侵犯知识产权构成犯罪；在重大自然灾害、事故灾难、公共卫生事件期间，假冒抢险救灾、防疫物资等商品的注册商标；拒不交出违法所得的四种情形之一的，可酌情从重处罚，一般不适用缓刑。

具有认罪认罚；取得权利人谅解；具有悔罪表现；以不正当手段获取权利人的商业秘密后尚未披露、使用或允许他人使用的四种情形之一，可酌情从轻处罚。

对侵犯知识产权犯罪，应综合考虑犯罪违法所得数额、非法经营数额、给权利人造成的损失数额、侵权假冒物品数量及社会危害性等情节，依法判处罚金。罚金数额一般在违法所得数额的1倍以上5倍以下确定。违法所得数额无法查清的，罚金数额一般按非法经营数额的50%以上1倍以下确定。违法所得数额和非法经营数额均无法查清的，判处3年以下有期刑、拘役、管制或单处罚金，一般在3万元以上100万元以下确定罚金数额；判处3年以上有期刑，一般在15万元以上500万元以下确定罚金数额。

八、《刑法》第219条之一【为境外窃取、刺探、收买、非法提供商业秘密罪】

为境外的机构、组织、人员窃取、刺探、收买、非法提供商业秘密，处5年以下有期刑，并处或单处罚金；情节严重，处5年以上有期刑，并处罚金。

从比较法、犯罪构成要件要素的角度看，为境外窃取、刺探、收买、非法提供商业秘密、国家秘密、军事秘密、军事情报等，均构成违法犯罪行为，触犯相应的罪名。

第八节　扰乱市场秩序罪

扰乱市场秩序罪的最高刑：①损害商业信誉、商品声誉罪，给他人造成重大损失或有其他严重情节的，处2年以下有期刑或拘役，并处或单处罚金。②虚假广告罪，情节严重的，处2年以下有期刑或拘役，并处或单处罚金。③串通投标罪，情节严重的，处3年以下有期刑或拘役，并处或单处罚金。④合同诈骗罪，数额较大的，处3年以下有期刑或拘役，并处或单处罚金；数额巨大或有其他严重情节的，处3年以上10年以下有期刑，并处罚金；数额特别巨大或有其他特别严重情节的，处10年以上有期刑或无期刑，并处罚金或没收财产。⑤组织、领导传销活动罪，骗取财物，扰乱经济社会秩序的传销活动的，处5年以下有期刑或拘役，并处罚金；情节严重的，处5年以上有期刑，并处罚金。⑥非法经营罪，情节严重的，处5年以下有期刑或拘役，并处或单处违法所得1倍以上5倍以下罚金；情节特别严重的，处5年以上有期刑，并处违法所得1倍以上5倍以下罚金或没收财产。⑦强迫交易罪，情节严重的，处3年以下有期刑或拘役，并处或单处罚金；情节特别严重的，处3年以上7年以下有期刑，并处罚金。⑧伪造、倒卖伪造的有价票证罪，数额较大的，处2年以下有期刑、拘役或管制，并处或单处票证价额1倍以上5倍以下罚金；数额巨大的，处2年以上7年以下有期刑，并处票证价额1倍以上5倍以下罚金。⑨倒卖车票、船票罪，情节严重的，处3年以下有期刑、拘役或管制，并处或单处票证价额1倍以上5倍以下罚金。⑩非法转让、倒卖土地使用权罪，情节严重的，处3年以下有期刑或拘役，并处或单处非法转让、倒卖土地使用权价额5%以上20%以下罚金；情节特别严重的，处3年以上7年以下有期刑，并处非法转让、倒卖土地使用权价额5%以上20%以下罚金。⑪提供虚假证明文件罪，情节严重的，处5年以下有期刑或拘役，并处罚金；索取他人财物或非法收受他人财物（加重犯）的，处5年以上10年以下有期刑，并处罚金。⑫出具证明文件重大失实罪，造成严重后果的，处3年以下有期刑或拘役，并处或单处罚金。⑬逃避商检罪，情节严重的，处3年以下有期刑或拘役，并处或单处罚金。

从单位犯罪的角度看，单位犯扰乱市场秩序罪的逃避商检罪；提供虚假证明文件罪；出具证明文件重大失实罪；强迫交易罪；非法经营罪；非法转让、倒卖土地使用权罪；损害商业信誉、商品声誉罪；虚假广告罪；串通投标罪；合同诈骗罪；组织、领导传销活动罪；伪造、倒卖伪造的有价票证罪；倒卖车票、船票罪的，实行双罚制，对单位判处罚金，并对其直接负责的主管人员和其他直接责任人员，依各罪的规定处罚。

一、《刑法》第221条【损害商业信誉、商品声誉罪】

从故意犯、结果犯、情节犯的角度看，捏造并散布虚伪事实，损害他人的商业信誉、商品声誉，给他人造成重大损失或有其他严重情节的，处2年以下有期刑或拘役，并处或单处罚金。

单位犯损害商业信誉、损害商品声誉罪的，实行双罚制。损害商业信誉、损害商品声誉罪是捏造并散布虚伪事实，损害他人的商业信誉、商品声誉，给他人造成重大损失或有其他严重情节的行为。损害商业信誉、商品声誉罪的三种立案追诉标准：①捏造并散布虚伪事实，损害他人的商业信誉、商品声誉，给他人造成直接经济损失数额50万元以上。②虽未达到给他人造成直接经济损失数额50万元以上的数额标准，但有造成公司、企业等单位停业、停产6个月以上或破产，或利用互联网或其他媒体公开损害他人商业信誉、商品声誉的情形。③其他给他人造成重大损失或有其他严重情节的情形。

二、《刑法》第222条【虚假广告罪】

从行政犯、身份犯、故意犯、情节犯的角度看，广告主（为推销商品或服务，自行或委托他人设计、制作、发布广告的自然人、法人或其他组织）、广告经营者（接受委托提供广告设计、制作、代理服务的自然人、法人或其他组织）、广告发布者（为广告主或广告主委托的广告经营者发布广告的自然人、法人或其他组织）违反国家规定，利用广告对商品或服务作虚假宣传，情节严重的，处2年以下有期刑或拘役，并处或单处罚金。

单位犯虚假广告罪的，实行双罚制。虚假广告罪是广告主、广告经营者、广告发布者违反国家规定，利用广告对商品或服务作虚假宣传，情节严重的行为。虚假广告罪的六种立案追诉标准：①造成人身伤残。②违法所得数额10万元以上。③假借预防、控制突发事件的名义，利用广告作虚假宣传，使多人上当受骗，违法所得数额3万元以上。④给单个消费者造成直接经济损失数额5万元以上，或给多个消费者造成直接经济损失数额累计20万元以上。⑤虽未达到违法所得数额10万元以上，或假借预防、控制突发事件的名义，利用广告作虚假宣传，使多人上当受骗，违法所得数额未达到3万元以上的数额标准，但2年内因利用广告作虚假宣传受过行政处罚2次以上又利用广告作虚假宣传，或给单个消费者造成直接经济损失数额5万元以上，或给多个消费者造成直接经济损失数额累计20万元以上。⑥其他情节严重情形。

广告经营者、广告发布者违反国家规定，利用广告为非法集资活动相关的商品或服务作虚假宣传，有四种违法犯罪情形（①2年内利用广告作虚假宣传，受过行政处罚2次以上。②违法所得数额10万元以上。③造成严重危害后果或恶劣社会影响。④其他情节严重情形）的，以虚假广告罪定罪处罚。

广告主、广告经营者、广告发布者违反国家规定，假借预防、控制突发传染病疫情等灾害的名义，利用广告对所推销的商品或服务作虚假宣传，使多人上当受骗，违法所得数额较大或有其他严重情节的，以虚假广告罪定罪处罚。

三、《刑法》第223条【串通投标罪】

从故意犯、情节犯的角度看，投标人（响应招标、参加投标竞争的法人或其他组织）相互串通投标报价，损害招标人（依招标投标法规定提出招标项目、进行招标的法人或其他组织）或其他投标人利益，或投标人与招标人串通投标，损害国家、集体、公民的合法利益，情节严重的，处3年以下有期刑或拘役，并处或单处罚金。

单位犯串通投标罪，实行双罚制。串通投标罪的六种立案追诉标准：①投标人相互串通投标报价，或投标人与招标人串通投标，违法所得数额10万元以上。②中标项目金额200万元以上。③损害招标人、投标人或国家、集体、公民的合法利益，造成直接经济损失数额50万元以上。④采取威胁、欺骗或贿赂等非法手段。⑤虽未达到违法所得数额10万元以上、中标项目金额200万元以上或损害招标人、投标人或国家、集体、公民的合法利益，造成直接经济损失数额50万元以上的数额标准，但两年内因串通投标，受过行政处罚2次以上，又串通投标。⑥其他情节严重的情形。

四、《刑法》第224条【合同诈骗罪】

从故意犯、目的犯、数额犯、情节犯、失控说的角度看，犯合同诈骗罪，以非法占有为目的，在签订、履行合同过程中，骗取对方当事人财物，数额较大的，处3年以下有期刑或拘役，并处或单处罚金；数额巨大或有其他严重情节的，处3年以上10年以下有期刑，并处罚金；数额特别巨大或有其他特别严重情节的，处10年以上有期刑或无期刑，并处罚金或没收财产（①以虚构的单位或冒用他人名义签订合同。②以伪造、变造、作废的票据或其他虚假的产权证明作担保。③无实际履行能力，以先履行小额合同或部分履行合同的方法，诱骗对方当事人继续签订和履行合同。④收受对方当事人给付的货物、货款、预付款或担保财产后逃匿。⑤以其他方法骗取对方当事人财物）。

单位犯合同诈骗罪的，实行双罚制。从司法解释的角度看，以非法占有为目的，在签订、履行合同过程中，骗取对方当事人财物数额2万元以上，应立案追诉。

【2017年·卷2·单选·5】甲冒充房主王某与乙签订商品房买卖合同，约定将王某的住房以220万元卖给乙，乙首付100万元给甲，待过户后再支付剩余的120万元。办理过户手续时，房管局工作人员识破甲的骗局并报警。根据司法解释，关于甲的刑责的认定，哪一选项正确？（B）A. 以合同诈骗罪220万元未遂论处，酌情从重处罚。B. 以合同诈骗罪100万元既遂论处，合同诈骗120万元作为未遂情节加以考虑。C. 以合同诈骗罪120万元未遂论处，合同诈骗100万元既遂的情节不再单独处罚。D. 以合同诈骗罪100万元既遂与合同诈骗罪120万元未遂并罚。

五、《刑法》第224条之一【组织、领导传销活动罪】

从共犯、故意犯、行为犯、情节犯的角度看，组织、领导以推销商品、提供服务等经营活动为名，要求参加者以缴纳费用或购买商品、服务等方式获得加入资格，并按一定顺序组成层级，直接或间接以发展人员的数量作为计酬或返利依据，引诱、胁迫参加者继续发展他人参加者，骗取财物，扰乱经济社会秩序的传销活动的，处5年以下有期刑或拘役，并处罚金；情节严重（①组织、领导的参与传销活动人员累计达

120人以上。②直接或间接收取参与传销活动人员缴纳的传销资金数额累计达250万元以上。③曾因组织、领导传销活动受过刑罚，或一年内因组织、领导传销活动受过行政处罚，又直接或间接发展参与传销活动人员累计达60人以上。④造成参与传销活动人员精神失常、自杀等严重后果。⑤造成其他严重后果或恶劣社会影响）的，处5年以上有期刑，并处罚金。

单位犯组织、领导传销活动罪的，实行双罚制。组织、领导以推销商品、提供服务等经营活动为名，要求参加者以缴纳费用或购买商品、服务等方式获得加入资格，并按一定顺序组成层级，直接或间接以发展人员的数量作为计酬或返利依据，引诱、胁迫参加者继续发展他人参加者，骗取财物，扰乱经济社会秩序的传销活动，涉嫌组织、领导的传销活动人员在30人以上且层级在三级以上，对传销活动的组织者、领导者（在传销活动中起组织、领导作用的发起人、决策人、操纵人，以及在传销活动中担负策划、指挥、布置、协调等重要职责，或在传销活动实施中起到关键作用的人员），应予立案追诉。

组织、领导传销活动罪的适法问题：①以非法占有为目的，组织、领导传销活动，同时构成组织、领导传销活动罪和集资诈骗罪的，依处罚较重的规定定罪处罚。②犯组织、领导传销活动罪，并实施故意伤害、非法拘禁、敲诈勒索、妨害公务、聚众扰乱社会秩序、聚众冲击国家机关、聚众扰乱公共场所秩序、交通秩序等行为，构成犯罪的，依数罪并罚的规定处罚。

传销组织层级及人数的认定问题：①以推销商品、提供服务等经营活动为名，要求参加者以缴纳费用或购买商品、服务等方式获得加入资格，并按一定顺序组成层级（组织者、领导者与参与传销活动人员之间的上下线关系层次，而无组织者、领导者在传销组织中的身份等级），直接或间接以发展人员的数量作为计酬或返利依据，引诱、胁迫参加者继续发展他人参加，骗取财物，扰乱经济社会秩序的传销组织，其组织内部参与传销活动人员在30人以上且层级在三级以上，应对组织者、领导者追究刑责。②组织、领导多个传销组织，单个或多个组织中的层级已达三级以上，可将在各个组织中发展的人数合并计算。③组织者、领导者形式上脱离原传销组织后，继续从原传销组织获取报酬或返利，原传销组织在其脱离后发展人员的层级数和人数，应计算为其发展的层级数和人数。④对传销组织内部人数和层级数的计算，对组织者、领导者直接或间接发展参与传销活动人员人数和层级数的计算，含组织者、领导者本人及其本层级在内。⑤办理组织、领导传销活动刑事案件中，确因客观条件的限制无法逐一收集参与传销活动人员的言词证据，可结合依法收集并查证属实的缴纳、支付费用及计酬、返利记录，视听资料，传销人员关系图，银行账户交易记录，互联网电子数据，鉴定意见等证据，综合认定参与传销的人数、层级数等犯罪事实。

六、《刑法》第225条【非法经营罪】

从行政犯、法定犯、故意犯、目的犯、情节犯、数额犯的角度看，违反国家规定，非法经营［以营利为目的进行生产、制造加工、出售、转让、批发、零售、运输、储存、服务等商业经济活动。①未经许可经营法律、行政法规规定的专营、专卖物品或其他限制买卖的物品。②买卖进出口许可证、进出口原产地证明及其他法律、行政法规规定的经营许可证或批准文件。③未经国家有关主管部门批准非法经营证券、期货、保险业务，或非法从事资金支付结算业务（违反国家规定，使用受理终端或网络支付接口等方法，以虚构交易、虚开价格、交易退款等非法方式向指定付款方支付货币资金；非法为他人提供单位银行结算账户套现或单位银行结算账户转个人账户服务；非法为他人提供支票套现服务；其他非法从事资金支付结算业务的情形）。④其他严重扰乱市场秩序的非法经营行为]，扰乱市场秩序，情节严重［（1）非法出版物：①个人实施违反国家规定，出版、印刷、复制、发行明知出版物中载有煽动分裂国家、破坏国家统一或煽动颠覆国家政权、推翻社会主义制度的内容而出版印刷复制发行传播，以营利为目的侵犯著作权行为，在出版物中公然侮辱他人或捏造事实诽谤他人，出版刊载歧视、侮辱少数民族内容的作品，制作复制出版贩卖传播淫秽物品牟利，为他人提供书号刊号出版淫秽书刊、传播淫秽物品，组织播放淫秽音像制品外的其他严重危害社会秩序和扰乱市场秩序的非法出版物的行为，有经营数额（以非法出版物的定价数额乘以行为人经营的非法出版物数量所得的数额）在5万元至10万元以上、违法所得数额2万元至3万元以上或经营报纸5000份或期刊5000本或图书2000册或音像制品、电子出版物500张（盒）以上情形。②单位实施违反国家规定，出版、印刷、复制、发行明知出版物中载有煽动分裂国家、破坏国家统一或煽动颠覆国家政权、推翻社会主义制度的内容而出版印刷复制发行传播，以营利为目的侵犯著作权行为、在出版物中公然侮辱他人或捏造事实诽谤他人，出版刊载歧视、侮辱少数民族内容的作品、制作复制出版贩卖传播淫秽物品牟利，为他人提供书号刊号出版淫秽书刊，传播淫秽物品、组织播放淫秽音像制品外的其他严重危害社会秩序和扰乱市场秩序的非法出版物行为，有经营数额15万元至30万元以上、违法所得数额5万元至10万元以上，或经营报纸15 000份或期刊15 000本或图书5000册或音像制品、电子出版物1500张（盒）以上。③违反国家规定，以营利为目的，通过信息网络有偿提供删除信息服务，或明知是虚假信息，通过信息网络有偿提供发布信息等服务，扰乱市场秩序，有个人非法经营数额5万元以上或违法所得数额2万元以上，或单位非法经营数额15万元以上或违法所得数额5万元以上。（2）违反国家有关盐业管理规定，非法生产、储运、销售食盐，扰乱市场秩序，非法经营食盐数量20吨以上，或曾因非法经营食盐行为受过2次以上行政处罚又非法经营食盐，数量10吨以上。（3）违反国家烟草专卖管理法律法规，未经烟草专卖行政主管部门许可，无烟草专卖生产企业许可证、烟草专卖批发企业许可证、特种烟草专卖经营企业许可证、烟草专卖零售许可证等许可证明，非法经营烟草专卖品，有非法经营卷烟20万支以上，或非法经营数额5万元以上或违法所得数额2万元以上，或曾因非法经营烟草专卖品3年内受过2次以上行政处罚，又非法经营烟草专卖品且数额3万元以上。（4）非法经营数额在250万元以上，或违法所得数额5万元以上，且曾因非法从事资金支付结算业务或非法买卖外汇犯罪行为受过刑事追究；2年内因非法从事资金支付结算业务或非法买卖外汇违法行为受过行政处罚；拒不交代涉案资金去向或拒不配合追缴工作，致使赃款无法追缴；造成其他严重后果。（5）非法从事资金支付结算业务或非法买卖外汇，非法经营数额500万元以上，或违法所得数额在10万元以上。（6）非法经营外汇，有在外汇指定银行和中国外汇交易中心及其分中心外买卖外汇，数额20万美元以上，或违法所得数额5万元以上，或公司、企业或其他单位违反有关外贸代理业务规定，采用非法手段，或明知是伪造、变造的凭证、商业单据，为他人向外汇指定银行骗购外汇，数额500万美元以上或违法所得数额50万元以上，或居间介绍骗购外汇，数额100万美元以上或违法所得数额10万元以上。（7）采取租用国际专线、私设转接设备或其他方法，擅自经营国际电信业务或涉港澳台电信业务进行营利活动，扰乱电信市场管理秩序，有经营去话业务数额100万元以上，或经营来话业务造成电信资费损失数额100万元以上，或虽未达到经营去话业务数额100万元以上，或经营来话业务造成电信资费损失数额100万元以上的数额标准，但有因非法经营国际电信业务或涉港澳台电信业务行为造成其他严重后果，或2年内因非法经营国际电信业务或涉港澳台电信业务行为受过行政处罚2次以上，又非法经营国际电信业务或涉港澳台电信业务。（8）未经国家有关主管部门批准，非法经营证券、期货、保险业务，或非法从事资金支付结算业务，有非法从事资金支付结算业务，数额200万元以上，或非法经营证券、期货、保险业务，数额30万元以上，或违反国家规定，使用销售点终端机具（POS机）等方法，以虚构交易、虚开价格、现金退货等方式向信用卡持卡人直接支付现金，数额100万元以上，或造成金融机构资金20万元以上逾期未还，或造成金融机构经济损失10万元以上，或违法所得数额5万元以上。（9）从事其他非法经营活动，个人非法经营数额5万元以上或违法所得数额1万元以上，或单位非法经营数额50万元以上或违法所得数额10万元以上，或虽未达到个人非法经营数额5万元以上或违法所得数额1万元以上，或单位非法经营数额50万元以上或违法所得数额10万元以上的数额标准，但两年内因同种非法经营行为受过2次以上行政处罚，又进行同种非法经营行为、其他情节严重的情形；（10）非法生产、销售黑广播、伪基站、无线电干扰器等无线电设备，具有非法经营数额5万元以上；非法生产、销售无线电设备3套以上；其他情节严重的情形］的，处5年以下有期刑或拘役，并处或单处违法所得数额（获利数额）1倍以上5倍以下罚金；情节特别严重［（1）非法出版物：①个人实施违反国家规定，出版、印刷、复制、发行明知出版物中载有煽动分裂国家，破坏国家统一或煽动颠覆国家政权、推翻社会主义制度的内容而出版印刷复制发行传播，以营利为目的侵犯著作权行为，在出版物中公然侮辱他人或捏造事实诽谤他人，出版刊载歧视、侮辱少数民族内容的作品，制作复制出版贩卖传播淫秽物品牟利，为他人提供书号刊号出版淫秽书刊，传播淫秽物品、组织播放淫秽音像制品外的其他严重危害社会秩序和扰乱市场秩序的非法出版物的行为，有经营数额15万元至30万元以上、违法所得数额5万元至10万元以上，或经营报纸15 000份或期刊15 000本或图书5000册或音像制品、电子出版物1500张（盒）以上情形。②单位实施违反国家规定，出版、印刷、复制、发行明知出版物中载有煽动分裂国家、破坏国家统一或煽动颠覆国家政权、推翻社会主义制度的内容而出版印刷复制发行传播，以营利为目的侵犯著作权行为，在出版物中公然侮辱他人或捏造事实诽谤他人，出版刊载歧视、侮辱少数民族内容的作品，制作复制出版贩卖传播淫秽物品牟利，为他人提供书号刊号出版淫秽书刊，传播淫秽物品、组织播放淫秽音像制品外的其他严重危害社会秩序和扰乱市场秩序的非法出版物行为，有经营数额 50 万元至 100 万元以上、违法所得数额 15 万元至 30 万元以上，或经营报纸 5 万份或期刊 5 万本或图书 15 000 册或音像制品、电子出版物 5000 张（盒）以上。(2) 非法从事资金支付结算业务或非法买卖外汇，非法经营数额 2500 万元以上或违法所得数额 50 万元以上。(3) 非法从事资金支付结算业务或非法买卖外汇，非法经营数额 1250 万元以上，或违法所得数额 25 万元以上，且非法经营数额 250 万元以上，或违法所得数额 5 万元以上，且曾因非法从事资金支付结算业务或非法买卖外汇犯罪行为受过刑事追究；两年内因非法从事资金支付结算业务或非法买卖外汇违法行为受过行政处罚；拒不交代涉案资金去向或拒不配合追缴工作，使赃款无法追缴，或造成其他严重后果的情形。(4) 违反国家规定，以营利为目的，通过信息网络有偿提供删除信息服务，或明知是虚假信息，通过信息网络有偿提供发布信息等服务，扰乱市场秩序，数额达到个人非法经营数额 5 万元以上或违法所得数额 2 万元以上，或单位非法经营数额 15 万元以上或违法所得数额 5 万元以上的数额 5 倍以上。(5) 实施非法生产、销售“黑广播”“伪基站”、无线电干扰器等无线电设备的行为，数量或数额达到非法生产、销售无线电设备 3 套以上；非法经营数额 5 万元以上“情节严重”标准 5 倍以上的，或具有其他情节特别严重的情形］的，处 5 年以上有期刑，并处违法所得 1 倍以上 5 倍以下罚金或没收财产。

非法经营罪的八种立案追诉标准：①违反国家有关盐业管理规定，非法生产、储运、销售食盐，扰乱市场秩序，非法经营食盐数量 20 吨以上，或曾因非法经营食盐行为受过 2 次以上行政处罚又非法经营食盐，数量 10 吨以上。②违反国家烟草专卖管理法律法规，未经烟草专卖行政主管部门许可，无烟草专卖生产企业许可证、烟草专卖批发企业许可证、特种烟草专卖经营企业许可证、烟草专卖零售许可证等许可证明，非法经营烟草专卖品，有非法经营卷烟 20 万支以上，或非法经营数额 5 万元以上或违法所得数额 2 万元以上，或曾因非法经营烟草专卖品 3 年内受过 2 次以上行政处罚，又非法经营烟草专卖品且数额 3 万元以上。③未经国家有关主管部门批准，非法经营证券、期货、保险业务，或非法从事资金支付结算业务，有非法从事资金支付结算业务，数额 200 万元以上，或非法经营证券、期货、保险业务，数额 30 万元以上，或违反国家规定，使用销售点终端机具（POS 机）等方法，以虚构交易、虚开价格、现金退货等方式向信用卡持卡人直接支付现金，数额 100 万元以上，或造成金融机构资金 20 万元以上逾期未还，或造成金融机构经济损失 10 万元以上，或违法所得数额 5 万元以上。④非法经营外汇，有在外汇指定银行和中国外汇交易中心及其分中心外买卖外汇，数额 20 万美元以上，或违法所得数额 5 万元以上，或公司、企业或其他单位违反有关外贸代理业务规定，采用非法手段，或明知是伪造、变造的凭证、商业单据，为他人向外汇指定银行骗购外汇，数额500万美元以上或违法所得数额50万元以上，或居间介绍骗购外汇，数额100万美元以上或违法所得数额10万元以上。⑤出版、印刷、复制、发行严重危害社会秩序和扰乱市场秩序的非法出版物，个人违法所得数额2万元以上，单位违法所得数额5万元以上，或个人非法经营数额5万元以上，单位非法经营数额15万元以上，或个人非法经营报纸5000份或期刊5000本或图书2000册或音像制品、电子出版物500张（盒）以上，单位非法经营报纸15 000份或期刊15 000本或图书5000册或音像制品、电子出版物1500张（盒）以上，或虽未达个人违法所得数额2万元以上，单位违法所得数额5万元以上，或个人非法经营数额5万元以上，单位非法经营数额15万元以上，或个人非法经营报纸5000份或期刊5000本或图书2000册或音像制品、电子出版物500张（盒）以上，单位非法经营报纸15 000份或期刊15 000本或图书5000册或音像制品、电子出版物1500张（盒）以上的数额标准，但有两年内因出版、印刷、复制、发行非法出版物受过行政处罚2次以上，又出版、印刷、复制、发行非法出版物，或因出版、印刷、复制、发行非法出版物造成恶劣社会影响或其他严重后果。⑥非法从事出版物的出版、印刷、复制、发行业务，严重扰乱市场秩序，个人违法所得数额5万元以上，单位违法所得数额15万元以上，或个人非法经营数额15万元以上，单位非法经营数额50万元以上，或个人非法经营报纸15 000份或期刊15 000本或图书5000册或音像制品、电子出版物1500张（盒）以上，单位非法经营报纸5万份或期刊5万本或图书15 000册或音像制品、电子出版物5000张（盒）以上，或虽未达到个人违法所得数额5万元以上，单位违法所得数额15万元以上，或个人非法经营数额15万元以上，单位非法经营数额50万元以上，或个人非法经营报纸15 000份或期刊15 000本或图书5000册或音像制品、电子出版物1500张（盒）以上，单位非法经营报纸5万份或期刊5万本或图书15 000册或音像制品、电子出版物5000张（盒）以上的数额标准，两年内因非法从事出版物的出版、印刷、复制、发行业务受过行政处罚2次以上，又非法从事出版物的出版、印刷、复制、发行业务。⑦采取租用国际专线、私设转接设备或其他方法，擅自经营国际电信业务或涉港澳台电信业务进行营利活动，扰乱电信市场管理秩序，有经营去话业务数额100万元以上，或经营来话业务造成电信资费损失数额100万元以上，或虽未达到经营去话业务数额100万元以上，或经营来话业务造成电信资费损失数额100万元以上的数额标准，但有因非法经营国际电信业务或涉港澳台电信业务行为造成其他严重后果的，或两年内因非法经营国际电信业务或涉港澳台电信业务行为受过行政处罚2次以上，又非法经营国际电信业务或涉港澳台电信业务。⑧从事其他非法经营活动，有个人非法经营数额5万元以上或违法所得数额1万元以上，或单位非法经营数额50万元以上或违法所得数额10万元以上，或虽未达到个人非法经营数额5万元以上或违法所得数额1万元以上，或单位非法经营数额50万元以上或违法所得数额10万元以上的数额标准，但2年内因同种非法经营行为受过2次以上行政处罚，又进行同种非法经营行为、其他情节严重的情形。

【2009年·卷2·多选·57】下列哪些行为构成非法经营罪？（AC）A. 甲违反国家规定，擅自经营国际电信业务，扰乱电信市场秩序，情节严重。B. 乙非法组织传销活动，扰乱市场秩序，情节严重。C. 丙买卖国家机关颁发的野生动物进出口许可证。D. 丁复制、发行盗版的《国家计算机考试大纲》。

非法经营罪的情形：①违反国家规定，出版、印刷、复制、发行明知出版物中载有煽动分裂国家、破坏国家统一或煽动颠覆国家政权、推翻社会主义制度的内容而出版印刷复制发行传播，以营利为目的侵犯著作权行为，在出版物中公然侮辱他人或捏造事实诽谤他人，出版刊载歧视、侮辱少数民族内容的作品，制作复制出版贩卖传播淫秽物品牟利，为他人提供书号刊号出版淫秽书刊，传播淫秽物品、组织播放淫秽音像制品外的其他严重危害社会秩序和扰乱市场秩序的非法出版物，情节严重，或非法从事出版物的出版、印刷、复制、发行业务，严重扰乱市场秩序，情节特别严重，构成犯罪，均属于未经国家有关主管部门批准非法经营证券、期货、保险业务或非法从事资金支付结算业务性质，以非法经营罪定罪处罚。②实施违反国家规定，出版、印刷、复制、发行明知出版物中载有煽动分裂国家、破坏国家统一或煽动颠覆国家政权、推翻社会主义制度的内容而出版印刷复制发行传播，以营利为目的侵犯著作权行为、在出版物中公然侮辱他人或捏造事实诽谤他人，出版刊载歧视、侮辱少数民族内容的作品，制作复制出版贩卖传播淫秽物品牟利，为他人提供书号刊号出版淫秽书刊，传播淫秽物品、组织播放淫秽音像制品外的其他严重危害社会秩序和扰乱市场秩序的非法出版物的行为，经营数额、违法所得数额或经营数量接近非法经营行为的情节严重、情节特别严重的数额、数量起点标准，并有两年内因出版、印刷、复制、发行非法出版物受过行政处罚2次以上，或因出版、印刷、复制、发行非法出版物造成恶劣社会影响或其他严重后果，可认定为非法经营行为的情节严重、情节特别严重，以非法经营罪定罪处罚。③出版单位与他人事前通谋，向其出售、出租或以其他形式转让该出版单位的名称、书号、刊号、版号，他人实施以营利为目的，侵犯著作权行为、销售侵权复制品、制作复制出版贩卖传播淫秽物品牟利、为他人提供书号刊号出版淫秽书刊、传播淫秽物品（向他人传播淫秽的书刊、影片、音像、图片等出版物）、实施违反国家规定，出版、印刷、复制、发行明知出版物中载有煽动分裂国家、破坏国家统一或煽动颠覆国家政权、推翻社会主义制度的内容而出版印刷复制发行传播，以营利为目的侵犯著作权行为，在出版物中公然侮辱他人或捏造事实诽谤他人，出版刊载歧视、侮辱少数民族内容的作品，制作复制出版贩卖传播淫秽物品牟利，为他人提供书号刊号出版淫秽书刊，传播淫秽物品、组织播放淫秽音像制品外的其他严重危害社会秩序和扰乱市场秩序的非法出版物的行为，构成犯罪的，对该出版单位应以共犯论处。④违反国家烟草专卖管理法律法规，未经烟草专卖行政主管部门许可，无烟草专卖生产企业许可证、烟草专卖批发企业许可证、特种烟草专卖经营企业许可证、烟草专卖零售许可证等许可证明，非法经营烟草专卖品，情节严重的，以非法经营罪定罪处罚。⑤违反国家规定，未经依法核准擅自发行基金份额募集基金，情节严重的，以非法经营罪定罪处罚。非法出版物无定价或以境外货币定价，其单价数额应按行为人实际出售价格认定。⑥违反国家在预防、控制突发传染病疫情等灾害期间有关市场经营、价格管理等规定，哄抬物价、牟取暴利，严重扰乱市场秩序，违法所得数额较大或有其他严重情节的，以非法经营罪定罪，依法从重处罚。⑦从生产、销售赌博机的定罪量刑标准的角度看，以提供给他人开设赌场为目的，违反国家规定，非法生产、销售有退币、退分、退钢珠等赌博功能的电子游戏设施设备或其专用软件，情节严重［a. 个人非法经营数额 5 万元以上，或违法所得数额 1 万元以上。b. 单位非法经营数额 50 万元以上，或违法所得数额 10 万元以上。c. 虽未达到上述数额标准，但 2 年内因非法生产、销售赌博机（有退币、退分、退钢珠等赌博功能的电子游戏设施、设备）行为受过 2 次以上行政处罚，又进行同种非法经营行为。d. 其他情节严重的情形］的，或情节特别严重（a. 个人非法经营数额 25 万元以上，或违法所得数额 5 万元以上。b. 单位非法经营数额 250 万元以上，或违法所得数额 50 万元以上）的，均以非法经营罪定罪处罚。⑧违反国家规定，以营利为目的，通过信息网络有偿提供删除信息服务，或明知是虚假信息，通过信息网络有偿提供发布信息等服务，扰乱市场秩序，有个人非法经营数额 5 万元以上或违法所得数额 2 万元以上，或单位非法经营数额 15 万元以上或违法所得数额 5 万元以上，属于非法经营罪的情节严重，构成其他严重扰乱市场秩序的非法经营行为，以非法经营罪定罪处罚。⑨违反国家规定，使用销售点终端机具（POS 机）等方法，以虚构交易、虚开价格、现金退货等方式向信用卡持卡人直接支付现金，情节严重（数额 100 万元以上，或造成金融机构资金 20 万元以上逾期未还，或造成金融机构经济损失 10 万元以上）或情节特别严重（数额 500 万元以上，或造成金融机构资金 100 万元以上逾期未还，或造成金融机构经济损失 50 万元以上），以非法经营罪定罪处罚。⑩违反国家药品管理法律法规，未取得或使用伪造、变造的药品经营许可证，非法经营药品，或以提供给他人生产、销售药品为目的，违反国家规定，生产、销售不符合药用要求的非药品原料、辅料，情节严重（非法经营数额 10 万元以上，或违法所得数额 5 万元以上）或情节特别严重（非法经营数额 50 万元以上，或违法所得数额 25 万元以上），均以非法经营罪定罪处罚。⑪违反国家规定，以营利为目的，通过信息网络有偿提供删除信息服务，或明知是虚假信息，通过信息网络有偿提供发布信息等服务，扰乱市场秩序，数额达到个人非法经营数额 5 万元以上或违法所得数额 2 万元以上，或单位非法经营数额 15 万元以上或违法所得数额 5 万元以上的数额 5 倍以上，应认定为非法经营罪的情节特别严重。a. 实施非法生产、销售黑广播、伪基站、无线电干扰器等无线电设备的行为，数量或数额达到非法经营数额 5 万元以上或非法生产、销售无线电设备 3 套以上标准 5 倍以上，或有其他情节特别严重情形，应认定为非法经营罪的情节特别严重。b. 在非法生产、销售无线电设备窝点查扣的零件，以组装完成的套数及能组装的套数认定；无法组装为成套设备，每 3 套广播信号调制器（激励器）认定为 1 套“黑广播”设备，每 3 块主板认定为 1 套“伪基站”设备。⑫非法生产、销售黑广播、伪基站、无线电干扰器等无线电设备，有非法经营数额 5 万元以上或非法生产、销售无线电设备 3 套以上、其他情节严重情形的，应认定为非法经营罪的情节严重。⑬从司法解释、扩大解释的角度看，未经国家批准擅自发行、销售彩票，或未经财政部批准（国家批准、行政许可），在互联网上违法违规发行、销售的彩票，属于非法彩票，构成犯罪的，均以非法经营罪定罪处罚。从《互联网销售彩票管理暂行办法》《彩票管理条例》及其实施细则的角度看，未经财政部批准，任何单位不得开展互联网销售彩票（福利彩票、体育彩票、彩票游戏等）业务。⑭从吸收犯的角度看，侵犯著作权行为，又销售该侵权复制品，违法所得数额巨大，侵犯著作权罪吸收了销售侵权复制品罪，只定侵犯著作权罪，不实行数罪并罚。⑮违反国家规定，非法从事资金支付结算业务或非法买卖外汇，实施倒买倒卖外汇或变相买卖外汇等非法买卖外汇行为，扰乱金融市场秩序，情节严重（非法经营数额 500 万元以上；违法所得数额 10 万元以上；非法经营数额 250 万元以上，或违法所得数额 5 万元以上，且有曾因非法从事资金支付结算业务或非法买卖外汇犯罪行为受过刑事追究；两年内因非法从事资金支付结算业务或非法买卖外汇违法行为受过行政处罚；拒不交代涉案资金去向或拒不配合追缴工作，使赃款无法追缴；造成其他严重后果的情形）的，以非法经营罪定罪处罚。⑯非法从事资金支付结算业务或非法买卖外汇，构成非法经营罪，同时又构成帮助恐怖活动罪或洗钱罪，依处罚较重的规定定罪处罚。⑰利用信息网络实施诽谤、寻衅滋事、敲诈勒索、非法经营犯罪，同时又构成损害商业信誉、商品声誉罪、煽动暴力抗拒法律实施罪、编造、故意传播虚假恐怖信息罪等犯罪，依处罚较重的规定定罪处罚。⑱行为人实施非法生产、销售烟草专卖品犯罪，同时构成生产、销售伪劣产品罪、侵犯知识产权犯罪、非法经营罪，依处罚较重的规定定罪处罚。⑲无危险废物经营许可证（未取得危险废物经营许可证，或超出危险废物经营许可证的经营范围）从事收集、贮存、利用、处置危险废物经营活动，严重污染环境，按污染环境罪定罪处罚；同时构成非法经营罪，依处罚较重规定定罪处罚。⑳违反军品出口管理条例军品出口秩序（a. 未取得军品出口经营权的任何单位或组织，不得从事军品出口经营活动。b. 国家禁止个人从事军品出口经营活动），由国家军品出口主管部门取缔非法活动；触犯刑律，依非法经营罪或他罪，依法追究刑责；尚不够刑罚，由国家军品出口主管部门警告，没收违法所得，并处违法所得 1 倍以上 5 倍以下罚款，未违法所得或违法所得不足 10 万元，处 10 万元以上 50 万元以下罚款。㉑违反国家规定，未经监管部门批准，或超越经营范围，以营利为目的，经常性地向社会不特定对象发放贷款［两年内向不特定多人（包括单位和个人）以借款或其他名义出借资金 10 次以上］，扰乱金融市场秩序，情节严重，依《刑法》第 225 条第（4）项其他严重扰乱市场秩序的非法经营行为的规定，以非法经营罪定罪处罚。贷款到期后延长还款期限，发放贷款次数按 1 次计算。㉒违反国家规定，未经许可经营兴奋剂目录所列物质，涉案物质属于法律、行政法规规定的限制买卖的物品，扰乱市场秩序，情节严重的，应依《刑法》第 225 条非法经营罪的规定，以非法经营罪定罪处罚。

单位实施复制他人信用卡、将他人信用卡信息资料写入磁条介质、芯片或以其他方法伪造信用卡，或违反国家规定，使用销售点终端机具（POS机）等方法，以虚构交易、虚开价格、现金退货等方式向信用卡持卡人直接支付现金的犯罪行为，情节严重，以伪造金融票证罪或非法经营罪的定罪量刑标准执行。

从两高两部《关于办理非法放贷刑事案件若干问题的意见》（2019年）的角度看，违反国家规定，未经监管部门批准，或超越经营范围，以营利为目的，经常性地向社会不特定对象发放贷款［两年内向不特定多人（包括单位和个人）以借款或其他名义出借资金10次以上］，扰乱金融市场秩序，情节严重，依其他严重扰乱市场秩序的非法经营行为规定，以非法经营罪定罪处罚。贷款到期后延长还款期限，发放贷款次数按1次计算。①以超过36%的实际年利率实施符合违反国家规定，未经监管部门批准，或超越经营范围，以营利为目的，经常性地向社会不特定对象发放贷款［两年内向不特定多人（包括单位和个人）以借款或其他名义出借资金10次以上］，扰乱金融市场秩序，情节严重规定的非法放贷行为，具有个人非法放贷数额累计在200万元以上，单位非法放贷数额累计在1000万元以上；个人违法所得数额累计在80万元以上，单位违法所得数额累计在400万元以上；个人非法放贷对象累计在50人以上，单位非法放贷对象累计在150人以上；造成借款人或其近亲属自杀、死亡或精神失常等严重后果的四种情形之一，属于非法经营罪的“情节严重”，但单次非法放贷行为实际年利率未超过36%，定罪量刑时不得计入。②具有个人非法放贷数额累计在1000万元以上，单位非法放贷数额累计在5000万元以上；个人违法所得数额累计在400万元以上，单位违法所得数额累计在2000万元以上；个人非法放贷对象累计在250人以上，单位非法放贷对象累计在750人以上；造成多名借款人或其近亲属自杀、死亡或精神失常等特别严重后果的四种情形之一，属于非法经营罪的“情节特别严重”。③非法放贷数额、违法所得数额、非法放贷对象数量接近（一般应掌握在相应数额、数量标准的80%以上）具有个人非法放贷数额累计在200万元以上，单位非法放贷数额累计在1000万元以上；个人违法所得数额累计在80万元以上，单位违法所得数额累计在400万元以上；个人非法放贷对象累计在50人以上，单位非法放贷对象累计在150人以上；造成借款人或其近亲属自杀、死亡或精神失常等严重后果的四种情形之一的“情节严重”；具有个人非法放贷数额累计在1000万元以上，单位非法放贷数额累计在5000万元以上；个人违法所得数额累计在400万元以上，单位违法所得数额累计在2000万元以上；个人非法放贷对象累计在250人以上，单位非法放贷对象累计在750人以上；造成多名借款人或其近亲属自杀、死亡或精神失常等特别严重后果的四种情形之一“情节特别严重”的数额、数量起点标准，并具有两年内因实施非法放贷行为受过行政处罚2次以上；以超过72%的实际年利率实施非法放贷行为10次以上两种情形之一的，可分别认定为情节严重、情节特别严重。④有组织地非法放贷，同时又有其他违法犯罪活动，符合黑社会性质组织或恶势力、恶势力犯罪集团认定标准，应分别按黑社会性质组织或恶势力、恶势力犯罪集团侦查、起诉、审判。黑恶势力非法放贷，根据以认定“情节严重”“情节特别严重”的非法放贷数额、违法所得数额、非法放贷对象数量起点标准，可分别按非法经营罪的情节严重（以超过36%的实际年利率实施符合违反国家规定，未经监管部门批准，或超越经营范围，以营利为目的，经常性地向社会不特定对象发放贷款，扰乱金融市场秩序，情节严重规定的非法放贷行为，具有个人非法放贷数额累计在200万元以上，单位非法放贷数额累计在1000万元以上；个人违法所得数额累计在80万元以上，单位违法所得数额累计在400万元以上；个人非法放贷对象累计在50人以上，单位非法放贷对象累计在150人以上；造成借款人或其近亲属自杀、死亡或精神失常等严重后果的四种情形之一，但单次非法放贷行为实际年利率未超过36%，定罪量刑时不得计入）、情节特别严重（具有个人非法放贷数额累计在1000万元以上，单位非法放贷数额累计在5000万元以上；个人违法所得数额累计在400万元以上，单位违法所得数额累计在2000万元以上；个人非法放贷对象累计在250人以上，单位非法放贷对象累计在750人以上；造成多名借款人或其近亲属自杀、死亡或精神失常等特别严重后果的四种情形之一）规定中相应数额、数量标准的50%确定；同时具有非法放贷数额、违法所得数额、非法放贷对象数量接近（一般应掌握在相应数额、数量标准的80%以上）具有个人非法放贷数额累计在200万元以上，单位非法放贷数额累计在1000万元以上；个人违法所得数额累计在80万元以上，单位违法所得数额累计在400万元以上；个人非法放贷对象累计在50人以上，单位非法放贷对象累计在150人以上；造成借款人或其近亲属自杀、死亡或精神失常等严重后果的四种情形之一的“情节严重”；具有个人非法放贷数额累计在1000万元以上，单位非法放贷数额累计在5000万元以上；个人违法所得数额累计在400万元以上，单位违法所得数额累计在2000万元以上；个人非法放贷对象累计在250人以上，单位非法放贷对象累计在750人以上；造成多名借款人或其近亲属自杀、死亡或精神失常等特别严重后果的四种情形之一“情节特别严重”的数额、数量起点标准，并具有2年内因实施非法放贷行为受过行政处罚2次以上；以超过72%的实际年利率实施非法放贷行为10次以上的两种情形之一的，可分别认定为情节严重、情节特别严重规定情形，可分别按相应数额、数量标准的40%确定。⑤仅向亲友、单位内部人员等特定对象出借资金，不得适用非法经营罪规定定罪处罚。但具有通过亲友、单位内部人员等特定对象向不特定对象发放贷款；以发放贷款为目的，将社会人员吸收为单位内部人员，并向其发放贷款；向社会公开宣传，同时向不特定多人和亲友、单位内部人员等特定对象发放贷款的三种情形之一，定罪量刑时应与向不特定对象非法放贷的行为一并处理。⑥非法放贷数额应以实际出借给借款人的本金金额认定。非法放贷行为人以介绍费、咨询费、管理费、逾期利息、违约金等名义和以从本金中预先扣除等方式收取利息，相关数额在计算实际年利率时均应计入。非法放贷行为人实际收取的除本金之外的全部财物，均应计入违法所得。非法放贷行为未经处理，非法放贷次数和数额、违法所得数额、非法放贷对象数量等应累计计算。⑦为从事非法放贷活动，实施擅自设立金融机构、套取金融机构资金高利转贷、骗取贷款、非法吸收公众存款等行为，构成犯罪的，应择一重罪处罚。为强行索要因非法放贷而产生的债务，实施故意杀人、故意伤害、非法拘禁、故意毁坏财物、寻衅滋事等行为，构成犯罪的，应数罪并罚。纠集、指使、雇佣他人采用滋扰、纠缠、哄闹、聚众造势等手段强行索要债务，尚不单独构成犯罪，但实施非法放贷行为已构成非法经营罪的，应按非法经营罪规定酌情从重处罚。以上规定的情形，刑法、司法解释另有规定的除外。

从《关于办理环境污染刑事案件有关问题座谈会纪要》（2019年）的角度看，要高度重视非法经营危险废物案件的办理，坚持全链条、全环节、全流程对非法排放、倾倒、处置、经营危险废物的产业链进行刑事打击，查清犯罪网络，深挖犯罪源头，斩断利益链条，不断挤压和铲除此类犯罪滋生蔓延的空间。①要坚持实质判断原则，对行为人非法经营危险废物行为的社会危害性作实质性判断。譬如，一些单位或个人虽未依法取得危险废物经营许可证，但其收集、贮存、利用、处置危险废物经营活动，未超标排放污染物、非法倾倒污染物或其他违法造成环境污染情形，则不宜以非法经营罪论处。②坚持综合判断原则，对行为人非法经营危险废物行为根据其在犯罪链条中的地位、作用综合判断其社会危害性。譬如，有证据证明单位或个人的无证经营危险废物行为属于危险废物非法经营产业链的一部分，并已形成了分工负责、利益均沾、相对固定的犯罪链条，若行为人或与其联系紧密的上游或下游环节具有排放、倾倒、处置危险废物违法造成环境污染的情形，且交易价格明显异常，对行为人可根据案件具体情况在污染环境罪和非法经营罪中，择一重罪处断。

从办理民营企业案件基本规则的角度看，严格适用非法经营罪，防止刑事打击扩大化的问题，对民营企业的经营行为，法律和司法解释未作出明确禁止性规定的，不得以非法经营罪追究刑责。①严格把握认定标准，严格按刑法规定理解和适用非法经营罪的违反国家规定（违反全国人大及其常委会制定的法律和决定，国务院制定的行政法规、规定的行政措施、发布的决定和命令），坚决防止以未经批准登记代替违反国家规定的认定，避免办案时机把握不当影响民企生产。②严格按法律和司法解释，慎用非法经营罪的“其他严重扰乱市场秩序的非法经营行为”兜底条款，对法律和司法解释未明确规定，办案中对是否认定为非法经营行为存在分歧，应作为法律适用问题向最高检请示。

从规章制度的角度看，有关地方和部门领导干部在领导和组织开展政法工作中，违反中共政法工作条例和有关党内法规制度规定职责，视情节轻重，由党委政法委进行约谈、通报、挂牌督办等；或由纪检监察机关、组织人事部门按管理权限，办理引咎辞职、责令辞职、免职等。因违纪违法应承担责任的，给予党纪政务处分；涉嫌犯罪的，依法追究刑责。

从进出口商品检验法的角度看，违反进出口商品检验法规定，将须经商检机构检验的进口商品未报经检验而擅自销售或使用，或将须经商检机构检验的出口商品未报经检验合格而擅自出口的，由商检机构没收违法所得，并处货值金额50%以上20%以下的罚款；构成犯罪的，依法追究刑责。①违反进出口商品检验法规定，未经国家商检部门许可，擅自从事进出口商品检验鉴定业务的，由商检机构责令停止非法经营，没收违法所得，并处违法所得1倍以上3倍以下的罚款。②进口或出口属于掺杂掺假、以假充真、以次充好的商品或以不合格进出口商品冒充合格进出口商品的，由商检机构责令停止进口或出口，没收违法所得，并处货值金额50%以上3倍以下的罚款；构成犯罪的，依法追究刑责。③伪造、变造、买卖或盗窃商检单证、印章、标志、封识、质量认证标志的，依法追究刑责；尚不够刑事处罚的，由商检机构、认证认可监督管理部门依据各自职责责令改正，没收违法所得，并处货值金额等值以下的罚款。

七、《刑法》第226条【强迫交易罪】

从商业暴力犯、故意犯、情节犯的角度看，采取暴力（殴打、捆绑、抱住、围困、伤害、砸毁等）、威胁（以暴力或其他方式相威胁或精神强制加害人身、毁坏财物、揭露隐私、破坏名誉等）手段，实施强迫交易（强迫他人接受或提供商品交易或服务交易）行为（①强买强卖商品。②强迫他人提供或接受服务。③强迫他人参与或退出投标、拍卖。④强迫他人转让或收购公司、企业的股份、债券或其他资产。⑤强迫他人参与或退出特定的经营活动），情节严重（①造成被害人轻微或其他严重后果。②造成直接经济损失2000元以上。③强迫交易3次以上或强迫3人以上交易。④强迫交易数额1万元以上或违法所得数额2000元以上。⑤强迫他人购买伪劣商品数额5000元以上，或违法所得数额1000元以上。⑥其他情节严重的情形）的，处3年以下有期刑或拘役，并处或单处罚金；情节特别严重（2人以上共同实施强迫交易；多次强迫交易；强迫交易数额巨大或非法获利数额巨大；强迫交易严重扰乱市场；以强迫交易手段推销伪劣商品；造成社会影响恶劣或被害人及家庭人身伤害、其他严重后果等）的，处3年以上7年以下有期刑，并处罚金。单位犯强迫交易罪的，实行双罚制。

强迫交易罪是以暴力、威胁手段强买强卖商品、强迫他人提供服务或强迫他人接受服务，情节严重的行为。强迫交易罪的立案追诉标准：①以暴力、威胁手段强买强卖商品，强迫他人提供服务或接受服务，涉嫌造成被害人轻微伤；造成直接经济损失2000元以上；强迫交易3次以上或强迫3人以上交易；强迫交易数额1万元以上，或违法所得数额2000元以上；强迫他人购买伪劣商品数额5000元以上，或违法所得数额1000元以上；其他情节严重的情形等六种情形之一的，应立案追诉。②以暴力、威胁手段强迫他人参与或退出投标、拍卖，强迫他人转让或收购公司、企业的股份、债券或其他资产，强迫他人参与或退出特定的经营活动，具有多次实施、手段恶劣、造成严重后果或恶劣社会影响等情形之一，应立案追诉。

强迫交易罪的认定：①以暴力、胁迫手段强迫他人借贷，属于强迫他人提供或接受服务，情节严重，以强迫交易罪追究刑责；同时构成故意伤害罪等他罪，依处罚较重的规定定罪处罚。②以非法占有为目的，以借贷为名采取暴力、胁迫手段获取他人财物，符合抢劫或敲诈勒索的犯罪行为，以抢劫罪或敲诈勒索罪追究刑责。③行为人以非法占有为目的，在商品交易或服务交易中当场使用暴力、胁迫或其他方法，强行立即劫取财物，情节严重，应以抢劫罪定罪处罚；在商品交易或服务交易中实施强迫交易行为，暴力致人伤亡，应以强迫交易罪、故意伤害罪或故意杀人罪数罪并罚。④从司法解释的角度看，采用软暴力手段，使他人产生心理恐惧或形成心理强制，分别属于强迫交易罪的威胁、寻衅滋事罪的追逐、拦截、辱骂、恐吓他人，情节恶劣情形的恐吓，同时符合其他犯罪构成要件的，应分别以强迫交易罪、寻衅滋事罪定罪处罚。⑤雇佣、指使他人采用“软暴力”手段强迫交易、敲诈勒索，构成强迫交易罪、敲诈勒索罪，对雇佣者、指使者，一般应以共犯中的主犯论处。⑥利用信息网络威胁他人，强迫交易，情节严重，以强迫交易罪定罪处罚。

强买强卖商品，强迫他人提供服务或强迫他人接受服务的，处5日以上10日以下拘留，并处200元以上500元以下罚款；情节较轻（强迫交易造成直接经济损失未达到有关刑事追诉标准10%；强迫交易数额或违法所得未达到有关刑事追诉标准10%；强迫他人购买伪劣商品数额或违法所得未达到有关刑事追诉标准10%；事后主动返还财物或支付有关费用，取得被侵害人谅解；其他情节较轻的情形）的，处5日以下拘留或500元以下罚款（《治安管理处罚法》第46条）。

从比较法的角度看，各种暴力犯罪的行为方式具有相似性，关键在于犯罪行为目的、犯罪客体的不同。①强迫交易罪和敲诈勒索罪、寻衅滋事罪的根本差异在于犯罪构成要件（犯罪主体、犯罪客体、犯罪主观方面、犯罪客观方面）的不同。②强迫交易罪和抢劫罪的根本差异在于犯罪主体、犯罪客体、犯罪主观方面、犯罪客观方面内容（暴力程度、威胁内容、方式、时间、手段、表现等）的不同。

侦办利用信息网络实施的强迫交易、敲诈勒索等非法敛财类案件，确因被害人人数众多等客观条件的限制，无法逐一收集被害人陈述，可结合已收集的被害人陈述，以及经查证属实的银行账户交易记录、第三方支付结算账户交易记录、通话记录、电子数据等证据，综合认定被害人人数以及涉案资金数额等。

电子数据取证包括但不限于收集、提取电子数据；电子数据检查和侦查实验；电子数据检验与鉴定。①公安机关办理刑事案件应遵守法定程序，遵循有关技术标准，全面、客观、及时地收集、提取涉案电子数据，确保电子数据的真实、完整。②公安机关电子数据取证涉及国家秘密、警务工作秘密、商业秘密、个人隐私，应保密；对获取的材料与案件无关，应及时退还或销毁。③公安机关接受或依法调取的其他国家机关在行政执法和查办案件过程中依法收集、提取的电子数据可作为刑事案件的证据使用。

八、《刑法》第227条【伪造、倒卖伪造的有价票证罪；倒卖车票、船票罪】

从选择罪名、一般主体、故意犯、数额犯、情节犯的角度看，伪造或倒卖（以原价套购后高价或变相加价转手出售）伪造的车票、船票、邮票或其他有价票证（犯罪对象），数额较大［（1）伪造或倒卖伪造的车票、船票、邮票或其他有价凭证，应立案追诉的五种情形：①车票、船票票面数额累计2000元以上或数量累计50张以上。②邮票票面数额累计5000元以上或数量累计1000枚以上。③其他有价票证价额累计5000元以上或数量累计100张以上。④非法获利累计1000元以上。⑤其他数额较大的情形。

(2) 倒卖车票、船票或车票座席、卧铺签字号和订购车票、船票凭证，应立案追诉的情形：①票面数额累计5000元以上。②非法获利累计2000元以上。③其他情节严重的情形］的，处2年以下有期刑、拘役或管制，并处或单处票证价额1倍以上5倍以下罚金；数额巨大的，处2年以上7年以下有期刑，并处票证价额1倍以上5倍以下罚金。

从故意犯、情节犯的角度看，倒卖车票、船票，情节严重（①高价、变价、变相加价倒卖车票、船票或倒卖车票座席、卧铺签字号和订购车票、船票凭证，票面数额5000元以上，或非法获利数额2000元以上。②倒卖数额较大、次数较多、手段恶劣等）的，处3年以下有期刑、拘役或管制，并处或单处票证价额1倍以上5倍以下罚金。

九、《刑法》第228条【非法转让、倒卖土地使用权罪】

从行政犯、故意犯、目的犯、情节犯的角度看，以牟利为目的，违反土地管理法规（土地管理法、草原法、森林法等法律；土地管理类行政法规），非法转让（非法交换、出售、赠送）、倒卖（非法出卖、租借、收买、以合法形式掩盖非法目的占有等）土地使用权，情节严重（①违法所得数额50万元以上。②非法转让、倒卖基本农田5亩以上。③非法转让、倒卖基本农田外的耕地10亩以上。④非法转让、倒卖其他土地20亩以上。⑤虽未达到违法所得数额50万元以上、非法转让倒卖基本农田5亩以上、非法转让倒卖基本农田外的耕地10亩以上，或非法转让、倒卖其他土地20亩以上的数额标准，但因非法转让、倒卖土地使用权受过行政处罚，又非法转让、倒卖土地。⑥其他情节严重情形）的，处3年以下有期刑或拘役，并处或单处非法转让、倒卖土地使用权价额5%以上20%以下罚金；情节特别严重（①非法转让、倒卖基本农田10亩以上。②非法转让、倒卖基本农田外的耕地20亩以上。③非法转让、倒卖其他土地40亩以上。④非法转让、倒卖土地使用权获利100万元以上。⑤非法转让、倒卖土地接近以上数额标准并有严重后果等其他恶劣情节）的，处3年以上7年以下有期刑，并处非法转让、倒卖土地使用权价额5%以上20%以下罚金。

单位犯非法转让、倒卖土地使用权罪的，实行双罚制。①自然人、单位犯非法转让、倒卖土地使用权罪、非法占有耕地罪的定罪量刑标准、追诉标准具有同一性。②对应追诉的多次实施或1年内多次实施非法转让、倒卖土地使用权或非法低价出让国有土地使用权、非法占有耕地、非法批准征用、占有土地的行为，按累计的数量、数额处罚。③从比较法的角度看，非法转让、倒卖土地使用权罪和非法占有农用地罪的根本差异在于犯罪对象、犯罪客体、犯罪主观方面目的、犯罪客观方面行为方式、定罪量刑情节的不同。a. 违反土地管理法规，非法占用耕地改作他用，数量较大，造成耕地大量毁坏，以非法占有农用地罪定罪处罚。b. 从牵连犯的角度看，行为人非法转让、倒卖土地使用权的同时，故意擅自改变土地使用用途让与他人，数量较大，造成农用地大量毁坏，应以牵连犯从一重罪处罚，非法转让、倒卖土地使用权的受让人仅构成非法占有农用地罪。④非法转让、倒卖土地使用权罪和非法经营罪的根本差异在于犯罪对象、犯罪主体责任、犯罪主观方面目的、犯罪客观方面行为方式的不同。⑤非法转让、倒卖土地使用权罪和徇私舞弊低价折股、出售国有资产罪的根本差异在于犯罪对象、犯罪客体、犯罪行为方式的不同。a. 行为人以土地入股，故意压低土地价格而造成国家利益、集体利益受到严重损失，构成徇私舞弊低价折股、出售国有资产罪。b. 买卖或以其他形式非法转让土地，由县级以上土管部门没收违法所得；对违反土地利用总体规划擅自将农用地改为建设用地，限期拆除在非法转让的土地上新建的建筑物和其他设施，恢复土地原状，对符合土地利用总体规划，没收在非法转让的土地上新建的建筑物和其他设施；可并处罚款；对直接负责的主管人员和其他直接责任人员，依法给予行政处分；构成犯罪的，依法追究刑责。

十、《刑法》第229条【提供虚假证明文件罪；出具证明文件重大失实罪】

从身份犯、故意犯、情节犯、结果犯和两高《关于办理药品、医疗器械注册申请材料造假刑事案件适用法律若干问题的解释》（2017年）的角度看，承担资产评估（注册会计师、资产评估师等）、验资（注册会计师等）、验证、会计、审计、法律服务、保荐、安全评价、环境影响评价、环境监测等职责的中介组织（法定资产评估机构、法定验资机构、法定验证机构、会计师事务所、审计师事务所、律所等）的人员故意提供虚假证明文件［药物非临床研究机构、药物临床试验机构、合同研究组织（受药品或医疗器械注册申请单位、药物非临床研究机构、药物或医疗器械临床试验机构的委托，从事试验方案设计、数据统计、分析测试、监查稽查等与非临床研究或临床试验相关活动的单位）的工作人员，故意提供虚假的药物非临床研究报告、药物临床试验报告及相关材料；资产评估、验资、验证、会计、审计、法律服务等报告、证明文件；药物非临床研究机构、药物临床试验机构、合同研究组织的工作人员故意提供虚假的药物非临床研究报告、药物临床试验报告及相关材料］，情节严重（给国家、公众或公司、股东等造成重大经济损失，或极其恶劣影响，或社会秩序、经济秩序严重混乱等；故意提供虚假证明文件，在药物非临床研究或药物临床试验过程中故意使用虚假试验用药品；瞒报与药物临床试验用药品相关的严重不良事件；故意损毁原始药物非临床研究数据或药物临床试验数据；编造受试动物信息、受试者信息、主要试验过程记录、研究数据、检测数据等药物非临床研究数据或药物临床试验数据，影响药品安全性、有效性评价结果；曾因在申请药品、医疗器械注册过程中提供虚假证明材料受过刑罚或两年内受过行政处罚，又提供虚假证明材料；其他情节严重情形）的，处5年以下有期刑或拘役，并处罚金；具有提供与证券发行相关的虚假的资产评估、会计、审计、法律服务、保荐等证明文件，情节特别严重；提供与重大资产交易相关的虚假的资产评估、会计、审计等证明文件，情节特别严重；在涉及公共安全的重大工程、项目中提供虚假的安全评价、环境影响评价等证明文件，致使公共财产、国家和人民利益遭受特别重大损失等三种情形之一的，处5年以上10年以下有期刑，并处罚金。有前款行为，同时索取他人财物或非法收受他人财物构成犯罪，依处罚较重的规定定罪处罚。承担资产评估、验资、验证、会计、审计、法律服务、保荐、安全评价、环境影响评价、环境监测等职责的中介组织的人员，严重不负责任，出具的证明文件有重大失实，造成严重后果，处 3 年以下有期刑或拘役，并处或单处罚金。

单位犯提供虚假证明文件罪、出具证明文件重大失实罪，实行双罚制。

从两高《关于办理药品、医疗器械注册申请材料造假刑事案件适用法律若干问题的解释》(2017 年）的角度看，实施故意提供虚假证明文件（药物非临床研究机构、药物临床试验机构、合同研究组织的工作人员，故意提供虚假的药物非临床研究报告、药物临床试验报告及相关材料)，具有在药物非临床研究或药物临床试验过程中故意使用虚假试验用药品；瞒报与药物临床试验用药品相关的严重不良事件；故意损毁原始药物非临床研究数据或药物临床试验数据；编造受试动物信息、受试者信息、主要试验过程记录、研究数据、检测数据等药物非临床研究数据或药物临床试验数据，影响药品安全性、有效性评价结果；曾因在申请药品、医疗器械注册过程中提供虚假证明材料受过刑罚或两年内受过行政处罚，又提供虚假证明材料；其他情节严重的情形等六种情形之一，应认定为《刑法》第 229 条提供虚假证明文件罪的“情节严重”，以提供虚假证明文件罪处 5 年以下有期刑或拘役，并处罚金（两高《关于办理药品、医疗器械注册申请材料造假刑事案件适用法律若干问题的解释》第 1 条）。

实施故意提供虚假证明文件（药物非临床研究机构、药物临床试验机构、合同研究组织的工作人员，故意提供虚假的药物非临床研究报告、药物临床试验报告及相关材料)，具有在药物非临床研究或药物临床试验过程中故意使用虚假试验用药品；瞒报与药物临床试验用药品相关的严重不良事件；故意损毁原始药物非临床研究数据或药物临床试验数据；编造受试动物信息、受试者信息、主要试验过程记录、研究数据、检测数据等药物非临床研究数据或药物临床试验数据，影响药品安全性、有效性评价结果；曾因在申请药品、医疗器械注册过程中提供虚假证明材料受过刑罚或两年内受过行政处罚，又提供虚假证明材料；其他情节严重的情形等六种情形之一，索取或非法收受他人财物，应依《刑法》第 229 条第 2 款提供虚假证明文件罪的规定（承担资产评估、验资、验证、会计、审计、法律服务等职责的中介组织的人员，索取他人财物或非法收受他人财物，犯故意提供虚假证明文件，情节严重的罪，处 5 年以上 10 年以下有期刑，并处罚金)，以提供虚假证明文件罪处 5 年以上 10 年以下有期刑，并处罚金；同时构成提供虚假证明文件罪和受贿罪、非国家工作人员受贿罪，依处罚较重的规定定罪处罚（两高《关于办理药品、医疗器械注册申请材料造假刑事案件适用法律若干问题的解释》第 2 条）。

药品注册申请单位的工作人员指使（具有明知有关机构、组织不具备相应条件或能力，仍委托其进行药物非临床研究、药物临床试验；支付的价款明显异于正常费用的两种情形之一的，可认定为“指使”，但有相反证据的除外）药物非临床研究机构、药物临床试验机构、合同研究组织的工作人员提供实施故意提供虚假证明文件（药物非临床研究机构、药物临床试验机构、合同研究组织的工作人员，故意提供虚假的药物非临床研究报告、药物临床试验报告及相关材料)，具有在药物非临床研究或药物临床试验过程中故意使用虚假试验用药品；瞒报与药物临床试验用药品相关的严重不良事件；故意损毁原始药物非临床研究数据或药物临床试验数据；编造受试动物信息、受试者信息、主要试验过程记录、研究数据、检测数据等药物非临床研究数据或药物临床试验数据，影响药品安全性、有效性评价结果；曾因在申请药品、医疗器械注册过程中提供虚假证明材料受过刑罚或两年内受过行政处罚，又提供虚假证明材料；其他情节严重的情形等六种情形之一规定的虚假药物非临床研究报告、药物临床试验报告及相关材料，以提供虚假证明文件罪的共同犯罪论处（两高《关于办理药品、医疗器械注册申请材料造假刑事案件适用法律若干问题的解释》第4条）。

药品注册申请单位的工作人员和药物非临床研究机构、药物临床试验机构、合同研究组织的工作人员共同实施药品注册申请单位的工作人员指使药物非临床研究机构、药物临床试验机构、合同研究组织的工作人员提供实施故意提供虚假证明文件（药物非临床研究机构、药物临床试验机构、合同研究组织的工作人员，故意提供虚假的药物非临床研究报告、药物临床试验报告及相关材料），具有在药物非临床研究或药物临床试验过程中故意使用虚假试验用药品；瞒报与药物临床试验用药品相关的严重不良事件；故意损毁原始药物非临床研究数据或药物临床试验数据；编造受试动物信息、受试者信息、主要试验过程记录、研究数据、检测数据等药物非临床研究数据或药物临床试验数据，影响药品安全性、有效性评价结果；曾因在申请药品、医疗器械注册过程中提供虚假证明材料受过刑罚或两年内受过行政处罚，又提供虚假证明材料；其他情节严重的情形等六种情形之一规定的虚假药物非临床研究报告、药物临床试验报告及相关材料，以提供虚假证明文件罪的共同犯罪论处的行为，骗取药品批准证明文件生产、销售药品，同时构成提供虚假证明文件罪和生产、销售、提供假药罪，依处罚较重的规定定罪处罚（两高《关于办理药品、医疗器械注册申请材料造假刑事案件适用法律若干问题的解释》第4条）。

药品注册申请单位的工作人员，故意使用符合实施药物非临床研究机构、药物临床试验机构、合同研究组织的工作人员，故意提供虚假的药物非临床研究报告、药物临床试验报告及相关材料规定的故意提供虚假证明文件行为，具有在药物非临床研究或药物临床试验过程中故意使用虚假试验用药品；瞒报与药物临床试验用药品相关的严重不良事件；故意损毁原始药物非临床研究数据或药物临床试验数据；编造受试动物信息、受试者信息、主要试验过程记录、研究数据、检测数据等药物非临床研究数据或药物临床试验数据，影响药品安全性、有效性评价结果；曾因在申请药品、医疗器械注册过程中提供虚假证明材料受过刑罚或两年内受过行政处罚，又提供虚假证明材料；其他情节严重的情形等五种情形规定的虚假药物非临床研究报告、药物临床试验报告及相关材料，骗取药品批准证明文件生产、销售药品，应以《刑法》第141条生产、销售、提供假药罪定罪处罚（两高《关于办理药品、医疗器械注册申请材料造假刑事案件适用法律若干问题的解释》第3条）。

在医疗器械注册申请中，故意提供、使用虚假的医疗器械临床试验报告及相关材料，参照适用两高《关于办理药品、医疗器械注册申请材料造假刑事案件适用法律若干问题的解释》第1~4条规定。

对药品、医疗器械注册申请负有核查职责的国家机关工作人员，滥用职权或玩忽职守，导致使用虚假证明材料的药品、医疗器械获得注册，致使公共财产、国家和人民利益遭受重大损失，应以《刑法》第397条滥用职权罪或玩忽职守罪追究刑责。

单位犯两高《关于办理药品、医疗器械注册申请材料造假刑事案件适用法律若干问题的解释》第1~5条规定之罪，对单位判处罚金，并依两高《关于办理药品、医疗器械注册申请材料造假刑事案件适用法律若干问题的解释》规定的相应自然人犯罪的定罪量刑标准对直接负责的主管人员和其他直接责任人员定罪处罚。

对是否属于虚假的药物非临床研究报告、药物或医疗器械临床试验报告及相关材料，是否影响药品或医疗器械安全性、有效性的评价结果，以及是否属于严重不良事件等专门性问题难以确定，可根据国家药监部门设置或指定的药品、医疗器械审评等机构出具的意见，结合其他证据作出认定。

从故意犯的角度看，提供虚假证明文件罪的五种立案追诉标准：①承担资产评估、验资、验证、会计、审计、法律服务等职责的中介组织的人员故意提供虚假证明文件，违法所得数额10万元以上。②虚假证明文件虚构数额100万元且占实际数额30%以上。③给国家、公众或其他投资者造成直接经济损失数额50万元以上。④虽未达到违法所得数额10万元以上、虚假证明文件虚构数额100万元且占实际数额30%以上，或给国家、公众或其他投资者造成直接经济损失数额50万元以上的数额标准，但有两年内因提供虚假证明文件受过行政处罚2次以上又提供虚假证明文件，在提供虚假证明文件过程中索取或非法接受他人财物。⑤其他情节严重的情形。

提供虚假证明文件罪是承担资产评估、验资、验证、会计、审计、法律服务等职责的中介组织及其人员采取凭空捏造、虚假陈述等方式，明知自己提供的证明文件不符合实施情况而故意提供虚假证明文件，情节严重的行为。①中介组织人员索取他人财物或非法收受他人财物，并为其提供虚假证明文件的构成结果加重犯，构成提供虚假证明文件罪。②中介组织人员，明知国有资产占有单位等企业公司经营管理混乱、财务亏空、资信能力较差等基本状况，却在企业租赁、兼并、出售、联营、股份经营、资产拍卖、转让、抵押、担保、清算或中外合资经营、中外合作经营等资产（固定资产、无形资产、其他资产）评估或验资证明、审计报告方面故意提供具有不负事实、重大出入等重大失实、虚假的全部或重要内容失实，造成了严重后果，构成提供虚假证明文件罪。

以提供虚假证明文件罪或出具证明文件重大失实罪定罪处罚的情形：①环境影响评价机构或其人员，故意提供虚假环境影响评价文件，情节严重，或严重不负责任（过失），出具的环境影响评价文件存在重大失实，造成严重后果，应以提供虚假证明文件罪或出具证明文件重大失实罪定罪处罚。②承担资产评估、验资、验证、会计、审计、法律服务等职责的中介组织或其人员，为信用卡申请人提供虚假的财产状况、收入、职务等资信证明材料，应追究刑责，分别以提供虚假证明文件罪和出具证明文件重大失实罪定罪处罚。

为信用卡申请人制作、提供虚假的财产状况、收入、职务等资信证明材料，涉及伪造、变造、买卖国家机关公文、证件、印章，或涉及伪造公司、企事业单位、人民团体印章，应追究刑责，分别以伪造、变造、买卖国家机关公文、证件、印章罪和伪造公司、企事业单位、人民团体印章罪定罪处罚。

从比较法的角度看，提供虚假证明文件罪与出具证明文件重大失实罪的根本差异在于犯罪主观方面、犯罪客观方面的不同。

从过失犯、结果犯的角度看，承担资产评估、验资、验证、会计、审计、法律服务等职责的中介组织的人员，严重不负责任（过失），出具的证明文件（资产评估书、验资证明、验证证明、审计报告、法律服务合同或协议等证据材料）有重大失实（全部内容失实、重要内容失实等），造成严重后果（给国家、公众或其他投资者造成直接经济损失数额100万元以上；其他造成严重后果情形）的，犯出具证明文件重大失实罪，处3年以下有期刑或拘役，并处或单处罚金。

从过失犯的角度看，出具证明文件重大失实罪是承担资产评估、验资、验证、会计、审计、法律服务等职责的中介组织及其人员严重不负责任（过失），出具重大失实证明文件，造成严重后果的行为。（1）从过失犯的角度，出具证明文件重大失实罪的两种立案追诉标准：①承担资产评估、验资、验证、会计、审计、法律服务等职责的中介组织的人员严重不负责任（过失），出具的证明文件有重大失实，给国家、公众或其他投资者造成直接经济损失数额100万元以上。②其他造成严重后果情形。（2）公证员在履行公证职责过程中，严重不负责任（过失），出具的公证文书有重大失实，造成严重后果，以出具证明文件重大失实罪追究刑责。

十一、《刑法》第230条【逃避商检罪】

从立案追诉标准、故意犯、情节犯的角度看，违反进出口商品检验法（含进出口商品检验法实施条例）规定（犯罪客体），逃避商品检验（商品重量、质量、数量、规格、包装、卫生、安全要求等），将须经商检机构检验的进口商品（国家进出口商品检验商品种类表等）未报经检验而擅自在境内销售、使用，或将须经商检机构检验的出口商品未报经检验合格（含抽检不合格商品）而擅自出口（犯罪对象、犯罪客观方面），情节严重（①多次逃避商检。②导致病疫流行、灾害事故。③引起国际经济贸易纠纷，严重影响国家对外贸易关系，或严重损害国家声誉。④逃避商检的进出口货物货值金额300万元以上。⑤给国家、单位或个人造成直接经济损失巨大数额50万元以上。⑥其他情节严重情形）的，处3年以下有期刑或拘役，并处或单处罚金。

单位犯逃避商检罪的，实行双罚制，对单位判处罚金，并对其直接负责的主管人员和其他直接责任人员，处3年以下有期刑或拘役，并处或单处罚金。

逃避商检罪的主观方面存在故意说（情节严重）、过失说（后果严重）等不同理论观点。（1）从比较法的角度看，逃避商检罪与走私废物罪的根本差异在于犯罪对象、犯罪客观方面的不同。（2）从想象竞合犯的角度看，逃避海关监管，从境外非法进口用作原料性质的固体废物，同时触犯走私废物罪、逃避商检罪，最终以走私罪（走私废物罪）从一重罪处罚。相反，未逃避海关监管，亦经国务院有关主管部门许可用作原料性质的固体废物，但逃避商检机构检验，擅自进口固体废物用作原料，情节严重的，构成逃避商检罪。（3）从进出口商品检验法的角度看，违反进出口商品检验法规定，将须经商检机构检验的进口商品未报经检验而擅自在境内销售、使用，或将须经商检机构检验的出口商品未报经检验合格而擅自出口，由商检机构没收违法所得，并处金额5%以上20%以下罚款；构成犯罪的，依法追究刑责。（4）从进出口商品检验法实施条例的角度看，销售、使用经法定检验、抽查检验或验证不合格的进口商品，或出口经法定检验、抽查检验或验证不合格的商品，由出入境检验检疫机构责令停止销售、使用或出口，没收违法所得和违法销售、使用或出口的商品，并处违法销售、使用或出口的商品货值金额等值以上3倍以下罚款；构成犯罪的，依法追究刑责。①出入境检验检疫机构对没收的商品依法予以处理所得价款、没收的违法所得、收缴的罚款，全部上缴国库。②当事人在法定期限内对出入境检验检疫机构、国家质检总局作出的复核结论或处罚决定不服的，可依法申请行政复议，也可依法提起行政诉讼。

第八章

侵犯公民人身权利、民主权利罪（《刑法》第232条至第262条）

从犯罪主体的角度看，侵犯公民人身权、民主权罪的犯罪主体以一般犯罪主体为主，以特殊犯罪主体为辅。强迫职工劳动罪的特殊主体是用人单位；雇用童工罪的一般主体是自然人、单位。

从犯罪客体的角度看，侵犯公民人身权利罪分为侵犯公民生命、健康的犯罪（强奸罪；故意杀人罪；故意伤害罪；过失致人死亡罪；过失致人重伤罪；组织出卖人体器官罪）、侵犯妇女儿童身心健康的犯罪（强奸罪；强制猥亵、侮辱罪；猥亵儿童罪）、侵犯人身自由的犯罪（诬告陷害罪；强迫劳动罪；雇用童工从事危重劳动罪；虐待被监管人罪；刑讯逼供罪；暴力取证罪；非法搜查罪；非法侵入住宅罪；非法拘禁罪；绑架罪；拐卖妇女、儿童罪；收买被拐卖的妇女、儿童罪；聚众阻碍解救被收买的妇女、儿童罪）、侵犯人格、名誉、荣誉的犯罪（侮辱罪；诽谤罪；煽动民族仇恨、民族歧视罪；出版歧视、侮辱少数民族作品罪）等。侵犯公民民主权利的犯罪，包括破坏选举罪；报复陷害罪；打击报复会计、统计人员罪；侵犯公民个人信息罪；侵犯通信自由罪；侵犯少数民族风俗习惯罪；非法剥夺公民宗教信仰自由罪；私自开拆、隐匿、毁弃邮件、电报罪。妨碍婚姻家庭权利的犯罪，包括暴力干涉婚姻自由罪；重婚罪；破坏军婚罪；强奸罪；遗弃罪；虐待罪；虐待被监护、看护人罪；拐骗儿童罪；组织残疾人、儿童乞讨罪；组织未成年人进行违反治安管理活动罪。

从宽严相济政策的角度看，侵犯公民人身权、民主权罪的减刑、假释：①对因犯故意杀人、爆炸、抢劫、强奸、绑架等暴力犯罪，致人死亡或严重残疾而被判处死缓二年执行或无期刑的罪犯，要严格控制减刑的频度和每次减刑的幅度，要保证其相对较长的实际服刑期限，维护公平正义，确保改造效果。②对群体性事件中发生的杀人、放火、抢劫、伤害等犯罪案件，要注意重点打击其中的组织、指挥、策划者和直接实施犯罪行为的积极参与者；对因被煽动、欺骗、裹胁而参加，情节较轻，经教育确有悔改表现的，应依法从宽处理。③对一般共犯案件，应充分考虑各被告人在共犯中的地位和作用，以及在主观恶性和人身危险性方面的不同，据事实和证据能分清主从犯的，都应认定主从犯。有多名主犯的，应在主犯中进一步区分出罪行最为严重者。对多名被告人共同致死1名被害人的案件，要进一步分清各被告人的作用，准确确定各被告人的罪责，以做到区别对待；不能以分不清主次为由，简单地一律判处重刑。

④在共犯案件中，对主犯或首犯检举、揭发同案地位、作用较次罪犯构成立功，从轻或减轻处罚应从严掌握，若从轻处罚可能导致全案量刑失衡，一般不予从轻处罚；若检举、揭发的是他罪案件中罪行同样严重的罪犯，或协助抓获的是同案中的其他主犯、首犯，原则上应予依法从轻或减轻处罚。对从犯或犯罪集团中的一般成员立功，特别是协助抓获主犯、首犯，应充分体现政策，依法从轻、减轻或免刑。⑤对未成年犯、老年犯、残疾罪犯、过失犯、中止犯、胁从犯、积极主动缴付财产执行财产刑或履行民事赔偿责任的罪犯、因防卫过当或避险过当而判处徒刑的罪犯以及其他主观恶性不深、人身危险性不大的罪犯，在依法减刑、假释时，应根据悔改表现从宽掌握。a. 对认罪服法，遵守监规，积极参加学习、劳动，确有悔改表现的，依法减刑，减刑的幅度可适当放宽，间隔的时间可相应缩短。b. 符合假释条件的，应依法多适用假释。

一、《刑法》第 232 条【故意杀人罪】

从故意犯、行为犯、情节犯、实害结果犯、暴力犯罪的角度看，故意杀人的，处死刑、无期刑或 10 年以上有期刑；情节较轻的，处 3 年以上 10 年以下有期刑。

从传统刑法理论的角度看，自然人的死亡标准问题有争议性，存在呼吸停止说、心跳停止说、脑死亡说、综合判断说等不同理论观点。[1]

从相对负刑责年龄、无限防卫权、《刑法修正案（十一）》的角度看，已满 16 周岁的人犯罪，应负刑责。已满 14 周岁不满 16 周岁的人，犯故意杀人、故意伤害致人重伤或死亡、强奸、抢劫、贩卖毒品、放火、爆炸、投放危险物质罪，应负刑责。已满 12 周岁不满 14 周岁的人，犯故意杀人、故意伤害罪，致人死亡或以特别残忍手段致人重伤造成严重残疾，情节恶劣，经最高检核准追诉，应负刑责。对已满 16 周岁的人犯罪，已满 14 周岁不满 16 周岁的人，犯故意杀人、故意伤害致人重伤或死亡、强奸、抢劫、贩卖毒品、放火、爆炸、投放危险物质罪，已满 12 周岁不满 14 周岁的人，犯故意杀人、故意伤害罪，致人死亡或以特别残忍手段致人重伤造成严重残疾，情节恶劣，追究刑责的不满 18 周岁的人，应从轻或减轻处罚。因不满 16 周岁不予刑罚，责令其父母或其他监护人加以管教；必要时，可依法进行专门矫治教育。

从司法实践、社会实践的角度看，故意杀人罪的刑罚以死刑为原则，以死缓、有期刑、无期刑或免刑、不负刑责为例外。将故意杀人罪中的“人”解释为“精神正常的人”，缩小了此处人的外延，属于缩小解释。

从故意杀人犯罪适用死刑标准的角度看，对故意杀人犯罪是否判处死刑，不仅要看是否造成了被害人死亡的结果，还要综合考虑案件的全部情况。①对因婚姻家庭、邻里纠纷等民间矛盾激化引发的故意杀人犯罪，适用死刑一定要十分慎重，应与发生在社会上的严重危害社会治安的其他故意杀人犯罪案件有所区别。②对被害人一方有明显过错或对矛盾激化负有直接责任，或被告人有法定从轻处罚情节的，一般不应判处死刑立即执行。

---

〔1〕 张明楷编著：《外国刑法纲要》，清华大学出版社 1999 年版，第 463 页。

故意杀人罪的情形：①从转化犯的角度看，聚众斗殴者故意致人重伤，聚众斗殴罪转化为故意伤害罪，以故意伤害罪一罪定罪从重处罚；故意致人死亡，聚众斗殴罪转化为故意杀人罪，以故意杀人罪一罪定罪从重处罚。②从转化犯的角度看，监狱、拘留所、看守所等监管机构的监管人员虐待被监管人故意致人伤残，虐待被监管人罪转化为故意伤害罪，以故意伤害罪一罪定罪从重处罚。③故意致人死亡，虐待被监管人罪转化为故意杀人罪，以故意杀人罪一罪定罪从重处罚（监狱、拘留所、看守所等监管机构监管人员对被监管人进行殴打或体罚虐待，致人伤残、死亡，依故意伤害罪、故意杀人罪规定定罪从重处罚）。④从转化犯的角度看，司法工作人员刑讯逼供或暴力取证致人伤残，刑讯逼供罪或暴力取证罪转化为故意伤害罪，以故意伤害罪定罪从重处罚；致人死亡，刑讯逼供罪或暴力取证罪转化为故意杀人罪，以故意杀人罪定罪从重处罚（司法工作人员对嫌犯、被告人实行刑讯逼供或使用暴力逼取证人证言，致人伤残或死亡，刑讯逼供罪或暴力取证罪转化为故意伤害罪或故意杀人罪，从重处罚）。⑤从转化犯的角度看，在非法拘禁过程中，故意使用暴力致人伤残，非法拘禁罪转化为故意伤害罪，以故意伤害罪定罪处罚；故意使用暴力致人死亡，非法拘禁罪转化为故意杀人罪。⑥饲养动物的人有保证自己饲养的动物不侵害他人合法权益的义务，饲养人看见自己饲养的宠物撕咬儿童而不制止，导致儿童被咬死的，应成立不作为的故意杀人罪。⑦征得被害人同意而实施杀害行为，目前在法律上还不能排除其犯罪性，仍构成故意杀人罪。⑧行为人在交通肇事后为逃避法律追究，将被害人带离事故现场后隐藏或遗弃，使被害人无法得到救助而死亡或严重残疾（重伤）的，应分别以故意杀人罪或故意伤害罪定罪处罚。⑨驾车冲撞、碾轧、拖拽、剐蹭民警，或挤别、碰撞正执行职务的警用车辆，危害公共安全或民警生命、健康安全，符合《刑法》第114（以危险方法危害公共安全罪）、115（以危险方法危害公共安全罪）、232（故意杀人罪）、234（故意杀人罪）条规定，应以危险方法危害公共安全罪、故意杀人罪或故意伤害罪定罪，酌情从重处罚。⑩暴力袭警，致使民警重伤、死亡，符合《刑法》第234（故意伤害罪）、232（故意杀人罪）条规定，应以故意伤害罪、故意杀人罪定罪，酌情从重处罚。⑪故意从高空抛弃物品，尚未造成严重后果，但足以危害公共安全，依《刑法》第114条以危险方法危害公共安全罪定罪处罚；致人重伤、死亡或使公私财产遭受重大损失，依《刑法》第115条第1款（放火罪、决水罪、爆炸罪、投放危险物质罪、以危险方法危害公共安全罪：放火、决水、爆炸以及投放毒害性、放射性、传染病病原体等物质或以其他危险方法致人重伤、死亡或使公私财产遭受重大损失，处10年以上有期刑、无期刑或死刑）处罚。为伤害、杀害特定人员故意从高空抛弃物品，致人重伤、死亡，以故意伤害罪、故意杀人罪定罪处罚。具有多次实施；经劝阻仍继续实施；受过刑罚或行政处罚后又实施；在人员密集场所实施；其他情节严重的情形等五种情形之一，应从重处罚，一般不得适用缓刑。⑫为实施“碰瓷”而故意杀害、伤害他人或过失致人重伤、死亡，符合《刑法》第232（故意杀人罪）、234（故意伤害罪）、233（过失致人死亡罪）、235（过失致人重伤罪）条规定，分别以故意杀人罪、故意伤害罪、过失致人死亡罪、过失致人重伤罪定罪处罚。

从《公安机关维护民警执法权威工作规定》（2018 年）的角度看，民警在依法履行职责、行使职权过程中或因依法履行职责、行使职权遇到受到暴力袭击；受到扣押、撕咬、拉扯、推搡等侵害；被车辆冲撞、碾轧、拖拽、剐蹭；被聚众哄闹、围堵拦截、冲击、阻碍；被恶意投诉、炒作；本人及其近亲属（夫、妻、父、母、子、女、同胞兄弟姊妹）受到威胁、恐吓、侮辱、诽谤、骚扰；本人及其近亲属受到诬告陷害、打击报复；本人及其近亲属个人隐私被侵犯；被错误追究责任或受到不公正处分、处理；执法权威受到侵犯的其他情形等十种情形的，公安机关应积极维护民警执法权威。行为人实施侵犯民警执法权威的行为，构成犯罪，依法追究刑责；尚不构成犯罪，构成违反治安管理行为，依法给予治安管理处罚。民警因行为人的行为遭受人身或财产损失，公安机关应支持民警通过提起刑事附带民事诉讼或民事诉讼等法律途径，维护自身合法权益。公安机关办理侵犯民警执法权威的刑事案件、治安案件，适用刑诉法、治安管理处罚法、警察法的回避规定。

从《保护司法人员依法履行法定职责规定》（2016 年）的角度看，任何单位或个人不得要求法官、检察官从事超出法定职责范围的事务。法院、检察院有权拒绝任何单位或个人安排法官、检察官从事超出法定职责范围事务的要求。（1）法官、检察官依法履行法定职责受法律保护。非因法定事由，非经法定程序，不得将法官、检察官调离、免职、辞退或作出降级、撤职等处分。①只有具备违反党纪，受到撤销党内职务及以上处分；违反审判、检察纪律，情节较重；存在失职行为，造成严重后果；违反法律、党纪处分条例和审判、检察纪律规定，应予以降级、撤职的其他情形等四种情形之一的，方可对法官、检察官作出降级、撤职处分。②只有具备在年度考核中，连续两年被确定为不称职；不胜任现职工作，又不接受另行安排；因机构调整或缩减员额编制需要调整工作，本人拒绝合理安排；旷工或无正当理由逾假不归连续超过 15 天，或 1 年内累计超过 30 天；不履行法官、检察官法定义务，经教育仍不改正；违反法律、党纪处分条例和审判、检察纪律规定，不适合继续担任公职的其他情形等六种情形之一的，方可将法官、检察官辞退。③只有具备丧失中国国籍；调出本法院、检察院；职务变动不需要保留原职务；经考核确定为不称职；因健康原因超过 1 年不能正常履行工作职责；按规定应退休；辞职或被辞退；因违纪违法犯罪不能继续任职；违反法律、党纪处分条例和审判、检察纪律规定，不适合继续担任法官、检察官职务的其他情形等九种情形之一的，方可将法官、检察官免职。④只有具备按规定需要任职回避；因干部培养需要，按规定实行干部交流；因机构调整或缩减编制员额需调整工作；受到免职、降级等处分，不适合在司法办案岗位工作；违反法律、党纪处分条例和审判、检察纪律规定，不适合在司法办案岗位工作的其他情形等五种情形之一的，方可将法官、检察官调离。（2）国家机关及其工作人员有干预司法活动妨碍司法公正；要求法官、检察官从事超出法定职责范围的事务；违反《保护司法人员依法履行法定职责规定》，将法官、检察官调离、免职、辞退或作出降级、撤职等处分；对司法人员

（在法院、检察院承担办案职责的法官、检察官和司法辅助人员）的依法履职保障诉求不作为；侵犯司法人员控告或申诉权利；其他严重侵犯法官、检察官法定权利的行为等六种行为之一的，司法人员有权提出控告，对直接责任者和领导责任者，应给予纪律处分；构成犯罪，依法追究刑责。公检法机关领导干部或直接责任者因玩忽职守、敷衍推诿、故意拖延或滥用职权，导致依法履职的司法人员或其近亲属的人身、财产权益受到重大损害，应给予纪律处分；构成犯罪的，依法追究刑责。（3）法院、检察院办理恐怖活动犯罪、黑社会性质组织犯罪、重大毒品犯罪、邪教组织犯罪等危险性高的案件，应对法官、检察官及其近亲属采取出庭保护、禁止特定人员接触以及其他必要的保护措施。对法官、检察官近亲属还可采取隐匿身份的保护措施。办理危险性较高的其他案件，经司法人员本人申请，可对司法人员及其近亲属采取上述保护措施。（4）司法人员的个人信息受法律保护。侵犯司法人员人格尊严，泄露依法不应公开的司法人员及其近亲属信息，依法律和相关规定追究有关人员责任。

从《关于做好新型冠状病毒肺炎疫情防控期间保障医务人员安全维护良好医疗秩序的通知》（2020年）的角度看，依法严厉打击疫情防控期间涉医违法犯罪行为。①实施殴打、故意伤害、故意杀害医务人员；以暴力、威胁等方法非法限制医务人员的人身自由，或公然侮辱、恐吓、诽谤医务人员；对医务人员实施撕扯防护用具、吐口水等行为，可能导致医务人员感染新型冠状病毒；以暴力、威胁等方法拒不接受医疗卫生机构的检疫、隔离、治疗措施，或阻碍医疗卫生机构依法处置传染病患者尸体；强拿硬要或故意损毁、占用医疗卫生机构的财物，或在医疗卫生机构起哄闹事、违规停放尸体、私设灵堂，造成秩序混乱、影响疫情防控工作正常进行；非法携带枪支、弹药、管制器具或爆炸性、放射性、毒害性、腐蚀性物品进入医疗卫生机构；其他侵犯医务人员安全、扰乱医疗秩序的情形群等七种侵犯医务人员安全、扰乱医疗秩序行为，构成犯罪，依法追究刑责；构成违反治安管理行为，依法予以治安管理处罚。②在新型冠状病毒肺炎疫情防控期间发生七种侵犯医务人员安全、扰乱医疗秩序行为情形，卫健行政部门应及时指导医疗卫生机构做好突发事件应急处置工作，采取果断措施，最大程度保障医务人员和其他患者安全，维护医疗秩序并及时报警，协助做好安全防护工作。公安机关接到报警后应及时出警、快速处置；对应追究刑责，依法及时立案侦查，全面、规范地收集、固定证据。③对新型冠状病毒肺炎疫情防控期间发生七种侵犯医务人员安全、扰乱医疗秩序行为情形中构成犯罪，检察院应从快审查批准逮捕、提起公诉。法院应加快审理进度，在全面查明案件事实的基础上正确适用法律、准确定罪量刑。对犯罪动机卑劣、情节恶劣、手段残忍、主观恶性深、人身危险性大，或所犯罪行严重危害公共安全、社会影响恶劣的被告人，予以从严惩处，符合判处重刑至死刑条件，坚决依法判处。

从《关于依法惩处涉医违法犯罪维护正常医疗秩序的意见》（2014年）的角度看，严格依法惩处涉医违法犯罪：（1）对涉医违法犯罪行为，要依法严肃追究、坚决打击。公安机关要加大对暴力杀医、伤医、扰乱医疗秩序等违法犯罪活动的查处力度，接到报警后应及时出警、快速处置，需追究刑责，及时立案侦查，全面、客观地收集、调取证据，确保侦查质量。检察院应及时依法批捕、起诉，对重大涉医犯罪案件要加强法律监督，必要时可对收集证据、适用法律提出意见。法院应加快审理进度，在全面查明案件事实的基础上依法准确定罪量刑，对犯罪手段残忍、主观恶性深、人身危险性大的被告人或社会影响恶劣的涉医犯罪行为，要依法从严惩处。①在医疗机构内殴打医务人员或故意伤害医务人员身体、故意损毁公私财物，尚未造成严重后果，分别依《治安管理处罚法》第43、49条（A. 殴打他人，或故意伤害他人身体，处5日以上10日以下拘留，并处200元以上500元以下罚款；情节较轻，处5日以下拘留或500元以下罚款。有结伙殴打、伤害他人；殴打、伤害残疾人、孕妇、不满14周岁的人或60周岁以上；多次殴打、伤害他人或1次殴打、伤害多人等三种情形之一的，处10日以上15日以下拘留，并处500元以上1000元以下罚款。B. 盗窃、诈骗、哄抢、抢夺、敲诈勒索或故意损毁公私财物，处5日以上10日以下拘留，可并处500元以下罚款；情节较重，处10日以上15日以下拘留，可并处1000元以下罚款）的规定处罚；故意杀害医务人员，或故意伤害医务人员造成轻伤以上严重后果，或随意殴打医务人员情节恶劣、任意损毁公私财物情节严重，构成故意杀人罪、故意伤害罪、故意毁坏财物罪、寻衅滋事罪，依刑法的有关规定定罪处罚。②在医疗机构私设灵堂、摆放花圈、焚烧纸钱、悬挂横幅、堵塞大门或以其他方式扰乱医疗秩序，尚未造成严重损失的，经劝说、警告无效，要依法驱散，对拒不服从的人员要依法带离现场，依《治安管理处罚法》第23条（具有扰乱机关、团体、企业、事业单位秩序，致使工作、生产、营业、医疗、教学、科研不能正常进行，尚未造成严重损失；扰乱车站、港口、码头、机场、商场、公园、展览馆或其他公共场所秩序；扰乱公共汽车、电车、火车、船舶、航空器或其他公共交通工具上的秩序；非法拦截或强登、扒乘机动车、船舶、航空器以及其他交通工具，影响交通工具正常行驶；破坏依法进行的选举秩序等五种行为之一的，处警告或200元以下罚款；情节较重，处5日以上10日以下拘留，可并处500元以下罚款。聚众实施扰乱机关、团体、企业、事业单位秩序，致使工作、生产、营业、医疗、教学、科研不能正常进行，尚未造成严重损失；扰乱车站、港口、码头、机场、商场、公园、展览馆或其他公共场所秩序；扰乱公共汽车、电车、火车、船舶、航空器或其他公共交通工具上的秩序；非法拦截或强登、扒乘机动车、船舶、航空器以及其他交通工具，影响交通工具正常行驶；破坏依法进行的选举秩序等五种行为的，对首要分子处10日以上15日以下拘留，可并处1000元以下罚款）的规定处罚；聚众实施，对首要分子和其他积极参加者依法予以治安处罚；造成严重损失或扰乱其他公共秩序情节严重的，构成寻衅滋事罪、聚众扰乱社会秩序罪、聚众扰乱公共场所秩序、交通秩序罪，依刑法的有关规定定罪处罚。③在医疗机构的病房、抢救室、重症监护室等场所及医疗机构的公共开放区域违规停放尸体，影响医疗秩序，经劝说、警告无效，依《治安管理处罚法》第65条（具有故意破坏、污损他人坟墓或毁坏、丢弃他人尸骨、骨灰；在公共场所停放尸体或因停放尸体影响他人正常生活、工作秩序，不听劝阻两种行为之一的，处5日以上10日以下拘留；情节严重，处10日以上15日以下拘留，可并处1000元以下罚款）的规定处罚；严重扰乱医疗秩序或其他公共秩序，构成犯罪，依寻衅滋事罪、聚众扰乱社会秩序罪、聚众扰乱公共场所秩序、交通秩序罪的规定定罪处罚。（1）以不准离开工作场所等方式非法限制医务人员人身自由，依《治安管理处罚法》第40条的规定处罚；构成非法拘禁罪，依刑法的有关规定定罪处罚。（3）公然侮辱、恐吓医务人员，依《治安管理处罚法》第42条（具有写恐吓信或以其他方法威胁他人人身安全；公然侮辱他人或捏造事实诽谤他人；捏造事实诬告陷害他人，企图使他人受到刑事追究或受到治安管理处罚；对证人及其近亲属进行威胁、侮辱、殴打或打击报复；多次发送淫秽、侮辱、恐吓或其他信息，干扰他人正常生活；偷窥、偷拍、窃听、散布他人隐私等六种行为之一的，处5日以下拘留或500元以下罚款；情节较重，处5日以上10日以下拘留，可并处500元以下罚款）的规定处罚；采取暴力或其他方法公然侮辱、恐吓医务人员情节严重（恶劣），构成侮辱罪、寻衅滋事罪，依刑法的有关规定定罪处罚。（4）非法携带枪支、弹药、管制器具或爆炸性、放射性、毒害性、腐蚀性物品进入医疗机构，依《治安管理处罚法》第30、32条（A. 违反国家规定，制造、买卖、储存、运输、邮寄、携带、使用、提供、处置爆炸性、毒害性、放射性、腐蚀性物质或传染病病原体等危险物质，处10日以上15日以下拘留；情节较轻，处5日以上10日以下拘留。B. 非法携带枪支、弹药或弩、匕首等国家规定的管制器具，处5日以下拘留，可并处500元以下罚款；情节较轻，处警告或200元以下罚款。非法携带枪支、弹药或弩、匕首等国家规定的管制器具进入公共场所或公共交通工具，处5日以上10日以下拘留，可并处500元以下罚款）的规定处罚；危及公共安全情节严重的，构成非法携带枪支、弹药、管制刀具、危险物品危及公共安全罪，依刑法的有关规定定罪处罚。（5）对故意扩大事态，教唆他人实施针对医疗机构或医务人员的违法犯罪行为，或以受他人委托处理医疗纠纷为名实施敲诈勒索、寻衅滋事等行为，依治安管理处罚法和刑法的有关规定从严惩处。

实施寻衅滋事行为，同时符合寻衅滋事罪和故意杀人罪、故意伤害罪、故意毁坏财物罪、敲诈勒索罪、抢夺罪、抢劫罪等罪的构成要件，依处罚较重的犯罪定罪处罚。

未成年人及老年人的故意杀人、伤害犯罪与一般人犯罪相比，主观恶性和人身危险性等方面有一定特殊性，在处理时应考虑从宽。①对犯故意杀人、伤害罪的未成年人，要坚持教育为主惩罚为辅原则和教育感化挽救进行处罚。②对情节较轻、后果不重的伤害案件，可依法适用缓刑，或判处管制、单处罚金等非监禁刑。③对情节严重的未成年人，也应从轻或减轻处罚。④对已满14周岁不满16周岁的未成年人故意杀人和故意伤害犯罪，一般不判处无期刑。⑤对70周岁以上的老年人犯故意杀人、伤害罪，因其已没有再犯罪的可能，在综合考虑其犯罪情节和主观恶性、人身危险性的基础上，一般也应酌情从宽处罚。

故意杀人和故意伤害犯罪在判处死刑的案件中所占比例最高，审判中应准确理解和严格执行保留死刑，严格控制和慎重适用死刑的死刑政策，坚持统一的死刑适用标准，确保死刑只适用于极少数罪行极其严重的罪犯。坚持严格证据标准，确保把每一起判处死刑的案件都办成铁案。对罪行极其严重，但只要有法定、酌定从轻情节，依法可不立即执行，就不应判处死刑立即执行。

对自首的故意杀人、故意伤害致人死亡的被告人，除犯罪情节特别恶劣，犯罪后果特别严重，一般不应考虑判处死刑立即执行。对亲属送被告人归案或协助抓获被告人，也应视为自首，原则上应从宽处罚。对有立功表现的故意杀人、故意伤害致死的被告人，一般也应体现从宽，可考虑不判处死刑立即执行。但若犯罪情节特别恶劣，犯罪后果特别严重，即使有立功情节，也可不予从轻处罚。

在共犯中，多名被告人共同致死 1 名被害人，原则上只判处 1 人死刑。处理时，据案件的事实和证据能分清主从犯的，都应认定主从犯。有多名主犯的，应在主犯中进一步区分出罪行最为严重者和较为严重者，不能以分不清主次为由，简单地一律判处死刑。

【2017 年 · 卷 2 · 单选 · 7】甲欲杀丙，假意与乙商议去丙家“盗窃”，由乙在室外望风，乙照办。甲进入丙家将丙杀害，出来后骗乙说未窃得财物。乙信以为真，悻然离去。关于本案的分析，哪一选项正确？（C）A. 甲欺骗乙望风，构成间接正犯。间接正犯不影响对共同犯罪的认定，甲、乙构成故意杀人罪的共犯。B. 乙企图帮助甲实施盗窃行为，却因意志外的原因未能得逞，故对乙应以盗窃罪的帮助犯未遂论处。C. 对甲应以故意杀人罪论处，对乙以非法侵入住宅罪论处。2 人虽罪名不同，但仍构成共同犯罪。D. 乙客观上构成故意杀人罪的帮助犯，但因其仅有盗窃故意，故应在盗窃罪法定刑的范围内对其量刑。

二、《刑法》第 233 条【过失致人死亡罪】

从过失犯、结果犯、情节犯的角度看，过失致人死亡的，处 3 年以上 7 年以下有期刑；情节较轻的，处 3 年以下有期刑，以刑法另有规定依规定为例外。

过失致人死亡罪是因过失而致人死亡的行为（行为人客观上须发生致他人死亡的实际后果，实施过失致人死亡的行为）。

对窨井盖负有管理职责的其他公司、企业、事业单位的工作人员，严重不负责任，导致人员坠井等事故，致人重伤或死亡，符合《刑法》第 235、233 条规定的，分别以过失致人重伤罪、过失致人死亡罪定罪处罚。

过失导致物品从高空坠落，致人死亡、重伤，符合《刑法》第 233（过失致人死亡罪）、235（过失致人重伤罪）条规定，依过失致人死亡罪、过失致人重伤罪定罪处罚。在生产、作业中违反有关安全管理规定，从高空坠落物品，发生重大伤亡事故或造成其他严重后果，依《刑法》第 134 条第 1 款（重大责任事故罪），以重大责任事故罪定罪处罚。

从未成年人、老年人、残疾人、聋哑人、精神病人、孕妇犯罪从宽处罚原则的角度看，已满 16 周岁的人犯罪，应负刑责。①已满 14 周岁不满 18 周岁的人犯罪，应从轻或减轻处罚。②已满 14 周岁不满 16 周岁的人，犯故意杀人、故意伤害致人重伤或死亡、强奸、抢劫、贩卖毒品、放火、爆炸、投毒罪行，应负刑责。③因不满16周岁不予刑罚，责令他的家长或监护人加以管教；必要时也可由政府收容教养。④已满75周岁的人故意犯罪，可从轻或减轻处罚；过失犯罪，应从轻或减轻处罚。

【2008年·川·卷2·多选·54】 下列哪些情形不能认定为过失致人死亡罪？（ABD）A. 甲在运输放射性物质过程中发生事故，造成4人死亡。B. 乙在工地塌方后，仍强令6名工人进入隧道抢救价值2000万元的机械，6名工人由此遇难。C. 丙遭受不法侵害，情急之下失手将不法侵害人打死，法院认为丙防卫过当，应负刑责。D. 聚众斗殴致人死亡。

三、《刑法》第234条【故意伤害罪】

从故意犯、行为犯、情节犯、结果犯的角度看，故意伤害他人身体（轻伤）的，处3年以下有期刑、拘役或管制；致人重伤的，处3年以上10年以下有期刑；致人死亡或以特别残忍手段致人重伤造成严重残疾（被害人身体器官大部缺损；器官明显畸型；身体器官有中等功能障碍；造成严重并发症等）的，处10年以上有期刑、无期刑或死刑，以刑法另有规定依规定为例外。

已满16周岁的人故意伤害致人轻伤，或已满14周岁的人故意伤害致人重伤或死亡，均应负刑责。①从转化犯的角度看，非法组织他人卖血或强迫他人卖血对他人造成伤害，非法组织他人卖血罪或强迫他人卖血罪转化为故意伤害罪，以故意伤害罪一罪定罪处罚。②从《艾滋病防治条例》（2019年）的角度看，艾滋病病毒感染者或艾滋病病人故意传播艾滋病的，依法承担民事赔偿责任；构成犯罪的，依法追究刑责（传播性病罪、故意伤害罪等）。也有专家学者认为，从故意犯罪、恶意行为、破窗效应的角度看，明知自己患有艾滋病或感染艾滋病病毒的，不采取防范措施与他人发生性行为，而使他人感染艾滋病病毒，构成故意伤害罪（重伤）。③殴打他人或故意伤害他人身体，或明知自己患有艾滋病或其他严重传染疾病，故意以撕咬、抓挠等方式伤害他人，致人重伤、死亡或以特别残忍手段致人重伤造成严重残疾（被害人身体器官大部缺损；器官明显畸型；身体器官有中等功能障碍；造成严重并发症等），或明知自己感染艾滋病病毒而卖淫、嫖娼或明知自己感染艾滋病病毒，故意不采取防范措施而与他人发生性关系，使他人感染艾滋病病毒（重伤）的，均构成故意伤害罪。

驾车冲撞、碾轧、拖拽、剐蹭民警，或挤别、碰撞正执行职务的警用车辆，危害公共安全或民警生命、健康安全，符合《刑法》第114（以危险方法危害公共安全罪）、115（以危险方法危害公共安全罪）、232（故意杀人罪）、234（故意杀人罪）条规定，应以危险方法危害公共安全罪、故意杀人罪或故意伤害罪定罪，酌情从重处罚。暴力袭警，致使民警重伤、死亡，符合《刑法》第234（故意伤害罪）、232（故意杀人罪）条规定，应以故意伤害罪、故意杀人罪定罪，酌情从重处罚。在民警非执行职务期间，因其职务行为对其实施暴力袭击、拦截、恐吓等行为，符合《刑法》第234（故意伤害罪）、232（故意杀人罪）、293（寻衅滋事罪）条等规定，应以故意伤害罪、故意杀人罪、寻衅滋事罪等定罪，并根据袭警的具体情节酌情从重处罚。

【2012年·卷1·单选·26】 甲女得知男友乙移情，怨恨中送其一双滚轴旱冰鞋，企盼其运动时摔伤。乙穿此鞋运动时，果真摔成重伤。本案的分析，哪一选项正确？(C) A. 甲的行为属于作为的危害行为。B. 甲的行为与乙的重伤之间存在刑法上的因果关系。C. 甲具有伤害乙的故意，但不构成故意伤害罪。D. 甲的行为构成过失致人重伤罪。

以故意杀人罪或故意伤害罪定罪处罚的情形：①聚众斗殴，致人重伤、死亡的，依故意伤害罪、故意杀人罪规定定罪处罚。②司法工作人员对嫌犯、被告人实行刑讯逼供或使用暴力逼取证人证言，致人伤残、死亡（刑讯逼供罪、暴力取证罪）的，依故意伤害罪、故意杀人罪规定定罪从重处罚。③监狱、拘留所、看守所等监管机构监管人员对被监管人进行殴打或体罚虐待，致人伤残、死亡的，依故意伤害罪、故意杀人罪规定定罪从重处罚。④在安全事故发生后，直接负责的主管人员和其他直接责任人员故意阻挠开展抢救，导致人员死亡或重伤，或为逃避法律追究，对被害人进行隐藏、遗弃，使被害人因无法得到救助而死亡或重度残疾的，分别以故意杀人罪或故意伤害罪定罪处罚。⑤实施抗税行为致人重伤、死亡的，分别以故意伤害罪、故意杀人罪定罪处罚。⑥未经本人同意摘取其器官，或摘取不满18周岁的人的器官，或强迫、欺骗他人捐献器官的，依故意伤害罪、组织出卖人体器官罪、故意杀人罪规定定罪处罚［《刑法修正案（八）》第37条第2款］。⑦故意杀害医务人员，或故意伤害医务人员造成轻伤以上严重后果，或随意殴打医务人员情节恶劣、任意损毁公私财物情节严重的，构成故意杀人罪、故意伤害罪、故意毁坏财物罪、寻衅滋事罪，依刑法有关规定定罪处罚。⑧收买被拐卖妇女、儿童，非法剥夺、限制其人身自由或有杀害、伤害、侮辱等犯罪行为的，以故意杀人罪、故意伤害罪、侮辱罪等有关规定定罪处罚。⑨对正在使用中的社会机动车通行道路上的窨井盖和人员密集往来的非机动车道、人行道以及车站、码头、公园、广场、学校、商业中心、厂区、社区、院落等生产生活、人员聚集场所的窨井盖外的其他场所的窨井盖，明知会造成人员伤亡后果而实施盗窃、破坏行为，致人受伤或死亡，依《刑法》第234（故意伤害罪）、232条（故意杀人罪）规定，分别以故意伤害罪、故意杀人罪定罪处罚；过失致人重伤或死亡，依刑法第235（过失致人重伤罪）、233（过失致人死亡罪）条规定，分别以过失致人重伤罪、过失致人死亡罪定罪处罚。

故意伤害罪的量刑：(1) 构成故意伤害罪，可根据不同情形在相应的幅度内确定量刑起点：①故意伤害致1人轻伤，可在2年以下有期刑、拘役幅度内确定量刑起点。②故意伤害致1人重伤，可在3年至5年有期刑幅度内确定量刑起点。③以特别残忍手段故意伤害致1人重伤，造成六级严重残疾，可在10年至13年有期刑幅度内确定量刑起点。依法应判无期刑以上刑罚为例外。(2) 在量刑起点的基础上，可根据伤害后果、伤残等级、手段残忍程度等其他影响犯罪构成的犯罪事实增加刑罚量，确定基准刑。故意伤害致人轻伤，伤残程度可在确定量刑起点时考虑，或作为调节基准刑的量刑情节。

四、《刑法》第234条之一【组织出卖人体器官罪】

从故意犯、行为犯、情节犯的角度看，组织他人出卖人体器官（活体器官）的，处5年以下有期刑，并处罚金；情节严重的，处5年以上有期刑，并处罚金或没收财产。

组织出卖人体器官罪是组织他人（年满18周岁的人，并经本人同意摘取其器官）出卖人体活体器官（不含尸体器官）的行为。①组织他人出卖人体器官罪不要求以牟利为目的，只要求行为人实施了组织他人出卖人体器官的行为。②组织他人出卖人体器官罪转化为故意伤害罪的三种行为情形，包括未经本人同意摘取其器官、摘取不满18周岁的人的器官，或强迫、欺骗他人捐献器官。③对行为实施者实施的欺骗行为是骗取器官提供者捐献器官，而不是出卖器官的价格。

未经本人同意摘取其器官，或摘取不满18周岁的人的器官，或强迫、欺骗他人捐献器官的，依故意伤害罪、组织出卖人体器官罪、故意杀人罪定罪处罚。

违背本人生前意愿摘取其尸体器官，或本人生前未表示同意，违反国家规定，违背其近亲属意愿摘取其尸体器官的，依盗窃、侮辱、故意毁坏尸体、尸骨、骨灰罪定罪处罚。

五、《刑法》第235条【过失致人重伤罪】

从过失犯、结果犯的角度看，过失伤害他人致人重伤的，处3年以下有期刑或拘役，以刑法另有规定依规定为例外。

对窨井盖负有管理职责的其他公司、企业、事业单位的工作人员，严重不负责任，导致人员坠井等事故，致人重伤或死亡，符合《刑法》第235、233条规定的，分别以过失致人重伤罪、过失致人死亡罪定罪处罚。

【2015年·卷2·多选·24】因乙移情别恋，甲将硫酸倒入水杯带到学校欲报复乙。课间，甲、乙激烈争吵，甲欲以硫酸泼乙，但情急之下未能拧开杯盖，后甲因追乙离开教室。丙到教室，误将甲的水杯当作自己的杯子，拧开杯盖时硫酸淋洒一身，灼成重伤。关于本案，哪些选项错误？（ACD）A. 甲未能拧开杯盖，其行为属于不可罚的不能犯。B. 对丙的重伤，甲构成过失致人重伤罪。C. 甲的行为和丙的重伤之间无因果关系。D. 甲对丙的重伤无故意、过失，不需承担刑责。

过失导致物品从高空坠落，致人死亡、重伤，符合《刑法》第233（过失致人死亡罪）、235（过失致人重伤罪）条规定，依过失致人死亡罪、过失致人重伤罪定罪处罚。在生产、作业中违反有关安全管理规定，从高空坠落物品，发生重大伤亡事故或造成其他严重后果，依《刑法》第134条第1款（重大责任事故罪），以重大责任事故罪定罪处罚。

对高空抛物行为，应根据行为人的动机、抛物场所、抛掷物的情况以及造成的后果等因素，全面考量行为的社会危害程度，准确判断行为性质，正确适用罪名，准确裁量刑罚。

六、《刑法》第 236 条【强奸罪】

从故意犯、行为犯、情节犯的角度看，以暴力、胁迫或其他手段强奸妇女，处 3 年以上 10 年以下有期刑。奸淫不满 14 周岁的幼女，以强奸论，从重处罚。强奸妇女、奸淫幼女，有强奸妇女、奸淫幼女情节恶劣；强奸妇女、奸淫幼女多人；在公共场所当众强奸妇女、奸淫幼女；2 人以上轮奸；奸淫不满 10 周岁的幼女或造成幼女伤害；致使被害人重伤、死亡（强奸行为导致被害人性器官严重损伤，或造成其他严重伤害，甚至当场死亡或经抢救无效死亡）或造成其他严重后果等六种情形之一的，处 10 年以上有期刑、无期刑或死刑。

对已满 14 周岁不满 16 周岁的未成年女性负有监护、收养、看护、教育、医疗等特殊职责的人员，与该未成年女性发生性关系的，处 3 年以下有期刑；情节恶劣的，处 3 年以上 10 年以下有期刑。有前款行为，同时又构成《刑法》第 236 条强奸罪，依处罚较重规定定罪处罚。

从司法实践的角度看，强奸罪存在婚内强奸、嫖娼转化强奸、通奸转化强奸、试婚转化强奸、同居转化强奸等新型强奸罪的可能性、现实性。中学生谈恋爱发生性关系的，不应以强奸罪论。

从相对负刑责年龄、无限防卫权、《刑法修正案（十一）》的角度看，已满 16 周岁的人犯罪，应负刑责。已满 14 周岁不满 16 周岁的人，犯故意杀人、故意伤害致人重伤或死亡、强奸、抢劫、贩卖毒品、放火、爆炸、投放危险物质罪，应负刑责。已满 12 周岁不满 14 周岁的人，犯故意杀人、故意伤害罪，致人死亡或以特别残忍手段致人重伤造成严重残疾，情节恶劣，经最高检核准追诉的，应负刑责。对已满 16 周岁的人犯罪，已满 14 周岁不满 16 周岁的人，犯故意杀人、故意伤害致人重伤或死亡、强奸、抢劫、贩卖毒品、放火、爆炸、投放危险物质罪，已满 12 周岁不满 14 周岁的人，犯故意杀人、故意伤害罪，致人死亡或以特别残忍手段致人重伤造成严重残疾，情节恶劣，追究刑责的不满 18 周岁的人，应从轻或减轻处罚。因不满 16 周岁不予刑罚，责令其父母或其他监护人加以管教；必要时，依法进行专门矫治教育。

从传统刑法理论的角度看，强奸罪的既遂标准问题有争议性，存在接触说（强奸幼女）、结合说（插入说：通说）、泄欲说（射精说、性欲满足说）等不同理论观点。[1]

幼女的认定标准：①对已满 12 周岁不满 14 周岁的被害人，从其身体发育状况、言谈举止、衣着特征、生活作息规律等观察可能是幼女，而实施奸淫等性侵害行为；对不满 12 周岁的被害人实施奸淫等性侵害行为；知道或应知道对方是不满 14 周岁的幼女，而实施奸淫等性侵害行为，均应认定行为人“明知”对方是幼女。②已满 14 周岁的未成年少女虽比幼女的认知、判断能力有所增强，但其身心发育尚未完全成熟，在

---

〔1〕 张明楷著：《外国刑法纲要》，清华大学出版社 1999 年版，第 522 页；张明楷：《未遂论》，中国法律出版社、日本成文堂 1997 年版，第 140 页；林山田：《刑法特论（中）》，三民书局 1978 年版，第 651 页。

日常生活、学习和物质条件方面对监护人、教师等负有特殊职责的人员，存在一定的服从、依赖关系，易在非自愿状态下受到性侵害，不能以是否给付幼女金钱财物作为区分强奸罪的界限。

强奸罪的情形：①违背被拐卖妇女的意志，强行与其发生性关系，或收买被拐卖妇女，强行与其发生性关系，或明知收买的妇女是精神病患者（间歇性精神病患者在发病期间）或痴呆者（程度严重）而与其发生性关系，或与收买的不满14周岁的幼女发生性关系，不论被害人是否同意，均应以强奸罪立案侦查、定罪处罚。奸淫不满14周岁的幼女，以强奸论，从重处罚。②以金钱财物等方式引诱幼女与自己发生性关系；知道或应知道幼女被他人强迫卖淫而仍与其发生性关系；对幼女负有特殊职责的人员与幼女发生性关系；对已满14周岁的未成年女性负有特殊职责的人员，利用其优势地位或被害人孤立无援的境地，迫使未成年被害人就范，而与其发生性关系，均应以强奸罪定罪处罚。③奸淫不满14周岁的幼女构成强奸罪，不要求采取强制手段实施，对使用暴力、胁迫或任何其他强制手段与不满14周岁的幼女发生性关系，无论是否明知被害人为幼女，都要以强奸罪论处，从重处罚。④行为人明知是不满14周岁的幼女而与其发生性关系，不论行为人采取什么手段，也不论幼女是否自愿，只要与其发生性交行为，均应以强奸罪定罪处罚。⑤利用职权、从属关系，以胁迫手段奸淫现役军人妻子，以强奸罪定罪处罚。⑥利用迷信奸淫妇女，以强奸罪定罪处罚。⑦犯组织、利用会道门、邪教组织、利用迷信破坏法律实施罪，又有奸淫妇女、诈骗财物等犯罪行为的，依数罪并罚规定处罚。⑧组织他人偷越国（边）境，对被组织人或被运送人有杀害、伤害、强奸、拐卖等犯罪行为，或对检查人员有杀害、伤害等犯罪行为，以组织他人偷越国（边）境罪、故意杀人罪、故意伤害罪、拐卖妇女儿童罪或强奸罪等数罪并罚。⑨犯组织、领导、参加黑社会性质组织罪或入境发展黑社会组织罪、包庇、纵容黑社会性质组织罪，又有他罪行为的，依数罪并罚规定处罚。⑩行为人基于报复动机，在强奸过程中或强奸后杀死或伤害被害人的，应分别认定为强奸罪、故意杀人罪或故意伤害罪，实行数罪并罚。

以具体罪名的结果加重犯处罚而不以强奸罪论处的情形：①组织他人卖淫或强迫他人卖淫或强奸后迫使卖淫（结果加重犯），构成强迫他人卖淫罪（强奸后迫使卖淫是组织卖淫罪的加重情节）。②在拐卖妇女、儿童过程中强奸妇女，构成拐卖妇女、儿童罪的结果加重犯（奸淫被拐卖的妇女是拐卖妇女罪的加重情节）。

强奸罪的量刑：（1）构成强奸罪，可根据不同情形在相应的幅度内确定量刑起点：①强奸妇女1人，可在3年至6年有期刑幅度内确定量刑起点。②奸淫幼女1人，可在4年至7年有期刑幅度内确定量刑起点。③可在10年至13年有期刑幅度内确定量刑起点的六种情形：a. 强奸妇女、奸淫幼女情节恶劣。b. 强奸妇女、奸淫幼女3人。c. 在公共场所当众强奸妇女。d. 2人以上轮奸妇女。e. 强奸致被害人重伤或造成其他严重后果。f. 依法应判无期刑以上刑罚为例外。（2）在量刑起点的基础上，可根据强奸妇女、奸淫幼女情节恶劣程度、强奸人数、致人伤害后果等其他影响犯罪构成的犯罪事实增加刑罚量，确定基准刑。强奸多人多次，以强奸人数作为增加刑罚量的事实，强奸次数作为调节基准刑的量刑情节。

公安机关提醒广大未成年人和家长，要加强监护和关爱，增强未成年人保护意识；要警惕打着“个性交友”“童星招募”等幌子，诱骗、胁迫未成年人进行“裸聊”或发送“裸照”“裸体视频”等方式进行“隔空”猥亵的网络侵害；未成年人一旦遭受性侵害要及时向公安机关报案，配合公安机关取证，利用法律武器保护自己的权益。

七、《刑法》第 236 条之一【负有照护职责人员性侵罪】

对已满 14 周岁不满 16 周岁的未成年女性负有监护、收养、看护、教育、医疗等特殊职责的人员，与该未成年女性发生性关系，处 3 年以下有期刑；情节恶劣，处 3 年以上 10 年以下有期刑。对已满 14 周岁不满 16 周岁的未成年女性负有监护、收养、看护、教育、医疗等特殊职责的人员，与该未成年女性发生性关系，同时又构成刑法第 236 条强奸罪之罪，依处罚较重的规定定罪处罚。

从最高检指导案例的角度看，性侵未成年人犯罪案件中，被害人陈述稳定自然，对细节的描述符合正常记忆认知、表达能力，被告人辩解没有证据支持，结合生活经验对全案证据进行审查，能形成完整证明体系，可认定案件事实。(1) 行为人在教室、集体宿舍等场所实施猥亵行为，只要当时有多人在场，即使在场人员未实际看到，也应认定犯罪行为是在“公共场所当众”实施。(2) 准确把握性侵未成人犯罪案件证据审查判断标准。对性侵未成年人犯罪案件证据的审查，要根据未成年人的身心特点，按有别于成年人的标准予以判断。审查言词证据，要结合全案情况予以分析。根据经验和常识，未成年人的陈述合乎情理、逻辑，对细节的描述符合其认知和表达能力，且有其他证据予以印证，被告人的辩解没有证据支持，结合双方关系不存在诬告可能，应采纳未成年人的陈述。(3) 准确适用奸淫幼女“情节恶劣”“公共场所当众”实施强奸、猥亵未成年人犯罪的规定。①是否属于“当众”实施犯罪至为关键。对在规定列举之外的场所实施强奸、猥亵未成年人犯罪，只要场所具有相对公开性，且有其他多人在场，有被他人感知可能，就可认定为在“公共场所当众”犯罪。在“校园、游泳馆、儿童游乐场等公共场所”对未成年人实施强奸、猥亵犯罪，可认定为在“公共场所当众”实施犯罪。②学校中的教室、集体宿舍、公共厕所、集体洗澡间等，是不特定未成年人活动的场所，在这些场所实施强奸、猥亵未成年人犯罪，应认定为在“公共场所当众”实施犯罪。

八、《刑法》第 237 条【强制猥亵、侮辱罪；猥亵儿童罪】

从故意犯、行为犯的角度看，以暴力、胁迫或其他方法强制猥亵（以刺激或满足性欲为目的，抠摸、舌舔、吸吮、亲吻、搂抱、手淫、鸡奸等非性交淫秽下流行为）他人或侮辱妇女的，处 5 年以下有期刑或拘役。①从故意犯、行为犯、情节犯的角度看，聚众或在公共场所当众犯强制猥亵侮辱罪，或有其他恶劣情节的，处 5 年以上有期刑。②从未成年弱势群体特别保护、未成年人权益保护法的角度看，猥亵儿童（婴、幼儿或6岁以上不满14周岁的男童、女童）的，处5年以下有期刑；有猥亵儿童多人或多次；聚众猥亵儿童，或在公共场所当众猥亵儿童，情节恶劣；造成儿童伤害或其他严重后果；猥亵手段恶劣或有其他恶劣情节等四种情形之一的，处5年以上有期刑。

从犯罪主体、犯罪对象、犯罪行为、犯罪目的、犯罪动机的角度看，猥亵儿童罪和强奸罪有相似性、差异性，关键在于犯罪对象、定罪量刑的差异性。强制猥亵妇女罪中的“妇女”解释为含男性在内的人，应属于类推解释。

从吸收犯的角度看，行为人奸淫幼女前后的猥亵行为有吸收犯性质｛行为人实施数个均符合犯罪构成要件的危害行为［作为、不作为；法定作为、法定不作为；纯正真正作为、纯正真正不作为（法律明文规定为犯罪内容的不作为）、不纯正不真正不作为；不作为犯：纯正不作为犯、不纯正不作为犯］；行为人实施数个犯罪行为，基于其内在的独立性、非独立性的对立统一性而彼此形成一种吸收关系，侵犯同一或相同的直接客体并指向同一的具体犯罪对象；行为人基于一个犯意，实现一个具体的犯罪目的而实施数个犯罪行为｝，应以强奸罪定罪处罚。

九、《刑法》第238条【非法拘禁罪】

从故意犯、行为犯的角度看，非法拘禁他人或以其他方法非法剥夺他人人身自由（有组织地多次短时间非法拘禁他人；国家机关工作人员涉嫌利用职权，非法拘禁持续时间超过24小时；3次以上非法拘禁他人，或1次非法拘禁3人以上；非法拘禁他人，并实施捆绑、殴打、侮辱等行为；非法拘禁，致人伤残、死亡、精神失常；为索取债务非法扣押、拘禁他人，有上述情形；司法工作人员对明知是无辜的人非法拘禁）的，处3年以下有期刑、拘役、管制或剥夺政治权利。①从故意犯、情节犯、从重处罚原则的角度看，非法拘禁，有殴打、侮辱情节的，从重处罚。②从故意犯、结果犯的角度看，犯非法拘禁罪，致人重伤（人肢体残废、毁人容貌、丧失听觉、丧失视觉、丧失其他器官功能或其他对人身健康有重大伤害的损伤、严重的创伤）的，处3年以上10年以下有期刑；致人死亡的，处10年以上有期刑。③从故意犯、结果犯、转化犯的角度看，非法拘禁，使用暴力致人伤残、死亡，以故意伤害罪、故意杀人罪定罪处罚。

非法拘禁罪的情形：①从目的犯的角度看，以索要债务为目的而扣押人质（为索债而非法扣押、拘禁他人），构成非法拘禁罪。②非法剥夺他人自由的非法拘禁行为，构成非法拘禁罪。③收买被拐卖的妇女、儿童，非法剥夺、限制其人身自由的，以非法拘禁罪定罪处罚。④黑恶势力有组织地多次短时间非法拘禁他人的，应认定为非法拘禁罪的“以其他方法非法剥夺他人人身自由”。非法拘禁他人3次以上、每次持续时间在4小时以上，或非法拘禁他人累计时间在12小时以上的，应以非法拘禁罪定罪处罚。⑤在非法拘禁过程中过失致人重伤，触犯过失致人重伤罪，系结果加重犯，构成非法拘禁罪（致人重伤）。⑥收买被拐卖的妇女、儿童，并构成非法拘禁罪，依数罪并罚的规定处罚。⑦从数罪并罚、情节加重犯的角度看，收买被拐卖妇女、儿童，并有收买被拐卖妇女，强行与其发生性关系（强奸罪）、收买被拐卖妇女、儿童，非法剥夺、限制其人身自由或有伤害、侮辱等犯罪行为，以收买被拐卖妇女儿童罪、非法拘禁罪或故意伤害罪、侮辱罪等数罪并罚。⑧实施“碰瓷”，为索取财物，采取非法拘禁等方法非法剥夺他人人身自由或非法搜查他人身体，符合《刑法》第 238（非法拘禁罪）、245（非法搜查罪）条规定，分别以非法拘禁罪、非法搜查罪定罪处罚。

非法拘禁罪的转化犯的情形：①从转化犯的角度看，在非法拘禁过程中，故意使用暴力致人伤残，非法拘禁罪转化为故意伤害罪，以故意伤害罪定罪处罚；故意使用暴力致人死亡，非法拘禁罪转化为故意杀人罪，以故意杀人罪定罪处罚。②从身份犯的角度看，国家机关工作人员利用职权非法拘禁他人或以其他方法非法剥夺他人人身自由使用暴力致人重伤、伤残、死亡，或为索取债务非法扣押、拘禁他人，非法剥夺他人人身自由使用暴力致人重伤、伤残、死亡，以非法拘禁罪、故意伤害罪、故意杀人罪从重处罚。

从司法解释的角度看，组织、胁迫、诱骗不满 16 周岁的人或残疾人进行恐怖、残忍表演，或以暴力、威胁或其他手段强迫他人劳动，或非法限制他人人身自由、非法侵入他人住宅或非法搜查他人身体，或以不准离开工作场所等方式非法限制医务人员人身自由的，处 10 日以上 15 日以下拘留，并处 500 元以上 1000 元以下罚款；情节较轻的，处 5 日以上 10 日以下拘留，并处 200 元以上 500 元以下罚款（《治安管理处罚法》第 40 条）；构成非法拘禁罪的，依刑法有关规定定罪处罚。

非法拘禁罪的量刑：（1）构成非法拘禁罪，可根据不同情形在相应的幅度内确定量刑起点：①犯罪情节一般，可在 1 年以下有期刑、拘役幅度内确定量刑起点。②致 1 人重伤，可在 3 年至 5 年有期刑幅度内确定量刑起点。③致 1 人死亡，可在 10 年至 13 年有期刑幅度内确定量刑起点。（2）在量刑起点的基础上，可根据非法拘禁人数、拘禁时间、致人伤亡后果等其他影响犯罪构成的犯罪事实增加刑罚量，确定基准刑。非法拘禁多人多次，以非法拘禁人数作为增加刑罚量的事实，非法拘禁次数作为调节基准刑的量刑情节。（3）可增加基准刑 10%至 20%的两种情形：①有殴打、侮辱情节，以致人重伤、死亡为例外。②国家机关工作人员利用职权非法扣押、拘禁他人。

十、《刑法》第 239 条【绑架罪】

从故意犯、目的犯、行为犯、情节犯、实际控制说、目的实现说的角度看，以勒索财物为目的绑架他人，或绑架他人作为人质的，处 10 年以上有期刑或无期刑，并处罚金或没收财产；情节较轻的，处 5 年以上 10 年以下有期刑，并处罚金。

从无限防卫权的角度看，对正在进行行凶、杀人、抢劫、强奸、绑架以及其他严重危及人身安全的暴力犯罪，采取防卫行为，造成不法侵害人伤亡的，不属于防卫过当，不负刑责。

绑架罪是以勒索财物或扣押人质为目的，使用暴力、胁迫或其他方法，绑架他人的行为。①犯绑架罪，杀害被绑架人，或故意伤害被绑架人，致人重伤、死亡的，处无期刑或死刑，并处没收财产。②以勒索财物为目的偷盗婴幼儿，情节较轻的，处 5 年以上 10 年以下有期刑，并处罚金；情节严重的，处 10 年以上有期刑或无期刑，并处罚金或没收财产；致人重伤、死亡的，处无期刑或死刑，并处没收财产。

【2010年·卷2·单选·16】甲持刀将乙逼入山中，让乙通知其母送钱赎人。乙担心其母心脏病发作，遂谎称开车撞人，需付5万元治疗费，其母信以为真。关于甲的行为性质，哪一选项正确？（B）A. 非法拘禁罪。B. 绑架罪。C. 抢劫罪。D. 诈骗罪。

十一、《刑法》第240条【拐卖妇女、儿童罪】

从故意犯、目的犯、行为犯、情节犯、侵害犯（结果犯）、控制说、阶段行为完成说的角度看，拐卖（结果行为或目的行为；拐骗、绑架、收买、贩卖、接送、中转）妇女、儿童［以出卖为目的，有拐骗、绑架、收买（手段行为）、贩卖、接送、中转（中间行为）中国国籍、外国国籍、无国籍的妇女、儿童（不满14周岁的人：不满1周岁的为婴儿，1周岁以上不满6周岁的为幼儿）的行为之一］的，处5年以上10年以下有期刑，并处罚金；处10年以上有期刑或无期刑，并处罚金或没收财产；情节特别严重［①拐卖妇女、儿童集团的首犯。②拐卖妇女、儿童3人以上。③奸淫被拐卖的妇女。④诱骗、强迫被拐卖的妇女卖淫或将被拐卖的妇女卖给他人迫使其卖淫。⑤以出卖为目的，使用暴力、胁迫或麻醉方法绑架妇女、儿童。⑥以出卖为目的，偷盗婴幼儿（对婴幼儿采取欺骗、利诱等手段使其脱离监护人或看护人）。⑦造成被拐卖的妇女、儿童或其亲属重伤、死亡或其他严重后果。⑧将妇女、儿童卖往境外］的，处死刑，并处没收财产。

【2017年·卷2·单选·15】关于侵犯公民人身权利的犯罪，哪一选项正确？（C）A. 甲对家庭成员负有扶养义务而拒绝扶养，故意造成家庭成员死亡。甲不构成遗弃罪，成立不作为的故意杀人罪。B. 乙闯入银行营业厅挟持客户王某，以杀害王某相要挟，迫使银行职员交给自己20万元。乙不构成抢劫罪，仅成立绑架罪。C. 丙为报复周某，花5000元路费将周某12岁的孩子带至外地，以2000元的价格卖给他人。丙虽无获利目的，也构成拐卖儿童罪。D. 丁明知工厂主熊某强迫工人劳动，仍招募苏某等人前往熊某工厂做工。丁未亲自强迫苏某等人劳动，不构成强迫劳动罪。

拐卖妇女儿童案件的立案、管辖问题：（1）对发现的拐卖妇女、儿童案件，拐出地（妇女、儿童被拐骗地）、拐入地或中转地公安机关应立案管辖。①两个以上公安机关都有管辖权，由最先立案的公安机关侦查；必要时可由主要犯罪地或主要嫌犯居住地公安机关管辖；有关公安机关不得相互推诿。②对管辖有争议的案件，应报请争议双方共同的上一级公安机关指定管辖。③铁路、交通、民航公安机关在运输途中查获的拐卖妇女、儿童案件，可直接移送拐出地公安机关处理。（2）拐入地、拐出地或中转地公安机关立案侦查的拐卖妇女、儿童案件，应向同级检察院提请批捕、移送审查起诉。①对有多次倒卖情形的拐卖妇女、儿童案件，无论行为人是第几道贩子，只要其犯罪行为已查证属实，就应及时起诉、审判。②对他罪线索，公安机关应组织力量继续进行侦查。③对同案犯在逃，已抓获的嫌犯、被告人的犯罪事实已查清，并有确实、充分证据，应及时起诉、审判。④一人犯数罪，对其中主要罪行或某一罪行事实清楚，证据确实充分，而他罪行一时难以查清，可先对其已查清的主要罪行或某一罪行作出处理。（3）对公民报案、控告、举报的与拐卖妇女、儿童有关的嫌犯、犯罪线索或材料，扭送的嫌犯，或嫌犯自首，公安机关都应接受。①对接受的案件或发现的犯罪线索，应迅速进行审查。②对需采取解救被拐卖的妇女、儿童等紧急措施，应先采取紧急措施。(4) 经审查，认为有犯罪事实，需追究刑责，应区别情况，作出处理：①属于本公安机关管辖的案件，应及时立案侦查。②属于其他公安机关管辖的案件，应在24小时内移送有管辖权的公安机关办理。③不属于公安机关管辖的案件，如属于检察院管辖的不解救被拐卖、绑架妇女、儿童案和阻碍解救被拐卖、绑架妇女、儿童案等；属于法院管辖的重婚案等，应及时将案件材料和有关证据送交有管辖权的检察院、法院，并告知报案人、控告人、举报人到检察院、法院报案、控告、举报或起诉。

拐卖妇女、儿童罪的认定问题：①凡拐卖妇女、儿童，不论是哪个环节，只要是以出卖为目的，有拐骗、绑架、收买、贩卖、接送、中转妇女、儿童的行为之一，均以拐卖妇女、儿童罪立案侦查。②在办理拐卖妇女、儿童案件中，不论拐卖人数多少，是否获利，只要实施拐卖妇女、儿童行为，均应以拐卖妇女、儿童罪立案侦查。③明知是拐卖妇女、儿童的罪犯而事先通谋，为其拐卖行为提供资助或其他便利条件，应以拐卖妇女、儿童罪的共犯立案侦查。④对拐卖过程中奸淫被拐卖妇女；诱骗、强迫被拐卖的妇女卖淫或将被拐卖的妇女卖给他人迫使其卖淫；以出卖为目的使用暴力、胁迫、麻醉等方法绑架妇女、儿童；以出卖为目的，偷盗婴幼儿；造成被拐卖的妇女、儿童或其亲属重伤、死亡或其他严重后果，均以拐卖妇女、儿童罪立案侦查。⑤教唆他人实施拐卖妇女、儿童犯罪，以拐卖妇女、儿童罪的共犯立案侦查。⑥向他人传授拐卖妇女、儿童的犯罪方法，以传授犯罪方法罪立案侦查。⑦明知是拐卖妇女、儿童的罪犯，而在其实施犯罪后为其提供隐藏处所、财物，帮助其逃匿或作假证明包庇，以窝藏、包庇罪立案侦查。⑧借收养名义拐卖儿童，出卖捡拾的儿童，均以拐卖儿童罪立案侦查。⑨非以出卖为目的，拐骗不满14周岁的未成年人脱离家庭或监护人，以拐骗儿童罪立案侦查。⑩犯组织他人偷越国（边）境罪，对被组织的妇女、儿童有拐卖犯罪行为的，以组织他人偷越国（边）境罪和拐卖妇女、儿童罪立案侦查。⑪偷盗婴幼儿，以出卖为目的，应构成拐卖儿童罪；偷盗婴幼儿，以自己收养或他人收养为目的，构成拐骗儿童罪；偷盗婴幼儿，以勒索钱财为目的，构成绑架罪（以勒索财物为目的，偷盗婴幼儿，以绑架罪立案侦查）。⑫教唆被拐卖、拐骗、收买的未成年人实施盗窃、诈骗等犯罪行为，应以盗窃罪、诈骗罪等犯罪的共犯立案侦查。

拐卖妇女、儿童罪的情形：(1) 收买被拐卖妇女、儿童又出卖的，即使被拐卖妇女、儿童同意，也构成拐卖妇女、儿童罪。(2) 医疗机构、社会福利机构等单位的工作人员以非法获利为目的，将所诊疗、护理、抚养的儿童出卖给他人，以拐卖儿童罪论处。(3) 以介绍婚姻为名，采取非法扣押身份证件、限制人身自由等方式，或利用妇女人地生疏、语言不通、孤立无援等境况，违背妇女意志，将其出卖给他人，应以拐卖妇女罪追究刑责。(4) 以非法获利为目的，出卖亲生子女，应以拐卖妇女、儿童罪论处。①出卖14周岁以上女性的亲属或其他不满14周岁的亲属，以拐卖妇女、儿童罪立案侦查。②出卖亲生子女，由公安机关依法没收非法所得，并处以罚款；以营利为目的，出卖不满14周岁的子女，情节恶劣的，以拐卖儿童罪立案侦查。（5）以出卖为目的强抢儿童，或捡拾儿童后出卖，应以拐卖儿童罪论处。（6）以抚养为目的偷盗婴幼儿或拐骗儿童，后出卖，以拐卖儿童罪论处。（7）从一罪与数罪的角度看，拐卖妇女、儿童，又奸淫被拐卖的妇女、儿童，或诱骗、强迫被拐卖的妇女、儿童卖淫，以拐卖妇女、儿童罪处罚。（8）将妇女拐卖给有关场所，使被拐卖的妇女被迫卖淫或从事其他色情服务，以拐卖妇女罪论处。有关场所的经管人员事前与拐卖妇女的犯罪人通谋的，对该经管人员以拐卖妇女罪的共犯论处；同时构成拐卖妇女罪和组织卖淫罪，择一重罪论处。（9）从共犯的角度看，明知他人拐卖妇女、儿童，仍向其提供被拐卖妇女、儿童的健康证明、出生证明或其他帮助，以拐卖妇女、儿童罪的共犯论处。（10）明知他人系拐卖儿童的人贩子，仍利用从事诊疗、福利救助等工作的便利或了解被拐卖方情况的条件，居间介绍，以拐卖儿童罪的共犯论处。（11）明知是被拐卖的妇女、儿童而收买，有以下七种情形（收买被拐卖的妇女后，违背被收买妇女的意愿，阻碍其返回原居住地；阻碍对被收买妇女、儿童进行解救；非法剥夺、限制被收买妇女、儿童的人身自由，情节严重，或对被收买妇女、儿童有强奸、伤害、侮辱、虐待等行为；所收买的妇女、儿童被解救后又再次收买，或收买多名被拐卖的妇女、儿童；组织、诱骗、强迫被收买的妇女、儿童从事乞讨、苦役，或盗窃、传销、卖淫等违法犯罪活动；造成被收买妇女、儿童或其亲属重伤、死亡及其他严重后果；有其他严重情节）的，以收买被拐卖的妇女、儿童罪论处；同时构成他罪的，依数罪并罚规定处罚。（12）拐卖妇女、儿童，又对被拐卖的妇女、儿童实施故意杀害、伤害、猥亵、侮辱等行为，构成他罪的，依数罪并罚规定处罚。（13）拐卖妇女、儿童或收买被拐卖的妇女、儿童，又组织、教唆被拐卖、收买的妇女、儿童进行犯罪的，以拐卖妇女、儿童罪或收买被拐卖的妇女、儿童罪与其所组织、教唆的罪数罪并罚。（14）拐卖妇女、儿童或收买被拐卖的妇女、儿童，又组织、教唆被拐卖、收买的未成年妇女、儿童进行盗窃、诈骗、抢夺、敲诈勒索等违反治安管理活动的，以拐卖妇女、儿童罪或收买被拐卖的妇女、儿童罪与组织未成年人进行违反治安管理活动罪数罪并罚。（15）收买被拐卖的妇女、儿童，犯罪情节轻微的，可依法免刑。被追诉前主动向公安机关报案或向有关单位反映，愿意让被收买妇女返回原居住地，或将被收买儿童送回其家庭，或将被收买妇女、儿童交给公安、民政、妇联等机关、组织，无其他严重情节的，可不追究刑责。（16）收买被拐卖的妇女、儿童，对被收买妇女、儿童未实施摧残、虐待行为或与其已形成稳定的婚姻家庭关系，但仍应依法追究刑责的，一般应从轻处罚；符合缓刑条件的，可依法适用缓刑。（17）对被解救回的未成年人的父母及其他监护人拒绝接收，拒不履行抚养义务，构成犯罪的，以遗弃罪追究刑责。（18）从刑罚适用的角度看，对拐卖妇女儿童的集团首犯，情节严重的主犯，累犯，偷盗婴幼儿、强抢儿童情节严重，将妇女、儿童卖往境外情节严重，拐卖妇女、儿童多人多次、造成伤亡后果，或有其他严重情节的，依法从重处罚；情节特别严重的，依法判处死刑。

从涉外犯罪的角度看，要进一步加大对跨国、跨境拐卖妇女、儿童犯罪的打击力度。(1) 加强双边或多边"反拐"国际交流与合作，加强对被跨国、跨境拐卖的妇女、儿童的救助工作。(2) 依中国缔结或参加的国际条约规定，积极行使所享有的权利，履行所承担的义务，以及时请求或提供各项司法协助，有效遏制跨国、跨境拐卖妇女、儿童犯罪。(3) 外国人或无国籍人拐卖外国妇女、儿童到中国境内被查获，应适用中国刑法，以拐卖妇女、儿童罪立案侦查。①拐卖妇女、儿童犯罪的妇女、儿童包含有中国国籍、外国国籍、无国籍的妇女、儿童。②被拐卖外国妇女、儿童无身份证明，不影响对罪犯的立案侦查。(4) 对外国人依法作出取保候审、监视居住决定或执行拘留、逮捕后，由有关省级公安厅、局在规定的期限内，将外国人的有关情况、涉嫌犯罪的主要事实、已采取的强制措施及其法律依据，通知该外国人所属国家的驻华使领馆，同时报告公安部。(5) 对外国籍嫌犯身份无法查明或其国籍国拒绝提供有关身份证明，也可按其自报的姓名依法提请检察院批捕、移送审查起诉。(6) 对非法入出中国国境、非法居留外国人的，应依外国人入境出境管理法及其实施细则进行处罚；情节严重的，构成犯罪，依法追究刑责。

十二、《刑法》第 241 条【收买被拐卖的妇女、儿童罪；强奸罪；非法拘禁罪；故意伤害罪；侮辱罪；拐卖妇女、儿童罪】

从故意犯、行为犯的角度看，收买被拐卖的妇女、儿童的，处 3 年以下有期刑、拘役或管制。

从故意犯、行为犯、转化犯、从重处罚的角度看，收买被拐卖的妇女，强行与其发生性关系的，以强奸罪定罪处罚（处 3 年以上 10 年以下有期刑等）。

收买被拐卖的妇女、儿童，非法剥夺、限制其人身自由或有伤害、侮辱等犯罪行为的，依刑法的有关规定（非法拘禁罪或故意伤害罪、侮辱罪等）定罪处罚。

收买被拐卖的妇女、儿童，并有收买被拐卖的妇女，强行与其发生性关系，或收买被拐卖的妇女、儿童，非法剥夺、限制其人身自由或有伤害、侮辱等犯罪行为的，以强奸罪、非法拘禁罪、侮辱罪等数罪并罚。

拐卖妇女罪是以出卖为目的，拐卖、绑架、收买、贩卖、接送或中转妇女的行为。收买被拐卖的妇女罪是不以出卖为目的，收买被拐卖的妇女的行为。①收买被拐卖的妇女的中途自愿将被害人放回家问题存在犯罪中止说、犯罪既遂说等不同理论观点。②收买被拐卖的妇女、儿童，按被买妇女的意愿，不阻碍其返回原居住地，对被买儿童没有虐待行为，不阻碍对其进行解救，可不追究刑责。

非法剥夺、限制被拐卖的妇女、儿童人身自由，或对其实施伤害、侮辱、猥亵等犯罪行为的，以非法拘禁罪，或故意伤害罪、侮辱罪、强制猥亵妇女罪、猥亵儿童罪等犯罪立案侦查。

收买被拐卖的妇女、儿童又出卖的，以拐卖妇女、儿童罪定罪处罚（处 5 年以上 10 年以下有期刑，并处罚金；有拐卖妇女、儿童集团的首犯；拐卖妇女、儿童 3 人以上；奸淫被拐卖的妇女；诱骗、强迫被拐卖的妇女卖淫或将被拐卖的妇女卖给他人迫使其卖淫；以出卖为目的，使用暴力、胁迫或麻醉方法绑架妇女、儿童；以出卖为目的，偷盗婴幼儿；造成被拐卖的妇女、儿童或其亲属重伤、死亡或其他严重后果；将妇女、儿童卖往境外的情形，处10年以上有期刑或无期刑，并处罚金或没收财产；情节特别严重，处死刑，并处没收财产）。

收买被拐卖的妇女、儿童的，以收买被拐卖的妇女、儿童罪立案侦查。

收买被拐卖的妇女、儿童，对被买儿童无虐待行为，不阻碍对其进行解救（在国家机关工作人员排查来历不明儿童或进行解救时，将所收买的儿童藏匿、转移或实施其他妨碍解救行为，经说服教育仍不配合）的，可从轻处罚；按被买妇女的意愿，不阻碍其返回原居住地（收买被拐卖的妇女，业已形成稳定的婚姻家庭关系，解救时被买妇女自愿继续留在当地共同生活）的，可从轻或减轻处罚。

收买被拐卖的妇女、儿童犯罪的认定问题：①从转化犯的角度看，行为人在收买被拐卖的妇女、儿童后，又产生出卖目的，实施出卖行为，收买被拐卖的妇女、儿童罪转化为拐卖妇女、儿童罪，以拐卖妇女、儿童罪定罪处罚（收买被拐卖的妇女、儿童后又出卖，以拐卖妇女、儿童罪立案侦查）。②收买被拐卖的妇女、儿童后又组织、强迫卖淫或组织乞讨、进行违反治安管理活动等构成他罪的，依数罪并罚规定处罚。③收买被拐卖的妇女、儿童，非法剥夺、限制其人身自由的，依非法拘禁罪定罪处罚。④收买被拐卖的妇女、儿童，并构成非法拘禁罪的，依数罪并罚的规定处罚。⑤收买被拐卖的妇女、儿童，又以暴力、威胁方法阻碍国家机关工作人员解救被收买的妇女、儿童，或聚众阻碍国家机关工作人员解救被收买的妇女、儿童，构成妨害公务罪、聚众阻碍解救被收买的妇女、儿童罪的，依数罪并罚规定处罚。⑥出于结婚目的收买被拐卖的妇女，或出于抚养目的收买被拐卖的儿童，涉及多名家庭成员、亲友参与，对起主要作用的人员应依法追究刑责。⑦奸淫被拐卖的妇女，按拐卖妇女罪的加重情节处罚，不单独成立强奸罪。⑧明知被拐卖的妇女是现役军人的妻子而与之同居或结婚的，以破坏军婚罪立案侦查。⑨凡帮助买主实施强奸、伤害、非法拘禁被拐卖的妇女儿童等犯罪行为的，应分别以强奸罪、故意伤害罪、非法拘禁罪等犯罪的共犯立案侦查。

十三、《刑法》第242条【妨害公务罪；聚众阻碍解救被收买的妇女、儿童罪】

从故意犯、行为犯的角度看，以暴力、威胁方法阻碍国家机关工作人员解救被收买的妇女、儿童的，以妨害公务罪定罪处罚（以暴力、威胁方法阻碍国家机关工作人员依法执行职务；以暴力、威胁方法阻碍全国人大和地方人大代表依法执行代表职务；在自然灾害和突发事件中，以暴力、威胁方法阻碍红十字会工作人员依法履行职责；故意阻碍国家安全机关、公安机关依法执行国家安全工作任务，未使用暴力、威胁方法，造成严重后果的，处3年以下有期刑、拘役、管制或罚金；暴力袭击正在依法执行职务的警察的，从重处罚）。

解救被收买的妇女、儿童型妨害公务罪的情形：①以暴力、威胁方法阻碍国家机关工作人员解救被收买的妇女、儿童，其他使用暴力、威胁方法的参与者，均以妨害公务罪立案侦查。②对聚众阻碍国家机关工作人员解救被收买的妇女、儿童的首犯，以聚众阻碍解救被收买的妇女、儿童罪立案侦查；其他使用暴力、威胁方法的参与者，以妨害公务罪立案侦查。③对窝藏、包庇罪犯、阻碍解救、妨害公务，构成犯罪，要依法追究刑责。

行为人实施侵犯民警执法权威的行为，构成犯罪的，依法追究刑责；尚不构成犯罪，构成违反治安管理行为的，依法给予治安处罚。①公安机关办理侵犯民警执法权威的刑事案件、治安案件时，有关部门应根据情况的复杂程度、造成后果的严重程度，视情提前介入，加强审核把关，对案件定性、取证、处理等进行指导，确保案件办理事实清楚、证据确凿、程序合法、法律适用准确。②民警按法定条件和程序履行职责、行使职权，对公民、法人或其他组织合法权益造成损害的，民警个人不承担法律责任，由其所属公安机关按国家有关规定对造成的损害给予补偿。

从故意犯、行为犯、聚众共犯的角度看，系聚众阻碍国家机关工作人员解救被收买的妇女、儿童的首犯的，处5年以下有期刑或拘役；其他参与者使用暴力、威胁方法的，以聚众阻碍解救被收买的妇女、儿童罪定罪处罚。

阻碍解救被收买的妇女、儿童，未使用暴力、威胁方法的，依治安处罚法有关规定处罚。对投案自首、坦白交代罪行、有立功表现的收买的妇女、儿童的嫌犯，公安机关在移送检察院审查起诉时应依法提出从轻、减轻、免除处罚的意见。

对被拐卖的妇女、儿童负有解救职责的国家机关工作人员不履行解救职责，或袒护、纵容甚至支持买卖妇女、儿童，为买卖妇女、儿童人员通风报信，或以其他方法阻碍解救工作的处理方式方法：（1）对被拐卖的妇女、儿童负有解救职责的公安、司法等国家机关工作人员接到被拐卖的妇女、儿童及其家属的解救要求或接到其他人的举报，而对被拐卖的妇女、儿童不进行解救的，要交由其主管部门进行党纪、政纪、警纪处分；构成犯罪的，应以不解救被拐卖妇女、儿童罪移送检察院追究刑责。（2）对被拐卖的妇女、儿童负有解救职责的公安、司法等国家机关工作人员利用职务阻碍解救被拐卖的妇女、儿童，构成犯罪的，应以阻碍解救被拐卖妇女、儿童罪移送检察院追究刑责。①对不履行办案协作职责造成严重后果的，对直接负责的主管人员和其他直接责任人员，应给予行政处分；构成犯罪，依法追究刑责。②对在逃的拐卖妇女、儿童的罪犯，有关公安机关应密切配合，及时通缉，追捕归案。（3）行政执法人员徇私情私利，伪造材料，隐瞒情况，弄虚作假，对依法应移交司法机关追究刑责的拐卖妇女、儿童犯罪案件不移交司法机关处理，构成犯罪的，以徇私舞弊不移交刑事案件罪移送检察院追究刑责。（4）有查禁拐卖妇女、儿童犯罪活动职责的国家机关工作人员，向拐卖妇女、儿童的罪犯通风报信、提供便利，帮助罪犯逃避处罚，构成犯罪的，以帮助罪犯逃避处罚罪移送检察院追究刑责。

解救妇女、儿童工作的管辖问题：①解救妇女、儿童工作由拐入地公安机关负责。②对拐出地公安机关主动派工作组到拐入地进行解救的，也要以拐入地公安机关为主开展工作。③对解救的被拐卖妇女，由其户口所在地公安机关负责接回；对解救的被拐卖儿童，由其父母或其他监护人户口所在地公安机关负责接回。④拐出地、拐入地、中转地公安机关应积极协作配合，坚决杜绝地方保护主义。

十四、《刑法》第243条【诬告陷害罪】

从故意犯、情节犯、结果犯的角度看，捏造事实诬告陷害他人，意图使他人受刑事追究，情节严重的，处3年以下有期刑、拘役或管制；造成严重后果的，处3年以上10年以下有期刑。①从身份犯、从重处罚原则的角度看，国家机关工作人员犯诬告陷害罪，从重处罚。②从罪与非罪的角度看，特殊而言，不是有意诬陷，而是错告，或检举失实的，不适用诬告陷害罪的规定。

诬告陷害罪是捏造事实诬告陷害他人，意图使他人受刑事追究，情节严重的行为。从犯罪客体的角度看，诬告陷害罪的性质问题有争议性，存在特殊情节犯说、抽象危险行为犯说、单纯行为犯说等不同理论观点。

【2017年·卷2·单选·16】关于诬告陷害罪的认定，哪一选项正确（不考虑情节）？（C）A. 意图使他人受刑事追究，向司法机关诬告他人介绍卖淫，不仅触犯诬告陷害罪，而且触犯侮辱罪。B. 法官明知被告人系被诬告，仍判决被告人有罪，法官不仅触犯徇私枉法罪，而且触犯诬告陷害罪。C. 诬告陷害罪虽是侵犯公民人身权利的犯罪，但诬告企业犯逃税罪，也能追究其诬告陷害罪的刑责。D. 15周岁的人不对盗窃负刑责，故诬告15周岁的人犯盗窃罪，不能追究行为人诬告陷害罪的刑责。

十五、《刑法》第244条【强迫劳动罪】

从劳动合同关系、故意犯、行为犯、情节犯的角度看，以暴力（以殴打、捆绑等暴力强迫他人劳动致人重伤等）、威胁或限制人身自由的方法（将他人人身自由控制在一定范围限度内的非法方法）强迫他人劳动，或明知他人实施强迫劳动行为，为其招募、运送人员或有其他协助强迫他人劳动，或单位犯强迫劳动罪的，对单位判处罚金，并对其直接负责的主管人员和其他直接责任人员，处3年以下有期刑或拘役，并处罚金；情节严重的，处3年以上10年以下有期刑，并处罚金。

强迫劳动罪是用人单位（仅限于雇佣职工或农民工为其劳动的公司、企业或个体组织等经济组织）违反劳动管理法规，以暴力、威胁或限制人身自由的方法强迫他人劳动，或明知他人实施强迫劳动行为，为其招募、运送人员或其他协助强迫他人劳动的行为。

强迫劳动罪的立案追诉标准：①以暴力、威胁或限制人身自由的方法强迫他人劳动，应立案追诉。②明知他人以暴力、威胁或限制人身自由的方法强迫他人劳动，为其招募、运送人员或有其他协助强迫他人劳动行为，应立案追诉。

【2012年·卷1·单选·17】侵犯人身权利罪的论述，哪一选项错误？（C）A. 强行与卖淫幼女发生性关系，事后给幼女500元，构成强奸罪。B. 使用暴力强迫单位职工外的其他人员在采石场劳动，构成强迫劳动罪。C. 雇用16周岁未成年人从事高空、井下作业，构成雇用童工从事危重劳动罪。D. 收留流浪儿童后，因儿童不听话将其出

卖，构成拐卖儿童罪。

非法用工可能触犯的罪名：①用人经济组织单位的直接责任人员采取限制自由或剥夺人身自由的拘禁方法强迫用人（职工或农民工等）劳动，应以非法拘禁罪定罪处罚。②行为人以强迫劳动为目的，强迫用人劳动，又实施故意伤害、侮辱等犯罪行为的，应数罪并罚。③从想象竞合犯的角度看，采取人身自由限制方式，强迫用人劳动，导致用人不堪忍受而自杀（情节较重）的，可构成过失致人死亡罪。

十六、《刑法》第 244 条之一【雇用童工从事危重劳动罪】

从故意犯、情节犯的角度看，违反劳动管理法规，雇用未满 16 周岁的未成年人从事超强度体力劳动，或从事高空、井下作业，或在爆炸性、易燃性、放射性、毒害性等危险环境下从事劳动，情节严重（长时间强迫他人劳动；强迫多人无偿劳动；多次强迫他人劳动；强迫未成年人、智障人员劳动；劳动环境十分危险；劳动条件十分恶劣；强迫职工劳动经责令改正仍继续强迫职工劳动；因强迫劳动给他人身心健康造成严重危害；造成恶劣社会影响等情形）的，对直接责任人员，处 3 年以下有期刑或拘役，并处罚金；情节特别严重的，处 3 年以上 7 年以下有期刑，并处罚金。

雇用童工从事危重劳动罪是违反劳动管理法规，雇用未满 16 周岁的未成年人从事超强度体力劳动，或从事高空、井下作业，或在爆炸性、易燃性、放射性、毒害性等危险环境下从事劳动，情节严重的行为。①从劳动法的角度看，用人单位非法招用未满 16 周岁的未成年人，由劳动行政部门责令改正，处以罚款；情节严重，由市场监管部门吊销营业执照。②有违反劳动管理法规，雇用未满 16 周岁的未成年人从事超强度体力劳动，或从事高空、井下作业，或在爆炸性、易燃性、放射性、毒害性等危险环境下从事劳动的行为，造成事故，又构成他罪，依数罪并罚规定处罚。

十七、《刑法》第 245 条【非法搜查罪；非法侵入住宅罪】

从故意犯、行为犯的角度看，非法搜查他人身体、住宅［国家机关工作人员涉嫌利用职权非法搜查，有非法搜查他人身体、住宅，手段恶劣；非法搜查引起被搜查人精神失常、自杀或造成财物严重损坏；司法工作人员对明知是与涉嫌犯罪无关的人身、场所非法搜查；3 次以上或对 3 人（户）以上进行非法搜查的情形］，或非法侵入他人住宅（未经允许非法积极地侵入他人住宅或经要求退出而消极地无故拒不退出）的，处 3 年以下有期刑或拘役。

非法搜查罪是非法搜查他人身体、住宅的犯罪行为。①从身份犯、从重处罚的角度看，司法工作人员滥用职权，犯非法搜查罪、非法侵入住宅罪的，从重处罚。②从司法解释的角度看，以“软暴力”手段非法进入或滞留他人住宅，应认定为非法侵入住宅罪的“非法侵入他人住宅”，同时符合其他犯罪构成要件的，应以非法侵入住宅罪定罪处罚。③为强索不受法律保护的债务或因其他非法目的，雇佣、指使他人采用“软暴力”手段非法剥夺他人人身自由构成非法拘禁罪，或非法侵入他人住宅、寻衅滋事的，构成非法侵入住宅罪、寻衅滋事罪，对雇佣者、指使者，一般应以共犯中的主犯论处；因本人及近亲属合法债务、婚恋、家庭、邻里纠纷等民间矛盾而雇佣、指使，未造成严重后果的，一般不作为犯罪处理，但经有关部门批评制止或处理处罚后仍继续实施的除外。

十八、《刑法》第246条【侮辱罪；诽谤罪】

从亲告罪、故意犯、情节犯、结果犯、两高《关于办理利用信息网络实施诽谤等刑事案件适用法律若干问题的解释》（2013年）的角度看，采取暴力或其他方法公然侮辱他人或捏造事实诽谤他人［①捏造损害他人名誉的事实，在信息网络（以计算机、电视机、固定电话机、移动电话机等电子设备为终端的计算机互联网、广电网、固定通信网、移动通信网等信息网络，向公众开放的局域网络）上散布，或组织、指使人员在信息网络上散布。②将信息网络上涉及他人的原始信息内容篡改为损害他人名誉的事实，在信息网络上散布，或组织、指使人员在信息网络上散布。③明知是捏造的损害他人名誉的事实，在信息网络上散布，情节恶劣，以捏造事实诽谤他人论），情节严重（①2年内曾因诽谤受过行政处罚，又诽谤他人。②造成被害人或其近亲属精神失常、自残、自杀等严重后果。③利用信息网络诽谤他人，同一诽谤信息实际被点击、浏览次数达到5000次以上，或被转发次数达到500次以上。④其他情节严重情形）］的，处3年以下有期刑、拘役、管制或剥夺政治权利。

【2017年·卷2·单选·24】齐某在A市B区利用网络捏造和散布虚假事实，宣称刘某系当地黑社会组织"大哥"，A市中级法院院长王某为其"保护伞"。刘某以齐某诽谤为由，向B区法院提起自诉。关于本案处理，哪一选项正确？（B）A. B区法院可该案涉及王某为由裁定不予受理。B. B区法院受理该案后应请求上级法院指定管辖。C. B区法院受理该案后，王某应自行回避。D. 齐某可申请A市中级法院及其下辖的所有基层法院法官整体回避。

诽谤罪是捏造并散布虚假的事实，意图损害他人人格、毁坏他人名誉的行为。捏造他人强奸妇女的犯罪事实，向公安局告发，意图使他人受刑事追究，情节严重的，构成诬告陷害罪；捏造他人强奸妇女的犯罪事实，向媒体告发，情节严重的，构成诽谤罪。

一般而言，侮辱罪、诽谤罪的立案、受理，以告诉才处理（亲告罪）为原则，以严重危害社会秩序和国家利益（①诽谤多人，造成恶劣社会影响。②利用信息网络诽谤他人，损害国家形象，严重危害国家利益。③造成恶劣国际影响。④引发群体事件。⑤引发民族、宗教冲突。⑥引发公共秩序混乱。⑦其他严重危害社会秩序和国家利益情形）为例外。①通过信息网络实施侮辱、诽谤的行为，被害人向法院告诉，但提供证据确有困难，法院可要求公安机关提供协助。②一年内多次实施利用信息网络诽谤他人行为未经处理，诽谤信息实际被点击、浏览、转发次数累计计算构成犯罪的，应以网络诽谤罪定罪处罚。

以在信息网络上发布、删除等方式处理网络信息为由，威胁、要挟他人，索取公私财物，数额较大，或多次实施在信息网络上发布、删除等方式处理网络信息为由，威胁、要挟他人，索取公私财物的行为，以敲诈勒索罪定罪处罚。

明知他人利用信息网络实施诽谤、寻衅滋事、敲诈勒索、非法经营等犯罪，为其提供资金、场所、技术支持等帮助的，以诽谤、寻衅滋事、敲诈勒索、非法经营等犯罪的共犯论处。

利用信息网络实施诽谤、寻衅滋事、敲诈勒索、非法经营犯罪，同时又构成损害商业信誉、商品声誉罪、煽动暴力抗拒法律实施罪、编造、故意传播虚假恐怖信息罪等犯罪的，依处罚较重规定定罪处罚。

民警因履行职责、行使职权行为受到不实投诉、诬告诽谤、侮辱、恶意炒作，以及被错误审查调查、追究责任后，相关部门予以纠正，警务督察部门应通过公开的形式，在一定范围内澄清事实，消除影响。受到公安机关内部处分、处理的，公安机关应及时撤销相关决定并恢复民警公职身份和原职务、职级。

十九、《刑法》第 247 条【刑讯逼供罪；暴力取证罪】

从身份犯、故意犯、行为犯、情节犯、结果犯的角度看，司法工作人员对嫌犯、被告人实行刑讯逼供（刑讯逼供手段残忍、影响恶劣；致人自杀或精神失常；造成冤假错案；3 次以上或对 3 人以上进行刑讯逼供；授意、指使、强迫他人刑讯逼供）或使用暴力逼取证人证言（暴力取证手段残忍、影响恶劣；致人自杀或精神失常；造成冤假错案；3 次以上或对 3 人以上进行暴力取证；授意、指使、强迫他人暴力取证）的，处 3 年以下有期刑或拘役；致人伤残、死亡的，以刑讯逼供罪、暴力取证罪定罪从重处罚。

刑讯逼供罪是司法工作人员对嫌犯、被告人使用肉刑或变相肉刑（轻伤）逼取口供的犯罪行为。暴力取证罪是司法工作人员以暴力逼取证人证言、被害人陈述的犯罪行为。

从转化犯的角度看，司法工作人员刑讯逼供或暴力取证致人伤残（轻伤），刑讯逼供罪或暴力取证罪转化为故意伤害罪，以故意伤害罪定罪从重处罚；致人死亡，刑讯逼供罪或暴力取证罪转化为故意杀人罪，以故意杀人罪定罪从重处罚。

二十、《刑法》第 248 条【虐待被监管人罪】

从身份犯、故意犯、情节犯、结果犯、转化犯的角度看，监狱、拘留所、看守所、拘役所、劳动改造管教队、少年犯管教所等监管机构的监管人员对被监管人（已决犯、未决犯）进行殴打（肉体折磨）或体罚虐待（辱骂、强迫超体力劳动、罚趴、罚跑、罚晒、罚冻、罚饿、不让睡觉、不给水喝等精神折磨），情节严重（殴打、体罚虐待行为造成被监管人轻伤；殴打、体罚虐待行为致被监管人自杀、精神失常或其他严重后果；对被监管人 3 人以上或 3 次以上殴打、体罚虐待；殴打、体罚虐待的手段残忍、影响恶劣；指使被监管人殴打、体罚虐待其他被监管人）的，处 3 年以下有期刑或拘役；情节特别严重的，处 3 年以上 10 年以下有期刑；致人伤残、死亡，以故意伤害罪、故意杀人罪定罪从重处罚。

从宪法的角度看，公民在法律面前一律平等。国家尊重和保障人权。任何公民都享有宪法和法律规定的权利，同时须履行宪法和法律规定的义务。

虐待被监管人罪是监狱、拘留所、看守所、拘役所、劳教所等监管机构的监管人员对被监管人进行殴打或体罚虐待，情节严重的行为。监管人员指使被监管人殴打或体罚虐待其他被监管人，以虐待被监管人罪处罚。

虐待被监管人罪的立案标准：①以殴打、捆绑、违法使用械具等恶劣手段虐待被监管人。②以较长时间冻、饿、晒、烤等手段虐待被监管人，严重损害其身体健康。③虐待造成被监管人轻伤、重伤、死亡。④虐待被监管人，情节严重，导致被监管人自杀、自残造成重伤、死亡，或精神失常。⑤殴打或体罚虐待3人次以上。⑥指使被监管人殴打、体罚虐待其他被监管人。⑦其他情节严重的情形。

从转化犯的角度看，监狱、拘留所、看守所等监管机构的监管人员虐待被监管人，故意致人伤残，虐待被监管人罪转化为故意伤害罪，以故意伤害罪从重处罚；故意致人死亡，虐待被监管人罪转化为故意杀人罪，以故意杀人罪从重处罚。①故意虐待被监管人，引起被监管人重伤、伤残或死亡的，应以故意伤害罪或故意杀人罪从重处罚。②故意虐待被监管人，造成轻伤结果的，以虐待被监管人罪定罪处罚。③虐待被监管人，明知殴打、体罚虐待行为可能造成被监管人死亡的，以故意杀人罪定罪处罚。④基于挟愤报复、显示淫威等动机，故意虐待、杀害被监管人的，应以虐待被监管人罪、故意杀人罪并罚。

从监狱法的角度看，监狱设监狱长1人、副监狱长若干人，并根据实际需要要设置必要的工作机构和配备其他监狱管理人员。①监狱的管理人员警察应严格遵守宪法和法律，忠于职守，秉公执法，严守纪律，清正廉洁。②禁止监狱警察从事九种违法犯罪行为（索要、收受、侵占罪犯及其亲属的财物；私放罪犯或玩忽职守造成罪犯脱逃；刑讯逼供或体罚、虐待罪犯；侮辱罪犯的人格；殴打或纵容他人殴打罪犯；为谋取私利，利用罪犯提供劳务；违反规定，私自为罪犯传递信件或物品；非法将监管罪犯的职权交予他人行使；其他违法行为），否则构成犯罪的，依法追究刑责；尚未构成犯罪的，应给予行政处分。

看守所应自觉接受检察院的监督，对检察院提出的检察纠正意见按规定进行纠正并反馈结果。对不按规定进行纠正，又不说明情况或理由，也不按程序要求复议、提请复核的，公安机关应依法依纪作出处理；构成犯罪的，应依法追究刑责。

虐待被监管人罪和刑讯逼供罪的根本差异在于犯罪主体、犯罪客体、犯罪目的的不同；虐待被监管人罪和报复陷害罪的根本差异在于犯罪对象、犯罪目的的不同。

二十一、《刑法》第249条【煽动民族仇恨、民族歧视罪】

从故意犯、情节犯的角度看，煽动（以语言、口号、文字、图案、传单、标语、音像视频、非法出版物等形式公然演讲、鼓动、劝诱、蛊惑、书写、宣传、散发、陈列、张贴、放映、传播等）民族仇恨（基于种族、肤色、语言、文字、世俗、历史文化等因素而强烈憎恨）、民族歧视（基于民族历史文化、发展不平衡等因素排斥、限制)，情节严重（多次煽动；煽动人数较多、影响较大；煽动动机、手段恶劣；煽动行为造成严重后果或恶劣影响等）的，处3年以下有期刑、拘役、管制或剥夺政治权利；情节特别严重（长期煽动；煽动手段特别恶劣；煽动行为引起民族纠纷、冲突、民族地区骚乱，后果特别严重等）的，处3年以上10年以下有期刑。

利用互联网煽动民族仇恨、民族歧视，破坏民族团结，情节严重的，以煽动民族仇恨、民族歧视罪定罪处罚。

从比较法、犯罪对象、犯罪客体的角度看，煽动型的主要罪名有煽动民族仇恨、民族歧视罪；煽动分裂国家罪；煽动颠覆国家政权罪；煽动军人逃离部队罪；煽动暴力抗拒法律实施罪；利用极端主义破坏法律实施罪；宣扬恐怖主义、极端主义、煽动实施恐怖活动罪等。①煽动民族仇恨、民族歧视罪和侵犯少数民族风俗习惯罪的根本差异在于犯罪主体、犯罪客体、犯罪客观方面的不同。②煽动民族仇恨、民族歧视罪和非法剥夺公民宗教信仰自由罪的根本差异在于犯罪主体、犯罪客体、犯罪主观方面、犯罪客观方面的不同。

二十二、《刑法》第250条【出版歧视、侮辱少数民族作品罪】

从故意犯、情节犯、结果犯的角度看，出版刊载歧视、侮辱少数民族内容（少数民族的风俗习惯、生产、居住、饮食、服饰、婚姻、丧葬、节庆、礼仪、喜好、崇尚、禁忌等）的作品，或在出版物中刊载歧视、侮辱少数民族的内容，情节恶劣（犯罪动机卑鄙；刊载内容歪曲历史或纯粹谣言、污秽恶毒；多次刊载歧视、侮辱少数民族内容等），造成严重后果（政治影响恶劣；导致民族矛盾激化；引起少数民族群众强烈反响、骚乱或民族冲突等）的，对直接责任人员，处3年以下有期刑、拘役或管制。

从单位犯罪的角度看，单位犯出版歧视、侮辱少数民族作品罪的，实行单罚制，对出版单位的直接责任人员，处3年以下从有期刑、拘役或管制。

出版歧视、侮辱少数民族作品罪和煽动民族仇恨与民族歧视罪的根本差异在于犯罪主体、犯罪客体、犯罪对象、犯罪主观方面、犯罪客观方面的不同；出版歧视、侮辱少数民族作品罪和侮辱罪、诽谤罪的根本差异在于犯罪主体、犯罪客体、犯罪对象、犯罪主观方面、犯罪客观方面的不同。

二十三、《刑法》第251条【非法剥夺公民宗教信仰自由罪；侵犯少数民族风俗习惯罪】

从身份犯、故意犯、情节犯的角度看，国家机关工作人员非法剥夺（以暴力、胁迫、威胁、迫害、打击、攻击、打砸抢烧、强制、侮辱、诽谤或非法手段干涉、禁止、扰乱正常的宗教活动；非法撤销合法的宗教组织；非法剥夺教职人员正当履行宗教职务权；非法阻挠、禁止合法宗教刊物的发行或勒令停办宗教院校；封闭、捣毁或破坏合法宗教场所设施；威胁、打击、迫害信仰宗教公民；强迫公民信教、退教或改变某种宗教信仰或信仰同一宗教的某一教派等）公民的宗教信仰自由（公民有信仰宗教自由，有不信仰宗教的自由，有信教和退教的自由，有选择信仰不同宗教的自由，有在同一个宗教内有信仰不同教派的自由）和侵犯少数民族风俗习惯（以暴力、胁迫、权势、行政措施等强制手段非法干涉、破坏少数民族具地域性、民族性、社会规范性、相对稳定性的民俗、节庆、朝觐、禁忌、礼节、服饰、饮食、婚嫁、丧葬、礼仪等民族风俗习惯），情节严重（①非法剥夺手段恶劣；引起教徒骚乱、民族纠纷等社会矛盾，社会影响恶劣；造成宗教场所设施等重大毁坏，财产损失严重；造成政治影响恶劣、影响极坏或被害人家庭解体、精神伤害、精神失常或自杀、轻伤等严重后果。②多次或多人侵犯、手段恶劣、引起民族纠纷、民族矛盾；造成骚乱、示威游行或社会秩序严重混乱，产生恶劣政治影响；强迫少数民族改变风俗习惯；非法干涉、破坏、诋毁、攻击、贬损少数民族风俗习惯，引起民族纠纷；非法侵犯少数民族风俗习惯，造成其他严重后果）的，处2年以下有期刑或拘役。

从想象竞合犯的角度看，行为人非法剥夺公民宗教信仰自由的行为引起被害人重伤、死亡的，依想象竞合犯从重罪原则以故意伤害罪或故意杀人罪定罪量刑；非法剥夺公民宗教信仰自由的行为造成国家珍贵文物毁损的，以故意或过失破坏文物罪定罪处罚。

非法剥夺公民宗教信仰自由罪和侵犯少数民族风俗习惯罪的根本差异在于犯罪客体、犯罪对象、犯罪客观方面、犯罪主观方面内容的不同；非法剥夺公民宗教信仰自由罪和非法拘禁罪的根本差异在于犯罪主体、犯罪主观方面、犯罪客观方面的不同。利用封建迷信造谣惑众，骗取钱财，构成犯罪的，应以诈骗罪定罪处罚。

二十四、《刑法》第252条【侵犯通信自由罪】

从故意犯、情节犯的角度看，隐匿、毁弃或非法开拆他人信件，侵犯公民通信自由权利，情节严重（非法开拆他人信件，涂改信件文字内容，侮辱他人人格；隐匿、毁弃、非法开拆他人信件，次数较多，数量较大；致他人工作生活严重妨害、身体或精神严重损害、家庭不睦、夫妻离异等严重后果）的，处1年以下有期刑或拘役。

侵犯公民通信自由、通信秘密罪的立案标准：①隐匿、毁弃或非法开拆他人信件，使他人工作、生活受到严重妨害，或身体、精神受到严重损害。②隐匿、毁弃或非法开拆他人信件，次数较多，或数量较大。③非法开拆他人信件，涂改信中内容，或张扬他人隐私，侮辱他人人格、破坏他人名誉。④隐匿、毁弃或非法开拆他人信件，造成其他严重后果。

侵犯公民通信自由罪和私自开拆隐匿毁弃邮件电报罪的根本差异在于犯罪主体、犯罪情节的不同。

从罪数的角度看，侵犯公民通信自由，非法开拆或隐匿、毁弃他人信件，并从中窃取财物，应根据不同情节分别处理：①非邮电工作人员非法开拆他人信件，侵犯公民通信自由权利，情节严重，并从中窃取财物，或窃取汇票、汇款支票，骗取汇兑数额不大的，以侵犯公民通信自由罪从重处罚。②非邮电通信人员非法开拆他人信件，侵犯公民通信自由权利，情节严重，并从中窃取财物数额较大的，应按重罪吸收轻罪原则以盗窃罪定罪处罚。③非邮电工作人员非法开拆他人信件，侵犯公民通信自由，情节严重，并从中窃取汇票或汇款支票，冒名骗取汇兑数额较大的，应以侵犯公民通信自由罪和诈骗罪数罪并罚。④邮电工作人员在司法机关通知不需继续扣押邮件、电报后继续扣押隐匿或在依法扣押后不送司法机关，而擅自开拆检查、扣押邮件、电报的，构成犯罪，以侵犯公民通信自由罪论处。

二十五、《刑法》第 253 条【私自开拆、隐匿、毁弃邮件、电报罪】

从故意犯、身份犯、行为犯、结合犯的角度看，邮政工作人员私自开拆（未经寄件人或收件人同意，非法擅自开拆传递中的邮件、电报）或隐匿（非法截留、收藏，不送交收件）、毁弃（撕毁、湮灭、抛弃，导致收件人无法查收）邮件（信函、明信片、印刷品、邮包、报刊、汇款通知等平常邮件、给据邮件）、电报（明码电报、密码电报、传真等）的，处 2 年以下有期刑或拘役。

私自开拆、隐匿、毁弃邮件、电报罪的立案标准：①私拆或隐匿、毁弃邮件、电报、次数较多或数量较大。②私拆或隐匿、毁弃邮件，并从中窃取财物。③私拆或隐匿、毁弃邮件、电报，虽次数不多，数量不大，但给国家、集体利益以及公民合法权益造成严重后果。④私拆或隐匿、毁弃邮件、电报，造成其他危害后果。

从故意犯、转化犯的角度看，邮政工作人员利用职务便利（营业、分拣、接发、押运、投递等职务职责条件），私自开拆或隐匿、毁弃邮件、电报而窃取财物的行为转化为盗窃罪的，以盗窃罪从重处罚，不再以私自开拆或隐匿、毁弃邮件、电报罪定罪处罚。

邮政工作人员隐匿、毁弃、私拆、盗窃邮件，贪污、冒领用户款项的，邮政企业应追回赃款赃物，可并处罚款，还可根据情节轻重，给予行政处分。

私自开拆、隐匿、毁弃邮件、电报罪和侵犯公民通信自由罪的根本差异在于犯罪主体、犯罪客体、犯罪客观方面的不同。

二十六、《刑法》第 253 条之一【侵犯公民个人信息罪】

从行政犯、故意犯、情节犯、数额犯的角度看，违反国家有关规定（法律、行政法规、部门规章有关公民个人信息保护规定），向他人出售或提供公民个人信息（①向特定人提供公民个人信息，以及通过信息网络或其他途径发布公民个人信息。②未经被收集者同意，将合法收集的公民个人信息向他人提供，以经处理无法识别特定个人且不能复原为例外），或窃取或以其他方法非法获取公民个人信息（违反国家有关规定，通过购买、收受、交换等方式获取公民个人信息，或在履行职责、提供服务过程中收集公民个人信息：以电子或其他方式记录的能单独或与其他信息结合识别自然人身份或反映自然人活动情况的各种信息，含但不限于自然人的姓名、出生日期、身份证号码、个人生物识别信息、住址、通信通讯联系方式、电话号码、账号密码、财产状况、行踪轨迹等），情节严重（①违法所得 5000 元以上。②曾因侵犯公民个人信息受过刑罚或两年内受过行政处罚，又非法获取、出售或提供公民个人信息。③出售或提供行踪轨迹信息，被他人用于犯罪。④知道或应知道他人利用公民个人信息实施犯罪，向其出售或提供。⑤非法获取、出售或提供行踪轨迹信息、通信内容、征信信息、财产信息50条以上。⑥非法获取、出售或提供住宿信息、通信记录、健康生理信息、交易信息等其他可能影响人身、财产安全的公民个人信息500条以上。⑦非法获取、出售或提供行踪轨迹信息、通信内容、征信信息、财产信息、住宿信息、通信记录、健康生理信息、交易信息等其他可能影响人身、财产安全的公民个人信息外的公民个人信息5000条以上。⑧数量未达到非法获取、出售或提供行踪轨迹信息、通信内容、征信信息、财产信息50条以上；非法获取、出售或提供住宿信息、通信记录、健康生理信息、交易信息等其他可能影响人身、财产安全的公民个人信息500条以上；非法获取、出售或提供行踪轨迹信息、通信内容、征信信息、财产信息、住宿信息、通信记录、健康生理信息、交易信息等其他可能影响人身、财产安全的公民个人信息外的公民个人信息5000条以上标准，但按相应比例合计达到有关数量标准。⑨将在履行职责或提供服务过程中获得的公民个人信息出售或提供给他人，数量或数额达到违法所得5000元以上、轨迹信息通信内容征信信息财产信息50条以上、住宿信息通信记录健康生理信息交易信息等其他可能影响人身财产安全的公民个人信息500条以上、其他公民个人信息5000条以上，或数量未达到行踪轨迹信息通信内容征信信息财产信息50条以上、住宿信息通信记录健康生理信息交易信息等其他可能影响人身财产安全的公民个人信息500条以上、其他公民个人信息5000条以上标准的一半以上，但按相应比例合计达到有关数量标准。⑩其他情节严重情形）的，处3年以下有期刑或拘役，并处或单处罚金；情节特别严重（①造成被害人死亡、重伤、精神失常或被绑架等严重后果。②造成重大经济损失或恶劣社会影响。③数量或数额达到非法获取、出售或提供行踪轨迹信息、通信内容、征信信息、财产信息、住宿信息、通信记录、健康生理信息、交易信息等其他可能影响人身、财产安全的公民个人信息外的公民个人信息、违法所得标准10倍以上。④其他情节特别严重情形）的，处3年以上7年以下有期刑，并处罚金。

【2017年·卷2·多选·59】下列哪些行为构成侵犯公民个人信息罪（不考虑情节）？（BC）A. 甲长期用高倍望远镜偷窥邻居的日常生活。B. 乙将单位数据库中病人的姓名、血型、DNA等资料，卖给某生物制药公司。C. 丙将捡到的几本通讯簿在网上卖给他人，通讯簿被他人用于电信诈骗犯罪。D. 丁将收藏的多封50年代的信封（上有收件人姓名、单位或住址等信息）高价转让他人。

为合法经营活动而非法购买、收受行踪轨迹信息、通信内容、征信信息、财产信息、住宿信息、通信记录、健康生理信息、交易信息等其他可能影响人身、财产安全的公民个人信息外的公民个人信息，有利用非法购买、收受的公民个人信息获利5万元以上、曾因侵犯公民个人信息受过刑罚或2年内受过行政处罚，又非法购买、收受公民个人信息或其他情节严重情形的，应认定为侵犯公民个人信息罪的“情节严重”。

实施为合法经营活动而非法购买、收受行踪轨迹信息、通信内容、征信信息、财产信息、住宿信息、通信记录、健康生理信息、交易信息等其他可能影响人身、财产安全的公民个人信息外的公民个人信息的行为，将购买、收受的公民个人信息非法出售或提供，定罪量刑标准适用侵犯公民个人信息罪的情节严重的处罚规定。

单位犯侵犯公民个人信息罪，依两高《关于办理侵犯公民个人信息刑事案件适用法律若干问题的解释》(2017年）规定的相应自然人犯罪的定罪量刑标准，对直接负责的主管人员和其他直接责任人员定罪处罚，并对单位判处罚金。单位犯侵犯公民个人信息罪，违反国家有关规定，向他人出售或提供公民个人信息，或窃取或以其他方法非法获取公民个人信息，对单位判处罚金，并对其直接负责的主管人员和其他直接责任人员，情节严重的，处3年以下有期刑或拘役，并处或单处罚金；情节特别严重的，处3年以上7年以下有期刑，并处罚金；违反国家有关规定，将在履行职责或提供服务过程中获得的公民个人信息，出售或提供给他人的，以侵犯公民个人信息罪从重处罚。

实施侵犯公民个人信息犯罪，不属于“情节特别严重”，行为人系初犯，全部退赃，并确有悔罪表现的，可认定为情节轻微，不起诉或免刑；确有必要判刑的，应从宽处罚。①非法获取公民个人信息后又出售或提供，公民个人信息的条数不重复计算。②向不同单位或个人分别出售、提供同一公民个人信息，公民个人信息的条数累计计算。③对批量公民个人信息的条数，据查获的数量直接认定，但有证据证明信息不真实或重复的除外。④对侵犯公民个人信息犯罪，应综合考虑犯罪的危害程度、犯罪的违法所得数额及被告人的前科情况、认罪悔罪态度等，依法判处罚金；罚金数额一般在违法所得的1倍以上5倍以下。

违反国家有关规定，将在履行职责或提供服务过程中获得的公民个人信息，出售或提供给他人，或偷窥、偷拍、窃听、散布他人隐私，情节严重的，均以非法获取公民个人信息罪追究刑责。

设立用于实施非法获取、出售或提供公民个人信息违法犯罪活动的网站、通讯群组，情节严重的，应以非法利用信息网络罪定罪处罚；同时构成侵犯公民个人信息罪的，以侵犯公民个人信息罪定罪处罚。

网络服务提供者拒不履行法律、行政法规规定的信息网络安全管理义务，经监管部门责令采取改正措施而拒不改正，使用户的公民个人信息泄露，造成严重后果的，应以拒不履行信息网络安全管理义务罪定罪处罚。

二十七、《刑法》第254条【报复陷害罪】

从渎职犯、身份犯、故意犯、单纯行为犯、情节犯的角度看，国家机关工作人员滥用职权、假公济私，对控告人、申诉人、批评人、举报人实行报复陷害（非法克扣工资奖金、开除公职党籍、降职降薪、压制职称评定等）的，处2年以下有期刑或拘役；情节严重（报复陷害迫害手段恶劣、后果严重；使被害人的人身权利、民主权利或其他合法权利受到严重损害、精神失常或自杀等）的，处2年以上7年以下有期刑。

报复陷害罪是国家机关工作人员滥用职权、假公济私，对控告人、申诉人、批评人、举报人实行打击报复、陷害的行为。

从比较法的角度看，报复陷害罪和打击报复证人罪与打击报复会计人员统计人员罪的根本差异在于犯罪构成要件要素的不同；报复陷害罪、诬告陷害罪的根本差异在于犯罪主体、犯罪对象、犯罪手段、犯罪目的、犯罪动机的不同；报复陷害罪与滥用职权罪的根本差异在于犯罪客体、犯罪主观方面、犯罪客观方面的不同。

控告人、申诉人、批评人、举报人提出控告、申诉、批评意见时，滥用职权、假公济私，捏造事实进行诬告陷害，情节严重的，应以诬告陷害罪论处。

二十八、《刑法》第255条【打击报复会计人员、统计人员罪】

从身份犯、故意犯、情节犯的角度看，公司、企事业单位、机关、人民团体的领导人，对依法履行职责、抵制违反会计法行为的会计人员、统计人员实行打击报复，情节恶劣的，处3年以下有期刑或拘役。

从公司法的角度看，公司违反公司法规定，在法定的会计账簿以外另立会计账簿，由县级以上政府财政部门责令改正，处以5万元以上50万元以下罚款。公司在依法向有关主管部门提供的财务会计报告等材料上作虚假记载或隐瞒重要事实，由有关主管部门对直接负责的主管人员和其他直接责任人员处以3万元以上30万元以下罚款。

打击报复会计人员、统计人员罪和报复陷害罪有关联性、互补性、差异性；打击报复会计人员、统计人员罪的犯罪主体有狭隘性，应含审计人员等特殊人员。

二十九、《刑法》第256条【破坏选举罪】

从身份犯、故意犯、情节犯的角度看，在选举人大代表和国家机关领导人员时，以暴力（对选民、人大代表及其工作人员采取殴打、捆绑等人身伤害手段或捣乱选举场所、毁坏选举设施）、威胁（以暴力伤害、毁坏财产、揭露隐私、破坏名誉等要挟手段进行精神强制）、欺骗（以虚构事实或散布扩散谣言、隐瞒事实真相，混淆视听、干扰破坏）、贿赂（以金钱、财物或其他物质利益、性贿赂等非法手段收买选民、人大代表或有关工作人员）、伪造选举文件（伪造选民证、选票、候选人的情况资料、选举文件）、虚报选举票数（虚假报告投票总数或赞成、反对、弃权票数等）或其他手段（撕毁、涂抹、涂改选民名单、候选人情况或打击报复等）等非正当方式破坏选举或妨害选民和代表自由行使选举权和被选举权，情节严重（以暴力、威胁、欺骗、贿赂等手段，妨害选民、人大代表自由行使选举权与被选举权，使选举无法正常进行或选举结果不真实；以暴力破坏选举场所或选举设备，使选举无法正常进行；伪造选举文件，虚报选举票数，产生不真实的选举结果或强行宣布合法选举无效、非法选举有效；聚众冲击选举场所或故意扰乱选举会场秩序，使选举工作无法进行）的，处3年以下有期刑、拘役或剥夺政治权利（选举权和被选举权；言论、出版、集会、结社、游行、示威自由的权利；担任国家机关职务的权利；担任国有公司、企事业单位和团体领导职务的权利）。

破坏选举罪是国家机关工作人员利用职权，在选举人大代表和国家机关领导人员时，以暴力、威胁、欺骗、贿赂、伪造选举文件、虚报选举票数或编造选举结果等手段破坏选举或妨害选民和代表自由行使选举权和被选举权，情节严重的行为。

从宪法的角度看，年满18周岁的中国公民，不分民族、种族、性别、职业、家庭出身、宗教信仰、教育程度、财产状况、居住期限，都有选举权和被选举权，但依法律被剥夺政治权利的人除外。

从《中国共产党地方组织选举工作条例》的角度看，党的地方各级代表大会的选举，若发生违反党章的情况，上一级党的委员会在调查核实后，应作出选举无效和采取相应措施的决定，并报再上一级党的委员会审查批准，正式宣布执行。凡违反《中国共产党地方组织选举工作条例》规定，妨害选举人行使民主权利，或对检举选举中违纪行为的人进行压制、打击报复，应根据问题的性质和情节轻重，对有关党组织或党员批评教育或给予党的纪律处分。

国家机关工作人员利用职权破坏选举，应予立案的情形：①以暴力、威胁、欺骗、贿赂等手段，妨害选民、人大代表自由行使选举权和被选举权，使选举无法正常进行，或选举无效，或选举结果不真实。②以暴力破坏选举场所或选举设备，使选举无法正常进行。③伪造选民证、选票等选举文件，虚报选举票数，产生不真实的选举结果或强行宣布合法选举无效、非法选举有效。④聚众冲击选举场所或故意扰乱选举场所秩序，使选举工作无法进行。⑤其他情节严重的情形。

从犯罪对象的角度看，破坏政党、民主党派、工会、妇联、共青团、村委会或其他社会团体、企事业单位领导人等非国家权力机关代表和国家机关领导人员的选举，构成犯罪的，可能构成扰乱社会秩序罪、妨害公务罪等犯罪。

从比较法的角度看，破坏选举罪和妨害公务罪的根本差异在于犯罪客体、犯罪客观方面的不同；破坏选举罪和伪造国家机关公文、证件、印章罪的根本差异在于犯罪客体、犯罪主观方面、犯罪客观方面的不同；破坏选举罪和寻衅滋事罪的根本差异在于犯罪客体、犯罪主观方面、犯罪客观方面的不同。

三十、《刑法》第257条【暴力干涉婚姻自由罪】

从亲告罪、故意犯、行为犯、结果犯的角度看，以暴力干涉他人婚姻自由，告诉的才处理，处2年以下有期刑或拘役；使被害人死亡的，处2年以上7年以下有期刑。

从宽严相济政策的角度看，对因恋爱、婚姻、家庭、邻里纠纷等民间矛盾激化引发的犯罪，因劳动纠纷、管理失当等原因引发、犯罪动机不属恶劣的犯罪，因被害方过错或基于义愤引发的或有防卫因素的突发性犯罪，应酌情从宽处罚。因婚姻家庭等民间纠纷激化引发的犯罪，被害人及其家属对被告人表示谅解，应作为酌定量刑情节考虑；犯罪情节轻微，取得被害人谅解的，可依法从宽处理，不需判处刑罚，可免刑。

三十一、《刑法》第258条【重婚罪】

从亲告罪、故意犯、行为犯、对向犯的角度看，有配偶而重婚，或明知他人有配偶而与之结婚的，处2年以下有期刑或拘役。

从行政法规、部门规章的角度看，1986年3月15日民政部《婚姻登记办法》（已失效，下同）施行前，当事人在起诉时符合结婚条件的，可认定为事实婚姻；1986年3月15日民政部《婚姻登记办法》施行后，1994年2月1日国务院《婚姻登记管理条例》（已失效，下同）施行前，当事人同居时符合结婚条件的，可认定为事实婚姻；1994年2月1日国务院《婚姻登记管理条例》施行后，未办理结婚登记手续而同居生活的，一律按非法同居对待。先登记结婚，后又与他人结婚或以夫妻名义同居的，可构成重婚。

三十二、《刑法》第259条【破坏军婚罪】

从故意犯、行为犯、想象竞合犯的角度看，明知是现役军人（正在解放军、武警部队服役、有军籍的官兵）的配偶而与之同居（登记或未登记而以夫妻名义同居）或结婚（明知对方有配偶与其结婚）的，构成破坏军婚罪，处3年以下有期刑或拘役。

破坏军婚罪的主要类型有重婚型、同居型、通奸型等。明知被拐卖的妇女是现役军人的妻子而与之同居或结婚的，以破坏军婚罪立案侦查。

从转化犯、情节加重犯、注意条款、特殊条款的角度看，利用职权关系、从属关系，以胁迫（威胁、强迫；以给当事人及其亲友的生命健康、荣誉、名誉、财产等造成损害为要挟，胁迫对方作出违背真实的意思表示）手段奸淫现役军人的妻子的，以强奸罪定罪处罚。

三十三、《刑法》第260条【虐待罪】

从亲告罪、故意犯、情节犯、结果犯的角度看，虐待（打骂、谩骂、讽刺挖苦、禁闭、捆绑、摧残、折磨、冻饿、有病不治、限制自由、凌辱人格、强迫过度劳动等）家庭成员（在同一家庭中有婚姻关系、血缘关系、收养关系等婚姻家庭关系而共同生活的成员），告诉的才处理（自诉案件），以被害人无能力告诉，或因受到强制、威吓无法告诉为例外，情节恶劣（虐待目的或动机卑鄙；虐待手段残酷；虐待持续时间较长；多次虐待；虐待后果严重；虐待老幼病残者、孕产妇等被害人；屡教不改等）的，处2年以下有期刑、拘役或管制；使被害人重伤、死亡（以非告诉才处理型公诉案件为例外）的，处2年以上7年以下有期刑。

虐待罪以告诉才处理为原则，以被害人无能力告诉或因受到强制、威吓无法告诉、被害人或其近亲属不提出控告而公安机关应立案侦查、检察机关也应提起公诉为例外。

从比较法的角度看，虐待罪和遗弃罪的根本差异在于犯罪构成要件要素的不同；虐待罪和故意伤害罪、故意杀人罪的根本差异在于犯罪主观方面内容的不同。

三十四、《刑法》第260条之一【虐待被监护、看护人罪】

从故意犯、情节犯的角度看，对未成年人、老年人、患病的人、残疾人等负有监护、看护职责的人虐待被监护、看护的人，或单位犯虐待被监护、看护人罪的，对单位判处罚金，并对其直接负责的主管人员和其他直接责任人员，情节恶劣（对未成年人、残疾人负有监护、看护职责的人组织未成年人、残疾人在体育运动中非法使用兴奋剂，具有强迫未成年人、残疾人使用；引诱、欺骗未成年人、残疾人长期使用；其他严重损害未成年人、残疾人身心健康的情形等三种情形之一）的，处3年以下有期刑或拘役。

有虐待被监护、看护人犯罪行为，同时构成他罪的，依处罚较重规定定罪处罚。

从比较法、犯罪对象的角度看，虐待罪的特殊类型有多样性、关联性、互补性，含虐待被监护看护人罪、虐待被监管人罪、虐待部属罪、虐待俘虏罪等。

三十五、《刑法》第261条【遗弃罪】

从弱势群体保护、故意犯、纯正不作为犯、情节犯的角度看，对年老、年幼、患病或其他无独立生活能力的人，负有扶养义务而拒绝扶养，情节恶劣的，处5年以下有期刑、拘役或管制。

遗弃罪是对年老、年幼、患病或其他无独立生活能力的人，负有扶养义务而拒绝扶养，情节恶劣的行为。从犯罪对象的角度看，遗弃罪的特殊类型有多样性、关联性、互补性，含遗弃伤病军人罪、遗弃武器装备罪等。遗弃罪无加重情节，致人死亡也不属于结果加重犯。

【2017年·卷2·单选·30】环卫工人马某在垃圾桶内发现1名刚出生的婴儿后向公安机关报案，公安机关紧急将婴儿送医院成功抢救后未予立案。关于本案的立案程序，哪一选项正确？（D）A. 确定遗弃婴儿的原因后才能立案。B. 马某对公安机关不予立案的决定可申请复议。C. 了解婴儿被谁遗弃的知情人可向检察院控告。D. 检察院可向公安机关发出要求说明不立案理由通知书。

三十六、《刑法》第262条【拐骗儿童罪】

从故意犯、行为犯、失控说的角度看，拐骗不满14周岁的未成年人，脱离家庭或监护人的，处5年以下有期刑或拘役。

从比较法的角度看，拐骗儿童罪、拐卖儿童罪的根本差异在于犯罪客观方面行为方式的不同。①拐骗儿童罪是采取蒙骗、欺骗、利诱或其他方法，故意拐骗不满14周岁的未成年人，使其脱离家庭或监护人的行为。②拐卖儿童罪是以出卖为目的，有拐骗、绑架、收买、贩卖、接送、中转儿童的行为。以出卖为目的强抢儿童，或捡拾儿童后出卖的，应以拐卖儿童罪论处。

三十七、《刑法》第262条之一【组织残疾人、儿童乞讨罪】

从故意犯、行为犯、情节犯的角度看，以暴力、胁迫手段组织残疾人（在心理、生理、人体结构上，某种组织、功能丧失或不正常，全部或部分丧失以正常方式从事某种活动能力的人，含视力残疾、听力残疾、言语残疾、肢体残疾、智力残疾、精神残疾、多重残疾和其他残疾的人）或不满14周岁的未成年人乞讨的，处3年以下有期刑或拘役，并处罚金；情节严重的，处3年以上7年以下有期刑，并处罚金。

组织儿童乞讨罪是采取暴力、威胁等强制手段组织残疾人或不满14周岁的未成年人乞讨的行为。从残疾人保障法的角度看，残疾人的公民权利和人格尊严受法律保护。残疾人在政治、经济、文化、社会和家庭生活等方面享有同其他公民平等的权利。禁止基于残疾的歧视，禁止虐待、遗弃残疾人，禁止侮辱、侵害残疾人，禁止对残疾人实施家庭暴力，禁止通过大众传播媒介或其他方式贬低损害残疾人人格。

三十八、《刑法》第262条之二【组织未成年人进行违反治安管理活动罪】

从故意犯、行为犯、情节犯的角度看，组织未成年人进行盗窃、诈骗、抢夺、敲诈勒索等违反治安管理活动的，处3年以下有期刑或拘役，并处罚金；情节严重的，处3年以上7年以下有期刑，并处罚金。

对辩护律师收集的嫌犯不在犯罪现场、未达到刑责年龄、属于依法不负刑责的精神病人的证据（物证；书证；证人证言；被害人陈述；嫌犯、被告人供述和辩解；鉴定意见；勘验、检查、辨认、侦查实验等笔录；视听资料、电子数据），公安机关应进行核实并将有关情况记录在案，有关证据应附卷。嫌犯是盲、聋、哑人，或尚未完全丧失辨认或控制自己行为能力的精神病人，未委托辩护人的，公检法机关应自发现该情形之日起3日内，通知所在地同级司法行政机关所属法律援助机构指派律师为其提供辩护。对可能属于精神病人、未成年人或怀孕的妇女的嫌犯，应及时委托鉴定或调查核实。

法律援助机构可在法院、看守所等场所派驻值班律师。嫌犯、被告人未委托辩护人，法律援助机构未指派律师为其提供辩护，由值班律师为嫌犯、被告人提供法律咨询、程序选择建议、申请变更强制措施、对案件处理提出意见等法律帮助。法院、检察院、看守所应告知嫌犯、被告人有权约见值班律师，并为嫌犯、被告人约见值班律师提供便利。

第九章

侵犯财产罪（《刑法》第263条至第276条）

从犯罪概念和特征、犯罪构成要件要素的角度看，侵犯财产罪是行为人以非法占有为目的攫取公私财物或故意毁坏公私财物或财产利益，或多次抢夺的严重危害行为。

从犯罪构成要件要素的角度看，侵犯财产罪分为暴力、胁迫的侵犯财产罪（抢劫罪、抢夺罪、敲诈勒索罪、聚众哄抢罪等）、窃取、骗取的侵犯财产罪（盗窃罪、诈骗罪等）、侵占、挪用的侵犯财产罪（侵占罪、职务侵占罪、挪用资金罪、挪用特定款物罪等）、毁坏、破坏的侵犯财产罪（故意毁坏财物罪、破坏生产经营罪、拒不支付劳动报酬罪等）等。

侵犯财产罪的要件要素：①从立法、罪名的角度看，侵犯财产罪的主体以一般主体（非身份犯）为主，以特殊主体（身份犯）为辅。②侵犯财产罪的罪过（主观方面）以故意犯罪为原则，以过失犯罪为例外。③侵犯财产罪的行为对象以财物（具有经济价值、使用价值的财产或财物、财产利益、债权债务、公共设施等）为主，以财产利益、非财产利益为辅。从司法实践、社会实践的角度看，无主物、抛弃物不属于侵犯财产罪的行为对象，但埋藏物、隐藏物、漂流物、遗忘物不属于无主物，受法律保护。违禁品、违禁物、犯罪物品等特殊物，可成为侵犯财产罪的行为对象。④侵犯财产罪的行为数额以数额犯为主，以非数额犯为辅。⑤侵犯财产罪的行为方式以公开或秘密的非法取得公私财物犯罪为主（盗窃罪、抢劫罪、抢夺罪、诈骗罪、侵占罪、职务侵占罪、敲诈勒索罪、聚众哄抢罪、挪用资金罪、挪用特定款物罪等），以故意破坏或毁坏公私财物的犯罪为辅（故意毁坏财物罪、破坏生产经营罪等）。

从法学学术的角度看，侵犯财产罪的既遂犯或未遂犯问题具有争议性，存在直接控制占有说、间接控制占有说等不同理论观点。非法取得型侵犯财产罪的主观构成要素问题具有争议性，存在非法占有说、非法持有说等不同理论观点。

嫌犯潜逃或死亡后的违法所得的处理程序：①公安机关在侦查阶段，应对移送的案件的违法所得查封、扣押或冻结。②检察院在审查起诉阶段，对嫌犯追逃后的违法所得查封、扣押、冻结措施继续适用。③检察院对贪污贿赂犯罪、恐怖活动犯罪等重大犯罪案件，嫌犯、被告人脱逃或逃匿，在通缉 1 年后不能到案，或嫌犯、被告人死亡，需提起没收程序，可向法院提出没收违法所得的申请。

黑社会性质组织嫌犯、被告人逃匿，在通缉 1 年后不能到案，或嫌犯、被告人死亡，应依法定程序没收其违法所得。

一、《刑法》第263条【抢劫罪】

从故意犯、目的犯、行为犯、情节犯、数额犯、结果加重犯的角度看，以暴力、胁迫或其他方法抢劫公私财物的，处3年以上10年以下有期刑，并处罚金；有多次抢劫或抢劫数额巨大；入户（供他人家庭生活的与外界相对隔离的住宅等生活场所）抢劫；在公共交通工具上抢劫；抢劫银行或其他金融机构；抢劫军用物资或抢险、救灾、救济物资；抢劫致人重伤、死亡；冒充军警人员抢劫；持枪（以火药或压缩气体等为动力，利用管状器具发射金属弹丸或其他物质，足以致人伤亡或丧失知觉的各种枪支）抢劫（行为人使用枪支或向被害人显示持有、佩带的枪支进行抢劫的行为）的情形的，处10年以上有期刑、无期刑或死刑，并处罚金或没收财产。

抢劫罪是以非法占有为目的（排除权利人的占有，将他人的财物作为自己的所有物支配，并遵从财物用途进行利用、处分的意思），当场使用暴力、胁迫或其他强制方法，当场强行劫取公私财物数额较大，侵犯他人的财产权和人身权的犯罪行为。抢劫罪既遂的标准是具备劫取财物或造成他人轻伤以上后果之一。既未劫取财物，又未造成他人人身伤害后果的，属抢劫未遂。即使持枪抢劫，若既未劫取财物，又未造成他人轻伤以上后果的，仍属抢劫未遂，不属既遂。

抢劫罪的情形：①行为人为劫取财物而预谋故意杀人，或在劫取财物过程中，为制服被害人反抗而故意杀人，以抢劫罪定罪处罚。②以杀人为劫取财物的暴力方式，使被害人不能反抗而劫取财物的行为，构成抢劫罪。③从转化犯、转化型抢劫罪（准抢劫罪或事后抢劫罪）的角度看，携带凶器抢夺，或犯盗窃、诈骗、抢夺罪，为窝藏赃物、抗拒抓捕或毁灭罪证而当场使用暴力或以暴力相威胁，转化为抢劫罪定罪处罚（盗窃、诈骗、抢夺罪转化为抢劫罪的三个条件：A. 行为人首先实施了盗窃、诈骗、抢夺行为。B. 行为人当场使用暴力或以暴力相威胁。C. 行为人使用暴力或以暴力相威胁的目的在于窝藏赃物、抗拒抓捕或毁灭罪证）。④在抢夺过程中，展示携带凶器抢夺使被害人产生恐惧，或为抗拒抓捕当场使用暴力，抢夺罪转化为抢劫罪。⑤有驾驶车辆，逼挤、撞击或强行逼倒他人以排除他人反抗，乘机夺取财物；驾驶车辆强抢财物时，因被害人不放手而采取强拉硬拽方法劫取财物；行为人明知其驾驶车辆强行夺取他人财物的手段会造成他人伤亡的后果，仍强行夺取并放任造成财物持有人轻伤以上后果的情形，应以抢劫罪定罪处罚。⑥以非法占有为目的，主动将被害人灌醉或迷药，达到足以抑制他人反抗的程度，然后劫取钱财，属于以暴力、威胁外的其他使被害人丧失反抗能力的方式，构成抢劫罪。⑦行为人实施伤害、强奸等犯罪行为，在被害人未失去知觉，利用被害人不能反抗、不敢反抗的处境，临时起意劫取他人财物，应以此前所实施的具体犯罪与抢劫罪实行数罪并罚；在被害人失去知觉或未发觉的情形下，以及实施故意杀人犯罪行为后，临时起意拿走他人财物，应以此前所实施的具体犯罪与盗窃罪实行数罪并罚。⑧以非法占有为目的，以借贷为名采用暴力、胁迫手段获取他人财物，符合抢劫罪或敲诈勒索罪的规定，以抢劫罪或敲诈勒索罪追究刑责。⑨实施“碰瓷”，当场使用暴力、胁迫或其他方法，当场劫取他人财物，符合《刑法》第

263 条抢劫罪规定的，以抢劫罪定罪处罚。

【2017 年·卷 2·多选·60】关于抢劫罪的认定，哪些选项正确？（ACD）A. 甲欲进王某家盗窃，正撬门时，路人李某经过。甲误以为李某是王某，会阻止自己盗窃，将李某打昏，再从王某家窃走财物。甲不构成抢劫既遂。B. 乙潜入周某家盗窃，正欲离开时，周某回家，进屋将乙堵在卧室内。乙掏出凶器对周某进行恐吓，迫使周某让其携带财物离开。乙构成入户抢劫。C. 丙窃取刘某汽车时被发现，驾刘某的汽车逃跑，刘某乘出租车追赶。途遇路人陈某过马路，丙也未减速，将陈某撞成重伤。丙构成抢劫致人重伤。D. 丁抢夺张某财物后逃跑，为阻止张某追赶，出于杀害故意向张某开枪射击。子弹未击中张某，但击中路人汪某，致其死亡。丁构成抢劫致人死亡。

二、《刑法》第 264 条【盗窃罪】

从故意犯、数额犯、贪财犯的角度看，盗窃公私财物，数额较大｛（1）盗窃一般文物。（2）盗窃公私财物价值 1000 元至 3000 元以上。（3）盗窃公私财物，有八种情形［①曾因盗窃受过刑罚。②一年内曾因盗窃受过行政处罚。③组织、控制未成年人盗窃（盗窃罪、组织未成年人进行违反治安管理活动罪有竞合性，组织、控制未成年人实施盗窃，依法应以盗窃罪论处时，定罪量刑的数额标准按盗窃罪一般标准的 50%掌握）。④自然灾害、事故灾害、社会安全事件等突发事件期间，在事件发生地盗窃（盗窃犯罪发生的时间、地点界定为突发事件期间、事件发生地）。⑤盗窃残疾人、孤寡老人、丧失劳动能力人的财物。⑥在医院盗窃病人或其亲友财物（盗窃行为发生地限定为医院，窃取对象是用于救治病人的财物）。⑦盗窃救灾、抢险、防汛、优抚、扶贫、移民、救济款物（盗窃特殊用途款物无行为时间、地点限制）。⑧因盗窃引起被害人自杀、精神失常、伤残等严重后果］，数额较大标准可按盗窃公私财物价值 1000 元至 3000 元以上一般标准的 50%确定｝，或多次盗窃（2 年内盗窃 3 次以上）、入户盗窃（非法进入供他人家庭生活，与外界相对隔离的住所盗窃）、携带凶器盗窃（携带枪支、爆炸物、管制刀具等国家禁止个人携带的器械盗窃，或为实施违法犯罪携带其他足以危害他人人身安全的器械盗窃）、扒窃（在公共场所或公共交通工具上盗窃他人随身携带的财物；扒窃的对象没有对体积的要求；扒窃不以数额大小为判定标准；扒窃不要求以携带凶器为前提）的，处 3 年以下有期刑、拘役或管制，并处或单处罚金；数额巨大（①盗窃三级文物。②盗窃公私财物价值 3 万元至 10 万元以上）或有其他严重情节的，处 3 年以上 10 年以下有期刑，并处罚金；数额特别巨大（①盗窃二级以上文物。②盗窃公私财物价值 30 万元至 50 万元以上）或有其他特别严重情节的，处 10 年以上有期刑或无期刑，并处罚金或没收财产。

盗窃罪是以非法占有为目的，秘密窃取或多次秘密窃取他人数额较大的公私财物（能被人们事实上支配、控制、占有的有形、物理性质的财物）的行为。①因犯盗窃罪，依法判处罚金刑的，应在 1000 元以上盗窃数额的 2 倍以下判处罚金；无盗窃数额或盗窃数额无法计算的，应在 1000 元以上 10 万元以下判处罚金。②扒窃不以数额大小为判定标准，但达到了刑罚惩罚程度的，成立盗窃罪。③入户盗窃时，无盗窃数额和盗窃次数的限制，即可成立盗窃罪。

从司法解释、1997年《刑法》的角度看，单位不能构成盗窃罪的主体。单位有关人员为谋取单位利益组织实施盗窃行为，情节严重的，应以盗窃罪追究直接责任人员的刑责。经企业领导集体研究决定并实施的盗窃电力的行为，是盗窃罪的普通共同犯罪行为。

【2015年·卷2·单选·17】乙全家外出数月，邻居甲主动帮乙照看房屋。某日，甲谎称乙家门口的1对石狮为自家所有，将石狮卖给外地人，得款1万元据为己有。关于甲的行为定性，哪一选项错误？（A）A. 甲同时触犯侵占罪与诈骗罪。B. 如认为购买者无财产损失，则甲仅触犯盗窃罪。C. 如认为购买者有财产损失，则甲同时触犯盗窃罪与诈骗罪。D. 不管购买者是否存在财产损失，甲都触犯盗窃罪。

偷开他人机动车，或无证驾驶、偷开航空器、机动船舶（未取得驾驶证驾驶或偷开他人航空器、机动船舶）的，处500元以上1000元以下罚款；情节严重（①偷开特种车辆、军车；偷开机动车从事违法活动；发生安全事故或造成机动车损坏、人员受伤；对他人的工作生活造成较大影响；其他情节严重的情形。②偷开警用、军用航空器、机动船舶；无证驾驶载有乘客、危险品的机动船舶或驾驶机动船舶总吨位在500吨位以上；酒后无证驾驶或偷开他人航空器、机动船舶；发生安全事故或造成航空器、机动船舶损坏、人员受伤；对他人的工作生活造成较大影响；其他情节严重的情形）的，处10日以上15日以下拘留，并处500元以上1000元以下罚款（《治安管理处罚法》第64条）。

盗窃罪的情形：①以非法占有为目的，秘密窃取公私财物或多次盗窃，数额较大的，构成盗窃罪。②携带凶器盗窃、入户盗窃的，应构成盗窃罪。A. 携带凶器盗窃、入户盗窃，如暴力行为不是作为压制财物占有人反抗的手段而使用，只能视情况单独定罪（抢劫罪等）。B. 在盗窃过程中，为窝藏赃物、抗拒抓捕、毁灭罪证而使用暴力，才能定抢劫罪。③采取欺骗方法使他人脱离对自己财物的占有（存在非法占有他人财物的意图，排除侵占），而后窃取，数额较大的，构成盗窃罪。④盗窃信用卡并使用，不以信用卡诈骗罪论处，而是以盗窃罪定罪处罚。⑤从转化犯的角度看，盗窃增值税专用发票或可用于骗取出口退税、抵扣税款的其他发票，以盗窃罪或诈骗罪定罪处罚。⑥盗窃墓葬，窃取数额较大的财物，应以盗窃罪论处。⑦盗窃珍贵文物，仅属窃取的，构成盗窃罪；在盗窃过程中破坏珍贵文物、名胜古迹，可以盗窃罪或破坏珍贵文物、名胜古迹罪一重罪从重处罚。⑧犯私自开拆、隐匿、毁弃邮件、电报罪、盗窃罪而窃取财物，依盗窃罪规定定罪从重处罚（私自开拆、隐匿、毁弃邮件、电报罪而窃取财物的，以盗窃罪定罪从重处罚）。⑨盗窃军事通信线路、设备，不构成盗窃罪，但破坏军事通信的，以破坏武器装备、军事设施、军事通信罪定罪处罚；同时构成生产销售劣药罪、盗窃罪和破坏武器装备、军事设施、军事通信罪的，依处罚较重的规定定罪处罚。⑩以牟利为目的（出售、出租、自用转让等谋取经济利益的行为），盗接他人通信线路、复制他人电信码号或明知是盗接、复制的电信设备、设施而使用，或盗接他人通信线路、复制他人电信码号，或以盗用他人公共信息网络上网账号、密码上网，造成他人电信资费损失较大的，均以盗窃罪（《刑法》第264条）定罪处罚。⑪盗窃毒品等违禁品，应按盗窃罪处理，据情节轻重量刑。⑫将国家、集体、他人所有并已伐倒的树木窃为己有，以及偷砍他人房前屋后、自留地种植的零星树木，数额较大的，以盗窃罪定罪处罚。盗窃后的销赃行为与盗窃行为之间是牵连关系，择一重罪处理，不另定销赃罪。⑬从故意犯、转化犯的角度看，邮政工作人员利用职务便利（营业、分拣、接发、押运、投递等职务职责条件），私自开拆或隐匿、毁弃邮件、电报而窃取财物的行为转化为盗窃罪，以盗窃罪从重处罚，不再以私自开拆或隐匿、毁弃邮件、电报罪定罪处罚。⑭偷开机动车，导致车辆丢失的，以盗窃罪定罪处罚。⑮为实施他罪，偷开机动车作为犯罪工具使用后非法占有车辆，或将车辆遗弃导致丢失的，以盗窃罪和他罪数罪并罚；将车辆送回未造成丢失的，按其所实施的他罪从重处罚。⑯采用破坏性手段盗窃公私财物，造成其他财物损毁的，以盗窃罪从重处罚；同时构成盗窃罪和他罪的，择一重罪从重处罚。⑰对盗窃行为未构成犯罪但损毁财物，据具体案件情况可能构成故意毁坏财物罪或他罪；盗窃行为未构成犯罪，但损毁财物构成他罪的，以他罪定罪处罚。⑱实施盗窃犯罪后，为掩盖罪行或报复等，故意毁坏其他财物构成犯罪的，以盗窃罪和构成的他罪数罪并罚；盗窃行为未构成犯罪的，但损毁财物构成他罪，以他罪定罪处罚。⑲盗窃未遂应追究刑责的三种情形（A. 以数额巨大的财物为盗窃目标。B. 以珍贵文物为盗窃目标。C. 其他情节严重情形）：a. 盗窃罪的社会危害性主要体现为窃取财物的数额。b. 盗窃未遂虽未取得财物，但盗窃情节严重的，也应依法追究刑责。c. 盗窃既有既遂又有未遂的处理原则，即分别达到不同量刑幅度的，依处罚较重规定处罚；达到同一量刑幅度的，以盗窃罪既遂处罚。⑳以牟利为目的，盗接他人通信线路、复制他人电信码号或明知是盗接、复制电信设备、设施而使用的，依盗窃罪规定定罪处罚。㉑盗窃电力设备，未危及公共安全，但应追究刑责的，可据案件的不同情况，按盗窃罪等罪处罚。㉒盗窃油气或正使用的油气设备，构成犯罪，但未危害公共安全的，以盗窃罪定罪处罚。㉓盗窃油气，数额巨大但尚未运离现场的，以盗窃未遂定罪处罚。㉔盗窃油气同时构成盗窃罪和破坏易燃易爆设备罪的，依刑法处罚较重的规定定罪处罚。㉕事前通谋实施明知是盗窃犯罪所得的油气或油气设备，而窝藏、转移、收购、加工、代为销售或以其他方法掩饰、隐瞒的犯罪行为，以盗窃犯罪的共犯定罪处罚。明知是盗窃犯罪所得的油气或油气设备，而窝藏、转移、收购、加工、代为销售或以其他方法掩饰、隐瞒的，以掩饰、隐瞒犯罪所得、犯罪所得收益罪定罪处罚；事前有通谋，以盗窃犯罪的共犯定罪处罚。㉖为他人盗窃油气而偷开油气井、油气管道等油气设备阀门排放油气或提供其他帮助的，以盗窃罪的共犯定罪处罚。㉗实施明知是盗窃、抢劫、诈骗、抢夺的机动车而掩饰、隐瞒犯罪所得、犯罪所得收益的行为、伪造变造买卖机动车行驶证、登记证书的行为、国家机关工作人员滥用职权或疏于审查或审查不严而使盗窃、抢劫、诈骗、抢夺的机动车被办理登记手续的行为，事前与盗窃、抢劫、诈骗、抢夺机动车的罪犯通谋的，以盗窃罪、抢劫罪、诈骗罪、抢夺罪的共犯论处。㉘在被害人失去知觉或未发觉的情形下，以及实施故意杀人犯罪行为后，临时起意拿走他人财物的，应以故意杀人罪、盗窃罪数罪并罚。㉙盗窃正在使用中的社会机动车通行道路上的窨井盖和人员密集往来的非机动车道、人行道以及车站、码头、公园、广场、学校、商业中心、厂区、社区、院落等生产生活、人员聚集场所的窨井盖外的其他场所的窨井盖，且不属于对正在使用中的社会机动车通行道路上的窨井盖和人员密集往来的非机动车道、人行道以及车站、码头、公园、广场、学校、商业中心、厂区、社区、院落等生产生活、人员聚集场所的窨井盖外的其他场所的窨井盖，明知会造成人员伤亡后果的情形，数额较大，或多次盗窃的，依《刑法》第264条的规定，以盗窃罪定罪处罚。㉚实施“碰瓷”，采取转移注意力、趁人不备等方式，窃取、夺取他人财物，符合《刑法》第264（盗窃罪）、267（抢夺罪）条规定的，分别以盗窃罪、抢夺罪定罪处罚。

盗窃罪的特殊处理方式方法：（1）盗窃情节轻微可不起诉或免除处罚情形：盗窃财物数额虽达到构成盗窃罪的数额较大标准，但犯罪情节轻微（行为人认罪、悔罪，退赃、退赔，结合全案情况考虑）的，可不起诉或免刑，必要时由有关部门进行行政处罚（治安处罚）。（2）偷拿家庭成员或近亲属财物的处理方式方法：偷拿家庭成员或近亲属的财物，获得谅解的，一般可不认为是犯罪；追究刑责的，应酌情从宽。（3）盗窃文物案件降低了定罪入罪数额标准，提高了量刑幅度。①盗窃国有馆藏一般文物、三级文物、二级以上文物，应分别认定为数额较大、数额巨大、数额特别巨大。②盗窃多件不同等级国有馆藏文物，3件同级文物可视为1件高一级文物。③盗窃3件一般文物可视为1件三级文物、2件三级文物可视为1件二级文物，应认定为盗窃数额特别巨大。④从民间收藏文物的数额认定方法的角度看，有有效价格证明的民间收藏文物的数额根据有效价格证明认定，无有效价格证明的民间收藏文物的数额，或根据价格证明认定盗窃数额明显不合理，应按有关规定委托估价机构估价。（4）从无法通过估价机构估价的财物数额认定的角度看，盗窃国有馆藏一般文物、三级文物、二级以上文物，应分别认定为盗窃罪的数额较大、数额巨大、数额特别巨大。①盗窃多件不同等级国有馆藏文物，3件同级文物可视为1件高一级文物。②盗窃文物，无法确定文物等级，或按文物等级定罪量刑明显过轻或过重，按盗窃的文物价值定罪量刑。（5）偷开他人机动车的处理方式方法：①对为盗窃其他财物，偷开机动车当犯罪工具使用后，将偷开的机动车辆送回原处或停放到原处附近，车辆未丢失，是否也应将车辆价值计入盗窃数额情形，规定为盗窃其他财物，偷开机动车作为犯罪工具使用后非法占有车辆，或将车辆遗弃导致丢失，被盗车辆的价值计入盗窃数额。②为盗窃其他财物，偷开机动车作为犯罪工具使用后非法占有车辆，或将车辆遗弃导致丢失，被盗车辆的价值计入盗窃数额。（6）单位组织、指使盗窃的处理原则：①从《关于单位有关人员组织实施盗窃行为如何适用法律问题的批复》（2002年）的角度看，单位有关人员为谋取单位利益组织实施盗窃行为，情节严重的，应以盗窃罪追究直接责任人员的刑责。②单位组织、指使盗窃，构成犯罪的，以盗窃罪追究组织者、指使者、直接实施者的刑责［《关于办理危害计算机信息系统安全刑事案件应用法律若干问题的解释》（2001年）第8条、《关于办理妨害国（边）境管理刑事案件应用法律若干问题的解释》（2012年）第7条、《关于办理盗窃刑事案件适用法律若干问题的解释》（2013年）第13条］。

从盗窃罪特殊情形的处理方式方法的角度看，对情节显著轻微，危害不大的多次盗窃、入户盗窃、携带凶器盗窃、扒窃行为，不应认定为犯罪。对实施入户盗窃、携带凶器盗窃、扒窃行为，未实际窃取财物，是否需追究刑责，应根据具体案件情况综合认定：如以数额巨大的财物或珍贵文物为盗窃目标，或有盗窃行为严重威胁到被害人人身安全等严重情节，应定罪处罚；结合全案情况，盗窃情节显著轻微危害不大的，不应认定为犯罪。偷拿家庭成员或近亲属的财物，获得谅解的，一般可不认为是犯罪；追究刑责的，应酌情从宽。

从刑责年龄、刑责能力的角度看，已满16周岁不满18周岁的人盗窃自己家庭或近亲属财物，或盗窃其他亲属财物但其他亲属要求不予追究的，可不按犯罪处理。已满16周岁不满18周岁的人盗窃未遂或中止，可不认为是犯罪。已满16周岁不满18周岁的人实施盗窃行为未超过3次，盗窃数额虽已达到数额较大标准，但案发后能如实供述全部盗窃事实并积极退赃，且具有系又聋又哑的人或盲人；在共同盗窃中起次要作用或辅助作用或被胁迫；其他轻微情节三种情形之一的，可认定为犯罪概念的“情节显著轻微危害不大”，不认为是犯罪。

已满16周岁不满18周岁的人出于以大欺小、以强凌弱或寻求精神刺激的目的，随意殴打其他未成年人、多次对其他未成年人强拿硬要或任意损毁公私财物，扰乱学校及其他公共场所，情节严重，以寻衅滋事罪处罚。

已满16周岁不满18周岁的人犯盗窃、诈骗、抢劫罪，为窝藏赃物、抗拒抓捕或毁灭罪证而当场使用暴力或以暴力相威胁，应以《刑法》第269条定罪处罚；情节轻微的，可不以抢劫罪定罪处罚。

已满12周岁不满16周岁的人盗窃、诈骗、抢劫他人财物，为窝藏赃物、抗拒抓捕或毁灭罪证而当场使用暴力，故意伤害致人重伤或死亡，或故意杀人，应分别以故意伤害罪或故意杀人罪定罪处罚。

从司法实践、社会实践的角度看，已满12周岁不满16周岁的人犯罪，一般不判处无期刑，以罪行极其严重或性质恶劣可适用无期刑为例外。

盗窃公私财物数额较大，行为人认罪、悔罪，退赃、退赔，且有四种情形（①被害人谅解。②有法定从宽处罚情节。③未参与分赃或获赃较少且不是主犯。④其他情节轻微、危害不大），情节轻微的，可不起诉或免刑；必要时，由有关部门行政处罚。

从《刑法修正案（八）》的角度看，《关于办理盗窃刑事案件适用法律若干问题的解释》（2013年）规定了多次盗窃、入户盗窃、携带凶器盗窃、扒窃的认定方法、盗窃罪数额较大、数额巨大、数额特别巨大标准和盗窃数额、其他严重情节、盗窃罪特殊情形的处理等问题；盗窃罪的数额较大起点标准由500元至2000元提高至1000元至

3000元，数额巨大的起点标准由5000元至2万元提高到3万元至10万元，数额特别巨大的起点标准由3万元至10万元提高到30元至50万元，适当提高了一般盗窃罪入罪门，体现了经济社会发展状况和人民群众收入增长情况条件下人民群众的财产安全感、现实治安状况、刑罚适用总体趋势与相关司法解释协调的罪责刑相适应原则精神。

盗窃罪的量刑：(1) 构成盗窃罪，可根据不同情形在相应的幅度内确定量刑起点：①达到数额较大起点，2年内3次盗窃，入户盗窃，携带凶器盗窃，或扒窃，可在1年以下有期刑、拘役幅度内确定量刑起点。②达到数额巨大起点或有其他严重情节，可在3年至4年有期刑幅度内确定量刑起点。③达到数额特别巨大起点或有其他特别严重情节，可在10年至12年有期刑幅度内确定量刑起点，以依法应判无期刑为例外。(2) 在量刑起点的基础上，可根据盗窃数额、次数、手段等其他影响犯罪构成的犯罪事实增加刑罚量，确定基准刑。①多次盗窃，数额达到较大以上，以盗窃数额确定量刑起点，盗窃次数可作为调节基准刑的量刑情节。②数额未达到较大，以盗窃次数确定量刑起点，超过3次的次数作为增加刑罚量的事实。

三、《刑法》第266条【诈骗罪】

从故意犯、数额犯、情节犯、诈骗犯的角度看，诈骗公私财物，数额较大（诈骗公私财物价值3000元至1万元以上）的，处3年以下有期刑、拘役或管制，并处或单处罚金；数额巨大（诈骗公私财物价值3万元至10万元以上）或有其他严重情节（①发送诈骗信息5000条以上、拨打诈骗电话500人次以上，或诈骗手段恶劣、危害严重。②诈骗数额接近3万元至10万元以上数额巨大标准，并有以赈灾募捐名义实施诈骗、诈骗残疾人老年人或丧失劳动能力人的财物、诈骗救灾抢险防汛优抚扶贫移民救济医疗款物、造成被害人自杀精神失常或其他严重后果或通过发送短信、拨打电话或利用互联网、广电、报纸杂志等发布虚假信息，对不特定多数人实施诈骗，或属于诈骗集团首犯）的，处3年以上10年以下有期刑，并处罚金；数额特别巨大（50万元以上）或有其他特别严重情节（①利用发送短信、拨打电话、互联网等电信技术手段对不特定多数人实施诈骗行为，发送诈骗信息5万条以上、拨打诈骗电话5000人次以上，或诈骗手段特别恶劣、危害特别严重。②诈骗数额接近50万元以上数额特别巨大标准，并有以赈灾募捐名义实施诈骗、诈骗残疾人老年人或丧失劳动能力人的财物、诈骗救灾抢险防汛优抚扶贫移民救济医疗款物、造成被害人自杀精神失常或其他严重后果或通过发送短信、拨打电话或利用互联网、广电、报纸杂志等发布虚假信息，对不特定多数人实施诈骗，或属于诈骗集团首犯）的，处10年以上有期刑或无期刑，并处罚金或没收财产，以刑法另有规定为例外。

诈骗罪是以非法占有为目的，采取虚构事实、捏造事实或隐瞒真相的欺诈方式方法，使被害人陷入或维持错误认识，骗取或使第三人取得数额较大的公私财物的行为。①诈骗罪的基本构造：行为人以不法所有为目的实施欺诈行为→被害人产生错误认识→被害人基于错误认识处分财产→行为人取得财产→被害人受到财产上的损失。②诈骗罪的特征在于以非法占有为目的，用虚构事实或隐瞒真相的方法骗取数额较大的公私财物。③被害人基于认识错误处分财产是诈骗罪的客观的构成要件要素、不成文的构成要件要素。④保险诈骗罪的犯罪主体是特殊主体，即投保人、被保险人或受益人。⑤合同诈骗罪的特定手段是利用签订、履行合同的方式进行诈骗。

盗窃、诈骗、哄抢、抢夺、敲诈勒索或故意损毁公私财物的，处5日以上10日以下拘留，可并处500元以下罚款；情节较重（①盗窃财物价值达到犯罪数额较大标准的50%以上；盗窃防灾、救灾、救济等特定财物；在医院盗窃病人或其亲友财物；采用破坏性手段盗窃；组织、控制未成年人、残疾人、孕妇或哺乳期妇女盗窃；其他情节较重的情形。②诈骗财物价值达到犯罪数额较大标准的50%以上；诈骗防灾、救灾、救济等特定财物；在公共场所或公共交通工具上设局行骗；以开展慈善活动名义实施诈骗；其他情节较重的情形。③哄抢防灾、救灾、救济、军用等特定财物；在自然灾害、交通事故等现场趁机哄抢，不听劝阻；造成人员受伤或财物损失较大；其他情节较重的情形。④抢夺财物价值达到犯罪数额较大标准的50%以上；抢夺防灾、救灾、救济等特定财物；抢夺多人财物；造成人员受伤或财物损坏；驾驶机动车、非机动车或其他交通工具实施抢夺；其他情节较重的情形。⑤敲诈勒索多人；敲诈勒索数额达到犯罪数额较大标准的50%以上；利用或冒充国家机关工作人员、军人、新闻工作者等特殊身份敲诈勒索；其他情节较重的情形。⑥故意损毁财物价值达到有关刑事追诉标准50%以上；故意损毁防灾、救灾、救济等特定财物；故意损毁财物，对被侵害人生产、生活影响较大；损毁多人财物；其他情节较重的情形）的，处10日以上15日以下拘留，可并处1000元以下罚款（《治安管理处罚法》第49条）。

从数额犯、全国经济发展不平衡状况和诈骗犯罪动态关系的角度看，诈骗罪的数额较大、数额巨大、数额特别巨大数额标准有差异性。①桂吉宁诈骗罪数额标准分别为3000元（数额较大）、3万元（数额巨大）、50万元（数额特别巨大）。②沪津湘鄂豫皖黔川陕青滇琼赣黑蒙诈骗罪数额标准分别为5000元（数额较大）、5万元（数额巨大）、50万元（数额特别巨大）。③重庆诈骗罪数额标准分别为5000元（数额较大）、7万元（数额巨大）、50万元（数额特别巨大）。④山西诈骗罪数额标准分别为5000元（数额较大）、8万元（数额巨大）、50万元（数额特别巨大）。⑤京闽诈骗罪数额标准分别为5000元（数额较大）、10万元（数额巨大）、50万元（数额特别巨大）。⑥苏辽诈骗罪数额标准分别为6000元（数额较大）、6万元（数额巨大）、50万元（数额特别巨大）。⑦山东诈骗罪数额标准分别为6000元（数额较大）、8万元（数额巨大）、50万元（数额特别巨大）。⑧粤浙诈骗罪数额标准分别为6000元（数额较大）、10万元（数额巨大）、50万元（数额特别巨大）。⑨河北诈骗罪数额标准分别为7000元（数额较大）、7万元（数额巨大）、50万元（数额特别巨大）。

诈骗罪的情形：①以虚假、冒用的身份证件办理入网手续并使用移动电话，造成电信资费损失数额较大的，以诈骗罪（《刑法》第266条）定罪处罚。②以使用为目的，伪造停止流通的货币，或使用伪造的停止流通的货币的，以诈骗罪定罪处罚。③从转化犯的角度看，使用欺骗手段骗取增值税专用发票或可用于骗取出口退税、抵扣税款的其他发票的，以诈骗罪定罪处罚。④实施“碰瓷”，虚构事实、隐瞒真相，骗取赔偿，符合《刑法》第266条规定，以诈骗罪定罪处罚。

诈骗罪的认定：①诈骗既有既遂，又有未遂，分别达到不同量刑幅度的，依处罚较重规定处罚；达到同一量刑幅度的，以诈骗罪既遂处罚。②冒充国家机关工作人员进行诈骗，同时构成诈骗罪和招摇撞骗罪的，依处罚较重的规定定罪处罚。③以欺诈、伪造证明材料或其他手段骗取养老、医疗、工伤、失业、生育等社会保险金或其他社会保障待遇，属于诈骗罪的诈骗公私财物的行为。④诈骗公私财物达到数额较大（3000元至1万元以上）、数额巨大（3万元至10万元以上）、数额特别巨大（50万元以上）的数额标准，又以赈灾募捐名义实施诈骗、诈骗残疾人老年人或丧失劳动能力人的财物、诈骗救灾抢险防汛优抚扶贫移民救济医疗款物、造成被害人自杀精神失常或其他严重后果或通过发送短信、拨打电话或利用互联网、广电、报纸杂志等发布虚假信息，对不特定多数人实施诈骗的，可按诈骗罪酌情从严惩处。⑤诈骗公私财物虽已达到数额较大标准，但有被害人谅解、法定从宽处罚情节、一审宣判前全部退赃退赔、没参与分赃或获赃较少且不是主犯，或其他情节轻微、危害不大，且行为人认罪、悔罪的，可免刑。也就是说，诈骗公私财物虽已达到诈骗公私财物价值3000元至1万元以上的数额较大标准，但有法定从宽处罚情节、一审宣判前全部退赃退赔、未参与分赃或获赃较少且不是主犯、被害人谅解或其他情节轻微、危害不大，且行为人认罪、悔罪的，可根据非刑罚性处置措施、职业禁止（《刑法》第37条）；检察院、公安机关根据侦查犯罪的需要，可依规定查询、冻结嫌犯的财产（存款、汇款、债券、股票、基金份额等）规定不起诉或免刑（《刑事诉讼法》第142条）。⑥一般而言，诈骗近亲属的财物，近亲属谅解的，可不按犯罪处理；特殊而言，诈骗近亲属的财物，确有追究刑责之必要，具体处理也应酌情从宽。⑦诈骗未遂，以数额巨大的财物为诈骗目标，或有其他严重情节的，应定罪处罚。⑧利用发送短信、拨打电话、互联网等电信技术手段对不特定多数人实施诈骗，诈骗数额难以查证，但发送诈骗信息5000条以上、拨打诈骗电话500人次以上或诈骗手段恶劣、危害严重的，应认定为诈骗罪的其他严重情节，以诈骗罪（未遂）定罪处罚。⑨利用发送短信、拨打电话、互联网等电信技术手段对不特定多数人实施诈骗行为，诈骗数额难以查证，但发送诈骗信息5万条以上、拨打诈骗电话5000人次以上，或诈骗手段特别恶劣、危害特别严重（实施利用发送短信、拨打电话、互联网等电信技术手段对不特定多数人实施诈骗行为，数量达到其他严重情节标准10倍以上，或诈骗手段特别恶劣、危害特别严重）的，应认定诈骗罪的其他特别严重情节，以诈骗罪（未遂）定罪处罚。⑩盗窃增值税专用发票或可用于骗取出口退税、抵扣税款的其他发票的，以盗窃罪、诈骗罪定罪处罚。⑪以帮助信访为名骗取他人公私财物，数额较大的，以诈骗罪追究刑责。⑫以虚假、冒用的身份证件办理入网手续并使用移动电话，造成电信资费损失数额较大的，以诈骗罪定罪处罚。⑬明知他人实施诈骗犯罪，为其提供信用卡、手机卡、通讯工具、通信传输通道、网络技术支持、费用结算等帮助的，以诈骗罪的共犯论处。⑭共同故意实施“碰瓷”犯罪，起主要作用，应认定为主犯，对其参与或组织、指挥的全部犯罪承担刑责；起次要或辅助作用，应认定为从犯，依法予以从轻、减轻处罚或免除处罚。A. 3人以上为共同故意实施“碰瓷”犯罪而组成的较为固定的犯罪组织，应认定为犯罪集团。对首要分子应按集团所犯全部罪行处罚。B. 符合黑恶势力认定标准，应按黑社会性质组织、恶势力或恶势力犯罪集团侦查、起诉、审判。⑮对符合立案条件的及时开展立案侦查，全面收集证据，调取案发现场监控视频，收集在场证人证言，核查涉案人员、车辆信息等，并及时串并案进行侦查。检察院对公安机关提请批准逮捕、移送审查起诉的“碰瓷”案件，符合逮捕、起诉条件，应依法尽快予以批捕、起诉。对“碰瓷”案件，法院应依法及时审判，构成犯罪，严格依法追究犯罪分子刑责。公安机关、检察院要加强沟通协调，解决案件定性、管辖、证据标准等问题，确保案件顺利办理。对疑难复杂案件，公安机关可听取检察院意见。对确需补充侦查，检察院要制作明确、详细的补充侦查提纲，公安机关应及时补充证据。法院要加强审判力量，严格依法公正审判。⑯严格贯彻宽严相济的刑事政策，落实认罪认罚从宽制度。要综合考虑主观恶性大小、行为的手段、方式、危害后果以及在案件中所起作用等因素，切实做到区别对待。对“碰瓷”犯罪集团的首要分子、积极参加的犯罪分子以及屡教不改的犯罪分子，应作为打击重点依法予以严惩。对犯罪性质和危害后果特别严重、社会影响特别恶劣的犯罪分子，虽具有酌定从宽情节但不足以从宽处罚，依法不予从宽处罚。具有自首、立功、坦白、认罪认罚等情节，依法从宽处理。同时，应准确把握法律尺度，注意区分“碰瓷”违法犯罪同普通民事纠纷、行政违法的界限，既防止出现“降格处理”，也要防止打击面过大等问题。

诈骗财物的处理方式方法：①案发后查封、扣押、冻结在案的诈骗财物及其孳息，权属明确的，应发还被害人；权属不明确的，可按被骗款物占查封、扣押、冻结在案的财物及其孳息总额的比例发还被害人，但已获退赔的应扣除。②一般而言，行为人已将诈骗财物用于清偿债务或转让给他人，应依法追缴的四种情形：A. 对方明知是诈骗财物而收取。B. 对方无偿取得诈骗财物。C. 对方以明显低于市场的价格取得诈骗财物。D. 对方取得诈骗财物系源于非法债务或违法犯罪活动；特殊而言，他人善意取得诈骗财物的，不予追缴。

【2008年·川·卷2·多选·59】 丙是乙的妻子。乙上班后，甲前往丙家欺骗丙说：“我是乙的新任秘书，乙上班时好像忘了带提包，让我来取。”丙信以为真，甲从丙手中得到提包（价值3300元）后逃走。关于甲的行为，哪些选项错误？（ABC）A. 盗窃罪的直接正犯。B. 诈骗罪的间接正犯。C. 盗窃罪的间接正犯。D. 诈骗罪的直接正犯。

从比较法、犯罪对象、犯罪客体的角度看，诈骗罪的特殊类型有多样性、关联性、互补性、差异性，含签订、履行合同失职被骗罪；国家机关工作人员签订、履行合同失职被骗罪；金融诈骗罪（集资诈骗罪、贷款诈骗罪、票据诈骗罪、金融凭证诈骗罪、信用证诈骗罪、信用卡诈骗罪、有价证券诈骗罪、保险诈骗罪）、合同诈骗罪等罪名，关键在于犯罪对象、犯罪行为方式的不同。

诈骗罪的量刑：①构成诈骗罪，可根据不同情形在相应的幅度内确定量刑起点：A. 达到数额较大起点的，可在1年以下有期刑、拘役幅度内确定量刑起点。B. 达到数额巨大起点或有其他严重情节的，可在3年至4年有期刑幅度内确定量刑起点。C. 达到数额特别巨大起点或有其他特别严重情节的，可在10年至12年有期刑幅度内确定量刑起点，以依法应判无期刑为例外。②在量刑起点的基础上，可根据诈骗数额等其他影响犯罪构成的犯罪事实增加刑罚量，确定基准刑。

四、《刑法》第267条【抢夺罪；抢劫罪】

从转化犯、故意犯、行为犯、数额犯、情节加重犯、结果加重犯的角度看，抢夺公私财物（①曾因抢劫、抢夺或聚众哄抢受过刑罚。②一年内抢夺3次以上。③一年内曾因抢夺或哄抢受过行政处罚。④驾驶机动车、非机动车抢夺。⑤在医院抢夺病人或其亲友财物。⑥自然灾害、事故灾害、社会安全事件等突发事件期间，在事件发生地抢夺。⑦抢夺救灾、抢险、防汛、优抚、扶贫、移民、救济款物。⑧组织、控制未成年人抢夺。⑨抢夺老年人、未成年人、孕妇、携带婴幼儿的人、残疾人、丧失劳动能力人的财物。⑩导致他人轻伤或精神失常等严重后果），数额较大（抢夺公私财物价值1000元至3000元以上），或多次抢夺的，处3年以下有期刑、拘役或管制，并处或单处罚金；数额巨大（抢夺公私财物价值3元至8万元以上）或有其他严重情节（①有上述十种抢夺行为。②数额达到抢夺公私财物价值3万元至8万元以上数额巨大的50%）的，处3年以上10年以下有期刑，并处罚金；数额特别巨大（抢夺公私财物价值20元至40万元以上）或有其他特别严重情节［（1）导致他人死亡。（2）有九种抢夺行为情形（①1年内曾因抢夺或哄抢受过行政处罚。②1年内抢夺3次以上。③组织控制未成年人抢夺。④驾驶机动车非机动车抢夺。⑤在医院抢夺病人或其亲友财物。⑥抢夺老年人、未成年人、孕妇、携带婴幼儿的人、残疾人、丧失劳动能力人的财物。⑦抢夺救灾、抢险、防汛、优抚、扶贫、移民、救济款物。⑧自然灾害、事故灾害、社会安全事件等突发事件期间，在事件发生地抢夺。⑨导致他人轻伤或精神失常等严重后果），数额达到抢夺公私财物价值20万元至40万元以上数额特别巨大的50%］的，处10年以上有期刑或无期刑，并处罚金或没收财产。

从比较法、犯罪对象、犯罪客体的角度看，抢夺罪的特殊类型有多样性、关联性、互补性、差异性，含盗窃、抢夺、毁灭国家机关公文、证件、印章罪；盗窃、抢夺国有档案罪；盗窃、抢夺武装部队公文、证件、印章罪；盗窃、抢夺武器装备、军用物资罪；盗窃、抢夺枪支、弹药、爆炸物罪；盗窃、抢夺枪支、弹药、爆炸物、危险物质罪；组织未成年人进行违反治安管理活动罪；扰乱法庭秩序罪等。

从相对负刑责年龄、无限防卫权、《刑法修正案（十一）》的角度看，已满16周岁的人犯罪，应负刑责。已满14周岁不满16周岁的人，犯故意杀人、故意伤害致人重伤或死亡、强奸、抢劫、贩卖毒品、放火、爆炸、投放危险物质罪，应负刑责。已满12周岁不满14周岁的人，犯故意杀人、故意伤害罪，致人死亡或以特别残忍手段致人重伤造成严重残疾，情节恶劣，经最高检核准追诉，应负刑责。对已满16周岁的人犯罪，已满14周岁不满16周岁的人，犯故意杀人、故意伤害致人重伤或死亡、强奸、抢劫、贩卖毒品、放火、爆炸、投放危险物质罪，已满12周岁不满14周岁的人，犯故意杀人、故意伤害罪，致人死亡或以特别残忍手段致人重伤造成严重残疾，情节恶劣，追究刑责的不满18周岁的人，应从轻或减轻处罚。因不满16周岁不予刑罚，责令其父母或其他监护人加以管教；必要时，依法进行专门矫治教育。对正进行行凶、杀人、抢劫、强奸、绑架以及其他严重危及人身安全的暴力犯罪，采取防卫行为，造成不法侵害人伤亡，不属于防卫过当，不负刑责。

对驾驶机动车、非机动车（驾驶车辆）夺取他人财物的，一般以抢夺罪从重处罚。从转化犯、从重处罚原则的角度看，抢夺罪有转化为抢劫罪的可能性、条件性。

抢夺公私财物有十种抢夺行为（①曾因抢劫、抢夺或聚众哄抢受过刑罚。②一年内曾因抢夺或哄抢受过行政处罚。③一年内抢夺3次以上。④组织控制未成年人抢夺。⑤驾机动车非机动车抢夺。⑥在医院抢夺病人或其亲友财物。⑦抢夺老年人、未成年人、孕妇、携带婴幼儿的人、残疾人、丧失劳动能力人的财物。⑧抢夺救灾、抢险、防汛、优抚、扶贫、移民、救济款物。⑨自然灾害、事故灾害、社会安全事件等突发事件期间，在事件发生地抢夺。⑩致他人轻伤或精神失常等严重后果），数额较大的，按抢夺公私财物价值1000元至3000元以上的15%确定。

抢夺公私财物数额较大，但未造成他人轻伤以上伤害，行为人系初犯，认罪、悔罪，退赃、退赔，且有法定从宽处罚情节、被害人谅解、未参与分赃或获赃较少且不是主犯或其他情节轻微、危害不大的，可认定为犯罪情节轻微，不起诉或免刑；必要时，由有关部门依法行政处罚。

驾驶机动车、非机动车夺取他人财物，有明知会致人伤亡仍强行夺取并放任造成财物持有人轻伤以上后果、夺取他人财物时因被害人不放手而强行夺取或驾驶车辆逼挤、撞击或强行逼倒他人夺取财物的，应以抢劫罪定罪处罚。

抢夺罪的量刑：（1）构成抢夺罪，可根据不同情形在相应的幅度内确定量刑起点：①达到数额较大起点，或2年内3次抢夺，可在1年以下有期刑、拘役幅度内确定量刑起点。②达到数额巨大起点或有其他严重情节，可在3年至5年有期刑幅度内确定量刑起点。③达到数额特别巨大起点或有其他特别严重情节，可在10年至12年有期刑幅度内确定量刑起点，以依法应判无期刑为例外。（2）在量刑起点的基础上，可根据抢夺数额、次数等其他影响犯罪构成的犯罪事实增加刑罚量，确定基准刑。①多次抢夺，数额达到较大以上，以抢夺数额确定量刑起点，抢夺次数可作为调节基准刑的量刑情节。②数额未达到较大，以抢夺次数确定量刑起点，超过3次的次数作为增加刑罚量的事实。

五、《刑法》第268条【聚众哄抢罪】

从聚众犯、故意犯、数额犯、情节犯的角度看，聚众哄抢公私财物，数额较大或有其他严重情节的，对首犯和积极参加者，处3年以下有期刑、拘役或管制，并处罚金；数额巨大或有其他特别严重情节的，处3年以上10年以下有期刑，并处罚金。

六、《刑法》第270条【侵占罪】

从故意犯、数额犯、情节犯、亲告罪的角度看，犯侵占罪，告诉才处理，将代为保管的他人财物（代管物的重置价值、折旧价值）非法占为己有，数额较大（5000元或1万元），拒不退还，或将他人的遗忘物或埋藏物非法占为己有，数额较大，拒不交出的，处2年以下有期刑、拘役或罚金；数额巨大或有其他严重情节的，处2年以上5年以下有期刑，并处罚金。

侵占罪是以非法占有为目的，将代为保管的他人财物（代管物）非法占为己有，数额较大，拒不退还（交还），或将他人的遗忘物或埋藏物非法占为己有，数额较大，拒不交出的行为。

【2017年·卷2·单选·18】下列哪一行为成立侵占罪？（D）A. 张某欲向县长钱某行贿，委托甲代为将5万元贿赂款转交钱某。甲假意答应，拿到钱后据为己有。B. 乙将自己的房屋出售给赵某，虽收取房款却未进行所有权转移登记，后又将房屋出售给李某。C. 丙发现洪灾灾区的居民已全部转移，遂进入居民房屋，取走居民来不及带走的贵重财物。D. 丁分期付款购买汽车，约定车款付清前汽车由丁使用，所有权归卖方。丁在车款付清前将车另售他人。

七、《刑法》第271条【职务侵占罪；贪污罪】

从身份犯、故意犯、数额犯的角度看，公司、企业或其他单位的工作人员（非国家工作人员），利用职务便利将本单位财物（单位所有的财产；单位占有、管理之下的财产）非法占为己有（利用自己职务范围内的权力和地位形成的主管、管理、经手、经营财物的有利条件侵占本人经管的单位财物），数额较大（6万元以上）的，处3年以下有期刑或拘役；数额巨大（100万元以上）的，处3年以上10年以下有期刑，并处罚金；数额特别巨大的，处10年以上有期徒刑或无期徒刑，并处罚金。

职务侵占罪是公司、企业或其他单位的人员，利用职务上的便利，将本单位财物非法占为己有，数额较大的行为。①从比较法、立案标准的角度看，非国家工作人员受贿罪、职务侵占罪的数额较大（6万元以上）、数额巨大（100万元以上）的数额起点，按受贿罪、贪污罪的数额较大（贪污或受贿数额3万元以上不满20万元）、数额巨大（贪污或受贿数额20万元以上不满300万元）数额标准规定的2倍、5倍执行。②公司、企业或其他单位的人员，利用职务便利将本单位财物非法占为己有，数额5000元至1万元以上，应立案追诉。③对职务侵占的预备犯、未遂犯、中止犯，需追究刑责的，应立案追诉。④公司、企业或其他单位中，没有国家工作人员身份的人与国家工作人员勾结、分别利用各自的职务便利，共同将本单位财物非法占为己有的，按主犯的犯罪性质定罪。⑤行为人与公司、企业或其他单位的人员勾结，利用公司、企业或其他单位人员的职务便利，共同将该单位财物非法占为己有，数额较大的，以职务侵占罪共犯论处。

从监察法、公务员法、村委会组织法、居委会组织法、公司法、证券法的角度看，国家工作人员（国家机关工作人员、受国家机关、国有公司、企事业单位、人民团体委托管理、经营国有财产的人员等从事组织领导、监管等公共事务性质的活动的人员）利用职务便利，侵吞（利用职务便利，非法将自己暂时合法主管、管理、支配、使用、经手或经营的单位公共财物据为己有）、窃取（利用职务便利，秘密据为己有自己暂时合法主管、管理、支配、使用、经手或经营的单位公共财物）、骗取（利用职务便利，采用虚构事实、隐瞒真相的方法，非法占有单位的公共财物）或以其他手段非法占有公共财物，或受国家机关、国有公司、企事业单位、人民团体委托管理、经营国有财产的人员，利用职务便利，侵吞、窃取、骗取或以其他手段非法占有国有财物的，均以贪污论处。

从身份犯、数额犯的角度看，国有公司、企业或其他国有单位中从事公务的人员和国有公司、企业或其他国有单位委派到非国有公司、企业及其他单位从事公务的人员，利用职务便利将本单位财物非法占为己有，或携带挪用的公款潜逃的，均以贪污罪、受贿罪定罪处罚（《刑法》第382、383条）。

保险公司的工作人员利用职务便利故意编造未曾发生的保险事故进行虚假理赔，骗取保险金归自己所有的，以职务侵占罪、贪污罪（《刑法》第271条）定罪处罚。

侵占、挪用、截留、私分或以其他方式侵犯农民专业合作社及其成员的合法财产，非法干预农民专业合作社及其成员的生产经营活动，向农民专业合作社及其成员摊派，强迫农民专业合作社及其成员接受有偿服务，造成农民专业合作社经济损失的，依法追究法律责任。

侵占、破坏、污损英雄烈士纪念设施的，由县级以上政府负责英雄烈士保护工作的部门责令改正；造成损失的，依法承担民责；被侵占、破坏、污损的纪念设施属于文物保护单位的，依文物保护法的规定处罚；构成违反治安管理行为的，由公安机关依法给予治安处罚；构成犯罪的，依法追究刑责。

职务侵占罪的量刑：(1) 构成职务侵占罪，可根据不同情形在相应的幅度内确定量刑起点：①达到数额较大起点，可在2年以下有期刑、拘役幅度内确定量刑起点。②达到数额巨大起点，可在5年至6年有期刑幅度内确定量刑起点。(2) 在量刑起点的基础上，可根据职务侵占数额等其他影响犯罪构成的犯罪事实增加刑罚量，确定基准刑。

八、《刑法》第272条【挪用资金罪；挪用公款罪】

从身份犯、故意犯、数额犯的角度看，公司、企业或其他单位的工作人员，利用职务上的便利，挪用本单位资金归个人使用（①将本单位资金供本人、亲友或其他自然人使用。②以个人名义将本单位资金供其他单位使用。③个人决定以单位名义将本单位资金供其他单位使用，谋取个人利益）或借贷给他人，数额较大、超过3个月未还，或虽未超过3个月，但数额较大、进行营利活动，或进行非法活动，处3年以下有期刑或拘役；挪用本单位资金数额巨大，处3年以上7年以下有期刑；数额特别巨大，处7年以上有期刑。

国有公司、企业或其他国有单位中从事公务的人员和国有公司、企业或其他国有单位委派到非国有公司、企业以及其他单位从事公务的人员有利用职务上的便利，挪用本单位资金归个人使用或借贷给他人，数额较大、超过3个月未还，或虽未超过3个月，但数额较大、进行营利活动，或进行非法活动行为的，依《刑法》第384条挪用公款罪定罪处罚。

具有公司、企业或其他单位的工作人员，利用职务上的便利，挪用本单位资金归个人使用或借贷给他人，数额较大、超过3个月未还，或虽未超过3个月，但数额较大、进行营利活动，或进行非法活动行为，在提起公诉前将挪用的资金退还，可从轻或减轻处罚。其中，犯罪较轻的，可减轻或免除处罚。

对挪用资金罪、挪用公款罪的预备犯、未遂犯、中止犯，需追究刑责的，应立案追诉。筹建公司的工作人员在公司登记注册前，利用职务便利，挪用准备设立的公司在银行开设的临时账户上的资金，归个人使用或借贷给他人，数额较大、超过3个月未还，或虽未超过3个月，但数额较大、进行营利活动的，或进行非法活动，应以挪用资金罪或挪用公款罪追究刑责。

挪用资金罪的情形：①公司、企业或其他单位的非国家工作人员，利用职务便利，挪用本单位资金归本人或其他自然人使用，或挪用人以个人名义将所挪用的资金借给其他自然人和单位，构成犯罪的，应以挪用资金罪定罪处罚。②商业银行、证交所、期交所、证券公司、期货经纪公司、保险公司或其他金融机构的工作人员利用职务便利，挪用本单位或客户资金的，以挪用资金罪定罪处罚。③对受国家机关、国有公司、企事业单位、人民团体委托，管理、经营国有财产的非国家工作人员，利用职务便利，挪用国有资金归个人使用构成犯罪的，应以挪用资金罪定罪处罚。④挪用资金罪的三种立案追诉标准：a. 挪用本单位资金数额1万元至3万元以上，超过3个月未还。b. 挪用本单位资金数额1万元至3万元以上，进行营利活动。c. 挪用本单位资金数额5000元至2万元以上，进行非法活动。⑤挪用资金罪的数额较大、数额巨大、进行非法活动的数额起点，按挪用公款罪的数额较大（a. 挪用公款归个人使用，进行非法活动，数额3万元以上。b. 挪用公款归个人使用，进行营利活动或超过3个月未还，数额5万元以上）、情节严重（a. 有挪用公款数额100万元以上；挪用救灾、抢险、防汛、优抚、扶贫、移民、救济特定款物，数额50万元以上不满100万元；挪用公款不退还，数额50万元以上不满100万元；其他严重的情节。b. 有挪用公款数额200万元以上；挪用救灾、抢险、防汛、优抚、扶贫、移民、救济特定款物，数额100万元以上不满200万元；挪用公款不退还，数额100万元以上不满200万元）、其他严重的情节、进行非法活动的数额标准规定的2倍执行。

挪用公款罪的情形：①挪用公款归个人使用，进行非法活动，数额3万元以上的，以挪用公款罪追究刑责；数额300万元以上的，应认定为挪用公款罪的数额巨大；有挪用公款数额100万元以上；挪用救灾、抢险、防汛、优抚、扶贫、移民、救济特定款物，数额50万元以上不满100万元；挪用公款不退还，数额50万元以上不满100万元；其他严重的情节的，应认定为挪用公款罪的情节严重。②挪用公款归个人使用，进行营利活动或超过3个月未还，数额5万元以上的，应认定为挪用公款罪的数额较大；数额500万元以上的，应认定为挪用公款罪的数额巨大；有挪用公款数额200万元以上；挪用救灾、抢险、防汛、优抚、扶贫、移民、救济特定款物，数额100万元以上不满200万元；挪用公款不退还，数额100万元以上不满200万元；其他严重的情节的，应认定为挪用公款罪的情节严重。③国家工作人员利用职务便利，挪用公款归个人使用，进行非法活动，或挪用公款数额较大、进行营利活动，或挪用公款数额较大、超过3个月未还，是挪用公款罪的，处5年以下有期刑或拘役；情节严重的，处5年以上有期刑；挪用公款数额巨大不退还的，处10年以上有期刑或无期刑。④挪用用于救灾、抢险、防汛、优抚、扶贫、移民、救济款物归个人使用的，以挪用公款罪从重处罚。⑤国有公司、企业或其他国有单位中从事公务的人员和国有公司、企业或其他国有单位委派到非国有公司、企业以及其他单位从事公务的人员，利用职务便利，挪用本单位资金归个人使用或借贷给他人，数额较大、超过3个月未还，或虽未超过3个月，但数额较大、进行营利活动，或进行非法活动，或挪用本单位资金数额巨大，或数额较大不退还，或国有商业银行、证交所、期交所、证券公司、期货经纪公司、保险公司或其他国有金融机构的工作人员和国有商业银行、证交所、期交所、证券公司、期货经纪公司、保险公司或其他国有金融机构委派到非国有公司、企业以及其他单位从事公务的人员，利用职务便利，挪用本单位或客户资金的，均以挪用公款罪定罪处罚。

挪用公款罪的认定：（1）单位决定将公款给个人使用行为的认定：①经单位领导集体研究决定将公款给个人使用，或单位负责人为单位的利益，决定将公款给个人使用的，不以挪用公款罪定罪处罚。②经单位领导集体研究决定将公款给个人使用，或单位负责人为单位的利益，决定将公款给个人使用，使单位遭受重大损失，构成他罪，依刑法有关规定对责任人员定罪处罚。（2）挪用公款供其他单位（国有单位、私营单位）使用行为的认定：①以个人名义（行为人逃避财务监管，或与使用人约定以个人名义进行，或借款、还款都以个人名义进行，将公款给其他单位使用）将公款供其他单位使用、个人决定（行为人在职权范围内决定；超越职权范围决定）以单位名义将公款供其他单位使用，谋取个人利益［不正当利益、正当利益；财产性利益、非财产性利益（具体的实际利益，如升学、就业等）；行为人与使用人事先约定谋取个人利益实际尚未获取的情况；虽未事先约定但实际已获取了个人利益的情况］的，属于挪用公款归个人使用。②将公款供其他单位使用，认定是否属于以个人名义，不能只看形式，要从实质上把握。（3）国有单位领导向其主管的有法人资格的下级单位借公款归个人使用的认定：国有单位领导利用职务便利指令有法人资格的下级单位将公款供个人使用，属于挪用公款行为，构成犯罪的，应以挪用公款罪定罪处罚。（4）挪用有价证券、金融凭证用于质押行为性质的认定：挪用金融凭证、有价证券用于质押，使公款处于风险之中，与挪用公款为他人提供担保未实质的区别，符合挪用公款罪，以挪用公款罪定罪处罚，挪用公款数额以实际或可能承担的风险数额认定。(5) 挪用公款归还个人欠款行为性质的认定：①挪用公款归还个人欠款，应根据产生欠款的原因，分别认定属于挪用公款的何种情形。②归还个人进行非法活动或进行营利活动产生的欠款，应认定为挪用公款进行非法活动或进行营利活动。(6) 挪用公款用于注册公司、企业行为性质的认定：申报注册资本是为进行生产经营活动作准备，属于成立公司、企业进行营利活动的组成部分。因此，挪用公款归个人用于公司、企业注册资本验资证明，应认定为挪用公款进行营利活动。(7) 挪用公款后尚未投入实际使用的行为性质的认定：挪用公款后尚未投入实际使用，只要同时具备数额较大和超过3个月未还的构成要件，应认定为挪用公款罪，但可酌情从轻处罚。(8) 挪用公款转化为贪污的认定：①挪用公款罪与贪污罪的主要区别在于行为人主观上是否有非法占有公款的目的。②挪用公款是否转化为贪污，应按主客观相一致的原则，具体判断和认定行为人主观上是否有非法占有公款的目的。③可认定行为人有非法占有公款的目的的四种情形：a. 行为人携带挪用的公款潜逃，对其携带挪用的公款部分，以贪污罪定罪处罚。b. 行为人挪用公款后采取虚假发票平账、销毁有关账目等手段，使所挪用的公款已难以在单位财务账目上反映出来，且未归还行为，应以贪污罪定罪处罚。c. 行为人截取单位收入不入账，非法占有，使所占有的公款难以在单位财务账目上反映，且没有归还行为，应以贪污罪定罪处罚。d. 有证据证明行为人有能力归还所挪用的公款而拒不归还，并隐瞒挪用的公款去向，应以贪污罪定罪处罚。

挪用资金罪的数额较大、数额巨大、进行非法活动的数额起点，按挪用公款罪的数额较大、情节严重、进行非法活动的数额标准的2倍执行。(1) 挪用资金罪数额较大的数额起点是挪用公款罪数额较大数额标准规定的2倍，即挪用资金10万元以上，归个人使用，进行营利活动或超过3个月未还。(2) 挪用资金罪数额巨大的数额起点是挪用公款罪情节严重数额标准规定的2倍，含挪用资金罪数额巨大的数额起点是200万元以上，或挪用救灾、抢险、防汛、优抚、扶贫、移民、救济特定资金100万元以上不满200万元，或挪用资金不退还，数额100万元以上不满200万元。(3) 挪用资金罪进行非法活动的数额起点是挪用公款罪进行非法活动数额标准规定的2倍，即挪用资金6万元以上，归个人使用，进行非法活动，应以挪用资金罪追究刑责。(4) 挪用公款3万元以上，归个人使用，进行非法活动，应以挪用公款罪追究刑责。(5) 挪用公款罪数额较大的标准是挪用公款5万元以上，归个人使用，进行营利活动或超过3个月未还。(6) 挪用公款罪的数额巨大的基本标准是挪用公款300万元以上（挪用公款300万元以上或500万元以上）。(7) 挪用公款罪的情节严重的基本情形：①挪用公款100万元以上；挪用救灾、抢险、防汛、优抚、扶贫、移民、救济特定款物，数额50万元以上不满100万元；挪用公款不退还，数额50万元以上不满100万元；其他严重的情节。②挪用公款200万元以上，或挪用救灾、抢险、防汛、优抚、扶贫、移民、救济特定款物，数额100万元以上不满200万元，或挪用公款不退还，数额100万元以上不满200万元，或其他严重情节。（8）从挪用公款罪的处罚的角度看，国家工作人员利用职务便利，挪用公款（3万元以上）归个人使用，进行非法活动，或挪用公款数额较大（5万元以上）归个人使用，进行营利活动，或超过3个月未还、进行营利活动，或挪用公款数额较大、超过3个月未还的，处5年以下有期刑或拘役；情节严重（①挪用公款100万元以上，或挪用救灾、抢险、防汛、优抚、扶贫、移民、救济特定款物，数额50万元以上不满100万元，或挪用公款不退还，数额50万元以上不满100万元，或其他严重情节。②挪用公款200万元以上，或挪用救灾、抢险、防汛、优抚、扶贫、移民、救济特定款物，数额100万元以上不满200万元，或挪用公款不退还，数额100万元以上不满200万元，或其他严重的情节）的，处5年以上有期刑；挪用公款数额巨大（300万元以上或500万元以上）不退还的，处10年以上有期刑或无期刑；特殊而言，挪用用于救灾、抢险、防汛、优抚、扶贫、移民、救济款物归个人使用的，从重处罚。

九、《刑法》第273条【挪用特定款物罪】

从故意犯、情节犯的角度看，挪用用于救灾、抢险、防汛、优抚、扶贫、移民、救济款物，情节严重，使国家和群众利益遭受重大损害的，对直接责任人员，处3年以下有期刑或拘役；情节特别严重的，处3年以上7年以下有期刑。

对挪用特定款物罪的预备犯、未遂犯、中止犯，需追究刑责的，应立案追诉。利用计算机实施金融诈骗、盗窃、贪污、挪用公款、窃取国家秘密或他罪的，依刑法有关规定定罪处罚。

挪用特定款物罪的五种立案追诉标准：①严重损害国家声誉，或造成恶劣社会影响。②挪用特定款物数额5000元以上（含本数）。③造成国家和群众直接经济损失（与行为有直接因果关系造成的财产损毁、减少的实际价值）数额5万元以上。④虽未达到挪用特定款物数额5000元以上，或造成国家和群众直接经济损失数额5万元以上的数额标准（接近上述数额标准且已达到该数额的80%以上），但多次（3次以上）挪用特定款物，或造成群众的生产、生活严重困难。⑤其他使国家和群众利益遭受重大损害的情形。

挪用用于预防、控制突发传染病疫情等灾害的救灾、优抚、救济等款物，构成犯罪的，对直接责任人员，以挪用特定款物罪定罪处罚。

挪用失业保险基金和下岗职工基本生活保障资金属于挪用救济款物。挪用失业保险基金和下岗职工基本生活保障资金，情节严重，使国家和群众利益遭受重大损害的，对直接责任人员，应以挪用特定款物罪追究刑责；国家工作人员利用职务便利，挪用失业保险基金和下岗职工基本生活保障资金归个人使用，构成犯罪的，应以挪用公款罪追究刑责。

十、《刑法》第274条【敲诈勒索罪】

从故意犯、数额犯、情节犯的角度看，敲诈勒索公私财物，数额较大［（1）敲诈勒索公私财物价值2000元至5000元以上。（2）敲诈勒索公私财物，有以下七种情形（①曾因敲诈勒索受过刑罚。②一年内曾因敲诈勒索受过行政处罚。③对未成年人、残疾人、老年人或丧失劳动能力人敲诈勒索。④以黑恶势力名义敲诈勒索。⑤以将要实施放火、爆炸等危害公共安全犯罪或故意杀人、绑架等严重侵犯公民人身权犯罪相威胁敲诈勒索。⑥利用或冒充国家机关工作人员、军人、新闻工作者等特殊身份敲诈勒索。⑦造成其他严重后果），数额较大标准可按敲诈勒索公私财物价值2000元至5000元以上标准的50%确定］或多次敲诈勒索［2年内敲诈勒索3次以上（包括已受行政处罚的行为）］的，处3年以下有期刑、拘役或管制，并处或单处罚金；数额巨大（敲诈勒索公私财物价值3万元至10万元以上）或有其他严重情节［敲诈勒索公私财物有五种行为情形（①对未成年人、残疾人、老年人或丧失劳动能力人敲诈勒索。②以黑恶势力名义敲诈勒索。③以将要实施放火、爆炸等危害公共安全犯罪或故意杀人、绑架等严重侵犯公民人身权犯罪相威胁敲诈勒索。④利用或冒充国家机关工作人员、军人、新闻工作者等特殊身份敲诈勒索。⑤造成其他严重后果），财物数额达到数额巨大（3万元至10万元以上）的80%］的，处3年以上10年以下有期刑，并处罚金；数额特别巨大（敲诈勒索公私财物价值30万元至50万元以上）或有其他特别严重情节［敲诈勒索公私财物有以下五种行为情形（①对未成年人、残疾人、老年人或丧失劳动能力人敲诈勒索。②以黑恶势力名义敲诈勒索。③以将要实施放火、爆炸等危害公共安全犯罪或故意杀人、绑架等严重侵犯公民人身权犯罪相威胁敲诈勒索。④利用或冒充国家机关工作人员、军人、新闻工作者等特殊身份敲诈勒索。⑤造成其他严重后果），财物数额达到数额特别巨大（30万元至50万元以上）的80%］的，处10年以上有期刑，并处罚金。

敲诈勒索罪是行为人以非法占有为目的，采取恶性通告的威胁或要挟、恐吓等方式方法，造成被害人基于恐惧心理被迫处分、交付自己的财产，使行为人或第三人强索被害人公私财物数额较大的行为。

敲诈勒索罪的处罚：①敲诈勒索数额较大，行为人认罪、悔罪，退赃、退赔，并有以下四种行为情形（a. 被害人谅解。b. 未参与分赃或获赃较少且不是主犯。c. 有法定从宽处罚情节。d. 其他情节轻微、危害不大）的，可认定为犯罪情节轻微，不起诉或免刑，由有关部门依法行政处罚。②敲诈勒索近亲属的财物，获得谅解的，一般不认为是犯罪；认定为犯罪的，应酌情从宽处理。③被害人对敲诈勒索的发生存在过错，据被害人过错程度和案件其他情况，可对行为人酌情从宽处理；情节显著轻微危害不大，不认为是犯罪。④对敲诈勒索罪的被告人，应在2000元以上、敲诈勒索数额的2倍以下判罚金；被告人未获得财物，应在2000元以上10万元以下判处罚金。⑤对已受行政处罚的行为追究刑责的，行为人先前所受的行政拘留处罚应折抵刑期，罚款应抵扣罚金。

敲诈勒索罪的情形：①以制造社会影响、采取极端闹访行为、持续缠访闹访等威胁、要挟手段，敲诈勒索，数额较大或情节严重的，以敲诈勒索罪追究刑责。②行为人有非法勒索他人财物的目的、行为，直接对被害人以恶害相通告的威胁或要挟方式，导致对方产生恐惧心理，逼迫、迫使对方不得不交出数额较大的财物，或未绑架被害人，谎称绑架被害人而向关心被害人的第三人勒索数额较大的财物的，均构成敲诈勒索罪。③以非法占有为目的，采用“软暴力”手段强行索取公私财物，同时符合敲诈勒索罪规定的其他犯罪构成要件的，应以敲诈勒索罪定罪处罚。④以在信息网络上发布、删除等方式处理网络信息为由，威胁、要挟他人，索取公私财物，数额较大，或多次实施上述行为的，以敲诈勒索罪定罪处罚。⑤利用信息网络威胁、要挟他人，索取公私财物，数额较大，或多次实施上述行为的，以敲诈勒索罪定罪处罚。⑥明知他人实施敲诈勒索犯罪，为其提供信用卡、手机卡、通信工具、通讯传输通道、网络技术支持等帮助的，以敲诈勒索罪的共犯论处。⑦实施“碰瓷”，具有实施撕扯、推搡等轻微暴力或围困、阻拦、跟踪、贴靠、滋扰、纠缠、哄闹、聚众造势、扣留财物等软暴力行为；故意制造交通事故，进而利用被害人违反道路通行规定或其他违法违规行为相要挟；以揭露现场掌握的当事人隐私相要挟；扬言对被害人及其近亲属人身、财产实施侵害四种行为之一的，敲诈勒索他人财物，符合《刑法》第 274 条敲诈勒索罪规定，以敲诈勒索罪定罪处罚。

敲诈勒索罪的量刑：(1) 构成敲诈勒索罪，可根据不同情形在相应的幅度内确定量刑起点：①达到数额较大起点，或 2 年内 3 次敲诈勒索，可在 1 年以下有期刑、拘役幅度内确定量刑起点。②达到数额巨大起点或有其他严重情节，可在 3 年至 5 年有期刑幅度内确定量刑起点。③达到数额特别巨大起点或有其他特别严重情节，可在 10 年至 12 年有期刑幅度内确定量刑起点。(2) 在量刑起点的基础上，可根据敲诈勒索数额、次数、犯罪情节严重程度等其他影响犯罪构成的犯罪事实增加刑罚量，确定基准刑。①多次敲诈勒索，数额达到较大以上，以敲诈勒索数额确定量刑起点，敲诈勒索次数可作为调节基准刑的量刑情节。②数额未达到较大，以敲诈勒索次数确定量刑起点，超过 3 次的次数作为增加刑罚量的事实。

十一、《刑法》第 275 条【故意毁坏财物罪】

从故意犯、数额犯、情节犯的角度看，故意毁坏公私财物，数额较大或有其他严重情节的，处 3 年以下有期刑、拘役或罚金；数额巨大或有其他特别严重情节的，处 3 年以上 7 年以下有期刑。

故意毁坏财物罪是故意毁坏公私财物，数额较大或有其严重情节的行为。故意毁坏财物罪的四种立案追诉标准：①纠集 3 人以上公然毁坏公私财物。②毁坏公私财物 3 次以上。③造成公私财物损失 5000 元以上。④其他情节严重情形。

故意毁坏财物罪的情形：①故意毁坏正使用中的社会机动车通行道路上的窨井盖和人员密集往来的非机动车道、人行道以及车站、码头、公园、广场、学校、商业中心、厂区、社区、院落等生产生活、人员聚集场所的窨井盖外的其他场所的窨井盖，且不属于对正使用中的社会机动车通行道路上的窨井盖和人员密集往来的非机动车道、人行道以及车站、码头、公园、广场、学校、商业中心、厂区、社区、院落等生产生活、人员聚集场所的窨井盖外的其他场所的窨井盖，明知会造成人员伤亡后果的情形，数额较大或有其他严重情节，依《刑法》第275条故意毁坏财物罪规定，以故意毁坏财物罪定罪处罚。②实施“碰瓷”，故意造成他人财物毁坏，符合《刑法》第275条故意毁坏财物罪规定，以故意毁坏财物罪定罪处罚。

十二、《刑法》第276条【破坏生产经营罪】

从故意犯、目的犯、行为犯、结果犯、情节犯的角度看，因泄愤报复或其他个人目的，毁坏机器设备、残害耕畜或以其他方法（破坏运输、储存工具、电脑、锅炉或供料线、农业机械、排灌设备、农具，毁坏种子、秧苗、树苗、庄稼、果树、鱼苗，切断电源、颠倒冷热供给程序等方式方法，导致生产指挥、工艺流程混乱）破坏生产经营（国有、集体、个体、私有、外资等不同所有制性质的生产经营活动；工业、农业、林业、牧业、渔业、副业、商业、建筑业、运输业、第二产业等不同产业性质的生产经营活动）的，处3年以下有期刑、拘役或管制；情节严重的，处3年以上7年以下有期刑。

破坏生产经营罪的四种立案追诉标准：①纠集3人以上公然破坏生产经营。②破坏生产经营3次以上。③造成公私财物损失5000元以上。④其他破坏生产经营应追究刑责情形。

破坏生产经营罪和破坏交通工具、破坏交通设备、破坏电力设备及易燃易爆设备罪、故意损坏财物罪的根本差异在于犯罪对象、犯罪客体、犯罪目的的不同。

采取放火、决水、爆炸、投放危险物质等危害公共安全的行为方式进行破坏生产经营的犯罪行为，同时触犯破坏生产经营罪、放火罪、决水罪、爆炸罪、投放危险物质罪等危害公共安全罪的，属于想象竞合犯，从危害公共安全罪一重论处。

十三、《刑法》第276条之一【拒不支付劳动报酬罪】

从故意犯、目的犯、数额犯、结果犯的角度看，以逃避支付劳动者的劳动报酬为目的，个人以转移财产、逃匿等方法逃避支付劳动者的劳动报酬［①逃跑、藏匿。②隐匿财产、恶意清偿、虚构债务、虚假破产、虚假倒闭或以其他方法转移、处分财产。③隐匿、销毁或篡改账目、职工名册、工资支付记录、考勤记录等与劳动报酬相关的材料。④以其他方法逃避支付劳动报酬（劳动者依劳动法、劳动合同法等法律规定应得的劳动报酬，含工资、奖金、津贴、补贴、延长工作时间的工资报酬及特殊情况下支付的工资等）］或有能力支付而不支付劳动者的劳动报酬，或单位犯拒不支付劳动报酬罪的，对单位判处罚金，并对其直接负责的主管人员和其他直接责任人员，数额较大（①拒不支付1名劳动者3个月以上的劳动报酬且数额5000元至2万元以上。②拒不支付10名以上劳动者的劳动报酬且数额累计3万元至10万元以上），经政府有关部门责令支付仍不支付（①经人社保障部门或政府其他有关部门依法以限期整改指令书、行政处理决定书等文书责令支付劳动者的劳动报酬后，在指定的期限内仍不支付，以有证据证明行为人有正当理由未知悉责令支付或未及时支付劳动报酬为例外。②行为人逃匿，无法将责令支付文书送交其本人、同住成年家属或所在单位负责收件的人，若有关部门已通过在行为人的住所地、生产经营场所等地张贴责令支付文书等方式责令支付，并采用拍照、录像等方式记录，应视为经政府有关部门责令支付）的，处3年以下有期刑或拘役，并处或单处罚金；造成严重后果（拒不支付劳动者的劳动报酬数额较大，有对要求支付劳动报酬的劳动者使用暴力或进行暴力威胁、造成劳动者或其被赡养人被扶养人被抚养人的基本生活受到严重影响、重大疾病无法及时医治或失学，或造成其他严重后果）的，处3年以上7年以下有期刑，并处罚金。

拒不支付劳动报酬罪的两种立案追诉标准：以转移财产、逃匿等方法逃避支付劳动者的劳动报酬或有能力支付而不支付劳动者的劳动报酬，经政府有关部门责令支付仍不支付，涉嫌拒不支付1名劳动者3个月以上的劳动报酬且数额在5000元至2万元以上；拒不支付10名以上劳动者的劳动报酬且数额累计在3万元至10万元以上两种情形之一的，应立案追诉。不支付劳动者的劳动报酬，尚未造成严重后果，在刑事立案前支付劳动者的劳动报酬，并依法承担相应赔偿责任，可不予立案追诉。

拒不支付劳动报酬罪的情形：①不具备用工主体资格的单位或个人，违法用工且拒不支付劳动者的劳动报酬，数额较大，经政府有关部门责令支付仍不支付，或用人单位的实际控制人（虽不是公司的股东，但通过投资关系、协议或其他安排，能实际支配公司行为的人）实施拒不支付劳动报酬行为，构成犯罪的，均应以拒不支付劳动报酬罪追究刑责。②单位拒不支付劳动报酬，构成犯罪的，依《关于审理拒不支付劳动报酬刑事案件适用法律若干问题的解释》（2013年）规定的相应个人犯罪的定罪量刑标准，对直接负责的主管人员和其他直接责任人员定罪处罚，并对单位判处罚金。③有以转移财产、逃匿等方法逃避支付劳动者的劳动报酬或有能力支付而不支付劳动者的劳动报酬，或单位拒不支付劳动报酬犯罪行为，尚未造成严重后果，在提起公诉前支付劳动者的劳动报酬，并依法承担相应赔偿责任的，可减轻或免除处罚。④拒不支付劳动者的劳动报酬，尚未造成严重后果，在刑事立案前支付劳动者的劳动报酬，并依法承担相应赔偿责任的，可认定为情节显著轻微危害不大，不认为是犯罪；在提起公诉前支付劳动者的劳动报酬，并依法承担相应赔偿责任的，可减轻或免刑；在一审宣判前支付劳动者的劳动报酬，并依法承担相应赔偿责任的，可从轻处罚。⑤对免刑的，可根据案件的不同情况，训诫、责令具结悔过或赔礼道歉。拒不支付劳动者的劳动报酬，造成严重后果，但在宣判前支付劳动者的劳动报酬，并依法承担相应赔偿责任的，可酌情从宽处罚。

第十章

妨害社会管理秩序罪（《刑法》第277条至第367条）

从犯罪主体类型的角度看，妨害社会管理秩序罪的主体以一般主体（普通犯）为主，以特殊主体（身份犯）为辅。①倒卖文物罪；污染环境罪；非法捕捞水产品罪；危害珍贵、濒危野生动物罪；非法狩猎罪；非法占用农用地罪；盗伐林木罪；滥伐林木罪；非法收购、运输盗伐、滥伐的林木罪；走私、贩卖、运输、制造毒品罪；制作、复制、出版、贩卖、传播淫秽物品牟利罪；传播淫秽物品罪。组织播放淫秽音像制品罪有一般主体（自然人、单位）。②采集、供应血液、制作、供应血液制品事故罪的特殊主体是有资格从事血液制品生产经营活动的单位；非法提供麻醉药品、精神药品罪有特殊主体（依法从事生产、运输、管理、使用国家管制的麻醉药品、精神药品的单位和人员）。

第一节　扰乱公共秩序罪

从犯罪形态的角度看，扰乱公共秩序罪有犯罪故意性、犯罪过失性、犯罪后果性、犯罪情节性，以故意犯罪为主，以过失犯罪为辅；以结果犯、情节犯为主（以特定的犯罪结果为要件要素的情节犯或结果犯），以行为犯为辅（妨害公务罪、招摇撞骗罪等）。

扰乱公共秩序罪的56个罪名：非法持有国家绝密、机密文件、资料、物品罪（持有犯、行为犯）；组织、利用会道门、邪教组织、利用迷信破坏法律实施罪（行为犯）；招摇撞骗罪（行为犯）；开设赌场罪（行为犯）；赌博罪（行为犯）；包庇、纵容黑社会性质组织罪（行为犯）；聚众淫乱罪（侵害行为犯）；聚众斗殴罪（危险行为犯）；煽动暴力抗拒法律实施罪（危险行为犯）；非法携带武器、管制刀具、爆炸物参加集会、游行、示威罪（危险行为犯）；组织、领导、参加黑社会性质组织罪（危险行为犯）；传授犯罪方法罪（抽象的危险行为犯）；妨害公务罪（危险行为犯、结果要件犯）；提供侵入、非法控制计算机信息系统程序、工具罪（危险行为犯）；引诱未成年人聚众淫乱罪（结果既遂犯）；寻衅滋事罪（情节恶劣或情节严重）；聚众扰乱公共场所秩序、交通秩序罪（情节严重）；非法生产、买卖警用装备罪（严重情节）；伪造、变造、买卖身份证件罪（危险结果犯或行为犯）；伪造公司、企业、事业单位、人民团体印章罪（危险结果犯或行为犯）；入境发展黑社会组织罪（危险结果犯）；非法获取国家秘密罪（危险结果犯）；扰乱无线电通讯管理秩序罪（严重后果）；破坏计算机信息系统罪（严重后果）；侮辱国旗、国徽、国歌罪（严重后果或严重情节）；聚众冲击国家机关罪（严重损失）；聚众扰乱社会秩序罪（情节严重或严重损失）；组织、利用会道门、邪教组织、利用迷信致人重伤、死亡罪（致人死亡）；编造、故意传播虚假恐怖信息罪（严重扰乱社会秩序）；投放虚假危险物质罪（严重扰乱社会秩序）；非法集会、游行、示威罪（严重破坏社会秩序）；破坏集会、游行、示威罪（造成公共秩序混乱）；盗窃、侮辱、故意毁坏尸体、尸骨、骨灰罪（选择罪名）；盗窃、抢夺、毁灭国家机关公文、证件、印章罪（选择罪名）；伪造、变造、买卖国家机关公文、证件、印章罪（选择罪名）。

一、《刑法》第 277 条【妨害公务罪；袭警罪】

《刑法修正案（十一）》第 31 条规定了袭警罪，作为《刑法》第 277 条妨害公务罪的第 5 款。

从故意犯、行为犯、结果犯的角度看，以暴力（殴打、捆绑、伤害、禁闭等暴力打击、人身限制强制等）、威胁（以杀害、伤害、毁坏财产、破坏名誉、扣押人质等威逼、胁迫方法企图迫使正在依法执行职务的国家机关工作人员放弃执行职务）方法阻碍国家机关工作人员依法执行职务（在国家规定的国家机关工作时间、工作单位、工作场所内，或特定命令的其他工作时间、工作场所行使合法职权从事的公务活动），或以暴力、威胁方法阻碍全国人大和地方人大代表依法执行代表职务，或在自然灾害（地震、洪水、海啸、山崩等）和突发事件（暴乱、骚乱、战争冲突、重大疫情等）中，以暴力、威胁方法阻碍红十字会工作人员依法履行职责，或故意阻碍国安机关、公安机关依法执行国安工作任务（危险行为犯），或未使用暴力、威胁方法，造成严重后果（被妨害的国家机关工作人员或红十字会工作人员的公务活动受到干扰无法正常进行，或人身、健康受到伤害等；危害国家安全的其他破坏活动：组织、策划或实施危害国家安全的恐怖活动；捏造、歪曲事实，发表、散布文字或言论，或制作、传播音像制品，危害国家安全；利用设立社会团体或企业事业组织，进行危害国家安全活动；利用宗教进行危害国家安全活动；制造民族纠纷，煽动民族分裂，危害国家安全；境外个人违反有关规定，不听劝阻，擅自会见境内有危害国家安全行为或有危害国家安全行为重大嫌疑的人员）的，处 3 年以下有期刑、拘役、管制或罚金。(1) 暴力袭击正在依法执行职务的警察，处 3 年以下有期刑、拘役或管制；使用枪支、管制刀具，或以驾驶机动车撞击等手段，严重危及其人身安全，处 3 年以上 7 年以下有期刑。(2) 对以暴力、胁迫方法抗拒缉私，以走私罪和阻碍国家机关工作人员依法执行职务罪，依数罪并罚规定处罚。

妨害公务罪的量刑：①构成妨害公务罪的，可在 2 年以下有期刑、拘役幅度内确定量刑起点。②在量刑起点的基础上，可根据妨害公务造成的后果、犯罪情节严重程度等其他影响犯罪构成的犯罪事实增加刑罚量，确定基准刑。③暴力袭击正在依法执行公务的警察的，可增加基准刑的 10%～30%。

妨害公务罪是行为人采取暴力威胁方法，阻碍国家工作人员、人大代表及在一定条件下的红十字会工作人员依法执行职务或履行职责，或以暴力、威胁以外的方法故意阻碍国家安全机关、公安机关依法执行国家安全工作任务，造成严重后果的行为。妨害公务罪、拒不执行判决裁定罪是普通和一般的关系，都发生在执行公务期间对执法人员使用暴力、威胁手段。

从两高一部[1]《关于依法惩治袭警违法犯罪行为的指导意见》（2020年）的角度看，醉酒的人实施袭警犯罪行为，应负刑责。（1）教唆、煽动他人实施袭警犯罪行为或为他人实施袭警犯罪行为提供工具、帮助，以共同犯罪论处。（2）实施暴力袭警行为，具有使用凶器或危险物品袭警、驾驶机动车袭警；造成民警轻微伤或警用装备严重毁损；妨害民警依法执行职务，造成他人伤亡、公私财产损失或造成嫌犯脱逃、毁灭证据等严重后果；造成多人围观、交通堵塞等恶劣社会影响；纠集多人袭警或袭击民警2人以上；曾因袭警受过处罚，再次袭警；实施其他严重袭警行为等七种情形之一的，在《关于依法惩治袭警违法犯罪行为的指导意见》（2020年）第1条［①对袭警情节轻微或辱骂民警，尚不构成犯罪，但构成违反治安管理行为，应依法从重给予治安管理处罚。②暴力袭击正依法执行职务的警察（对正依法执行职务的民警实施撕咬、踢打、抱摔、投掷等，对民警人身进行攻击；实施打砸、毁坏、抢夺民警正使用的警用车辆、警械等警用装备，对民警人身进行攻击2种行为），应以妨害公务罪（处3年以下有期刑、拘役、管制或罚金）定罪从重处罚。③对正依法执行职务的民警虽未实施暴力袭击，但以实施暴力相威胁，符合《刑法》第277条第1款以暴力、威胁方法阻碍国家机关工作人员依法执行职务规定，以妨害公务罪定罪处罚（处3年以下有期刑、拘役、管制或罚金）］规定的基础上酌情从重处罚。（3）实施暴力袭警行为，具有使用凶器或危险物品袭警、驾驶机动车袭警；造成民警轻微伤或警用装备严重毁损；妨害民警依法执行职务，造成他人伤亡、公私财产损失或造成嫌犯脱逃、毁灭证据等严重后果；造成多人围观、交通堵塞等恶劣社会影响；纠集多人袭警或袭击民警2人以上；曾因袭警受过处罚，再次袭警；实施其他严重袭警行为等七种行为，构成犯罪的，一般不得适用缓刑。

妨害公务罪的情形：①以暴力、威胁方法阻碍国家机关工作人员、红十字会工作人员依法履行为防治突发传染病疫情等灾害而采取的防疫、检疫、强制隔离、隔离治疗等预防、控制措施，或在自然灾害和突发事件中，以暴力、威胁方法阻碍红十字会工作人员依法履行职责的，均构成妨害公务罪。②对以暴力、威胁方法阻碍国有事业单位人员依法律、行政法规的规定执行行政执法职务，或以暴力、威胁方法阻碍国家机关中受委托从事行政执法活动的事业编制人员执行行政执法职务，可对侵害人以妨害公务罪追究刑责。③阻碍国家机关工作人员依法执行职务，强行冲闯公安机关设置的警戒带、警戒区，或阻碍执行紧急任务的消防车、救护车、工程抢险车、警车等车辆通行，使用暴力、威胁方法阻碍国家机关工作人员依法执行职务，造成严重结果的，以妨害公务罪定罪处罚。④国安机关依法执行国安工作任务时，公民和组织依法有义

〔1〕一部，指公安部。

务提供便利条件或其他协助，拒不提供或拒不协助、构成故意阻碍国安机关依法执行国安工作任务，或故意阻碍国安机关依法执行国安工作任务，未使用暴力、威胁方法，造成严重后果的，均构成妨害公务罪。⑤以暴力、威胁方法阻碍国家机关工作人员解救被收买的妇女、儿童的，以妨碍公务罪定罪处罚。⑥以暴力、威胁方法阻碍国家机关工作人员依法处置妨害安全驾驶违法犯罪行为、维护公共交通秩序的，以妨害公务罪定罪处罚；暴力袭击正依法执行职务的警察的，从重处罚。⑦特种设备的生产、使用单位或检验检测机构，拒不接受特种设备安全监管部门依法实施的安全监察的，由特种设备安全监管部门责令限期改正；逾期未改正的，责令停产停业整顿，处 2 万元以上 10 万元以下罚款；触犯刑律的，依妨害公务罪或他罪，依法追究刑责。特种设备生产、使用单位擅自动用、调换、转移、损毁被查封、扣押的特种设备或其主要部件，由特种设备安全监管部门责令改正的，处 5 万元以上 20 万元以下罚款；情节严重的，撤销其相应资格。⑧对正在依法执行职务的民警实施撕咬、踢打、抱摔、投掷等，对民警人身进行攻击；实施打砸、毁坏、抢夺民警正在使用的警用车辆、警械等警用装备，对民警人身进行攻击等两种行为，属于“暴力袭击正在依法执行职务的警察”，应以妨害公务罪定罪从重处罚。⑨对正在依法执行职务（民警在非工作时间，依《人民警察法》等法律履行职责，应视为执行职务）的民警虽未实施暴力袭击，但以实施暴力相威胁，符合《刑法》第 277 条第 1 款（以暴力、威胁方法阻碍国家机关工作人员依法执行职务）规定的，以妨害公务罪定罪处罚。醉酒的人实施袭警犯罪行为，应负刑责。教唆、煽动他人实施袭警犯罪行为或为他人实施袭警犯罪行为提供工具、帮助，以共同犯罪论处。

实施暴力袭警行为，具有使用凶器或危险物品袭警、驾驶机动车袭警；造成民警轻微伤或警用装备严重毁损；妨害民警依法执行职务，造成他人伤亡、公私财产损失或造成嫌犯脱逃、毁灭证据等严重后果；造成多人围观、交通堵塞等恶劣社会影响；纠集多人袭警或袭击民警 2 人以上；曾因袭警受过处罚，再次袭警；实施其他严重袭警行为等七种情形之一的，以妨害公务罪酌情从重处罚。实施上述行为，构成犯罪的，一般不得适用缓刑。

从想象竞合犯的角度看，行为人对正依法从事公务活动的国家机关工作人员实施暴力行为，导致其重伤或重伤类死亡，或故意杀害国家机关工作人员的，应依想象竞合犯重罪吸收轻罪原则，以故意伤害罪或故意杀人罪定罪从重处罚。

行为人采用谩骂、吵闹等非暴力威胁的其他方法干扰正执行职务的国家机关工作人员的公务活动，情节恶劣的，可能构成侮辱罪等犯罪。

妨碍公务罪和拒不执行判决、裁定罪的差异在于犯罪主体、犯罪客观方面的不同；妨害公务罪与聚众阻碍解救被收买的妇女、儿童罪的差异在于犯罪主体、犯罪客体的不同；妨害公务罪和危害国家安全罪（分裂国家罪；武装叛乱、暴乱罪；颠覆国家政权罪等）的差异在于犯罪客体、犯罪主观方面、犯罪客观方面的不同。

各级公检法机关要加强协作配合，对袭警违法犯罪行为快速处理、准确定性、依法严惩。①依法及时开展调查处置、批捕、起诉、审判工作。民警对袭警违法犯罪行为应依法予以制止，并根据现场条件，妥善保护案发现场，控制嫌犯。负责侦查办理袭警案件的民警应全面收集、提取证据，特别是注意收集民警现场执法记录仪和周边监控等视听资料、在场人员证人证言等证据，查清案件事实。对造成民警或他人受伤、财产损失，依法进行鉴定。在处置过程中，民警依法依规使用武器、警械或采取其他必要措施制止袭警行为，受法律保护。检察院对公安机关提请批准逮捕、移送审查起诉的袭警案件，应从严掌握无逮捕必要性、犯罪情节轻微等不捕不诉情形，慎重作出不批捕、不起诉决定，对符合逮捕、起诉条件的，应依法尽快予以批捕、起诉。对袭警行为构成犯罪的，法院应依法及时审判，严格依法追究犯罪分子刑责。②依法适用从重处罚。暴力袭警是《刑法》第277条规定的从重处罚情形。公检法机关在办理此类案件时，要准确认识袭警行为对国家法律秩序的严重危害，不能将袭警行为等同于一般的故意伤害行为，不能仅以造成民警身体伤害作为构成犯罪的标准，要综合考虑袭警行为的手段、方式以及对执行职务的影响程度等因素，准确认定犯罪性质，从严追究刑责。对袭警违法犯罪行为，依法不适用刑事和解和治安调解。对构成犯罪的，但具有初犯、偶犯、给予民事赔偿并取得被害人谅解等情节，在酌情从宽时，应从严把握从宽幅度。对犯罪性质和危害后果特别严重、犯罪手段特别残忍、社会影响特别恶劣的犯罪分子，虽具有上述酌定从宽情节但不足以从轻处罚，依法不予从宽处罚。③加强规范执法和法制宣传教育。警察要严格按法律规定的程序和标准正确履职，特别是要规范现场执法，以法为据、以理服人，妥善化解矛盾，谨慎使用强制措施和武器警械。

二、《刑法》第278条【煽动暴力抗拒法律实施罪】

从故意犯、行为犯、结果犯的角度看，煽动群众暴力抗拒国家法律、行政法规实施的，处3年以下有期刑、拘役、管制或剥夺政治权利；造成严重后果的，处3年以上7年以下有期刑。

煽动群众暴力抗拒烟草专卖法律实施，构成犯罪的，以煽动暴力抗拒法律实施罪追究刑责。

利用信息网络实施诽谤、寻衅滋事、敲诈勒索、非法经营犯罪，同时又构成损害商业信誉、商品声誉罪、煽动暴力抗拒法律实施罪、编造、故意传播虚假恐怖信息罪等犯罪的，依处罚较重规定定罪处罚。

三、《刑法》第279条【招摇撞骗罪】

从故意犯、危险行为犯、情节犯的角度看，冒充（假冒身份或职位、以假乱真）国家机关工作人员招摇撞骗（财物、待遇、学位、地位、权力、荣誉、婚姻等）的，处3年以下有期刑、拘役、管制或剥夺政治权利；情节严重的，处3年以上10年以下有期刑。从从重处罚原则的角度看，冒充警察招摇撞骗，冒充军警人员招摇撞骗，以招摇撞骗罪从重处罚。

招摇撞骗罪是广义诈骗罪的一个特殊罪名，表现为被害人在错误认识的支配下对某项权益进行了处分。诈骗人采用欺诈手段，但被害人未产生错误认识或未基于错误认识对某项权益作出处分，往往最终采用其他手段获取非法利益时，应按实际采用的手段定罪。

冒充国家机关工作人员或以其他虚假身份招摇撞骗的，处5日以上10日以下拘留，可并处500元以下罚款；情节较轻（冒充国家机关工作人员或以其他虚假身份，骗吃、骗喝；冒充国家机关工作人员或以其他虚假身份，满足虚荣心，不以获取实际利益为目的；尚未获得非法利益或社会影响较小；社会影响较小，未取得实际利益；未造成当事人财物损失或其他危害后果；其他情节较轻的情形）的，处5日以下拘留或500元以下罚款（《治安管理处罚法》第51条第1款）。

招摇撞骗罪的情形：①冒充国家机关工作人员，以帮忙求学、找工作、办驾驶证等名义，骗取他人信任而获取非法利益的，构成招摇撞骗罪。②冒充国家情报工作机构工作人员或其他相关人员实施招摇撞骗、诈骗、敲诈勒索等行为的，依治安处罚法的规定处罚；构成犯罪的，依法追究刑责。③冒充国家机关工作人员进行诈骗，同时构成诈骗罪和招摇撞骗罪的，依处罚较重的规定定罪处罚。

从比较法的角度看，招摇撞骗罪与冒充军人招摇撞骗罪有关联性，关键在于犯罪对象、犯罪客体、法定刑的不同。

四、《刑法》第280条【伪造、变造、买卖国家机关公文、证件、印章罪；盗窃、抢夺、毁灭国家机关公文、证件、印章罪；伪造公司、企业、事业单位、人民团体印章罪；伪造、变造、买卖身份证件罪】

从选择罪名、故意犯、行为犯、情节犯的角度看，伪造、变造、买卖或盗窃、抢夺、毁灭国家机关的公文、证件、印章，处3年以下有期刑、拘役、管制或剥夺政治权利，并处罚金；情节严重，处3年以上10年以下有期刑，并处罚金。

从司法实践、社会实践的角度看，伪造（有形伪造、无形伪造等）、变造、买卖或盗窃、抢夺、毁灭或盗窃、抢夺、毁灭虚构的机关、公司、企事业单位、人民团体的名称、公文、证件、印章，不构成伪造、变造、买卖国家机关、公司、企事业单位、人民团体公文、证件、印章罪。

盗用、冒用他人身份，顶替他人取得的高等学历教育入学资格、公务员录用资格、就业安置待遇的，处3年以下有期刑、拘役或管制，并处罚金。（1）组织、指使他人实施盗用、冒用他人身份，顶替他人取得的高等学历教育入学资格、公务员录用资格、就业安置待遇的行为，处3年以下有期刑、拘役或管制，并处罚金规定从重处罚。（2）国家工作人员有盗用、冒用他人身份，顶替他人取得的高等学历教育入学资格、公务员录用资格、就业安置待遇的行为；组织、指使他人实施盗用、冒用他人身份，顶替他人取得的高等学历教育入学资格、公务员录用资格、就业安置待遇的行为，又构成他罪的，依数罪并罚规定处罚。

从故意犯、行为犯的角度看，伪造公司、企事业单位、人民团体的印章，处3年以下有期刑、拘役、管制或剥夺政治权利，并处罚金。

从选择罪名、故意犯、行为犯、情节犯的角度看，伪造（有形伪造、无形伪造等）、变造（出售、购买等）、买卖居民身份证、护照、社会保障卡、驾驶证等依法可用于证明身份的证件，处3年以下有期刑、拘役、管制或剥夺政治权利，并处罚金；情节严重的，处3年以上7年以下有期刑，并处罚金。

伪造、变造、买卖机动车行驶证、登记证书，累计3本以上，以伪造、变造、买卖国家机关证件罪定罪的，处3年以下有期刑、拘役、管制或剥夺政治权利。

伪造、变造、买卖机动车行驶证、登记证书，累计达到15本以上，属于伪造、变造、买卖国家机关证件罪的情节严重，处3年以上10年以下有期刑。

从全国人大常委会《关于惩治骗购外汇、逃汇和非法买卖外汇犯罪的决定》（1998年）的角度看，买卖伪造、变造的海关签发的报关单、进口证明、外汇管理部门核准件等凭证和单据或国家机关的其他公文、证件、印章，依《刑法》第280条伪造、变造、买卖国家机关公文、证件、印章罪定罪处罚。伪造、变造的海关签发的报关单、进口证明、外汇管理部门核准件等凭证和单据，并用于骗购外汇，以骗购外汇罪从重处罚（牵连犯）。

从两高、公安部、原国家工商行政管理总局《关于依法查处盗窃、抢劫机动车案件的规定》（1998年）的角度看，伪造、变造、买卖机动车牌证及机动车入户、过户、验证的有关证明文件，依《刑法》第280条第1款伪造、变造、买卖国家机关公文、证件罪定罪处罚。（1）对购买赃车后使用非法提供的入户、过户手续或使用伪造、变造的入户、过户手续为赃车入户、过户，应吊销牌证，并将车辆无偿追缴；已将入户、过户车辆变卖，追缴变卖所得并责令赔偿经济损失。（2）对直接从犯罪分子处追缴的被盗窃、抢劫的机动车辆，经检验鉴定，查证属实后，可依法先行返还失主，移送案件时附清单、照片及其他证据。在返还失主前，按赃物管理规定管理，任何单位和个人都不得挪用、损毁或自行处理。（3）盗窃、抢劫机动车案件，由案件发生地公安机关立案侦查。赃车流入地公安机关应予以配合。跨地区系列盗窃、抢劫机动车案件，由最初受理的公安机关立案侦查；必要时，可由主要犯罪地公安机关立案侦查，或由上级公安机关指定立案侦查。（4）各地公安机关扣押或协助管辖单位追回的被盗窃、抢劫的机动车应移送管辖单位依法处理，不得以任何理由扣留或索取费用。拖延不交，给予单位领导行政处分。（5）有在非法的机动车交易场所和销售单位购买；机动车证件手续不全或明显违反规定；机动车发动机号或车架号有更改痕迹，无合法证明；以明显低于市场价格购买机动车等四种情形之一的，可视为应知道，但有证据证明确属被蒙骗的除外。

从最高法《关于审理破坏野生动物资源刑事案件具体应用法律若干问题的解释》（2000年）的角度看，伪造、变造、买卖国家机关颁发的野生动物允许进出口证明书、特许猎捕证、狩猎证、驯养繁殖许可证等公文、证件构成犯罪的，以《刑法》第280条第1款以伪造、变造、买卖国家机关公文、证件罪定罪处罚。实施上述行为构成犯罪，同时构成《刑法》第225条第2项（买卖进出口许可证、进出口原产地证明以及其他法律、行政法规规定的经营许可证或批准文件）非法经营罪，依处罚较重的规定定罪处罚。

从最高法《关于审理破坏森林资源刑事案件具体应用法律若干问题的解释》（2000年）的角度看，对伪造、变造、买卖林木采伐许可证、木材运输证件，森林、林木、林地权属证书，占用或征用林地审核同意书、育林基金等缴费收据以及其他国家机关批准的林业证件构成犯罪的，依《刑法》第280条第1款伪造、变造、买卖国家机关公文、证件罪定罪处罚。对买卖允许进出口证明书等经营许可证明，同时触犯《刑法》第225（非法经营罪）、280（伪造、变造、买卖国家机关公文、证件、印章罪；盗窃、抢夺、毁灭国家机关公文、证件、印章罪；伪造公司、企业、事业单位、人民团体印章罪；伪造、变造、买卖身份证件罪）条之罪，依处罚较重的规定定罪处罚。

从最高检研究室《关于买卖尚未加盖印章的空白〈边境证〉行为如何适用法律问题的答复》（2002年）的角度看，对买卖尚未加盖发证机关的行政印章或通行专用章印鉴的空白《边境管理区通行证》的行为，不宜以买卖国家机关证件罪追究刑责。国家机关工作人员实施上述行为，构成犯罪，可按滥用职权等相关犯罪依法追究刑责。

五、《刑法》第280条之一【使用虚假身份证件、盗用身份证件罪】

从故意犯、情节犯的角度看，在依国家规定应提供身份证明的活动中，使用伪造、变造的或盗用他人的居民身份证、护照、社会保障卡、驾驶证等依法可用于证明身份的证件，情节严重，处拘役或管制，并处或单处罚金。

有使用虚假身份证件、盗用身份证件的犯罪行为，同时构成他罪，依处罚较重的规定定罪处罚。

为信用卡申请人制作、提供虚假的财产状况、收入、职务等资信证明材料，涉及伪造、变造、买卖国家机关公文、证件、印章，或涉及伪造公司、企事业单位、人民团体印章，应追究刑责，分别以伪造、变造、买卖国家机关公文、证件、印章罪和伪造公司、企事业单位、人民团体印章罪定罪处罚。

六、《刑法》第280条之二【冒名顶替罪】

盗用、冒用他人身份，顶替他人取得的高等学历教育入学资格、公务员录用资格、就业安置待遇，处3年以下有期刑、拘役或管制，并处罚金。（1）组织、指使他人实施盗用、冒用他人身份，顶替他人取得的高等学历教育入学资格、公务员录用资格、就业安置待遇行为，依处3年以下有期刑、拘役或管制，并处罚金的规定从重处罚。（2）国家工作人员有盗用、冒用他人身份，顶替他人取得的高等学历教育入学资格、公务员录用资格、就业安置待遇；组织、指使他人实施盗用、冒用他人身份，顶替他人取得的高等学历教育入学资格、公务员录用资格、就业安置待遇行为两种行为，又构成他罪（滥用职权罪；受贿罪；行贿罪；侵犯公民个人信息罪；伪造、变造、买卖国家机关公文、证件、印章罪；盗窃、抢夺、毁灭国家机关公文、证件、印章罪等）；依冒名顶替罪等数罪并罚的规定处罚。

从司法实践、社会实践的角度看，媒体统计数据显示，2018–2019 年，在山东高等学历数据清查工作中有 14 所高校曾公示清查结果，242 人涉嫌冒名顶替入学。山东省滕州陈晓琪冒名顶替齐玉苓案，山东聊城陈伟冒名顶替王丽丽案；山东聊城陈艳萍冒名顶替陈春秀案；山东济宁邱小慧冒名顶替苟晶案；河南周口张莹莹冒名顶替王娜娜案；湖南邵阳王佳俊冒名顶替罗彩霞案；湖北武汉林某某冒名顶替林琳案等省均不同程度存在高考、国考、法考之类的国家级考试的冒名顶替案件，严重触犯法律法规底线个公平正义底线，有关不法分子均应受到法律法规惩罚和社会道德谴责，同时有关法律法规制度体系均有继续完善的必要性、紧迫性、重要性、长期性、艰巨性。

七、《刑法》第 281 条【非法生产、买卖警用装备罪】

从选择罪名、故意犯、情节犯的角度看，非法生产、买卖警察制式服装、车辆号牌等专用标志、警械，或单位犯非法生产、买卖警用装备罪，对单位判处罚金，并对其直接负责的主管人员和其他直接责任人员，情节严重的，处 3 年以下有期刑、拘役或管制，并处或单处罚金。

非法生产、买卖警用装备罪的七种立案追诉标准：①被他人利用进行违法犯罪活动。②非法经营数额 5000 元以上，或非法获利 1000 元以上。③警用号牌、省级以上公安机关专段民用车辆号牌 1 副以上，或其他公安机关专段民用车辆号牌 3 副以上。④手铐、脚镣、警用抓捕网、警用催泪喷射器、警灯、警报器单种或合计 10 件以上。⑤警棍 50 根以上。成套制式服装 30 套以上，或非成套制式服装 100 件以上。⑥警衔、警号、胸章、臂章、帽徽等警用标志单种或合计 100 件以上。⑦其他情节严重情形。

八、《刑法》第 282 条【非法获取国家秘密罪；非法持有国家绝密、机密文件、资料、物品罪】

从故意犯、行为犯、情节犯的角度看，以窃取、刺探、收买方法，非法获取国家秘密的，处 3 年以下有期刑、拘役、管制或剥夺政治权利；情节严重的，处 3 年以上 7 年以下有期刑。

从持有犯的角度看，非法持有属于国家绝密、机密的文件、资料或其他物品，拒不说明来源与用途的，处 3 年以下有期刑、拘役或管制。

以窃取、刺探、收买方法非法获取法律规定的国家考试的试题、答案，又组织考试作弊或非法出售、提供试题、答案，分别符合《刑法》第 282（非法获取国家秘密罪；非法持有国家绝密、机密文件、资料、物品罪）和《刑法》第 284 条之一（组织考试作弊罪；非法出售、提供试题、答案罪；代替考试罪），以非法获取国家秘密罪和组织考试作弊罪或非法出售、提供试题、答案罪数罪并罚。

在法律规定的国家考试外的其他考试中，组织作弊，为他人组织作弊提供作弊器材或其他帮助，或非法出售、提供试题、答案，符合非法获取国家秘密罪、非法生产、销售窃听、窃照专用器材罪、非法使用窃听、窃照专用器材罪、非法利用信息网络罪、扰乱无线电通讯管理秩序罪等犯罪构成要件，依法追究刑责。

九、《刑法》第 283 条【非法生产、销售专用间谍器材、窃听、窃照专用器材罪】

从选择罪名、故意犯、情节犯的角度看，非法生产、销售专用间谍器材或窃听专用器材［以伪装或隐蔽方式使用，经公安机关依法进行技术检测后作出认定性结论，有具有无线发射、接收语音信号功能的发射、接收器材；微型语音信号拾取或录制设备；能获取无线通信信息的电子接收器材；利用搭接、感应等方式获取通讯线路信息的器材；利用固体传声、光纤、微波、激光、红外线等技术获取语音信息的器材；可遥控语音接收器件或电子设备中的语音接收功能，获取相关语音信息，且无明显提示的器材（含软件）；其他具有窃听功能的器材等七种情形之一］、窃照专用器材［以伪装或隐蔽方式使用，经公安机关依法进行技术检测后作出认定性结论，有具有无线发射功能的照相、摄像器材；微型针孔式摄像装置以及使用微型针孔式摄像装置的照相、摄像器材；取消正常取景器和回放显示器的微小相机和摄像机；利用搭接、感应等方式获取图像信息的器材；可遥控照相、摄像器件或电子设备中的照相、摄像功能，获取相关图像信息，且无明显提示的器材（含软件）；其他具有窃照功能的器材等六种情形之一］，或单位犯非法生产、销售专用间谍器材、窃听、窃照专用器材罪，对单位判处罚金，并对其直接负责的主管人员和其他直接责任人员，处 3 年以下有期刑、拘役或管制，并处或单处罚金；情节严重，处 3 年以上 7 年以下有期刑，并处罚金。

十、《刑法》第 284 条【非法使用窃听、窃照专用器材罪】

从故意犯、结果犯的角度看，非法使用窃听、窃照专用器材，造成严重后果的，处 2 年以下有期刑、拘役或管制。

十一、《刑法》第 284 条之一【组织考试作弊罪；非法出售、提供试题、答案罪；代替考试罪】

从故意犯、行为犯、情节犯的角度看，在法律规定的国家考试（仅限于全国人大及其常委会制定的法律所规定的考试，包括普通高校招生考试、研究生招生考试、高等教育自学考试、成人高校招生考试等国家教育考试；中央和地方公务员录用考试；国家统一法律职业资格考试、国家教师资格考试、注册会计师全国统一考试、会计专业技术资格考试、资产评估师资格考试、医师资格考试、执业药师职业资格考试、注册建筑师考试、建造师执业资格考试等专业技术资格考试；其他依法律由中央或地方主管部门以及行业组织的国家考试等四种情形，及其考试涉及的特殊类型招生、特殊技能测试、面试等考试）中，组织作弊，或为他人实施组织考试作弊犯罪提供作弊器材（具有避开或突破考场防范作弊的安全管理措施，获取、记录、传递、接收、存储考试试题、答案等功能的程序、工具，以及专门设计用于作弊的程序、工具）或其他帮助，或为实施考试作弊行为，向他人非法出售或提供考试的试题、答案的，处 3 年以下有期刑或拘役，并处或单处罚金；情节严重（①在法律规定的国家考试中，组织作弊，具有在普通高校招生考试、研究生招生考试、公务员录用考试中组织考试作弊；

导致考试推迟、取消或启用备用试题；考试工作人员组织考试作弊；组织考生跨省级作弊；多次组织考试作弊；组织 30 人次以上作弊；提供作弊器材 50 件以上；违法所得 30 万元以上；其他情节严重的情形等九种情形之一。②为实施考试作弊行为，非法出售或提供法律规定的国家考试的试题、答案，具有导致考试推迟、取消或启用备用试题；考试工作人员非法出售或提供试题、答案；非法出售或提供普通高校招生考试、研究生招生考试、公务员录用考试的试题、答案；多次非法出售或提供试题、答案；向 30 人次以上非法出售或提供试题、答案；违法所得 30 万元以上；其他情节严重的情形等七种情形之一）的，处 3 年以上 7 年以下有期刑，并处罚金。

为实施考试作弊行为，向他人非法出售或提供法律规定的国家考试的试题、答案的，处 3 年以下有期刑或拘役，并处或单处罚金；情节严重（为实施考试作弊行为，非法出售或提供法律规定的国家考试的试题、答案，具有导致考试推迟、取消或启用备用试题；考试工作人员非法出售或提供试题、答案；非法出售或提供普通高校招生考试、研究生招生考试、公务员录用考试的试题、答案；多次非法出售或提供试题、答案；向 30 人次以上非法出售或提供试题、答案；违法所得 30 万元以上；其他情节严重的情形等七种情形之一）的，处 3 年以上 7 年以下有期刑，并处罚金。

为他人实施组织作弊的犯罪提供作弊器材（对是否属于作弊器材难以确定，依据省级以上公安机关或考试主管部门出具的报告，结合其他证据作出认定；涉及专用间谍器材、窃听、窃照专用器材、伪基站等器材，依相关规定作出认定）或其他帮助的，处 3 年以下有期刑或拘役，并处或单处罚金；情节严重的，处 3 年以上 7 年以下有期刑，并处罚金。

在法律规定的国家考试中，代替他人或让他人代替自己参加考试，处拘役或管制，并处或单处罚金。

代替他人或让他人代替自己参加法律规定的国家考试（代替他人或让他人代替自己参加法律规定的国家考试），以代替考试罪定罪处罚，处拘役或管制，并处或单处罚金。

对行为人犯罪情节较轻，确有悔罪表现，综合考虑行为人替考情况以及考试类型等因素，认为符合缓刑适用条件的，可宣告缓刑；犯罪情节轻微，可不起诉或免予刑罚；情节显著轻微危害不大，不以犯罪论处。

在普通高校招生、公务员录用等法律规定的国家考试涉及的体育、体能测试等体育运动中，组织考生非法使用兴奋剂的，应依《刑法》第 284 条之一组织考试作弊罪的规定，以组织考试作弊罪定罪处罚。

明知（知道或应知道）他人实施在普通高校招生、公务员录用等法律规定的国家考试涉及的体育、体能测试等体育运动中，组织考生非法使用兴奋剂犯罪而为其提供兴奋剂，以组织考试作弊罪定罪处罚。

组织考试作弊，在考试开始前被查获，但已非法获取考试试题、答案或具有其他严重扰乱考试秩序情形，应认定为组织考试作弊罪既遂。

单位实施组织考试作弊、非法出售、提供试题、答案等行为，依两高《关于办理组织考试作弊等刑事案件适用法律若干问题的解释》（2019 年）规定的相应定罪量刑标准，追究组织者、策划者、实施者的刑责。

对实施两高《关于办理组织考试作弊等刑事案件适用法律若干问题的解释》（2019 年）规定的犯罪（组织考试作弊罪；非法出售、提供试题、答案罪；代替考试罪；非法获取国家秘密罪；非法持有国家绝密、机密文件、资料、物品罪；非法利用信息网络罪）被判处刑罚，可根据犯罪情况和预防再犯罪的需要，依法宣告职业禁止；被判处管制、宣告缓刑，可根据犯罪情况，依法宣告禁止令。

对实施两高《关于办理组织考试作弊等刑事案件适用法律若干问题的解释》（2019 年）规定的行为构成犯罪的，应综合考虑犯罪的危害程度、违法所得数额以及被告人的前科情况、认罪悔罪态度等，依法判处罚金。

十二、《刑法》第 285 条【非法侵入计算机信息系统罪；非法获取计算机信息系统数据、非法控制计算机信息系统罪；提供侵入、非法控制计算机信息系统程序、工具罪】

从故意犯、行为犯、计算机犯罪、高智商高科技犯罪的角度看，违反国家规定，侵入国家事务、国防建设、尖端科技领域的计算机信息系统的，处 3 年以下有期刑或拘役。

【2015 年 · 卷 2 · 单选 · 7】 15 周岁的甲非法侵入某尖端科技研究所的计算机信息系统，18 周岁的乙对此知情，仍应甲的要求为其编写侵入程序。本案的哪一选项错误？（D）A. 如认为责任年龄、责任能力不是共同犯罪的成立条件，则甲、乙成立共犯。B. 如认为甲、乙成立共犯，则乙成立非法侵入计算机信息系统罪的从犯。C. 不管甲、乙是否成立共犯，都不能认为乙成立非法侵入计算机信息系统罪的间接正犯。D. 因甲不负刑责，对乙应按非法侵入计算机信息系统罪的片面共犯论处。

从社会危害性或危害程度的角度看，行为人只要非法成功侵入国家事务、国防建设、尖端科技领域的计算机信息系统，即构成非法侵入计算机信息系统罪的既遂，否则在尚未非法成功侵入国家有关特定领域的计算机信息系统危害程度较轻或行为性质难以认定的情况下，一般不宜以犯罪论处。非法侵入计算机信息系统犯罪既遂后，又实施其他罪的，应数罪并罚。

从故意犯、情节犯的角度看，犯非法获取计算机信息系统数据、非法控制计算机信息系统罪，违反国家规定，侵入国家事务、国防建设、尖端科技领域外的计算机信息系统或采用其他技术手段，获取该计算机信息系统中存储、处理或传输的数据，或对该计算机信息系统实施非法控制，或提供专门用于侵入、非法控制计算机信息系统的程序、工具，或明知他人实施侵入、非法控制计算机信息系统的违法犯罪行为而为其提供程序、工具，情节严重［非法获取计算机信息系统数据或非法控制计算机信息系统，有非法控制计算机信息系统 20 台以上、违法所得 5000 元以上或造成经济损失 1 万元以上，或获取支付结算、证券交易、期货交易等网络金融服务的身份认证信息

（用于确认用户在计算机信息系统上操作权限的数据，含账号、口令、密码、数字证书等）10组以上，或获取支付结算、证券交易、期货交易等网络金融服务的身份认证外的身份认证信息500组以上、其他情节严重情形］的，处3年以下有期刑或拘役，并处或单处罚金；情节特别严重（实施非法获取计算机信息系统数据或非法控制计算机信息系统的情节严重行为，有数量或数额达到获取支付结算、证券交易、期货交易等网络金融服务的身份认证信息10组以上、获取数量或数额达到获取支付结算、证券交易、期货交易等网络金融服务的身份认证信息外的身份认证信息500组以上、非法控制计算机信息系统20台以上、违法所得5000元以上或造成经济损失1万元以上情节严重标准的5倍以上，或其他情节特别严重情形）的，处3年以上7年以下有期刑，并处罚金。

明知是他人非法控制的计算机信息系统，而对该计算机信息系统的控制权加以利用的，以非法获取计算机信息系统数据、非法控制计算机信息系统罪定罪处罚。

提供专门用于侵入、非法控制计算机信息系统的程序、工具，或明知他人实施侵入、非法控制计算机信息系统的违法犯罪行为而为其提供程序、工具，情节严重的，以提供侵入、非法控制计算机信息系统程序、工具罪定罪，以非法获取计算机信息系统数据、非法控制计算机信息系统罪的情节严重规定处罚（处3年以下有期刑或拘役，并处或单处罚金）。

单位犯非法侵入计算机信息系统罪、非法获取计算机信息系统数据、非法控制计算机信息系统罪、提供侵入、非法控制计算机信息系统程序、工具罪的，对单位判处罚金，并对其直接负责的主管人员和其他直接责任人员，依各该款规定处罚。

违反国家规定，侵入国防建设、尖端科技领域的军事通信计算机信息系统，尚未对军事通信造成破坏的，依非法侵入计算机信息系统罪；非法获取计算机信息系统数据、非法控制计算机信息系统罪；提供侵入、非法控制计算机信息系统程序、工具罪的规定定罪处罚；对军事通信造成破坏，同时构成非法侵入计算机信息系统罪；非法获取计算机信息系统数据、非法控制计算机信息系统罪；提供侵入、非法控制计算机信息系统程序、工具罪；破坏计算机信息系统罪、破坏武器装备、军事设施、军事通信罪，依处罚较重的规定定罪处罚。

十三、《刑法》第286条【破坏计算机信息系统罪】

从故意犯、结果犯的角度看，犯破坏计算机信息系统罪，违反国家规定，对计算机信息系统（计算机、网络设备、通信设备、自动化控制设备等具备自动处理数据功能的系统）功能进行删除、修改、增加、干扰，造成计算机信息系统不能正常运行，后果严重［①破坏计算机信息系统功能、数据或应用程序，违法所得5000元以上或造成经济损失（a. 危害计算机信息系统犯罪行为给用户直接造成的经济损失。b. 用户为恢复数据、功能而支出的必要费用）1万元以上。②对20台以上计算机信息系统中存储、处理或传输的数据进行删除、修改、增加操作。③造成10台以上计算机信息系统的主要软件或硬件不能正常运行。④造成为100台以上计算机信息系统提供域名解析、身份认证、计费等基础服务或为 1 万以上用户提供服务的计算机信息系统不能正常运行累计 1 小时以上。⑤造成其他严重后果］的，处 5 年以下有期刑或拘役；后果特别严重［实施破坏计算机信息系统功能、数据或应用程序的犯罪行为，有四种情形（①破坏国家机关或金融、电信、交通、教育、医疗、能源等领域提供公共服务的计算机信息系统的功能、数据或应用程序，使生产、生活受到严重影响或造成恶劣社会影响。②数量或数额达到违法所得 5000 元以上或造成经济损失 1 万元以上、造成 10 台以上计算机信息系统的主要软件或硬件不能正常运行，或对 20 台以上计算机信息系统中存储、处理或传输的数据进行删除、修改、增加操作的后果严重标准 5 倍以上。③造成为 500 台以上计算机信息系统提供域名解析、身份认证、计费等基础服务或为 5 万以上用户提供服务的计算机信息系统不能正常运行累计 1 小时以上。④造成其他特别严重后果）］的，处 5 年以上有期刑。

破坏计算机信息系统罪的情形：①企业的机械远程监控系统属于计算机信息系统。违反国家规定，对企业的机械远程监控系统功能进行破坏，造成计算机信息系统不能正常运行，后果严重，构成破坏计算机信息系统罪。②环境质量监测系统属于计算机信息系统。用棉纱等物品堵塞环境质量监测采样设备，干扰采样，致使监测数据严重失真，构成破坏计算机信息系统罪。③对计算机信息系统功能进行破坏，造成计算机信息系统不能正常运行，后果严重，构成破坏计算机信息系统罪。破坏计算机信息系统，违法所得 2.5 万元以上或造成经济损失 5 万元以上，应认定为后果特别严重。计算机信息系统、计算机系统是具备自动处理数据功能的系统，包括计算机、网络设备、通信设备、自动化控制设备等。禁止篡改、伪造或指使篡改、伪造监测数据。禁止对大气环境保护监管工作弄虚作假。不得危害计算机信息系统的安全。

犯破坏计算机信息系统罪，违反国家规定，对计算机信息系统中存储、处理或传输的数据和应用程序进行删除、修改、增加的操作，后果严重（①破坏计算机信息系统功能、数据或应用程序，违法所得 5000 元以上或造成经济损失 1 万元以上。②对 20 台以上计算机信息系统中存储、处理或传输的数据进行删除、修改、增加操作。③造成 10 台以上计算机信息系统的主要软件或硬件不能正常运行。④造成为 100 台以上计算机信息系统提供域名解析、身份认证、计费等基础服务或为 1 万以上用户提供服务的计算机信息系统不能正常运行累计 1 小时以上。⑤造成其他严重后果）的，处 5 年以下有期刑或拘役。

犯网络服务渎职罪，故意制作、传播计算机病毒等破坏性程序［①能通过网络（由计算机或其他信息终端及相关设备组成的按一定的规则和程序对信息进行收集、存储、传输、交换、处理的系统）、存储介质、文件等媒介，将自身的部分、全部或变种进行复制、传播，并破坏计算机系统功能、数据或应用程序。②能在预先设定条件下自动触发，并破坏计算机系统功能、数据或应用程序。③其他专门设计用于破坏计算机系统功能、数据或应用程序的程序］，影响计算机系统（计算机、网络设备、通信设备、自动化控制设备等具备自动处理数据功能的系统）正常运行，后果严重（①提供计算机病毒等破坏性程序10人次以上。②违法所得5000元以上或造成经济损失1万元以上。③造成20台以上计算机系统被植入能在预先设定条件下自动触发，并破坏计算机系统功能、数据或应用程序，或其他专门设计用于破坏计算机系统功能、数据或应用程序的程序的程序。④制作、提供、传输能通过网络、存储介质、文件等媒介，将自身的部分、全部或变种进行复制、传播，并破坏计算机系统功能、数据或应用程序的程序，导致该程序通过网络、存储介质、文件等媒介传播。⑤造成其他严重后果）的，处5年以下有期刑或拘役。

司法机关难以确定是否属于非法侵入计算机信息系统罪、非法获取计算机信息系统数据非法控制计算机信息系统罪、提供侵入非法控制计算机信息系统程序工具罪、破坏计算机信息系统罪、网络服务渎职罪规定的“国家事务、国防建设、尖端科技领域的计算机信息系统”“专门用于侵入、非法控制计算机信息系统的程序、工具”“计算机病毒等破坏性程序”，应委托省级以上负责计算机信息系统安全保护管理工作的部门检验。司法机关根据检验结论，并结合案件具体情况认定。

实施非法侵入计算机信息系统罪、非法获取计算机信息系统数据非法控制计算机信息系统罪、提供侵入非法控制计算机信息系统程序工具罪、破坏计算机信息系统罪、网络服务渎职罪规定的行为，数量或数额达到为其提供用于破坏计算机信息系统功能、数据或应用程序的程序、工具，违法所得5000元以上或提供10人次以上，或为其提供互联网接入、服务器托管、网络存储空间、通讯传输通道、费用结算、交易服务、广告服务、技术培训、技术支持等帮助，违法所得5000元以上，或通过委托推广软件、投放广告等方式向其提供资金5000元以上标准的5倍以上，应认定为非法侵入计算机信息系统罪、非法获取计算机信息系统数据非法控制计算机信息系统罪、提供侵入非法控制计算机信息系统程序工具罪、破坏计算机信息系统罪、网络服务渎职罪规定的“情节特别严重”或“后果特别严重”。

单位犯破坏计算机信息系统罪、网络服务渎职罪的，后果严重的，对单位判处罚金，并对其直接负责的主管人员和其他直接责任人员，处5年以下有期刑或拘役；后果特别严重的，处5年以上有期刑。

重点排污单位篡改、伪造自动监测数据或干扰自动监测设施，排放化学需氧量、氨氮、二氧化硫、氮氧化物等污染物，同时构成污染环境罪和破坏计算机信息系统罪，依处罚较重规定定罪处罚。从事环境监测设施维护、运营的人员实施或参与实施篡改、伪造自动监测数据、干扰自动监测设施、破坏环境质量监测系统等行为的，应从重处罚。

违反国家规定，针对环境质量监测系统实施修改参数或监测数据、干扰采样使监测数据严重失真或其他破坏环境质量监测系统的犯罪行为，或强令、指使、授意他人实施修改参数或监测数据、干扰采样使监测数据严重失真或其他破坏环境质量监测系统的犯罪行为，应以破坏计算机信息系统罪论处。

明知是非法获取计算机信息系统数据犯罪所获取的数据、非法控制计算机信息系统犯罪所获取的计算机信息系统控制权，而转移、收购、代为销售或以其他方法掩饰、隐瞒，违法所得5000元以上，以掩饰、隐瞒犯罪所得罪定罪处罚。

实施明知是非法获取计算机信息系统数据犯罪所获取的数据、非法控制计算机信息系统犯罪所获取的计算机信息系统控制权，而转移、收购、代为销售或以其他方法掩饰、隐瞒的犯罪行为，违法所得5万元以上的，应认定为掩饰、隐瞒犯罪所得罪的“情节严重”。

单位实施明知是非法获取计算机信息系统数据犯罪所获取的数据、非法控制计算机信息系统犯罪所获取的计算机信息系统控制权，而转移、收购、代为销售或以其他方法掩饰、隐瞒的犯罪行为，以掩饰、隐瞒犯罪所得罪的情节严重（实施明知是非法获取计算机信息系统数据犯罪所获取的数据、非法控制计算机信息系统犯罪所获取的计算机信息系统控制权，而转移、收购、代为销售或以其他方法掩饰、隐瞒的犯罪行为，违法所得5万元以上）规定执行。

以单位名义或单位形式实施危害计算机信息系统安全犯罪，达到《关于办理危害计算机信息系统安全刑事案件应用法律若干问题的解释》（2011年）的定罪量刑标准，应以非法侵入计算机信息系统罪、非法获取计算机信息系统数据非法控制计算机信息系统罪、提供侵入非法控制计算机信息系统程序工具罪、破坏计算机信息系统罪、网络服务渎职罪追究直接负责的主管人员和其他直接责任人员的刑责。

明知他人实施非法侵入计算机信息系统罪、非法获取计算机信息系统数据非法控制计算机信息系统罪、提供侵入非法控制计算机信息系统程序工具罪、破坏计算机信息系统罪、网络服务渎职罪规定的行为（①通过委托推广软件、投放广告等方式向其提供资金5000元以上。②为其提供用于破坏计算机信息系统功能、数据或应用程序的程序、工具，违法所得5000元以上或提供10人次以上。③为其提供互联网接入、服务器托管、网络存储空间、通讯传输通道、费用结算、交易服务、广告服务、技术培训、技术支持等帮助，违法所得5000元以上），应认定为共犯，以非法侵入计算机信息系统罪、非法获取计算机信息系统数据非法控制计算机信息系统罪、提供侵入非法控制计算机信息系统程序工具罪、破坏计算机信息系统罪、网络服务渎职罪规定处罚。

从最高法指导案例的角度看，通过修改路由器、浏览器设置、锁定主页或弹出新窗口等技术手段，强制网络用户访问指定网站的“DNS劫持”行为，属于破坏计算机信息系统，后果严重的，构成破坏计算机信息系统罪。对“DNS劫持”，应根据造成不能正常运行的计算机信息系统数量、相关计算机信息系统不能正常运行的时间，以及所造成的损失或影响等，认定其是“后果严重”还是“后果特别严重”。

十四、《刑法》第286条之一【拒不履行信息网络安全管理义务罪】

从故意犯、情节犯、两高《关于办理非法利用信息网络、帮助信息网络犯罪活动等刑事案件适用法律若干问题的解释》（2019年）的角度看，网络服务提供者（提供网络接入、域名注册解析等信息网络接入、计算、存储、传输服务；信息发布、搜索引擎、即时通讯、网络支付、网络预约、网络购物、网络游戏、网络直播、网站建设、安全防护、广告推广、应用商店等信息网络应用服务；利用信息网络提供的电子政务、通信、能源、交通、水利、金融、教育、医疗等公共服务三种服务的单位和个人）不履行法律、行政法规规定的信息网络安全［通过采取必要措施，防范对网络的攻击、侵入、干扰、破坏和非法使用以及意外事故，使网络处于稳定可靠运行的状态，保障网络数据（通过网络收集、存储、传输、处理和产生的各种电子数据）的完整性、保密性、可用性的能力］管理义务，经监管部门责令采取改正措施（①网信、电信、公安等依法律、行政法规的规定承担信息网络安全监管职责的部门，以责令整改通知书或其他文书形式，责令网络服务提供者采取改正措施。②认定"经监管部门责令采取改正措施而拒不改正"，应综合考虑监管部门责令改正是否具有法律、行政法规依据，改正措施及期限要求是否明确、合理，网络服务提供者是否具有按要求采取改正措施的能力等因素进行判断）而拒不改正，或单位犯拒不履行信息网络安全管理义务罪，对单位判处罚金，并对其直接负责的主管人员和其他直接责任人员，处3年以下有期刑、拘役或管制，并处或单处罚金［①使违法信息大量传播（拒不履行信息网络安全管理义务，具有致使传播违法视频文件200个以上；致使传播违法视频文件以外的其他违法信息2000个以上；致使传播违法信息，数量虽未达到致使传播违法视频文件200个以上、致使传播违法视频文件以外的其他违法信息2000个以上标准，但按相应比例折算合计达到有关数量标准；致使向2000个以上用户账号传播违法信息；致使利用群组成员账号数累计3000以上的通讯群组或关注人员账号数累计3万以上的社交网络传播违法信息；致使违法信息实际被点击数达到5万以上；其他致使违法信息大量传播的情形等七种情形之一）。②使用户信息泄露，造成严重后果（拒不履行信息网络安全管理义务，致使用户信息泄露，具有致使泄露行踪轨迹信息、通信内容、征信信息、财产信息500条以上；致使泄露住宿信息、通信记录、健康生理信息、交易信息等其他可能影响人身、财产安全的用户信息5000条以上；致使泄露行踪轨迹信息、通信内容、征信信息、财产信息或住宿信息、通信记录、健康生理信息、交易信息等其他可能影响人身、财产安全的用户信息外的用户信息5万条以上；数量虽未达到致使泄露行踪轨迹信息、通信内容、征信信息、财产信息500条以上，或致使泄露住宿信息、通信记录、健康生理信息、交易信息等其他可能影响人身、财产安全的用户信息5000条以上，或致使泄露行踪轨迹信息、通信内容、征信信息、财产信息或住宿信息、通信记录、健康生理信息、交易信息等其他可能影响人身、财产安全的用户信息外的用户信息5万条以上3种标准，但按相应比例折算合计达到有关数量标准；造成他人死亡、重伤、精神失常或被绑架等严重后果；造成重大经济损失；严重扰乱社会秩序；造成其他严重后果等七种情形之一）。③使刑事案件证据灭失，情节严重（拒不履行信息网络安全管理义务，致使影响定罪量刑的刑事案件证据灭失，具有造成危害国家安全犯罪、恐怖活动犯罪、黑社会性质组织犯罪、贪污贿赂犯罪案件的证据灭失；造成可能判处5年有期刑以上刑罚犯罪案件的证据灭失；多次造成刑事案件证据灭失；致使刑诉程序受到严重影响；其他情节严重的情形等五种情形之一）。④有其他严重情节

(拒不履行信息网络安全管理义务，具有对绝大多数用户日志未留存或未落实真实身份信息认证义务；2年内经多次责令改正拒不改正；致使信息网络服务被主要用于违法犯罪；致使信息网络服务、网络设施被用于实施网络攻击，严重影响生产、生活；致使信息网络服务被用于实施危害国家安全犯罪、恐怖活动犯罪、黑社会性质组织犯罪、贪污贿赂犯罪或其他重大犯罪；致使国家机关或通信、能源、交通、水利、金融、教育、医疗等领域提供公共服务的信息网络受到破坏，严重影响生产、生活；其他严重违反信息网络安全管理义务的情形等七种情形之一）]。

破坏计算机信息系统罪是违反国家规定，对计算机信息系统或对应用程序进行删除、修改、增加、干扰等破坏活动，或制造、传播计算机病毒等破坏性程序，影响计算机系统正常运作，后果严重的行为。

有拒不履行信息网络安全管理义务的犯罪行为，同时构成他罪的，依处罚较重规定定罪处罚。

网络服务提供者拒不履行法律、行政法规规定的信息网络安全管理义务，经监管部门责令采取改正措施而拒不改正，使用户的公民个人信息泄露，造成严重后果的，应以拒不履行信息网络安全管理义务罪定罪处罚。

十五、《刑法》第287条【利用计算机实施犯罪的提示性规定】

利用计算机实施金融诈骗、盗窃、贪污、挪用公款、窃取国家秘密或他罪的，依刑法有关规定（金融诈骗罪、盗窃罪、贪污罪、挪用公款罪、非法获取国家秘密罪等）定罪处罚。

十六、《刑法》第287条之一【非法利用信息网络罪】

从故意犯、情节犯的角度看，利用信息网络（由计算机或其他信息终端及相关设备组成的按一定的规则和程序对信息进行收集、存储、传输、交换、处理的系统），情节严重［①为实施诈骗等违法犯罪（包括犯罪行为和属于刑法分则规定的行为类型但尚未构成犯罪的违法行为）活动发布信息（利用信息网络提供信息的链接、截屏、二维码、访问账号密码及其他指引访问服务）。②发布有关制作或销售毒品、枪支、淫秽物品等违禁物品、管制物品或其他违法犯罪信息。③设立用于实施诈骗、传授犯罪方法、制作或销售违禁物品、管制物品等违法犯罪活动的网站、通讯群组（以实施违法犯罪活动为目的而设立或设立后主要用于实施违法犯罪活动的网站、通讯群组）。④非法利用信息网络，具有假冒国家机关、金融机构名义，设立用于实施违法犯罪活动的网站；设立用于实施违法犯罪活动的网站，数量达到3个以上或注册账号数累计达到2000以上；设立用于实施违法犯罪活动的通讯群组，数量达到5个以上或群组成员账号数累计达到1000以上；发布有关违法犯罪的信息或为实施违法犯罪活动发布信息，具有在网站上发布有关信息100条以上；向2000个以上用户账号发送有关信息；向群组成员数累计达到3000以上的通讯群组发送有关信息；利用关注人员账号数累计达到3万以上的社交网络传播有关信息等四种情形之一；违法所得1万元以上；2年内曾因非法利用信息网络、帮助信息网络犯罪活动、危害计算机信息系统安全受过行政处罚，又非法利用信息网络；其他情节严重的情形等七种情形之一]，或单位犯非法利用信息网络罪，对单位判处罚金，并对其直接负责的主管人员和其他直接责任人员，处3年以下有期刑或拘役，并处或单处罚金。

设立用于实施考试作弊的网站、通讯群组或发布有关考试作弊的信息，情节严重的，应依《刑法》第287条之一非法利用信息网络罪的规定，以非法利用信息网络罪定罪处罚；同时构成组织考试作弊罪、非法出售、提供试题、答案罪、非法获取国家秘密罪等他罪，依处罚较重的规定定罪处罚。

为他人实施犯罪提供技术支持或帮助，具有经监管部门告知后仍实施有关行为；接到举报后不履行法定管理职责；交易价格或方式明显异常；提供专门用于违法犯罪的程序、工具或其他技术支持、帮助；频繁采用隐蔽上网、加密通信、销毁数据等措施或使用虚假身份，逃避监管或规避调查；为他人逃避监管或规避调查提供技术支持、帮助；其他足以认定行为人明知的情形等七种情形之一的，可认定行为人明知他人利用信息网络实施犯罪，但有相反证据的除外。

非法利用信息网络罪的情形：①有非法利用信息网络犯罪行为，同时构成他罪的，依处罚较重的规定定罪处罚。②利用信息网络，设立用于实施传授制造毒品、非法生产制毒物品的方法，贩卖毒品，非法买卖制毒物品或组织他人吸食、注射毒品等违法犯罪活动的网站、通讯群组，或发布实施他人吸食、注射毒品等违法犯罪活动的信息，情节严重的，以非法利用信息网络罪定罪处罚。③实施非法利用信息网络罪、帮助信息网络犯罪活动罪的行为，同时构成贩卖毒品罪、非法买卖制毒物品罪、传授犯罪方法罪等犯罪的，依处罚较重的规定定罪处罚。④设立用于实施非法获取、出售或提供公民个人信息违法犯罪活动的网站、通讯群组，情节严重的，应以非法利用信息网络罪定罪处罚；同时构成侵犯公民个人信息罪的，以侵犯公民个人信息罪定罪处罚。⑤利用信息网络发布招嫖违法信息，情节严重的，以非法利用信息网络罪定罪处罚；同时，构成介绍卖淫罪的，依处罚较重规定定罪处罚。

从计算机犯罪的角度看，计算机犯罪分为以计算机为犯罪对象的计算机犯罪（破坏计算机信息系统罪、非法获取计算机信息系统数据、非法控制计算机信息系统罪；提供侵入、非法控制计算机信息系统程序、工具罪等）、以计算机为犯罪工具的计算机犯罪［利用计算机实施金融诈骗、盗窃、贪污、挪用公款、窃取国家秘密或他罪，依刑法有关规定（金融诈骗罪、盗窃罪、贪污罪、挪用公款罪、非法获取国家秘密罪等）定罪处罚］。

十七、《刑法》第287条之二【帮助信息网络犯罪活动罪】

从故意犯、情节犯的角度看，明知他人利用信息网络实施犯罪，为其犯罪提供互联网接入、服务器托管、网络存储、通讯传输等技术支持，或提供广告推广、支付结算等帮助，情节严重（明知他人利用信息网络实施犯罪，为其犯罪提供帮助，具有为3个以上对象提供帮助；支付结算金额20万元以上；以投放广告等方式提供资金5万元以上；违法所得 1 万元以上；两年内曾因非法利用信息网络、帮助信息网络犯罪活动、危害计算机信息系统安全受过行政处罚，又帮助信息网络犯罪活动；被帮助对象实施的犯罪造成严重后果；其他情节严重的情形等七种情形之一)，或单位犯帮助信息网络犯罪活动罪，对单位判处罚金，并对其直接负责的主管人员和其他直接责任人员，处 3 年以下有期刑或拘役，并处或单处罚金。

有帮助信息网络犯罪活动的犯罪行为，同时构成他罪，依处罚较重规定定罪处罚。

明知他人利用信息网络实施犯罪，为其犯罪提供帮助，具有为 3 个以上对象提供帮助；支付结算金额 20 万元以上；以投放广告等方式提供资金 5 万元以上；违法所得 1 万元以上；两年内曾因非法利用信息网络、帮助信息网络犯罪活动、危害计算机信息系统安全受过行政处罚，又帮助信息网络犯罪活动；被帮助对象实施的犯罪造成严重后果；其他情节严重的情形七种情形之一的行为，确因客观条件限制无法查证被帮助对象是否达到犯罪的程度，但相关数额总计达到支付结算金额 20 万元以上；以投放广告等方式提供资金的 5 万元以上；违法所得 1 万元以上标准的 5 倍以上，或造成特别严重后果的，应以帮助信息网络犯罪活动罪追究行为人的刑责。

被帮助对象实施的犯罪行为可确认，但尚未到案、尚未依法裁判或因未达到刑责年龄等原因依法未予追究刑责，不影响帮助信息网络犯罪活动罪的认定。

单位实施“两高”《关于办理非法利用信息网络、帮助信息网络犯罪活动等刑事案件适用法律若干问题的解释》（2019 年）规定的犯罪的相应自然人犯罪的定罪量刑标准，对直接负责的主管人员和其他直接责任人员定罪处罚，并对单位判处罚金。（1）综合考虑社会危害程度、认罪悔罪态度等情节，认为犯罪情节轻微，可不起诉或免予刑罚；情节显著轻微危害不大，不以犯罪论处。（2）多次拒不履行信息网络安全管理义务、非法利用信息网络、帮助信息网络犯罪活动构成犯罪，依法应追诉，或 2 年内多次实施前述行为未经处理，数量或数额累计计算。（3）对实施该解释规定的犯罪（破坏计算机信息系统罪；网络服务渎职罪；拒不履行信息网络安全管理义务罪；非法利用信息网络罪）被判处刑罚，可根据犯罪情况和预防再犯罪的需要，依法宣告职业禁止；被判处管制、宣告缓刑，可根据犯罪情况，依法宣告禁止令。（4）对实施该解释规定的犯罪，应综合考虑犯罪的危害程度、违法所得数额以及被告人的前科情况、认罪悔罪态度等，依法判处罚金。

十八、《刑法》第 288 条【扰乱无线电通讯管理秩序罪】

从行政犯、故意犯、情节犯、两高《关于办理扰乱无线电通讯管理秩序等刑事案件适用法律若干问题的解释》（2017 年）的角度看，违反国家规定，擅自设置、使用无线电台（站），或擅自使用无线电频率，干扰无线电通讯秩序［①未经批准设置无线电广播电台（黑广播），非法使用广电专用频段的频率。②未经批准设置通信基站（伪基站），强行向不特定用户发送信息，非法使用公众移动通信频率。③未经批准使用卫星无线电频率。④非法设置、使用无线电干扰器。⑤其他擅自设置、使用无线电台（站），或擅自使用无线电频率，干扰无线电通讯秩序的情形］，情节严重（①违法所得3万元以上。②同时使用3个以上黑广播、伪基站。③黑广播的实测发射功率500瓦以上，或覆盖范围10公里以上。④使用“伪基站”发送诈骗、赌博、招嫖、木马病毒、钓鱼网站链接等违法犯罪信息，数量5000条以上，或销毁发送数量等记录。⑤雇佣、指使未成年人、残疾人等特定人员使用伪基站。⑥举办国家或省级重大活动期间，在活动场所及周边使用黑广播、伪基站。⑦影响航天器、航空器、铁路机车、船舶专用无线电导航、遇险救助和安全通信等涉及公共安全的无线电频率正常使用。⑧自然灾害、事故灾难、公共卫生事件、社会安全事件等突发事件期间，在事件发生地使用黑广播、伪基站。⑨曾因扰乱无线电通讯管理秩序受过刑罚，或2年内曾因扰乱无线电通讯管理秩序受过行政处罚，又实施扰乱无线电管理秩序行为。⑩其他情节严重情形）的，或单位犯扰乱无线电管理秩序罪的，对单位判处罚金，并对其直接负责的主管人员和其他直接责任人员，处3年以下有期刑、拘役或管制，并处或单处罚金；情节特别严重［违反国家规定，擅自设置、使用无线电台（站），或擅自使用无线电频率，干扰无线电通讯秩序：①违法所得15万元以上。②同时使用10个以上黑广播、伪基站。③黑广播的实测发射功率3000瓦以上，或覆盖范围20公里以上。④造成公共秩序混乱等严重后果。⑤对国家或省级重大活动造成严重影响。⑥自然灾害、事故灾难、公共卫生事件和社会安全事件等突发事件期间，在事件发生地使用“黑广播”“伪基站”，造成严重影响。⑦影响航天器、航空器、铁路机车、船舶专用无线电导航、遇险救助和安全通信等涉及公共安全的无线电频率正常使用，危及公共安全。⑧其他情节特别严重情形］的，处3年以上7年以下有期刑，并处罚金。

扰乱无线电通讯管理秩序罪的认定标准和定罪处罚原则：①在非法生产、销售无线电设备窝点查扣的零件，以组装完成的套数以及能组装的套数认定；无法组装为成套设备，每三套广播信号调制器（激励器）认定为一套“黑广播”设备，每三块主板认定为一套“伪基站”设备（未取得电信设备进网许可和无线电发射设备型号核准，具有搜取手机用户信息，强行向不特定用户手机发送短信息等功能，使用过程中会非法占用公众移动通信频率，局部阻断公众移动通信网络信号，经公安机关依法认定的非法无线电通信设备）。②擅自设置、使用无线电台（站），或擅自使用无线电频率，同时构成他罪，按处罚较重的规定定罪处罚。明知他人实施诈骗等犯罪，使用“黑广播”“伪基站”等无线电设备为其发送信息或提供其他帮助，同时构成他罪，按处罚较重的规定定罪处罚。③为合法经营活动，使用“黑广播”“伪基站”或实施其他扰乱无线电通讯管理秩序的行为，构成扰乱无线电通讯管理秩序罪，但不属于“情节特别严重”，行为人系初犯，并确有悔罪表现的，可认定为情节轻微，不起诉或免予刑罚；确有必要判处刑罚，应从宽处罚。④对案件所涉的有关专门性问题难以确定，依据司法鉴定机构出具的鉴定意见，或省级以上无线电管理机构、省级无线电管理机构依法设立的派出机构、地市级以上广播电视主管部门就是否系“伪基站”“黑广播”出具的报告；省级以上广播电视主管部门及其指定的检测机构就“黑广播”功率、覆盖范围出具的报告；省级以上航空、铁路、船舶等主管部门就是否干扰导航、通信等出具的报告，结合其他证据作出认定。对移动终端用户受影响的情况，可依据相关通信运营商出具的证明，结合被告人供述、终端用户证言等证据作出认定。⑤单位犯两高《关于办理扰乱无线电通讯管理秩序等刑事案件适用法律若干问题的解释》规定之罪（扰乱无线电通讯管理秩序罪、非法经营罪、帮助犯罪分子逃避处罚罪），对单位判处罚金，并对直接负责的主管人员和其他直接责任人员，依两高《关于办理扰乱无线电通讯管理秩序等刑事案件适用法律若干问题的解释》规定的自然人犯罪的定罪量刑标准定罪处罚。⑥负有无线电监督管理职责的国家机关工作人员滥用职权或玩忽职守，致使公共财产、国家和人民利益遭受重大损失的，应以《刑法》第397条滥用职权罪或玩忽职守罪追究刑责。⑦有查禁扰乱无线电管理秩序犯罪活动职责的国家机关工作人员，向犯罪分子通风报信、提供便利，帮助犯罪分子逃避处罚的，应以《刑法》第417条帮助犯罪分子逃避处罚罪追究刑责；事先通谋，以共同犯罪论处。

从《禁止非法生产销售使用窃听窃照专用器材和“伪基站”设备的规定》（2014年）的角度看，在查处涉嫌非法生产、销售、使用窃听窃照专用器材和“伪基站”设备的违法犯罪行为时，对以暴力、威胁等方法阻碍国家机关工作人员执行公务的，由公安机关依法予以查处；构成犯罪的，依法追究刑责。有关部门对非法销售窃听窃照专用器材、“伪基站”设备和发布相关违法广告作出行政处罚或追究刑责后，可提请通信监管部门对相关网站及时依法查处。质监部门、市场监管部门对两年内因非法生产、销售窃听窃照专用器材、“伪基站”设备受过2次以上行政处罚，又涉嫌非法生产、销售，直接移送公安机关。①非法生产窃听窃照专用器材、“伪基站”设备，不构成犯罪的，由质监部门责令停止生产，处以3万元以下罚款。②非法销售窃听窃照专用器材、“伪基站”设备，不构成犯罪，由市场监管部门责令停止销售，处以3万元以下罚款。③为非法销售窃听窃照专用器材、“伪基站”设备提供广告设计、制作、代理、发布，不构成犯罪的，由市场监管部门对广告经营者、广告发布者处以3万元以下罚款。④对非法使用窃听窃照专用器材、“伪基站”设备行为，不构成犯罪的，由公安机关责令停止使用。对从事非经营活动的，处1000元以下罚款。对从事经营活动的，有违法所得的，处违法所得3倍以下罚款，最高不得超过3万元；没有违法所得的，处1万元以下罚款。

十九、《刑法》第289条【聚众“打砸抢”犯罪行为的处罚原则】

从聚众犯、故意犯、结果犯的角度看，聚众打砸抢，致人伤残或死亡的，以故意伤害罪或故意杀人罪定罪处罚；毁坏或抢走公私财物的，除判令退赔外，对首犯，以抢劫罪定罪处罚。

在聚众打砸抢、聚众扰乱公共场所秩序或交通秩序、聚众阻碍解救被收买的妇女儿童等聚众犯罪不构成共同犯罪的情况下，刑法规定只处罚首犯，在首犯只有一个人时，不存在主犯、从犯之分。在预防、控制突发传染病疫情等灾害期间，聚众打砸抢，致人伤残、死亡的，以故意伤害罪或故意杀人罪定罪，从重处罚。对毁坏或抢走公私财物的首犯，以抢劫罪定罪，从重处罚。

二十、《刑法》第 290 条【聚众扰乱社会秩序罪；聚众冲击国家机关罪；扰乱国家机关工作秩序罪；组织、资助非法聚集罪】

从聚众犯、故意犯、情节犯、结果犯的角度看，聚众扰乱社会秩序，情节严重，使工作、生产、营业和教学、科研、医疗无法进行，造成严重损失的，对首犯，处 3 年以上 7 年以下有期刑；对其他积极参加者，处 3 年以下有期刑、拘役、管制或剥夺政治权利。

在外国使领馆区、国际组织驻华机构所在地实施静坐，张贴、散发材料，呼喊口号，打横幅，穿着状衣、出示状纸等行为或非法聚集的，应立即制止，迅速带离现场，并收缴相关材料和横幅、状纸、状衣等物品，情节严重或造成严重后果的，对首犯和其他积极参加者以聚众扰乱社会秩序罪追究刑责。

从聚众犯、故意犯、结果犯的角度看，聚众冲击国家机关，使国家机关工作无法进行，造成严重损失的，对首犯，处 5 年以上 10 年以下有期刑；对其他积极参加者，处 5 年以下有期刑、拘役、管制或剥夺政治权利。

从聚众犯、故意犯、结果犯、情节犯的角度看，多次扰乱国家机关工作秩序，经行政处罚后仍不改正，造成严重后果的，或多次组织、资助他人非法聚集，扰乱社会秩序，情节严重的，处 3 年以下有期刑、拘役或管制。

在国家机关办公场所周围实施静坐，张贴、散发材料，呼喊口号，打横幅，穿着状衣、出示状纸，扬言自伤、自残、自杀等行为或非法聚集，经有关国家机关工作人员劝阻、批评和教育无效，情节严重或造成严重损失的，对非法聚集的首犯和其他积极参加者以聚众扰乱社会秩序罪追究刑责；聚集多人围堵、冲击国家机关，扰乱国家机关正常秩序，情节严重或造成严重损失的，对首犯和其他积极参加者以聚众冲击国家机关罪追究刑责。

二十一、《刑法》第 291 条【聚众扰乱公共场所秩序、交通秩序罪】

从聚众犯、故意犯、情节犯的角度看，聚众扰乱车站、码头、民航站、商场、公园、影剧院、展览会、运动场或其他公共场所秩序，聚众堵塞交通或破坏交通秩序，抗拒、阻碍国家治安管理工作人员依法执行职务，情节严重的，对首犯，处 5 年以下有期刑、拘役或管制。

从建筑物或其他高空抛掷物品，情节严重的，处 1 年以下有期刑、拘役或管制，并处或单处罚金。具有从建筑物或其他高空抛掷物品，情节严重的行为，同时构成他罪的，依处罚较重规定定罪处罚。

在信访接待场所、其他国家机关门前或交通通道上堵塞、阻断交通或非法聚集，影响交通工具正常行驶，情节严重或造成严重后果的，对首犯以聚众扰乱交通秩序罪追究刑责。

散布谣言，谎报险情、疫情、警情，投放虚假的爆炸性、毒害性、放射性、腐蚀性物质或传染病病原体等危险物质，扬言实施放火、爆炸、投放危险物质，严重扰乱社会秩序或造成严重后果的，以投放虚假危险物质罪、编造、故意传播虚假恐怖信息罪追究刑责。

从计算机信息网络国际联网安全保护管理办法、治安管理处罚法、刑法的角度看，通过网站、论坛、博客、微博、微信等制作、复制、传播有关信访事项的虚假消息，煽动、组织、策划非法聚集、游行、示威活动，编造险情、疫情、警情，扬言实施爆炸、放火、投放危险物质或自伤、自残、自杀等，构成犯罪的，依法追究刑责。在收集、固定证据后，要依法及时删除网上有害信息。

二十二、《刑法》第291条之一【投放虚假危险物质罪；编造、故意传播虚假恐怖信息罪；编造、故意传播虚假信息罪】

从故意犯、情节犯、结果犯的角度看，投放虚假的爆炸性毒害性放射性传染病病原体等物质，或编造爆炸威胁、生化威胁、放射威胁等恐怖信息，或明知是编造的恐怖信息而故意传播，严重扰乱社会秩序的，处5年以下有期刑、拘役或管制；造成严重后果的，处5年以上有期刑。

编造、故意传播虚假恐怖信息罪的情形：①编造与突发传染病疫情等灾害有关的恐怖信息，或明知是编造的此类恐怖信息而故意传播，严重扰乱社会秩序的，以编造、故意传播虚假恐怖信息罪定罪处罚。②编造恐怖信息，传播或放任传播，严重扰乱社会秩序的，应认定为编造虚假恐怖信息罪。③明知是他人编造的恐怖信息而故意传播，严重扰乱社会秩序的，应认定为故意传播虚假恐怖信息罪。④犯编造、故意传播虚假恐怖信息罪，编造虚假的险情、疫情、灾情、警情，在信息网络或其他媒体上传播，或明知是险情、疫情、灾情、警情的虚假信息，仍故意在信息网络或其他媒体上传播，严重扰乱社会秩序（a. 造成行政村或社区居民生活秩序严重混乱。b. 影响航空器、列车、船舶等大型客运交通工具正常运行。c. 使机场、车站、码头、商场、影剧院、运动场馆等人员密集场所秩序混乱，或采取紧急疏散措施。d. 使国家机关、学校、医院、厂矿企业等单位的工作、生产、经营、教学、科研等活动中断。e. 使公安、武警、消防、卫生检疫等职能部门采取紧急应对措施。f. 其他严重扰乱社会秩序）的，处3年以下有期刑、拘役或管制；造成严重后果（a. 妨碍国家重大活动进行。b. 造成县级以上区域范围居民生活秩序严重混乱。c. 造成直接经济损失50万元以上。d. 造成3人以上轻伤或1人以上重伤。e. 造成其他严重后果）的，处3年以上7年以下有期刑。⑤编造、故意传播虚假恐怖信息（以发生爆炸威胁、生化威胁、放射威胁、劫持航空器威胁、重大灾情、重大疫情等严重威胁公共安全的事件为内容，可能引起社会恐慌或公共安全危机的不真实信息），严重扰乱社会秩序，有多次编造、故意传播虚假恐怖信息、造成直接经济损失20万元以上、造成乡镇街道区域范围居民生活秩序严重混乱、使航班备降或返航或使列车船舶等大型客运交通工具中断运行，或其他酌情从重处罚情节的，构成编造、故意传播虚假信息罪，在5年以下有期刑范围内酌情从重处罚。⑥编造、故意传播虚假恐怖信息，严重扰乱社会秩序，同时又构成他罪的，择一重罪处罚。

二十三、《刑法》第 291 条之二【高空抛物罪】

从建筑物或其他高空抛掷物品，情节严重，处 1 年以下有期刑、拘役或管制，并处或单处罚金。具有从建筑物或其他高空抛掷物品，情节严重行为，同时构成他罪，依处罚较重的规定定罪处罚。

二十四、《刑法》第 292 条【聚众斗殴罪；故意伤害罪；故意杀人罪】

从故意犯、危险行为犯、转化犯、情节犯的角度看，聚众斗殴的，对首犯和其他积极参加者，处 3 年以下有期刑、拘役或管制；对首犯和其他积极参加者，处 3 年以上 10 年以下有期刑（①持械聚众斗殴。②在公共场所或交通要道聚众斗殴，造成社会秩序严重混乱。③多次聚众斗殴。④聚众斗殴人数多，规模大，社会影响恶劣）。

【2015 年 · 卷 2 · 单选 · 83】首犯甲通过手机指令所有参与者“和对方打斗时，下手重一点”。在聚众斗殴过程中，被害人被谁的行为重伤致死这一关键事实已无法查明。本案的分析，下列哪一选项正确？（A）A. 对甲应以故意杀人罪定罪量刑。B. 甲是教唆犯，未参与打斗，应认定为从犯。C. 所有在现场斗殴者都构成故意杀人罪。D. 对积极参加者按故意杀人罪定罪，对其他参加者按聚众斗殴罪定罪。

从故意犯、转化犯、情节犯、结果犯的角度看，聚众斗殴，致人重伤或死亡的，以故意伤害罪或故意杀人罪处罚。

故意伤害罪是非法故意伤害他人身体健康的行为。①帮助有责任能力的人自伤，并非是行为人自己主动故意伤害被害人，应视为被害人自己的行为，不能成立故意伤害罪。父母作为限制民事行为能力人的监护人，有义务救助其未成年子女，倘若对其自伤行为放任不管，依据放任的结果可成立不作为的故意杀人罪或遗弃罪。

从转化犯的角度看，聚众斗殴者故意致人重伤，聚众斗殴罪转化为故意伤害罪，以故意伤害罪一罪定罪从重处罚；故意致人死亡，聚众斗殴罪转化为故意杀人罪，以故意杀人罪一罪定罪从重处罚。

组织、策划、指挥或积极参加聚众斗殴，应立案追诉。对群体事件中发生的杀人、放火、抢劫、伤害等犯罪案件，注意重点打击其中的组织、指挥、策划者和直接实施犯罪行为的积极参与者；对因被煽动、欺骗、裹胁而参加，情节较轻，经教育确有悔改表现的，应依法从宽处理。

聚众斗殴罪的量刑：(1) 构成聚众斗殴罪，可根据不同情形在相应的幅度内确定量刑起点：①犯罪情节一般，可在 2 年以下有期刑、拘役幅度内确定量刑起点。②可在 3 年至 5 年有期刑幅度内确定量刑起点的四种情形：a. 聚众斗殴 3 次。b. 聚众斗殴人数多，规模大，社会影响恶劣。c. 在公共场所或交通要道聚众斗殴，造成社会秩序严重混乱。d. 持械聚众斗殴。(2) 在量刑起点的基础上，可根据聚众斗殴人数、次数、手段严重程度等其他影响犯罪构成的犯罪事实增加刑罚量，确定基准刑。

二十五、《刑法》第 293 条【寻衅滋事罪】

从故意犯、情节犯、结果犯的角度看，随意殴打他人（行为人为寻求刺激、发泄情绪、逞强耍横等，无事生非，随意殴打他人)，情节恶劣［随意殴打他人，破坏社会秩序，有致1人以上轻伤或2人以上轻微伤、引起他人精神失常自杀等严重后果、多次（一般应理解为2年内实施3次以上寻衅滋事行为，既包括同一类别的行为，也包括不同类别的行为；既包括未受行政处罚的行为，也包括已受行政处罚的行为）随意殴打他人、持凶器随意殴打他人、随意殴打精神病人残疾人流浪乞讨人老年人未成年人孕妇而造成恶劣社会影响、在公共场所随意殴打他人而造成公共场所秩序严重混乱，或其他情节恶劣情形）］；追逐、拦截、辱骂他人，情节恶劣（①持凶器追逐、拦截、辱骂、恐吓他人。②多次追逐、拦截、辱骂、恐吓他人，造成恶劣社会影响。③追逐、拦截、辱骂、恐吓精神病人、残疾人、流浪乞讨人员、老年人、孕妇、未成年人，造成恶劣社会影响。④严重影响他人的工作、生活、生产、经营。⑤引起他人精神失常、自杀等严重后果。⑥其他情节恶劣情形)；强拿硬要或任意损毁、占用公私财物，情节严重（①强拿硬要公私财物价值1000元以上或任意损毁占用公私财物价值2000元以上。②多次强拿硬要或任意损毁占用公私财物，造成恶劣社会影响。③强拿硬要或任意损毁、占用精神病人、残疾人、流浪乞讨人员、老年人、孕妇、未成年人的财物，造成恶劣社会影响。④严重影响他人的工作、生活、社会秩序。⑤引起他人精神失常、自杀等严重后果。⑥其他情节严重情形)；在公共场所起哄闹事，造成公共场所秩序严重混乱（在车站、码头、机场、医院、商场、公园、影剧院、展览会、运动场或其他公共场所起哄闹事，应根据公共场所的性质、公共活动的重要程度、公共场所的人数、起哄闹事的时间、公共场所受影响的范围与程度等因素，综合判断是否造成公共场所秩序严重混乱)，破坏社会秩序，处5年以下有期刑、拘役或管制。

实施随意殴打他人，情节恶劣（随意殴打他人，破坏社会秩序，具有致1人以上轻伤或2人以上轻微伤；引起他人精神失常、自杀等严重后果；多次随意殴打他人；持凶器随意殴打他人；随意殴打精神病人、残疾人、流浪乞讨人员、老年人、孕妇、未成年人，造成恶劣社会影响；在公共场所随意殴打他人，造成公共场所秩序严重混乱；其他情节恶劣的情形等七种情形之一）的；追逐、拦截、辱骂、恐吓他人，情节恶劣（追逐、拦截、辱骂、恐吓他人，破坏社会秩序，具有多次追逐、拦截、辱骂、恐吓他人，造成恶劣社会影响；持凶器追逐、拦截、辱骂、恐吓他人；追逐、拦截、辱骂、恐吓精神病人、残疾人、流浪乞讨人员、老年人、孕妇、未成年人，造成恶劣社会影响；引起他人精神失常、自杀等严重后果；严重影响他人的工作、生活、生产、经营；其他情节恶劣的情形等六种情形之一)；强拿硬要或任意损毁、占用公私财物，情节严重（强拿硬要或任意损毁、占用公私财物，破坏社会秩序，具有强拿硬要公私财物价值1000元以上，或任意损毁、占用公私财物价值2000元以上；多次强拿硬要或任意损毁、占用公私财物，造成恶劣社会影响；强拿硬要或任意损毁、占用精神病人、残疾人、流浪乞讨人员、老年人、孕妇、未成年人的财物，造成恶劣社会影响；引起他人精神失常、自杀等严重后果；严重影响他人的工作、生活、生产、经营；其他情节严重的情形等六种情形之一)；在公共场所起哄闹事，造成公共场所秩序严重混乱

（在车站、码头、机场、医院、商场、公园、影剧院、展览会、运动场或其他公共场所起哄闹事，应根据公共场所的性质、公共活动的重要程度、公共场所的人数、起哄闹事的时间、公共场所受影响的范围与程度等因素，综合判断是否“造成公共场所秩序严重混乱”）四种寻衅滋事行为，破坏社会秩序的，处5年以下有期刑、拘役或管制。

纠集他人3次以上实施寻衅滋事犯罪，未经处理，或纠集他人多次实施寻衅滋事行为，严重破坏社会秩序的，处5年以上10年以下有期刑，可并处罚金。

具有使用暴力、胁迫方法；限制他人人身自由或侵入他人住宅；恐吓、跟踪、骚扰他人等三种情形之一的，催收高利放贷等产生的非法债务，情节严重的，处3年以下有期刑、拘役或管制，并处或单处罚金。

实施寻衅滋事行为，同时符合寻衅滋事罪和故意杀人罪、故意伤害罪、故意毁坏财物罪、敲诈勒索罪、抢夺罪、抢劫罪等罪的构成要件，依处罚较重的犯罪定罪处罚。

在民警非执行职务期间，因其职务行为对其实施暴力袭击、拦截、恐吓等行为，符合《刑法》第234（故意伤害罪）、232（故意杀人罪）、293（寻衅滋事罪）条等规定，应以故意伤害罪、故意杀人罪、寻衅滋事罪等定罪，并根据袭警的具体情节酌情从重处罚。

寻衅滋事罪的立案标准类型：（1）随意殴打他人，破坏社会秩序，涉嫌致1人以上轻伤或2人以上轻微伤；引起他人精神失常、自杀等严重后果；多次随意殴打他人；持凶器随意殴打他人；随意殴打精神病人、残疾人、流浪乞讨人员、老年人、孕妇、未成年人，造成恶劣社会影响；在公共场所随意殴打他人，造成公共场所秩序严重混乱；其他情节恶劣的情形等七种情形之一的，应立案追诉。（2）追逐、拦截、辱骂、恐吓他人，破坏社会秩序，涉嫌多次追逐、拦截、辱骂、恐吓他人，造成恶劣社会影响；持凶器追逐、拦截、辱骂、恐吓他人；追逐、拦截、辱骂、恐吓精神病人、残疾人、流浪乞讨人员、老年人、孕妇、未成年人，造成恶劣社会影响；引起他人精神失常、自杀等严重后果；严重影响他人的工作、生活、生产、经营；其他情节恶劣的情形等六种情形之一的，应立案追诉。（3）强拿硬要或任意损毁、占用公私财物，破坏社会秩序，涉嫌强拿硬要公私财物价值1000元以上，或任意损毁、占用公私财物价值2000元以上；多次强拿硬要或任意损毁、占用公私财物，造成恶劣社会影响；强拿硬要或任意损毁、占用精神病人、残疾人、流浪乞讨人员、老年人、孕妇、未成年人的财物，造成恶劣社会影响；引起他人精神失常、自杀等严重后果；严重影响他人的工作、生活、生产、经营；其他情节严重的情形等六种情形之一，应立案追诉。

寻衅滋事行为的认定：（1）行为人因日常生活中的偶发矛盾纠纷，借故生非，实施寻衅滋事行为，应认定为寻衅滋事，以矛盾系由被害人故意引发或被害人对矛盾激化负有主要责任为例外。①行为人因日常生活中的偶发矛盾纠纷，借故生非，实施随意殴打他人，情节恶劣；追逐、拦截、辱骂、恐吓他人，情节恶劣；强拿硬要或任意损毁、占用公私财物，情节严重；在公共场所起哄闹事，造成公共场所秩序严重混乱的行为，应认定为“寻衅滋事”，但矛盾系由被害人故意引发或被害人对矛盾激化负有主要责任的除外。②行为人为寻求刺激、发泄情绪、逞强耍横等，无事生非，实施随意殴打他人，情节恶劣；追逐、拦截、辱骂、恐吓他人，情节恶劣；强拿硬要或任意损毁、占用公私财物，情节严重；在公共场所起哄闹事，造成公共场所秩序严重混乱的行为，应认定为“寻衅滋事”。③行为人因婚恋、家庭、邻里、债务等纠纷，实施殴打、辱骂、恐吓他人或损毁、占用他人财物等行为，一般不认定为寻衅滋事，但经有关部门批评制止或处理处罚后，继续实施殴打、辱骂、恐吓他人或损毁、占用他人财物等行为，破坏社会秩序为例外。（2）行为人认罪、悔罪，积极赔偿被害人损失或取得被害人谅解，可从轻处罚；犯罪情节轻微，可不起诉或免刑。（3）在车站、码头、机场、医院、商场、公园、影剧院、展览会、运动场或其他公共场所起哄闹事，应根据公共场所的性质、公共活动的重要程度、公共场所的人数、起哄闹事的时间、公共场所受影响的范围与程度等因素，综合判断是否造成公共场所秩序严重混乱。

寻衅滋事罪的情形：（1）任意损毁、占用信访接待场所、国家机关或他人财物，情节恶劣或造成公共场所秩序严重混乱的，以寻衅滋事罪追究刑责。（2）在体育活动中，寻衅滋事、扰乱公共秩序的，给予批评、教育并制止；违反治安管理的，由公安机关依治安处罚法的规定给予处罚；构成犯罪的，依法追究刑责。（3）在预防、控制突发传染病疫情等灾害期间，强拿硬要或任意损毁、占用公私财物情节严重，或在公共场所起哄闹事，造成公共场所秩序严重混乱的，以寻衅滋事罪定罪，依法从重处罚。（4）纠集他人多次实施寻衅滋事行为（①在公共场所起哄闹事，造成公共场所秩序严重混乱。②强拿硬要或任意损毁、占用公私财物，情节严重。③随意殴打他人，情节恶劣。④追逐、拦截、辱骂、恐吓他人，情节恶劣），或纠集他人3次以上实施寻衅滋事犯罪，未经处理，严重破坏社会秩序的，均构成寻衅滋事罪，处5年以上10年以下有期刑，可并处罚金。（5）利用信息网络辱骂、恐吓他人，情节恶劣，破坏社会秩序（追逐、拦截、辱骂、恐吓他人，情节恶劣），或编造虚假信息，或明知是编造的虚假信息，在信息网络上散布，或组织、指使人员在信息网络上散布，起哄闹事，造成公共秩序严重混乱（在公共场所起哄闹事，造成公共场所秩序严重混乱），或乘客在公共交通工具行驶过程中，随意殴打其他乘客，追逐、辱骂他人，或起哄闹事，妨害公共交通工具运营秩序，构成犯罪的，均以寻衅滋事罪定罪处罚，处5年以下有期刑、拘役或管制；严重破坏社会秩序的，处5年以上10年以下有期刑，可并处罚金。（6）实施寻衅滋事行为，同时符合寻衅滋事罪和故意杀人罪、故意伤害罪、故意毁坏财物罪、敲诈勒索罪、抢夺罪、抢劫罪等罪的构成要件的，依处罚较重的犯罪定罪处罚。（7）利用信息网络实施诽谤、寻衅滋事、敲诈勒索、非法经营犯罪，同时又构成损害商业信誉、商品声誉罪、煽动暴力抗拒法律实施罪或编造、故意传播虚假恐怖信息罪等犯罪的，依处罚较重的规定定罪处罚。（8）明知他人利用信息网络实施诽谤、寻衅滋事、敲诈勒索、非法经营等犯罪，为其提供资金、场所、技术支持等帮助的，以共同犯罪论处。（9）从司法解释的角度看，公然侮辱他人或捏造事实诽谤他人，或对证人及其近亲属进行威胁、侮辱、殴打或打击报复，或多次发送淫秽、侮辱、恐吓或其他信息，干扰他人正常生活，或偷窥、偷拍、窃听、散布他人隐私，或写恐吓信或以其他方法威胁他人人身安全，或公然侮辱、恐吓医务人员的，处5日以下拘留或500元以下罚款；情节较重的，处5日以上10日以下拘留，可并处500元以下罚款（《治安管理处罚法》第42条）；采取暴力或其他方法公然侮辱、恐吓医务人员情节严重（恶劣）的，构成侮辱罪、寻衅滋事罪，依刑法有关规定定罪处罚。（10）采用软暴力手段，使他人产生心理恐惧或形成心理强制，分别属于强迫交易罪的威胁、寻衅滋事罪的追逐、拦截、辱骂、恐吓他人，情节恶劣情形的恐吓，同时符合其他犯罪构成要件的，应分别以强迫交易罪、寻衅滋事罪定罪处罚。（11）为强索不受法律保护的债务或因其他非法目的，雇佣、指使他人采用“软暴力”手段非法剥夺他人人身自由的，构成非法拘禁罪，或非法侵入他人住宅、寻衅滋事的，构成非法侵入住宅罪、寻衅滋事罪，对雇佣者、指使者，一般应以共犯中的主犯论处；因本人及近亲属合法债务、婚恋、家庭、邻里纠纷等民间矛盾而雇佣、指使，未造成严重后果的，一般不作为犯罪处理，但经有关部门批评制止或处理处罚后仍继续实施外。采用“软暴力”手段，同时构成两种以上犯罪的，依法按处罚较重的犯罪定罪处罚，法律另有规定的除外。（12）利用信息网络辱骂、恐吓他人，情节恶劣，破坏社会秩序的，依追逐、拦截、辱骂、恐吓他人，情节恶劣的规定，以寻衅滋事罪定罪处罚。（13）编造虚假信息，或明知是编造的虚假信息，在信息网络上散布，或组织、指使人员在信息网络上散布，起哄闹事，造成公共秩序严重混乱的，依在公共场所起哄闹事，造成公共场所秩序严重混乱的规定，以寻衅滋事罪定罪处罚。

寻衅滋事罪的量刑：（1）构成寻衅滋事罪，可根据不同情形在相应的幅度内确定量刑起点：①寻衅滋事1次，可在3年以下有期刑、拘役幅度内确定量刑起点。②纠集他人3次寻衅滋事（每次都构成犯罪），严重破坏社会秩序，可在5年至7年有期刑幅度内确定量刑起点。（2）在量刑起点的基础上，可根据寻衅滋事次数、伤害后果（轻伤、重伤、伤害致人死亡）、强拿硬要他人财物或任意损毁、占用公私财物数额等其他影响犯罪构成的犯罪事实增加刑罚量，确定基准刑。（3）行为人认罪、悔罪，积极赔偿被害人损失或取得被害人谅解的，可从轻处罚；犯罪情节轻微的，可不起诉或免予刑罚。

黑恶势力为谋取不法利益或形成非法影响，有组织地采用滋扰，纠缠，哄闹、聚众造势等手段扰乱正常的工作、生活秩序，使他人产生心理恐惧或形成心理强制，分别属于寻衅滋事罪的追逐、拦截、辱骂、恐吓他人，情节恶劣的“恐吓”、强迫交易罪（强买强卖商品；强迫他人提供或接受服务；强迫他人参与或退出投标、拍卖；强迫他人转让或收购公司、企业的股份、债券或其他资产；强迫他人参与或退出特定的经营活动）的“威胁”，同时符合他罪构成条件的应分别以寻衅滋事罪、强迫交易罪定罪处罚。

黑恶势力为谋取不法利益或形成非法影响，以非法占有为目的强行索取公私财物，有组织地采用滋扰，纠缠、哄闹、聚众造势等手段扰乱正常的工作、生活秩序，同时符合敲诈勒索罪规定的他罪构成条件，应以敲诈勒索罪定罪处罚，同时由多人实施或以统一着装、显露纹身、特殊标识以及其他明示或暗示方式，足以使对方感知相关行为的有组织性，应认定为寻衅滋事罪基于随意殴打精神病人、残疾人、流浪乞讨人员、老年人、孕妇、未成年人，造成恶劣社会影响“情节恶劣”规定的“以黑恶势力名义敲诈勒索”。采用上述手段，同时又构成他罪，应依法按处罚较重规定定罪处罚。

雇佣、指使他人有组织地采用上述手段强迫交易、敲诈勒索构成强迫交易罪、敲诈勒索罪，对雇佣者、指使者，一般应以共同犯罪中的主犯论处。为强索不受法律保护的债务或因其他非法目，雇佣、指使他人有组织地采用上述手段寻衅滋事，构成寻衅滋事罪，对雇佣者，指使者，一般应以共同犯罪中的主犯论处；为追讨合法债务或因婚恋、家庭、邻里纠纷等民间矛盾而雇佣、指使，没有造成严重后果，一般不作为犯罪处理，但经有关部门批评制止或处理处罚后仍继续实施的除外。

二十六、《刑法》第 293 条之一【催收非法债务罪】

具有使用暴力、胁迫方法；限制他人人身自由或者侵入他人住宅；恐吓、跟踪、骚扰他人三种情形之一，催收高利放贷等产生的非法债务，情节严重，处 3 年以下有期刑、拘役或管制，并处或单处罚金。

二十七、《刑法》第 294 条【组织、领导、参加黑社会性质组织罪；入境发展黑社会组织罪；包庇、纵容黑社会性质组织罪】

从选择罪名、涉黑共犯、有组织犯罪、暴力犯罪、贪财犯罪、集团犯罪、故意犯的角度看，组织、领导黑社会性质的组织的，处 7 年以上有期刑，并处没收财产；积极参加者，处 3 年以上 7 年以下有期刑，可并处罚金或没收财产；其他参加者，处 3 年以下有期刑、拘役、管制或剥夺政治权利，可并处罚金。

组织、领导、参加黑社会性质组织罪，仅含组织、领导、参加黑社会性质组织的行为，不含在该黑社会性质组织统一策划、指挥下从事的他罪行为。犯组织、领导、参加黑社会性质组织罪，又有他罪行为的，依数罪并罚的规定处罚。

从两高两部《关于办理实施“软暴力”的刑事案件若干问题的意见》（2019 年）的角度看，软暴力是行为人为谋取不法利益或形成非法影响，对他人或在有关场所进行滋扰、纠缠、哄闹、聚众造势等，足以使他人产生恐惧、恐慌进而形成心理强制，或足以影响、限制人身自由、危及人身财产安全，影响正常生活、工作、生产、经营的违法犯罪手段。(1)“软暴力”违法犯罪手段的一般表现形式：①侵犯人身权利、民主权利、财产权利的手段，包括但不限于跟踪贴靠、扬言传播疾病、揭发隐私、恶意举报、诬告陷害、破坏、霸占财物等。②扰乱正常生活、工作、生产、经营秩序的手段，包括但不限于非法侵入他人住宅、破坏生活设施、设置生活障碍、贴报喷字、拉挂横幅、燃放鞭炮、播放哀乐、摆放花圈、泼洒污物、断水断电、堵门阻工，以及通过驱赶从业人员、派驻人员据守等方式直接或间接地控制厂房、办公区、经营场所等。③扰乱社会秩序的手段，包括但不限于摆场架势示威、聚众哄闹滋扰、拦路闹事等。

④其他符合软暴力（行为人为谋取不法利益或形成非法影响，对他人或在有关场所进行滋扰、纠缠、哄闹、聚众造势等，足以使他人产生恐惧、恐慌进而形成心理强制，或足以影响、限制人身自由、危及人身财产安全，影响正常生活、工作、生产、经营的违法犯罪手段）手段的情形。(2) 通过信息网络或通信工具实施，符合软暴力条件的违法犯罪手段的，应认定为“软暴力”。(3) 行为人实施“软暴力”，可认定为足以使他人产生恐惧、恐慌进而形成心理强制或足以影响、限制人身自由、危及人身财产安全或影响正常生活、工作、生产、经营的六种情形：①黑恶势力实施。②以黑恶势力名义实施。③曾因组织、领导、参加黑社会性质组织、恶势力犯罪集团、恶势力以及因强迫交易、非法拘禁、敲诈勒索、聚众斗殴、寻衅滋事等犯罪受过刑事处罚后又实施。④携带凶器实施。⑤有组织地实施的或足以使他人认为暴力、威胁具有现实可能性。⑥其他足以使他人产生恐惧、恐慌进而形成心理强制或足以影响、限制人身自由、危及人身财产安全或影响正常生活、工作、生产、经营的情形。(4) 由多人实施，编造或明示暴力违法犯罪经历进行恐吓，或以自报组织、头目名号、统一着装、显露文身、特殊标识以及其他明示、暗示方式，足以使他人感知相关行为的有组织性，应认定为“以黑恶势力名义实施”。(5) 由多人实施，只要有部分行为人符合黑恶势力实施、以黑恶势力名义实施或曾因组织、领导、参加黑社会性质组织、恶势力犯罪集团、恶势力以及因强迫交易、非法拘禁、敲诈勒索、聚众斗殴、寻衅滋事等犯罪受过刑事处罚后又实施或携带凶器实施的情形，该项即成立。(6) 虽具体实施“软暴力”的行为人不符合黑恶势力实施或曾因组织、领导、参加黑社会性质组织、恶势力犯罪集团、恶势力以及因强迫交易、非法拘禁、敲诈勒索、聚众斗殴、寻衅滋事等犯罪受过刑事处罚后又实施的情形，但雇佣者、指使者或纠集者符合，该项成立。(7) 软暴力手段属于黑社会性质组织行为特征、恶势力概念中的其他手段。

从涉黑共犯、境外犯、故意犯、行为犯的角度看，境外的黑社会组织的人员到中国境内发展组织成员的，犯入境发展黑社会组织罪，处3年以上10年以下有期刑。

从身份犯、故意犯、行为犯、情节犯的角度看，国家机关工作人员包庇黑社会性质的组织，或纵容黑社会性质的组织进行违法犯罪活动的，犯包庇、纵容黑社会性质组织罪的，处5年以下有期刑；情节严重的，处5年以上有期刑。

包庇、纵容黑社会性质组织罪主观要件的认定：①包庇、纵容黑社会性质组织罪的主观方面要求须是出于故意，只要行为人知道或应知道是从事违法犯罪活动的组织，仍对该组织及其成员包庇，或纵容其实施违法犯罪活动的，即可认定包庇、纵容黑社会性质组织罪。②行为人是否明知该组织系黑社会性质组织，不影响包庇、纵容黑社会性质组织罪的成立。③过失不能构成包庇、纵容黑社会性质组织罪。

犯组织、领导、参加黑社会性质组织罪，入境发展黑社会组织罪，包庇、纵容黑社会性质组织罪又有他罪行为的，依数罪并罚规定处罚。

黑社会性质组织成员的刑责：①对黑社会性质组织的组织者、领导者，应根据法律、黑社会性质组织实施的违法犯罪活动规定，按该组织所犯的全部罪行承担刑责。

组织者、领导者对具体犯罪所承担的刑责，应根据其在该起犯罪中的具体地位、作用来确定。②对黑社会性质组织中的积极参加者和其他参加者，应按其所参与的犯罪，据其在具体犯罪中的地位和作用，依罪责刑相适应原则，确定应承担的刑责。

从司法解释的角度看，黑社会性质组织须同时具备内在联系的组织特征、经济特征、行为特征、危害性特征。（1）组织特征。黑社会性质组织不仅有明确的组织者、领导者，骨干成员基本固定，而且组织结构较为稳定，并有比较明确的层级和职责分工（形成较稳定的犯罪组织，人数较多，有明确的组织者、领导者，骨干成员基本固定）。①当前，一些黑社会性质组织为增强隐蔽性，往往采取各种手段制造“人员频繁更替、组织结构松散”的假象。在办案时，要特别注意审查组织者、领导者，以及对组织运行、活动起着突出作用的积极参加者等骨干成员是否基本固定、联系是否紧密，不要被其组织形式的表象所左右。②组织者、领导者、积极参加者和其他参加者的认定。组织者、领导者，是黑社会性质组织的发起者、创建者，或在组织中实际处于领导地位，对整个组织及其运行、活动起着决策、指挥、协调、管理作用的罪犯，既含通过一定形式产生的有明确职务、称谓的组织者、领导者，也含在黑社会性质组织中被公认的事实上的组织者、领导者；积极参加者，是接受黑社会性质组织的领导和管理，多次积极参与黑社会性质组织的违法犯罪活动，或积极参与较严重的黑社会性质组织的犯罪活动且作用突出，以及其他在组织中起重要作用的罪犯，如具体主管黑社会性质组织的财务、人员管理等事项的罪犯；其他参加者，是除上述组织成员之外，其他接受黑社会性质组织的领导和管理的罪犯。对参加黑社会性质的组织，无实施其他违法犯罪活动，或受蒙蔽、胁迫参加黑社会性质的组织，情节轻微的，可不作为犯罪处理。③黑社会性质组织成员的主观明知问题。在认定黑社会性质组织的成员时，并不要求其主观上认为自己参加的是黑社会性质组织，只要其知道或应知道该组织有一定规模，且是以实施违法犯罪为主要活动，即可认定。④对黑社会性质组织存在时间、成员人数及组织纪律等问题的把握。黑社会性质组织一般在短时间内难以形成，而且成员人数较多，但鉴于普通犯罪集团、恶势力团伙向黑社会性质组织发展是一个渐进的过程，无明显的性质转变的节点，故对黑社会性质组织存在时间、成员人数问题不宜作出“一刀切”的规定。对那些已存在一定时间，且成员人数较多的犯罪组织，在定性时要根据其是否已具备一定的经济实力，是否已在一定区域或行业内形成非法控制或重大影响等情况综合分析判断。在通常情况下，黑社会性质组织为维护自身的安全和稳定，一般会有一些约定俗成的纪律、规约，有些甚至还有明确规定。因此，有一定的组织纪律、活动规约，也是认定黑社会性质组织特征时的重要参考依据。（2）经济特征。①黑社会性质组织有组织地通过违法犯罪活动或其他手段获取经济利益，有一定的经济实力，以支持该组织的活动。②一定的经济实力是黑社会性质组织坐大成势、称霸一方的基础。③因不同地区的经济发展水平、不同行业的利润空间均存在很大差异，加之黑社会性质组织存在、发展的时间也各有不同，因此，在办案时不能一般性地要求黑社会性质组织所有的经济实力须达到特定规模或特定数额。④黑社会性质组织的敛财方式具有多样性。实践中，黑社会性质组织不仅会通过实施赌博、敲诈、贩毒等违法犯罪活动攫取经济利益，而且还往往会通过开办公司、企业等方式“以商养黑、以黑护商”。因此，无论其财产是通过非法手段聚敛，还是通过合法的方式获取，只要将其中部分或全部用于违法犯罪活动或维系犯罪组织的生存、发展即可。⑤用于违法犯罪活动或维系犯罪组织的生存、发展，一般是购买作案工具、提供作案经费，为受伤、死亡的组织成员提供医疗费、丧葬费，为组织成员及其家属提供工资、奖励、福利、生活费用，为组织寻求非法保护以及其他与实施有组织的违法犯罪活动有关的费用支出等。（3）行为特征。①以暴力、威胁或其他手段，有组织地多次进行违法犯罪活动，为非作恶，欺压、残害群众。②暴力性、胁迫性、有组织性是黑社会性质组织行为方式的主要特征，有时也会采取一些其他手段（以暴力、威胁为基础，在利用组织势力和影响已对他人形成心理强制或威慑的情况下，进行的谈判、协商、调解；滋扰、哄闹、聚众等其他干扰、破坏正常经济、社会生活秩序的非暴力手段）。③黑社会性质组织实施的违法犯罪活动的主要情形，含由组织者、领导者直接组织、策划、指挥飞参与实施的违法犯罪活动；由组织成员以组织名义实施，并得到组织者、领导者认可或默许的违法犯罪活动；多名组织成员为逞强争霸、插手纠纷、报复他人、替人行凶、非法敛财而共同实施，并得到组织者、领导者认可或默许的违法犯罪活动；组织成员为组织争夺势力范围、排除竞争对手、确立强势地位、谋取经济利益、维护非法权威或按组织的纪律、惯例、共同遵守的约定而实施的违法犯罪活动；由黑社会性质组织实施的其他违法犯罪活动。④多次进行违法犯罪活动规定。黑社会性质组织实施犯罪活动过程中，往往伴随着大量的违法活动，对此均应作为黑社会性质组织的违法犯罪事实认定。⑤若仅实施了违法活动，而未实施犯罪活动，不能认定为黑社会性质组织。⑥多次进行违法犯罪活动只是认定黑社会性质组织的必要条件之一，最终能否认定为黑社会性质组织，还要结合危害性特征来加以判断。⑦即使有些案件中的违法犯罪活动已符合“多次”的标准，但根据其性质和严重程度，尚不足以形成非法控制或重大影响，也不能认定为黑社会性质组织。（4）危害性特征。①通过实施违法犯罪活动，或利用国家工作人员的包庇或纵容，称霸一方，在一定区域或行业内，形成非法控制或重大影响，严重破坏经济、社会生活秩序。②称霸一方，在一定区域或行业内，形成非法控制或重大影响，从而严重破坏经济、社会生活秩序，是黑社会性质组织的本质特征，也是黑社会性质组织区别于一般犯罪集团的关键所在。③区域的大小有相对性，且黑社会性质组织非法控制和影响的对象并不是区域本身，而是在一定区域中生活的人，以及该区域内的经济、社会生活秩序。因此，不能简单地要求“一定区域”须达到某一特定的空间范围，而应根据具体案情，并结合黑社会性质组织对经济、社会生活秩序的危害程度加以综合分析判断。④黑社会性质组织所控制和影响的行业，含合法行业、非法行业（黄、赌、毒等），一般涉及生产、流通、交换、消费等一个或多个市场环节。⑤通过实施违法犯罪活动，或利用国家工作人员的包庇、纵容，称霸一方，并有对在一定区域内生活或在一定行业内从事生产、经营的群众形成心理强制、威慑，使合法利益受损的群众不敢举报、控告；对一定行业的生产、经营形成垄断，或对涉及一定行业的准入、经营、竞争等经济活动形成重要影响；插手民间纠纷、经济纠纷，在相关区域或行业内造成严重影响；干扰、破坏他人正常生产、经营、生活，并在相关区域或行业内造成严重影响；干扰、破坏公司企事业单位及社会团体的正常生产、经营、工作秩序，在相关区域、行业内造成严重影响，或使其不能正常生产、经营、工作；多次干扰、破坏国家机关、行业管理部门、基层群众自治组织（村委会、居委会等）的工作秩序，或使公司企事业单位及社会团体的职能不能正常行使；利用组织的势力、影响，使组织成员获取政治地位，或在党政机关、基层群众自治组织中担任一定职务；其他形成非法控制或重大影响，严重破坏经济社会生活秩序的情形，可认定为在一定区域或行业内，形成非法控制或重大影响，严重破坏经济、社会生活秩序。

涉黑犯罪财物及其收益的认定和处置：（1）办涉黑犯罪案时，要依法运用查封、扣押、冻结、追缴、没收等手段，彻底摧毁黑社会性质组织的经济基础，防止其死灰复燃。（2）对涉黑犯罪财物及其收益以及犯罪工具，均应追缴、没收。①黑社会性质组织及其成员通过犯罪活动聚敛的财物及其收益，是在黑社会性质组织的形成、发展过程中，该组织及组织成员通过违法犯罪活动或其他不正当手段聚敛的全部财物、财产性权益及其孳息、收益。②在办案工作中，应认真审查涉案财产的来源、性质，对被告人及其他单位、个人的合法财产应依法保护。

从《关于办理恶势力刑事案件若干问题的意见》（2019年）的角度看，办理恶势力刑事案件的总体要求：①公检法机关和司法行政机关要深刻认识恶势力违法犯罪的严重社会危害，毫不动摇地坚持依法严惩方针，在侦查、起诉、审判、执行各阶段，运用多种法律手段全面体现依法从严惩处精神，有力震慑恶势力违法罪犯，有效打击和预防恶势力违法犯罪。②公检法机关和司法行政机关要严格坚持依法办案，确保在案件事实清楚，证据确实、充分的基础上，准确认定恶势力和恶势力犯罪集团，坚决防止人为拔高或降低认定标准。要坚持贯彻落实宽严相济刑事政策，根据嫌犯、被告人的主观恶性、人身危险性、在恶势力、恶势力犯罪集团中的地位、作用以及在具体犯罪中的罪责，切实做到宽严有据，罚当其罪，实现政治效果、法律效果和社会效果的统一。③公检法机关和司法行政机关要充分发挥各自职能，分工负责，互相配合，互相制约，坚持以审判为中心的刑诉制度改革要求，严格执行“三项规程”，不断强化程序意识和证据意识，有效加强法律监督，确保严格执法、公正司法，充分保障当事人、诉讼参与人的各项诉讼权利。

恶势力、恶势力犯罪集团的认定标准：（1）恶势力，是经常纠集在一起，以暴力、威胁或其他手段，在一定区域或行业内多次实施违法犯罪活动，为非作恶，欺压百姓，扰乱经济、社会生活秩序，造成较为恶劣的社会影响，但尚未形成黑社会性质组织的违法犯罪组织。（2）单纯为牟取不法经济利益而实施的“黄、赌、毒、盗、抢、骗”等违法犯罪活动，不具有为非作恶、欺压百姓特征，或因本人及近亲属的婚恋纠纷、家庭纠纷、邻里纠纷、劳动纠纷、合法债务纠纷而引发以及其他确属事出有因的违法犯罪活动，不应作为恶势力案件处理。(3) 恶势力一般为3人以上，纠集者相对固定。①纠集者，是在恶势力实施的违法犯罪活动中起组织、策划、指挥作用的违法罪犯。②成员较为固定且符合恶势力其他认定条件，但多次实施违法犯罪活动是由不同的成员组织、策划、指挥，也可认定为恶势力，有前述行为的成员均可认定为纠集者。③恶势力的其他成员，是知道或应知道与他人经常纠集在一起是为了共同实施违法犯罪，仍按纠集者的组织、策划、指挥参与违法犯罪活动的违法罪犯，包括已有充分证据证明但尚未归案的人员，以及因法定情形不予追究法律责任，或因参与实施恶势力违法犯罪活动已受到行政或刑事处罚的人员。④仅因临时雇佣或被雇佣、利用或被利用以及受蒙蔽参与少量恶势力违法犯罪活动，一般不应认定为恶势力成员。(4) “经常纠集在一起，以暴力、威胁或其他手段，在一定区域或行业内多次实施违法犯罪活动”，是指嫌犯、被告人于两年内，以暴力、威胁或其他手段，在一定区域或行业内多次实施违法犯罪活动，且包括纠集者在内，至少应有2名相同的成员多次参与实施违法犯罪活动。对“纠集在一起”时间明显较短，实施违法犯罪活动刚刚达到“多次”标准，且尚不足以造成较为恶劣影响的，一般不应认定为恶势力。(5) 恶势力实施的违法犯罪活动，主要为强迫交易、故意伤害、非法拘禁、敲诈勒索、故意毁坏财物、聚众斗殴、寻衅滋事，但也包括具有为非作恶、欺压百姓的特征，主要以暴力、威胁为手段的其他违法犯罪活动。(6) 恶势力还可能伴随实施开设赌场、组织卖淫、强迫卖淫、贩卖毒品、运输毒品、制造毒品、抢劫、抢夺、聚众扰乱社会秩序、聚众扰乱公共场所秩序、交通秩序以及聚众“打砸抢”等违法犯罪活动，但仅有前述伴随实施的违法犯罪活动，且不能认定具有为非作恶、欺压百姓特征，一般不应认定为恶势力。(7) 办理恶势力刑事案件，“多次实施违法犯罪活动”至少应包括1次犯罪活动。①对反复实施强迫交易、非法拘禁、敲诈勒索、寻衅滋事等单一性质的违法行为，单次情节、数额尚不构成犯罪，但按刑法或有关司法解释、规范性文件的规定累加后应作为犯罪处理，在认定是否属于“多次实施违法犯罪活动”时，可将已用于累加的违法行为计为1次犯罪活动，其他违法行为单独计算违法活动的次数。②已被处理或已作为民间纠纷调处，后经查证确属恶势力违法犯罪活动，均可作为认定恶势力的事实依据，但不符合法定情形，不得重新追究法律责任。(8) 认定“扰乱经济、社会生活秩序，造成较为恶劣的社会影响”，应结合侵害对象及其数量、违法犯罪次数、手段、规模、人身损害后果、经济损失数额、违法所得数额、引起社会秩序混乱的程度以及对群众安全感的影响程度等因素综合把握。(9) 恶势力犯罪集团，是符合恶势力全部认定条件，同时又符合犯罪集团法定条件的犯罪组织。①恶势力犯罪集团的首犯，是在恶势力犯罪集团中起组织、策划、指挥作用的罪犯。恶势力犯罪集团的其他成员，是知道或应知道是为共同实施犯罪而组成的较为固定的犯罪组织，仍接受首犯领导、管理、指挥，并参与该组织犯罪活动的罪犯。②恶势力犯罪集团应有组织地实施多次犯罪活动，同时还可能伴随实施违法活动。恶势力犯罪集团所实施的违法犯罪活动，参照两高两部

《关于办理黑恶势力犯罪案件若干问题的指导意见》(2018年)第10条第2款(认定为黑社会性质组织实施的违法犯罪活动的六种情形:为该组织争夺势力范围打击竞争对手、形成强势地位、谋取经济利益、树立非法权威、扩大非法影响、寻求非法保护、增强犯罪能力等实施;按该组织的纪律规约、组织惯例实施;组织者、领导者直接组织、计划、指挥、参与实施;由组织成员以组织名义实施,并得到组织者、领导者认可或默许;多名组织成员为逞强争霸、插手纠纷、报复他人、替人行凶、非法敛财而共同实施,并得到组织者、领导者认可或默许;其他应认定为黑社会性质组织实施)规定认定。(10)全部成员或首犯、纠集者以及其他重要成员均为未成年人、老年人、残疾人的,认定恶势力、恶势力犯罪集团时应特别慎重。

从国家监委、两高两部《关于在扫黑除恶专项斗争中分工负责、互相配合、互相制约严惩公职人员涉黑涉恶违法犯罪问题的通知》(2019年)坚持以事实为依据,以法律为准绳,综合考虑行为人的主观故意、客观行为、具体情节和危害后果,以及相关黑恶势力的犯罪事实、犯罪性质、犯罪情节和对社会的危害程度,准确认定问题性质,做到不偏不倚、不枉不纵。坚持惩前毖后、治病救人方针,严格区分罪与非罪的界限,区别对待、宽严相济。(1)坚持问题导向。找准扫黑除恶与反腐"拍蝇"工作的结合点,聚焦涉黑涉恶问题突出、群众反映强烈的重点地区、行业和领域,紧盯农村和城乡接合部,紧盯建筑工程、交通运输、矿产资源、商贸集市、渔业捕捞、集资放贷等涉黑涉恶问题易发多发的行业和领域,紧盯村"两委"、乡镇基层站所及其工作人员,严肃查处公职人员涉黑涉恶违法犯罪行为。(2)严格查办公职人员涉黑涉恶违法犯罪案件:各级监察机关、公检法机关应聚焦黑恶势力违法犯罪案件及坐大成势的过程,严格查办公职人员涉黑涉恶违法犯罪案件。重点查办公职人员直接组织、领导、参与黑恶势力违法犯罪活动的案件;公职人员包庇、纵容、支持黑恶势力犯罪及其他严重刑事犯罪的案件;公职人员收受贿赂、滥用职权,帮助黑恶势力人员获取公职或政治荣誉,侵占国家和集体资金、资源、资产,破坏公平竞争秩序,或为黑恶势力提供政策、项目、资金、金融信贷等支持帮助的案件;负有查禁监管职责的国家机关工作人员滥用职权、玩忽职守帮助犯罪分子逃避处罚的案件;司法工作人员徇私枉法、民事枉法裁判、执行判决裁定失职或滥用职权、私放在押人员以及徇私舞弊减刑、假释、暂予监外执行的案件;在扫黑除恶专项斗争中发生的公职人员滥用职权,徇私舞弊,包庇、阻碍查处黑恶势力犯罪的案件,以及泄露国家秘密、商业秘密、工作秘密,为犯罪分子通风报信的案件;公职人员利用职权打击报复办案人员的案件。公职人员的范围,根据《监察法》第15条规定认定(监察机关监察六种公职人员和有关人员:中共机关、人大及其常委会机关、政府、监委会、法院、检察院、全国政协会议各级委员会机关、民主党派机关和工商业联合会机关的公务员,以及参照《公务员法》管理的人员;法律、法规授权或受国家机关依法委托管理公共事务的组织中从事公务的人员;国有企业管理人员;公办的教育、科研、文化、医疗卫生、体育等单位中从事管理的人员;基层群众性自治组织中从事管理的人员;其他依法履行公职的人员)。以上情形，由有关机关依规依纪依法调查处置，涉嫌犯罪，依法追究刑责。（3）准确适法：①国家机关工作人员包庇黑社会性质的组织，或纵容黑社会性质的组织进行违法犯罪活动，以包庇、纵容黑社会性质组织罪定罪处罚。国家机关工作人员既组织、领导、参加黑社会性质组织，又对该组织进行包庇、纵容，应以组织、领导、参加黑社会性质组织罪从重处罚。国家机关工作人员包庇、纵容黑社会性质组织，该包庇、纵容行为同时还构成包庇罪、伪证罪、妨害作证罪、徇私枉法罪、滥用职权罪、帮助犯罪分子逃避处罚罪、徇私舞弊不移交刑事案件罪，以及徇私舞弊减刑、假释、暂予监外执行罪等他罪的，应择一重罪处罚。②非国家机关工作人员与国家机关工作人员共同包庇、纵容黑社会性质组织，且不属于该组织成员，以包庇、纵容黑社会性质组织罪的共犯论处。非国家机关工作人员的行为同时还构成他罪的，应择一重罪处罚。③公职人员利用职权或职务便利实施包庇、纵容黑恶势力、伪证、妨害作证，帮助毁灭、伪造证据，以及窝藏、包庇等犯罪行为的，应酌情从重处罚。事先有通谋而实施支持帮助、包庇纵容等保护行为的，以具体犯罪的共犯论处。（4）形成打击公职人员涉黑涉恶违法犯罪的监督制约、配合衔接机制：①监察机关、公检法机关在查处、办理公职人员涉黑涉恶违法犯罪案件过程中，应分工负责，互相配合，互相制约，通过对办理的黑恶势力犯罪案件逐案筛查、循线深挖等方法，保证准确有效地执行法律，彻查公职人员涉黑涉恶违法犯罪。②监察机关、公检法机关要建立完善查处公职人员涉黑涉恶违法犯罪重大疑难案件研判分析、案件通报等工作机制，进一步加强监察机关、政法机关之间的配合，共同研究和解决案件查处、办理过程中遇到的疑难问题，相互及时通报案件进展情况，进一步增强工作整体性、协同性。③监察机关、公检法机关、司法行政机关要建立公职人员涉黑涉恶违法犯罪线索移送制度，对工作中收到、发现的不属于本单位管辖的公职人员涉黑涉恶违法犯罪线索，应及时移送有管辖权的单位处置。④移送公职人员涉黑涉恶违法犯罪线索的执行办法：A. 公检法机关、司法行政机关在工作中发现公职人员涉黑涉恶违法犯罪中的涉嫌贪污贿赂、失职渎职等职务违法和职务犯罪等应由监察机关管辖的问题线索，应移送监察机关。B. 监察机关在信访举报、监督检查、审查调查等工作中发现公职人员涉黑涉恶违法犯罪线索，应将其中涉嫌包庇、纵容黑社会性质组织犯罪等由公安机关管辖的案件线索移送公安机关处理。C. 监察机关、公检法机关、司法行政机关在工作中发现司法工作人员涉嫌利用职权实施的侵犯公民权利、损害司法公正案件线索，根据有关规定，经沟通后协商确定管辖机关。⑤监察机关、公安机关、检察院接到移送的公职人员涉黑涉恶违法犯罪线索，应按各自职责及时处置、核查，依法依规作出处理，并做好沟通反馈工作；必要时，可与相关线索或案件并案处理。对重大疑难复杂的公职人员涉黑涉恶违法犯罪案件，监察机关、公安机关、检察院可同步立案、同步查处，根据案件办理需要，相互移送相关证据，加强沟通配合，做到协同推进。⑥公职人员涉黑涉恶违法犯罪案件中，既涉嫌贪污贿赂、失职渎职等严重职务违法或职务犯罪，又涉嫌公安机关、检察院管辖的违法犯罪，一般应以监察机关为主调查，公安机关、检察院予以协助。监察机关和公安机关、检察院分别立案调查（侦查）的，由监察机关协调调查和侦查工作。犯罪行为仅涉及公安机关、检察院管辖，由有关机关依法按管辖职能进行侦查。⑦公检法机关对公职人员涉黑涉恶违法犯罪移送审查起诉、提起公诉、作出裁判，必要时需听取监察机关的意见。⑧公职人员涉黑涉恶违法犯罪案件开庭审理时，法院应通知监察机关派员旁听，也可通知涉罪公职人员所在单位、部门、行业以及案件涉及的单位、部门、行业等派员旁听。

正确运用宽严相济刑事政策的有关要求：（1）对恶势力的纠集者、恶势力犯罪集团的首犯、重要成员以及恶势力、恶势力犯罪集团共同犯罪中罪责严重的主犯，要正确运用法律规定加大惩处力度，对依法应判处重刑或死刑的，坚决判处重刑或死刑。同时要严格掌握取保候审，严格掌握不起诉，严格掌握缓刑、减刑、假释，严格掌握保外就医适用条件，充分利用资格刑、财产刑等法律手段全方位从严惩处。①对符合《刑法》第37条之一“禁业规定”（A. 因利用职业便利实施犯罪，或实施违背职业要求的特定义务的犯罪被判处刑罚，法院可根据犯罪情况和预防再犯罪的需要，禁止其自刑罚执行完毕之日或假释之日起从事相关职业，期限为3年至5年。B. 被禁止从事相关职业的人违反法院依刑法禁业规定作出的决定，由公安机关依法给予处罚；情节严重的，依拒不执行判决、裁定罪定罪处罚），可依法禁止其从事相关职业。②对恶势力、恶势力犯罪集团的其他成员，在共同犯罪中罪责相对较小、人身危险性、主观恶性相对不大，具有自首、立功、坦白、初犯等法定或酌定从宽处罚情节的，可依法从轻、减轻或免除处罚。认罪认罚或仅参与实施少量的犯罪活动且只起次要、辅助作用，符合缓刑条件的，可适用缓刑。（2）恶势力犯罪集团的首犯检举揭发与该犯罪集团及其违法犯罪活动有关联的他罪线索，若在认定立功的问题上存在事实、证据或法律适用方面的争议，应严格把握。①依法应认定为立功或重大立功，在决定是否从宽处罚、如何从宽处罚时，应根据罪责刑相一致原则从严掌握。可能导致全案量刑明显失衡，不予从宽处罚。②恶势力犯罪集团的其他成员若能配合司法机关查办案件，有提供线索、帮助收集证据或其他协助行为，并在侦破恶势力犯罪集团案件、查处“保护伞”等方面起到较大作用，即使依法不能认定立功，一般也应酌情对其从轻处罚。（3）嫌犯、被告人同时具有法定、酌定从严和法定、酌定从宽处罚情节的，量刑时要根据所犯具体罪行的严重程度，结合被告人在恶势力、恶势力犯罪集团中的地位、作用、主观恶性、人身危险性等因素整体把握。对恶势力的纠集者、恶势力犯罪集团的首犯、重要成员，量刑时要体现总体从严。对在共同犯罪中罪责相对较小、人身危险性、主观恶性相对不大，且能真诚认罪悔罪的其他成员，量刑时要体现总体从宽。（4）恶势力刑事案件的嫌犯、被告人自愿如实供述自己的罪行，承认指控的犯罪事实，愿意接受处罚的，可依法从宽处理，并适用认罪认罚从宽制度。对犯罪性质恶劣、犯罪手段残忍、社会危害严重的嫌犯、被告人，虽认罪认罚，但不足以从轻处罚，不适用该制度。

办理恶势力刑事案件的其他问题：（1）公检法机关经审查认为案件符合恶势力认

定标准，应在起诉意见书、起诉书、判决书、裁定书等法律文书中的案件事实部分明确表述，列明恶势力的纠集者、其他成员、违法犯罪事实以及据以认定的证据；符合恶势力犯罪集团认定标准，应在上述法律文书中明确定性，列明首犯、其他成员、违法犯罪事实以及据以认定的证据，并引用刑法总则关于犯罪集团的相关规定。被告人及其辩护人对恶势力定性提出辩解和辩护意见，法院可在裁判文书中予以评析回应。恶势力刑事案件的起诉意见书、起诉书、判决书、裁定书等法律文书，可在案件事实部分先概述恶势力、恶势力犯罪集团的概括事实，再分述具体的恶势力违法犯罪事实。（2）对公安机关未在起诉意见书中明确认定，检察院在审查起诉期间发现构成恶势力或恶势力犯罪集团，且相关违法犯罪事实已查清，证据确实、充分，依法应追究刑责，应作出起诉决定，根据查明的事实向法院提起公诉，并在起诉书中明确认定为恶势力或恶势力犯罪集团。检察院认为恶势力相关违法犯罪事实不清、证据不足，或存在遗漏恶势力违法犯罪事实、遗漏同案嫌犯等情形需补充侦查的，应提出具体的书面意见，连同案卷材料一并退回公安机关补充侦查；检察院也可自行侦查，必要时可要求公安机关提供协助。①对检察院未在起诉书中明确认定，法院在审判期间发现构成恶势力或恶势力犯罪集团，可建议检察院补充或变更起诉；检察院不同意或在7日内未回复意见，法院不应主动认定，可仅就起诉指控的犯罪事实依相关规定作出判决、裁定。②审理被告人或被告人的法定代理人、辩护人、近亲属上诉的案件时，一审判决认定黑社会性质组织有误，二审法院应纠正，符合恶势力、恶势力犯罪集团认定标准，应作出相应认定；一审判决认定恶势力或恶势力犯罪集团有误，应纠正，但不得升格认定；一审判决未认定恶势力或恶势力犯罪集团，不得增加认定。（3）公检法机关应分别以起诉意见书、起诉书、裁判文书明确的恶势力、恶势力犯罪集团，作为相关数据的统计依据。

对通过发布、删除负面或虚假信息，发送侮辱性信息、图片，以及利用信息、电话骚扰等方式，威胁、要挟、恐吓、滋扰他人，实施黑恶势力违法犯罪，应准确认定，依法严惩。利用信息网络实施黑恶势力犯罪案件管辖原则：（1）利用信息网络实施的黑恶势力犯罪案件管辖依《关于办理黑社会性质组织犯罪案件若干问题的规定》《关于办理网络犯罪案件适用刑事诉讼程序若干问题的意见》的有关规定确定，坚持以犯罪地管辖为主、被告人居住地管辖为辅的原则。（2）公安机关可依法对利用信息网络实施的黑恶势力犯罪相关案件并案侦查或指定下级公安机关管辖，并案侦查或由上级公安机关指定管辖的公安机关应全面调查收集能证明黑恶势力犯罪事实的证据，各涉案地公安机关应积极配合。并案侦查或由上级公安机关指定管辖的案件，需提请批准逮捕、移送审查起诉、提起公诉，由立案侦查的公安机关所在地的检察院、法院受理。（3）检察院对公安机关提请批准逮捕、移送审查起诉的利用信息网络实施的黑恶势力犯罪案件，法院对已进入审判程序的利用信息网络实施的黑恶势力犯罪案件，被告人及其辩护人提出的管辖异议成立，或办案单位发现没有管辖权，受案检察院、法院经审查，可依法报请与有管辖权的检察院、法院共同的上级检察院、法院指定管辖，不再自行移交。对在审查批准逮捕阶段，上级检察机关已指定管辖的案件，审查起诉工作由同一检察院受理。检察院、法院认为应分案起诉、审理，可依法分案处理。（4）公安机关指定下级公安机关办理利用信息网络实施的黑恶势力犯罪案件，应同时抄送同级检察院、法院。检察院认为需依法指定审判管辖，应协商同级法院办理指定管辖有关事宜。

司法行政机关应加强对律师办理黑社会性质组织犯罪案件辩护代理工作的指导监督，指导律师事务所建立健全律师办理黑社会性质组织犯罪案件的请示报告、集体研究和检查督导制度。办案机关应依法保障律师各项诉讼权利代理职责提供便利，防止因妨碍辩护律师依法履行职责，对案件办理带来影响。（1）对黑恶势力犯罪案件开庭审理时，法院应通知对辩护律师所属事务所具有监管权限的司法行政机关派员旁听。（2）对律师违反会见规定；以串联组团，联署签名、发表公开信，组织网上聚集、声援等方式或借个案研讨之名，制造舆论压力，攻击、诋毁司法机关和司法制度，干扰诉讼活动正常进行；煽动、教唆和组织当事人或其他人员到司法机关或其他国家机关静坐、举牌、打横幅、喊口号等，扰乱公共秩序、危害公共安全；违反规定披露、散布不公开审理案件的信息、材料，或本人、其他律师在办案过程中获悉的有关案件重要信息、证据材料，司法行政机关应依有关规定予以处罚，构成犯罪，依法追究刑责。对律师辩护、代理活动中的违法违规行为，相关办案机关要注意收集固定证据，提出司法建议。（3）监狱应从严管理组织、领导、参加黑社会性质组织的罪犯，严格罪犯会见、减刑、假释、暂予监外执行等执法活动。对判处10年以上有期刑、无期刑，判处死缓二年执行减为有期刑、无期刑的黑社会性质组织的组织者、领导者，实行跨省级异地关押。积极开展黑恶势力犯罪线索排查，教育引导服刑人员检举揭发。社区矫正机构对拟适用社区矫正的黑恶势力犯罪案件的嫌犯、被告人，应认真开展调查评估，为准确适用非监禁刑提供参考，社区矫正机构对组织、领导、参加黑社会性质组织的社区服刑人员要严格监管教育。公检法机关、司法行政机关要加强协调联动，完善应急处置工作机制，妥善处理社区服刑人员脱管漏管和重新违法犯罪等情形。（4）办理黑恶势力犯罪案件，要依法建立完善重大疑难案件会商、案件通报等工作机制，进一步加强政法机关之间的配合，形成打击合力；对群众关注度高、社会影响力大的黑恶势力犯罪案件，依法采取挂牌督办、上提一级、异地管辖、指定管辖以及现场联合督导等措施，确保案件质量。根据办理黑恶势力犯罪案件的实际情况，及时汇总问题，归纳经验，适时出台有关证据标准，切实保障有力打击。（5）公检法机关办理黑社会性质组织犯罪案件，应按《关于审理黑社会性质组织犯罪的案件具体应用法律若干问题的解释》《公安机关办理刑事案件证人保护工作规定》的有关规定，对证人、报案人、控告人、举报人、鉴定人、被害人采取保护措施。①嫌犯、被告人，积极配合侦查、起诉、审判工作，在查明黑社会性质组织的组织结构和组织者、领导者的地位作用，组织实施的重大犯罪事实，追缴、没收赃款赃物，打击“保护伞”等方面提供重要线索和证据，经查证属实，可根据案件具体情况，依法从轻、减轻或免除处罚，并对其参照证人保护的有关规定采取保护措施。前述规定，对确属组织者、领导者的嫌犯、被告人应严格掌握。②对确有重大立功或对认定重大犯罪事实或追缴、没收涉黑财产具有重要作用的组织成员，确有必要通过分案审理予保护，公安机关可与检察院、法院在充分沟通的基础上作出另案处理的决定。③对办理黑社会性质组织犯罪案件的政法干警及其近亲属，需采取保护措施，可参照《刑事诉讼法》等关于证人保护的有关规定，采取禁止特定的人员接触、对人身和住宅予以专门性保护等必要的措施，以确保办理案件的司法工作人员及其近亲属的人身安全。

二十八、《刑法》第295条【传授犯罪方法罪】

从故意犯、情节犯的角度看，传授犯罪方法的，处5年以下有期刑、拘役或管制；情节严重的，处5年以上10年以下有期刑；情节特别严重的，处10年以上有期刑或无期刑。

从预防未成年人犯罪法的角度看，未成年人的父母或其他监护人、学校、居委会、村委会发现有人教唆、胁迫、引诱未成年人实施严重不良行为（未成年人实施的有刑法规定、因不满法定刑责年龄不予刑罚的行为，以及严重危害社会的九种行为：①结伙斗殴，追逐、拦截他人，强拿硬要或任意损毁、占用公私财物等寻衅滋事行为；②非法携带枪支、弹药或弩、匕首等国家规定的管制器具；③殴打、辱骂、恐吓，或故意伤害他人身体；④盗窃、哄抢、抢夺或故意损毁公私财物；⑤传播淫秽的读物、音像制品或信息等；⑥卖淫、嫖娼，或进行淫秽表演；⑦吸食、注射毒品，或向他人提供毒品；⑧参与赌博赌资较大；⑨其他严重危害社会的行为)，应立即向公安机关报告。公安机关接到报告或发现有未成年人实施严重不良行为，应及时依法查处；对人身安全受到威胁的未成年人，应立即采取有效保护措施。（1）公检法机关在办理案件过程中发现实施严重不良行为的未成年人的父母或其他监护人不依法履行监护职责，应予以训诫，并可责令其接受家庭教育指导。（2）对有严重不良行为的未成年人，公安机关可根据具体情况，采取九种矫治教育措施：①予以训诫；②责令赔礼道歉、赔偿损失；③责令具结悔过；④责令定期报告活动情况；⑤责令遵守特定的行为规范，不得实施特定行为、接触特定人员或进入特定场所；⑥责令接受心理辅导、行为矫治；⑦责令参加社会服务活动；⑧责令接受社会观护，由社会组织、有关机构在适当场所对未成年人进行教育、监督和管束；⑨其他适当的矫治教育措施。（3）对有严重不良行为的未成年人，未成年人的父母或其他监护人、所在学校无力管教或管教无效，可向教育行政部门提出申请，经专门教育指导委员会评估同意后，由教育行政部门决定送入专门学校接受专门教育。（4）教唆、胁迫、引诱未成年人实施不良行为或严重不良行为，构成违反治安管理行为，由公安机关依法予以治安管理处罚。（5）教职员工教唆、胁迫、引诱未成年人实施不良行为或严重不良行为，以及品行不良、影响恶劣，教育行政部门、学校应依法予以解聘或辞退。（6）学校及其教职员工违反预防未成年人犯罪法规定，不履行预防未成年人犯罪工作职责，或虐待、歧视相关未成年人，由教育行政等部门责令改正，通报批评；情节严重，对直接负责的主管人员和其他直接责任人员依法给予处分。构成违反治安管理行为，由公安机关依法予以治安管理处罚。(7) 有关社会组织、机构及其工作人员虐待、歧视接受社会观护的未成年人，或出具虚假社会调查、心理测评报告，由民政、司法行政等部门对直接负责的主管人员或其他直接责任人员依法给予处分，构成违反治安管理行为，由公安机关予以治安管理处罚。(8) 违反预防未成年人犯罪法规定，在复学、升学、就业等方面歧视相关未成年人，由所在单位或教育、人力资源社会保障等部门责令改正；拒不改正，对直接负责的主管人员或其他直接责任人员依法给予处分。(9) 违反预防未成年人犯罪法规定，构成犯罪，依法追究刑责。(10) 国家机关及其工作人员在预防未成年人犯罪工作中滥用职权、玩忽职守、徇私舞弊，对直接负责的主管人员和其他直接责任人员，依法给予处分。

二十九、《刑法》第296条【非法集会、游行、示威罪】

从行政犯、故意犯、结果犯的角度看，举行集会（聚集于露天公共场所，发表意见、表达意愿的活动）、游行（在公共道路、露天公共场所列队行进、表达共同意愿的活动）、示威（在露天公共场所或公共道路上以集会、游行、静坐等方式，表达要求、抗议或支持、声援等共同意愿的活动），未依法律（集会游行示威法、刑法、行政法等）规定申请或申请未获许可，或未按主管机关（集会、游行、示威的主管机关，是集会、游行、示威举行地的市、县公安局、城市公安分局；游行、示威路线经两个以上区、县，主管机关为所经区、县的公安机关的共同上一级公安机关）许可的起止时间、地点、路线进行，又拒不服从解散命令，严重破坏社会秩序的，对集会、游行、示威的负责人和直接责任人员的，处5年以下有期刑、拘役、管制或剥夺政治权利。

举行集会、游行、示威，未依法律规定申请或申请未获许可，或未按主管机关许可的起止时间、地点、路线进行，又拒不服从解散命令，严重破坏社会秩序的，应立案追诉。

三十、《刑法》第297条【非法携带武器、管制刀具、爆炸物参加集会、游行、示威罪】

从行政犯、故意犯、危险行为犯的角度看，违反法律（集会游行示威法、刑法、行政法等）规定，携带武器、管制刀具或爆炸物参加集会、游行、示威的，处3年以下有期刑、拘役、管制或剥夺政治权利。

集会、游行、示威应和平地进行，不得携带武器、管制刀具和爆炸物，不得使用暴力或煽动使用暴力，否则违反法律规定，携带武器、管制刀具或爆炸物参加集会、游行、示威，应立案追诉。

举行集会、游行、示威，有犯罪行为的，依刑法有关规定追究刑责。携带武器、管制刀具或爆炸物的，依刑法有关规定追究刑责。未依集会游行示威法规定申请或申请未获许可，或未按主管机关许可的起止时间、地点、路线进行，又拒不服从解散命令，严重破坏社会秩序的，对集会、游行、示威的负责人和直接责任人员依刑法有关规定追究刑责。包围、冲击国家机关，使国家机关的公务活动或国事活动不能正常进行，对集会、游行、示威的负责人和直接责任人员依刑法有关规定追究刑责。占领公共场所、拦截车辆行人或聚众堵塞交通，严重破坏公共场所秩序、交通秩序的，对集会、游行、示威的负责人和直接责任人员依刑法有关规定追究刑责。

三十一、《刑法》第298条【破坏集会、游行、示威罪】

从故意犯、结果犯的角度看，扰乱、冲击或以其他方法破坏依法举行的集会、游行、示威，造成公共秩序混乱的，处5年以下有期刑、拘役、管制或剥夺政治权利。

扰乱、冲击或以其他方法破坏依法举行的集会、游行、示威，造成公共秩序严重混乱，应立案追诉。

从比较法、犯罪对象、犯罪客体的角度看，破坏型的罪名有破坏集会、游行、示威罪；破坏军婚罪；破坏选举罪；破坏武器装备、军事设施、军事通信罪；过失损坏武器装备、军事设施、军事通信罪；破坏环境资源保护罪（破坏性采矿罪等）；破坏界碑、界桩罪；破坏永久性测量标志罪；破坏计算机信息系统罪；破坏监管秩序罪；破坏生产经营罪；故意毁坏财物罪；组织、利用会道门、邪教组织、利用迷信破坏法律实施罪；破坏市场经济秩序罪（生产、销售伪劣商品罪；走私罪；妨害对公司、企业的管理秩序罪；破坏金融管理秩序罪；金融诈骗罪；危害税收征管罪；侵犯知识产权罪；扰乱市场秩序罪）；擅自改变武器装备编配用途罪（军人违反职责罪）等。

三十二、《刑法》第299条【侮辱国旗、国徽、国歌罪】

从故意犯、侵害行为犯、情节犯的角度看，在公众场合故意以焚烧、毁损、涂划、玷污、践踏等方式侮辱中国国旗、国徽，或在公共场合，故意篡改中国国歌歌词、曲谱，以歪曲、贬损方式奏唱国歌，或以其他方式侮辱国歌，情节严重的，处3年以下有期刑、拘役、管制或剥夺政治权利。

侮辱、诽谤或以其他方式侵害英雄烈士的名誉、荣誉，损害社会公共利益，情节严重的，处3年以下有期刑、拘役、管制或剥夺政治权利。

任何组织和个人未经批准不得制造、买卖、持有、使用警旗。对非法制造、买卖、持有、使用警旗，或在公共场合故意以损坏、涂划、玷污、践踏、焚烧等方式侮辱警旗的，依法予以处罚；构成犯罪，依法追究刑责。

三十三、《刑法》第299条之一【侵害英雄烈士名誉、荣誉罪】

侮辱、诽谤或以其他方式侵害英雄烈士的名誉、荣誉，损害社会公共利益，情节严重，处3年以下有期刑、拘役、管制或剥夺政治权利。

三十四、《刑法》第300条【组织、利用会道门、邪教组织、利用迷信破坏法律实施罪；组织、利用会道门、邪教组织、利用迷信致人重伤、死亡罪；强奸罪；诈骗罪】

从涉黑共犯、有组织犯罪、行为犯、情节犯的角度看，组织、利用会道门（一贯道、九宫道、哥老会、先天道、后天道等）、邪教组织（法轮功等冒用宗教、气功或以其他名义建立，神化、鼓吹首犯，利用制造、散布迷信邪说等手段蛊惑、蒙骗他人，发展、控制成员，危害社会的非法组织）或利用迷信（封建迷信）破坏国家法律（宪法、法律、法律性文件）、行政法规实施的，处3年以上7年以下有期刑，并处罚金；情节特别严重（9人以上重伤、3人以上死亡）的，处7年以上有期刑或无期刑，并处罚金或没收财产；情节较轻（聚众围攻、冲击国家机关、企事业单位，扰乱国家机关、企事业单位的工作、生产、经营、教学和科研秩序；非法举行集会、游行、示威、煽动、欺骗、组织其成员或其他人聚众围攻、冲击、强占、哄闹公共场所及宗教活动场所，扰乱社会秩序；抗拒有关部门取缔或已被有关部门取缔，又恢复或另行建立邪教组织，或继续进行邪教活动；煽动、欺骗、组织其成员或其他人不履行法定义务，情节严重；出版、印刷、复制、发行宣扬邪教内容出版物；印制邪教组织标识等）的，处3年以下有期刑、拘役、管制或剥夺政治权利，并处或单处罚金。

从邪教组织犯罪动机类型（实用主义、信仰主义、盲从主义、反社会主义、恐怖主义、政治企图主义等）的角度看，邪教犯罪有可能触犯的罪名有组织、利用会道门、邪教组织、利用迷信破坏法律实施罪；组织、利用会道门、邪教组织、利用迷信致人重伤、死亡罪；妨害公务罪；非法获取国家秘密罪、非法持有国家秘密罪（妨害社会管理秩序罪）；故意/过失泄露国家秘密罪等罪（渎职罪）；盗窃罪、诈骗罪等（侵犯财产罪）；故意杀人罪、故意伤害罪、聚众淫乱罪、强奸罪、侮辱罪、诽谤罪、破坏选举罪等（侵犯公民人身权利、民主权利罪）；放火罪，爆炸罪，决水罪，投放危险物质罪，破坏广播电视设施、公用电信设施罪等（危害公共安全罪）。

从《办理组织、利用邪教组织破坏法律实施等刑事案件适用法律若干问题的解释》（2017年）的角度看，组织、利用会道门、邪教组织，破坏国家法律、行政法规实施［13种情形：（1）建立邪教组织，或邪教组织被取缔后又恢复、另行建立邪教组织。（2）聚众包围、冲击、强占、哄闹国家机关、企事业单位或公共场所、宗教活动场所，扰乱社会秩序。（3）非法举行集会、游行、示威，扰乱社会秩序。（4）使用暴力、胁迫或以其他方法强迫他人加入或阻止他人退出邪教组织。（5）组织、煽动、蒙骗成员或他人不履行法定义务。（6）使用伪基站、黑广播等无线电台（站）或无线电频率宣扬邪教。（7）曾因从事邪教活动被追究刑责或2年内受过行政处罚，又从事邪教活动。（8）发展邪教组织成员50人以上。（9）敛取钱财或造成经济损失100万元以上。（10）以货币为载体宣扬邪教，数量500张（枚）以上。（11）制作、传播邪教宣传品，达到的数量标准：①传单、喷图、图片、标语、报纸1000份（张）以上。②书籍、刊物250册以上。③录音带、录像带等音像制品250盒（张）以上。④标识、标志物250件以上。⑤光盘、U盘、储存卡、移动硬盘等移动存储介质100个以上。⑥横幅、条幅50条（个）以上。（12）利用通讯信息网络宣扬邪教：①制作、传播宣扬邪教的电子图片、文章200张（篇）以上，电子书籍、刊物、音视频50册（个）以上，或电子文档500万字符以上、电子音视频250分钟以上。②编发信息、拨打电话1000条（次）以上。③利用在线人数累计达到1000人以上的聊天室，或利用群组成员、关注人员等账号数累计1000以上的通讯群组、微信、微博等社交网络宣扬邪教。④邪教信息实际被点击、浏览数达到5000次以上）。（13）其他情节严重情形］的，犯组织、利用会道门、邪教组织、利用迷信破坏法律实施罪，处3年以上7年以下有期刑，并处罚金。

组织、利用邪教组织，破坏国家法律、行政法规实施，情节较轻［①实施非法举行集会、游行、示威，扰乱社会秩序；聚众包围、冲击、强占、哄闹国家机关、企事业单位或公共场所、宗教活动场所，扰乱社会秩序；建立邪教组织或邪教组织被取缔后又恢复、另行建立邪教组织；组织、煽动、蒙骗成员或他人不履行法定义务；使用暴力、胁迫或以其他方法强迫他人加入或阻止他人退出邪教组织；使用伪基站、黑广播等无线电台（站）或无线电频率宣扬邪教；曾因从事邪教活动被追究刑责或2年内受过行政处罚，又从事邪教活动的行为，社会危害较轻。②实施发展邪教组织成员、敛取钱财或造成经济损失、以货币为载体宣扬邪教、制作传播邪教宣传品、利用通讯信息网络宣扬邪教的行为，数量或数额达到发展邪教组织成员50人以上、敛取钱财或造成经济损失100万元以上、以货币为载体宣扬邪教数量500张（枚）以上、制作、传播邪教宣传品、利用通讯信息网络宣扬邪教相应标准1/5以上。③其他情节较轻情形］的，处3年以下有期刑、拘役、管制或剥夺政治权利，并处或单处罚金。

组织、利用会道门、邪教组织、利用迷信破坏法律实施，情节特别严重［①实施非法举行集会、游行、示威，扰乱社会秩序；聚众包围、冲击、强占、哄闹国家机关、企事业单位或公共场所、宗教活动场所，扰乱社会秩序；建立邪教组织或邪教组织被取缔后又恢复、另行建立邪教组织；组织、煽动、蒙骗成员或他人不履行法定义务；使用暴力、胁迫或以其他方法强迫他人加入或阻止他人退出邪教组织；使用伪基站、黑广播等无线电台（站）或无线电频率宣扬邪教；曾因从事邪教活动被追究刑责或2年内受过行政处罚，又从事邪教活动的行为，社会危害特别严重。②实施发展邪教组织成员、敛取钱财或造成经济损失、以货币为载体宣扬邪教、制作传播邪教宣传品、利用通讯信息网络宣扬邪教的行为，数量或数额达到发展邪教组织成员50人以上、敛取钱财或造成经济损失100万元以上、以货币为载体宣扬邪教数量500张（枚）以上、制作、传播邪教宣传品、利用通讯信息网络宣扬邪教相应标准5倍以上。③其他情节特别严重情形］的，处7年以上有期刑或无期刑，并处罚金或没收财产。

从共犯、有组织犯罪、故意犯、情节犯的角度看，组织、利用邪教组织破坏国家法律、行政法规实施，行为人在一审判决前能真诚悔罪，明确表示退出邪教组织、不再从事邪教活动，分别处理的两种方式方法：（1）符合组织、利用会道门、邪教组织、利用迷信破坏法律实施的六种情形（①聚众围攻、冲击国家机关、企事业单位，扰乱国家机关、企事业单位的工作、生产、经营、教学和科研秩序；②非法举行集会、游行、示威、煽动、欺骗、组织其成员或其他人聚众围攻、冲击、强占、哄闹公共场所及宗教活动场所，扰乱社会秩序；③抗拒有关部门取缔或已被有关部门取缔，又恢复或另行建立邪教组织，或继续进行邪教活动；④煽动、欺骗、组织其成员或其他人不履行法定义务，情节严重；⑤出版、印刷、复制、发行宣扬邪教内容出版物；⑥印制邪教组织标识等）的，可认定为组织、利用会道门、邪教组织、利用迷信破坏法律实施罪的“情节较轻”，处3年以下有期刑、拘役、管制或剥夺政治权利，并处或单处罚金。(2) 符合组织、利用会道门、邪教组织、利用迷信破坏法律实施的三种情形（利用占卜、算命、看星象等形式，散布迷信谣言，制造混乱，煽动群众抗拒、破坏国家法律、行政法规的实施）的，可不认定为组织、利用会道门、邪教组织、利用迷信破坏法律实施罪的“情节特别严重”，处7年以上有期刑或无期刑，并处罚金或没收财产。

从涉黑共犯、故意犯、结果犯的角度看，组织、利用会道门、邪教组织或利用迷信蒙骗他人，致人重伤、死亡（组织、利用邪教组织，制造、散布迷信邪说，蒙骗成员或他人绝食、自虐等，或蒙骗病人不接受正常治疗，致人重伤、死亡）的，犯组织、利用会道门、邪教组织、利用迷信致人重伤、死亡罪，处7年以上有期刑或无期刑，并处罚金或没收财产。①组织、利用邪教组织蒙骗他人，致1人以上死亡或3人以上重伤的，处3年以上7年以下有期刑，并处罚金。②组织、利用邪教组织蒙骗他人，致人重伤的，处3年以下有期刑、拘役、管制或剥夺政治权利，并处或单处罚金。③组织、利用邪教组织蒙骗他人，有造成9人以上重伤、3人以上死亡或其他情节特别严重情形，处7年以上有期刑或无期刑，并处罚金或没收财产。

从危害国家安全罪的角度看，组织和利用会道门或邪教组织，组织、策划、实施、煽动分裂国家、破坏国家统一或颠覆国家政权、推翻社会主义制度的，分别以分裂国家罪、煽动分裂国家罪或颠覆国家政权罪、煽动颠覆国家政权罪定罪处罚，对国家和人民危害特别严重、情节特别恶劣的，可判处死刑，可并处没收财产。①组织和利用会道门、邪教组织或利用迷信（世界末日来临、死后升天等）蒙骗（愚弄、欺骗）他人，致人死亡（因愚昧无知、受蒙骗而绝食、自焚等自杀死亡）的，构成组织、利用会道门、邪教组织利用迷信致人死亡罪，处3年以上7年以下有期刑；情节特别严重，处7年以上有期刑。②利用某些邪教组织成员对邪教的深信不疑，直接组织、策划、煽动、教唆、帮助邪教组织人员自杀、自残的，以故意杀人罪、故意伤害罪定罪处罚。③犯组织、利用会道门、邪教组织、利用迷信破坏法律实施罪，组织、利用会道门、邪教组织、利用迷信致人重伤、死亡罪，诈骗罪，又有奸淫妇女、诈骗财物等犯罪行为的，依数罪并罚规定处罚。

组织、利用会道门、邪教组织、利用迷信破坏法律实施罪的一般参加者不作犯罪处理。组织、利用邪教组织破坏国家法律、行政法规实施，符合情节较轻的情形，但行为人能真诚悔罪，明确表示退出邪教组织、不再从事邪教活动的，可不起诉或免刑。其中，行为人系受蒙蔽、胁迫参加邪教组织的，可不作为犯罪处理。

组织、利用邪教组织破坏国家法律、行政法规实施过程中，又有煽动分裂国家、煽动颠覆国家政权或侮辱、诽谤他人等犯罪行为的，依数罪并罚的规定定罪处罚。

组织、利用邪教组织，制造、散布迷信邪说，组织、策划、煽动、胁迫、教唆、帮助其成员或他人实施自杀、自伤的，以故意杀人罪或故意伤害罪定罪处罚。

邪教组织人员以自焚、自爆或其他危险方法危害公共安全的，以放火罪、爆炸罪、以危险方法危害公共安全罪等定罪处罚。

明知他人组织、利用邪教组织实施犯罪，而为其提供经费、场地、技术、工具、食宿、接送等便利条件或帮助的，以共犯论处。

对犯组织、利用邪教组织破坏法律实施罪、组织、利用邪教组织致人重伤、死亡罪，严重破坏社会秩序的罪犯，可附加剥夺政治权利。

对涉案物品是否属于邪教宣传品难以确定的，可委托地市级以上公安机关出具认定意见。

为传播而持有、携带或传播过程中被当场查获，邪教宣传品数量达到制作、传播邪教宣传品数量标准［①传单、喷图、图片、标语、报纸1000份（张）以上。②书籍、刊物250册以上。③录音带、录像带等音像制品250盒（张）以上。④标识、标志物250件以上。⑤光盘、U盘、储存卡、移动硬盘等移动存储介质100个以上。⑥横幅、条幅50条（个）以上］、利用通讯信息网络宣扬邪教的数量标准［①制作、传播宣扬邪教的电子图片、文章200张（篇）以上，电子书籍、刊物、音视频50册（个）以上，或电子文档500万字符以上、电子音视频250分钟以上。②编发信息、拨打电话1000条（次）以上。③利用于线人数累计达到1000人以上的聊天室，或利用群组成员、关注人员等账号数累计1000个以上的通讯群组、微信、微博等社交网络宣扬邪教。④邪教信息实际被点击、浏览数达到5000次以上］、情节较轻数量标准、情节特别严重数量标准，分别处理的方式方法：①邪教宣传品是行为人制作，以犯罪既遂处理。②邪教宣传品不是行为人制作，尚未传播，以犯罪预备处理。③邪教宣传品不是行为人制作，传播过程中被查获，以犯罪未遂处理。④邪教宣传品不是行为人制作，部分已传播出去，以犯罪既遂处理，对没有传播的部分，可在量刑时酌情考虑。

多次制作、传播邪教宣传品或利用通讯信息网络宣扬邪教，未经处理，数量或数额累计计算。(1) 制作、传播邪教宣传品，或利用通讯信息网络宣扬邪教，涉及不同种类或形式，可根据《关于办理组织、利用邪教组织破坏法律实施等刑事案件适用法律若干问题的解释》(2017年) 规定的不同数量标准的相应比例折算后累计计算。(2) 实施组织利用邪教组织、传播而持有、携带或传播过程中被当场查获邪教宣传品数量的犯罪行为，从重处罚的七种情形：①与境外机构、组织、人员勾结，从事邪教活动。②跨省级建立邪教组织机构、发展成员或组织邪教活动。③在重要公共场所、监管场所或国家重大节日、重大活动期间聚集滋事，公开进行邪教活动。④邪教组织被取缔后，或被认定为邪教组织后，仍聚集滋事，公开进行邪教活动。⑤国家工作人员从事邪教活动。⑥向未成年人宣扬邪教。⑦在学校或其他教育培训机构宣扬邪教。

对恐怖组织犯罪、邪教组织犯罪、黑社会性质组织犯罪和进行走私、诈骗、贩毒等犯罪活动的犯罪集团，在处理时要分情况，区别对待：对犯罪组织或集团中的为首组织、指挥、策划者和骨干分子，要依法从严惩处，该判处重刑或死刑的要坚决判处重刑或死刑；对受欺骗、胁迫参加犯罪组织、犯罪集团或只是一般参加者，在犯罪中起次要、辅助作用的从犯，依法应从轻或减轻处罚，符合缓刑条件的，可适用缓刑。行为人实施诈骗行为，但因主观意志外原因未能获得诈骗所得的，应认定为犯罪未遂。

三十五、《刑法》第 301 条【聚众淫乱罪；引诱未成年人聚众淫乱罪】

从聚众犯、故意犯、行为犯、情节犯的角度看，聚众进行淫乱活动的，对首犯或多次参加者，处 5 年以下有期刑、拘役或管制。

组织、策划、指挥 3 人以上进行淫乱活动或参加聚众淫乱活动 3 次以上，或引诱未成年人参加聚众淫乱活动的，均应立案追诉。

从结果既遂犯的角度看，引诱未成年人参加聚众淫乱活动，以引诱未成年人聚众淫乱罪从重处罚。

旅馆业、饮食服务业、文化娱乐业、出租汽车业等单位的人员，利用本单位的条件，组织、强迫、引诱、容留、介绍他人卖淫的，以组织卖淫罪、强迫卖淫罪、协助组织卖淫罪、引诱容留介绍卖淫罪、引诱幼女卖淫罪定罪处罚。①旅馆业、饮食服务业、文化娱乐业、出租汽车业等单位主要负责人，犯组织卖淫罪、强迫卖淫罪、协助组织卖淫罪、引诱容留介绍卖淫罪、引诱幼女卖淫罪的，从重处罚。②组织、强迫未成年人卖淫，引诱、教唆、欺骗或强迫未成年人吸食、注射毒品的，分别以组织卖淫罪、强迫卖淫罪或引诱、教唆、欺骗他人吸毒罪从重处罚。

三十六、《刑法》第 302 条【盗窃、侮辱、故意毁坏尸体、尸骨、骨灰罪】

从选择罪名、故意犯、行为犯的角度看，盗窃、侮辱、故意毁坏尸体、尸骨、骨灰的，处 3 年以下有期刑、拘役或管制。

违背本人生前意愿摘取其尸体器官，或本人生前未表示同意，违反国家规定，违背其近亲属意愿摘取其尸体器官的，依盗窃、侮辱尸体罪的规定定罪处罚。

故意破坏、污损他人坟墓或毁坏、丢弃他人尸骨、骨灰（毁坏、丢弃尸骨、骨灰），或违法停放尸体的，处 5 日以上 10 日以下拘留；情节严重（①毁坏程度较重；引发民族矛盾、宗教矛盾或群体性事件；其他情节严重的情形。②在公共场所停放尸体或因停放尸体影响他人正常生活、工作秩序，不听劝阻）的，处 10 日以上 15 日以下拘留，可并处 1000 元以下罚款（《治安管理处罚法》第 65 条）。

三十七、《刑法》第 303 条【赌博罪；开设赌场罪；组织参与国（境）外赌博罪】

《刑法修正案（十一）》第 36 条规定了组织参与国（境）外赌博罪，作为《刑法》第 303 条赌博罪；开设赌场罪；组织参与国（境）外赌博罪第 3 款。

从营业犯、聚众犯、故意犯、目的犯、数额犯、情节犯的角度看，以营利为目的，聚众赌博（组织 3 人以上赌博，抽头渔利数额累计达到 5000 元以上；组织 3 人以上赌博，赌资数额累计达到 5 万元以上；组织 3 人以上赌博，参赌人数累计达到 20 人以上；组织中国公民 10 人以上赴境外赌博，从中收取回扣、介绍费）或以赌博为业的，处 3 年以下有期刑、拘役或管制，并处罚金。（1）开设赌场（①以营利为目的，通过邀请人员加入微信群的方式招揽赌客，通过竞猜游戏网站的开奖结果等方式，以押大小、单双等方式进行赌博，利用微信群进行控制管理，在一段时间内持续组织网络赌博活动的行为。②以营利为目的，通过邀请人员加入微信群的方式招揽赌客，根据竞猜游戏网站的开奖结果等方式进行赌博，设定赌博规则，利用微信群进行控制管理，在一段时间内持续组织网络赌博活动。③以营利为目的，通过邀请人员加入微信群的方式招揽赌客，并利用微信群进行控制管理，根据设定的赌博规则，以抢红包方式，在一段时间内持续组织网络赌博活动的行为。④以营利为目的，通过邀请人员加入微信群，利用微信群进行控制管理，以抢红包方式进行赌博，在一段时间内持续组织赌博活动的行为）的，处 5 年以下有期刑、拘役或管制，并处罚金；情节严重，处 5 年以上 10 年以下有期刑，并处罚金。（2）组织中国公民参与国（境）外赌博，数额巨大或有其他严重情节，依前款规定处罚。

从营业犯、聚众犯、故意犯、行为犯、情节犯、数额犯的角度看，开设赌场［以营利为目的，在计算机网络上建立赌博网站，或为赌博网站担任代理，接受投注；设置退币、退分、退钢珠等赌博功能的电子游戏设施设备，并以现金、有价证券等贵重款物作为奖品，或以回购奖品方式给予他人现金、有价证券等贵重款物（设置赌博机）组织赌博活动］的，处 5 年以下有期刑、拘役或管制，并处罚金；情节严重的，处 5 年以上 10 年以下有期刑，并处罚金。

办理利用赌博机开设赌场的案件，应贯彻宽严相济刑事政策，重点打击赌场的出资者、经营者。①对受雇佣为赌场从事接送参赌人员、望风看场、发牌坐庄、兑换筹码等活动的人员，除参与赌场利润分成或领取高额固定工资的除外，一般不追究刑责，可由公安机关依法给予治安处罚。②对设置游戏机，单次换取少量奖品的娱乐活动，不以违法犯罪论处。③负有查禁赌博活动职责的国家机关工作人员，徇私枉法，包庇、放纵开设赌场违法犯罪活动，或为罪犯通风报信、提供便利、帮助罪犯逃避处罚，构成犯罪的，依法追究刑责。④国家机关工作人员参与赌博或利用赌博机开设赌场犯罪，组织国家工作人员赴境外赌博；组织未成年人参与赌博或开设赌场吸引未成年人参与赌博的，均应从重处罚。

开设赌场（在计算机网络上建立赌博网站，或为赌博网站担任代理，接受投注），应立案追诉。（1）以营利为目的，以赌博为业，应立案追诉。（2）赌博罪的五种立案追诉标准：①组织中国公民 10 人以上赴境外赌博，从中收取回扣、介绍费。②组织 3 人以上赌博，参赌人数累计 20 人以上。③以营利为目的，组织 3 人以上聚众赌博，抽头渔利数额累计 5000 元以上。④组织 3 人以上赌博，赌资（a. 赌资含当场查获的用于赌博的款物。b. 代币、有价证券、赌博积分等实际代表的金额。c. 在赌博机上投注或赢取的点数实际代表的金额。d. 赌博犯罪中用作赌注的款物、换取筹码的款物和通过赌博赢取的款物属于赌资。e. 通过计算机网络实施赌博犯罪，赌资数额可按在计算机网络上投注或赢取的点数乘以每一点实际代表的金额认定）数额累计 5 万元以上。⑤其他聚众赌博应追究刑责情形。

赌博机的认定：①对涉案的赌博机，公安机关应采取拍照、摄像等方式及时固定证据，并认定。②对是否属于赌博机难以确定的，司法机关可委托地市级以上公安机关出具检验报告。③司法机关根据检验报告，并结合案件具体情况作出认定。④必要时，法院可依法通知检验人员出庭作出说明。

从《关于办理利用赌博机开设赌场案件适用法律若干问题的意见》（2014 年）的角度看，利用赌博机开设赌场的定罪处罚标准：（1）设置赌博机组织赌博活动，应以开设赌场罪定罪处罚的九种情形：①设置赌博机 2 台以上，容留未成年人赌博。②在中小学校附近设置赌博机 2 台以上。③因设置赌博机被行政处罚后，两年内再设置赌博机 5 台以上。④因赌博、开设赌场犯罪被刑罚后，五年内再设置赌博机 5 台以上。⑤设置赌博机 10 台以上。⑥违法所得累计达到 5000 元以上。⑦赌资数额累计达到 5 万元以上。⑧参赌人数累计达到 20 人以上。⑨其他应追究刑责的情形。（2）设置赌博机组织赌博活动，构成开设赌场罪"情节严重"的九种情形：①因设置赌博机被行政处罚后，2 年内再设置赌博机 30 台以上。②因赌博、开设赌场犯罪被刑罚后，5 年内再设置赌博机 30 台以上。③设置赌博机 12 台以上，容留未成年人赌博。④在中小学校附近设置赌博机 12 台以上。⑤设置赌博机 60 台以上。⑥违法所得累计达到 3 万元以上。⑦赌资数额累计达到 30 万元以上。⑧参赌人数累计达到 120 人以上。⑨其他情节严重的情形。（3）可同时供多人使用的赌博机，台数按能独立供 1 人进行赌博活动的操作基本单元的数量认定。（4）在两个以上地点设置赌博机，赌博机的数量、违法所得、赌资数额、参赌人数等均合并计算。

开设赌场罪的共犯的认定：（1）明知他人利用赌博机开设赌场，以开设赌场罪的共犯论处的五种情形：①提供赌博机、资金、场地、技术支持、资金结算服务。②受雇参与赌场经管并分成。③为开设赌场者组织客源，收取回扣、手续费。④参与赌场管理并领取高额固定工资。⑤提供其他直接帮助。（2）开设赌场罪的共犯的认定标准：①明知是赌博网站，而为其提供服务或帮助（a. 为赌博网站提供互联网接入、服务器托管、网络存储空间、通讯传输通道、投放广告、发展会员、软件开发、技术支持等服务，收取服务费数额 2 万元以上。b. 为赌博网站提供资金支付结算服务，收取服务费数额 1 万元以上或帮助收取赌资 20 万元以上。c. 为 10 个以上赌博网站投放与网址、赔率等信息有关的广告或为赌博网站投放广告累计 100 条以上）。②实施明知赌博网站而为其提供服务或帮助的行为，数量或数额达到为赌博网站提供互联网接入、服务器托管、网络存储空间、通讯传输通道、投放广告、发展会员、软件开发、技术支持等服务，收取服务费数额 2 万元以上，或为赌博网站提供资金支付结算服务，收取服务费数额 1 万元以上或帮助收取赌资 20 万元以上，或为 10 个以上赌博网站投放与网址、赔率等信息有关的广告或为赌博网站投放广告累计 100 条以上标准 5 倍以上，应认定为开设赌场罪的情节严重。③实施开设赌博网站行为，以有证据证明确实不知道为例外，应认定行为人明知情形：a. 收到行政主管机关书面等方式的告知后，仍实施开设赌博网站的行为。b. 为赌博网站提供互联网接入、服务器托管、网络存储空间、通讯传输通道、投放广告、软件开发、技术支持、资金支付结算等服务，收取服务费明显异常。

c. 在执法人员调查时，通过销毁、修改数据、账本等方式故意规避调查或向嫌犯通风报信。④其他有证据证明行为人明知。（3）网上开设赌场共犯的处罚：若有开设赌场的嫌犯尚未到案，但不影响对已到案共同嫌犯、被告人的犯罪事实认定，可依法对已到案者定罪处罚。

从《关于办理网络赌博犯罪案件适用法律若干问题的意见》（2010年）的角度看，网络赌博犯罪案件的地域管辖，应坚持以犯罪地（赌博网站服务器所在地、网络接入地，赌博网站建立者、管理者所在地，以及赌博网站代理人、参赌人实施网络赌博行为地等）管辖为主、被告人居住地管辖为辅的原则（①公安机关对侦办跨区域网络赌博犯罪案件的管辖权有争议，应本着有利于查清犯罪事实、有利于诉讼的原则，认真协商解决；经协商无法达成一致，报共同的上级公安机关指定管辖。②对即将侦查终结的跨省区市重大网络赌博案件，必要时可由公安部商请最高法和最高检指定管辖。③为保证及时结案，避免超期羁押，检察院对公安机关提请审查逮捕、移送审查起诉的案件，法院对已进入审判程序的案件，嫌犯、被告人及其辩护人提出管辖异议或办案单位发现无管辖权，受案检察院、法院经审查可依法报请上级检察院、法院指定管辖，不再自行移送有管辖权的检察院、法院）。

网上开设赌场犯罪的定罪量刑标准：（1）利用互联网、移动通讯终端等传输赌博视频、数据，组织赌博活动，有开设赌场行为（①建立赌博网站并接受投注。②建立赌博网站并提供给他人组织赌博。③为赌博网站担任代理并接受投注。④参与赌博网站利润分成）。（2）实施利用互联网、移动通讯终端等传输赌博视频、数据，组织赌博活动，开设赌场行为，有严重情节（①招揽未成年人参与网络赌博。②为赌博网站招募下级代理，由下级代理接受投注。③抽头渔利数额累计达到3万元以上。④参与赌博网站利润分成，违法所得数额3万元以上。⑤建立赌博网站后通过提供给他人组织赌博，违法所得数额3万元以上。⑥赌资数额累计达到30万元以上。⑦参赌人数累计达到120人以上。⑧其他情节严重情形）。

网络赌博犯罪的参赌人数、赌资数额和网站代理的认定：（1）赌博网站的会员账号数可认定为参赌人数，若查实1个账号多人使用或多个账号1人使用，应按实际使用的人数计算参赌人数。（2）赌资数额可按在网络上投注或赢取的点数乘以每一点实际代表的金额认定。（3）对将资金直接或间接兑换为虚拟货币、游戏道具等虚拟物品，并用其作为筹码投注，赌资数额按购买该虚拟物品所需资金数额或实际支付资金数额认定。（4）对开设赌场犯罪中用于接收、流转赌资的银行账户内的资金，嫌犯、被告人不能说明合法来源的，可认定为赌资。①向该银行账户转入、转出资金的银行账户数量可认定为参赌人数。②若查实1个账户多人使用或多个账户1人使用，应按实际使用的人数计算参赌人数。（5）有证据证明嫌犯在赌博网站上的账号设置有下级账号，应认定其为赌博网站的代理。

从生产、销售赌博机的定罪量刑标准的角度看，以提供给他人开设赌场为目的，违反国家规定，非法生产、销售有退币、退分、退钢珠等赌博功能的电子游戏设施设备或其专用软件，情节严重（①个人非法经营数额 5 万元以上，或违法所得数额 1 万元以上。②单位非法经营数额 50 万元以上，或违法所得数额 10 万元以上。③虽未达到上述数额标准，但两年内因非法生产、销售赌博机行为受过 2 次以上行政处罚，又进行同种非法经营行为。④其他情节严重的情形），或情节特别严重（①个人非法经营数额 25 万元以上，或违法所得数额 5 万元以上。②单位非法经营数额 250 万元以上，或违法所得数额 50 万元以上）的，均构成非法经营罪。

三十八、《刑法》第 304 条【故意延误投递邮件罪】

从身份犯、结果犯的角度看，邮政工作人员严重不负责任（过失），故意延误投递邮件，使公共财产、国家和人民利益遭受重大损失的，处 2 年以下有期刑或拘役。

故意延误投递邮件罪的四种立案追诉标准：①邮政工作人员严重不负责任（过失），故意延误投递邮件，造成直接经济损失 2 万元以上。②严重损害国家声誉或造成其他恶劣社会影响。③延误高校录取通知书或其他重要邮件投递，使他人失去高校录取资格或造成其他无法挽回的重大损失。④其他使公共财产、国家和人民利益遭受重大损失情形。

第二节　妨害司法罪

一、《刑法》第 305 条【伪证罪】

从身份犯、故意犯、目的犯、行为犯、情节犯的角度看，在刑事诉讼中（犯罪环境条件），证人、鉴定人、记录人、翻译人（犯罪主体）对与案件有重要关系的情节，故意作虚假证明、鉴定、记录、翻译，意图陷害他人或隐匿罪证的，处 3 年以下有期刑或拘役；情节严重的，处 3 年以上 7 年以下有期刑。

伪证罪是在刑事诉讼中，证人、鉴定人、记录人和翻译人对与案件有重要关系的情节，故意作虚假证明、鉴定、记录、翻译，意图陷害他人或隐匿罪证的行为。

二、《刑法》第 306 条【辩护人、诉讼代理人毁灭证据、伪造证据、妨害作证罪】

从身份犯、情节犯的角度看，在刑事诉讼中，辩护人、诉讼代理人毁灭、伪造证据，帮助当事人毁灭、伪造证据，威胁、引诱证人违背事实改变证言或作伪证的，处 3 年以下有期刑或拘役；情节严重的，处 3 年以上 7 年以下有期刑。

妨害作证罪、帮助伪造证据罪的根本差异在于是否是帮助当事人伪造证据的行为，是否有和当事人共同伪造证据的共同行为，帮助者有之应定帮助伪造证据罪，否则定妨害作证罪。行为人自己编造虚假证言，指使证人作伪证的，应定妨害作证罪。

辩护人、诉讼代理人提供、出示、引用的证人证言或其他证据失实，不是有意伪造，不属于伪造证据。

三、《刑法》第 307 条【妨害作证罪；帮助毁灭、伪造证据罪】

从故意犯、情节犯的角度看，以暴力、威胁、贿买等方法阻止证人作证或指使他人作伪证的，处3年以下有期刑或拘役；情节严重的，处3年以上7年以下有期刑。

从故意犯、情节犯的角度看，帮助当事人毁灭、伪造证据（①行为人单独为当事人毁灭、伪造证据。②行为人与当事人共同毁灭、伪造证据的情况下不成立共犯。③行为人在为当事人毁灭、伪造证据提供各种便利条件的情况下属于正犯，而不是帮助犯。④行为人在唆使当事人毁灭、伪造证据的情况下属于正犯，而不是教唆犯），情节严重的，处3年以下有期刑或拘役。司法工作人员犯妨害作证罪、帮助毁灭伪造证据罪的，从重处罚。

帮助毁灭、伪造证据罪是帮助诉讼活动的当事人毁灭、伪造证据，情节严重的行为。①帮助毁灭、伪造证据罪属事后帮助犯，犯罪主体须是罪犯外的人，否则毁灭伪造自己是当事人的案件的证据，不成立犯罪。②帮助毁灭、伪造证据罪针对的对象是实物性证据。③在刑事诉讼中，即使经当事人（嫌犯、被告人）同意，帮助其毁灭无罪证据，因妨害刑事司法客观公正，也构成帮助毁灭证据罪。④行为人犯罪后毁灭自己犯罪的证据的行为缺乏期待可能性，不构成犯罪。⑤在帮助毁灭、伪造证据案中，毁灭是湮灭、消灭证据，既包括使证据从形态上完全消失（将证据烧毁、撕坏、浸烂、丢弃等），又包括虽保存证据形态但使得其丧失或部分丧失其证明力（玷污、涂划证据使其无法反映其证明的事实等）。

【2015年·卷2·单选·19】甲杀人后将凶器忘在现场，打电话告诉乙真相，请乙帮助扔掉凶器。乙随即把凶器藏在自家地窖里。数月后，甲生活无着落准备投案自首时，乙向甲汇款2万元，使其继续在外生活。关于本案，哪一选项正确？（D）A. 乙藏匿凶器的行为不属毁灭证据，不成立帮助毁灭证据罪。B. 乙向甲汇款2万元不属帮助甲逃匿，不成立窝藏罪。C. 乙的行为既不成立帮助毁灭证据罪，也不成立窝藏罪。D. 甲虽唆使乙毁灭证据，但不能认定为帮助毁灭证据罪的教唆犯。

四、《刑法》第307条之一【虚假诉讼罪】

从故意犯、行为犯、情节犯的角度看，以捏造的事实提起民诉［采取伪造证据、虚假陈述等手段，实施八种虚假诉讼违法犯罪行为（①在破产案件审理过程中申报捏造的债权。②捏造知识产权侵权关系或不正当竞争关系。③与夫妻一方恶意串通，捏造夫妻共同债务。④与他人恶意串通，捏造债权债务关系和以物抵债协议。⑤与被执行人恶意串通，捏造债权或对查封、扣押、冻结财产的优先权、担保物权。⑥与公司、企业的法定代表人、董事、监事、经理或其他管理人员恶意串通，捏造公司、企业债务或担保义务。⑦单方或与他人恶意串通，捏造身份、合同、侵权、继承等民事法律关系的其他行为。⑧隐瞒债务已全部清偿的事实，向法院提起民诉，要求他人履行债务，或向法院申请执行基于捏造的事实作出的仲裁裁决、公证债权文书，或在民事执行过程中以捏造的事实对执行标的提出异议、申请参与执行财产分配，均以捏造的事实提起民诉论），捏造民事法律关系，虚构民事纠纷，向法院提起民诉］，妨害司法秩序或严重侵害他人合法权益［以捏造的事实提起民诉，有六种情形（①多次以捏造的事实提起民诉。②曾因以捏造的事实提起民诉被采取民诉强制措施或受过刑事追究。

③使法院开庭审理，干扰正常司法活动。④使法院基于捏造的事实采取财产保全或行为保全措施。⑤使法院基于捏造的事实作出裁判文书、制作财产分配方案，或立案执行基于捏造的事实作出的仲裁裁决、公证债权文书。⑥其他妨害司法秩序或严重侵害他人合法权益情形）］的，处3年以下有期刑、拘役或管制，并处或单处罚金；情节严重｛以捏造的事实提起民诉，有七种情形［①非法占有他人财产，数额达到10万元以上。②使他人债权无法实现，数额达到100万元以上。③使义务人自动履行生效裁判文书（法院依民诉法、企业破产法等民事法律作出的判决、裁定、调解书、支付令等文书）确定的财产给付义务或法院强制执行财产权益，数额达到100万元以上。④使法院基于捏造的事实采取财产保全（诉前财产保全、诉中财产保全）或行为保全（诉前行为保全、诉中行为保全）措施，造成他人经济损失100万元以上。⑤使他人因不执行法院基于捏造的事实作出的判决、裁定，被采取刑拘、逮捕措施或受到刑事追究。⑥基于多次以捏造的事实提起民诉，或使法院开庭审理，干扰正常司法活动，或使法院基于捏造的事实作出裁判文书、制作财产分配方案，或立案执行基于捏造的事实作出的仲裁裁决、公证债权文书，导致严重干扰正常司法活动或严重损害司法公信力。⑦其他情节严重情形］｝的，处3年以上7年以下有期刑，并处罚金。

实施“碰瓷”，捏造人身、财产权益受到侵害的事实，虚构民事纠纷，提起民诉，符合《刑法》第307条之一虚假诉讼罪定罪规定的，以虚假诉讼罪定罪处罚；同时构成他罪，依处罚较重的规定定罪从重处罚。

对虚假诉讼参与人，要适度加大罚款、拘留等妨碍民诉强制措施的法律适用力度；虚假诉讼侵害他人民事权益，虚假诉讼参与人应承担赔偿责任；虚假诉讼违法行为涉嫌虚假诉讼罪、诈骗罪、合同诈骗罪等刑事犯罪，民事审判部门应依法将相关线索和有关案件材料移送侦查机关。

单位犯虚假诉讼罪的，对单位判处罚金，并对其直接负责的主管人员和其他直接责任人员，处3年以下有期刑、拘役或管制，并处或单处罚金；情节严重的，处3年以上7年以下有期刑，并处罚金。

单位实施虚假诉讼行为，以两高《关于办理虚假诉讼刑事案件适用法律若干问题的解释》（2018年）的定罪量刑标准，对其直接负责的主管人员和其他直接责任人员定罪处罚，并对单位判处罚金。

采取伪造证据等手段篡改案件事实，骗取法院裁判文书，构成犯罪的，以伪造变造买卖国家机关公文证件印章罪，盗窃抢夺毁灭国家机关公文证件印章罪，伪造公司企事业单位人民团体印章罪，伪造、变造、买卖身份证件罪，妨害作证罪，帮助毁灭伪造证据罪等规定追究刑责。

实施虚假诉讼犯罪行为，非法占有他人财产或逃避合法债务，又构成他罪的，依处罚较重规定定罪从重处罚。

实施以捏造的事实提起民诉，妨害司法秩序或严重侵害他人合法权益的违法犯罪行为，非法占有他人财产或逃避合法债务，又构成诈骗罪、职务侵占罪、拒不执行判决裁定罪、贪污罪等犯罪的，依处罚较重规定定罪从重处罚。

采取伪造证据、虚假陈述等手段，捏造民事法律关系，虚构民事纠纷，向法院提起民诉（采取伪造证据、虚假陈述等手段，实施八种虚假诉讼违法犯罪行为：①在破产案件审理过程中申报捏造的债权。②捏造知识产权侵权关系或不正当竞争关系。③与夫妻一方恶意串通，捏造夫妻共同债务。④与他人恶意串通，捏造债权债务关系和以物抵债协议。⑤与被执行人恶意串通，捏造债权或对查封、扣押、冻结财产的优先权、担保物权。⑥与公司、企业的法定代表人、董事、监事、经理或其他管理人员恶意串通，捏造公司、企业债务或担保义务。⑦单方或与他人恶意串通，捏造身份、合同、侵权、继承等民事法律关系的其他行为。⑧隐瞒债务已全部清偿的事实，向法院提起民诉，要求他人履行债务，或向法院申请执行基于捏造的事实作出的仲裁裁决、公证债权文书，或在民事执行过程中以捏造的事实对执行标的提出异议、申请参与执行财产分配，均以捏造的事实提起民诉论），未达到情节严重标准，行为人系初犯，在民诉过程中自愿具结悔过，接受法院处理决定，积极退赃、退赔的，可认定为犯罪情节轻微，不起诉或免刑；确有必要判刑的，可从宽处罚。

司法工作人员利用职权，与他人共同采取伪造证据、虚假陈述等手段，捏造民事法律关系，虚构民事纠纷，向法院提起民诉的，对司法工作人员不适用以捏造的事实提起民诉的规定。

审判人员不得接受当事人及其诉讼代理人请客送礼，有贪污受贿、徇私舞弊、枉法裁判行为的，应追究法律责任；构成犯罪的，依法追究刑责。司法工作人员利用职权，与他人共同施行虚假诉讼行为（①以捏造的事实提起民诉，妨害司法秩序或严重侵害他人合法权益。②非法占有他人财产或逃避合法债务。③单位进行虚假诉讼）的，从重处罚；同时构成滥用职权罪、枉法裁判罪或执行判决、裁定滥用职权罪等他罪的，依处罚较重的规定定罪从重处罚。

诉讼代理人、证人、鉴定人等诉讼参与人与他人通谋，代理提起虚假民诉、故意作虚假证言或出具虚假鉴定意见，共同实施虚假诉讼行为（①以捏造的事实提起民诉，妨害司法秩序或严重侵害他人合法权益。②非法占有他人财产或逃避合法债务。③单位虚假诉讼）的，依共犯规定定罪处罚；同时构成妨害作证罪，帮助毁灭、伪造证据罪等犯罪的，依处罚较重的罪从重处罚。

诉讼参与人［当事人（被害人、自诉人、嫌犯、被告人、附带民诉的原告人和被告人）、法定代理人（被代理人的父母、养父母、监护人和负有保护责任的机关、团体的代表）、诉讼代理人（公诉案件的被害人及其法定代理人或包括夫、妻、父、母、子、女、同胞兄弟姊妹的近亲属；自诉案件的自诉人及其法定代理人委托代为参加诉讼的人；附带民诉的当事人及其法定代理人委托代为参加诉讼的人）、辩护人、证人、鉴定人、翻译人员］与他人通谋，代理提起虚假民诉、故意作虚假证言或出具虚假鉴定意见，共同实施虚假诉讼行为（①以捏造的事实提起民诉，妨害司法秩序或严重侵害他人合法权益。②非法占有他人财产或逃避合法债务。③单位虚假诉讼），依共犯规定定罪处罚；同时构成妨害作证罪，帮助毁灭、伪造证据罪等犯罪，依处罚较重的罪从重处罚。

五、《刑法》第 308 条【打击报复证人罪】

从故意犯、行为犯、情节犯的角度看，对证人进行打击报复（恐吓、骚扰、克扣、行凶、殴打、打压、诽谤、侮辱、破坏、伤害、行政处罚或处分、敲诈勒索、非法拘禁等人身权、财产权、民主权性质的打击报复方式方法）的，处 3 年以下有期刑或拘役；情节严重（打击报复手段恶劣；严重损害致被害人的人身权、民主权或其他权利；致被害人精神失常或自杀；造成其他严重后果）的，处 3 年以上 7 年以下有期刑。

从想象竞合犯、法条竞合［全部竞合（包容竞合）、部分竞合（交互竞合）］犯的角度看，打击报复罪、打击报复证人罪和故意伤害罪等犯罪问题有转化犯、想象竞合犯、法条竞合犯的可能性。①打击报复罪和故意伤害罪等犯罪有关联性、互补性、差异性，关键在于犯罪对象范围、犯罪行为类型、法定刑的不同。②打击报复罪、打击报复证人罪、报复陷害罪的主观方面有相似性，关键在于犯罪主体、犯罪客体、犯罪客观方面的不同。违反食品安全法规定，对举报人以解除、变更劳动合同或其他方式打击报复，应依有关法律的规定承担责任。

六、《刑法》第 308 条之一【泄露不应公开的案件信息罪；披露、报道不应公开的案件信息罪；故意/过失泄露国家秘密罪】

从身份犯、结果犯的角度看，司法工作人员（公检法司人员等）、辩护人（律师；嫌犯、被告人的监护人、亲友；人民团体或嫌犯、被告人所在单位推荐的人）、诉讼代理人［①刑诉参与人：当事人（被害人、自诉人；嫌犯、被告人；附带民诉的原告、被告）、法定代理人（被代理人的父母、养父母、监护人和负有保护责任的机关、团体的代表）、诉讼代理人（公诉案件的被害人及其法定代理人或包括夫、妻、父、母、子、女、同胞兄弟姊妹的近亲属；自诉案件的自诉人及其法定代理人委托代为参加诉讼的人；附带民诉的当事人及其法定代理人委托代为参加诉讼的人）、辩护人、证人、鉴定人、翻译人员。②民诉参与人：当事人（原告、被告、共同诉讼人、第三人）、诉讼代表人、诉讼代理人、证人、鉴定人、勘验人、翻译人。③行诉参与人：当事人、诉讼代理人、证人、鉴定人、勘验人、翻译人］或其他诉讼参与人（证人、鉴定人、勘验人、翻译人），泄露、公开披露、报道依法不公开审理的案件中不应公开的信息（①国家秘密、国家情报、军事秘密、军事情报、商业秘密、个人隐私、未成年犯身份信息等不公开审理的案件信息。②法律法规禁止公开的信息），造成信息公开传播（司法工作人员、辩护人、诉讼代理人或其他诉讼参与人外的社会公众知悉）或其他严重后果（因信息泄露而给利益相关者造成的严重损失）的，处 3 年以下有期刑、拘役或管制，并处或单处罚金。

从最高法《关于对配偶子女从事律师职业的法院领导干部和审判执行岗位法官实行任职回避规定（试行）》（2011 年）的角度看，法院领导干部（各级法院的领导班子成员及审委会专职委员）和审判、执行岗位法官（各级法院未担任院级领导职务的审委会委员以及在立案、审判、执行、审判监督、国家赔偿等部门从事审判、执行工作的法官和执行员），其配偶、子女在其任职法院辖区内从事律师职业（开办律师事务所、以律师身份为案件当事人提供诉讼代理或其他有偿法律服务），应实行任职回避。（1）法院在选拔任用干部时，不得将具备任职回避条件的人员作为法院领导干部和审判、执行岗位法官的拟任人选。（2）法院在补充审判、执行岗位工作人员时，不得补充具备任职回避条件的人员。①法院在补充非审判、执行岗位工作人员时，应向拟补充的人员释明《关于对配偶子女从事律师职业的法院领导干部和审判执行岗位法官实行任职回避规定（试行）》的相关内容。②因配偶、子女从事律师职业而辞去现任职务或退出审判、执行岗位的法院领导干部和法官，应尽可能按原职级待遇重新安排工作岗位，但在重新安排工作时，不得违反《关于对配偶子女从事律师职业的法院领导干部和审判执行岗位法官实行任职回避规定（试行）》第2、3条［①法院在选拔任用干部时，不得将具备任职回避条件的人员作为法院领导干部和审判、执行岗位法官的拟任人选。②法院在补充审判、执行岗位工作人员时，不得补充具备任职回避条件的人员。③法院在补充非审判、执行岗位工作人员时，应向拟补充的人员释明《关于对配偶子女从事律师职业的法院领导干部和审判执行岗位法官实行任职回避规定（试行）》的相关内容］的要求。（3）在《关于对配偶子女从事律师职业的法院领导干部和审判执行岗位法官实行任职回避规定（试行）》施行前具备任职回避条件的法院领导干部和审判、执行岗位法官，应自《关于对配偶子女从事律师职业的法院领导干部和审判执行岗位法官实行任职回避规定（试行）》施行之日起6个月内主动提出任职回避申请；相关法院应自《关于对配偶子女从事律师职业的法院领导干部和审判执行岗位法官实行任职回避规定（试行）》施行之日起12个月内，按有关程序为其办理职务变动或岗位调整的手续。（4）在《关于对配偶子女从事律师职业的法院领导干部和审判执行岗位法官实行任职回避规定（试行）》施行前不具备任职回避条件，但在《关于对配偶子女从事律师职业的法院领导干部和审判执行岗位法官实行任职回避规定（试行）》施行后具备任职回避条件的法院领导干部和审判、执行岗位法官，应自任职回避条件具备之日起1个月内主动提出任职回避申请；相关法院应自申请期限届满之日起6个月内，按有关程序为其办理职务变动或岗位调整的手续。（5）具备任职回避条件的法院领导干部和审判、执行岗位法官在前述规定期限内没有主动提出任职回避申请，相关法院应自申请期限届满之日起6个月内，按有关程序免去其所任领导职务或将其调离审判执行岗位。（6）应实行任职回避的法院领导干部和审判、执行岗位法官的任免权限不在法院，相关法院可向具有干部任免权的机关提出为其办理职务调动或免职手续的建议。（7）具备任职回避条件的法院领导干部及审判、执行岗位法官具有隐瞒配偶、子女从事律师职业情况；采取弄虚作假手段规避任职回避；拒不服从组织调整或拒不办理公务交接；具有其他违反任职回避规定行为等四种情形之一的，应酌情给予批评教育、组织处理或纪律处分。（8）法院领导干部和审判、执行岗位法官的配偶、子女不在《关于对配偶子女从事律师职业的法院领导干部和审判执行岗位法官实行任职回避规定（试行）》所限地域范围内从事律师职业，该法院领导干部和审判、执行岗位法官不实行任职回避，但其配偶、子女采取暗中代理等方式在《关于对配偶子女从事律师职业的法院领导干部和审判执行岗位法官实行任职回避规定（试行）》所限地域范围内从事律师职业，应责令其辞去领导职务或将其调离审判、执行岗位；其本人知情，还应同时给予其相应的纪律处分。

七、《刑法》第 309 条【扰乱法庭秩序罪】

从故意犯、情节犯的角度看，扰乱法庭秩序（①聚众哄闹、冲击法庭。②殴打司法工作人员或诉讼参与人。③侮辱、诽谤、威胁司法工作人员或诉讼参与人，不听法庭制止，严重扰乱法庭秩序。④有毁坏法庭设施，抢夺、损毁诉讼文书、证据等扰乱法庭秩序行为)，情节严重的，处 3 年以下有期刑、拘役、管制或罚金。

在法庭审理过程中，诉讼参与人、旁听人员应遵守纪律：①服从法庭指挥，遵守法庭礼仪。②不得鼓掌、喧哗、哄闹、随意走动。③不得对庭审活动进行录音、录像、摄影，或通过发送邮件、博客、微博客等方式传播庭审情况，但经法院许可的新闻记者除外。④旁听人员不得发言、提问。⑤不得实施其他扰乱法庭秩序的行为。

在法庭审判过程中，若诉讼参与人或旁听人员违反法庭秩序的，审判长应警告制止。对不听制止的，可强行带出法庭；情节严重的，处以 1000 元以下罚款或 15 日以下的拘留。罚款、拘留须经院长批准。被处罚人不服罚款、拘留的决定，可向上一级法院申请复议；复议期间不停止执行。

担任辩护人、诉讼代理人的律师严重扰乱法庭秩序，被强行带出法庭或被处以罚款、拘留的，法院应通报司法行政机关，并可建议依法给予相应处罚。

当事人、诉讼参与人和旁听人员在庭审活动中应服从审判长或独任审判员的指挥，遵守法庭纪律；对扰乱法庭秩序、危及法庭安全等违法行为，应依法处理；构成犯罪的，依法追究刑责。

对聚众哄闹、冲击法庭或侮辱、诽谤、威胁、殴打司法工作人员或诉讼参与人(当事人、法定代理人、诉讼代理人、辩护人、证人、鉴定人和翻译人员)，严重扰乱法庭秩序，构成犯罪的，依法追究刑责。

行为人危及法庭安全或扰乱法庭秩序，据相关法律规定，罚款、拘留；构成犯罪(①非法携带枪支、弹药、管制刀具或爆炸性、易燃性、放射性、毒害性、腐蚀性物品以及传染病病原体进入法庭。②哄闹、冲击法庭。③侮辱、诽谤、威胁、殴打司法工作人员或诉讼参与人。④毁坏法庭设施，抢夺、损毁诉讼文书、证据。⑤其他危害法庭安全或扰乱法庭秩序的行为）的，依法追究其刑责。

从最高法、司法部、中华全国律师协会《关于深入推进律师参与人民法院执行工作的意见》(2019 年）的角度看，要充分发挥代理律师桥梁纽带作用，促进当事人之间、当事人和法院之间沟通协调。代理律师要引导、协助当事人正确认识生效法律文书裁判结果，使其充分知悉拒不履行法律义务的风险和后果。当事人不认可裁判结果，应引导其依法通过相应程序解决。存在和解可能，可提出和解建议，协助委托人与对方当事人达成执行和解。协助当事人起草和解协议时，应秉持勤勉、专业的要求，确保要素齐全、行文规范、切实可行。当事人不履行和解协议，代理律师可协助委托人依法向法院申请恢复执行或就履行执行和解协议向法院提起诉讼。

八、《刑法》第310条【窝藏、包庇罪】

从故意犯、行为犯、情节犯的角度看，明知是犯罪的人而为其提供隐藏处所、财物，帮助其逃匿或作假证明包庇的，处3年以下有期刑、拘役或管制；情节严重的，处3年以上10年以下有期刑。从通谋共犯的角度看，犯窝藏、包庇罪，事前通谋的，以共犯论处。

事先未与被窝藏、包庇的罪犯通谋，而在事后予以窝藏、包庇的，构成窝藏、包庇罪；若事先通谋，即窝藏、包庇犯与被窝藏、包庇的罪犯，在犯罪活动前，就谋划或合谋，答应罪犯作案后给予窝藏、包庇的，应以窝藏、包庇罪的共犯论处。他人明知是经济犯罪违法所得及其产生的收益，通过虚构债权债务关系、虚假交易等方式予以窝藏、转移、收购、代为销售或以其他方法掩饰、隐瞒，构成犯罪的，应依法追究刑责。

【2017年·卷2·单选·19】《刑法》第310条第1款规定了窝藏、包庇罪，第2款规定：“犯前款罪，事前通谋，以共同犯罪论处。”《刑法》第312条规定了掩饰、隐瞒犯罪所得罪，但未规定“事前通谋，以共同犯罪论处。”关于上述规定，哪一说法正确？（B）A. 若事前通谋之罪的法定刑低于窝藏、包庇罪的法定刑，即使事前通谋，也应以窝藏、包庇罪论处。B. 按《刑法》第310条第2款的规定，对事前通谋事后窝藏、包庇，也应以共同犯罪论处。C. 因缺乏明文规定，事前通谋事后掩饰、隐瞒犯罪所得，不能以共同犯罪论处。D. 事前通谋事后掩饰、隐瞒犯罪所得，属于想象竞合，应从一重罪处罚。

九、《刑法》第311条【拒绝提供间谍犯罪、恐怖主义犯罪、极端主义犯罪证据罪】

从故意犯、情节犯的角度看，明知他人有间谍犯罪或恐怖主义、极端主义犯罪行为，在司法机关向其调查有关情况、收集有关证据时，拒绝提供，情节严重的，处3年以下有期刑、拘役或管制。

十、《刑法》第312条【掩饰、隐瞒犯罪所得、犯罪所得收益罪】

从故意犯、情节犯的角度看，明知（行为人实施盗窃、抢劫、诈骗、抢夺的机动车或国家机关工作人员滥用职权、疏于审查或审查不严，使盗窃、抢劫、诈骗、抢夺的机动车被办理登记手续的违法犯罪行为，涉及的机动车无合法有效的来历凭证，或发动机号、车辆识别代号有明显更改痕迹，无合法证明）是犯罪所得（通过犯罪直接得到的赃款、赃物）及其产生的收益（上游犯罪的行为人对犯罪所得进行处理后得到的孳息、租金等）而窝藏、转移、收购、代为销售或以其他方法（明知是犯罪所得及其产生的收益而采取窝藏、转移、收购、代为销售以外的方法，如居间介绍买卖，收受，持有，使用，加工，提供资金账户，协助将财物转换为现金、金融票据、有价证券，协助将资金转移、汇往境外等）掩饰、隐瞒的，处3年以下有期刑、拘役或管制，并处或单处罚金；情节严重（①掩饰、隐瞒犯罪所得及其产生的收益的行为使上游犯罪无法及时查处，并造成公私财物重大损失无法挽回或其他严重后果。②掩饰、隐瞒犯罪所得及其产生的收益10次以上，或3次以上且价值总额达到5万元以上。③掩饰、隐瞒犯罪所得及其产生的收益价值总额达到10万元以上。④掩饰、隐瞒的犯罪所得系电力设备、交通设施、广电设施、公用电信设施、军事设施或救灾、抢险、防汛、优抚、扶贫、移民、救济款物，价值总额达到5万元以上。⑤实施其他掩饰、隐瞒犯罪所得及其产生的收益行为，严重妨害司法机关对上游犯罪追究。⑥实施明知是非法获取计算机信息系统数据犯罪所获取的数据、非法控制计算机信息系统犯罪所获取的计算机信息系统控制权，而转移、收购、代为销售或以其他方法掩饰、隐瞒的犯罪行为，违法所得5万元以上）的，处3年以上7年以下有期刑，并处罚金

掩饰、隐瞒犯罪所得、犯罪所得收益罪是明知是犯罪所得及其产生的收益，而予以窝藏、转移、收购、代为销售或以其他方法掩饰、隐瞒的行为。

掩饰、隐瞒犯罪所得、犯罪所得收益罪的量刑：（1）构成掩饰、隐瞒犯罪所得、犯罪所得收益罪，可根据不同情形在相应的幅度内确定量刑起点：①犯罪情节一般的，可在1年以下有期刑、拘役幅度内确定量刑起点。②情节严重的，可在3年至4年有期刑幅度内确定量刑起点。（2）在量刑起点的基础上，可根据犯罪数额等其他影响犯罪构成的犯罪事实增加刑罚量，确定基准刑。

【2011年·卷2·单选·17】下列哪一选项的行为应以掩饰、隐瞒犯罪所得罪论处？（D）A. 甲用受贿所得1000万元购买了一处别墅。B. 乙明知是他人用于抢劫的汽车而更改车身颜色。C. 丙与抢劫犯事前通谋后代为销售抢劫财物。D. 丁明知是他人盗窃的汽车而为其提供伪造的机动车来历凭证。

知道或应知道是盗窃所得的窨井盖及其产生的收益而予以窝藏、转移、收购、代为销售或以其他方法掩饰、隐瞒的，依《刑法》第312条和最高法《关于审理掩饰、隐瞒犯罪所得、犯罪所得收益刑事案件适用法律若干问题的解释》的规定，以掩饰、隐瞒犯罪所得、犯罪所得收益罪定罪处罚。

依法严惩非法渔获物交易犯罪。明知是在长江流域重点水域非法捕捞犯罪所得的水产品而收购、贩卖，价值1万元以上，应以《刑法》第312条掩饰、隐瞒犯罪所得罪定罪处罚。

从《关于审理掩饰、隐瞒犯罪所得、犯罪所得收益刑事案件适用法律若干问题的解释》的角度看，掩饰、隐瞒犯罪所得、犯罪所得收益罪是选择性罪名，审理此类案件，应根据具体犯罪行为及其指向的对象，确定适用的罪名。（1）明知（应结合行为人的认知能力、所得报酬、运输工具、运输路线、收购价格、收购形式、加工方式、销售地点、仓储条件等综合因素认定）是犯罪所得的油气而窝藏、转移、收购、加工、代为销售或以其他方式掩饰、隐瞒，构成犯罪的，以掩饰、隐瞒犯罪所得罪追究刑责。

（2）实施明知是犯罪所得的油气而窝藏、转移、收购、加工、代为销售或以其他方式掩饰、隐瞒的犯罪行为，事前通谋的，以盗窃罪、破坏易燃易爆设备罪等有关犯罪的共犯论处。（3）知道或应知道是非法收购、运输、出售珍贵濒危野生动物、珍贵、濒危野生动物制品罪的非法狩猎的野生动物而购买的，属于掩饰、隐瞒犯罪所得、犯罪所得收益罪的明知是犯罪所得而收购的行为（明知是犯罪所得及其产生的收益而收购）。（4）明知是盗窃、抢劫、诈骗、抢夺的机动车，而为其提供或出售伪造、变造的机动车来历凭证、整车合格证、号牌以及有关机动车的其他证明和凭证，以掩饰、隐瞒犯罪所得、犯罪所得收益罪定罪。明知是盗窃、抢劫、诈骗、抢夺的机动车，而实施掩饰、隐瞒犯罪所得、犯罪所得收益罪的行为（①修改发动机号、车辆识别代号。②更改车身颜色或车辆外形。③拆解、拼装或组装。④提供或出售机动车来历凭证、整车合格证、号牌及有关机动车的其他证明和凭证。⑤提供或出售伪造、变造的机动车来历凭证、整车合格证、号牌及有关机动车的其他证明和凭证。⑥买卖、介绍买卖、典当、拍卖、抵押或用其抵债）涉及盗窃、抢劫、诈骗、抢夺的机动车5辆以上或价值总额达到50万元以上，属于掩饰、隐瞒犯罪所得、犯罪所得收益罪的情节严重，处3年以上7年以下有期刑，并处罚金。（5）明知是盗窃、抢劫、诈骗、抢夺的机动车，实施六种违法犯罪行为（①修改发动机号、车辆识别代号。②更改车身颜色或车辆外形。③拆解、拼装或组装。④提供或出售机动车来历凭证、整车合格证、号牌及有关机动车的其他证明和凭证。⑤提供或出售伪造、变造的机动车来历凭证、整车合格证、号牌及有关机动车的其他证明和凭证。⑥买卖、介绍买卖、典当、拍卖、抵押或用其抵债）的，以掩饰、隐瞒犯罪所得、犯罪所得收益罪定罪，处3年以下有期刑、拘役或管制，并处或单处罚金。（6）明知是犯罪所得及其产生的收益而窝藏、转移、收购、代为销售或以其他方法掩饰、隐瞒，以掩饰、隐瞒犯罪所得、犯罪所得收益罪定罪处罚的五种情形：①1年内曾因掩饰、隐瞒犯罪所得及其产生的收益行为受过行政处罚，又实施掩饰、隐瞒犯罪所得及其产生的收益行为。②掩饰、隐瞒犯罪所得及其产生的收益价值3000元至1万元以上。③掩饰、隐瞒行为使上游犯罪无法及时查处，并造成公私财物损失无法挽回。④掩饰、隐瞒的犯罪所得系电力设备、交通设施、广电设施、公用电信设施、军事设施或救灾、抢险、防汛、优抚、扶贫、移民、救济款物。⑤实施其他掩饰、隐瞒犯罪所得及其产生的收益行为，妨害司法机关对上游犯罪进行追究。（7）掩饰、隐瞒犯罪所得及其产生的收益行为符合明知是犯罪所得及其产生的收益而窝藏、转移、收购、代为销售或以其他方法掩饰、隐瞒的情形的，认罪、悔罪并退赃、退赔，且有法定从宽处罚情节、为近亲属（夫、妻、父、母、子、女、同胞兄弟姊妹）掩饰隐瞒犯罪所得及其产生的收益且系初犯偶犯，或其他情节轻微情形，可认定为犯罪情节轻微，免刑。（8）行为人为自用而掩饰、隐瞒犯罪所得，财物价值刚达到3000元至1万元以上标准，认罪、悔罪并退赃、退赔的，一般可不认为是犯罪；依法追究刑责的，应酌情从宽。（9）司法解释对掩饰、隐瞒涉及机动车、计算机信息系统数据、计算机信息系统控制权的犯罪所得及其产生的收益行为认定“情节严重”已有规定，审理此类案件依该规定。(10) 司法解释对掩饰、隐瞒涉及计算机信息系统数据、计算机信息系统控制权的犯罪所得及其产生的收益行为构成犯罪已有规定，审理此类案件依该规定。(11) 认定掩饰、隐瞒犯罪所得、犯罪所得收益罪，以上游犯罪事实成立为前提。①上游犯罪尚未依法裁判，但查证属实，不影响掩饰、隐瞒犯罪所得、犯罪所得收益罪的认定。②上游犯罪事实经查证属实，但因行为人未达到刑责年龄等原因依法不追究刑责，不影响掩饰、隐瞒犯罪所得、犯罪所得收益罪的认定。(12) 掩饰、隐瞒犯罪所得及其产生的收益的数额，应以实施掩饰、隐瞒行为时为准。①收购或代为销售财物的价格高于其实际价值，以收购或代为销售的价格计算。②多次实施掩饰、隐瞒犯罪所得及其产生的收益行为，未经行政处罚，依法应追诉，犯罪所得、犯罪所得收益的数额应累计计算。(13) 事前与盗窃、抢劫、诈骗、抢夺等罪犯通谋，掩饰、隐瞒犯罪所得及其产生的收益的，以盗窃、抢劫、诈骗、抢夺等犯罪的共犯论处。(14) 对犯罪所得及其产生的收益实施盗窃、抢劫、诈骗、抢夺等行为，构成犯罪的，分别以盗窃罪、抢劫罪、诈骗罪、抢夺罪等定罪处罚。(15) 明知是盗窃文物、盗掘古文化遗址、古墓葬等犯罪所获取的三级以上文物，而窝藏、转移、收购、加工、代为销售或以其他方法掩饰、隐瞒的，以掩饰、隐瞒犯罪所得罪定罪量刑；事先有通谋的，以掩饰、隐瞒犯罪所得罪的共犯论处。(16) 明知是犯罪所得及其产生的收益而掩饰、隐瞒的，构成掩饰、隐瞒犯罪所得、犯罪所得收益罪，同时构成他罪的，依处罚较重的规定定罪处罚。(17) 盗用单位名义实施掩饰、隐瞒犯罪所得及其产生的收益行为，违法所得由行为人私分，依刑法和司法解释有关自然人犯罪规定定罪处罚。(18) 单位犯掩饰、隐瞒犯罪所得、犯罪所得收益罪的，对单位判处罚金，并对其直接负责的主管人员和其他直接责任人员，以掩饰、隐瞒犯罪所得、犯罪所得收益罪定罪处罚。

从立法解释的角度看，明知是非法狩猎的野生动物而收购，数量达到 50 只以上，以掩饰、隐瞒犯罪所得罪定罪处罚（《刑法》第 341、312 条：非法猎捕、杀害珍贵、濒危野生动物罪；非法收购、运输、出售珍贵濒危野生动物、珍贵、濒危野生动物制品罪；掩饰、隐瞒犯罪所得、犯罪所得收益罪）。

明知是非法获取计算机信息系统数据犯罪所获取的数据、非法控制计算机信息系统犯罪所获取的计算机信息系统控制权，而转移、收购、代为销售或以其他方法掩饰、隐瞒，违法所得 5000 元以上的，以掩饰、隐瞒犯罪所得罪定罪处罚。单位实施明知是非法获取计算机信息系统数据犯罪所获取的数据、非法控制计算机信息系统犯罪所获取的计算机信息系统控制权，而转移、收购、代为销售或以其他方法掩饰、隐瞒的犯罪行为，以掩饰、隐瞒犯罪所得罪的情节严重（实施明知是非法获取计算机信息系统数据犯罪所获取的数据、非法控制计算机信息系统犯罪所获取的计算机信息系统控制权，而转移、收购、代为销售或以其他方法掩饰、隐瞒的犯罪行为，违法所得 5 万元以上）的规定执行。

实施明知是盗窃、抢劫、诈骗、抢夺的机动车而掩饰、隐瞒犯罪所得、犯罪所得收益的行为、伪造变造买卖机动车行驶证、登记证书的行为、国家机关工作人员滥用职权或疏于审查或审查不严而使盗窃、抢劫、诈骗、抢夺的机动车被办理登记手续的行为，事前与盗窃、抢劫、诈骗、抢夺机动车的罪犯通谋的，以盗窃罪、抢劫罪、诈骗罪、抢夺罪的共犯论处。

十一、《刑法》第313条【拒不执行判决、裁定罪】

从故意犯、情节犯的角度看，单位拒不执行判决、裁定的，对单位判处罚金，并对其直接负责的主管人员和其他直接责任人员，或对法院的判决、裁定有能力执行而拒不执行，情节严重（①在法院发出执行通知后，隐藏、转移、变卖、毁损已被依法查封、扣押或已被清点并责令其保管的财产，转移已被冻结的财产，使判决、裁定没法执行。②隐藏、转移、变卖、毁损在执行中向法院提供担保的财产，使判决、裁定没法执行。③以暴力、威胁方法妨害或抗拒执行，使执行工作没法进行。④聚众哄闹、冲击执行现场，围困、扣押、殴打执行人员使执行工作没法进行。⑤毁损、抢夺执行案件材料、执行公务车辆和其他执行器械、执行人员服装以及执行公务证件，造成严重后果。⑥其他妨害或抗拒执行造成严重后果）的，处3年以下有期刑、拘役或罚金；情节特别严重的，处3年以上7年以下有期刑，并处罚金。

拒不执行判决、裁定罪是负有执行法院判决、裁定义务的人对法院的判决、裁定有能力执行而拒不执行，情节严重的行为。法院作出的判决、裁定等生效法律文书，义务人应依法履行；拒不履行的，应依法追究法律责任。一般而言，因利用职业便利实施犯罪，或实施违背职业要求的特定义务的犯罪被判处刑罚，法院可根据犯罪情况和预防再犯罪的需要，禁止其自刑罚执行完毕之日或假释之日起从事相关职业，期限为3年至5年。

拒不执行判决、裁定罪的情形：（1）被禁止从事相关职业的人违反法院依禁止令作出的决定，由公安机关依法给予处罚；情节严重的，以拒不执行判决、裁定罪定罪处罚；特殊而言，其他法律、行政法规对其从事相关职业另有禁止或限制性规定的，从其规定。（2）被执行人、协助执行义务人、担保人等负有执行义务的人对法院的判决、裁定有能力执行而拒不执行，情节严重（①对执行人员进行侮辱、围攻、扣押、殴打，使执行工作无法进行。②拒不执行法院判决、裁定，使债权人遭受重大损失。③拒不交付法律文书指定交付的财物、票证或拒不迁出房屋、退出土地，使判决、裁定无法执行。④有拒绝报告或虚假报告财产情况、违反法院限制高消费及有关消费令等拒不执行行为，经采取罚款或拘留等强制措施后仍拒不执行。⑤毁损、抢夺执行案件材料、执行公务车辆和其他执行器械、执行人员服装及执行公务证件，使执行工作无法进行。⑥伪造、毁灭有关被执行人履行能力的重要证据，以暴力、威胁、贿买方法阻止他人作证或指使、贿买、胁迫他人作伪证，妨碍法院查明被执行人财产情况，使判决、裁定无法执行。⑦以暴力、威胁方法阻碍执行人员进入执行现场或聚众哄闹、冲击执行现场，使执行工作无法进行。⑧与他人串通，通过虚假诉讼、虚假仲裁、虚假和解等方式妨害执行，使判决、裁定无法执行）的，应以拒不执行判决、裁定罪处罚。（3）在法院工作人员依法执行案件过程中或在执行现场对执法人员实施暴力、威胁行为的，以拒不执行判决、裁定罪。

拒不执行判决、裁定刑事案件，一般由执行法院所在地法院管辖。①拒不执行判决、裁定的被告人在一审宣告判决前，履行全部或部分执行义务的，可酌情从宽处罚。②拒不执行支付赡养费、扶养费、抚育费、抚恤金、医疗费用、劳动报酬等判决、裁定的，可酌情从重处罚。

十二、《刑法》第314条【非法处置查封、扣押、冻结的财产罪】

从选择罪名、故意犯、情节犯的角度看，隐藏、转移、变卖、故意毁损已被司法机关查封、扣押、冻结的财产，情节严重的，处3年以下有期刑、拘役或罚金。

公安机关经侦查，应严格依法律规定的条件和程序采取强制措施和侦查措施，严禁在无证据的情况下，仅凭怀疑就对嫌犯采取强制措施和侦查措施；对有证据证明有犯罪事实的案件，应进行预审，对收集、调取的证据材料的真实性、合法性及证明力审查、核实；涉及国家秘密、商业秘密、个人隐私的，应保密。

十三、《刑法》第315条【破坏监管秩序罪】

从故意犯、情节犯的角度看，依法被关押的罪犯（有期刑犯、无期刑犯、死缓犯），破坏监管秩序，情节严重（①殴打监管人员。②组织其他被监管人破坏监管秩序。③聚众闹事，扰乱正常监管秩序。④殴打、体罚或指使他人殴打、体罚其他被监管人）的，处3年以下有期刑。

从监狱法的角度看，监狱应建立罪犯的日常考核制度，考核的结果作为对罪犯奖励和处罚的依据。罪犯在服刑期间有破坏监管秩序情形［聚众哄闹监狱，扰乱正常秩序（构成犯罪，依法追究刑责）；辱骂或殴打警察；欺压其他罪犯；偷窃、赌博、打架斗殴、寻衅滋事；有劳动能力拒不参加劳动或消极怠工，经教育不改；以自伤、自残手段逃避劳动；在生产劳动中故意违反操作规程，或有意损坏生产工具；有违反监规纪律的其他行为］的，监狱可给予警告、记过或禁闭（禁闭的期限为7天至15天）。

十四、《刑法》第316条【脱逃罪；劫夺被押解人员罪】

从身份犯、故意犯、行为犯的角度看，依法被关押的罪犯、被告人、嫌犯脱逃（逃离监狱、看守所、拘留所等监管场所逃跑；在押解途中逃跑、脱身逃走等）的，处5年以下有期刑或拘役。

【2006年·卷2·多选·61】对下列哪些行为不应认定为脱逃罪？（BCD）A. 嫌犯在从甲地押解到乙地的途中，乘押解人员不备，偷偷溜走。B. 被判处管制的罪犯没经执行机关批准到外地经商，直至管制期满没归。C. 被判处有期刑的罪犯组织多人有计划地从羁押场所秘密逃跑。D. 被判处无期刑的8名罪犯采取暴动方法逃离羁押场所。

管制是对罪犯不予关押，但限制其一定自由，由公安机关执行和群众监督改造的刑罚方法。因被判处管制的罪犯不属于依法被关押，不构成脱逃罪。脱逃罪的主体是特殊主体，即依法被逮捕、关押的罪犯、被告人、嫌犯（已拘留、逮捕而尚未判决的未决犯和已被判处拘役以上剥夺自由刑罚的罪犯）。

十五、《刑法》第317条【组织越狱罪；暴动越狱罪；聚众持械劫狱罪】

从聚众共犯、故意犯、行为犯的角度看，组织越狱的首犯和积极参加者，处5年以上有期刑；其他参加者，处5年以下有期刑或拘役。

从聚众共犯、故意犯、情节犯的角度看，暴动越狱或聚众持械劫狱的首犯和积极参加者，处10年以上有期刑或无期刑；情节特别严重的，处死刑；其他参加者，处3年以上10年以下有期刑。

罪犯在服刑期间故意犯罪（破坏监管秩序罪、组织越狱罪、暴动越狱罪、聚众持械劫狱罪、脱逃罪、劫夺被押解人员罪等）的，依法从重处罚。对罪犯在监狱内犯罪的案件，由监狱进行侦查；侦查终结后，写出起诉意见书，连同案卷材料、证据一并移送检察院。

第三节　妨害国（边）境管理罪

以组织他人偷越国（边）境为目的，招募、拉拢、引诱、介绍、培训偷越国（边）境人员，策划、安排偷越国（边）境行为，在他人偷越国（边）境前或偷越国（边）境过程中被查获，应以组织他人偷越国（边）境罪（未遂）论处；有违法所得数额巨大（20万元以上），或造成被组织人重伤、死亡，或剥夺或限制被组织人人身自由，或组织他人偷越国（边）境集团的首犯，或多次组织他人偷越国（边）境或组织他人偷越国（边）境人数众多（10人以上），或以暴力、威胁方法抗拒检查，或有其他特别严重情节，应在相应的法定刑幅度基础上，结合未遂犯的处罚原则量刑。

犯组织他人偷越国（边）境罪，对被组织人有杀害、伤害、强奸、拐卖等犯罪行为，或对检查人员有杀害、伤害等犯罪行为，依数罪并罚规定处罚。

对跨地区实施的不同妨害国（边）境管理犯罪，符合并案处理要求，有关地方公安机关依法律和相关规定一并立案侦查，需提请批捕、移送审查起诉、提起公诉，由该公安机关所在地的同级检察院、法院依法受理。

一、《刑法》第318条【组织他人偷越国（边）境罪】

从共犯、故意犯、行为犯的角度看，组织他人偷越国（边）境［领导、策划、指挥他人偷越国（边）境或在首犯指挥下，实施拉拢、引诱、介绍他人偷越国（边）境等行为］的，处2年以上7年以下有期刑，并处罚金；处7年以上有期刑或无期刑，并处罚金或没收财产［①违法所得数额巨大（20万元以上）。②造成被组织人重伤、死亡。③剥夺或限制被组织人人身自由。④组织他人偷越国（边）境集团的首犯。⑤多次组织他人偷越国（边）境或组织他人偷越国（边）境人数众多（10人以上）。⑥以暴力、威胁方法抗拒检查。⑦有其他特别严重情节］。

二、《刑法》第319条【骗取出境证件罪】

从单位犯罪、故意犯、行为犯、情节犯的角度看，单位犯骗取出境证件罪的，对单位判处罚金，并对其直接负责的主管人员和其他直接责任人员，或以劳务输出、经贸往来或其他名义，弄虚作假［为组织他人偷越国（边）境，编造出境事由、身份信息或相关的境外关系证明］，骗取护照、签证等出境证件［护照或代替护照使用的国际旅行证件，中国海员证，中国出入境通行证，中国旅行证，中国公民往来港澳台地区证件，边境地区出入境通行证，签证、签注，出国（境）证明、名单，其他出境时需查验的资料］，为组织他人偷越国（边）境使用的，处3年以下有期刑，并处罚金；情节严重（①骗取出境证件5份以上。②非法收取费用30万元以上。③明知是国家规定的不准出境的人员而为其骗取出境证件。④其他情节严重情形）的，处3年以上10年以下有期刑，并处罚金。

单位犯骗取出境证件罪的，对单位判处罚金，并对其直接负责的主管人员和其他直接责任人员，处3年以下有期刑，并处罚金；情节严重的，处3年以上10年以下有期刑，并处罚金。

三、《刑法》第320条【提供伪造、变造的出入境证件罪；出售出入境证件罪】

从故意犯、情节犯的角度看，为他人提供伪造、变造的护照、签证等出入境证件（护照或代替护照使用的国际旅行证件，中国海员证，中国出入境通行证，中国旅行证，中国公民往来港澳台地区证件，边境地区出入境通行证，签证、签注，出国（境）证明、名单，其他出境、入境时需查验的资料），或出售护照、签证等出入境证件的，处5年以下有期刑，并处罚金；情节严重（①为他人提供伪造、变造的出入境证件或出售出入境证件5份以上。②非法收取费用30万元以上。③明知是国家规定的不准出入境的人员而为其提供伪造、变造的出入境证件或向其出售出入境证件。④其他情节严重情形）的，处5年以上有期刑，并处罚金。

为他人偷越国（边）境提供伪造的护照，构成提供伪造的出入境证件罪，而不是以偷越国（边）境罪的共犯论处。

四、《刑法》第321条【运送他人偷越国（边）境罪】

从故意犯、行为犯的角度看，运送他人偷越国（边）境的，处5年以下有期刑、拘役或管制，并处罚金；处5年以上10年以下有期刑，并处罚金［①运送他人偷越国（边）境违法所得数额巨大（20万元以上）。②多次实施运送行为或运送人数众多（10人以上）。③使用的船只、车辆等交通工具不具备必要的安全条件，足以造成严重后果。④有其他特别严重情节］。

在运送他人偷越国（边）境中造成被运送人重伤、死亡，或以暴力、威胁方法抗拒检查的，处7年以上有期刑，并处罚金。

犯运送他人偷越国（边）境罪，对被运送人有杀害、伤害、强奸、拐卖等犯罪行为，或对检查人员有杀害、伤害等犯罪行为的，依数罪并罚规定处罚。

以单位名义或单位形式组织他人偷越国（边）境、为他人提供伪造、变造的出入境证件或运送他人偷越国（边）境，应对直接负责主管人员和其他直接责任人员以组织他人偷越国（边）境罪、提供伪造变造的出入境证件罪、出售出入境证件罪、运送他人偷越国（边）境罪追责。

实施组织他人偷越国（边）境犯罪，同时构成骗取出境证件罪、提供伪造、变造的出入境证件罪、出售出入境证件罪、运送他人偷越国（边）境罪的，依处罚较重的规定定罪处罚。

五、《刑法》第322条【偷越国（边）境罪】

从行政犯、故意犯、情节犯的角度看，违反国（边）境管理法规，偷越国（边）境［①无出入境证件出入国（边）境或逃避接受边防检查。②使用伪造、变造、无效的出入境证件出入国（边）境。③使用他人出入境证件出入国（边）境。④使用以虚假的出入境事由、隐瞒真实身份、冒用他人身份证件等方式骗取的出入境证件出入国（边）境。⑤采用其他方式非法出入国（边）境］，情节严重［①在境外实施损害国家利益行为。②偷越国（边）境3次以上或3人以上结伙偷越国（边）境。③拉拢、引诱他人一起偷越国（边）境。④勾结境外组织、人员偷越国（边）境。⑤因偷越国（边）境被行政处罚后1年内又偷越国（边）境。⑥其他情节严重情形］的，处1年以下有期刑、拘役或管制，并处罚金；为参加恐怖活动组织、接受恐怖活动培训或实施恐怖活动，偷越国（边）境的，处1年以上3年以下有期刑，并处罚金。

六、《刑法》第323条【破坏界碑、界桩罪；破坏永久性测量标志罪】

从故意犯、行为犯的角度看，故意破坏国家边境的界碑、界桩或永久性测量标志（各等级的三角点、基线点、导线点、军用控制点、重力点、天文点、水准点和卫星定位点的觇标和标石标志，用于地形测图、工程测量和形变测量的固定标志和海底大地点设施）的，处3年以下有期刑或拘役。

第四节 妨害文物管理罪

有科学价值的古脊椎动物化石和古人类化石、文物受国家保护。（1）在中国境内国家保护的五种文物类型：①有历史、艺术、科学价值的古文化遗址、古墓葬、古建筑、石窟寺、石刻、壁画（不可移动文物）。②与重大历史事件、革命运动或著名人物有关的以及有重要纪念意义、教育意义或史料价值的近代现代重要史迹、实物、代表性建筑。③历史上各时代珍贵的艺术品、工艺美术品。④历史上各时代重要的文献资料以及有历史、艺术、科学价值的手稿和图书资料等。⑤反映历史上各时代、各民族社会制度、社会生产、社会生活的代表性实物。（2）古文化遗址、古墓葬、古建筑、石窟寺、石刻、壁画、近代现代重要史迹和代表性建筑等不可移动文物，据它们的历史、艺术、科学价值，可分别确定为全国重点文物保护单位，省级文物保护单位，市、县级文物保护单位。（3）历史上各时代重要实物、艺术品、文献、手稿、图书资料、代表性实物等可移动文物，分为珍贵文物（一、二、三级文物）、一般文物。

违反中医药条例规定，损毁或破坏中医药文献的，由县级以上地方政府负责中医药管理的部门责令改正，对负有责任的主管人员和其他直接责任人员依法给予纪律处分；损毁或破坏属于国家保护文物的中医药文献，情节严重，构成犯罪的，依法追究刑责。

一、《刑法》第 324 条【故意/过失损毁文物罪；故意损毁名胜古迹罪】

从故意犯、行为犯、情节犯、数额犯的角度看，故意损毁国家保护的珍贵文物或被确定为全国重点文物保护单位、省级文物保护单位的文物（全国重点文物保护单位、省级文物保护单位的本体）的，处 3 年以下有期刑或拘役，并处或单处罚金；情节严重（①使全国重点文物保护单位、省级文物保护单位的本体严重损毁或灭失。②多次损毁或损毁多处全国重点文物保护单位、省级文物保护单位的本体。③造成 5 件以上 3 级文物损毁。④造成二级以上文物损毁。⑤其他情节严重情形）的，处 3 年以上 10 年以下有期刑，并处罚金。

故意损毁国家保护的珍贵文物或被确定为全国重点文物保护单位、省级文物保护单位的文物，应立案追诉。①实施故意损毁国家保护的珍贵文物或被确定为全国重点文物保护单位、省级文物保护单位的文物情节严重的行为，拒不执行国家行政主管部门作出的停止侵害文物的行政决定或命令，酌情从重处罚。②实施故意损毁文物罪的情节严重的行为而拒不执行国家行政主管部门作出的停止侵害文物的行政决定或命令，酌情从重处罚。③从转化犯、情节加重犯的角度看，故意损毁风景名胜区内被确定为全国重点文物保护单位、省级文物保护单位的文物，以故意损毁文物罪定罪处罚，情节严重的，处 5 年以下有期刑或拘役，并处或单处罚金。

从故意犯、情节犯的角度看，故意损毁国家保护的名胜古迹［风景名胜区的核心景区（为旅游者提供游览服务、有明确的管理界限的场所或区域）；未被确定为全国重点文物保护单位、省级文物保护单位的古文化遗址、古墓葬、古建筑、石窟寺、石刻、壁画、近代现代重要史迹和代表性建筑等不可移动文物的本体］，情节严重（①使名胜古迹严重损毁或灭失。②多次损毁或损毁多处名胜古迹。③其他情节严重情形）的，处 5 年以下有期刑或拘役，并处或单处罚金。

故意损毁名胜古迹罪的四种立案追诉标准：①故意损毁国家保护的名胜古迹的，且损毁手段特别恶劣。②造成国家保护的名胜古迹严重损毁。③损毁国家保护的名胜古迹 3 次以上或 3 处以上，尚未造成严重损毁后果。④其他情节严重情形。

从过失犯、结果犯的角度看，过失损毁国家保护的珍贵文物或被确定为全国重点文物保护单位、省级文物保护单位的文物，造成严重后果（①使国家级或省级文物保护单位的本体严重损毁或灭失。②造成二级以上文物损毁。③造成 5 件以上三级文物损毁）的，处 3 年以下有期刑或拘役。

过失损毁国家保护的珍贵文物或被确定为全国重点文物保护单位、省级文物保护单位的文物，应立案追诉的四种标准：①过失造成珍贵文物损毁 3 件以上。②过失造成珍贵文物严重损毁。③过失造成国家级或省级文物保护单位的文物严重损毁。④其他造成严重后果的情形。

二、《刑法》第 325 条【非法向外国人出售、赠送珍贵文物罪】

从行政犯、故意犯、行为犯的角度看，违反文物保护法规，将收藏的国家禁止出口的珍贵文物私自出售或私自赠送给外国人的，处 5 年以下有期刑或拘役，可并处罚金。

单位犯非法向外国人出售、赠送珍贵文物罪的，对单位判处罚金，并对其直接负责的主管人员和其他直接责任人员，以非法向外国人出售、赠送珍贵文物罪处罚。

文物商店不得销售、拍卖企业不得拍卖、公民、法人和其他组织不得买卖的四种文物类型：①国有文物，以国家允许为例外。②非国有馆藏珍贵文物。③国有不可移动文物中的壁画、雕塑、建筑构件等，但无法实施原址保护而依法拆除的国有不可移动文物中的壁画、雕塑、建筑构件等不属于由文物行政部门指定的文物收藏单位收藏外。④来源不符合民间收藏文物（依法继承或接受赠与；从文物商店购买；从经营文物拍卖的拍卖企业；公民个人合法所有的文物相互交换或依法转让；国家规定的其他合法方式）规定的文物。

三、《刑法》第 326 条【倒卖文物罪】

从故意犯、目的犯、情节犯、数额犯的角度看，以牟利为目的，倒卖国家禁止经营的文物（出售或为出售而收购、运输、储存文物保护法规定的国家禁止买卖的文物），情节严重（①倒卖国家禁止经营的文物交易数额 5 万元以上。②倒卖三级文物。③其他情节严重情形）的，处 5 年以下有期刑或拘役，并处罚金；情节特别严重（①倒卖国家禁止经营的文物交易数额 25 万元以上。②倒卖二级以上文物。③倒卖三级文物 5 件以上。④其他情节特别严重情形）的，处 5 年以上 10 年以下有期刑，并处罚金。

单位犯倒卖文物罪的，对单位判处罚金，并对其直接负责的主管人员和其他直接责任人员，以倒卖文物罪处罚。

出售或为出售而收购、运输、储存文物保护法规定的国家禁止买卖的文物，应认定为倒卖文物罪的倒卖国家禁止经营的文物。倒卖国家禁止经营的文物，有倒卖三级文物；交易数额 5 万元以上；其他情节严重的情形，应认定为倒卖文物罪的情节严重。实施倒卖国家禁止经营的文物的行为，有倒卖二级以上文物；倒卖三级文物 5 件以上；交易数额 25 万元以上；其他情节特别严重的情形，应认定为倒卖文物罪的情节特别严重。

四、《刑法》第 327 条【非法出售、私赠文物藏品罪】

从选择罪名、行政犯、故意犯、数额犯的角度看，违反文物保护法规（文物保护法、文物保护法实施条例、文物保护工程管理办法、涉案文物鉴定评估管理办法等），国有博物馆、图书馆等单位将国家保护的文物藏品出售或私自送给非国有单位或个人的，对单位判处罚金，并对其直接负责的主管人员和其他直接责任人员，处 3 年以下有期刑或拘役。

国有博物馆、图书馆及其他国有单位，违反文物保护法规，将收藏或管理的国家保护的文物藏品出售或私自送给非国有单位或个人，以非法出售、私赠文物藏品罪追究刑责。

五、《刑法》第 328 条【盗掘古文化遗址、古墓葬罪；盗掘古人类化石、古脊椎动物化石罪】

从故意犯、行为犯、情节犯的角度看，盗掘有历史、艺术、科学价值的古文化遗址、古墓葬（含陆地、水下古文化遗址古墓葬，不以公布为不可移动文物的古文化遗址、古墓葬为限）的，处 3 年以上 10 年以下有期刑，并处罚金；情节较轻的，处 3 年以下有期刑、拘役或管制，并处罚金；处 10 年以上有期刑或无期刑，并处罚金或没收财产（①盗掘古文化遗址、古墓葬集团的首犯。②盗掘确定为全国重点文物保护单位和省级文物保护单位的古文化遗址、古墓葬。③多次盗掘古文化遗址、古墓葬。④盗掘古文化遗址、古墓葬，并盗窃珍贵文物或造成珍贵文物严重破坏）。

盗掘古文化遗址、古墓葬罪；盗掘古人类化石、古脊椎动物化石罪的情形：①实施盗掘古文化遗址、古墓葬行为，已损害古文化遗址、古墓葬的历史、艺术、科学价值，应认定为盗掘古文化遗址、古墓葬罪既遂。②采用破坏性手段盗窃古文化遗址、古墓葬外的古建筑、石窟寺、石刻、壁画、近代现代重要史迹和代表性建筑等其他不可移动文物，以盗窃罪定罪量刑。③盗掘国家保护的有科学价值的古人类化石和古脊椎动物化石，以盗掘古文化遗址古墓葬罪、盗掘古人类化石古脊椎动物化石罪处罚。

六、《刑法》第 329 条【抢夺、窃取国有档案罪；擅自出卖、转让国有档案罪】

从选择罪名、故意犯、行为犯、情节犯的角度看，抢夺、窃取国家所有的档案（过去和现在的国家机构、社会组织以及个人从事政治、军事、经济、科学、技术、文化、宗教等活动直接形成的对国家和社会有保存价值的各种文字、图表、声像等不同形式的历史记录）的，处 5 年以下有期刑或拘役；违反档案法规定，擅自出卖、转让国家所有的档案，情节严重的，处 3 年以下有期刑或拘役。

有盗窃、抢夺国有档案罪，擅自出卖、转让国有档案罪的行为，同时又构成他罪的，依处罚较重的规定定罪处罚。

从财产犯罪目的、动机、对象的角度看，侵犯财产罪、金融诈骗罪、贪污受贿罪等类罪名的子罪名均存在财产犯罪的情形，关键在于社会危害程度、犯罪客体、定罪量刑的差异。

第五节　危害公共卫生罪

一、《刑法》第 330 条【妨害传染病防治罪】

从行政犯、故意犯、危险犯、结果犯的角度看，违反传染病防治法规定，有供水单位供应的饮用水不符合国家规定的卫生标准；拒绝按疾病预防控制机构提出的卫生要求，对传染病病原体污染的污水、污物、场所和物品进行消毒处理；准许或纵容传染病病人、病原携带者和疑似传染病病人从事国务院卫生行政部门规定禁止从事的易使该传染病扩散的工作；出售、运输疫区中被传染病病原体污染或可能被传染病病原体污染的物品，未进行消毒处理；拒绝执行县级以上政府、疾病预防控制机构依传染病防治法提出的预防、控制措施五种情形之一，引起甲类传染病［依传染病防治法、国务院有关规定确定甲类传染病（鼠疫、霍乱）的范围］以及依法确定采取甲类传染病预防、控制措施的传染病传播或有传播严重危险，处3年以下有期刑或拘役；后果特别严重，处3年以上7年以下有期刑。单位犯妨害传染病防治罪，实行双罚制。

违反传染病防治法规定，引起甲类传染病（鼠疫、霍乱）或按甲类管理的传染病传播（乙类传染病中传染性非典型肺炎、炭疽中的肺炭疽、人感染高致病性禽流感及国务院卫健部门根据需要报经国务院批准公布实施的其他需按甲类管理的乙类传染病和突发原因不明的传染病）或有传播严重危险的妨害传染病防治罪的四种立案追诉标准：①准许或纵容传染病病人、病原携带者和疑似传染病病人从事国务院卫健部门规定禁止从事的易使该传染病扩散的工作。②供水单位供应的饮用水不符合国家规定的卫生标准。③拒绝按疾病预防控制机构提出的卫生要求，对传染病病原体污染的污水、污物、粪便进行消毒处理。④拒绝执行疾病预防控制机构依传染病防治法提出的预防、控制措施。

二、《刑法》第331条【传染病菌种、毒种扩散罪】

从身份犯、结果犯的角度看，从事实验、保藏、携带、运输传染病菌种、毒种的人员，违反国务院卫健部门有关规定，造成传染病菌种、毒种扩散，后果严重的，处3年以下有期刑或拘役；后果特别严重的，处3年以上7年以下有期刑。

传染病菌种、毒种扩散罪的五种立案追诉标准：①严重影响正常的生产、生活秩序。②造成人员重伤或死亡。③导致甲类和按甲类管理的传染病传播。④导致乙类、丙类传染病流行、暴发。⑤其他造成严重后果情形。

三、《刑法》第332条【妨害国境卫生检疫罪】

从行政犯、故意犯、危险犯的角度看，违反国境卫生检疫规定，引起检疫传染病传播或有传播严重危险的，处3年以下有期刑或拘役，并处或单处罚金。

单位犯妨害国境卫生检疫罪的，对单位判处罚金，并对其直接负责的主管人员和其他直接责任人员，依妨害国境卫生检疫罪处罚。

根据《刑法》第332条妨害国境卫生检疫罪规定，违反国境卫生检疫规定，实施检疫传染病染疫人或染疫嫌疑人拒绝执行海关依国境卫生检疫法等法律法规提出的健康申报、体温监测、医学巡查、流行病学调查、医学排查、采样等卫生检疫措施，或隔离、留验、就地诊验、转诊等卫生处理措施；检疫传染病染疫人或染疫嫌疑人采取不如实填报健康申明卡等方式隐瞒疫情，或伪造、涂改检疫单、证等方式伪造情节；知道或应知道实施审批管理的微生物、人体组织、生物制品、血液及其制品等特殊物品可能造成检疫传染病传播，未经审批仍逃避检疫，携运、寄递出入境；出入境交通工具上发现有检疫传染病染疫人或染疫嫌疑人，交通工具负责人拒绝接受卫生检疫或拒不接受卫生处理；来自检疫传染病流行国家、地区的出入境交通工具上出现非意外伤害死亡且死因不明的人员，交通工具负责人故意隐瞒情况；其他拒绝执行海关依国境卫生检疫法等法律法规提出的检疫措施六种行为之一，属于妨害国境卫生检疫行为。

实施妨害国境卫生检疫行为，引起鼠疫、霍乱、黄热病以及新冠肺炎等国务院确定和公布的其他检疫传染病传播或有传播严重危险，依《刑法》第 332 条妨害国境卫生检疫罪规定，以妨害国境卫生检疫罪定罪处罚。

对单位实施妨害国境卫生检疫行为，引起鼠疫、霍乱、黄热病以及新冠肺炎等国务院确定和公布的其他检疫传染病传播或有传播严重危险，应对单位判处罚金，并对其直接负责的主管人员和其他直接责任人员定罪处罚。

从最高法、最高检、公安部、司法部、海关总署《关于进一步加强国境卫生检疫工作依法惩治妨害国境卫生检疫违法犯罪的意见》（2020 年）健全完善工作机制，保障依法科学有序防控。(1) 做好行刑衔接。海关要严把口岸疫情防控第一关，严厉追究违反国境卫生检疫规定的行政法律责任，完善执法办案流程，坚持严格执法和依法办案。做好行政执法和刑事司法的衔接，对符合国境卫生检疫监管领域刑事案件立案追诉标准的案件，要依有关规定，及时办理移送公安机关的相关手续，不得以行政处罚代替刑事处罚。(2) 加快案件侦办。公安机关对妨害国境卫生检疫犯罪案件，要依法及时立案查处，全面收集固定证据。对新冠肺炎疫情防控期间发生的妨害国境卫生检疫犯罪，要快侦快破，并及时予以曝光，形成强大震慑。(3) 强化检察职能。检察院要加强对妨害国境卫生检疫犯罪案件的立案监督，发现应立案而不立案的，应要求公安机关说明理由，认为理由不成立，应依法通知公安机关立案。对妨害国境卫生检疫犯罪案件，检察院可对案件性质、收集证据和适用法律等向公安机关提出意见建议。对符合逮捕、起诉条件的涉嫌妨害国境卫生检疫罪的嫌犯，应及时批准逮捕、提起公诉。发挥检察建议的作用，促进疫情防控体系化治理。(4) 加强沟通协调。公检法机关、司法行政机关、海关要加强沟通协调，畅通联系渠道，建立常态化合作机制。既要严格履行法定职责，各司其职，各负其责，又要相互配合，相互协作，实现资源共享和优势互补，形成依法惩治妨害国境卫生检疫违法犯罪的合力。对社会影响大、舆论关注度高的重大案件，要按依法处置、舆论引导、社会面管控“三同步”要求，及时澄清事实真相，做好舆论引导和舆情应对工作。(5) 坚持过罚相当。进一步规范国境卫生检疫执法活动，切实做到严格规范公正文明执法。注重把握宽严相济政策：对行政违法行为，要根据违法行为的危害程度和悔过态度，综合确定处罚种类和幅度。对涉嫌犯罪的，要重点打击情节恶劣、后果严重的犯罪行为；对情节轻微且真诚悔改，依法予以从宽处理。

四、《刑法》第 333 条【非法组织卖血罪；强迫卖血罪；故意伤害罪】

从故意犯、行为犯的角度看，非法组织他人出卖血液的，处 5 年以下有期刑，并处罚金；以暴力、威胁方法强迫他人出卖血液的，处 5 年以上 10 年以下有期刑，并处罚金。

从转化犯的角度看，非法组织他人卖血或强迫他人卖血对他人造成伤害的，非法组织他人卖血罪或强迫他人卖血罪就转化为故意伤害罪，以故意伤害罪一罪定罪处罚。①摘取不满18周岁的人的器官，以故意伤害罪定罪处罚。②非法拘禁他人，使用暴力致人伤残，应以故意伤害罪论处。③监狱中的监管人员对被监管人进行殴打或体罚虐待，致被害人伤残，以故意伤害罪论处。④有非法组织卖血罪、强迫卖血罪、故意伤害罪的行为，对他人造成伤害，以故意伤害罪、组织出卖人体器官罪定罪处罚。一般而言，经被害人同意后所实施的未超出承诺范围的侵害，排除犯罪的成立。

以暴力、威胁方法强迫他人出卖血液，应立案追诉。非法组织卖血案的4种立案追诉标准：①非法组织未成年人卖血。②被非法组织卖血的人的血液含有艾滋病病毒、乙型肝炎病毒、丙型肝炎病毒、梅毒螺旋体等病原微生物。③非法组织卖血3人次以上。④非法组织卖血非法获利2000元以上。⑤其他非法组织卖血应追究刑责的情形。

五、《刑法》第334条【非法采集、供应血液、制作、供应血液制品罪；采集、供应血液、制作、供应血液制品事故罪】

违反国家有关规定，非法采集中国人类遗传资源或非法运送、邮寄、携带中国人类遗传资源材料出境，危害公众健康或社会公共利益，情节严重的，处3年以下有期刑、拘役或管制，并处或单处罚金；情节特别严重的，处3年以上7年以下有期刑，并处罚金。

【2003年·卷2·单选·6】某镇医院医生贾某在为患者输血时不按规定从县血站提取，而是习惯在直接从献血者身上采血后输给患者。住院病人在某因输了贾某采集的不符合国家规定的血液发生不良反应死亡。贾某的行为构成何罪？（A）A. 非法采集、供应血液罪。B. 采集、供应血液事故罪。C. 医疗事故罪。D. 过失致人死亡罪。

非法采集、供应血液、制作、供应血液制品罪是违反血液制品管理法规，未经有关机构许可，擅自采集、供应血液，不符合国家规定的标准，足以危害人体健康的行为。从危险犯的角度，非法采集、供应血液、制作、供应血液制品（未经国家主管部门批准或超过批准的业务范围，采集、供应血液或制作、供应血液制品）罪的五种立案追诉标准：①违反规定对献血者、供血浆者超量、频繁采集血液（全血、成分血、特殊血液成分）、血浆，足以危害人体健康。②采集、供应的血液含有艾滋病病毒、乙型肝炎病毒、丙型肝炎病毒、梅毒螺旋体等病原微生物。③制作、供应的血液制品（各种人血浆蛋白制品）含有艾滋病病毒、乙型肝炎病毒、丙型肝炎病毒、梅毒螺旋体等病原微生物，或将含有上述病原微生物的血液用于制作血液制品。④使用不符合国家规定的药品、诊断试剂、卫生器材，或重复使用一次性采血器材采集血液，造成传染病传播危险。⑤其他不符合国家有关采集、供应血液或制作、供应血液制品的规定，足以危害人体健康或对人体健康造成严重危害的情形。

采集、供应血液、制作、供应血液制品事故罪是经国家主管部门批准采集、供应血液的部门，不依规定进行检测或违背其他操作规定，严重危害他人身体健康的行为。

采集、供应血液、制作、供应血液制品事故罪的三种立案追诉标准：①造成献血者、供血浆者、受血者感染艾滋病病毒、乙型肝炎病毒、丙型肝炎病毒、梅毒螺旋体或其他经血液传播的病原微生物。②造成献血者、供血浆者、受血者重度贫血、造血功能障碍或其他器官组织损伤导致功能障碍等身体严重危害。③其他造成危害他人身体健康后果情形。

犯采集、供应血液、制作、供应血液制品事故罪，经国家主管部门批准采集、供应血液或制作、供应血液制品的部门［经国家主管部门批准的采供血机构（血液中心、中心血站、中心血库、脐带血造血干细胞库和国家卫生行政主管部门根据医学发展需批准、设置的其他类型血库、单采血浆站）、血液制品（各种人血浆蛋白制品）生产经营单位］，不依规定进行检测或违背其他操作规定十三种违法违规情形（①重复使用一次性采血器材。②对献血者、供血浆者超量、频繁采集血液、血浆。③对国家规定检测项目结果呈阳性的血液未及时按规定清除。④不依国家规定标准和要求包装、储存、运输血液、原料血浆。⑤不具备相应资格的医务人员进行采血、检验操作。⑥采供血机构在采集检验标本、采集血液和成分血分离时，使用无生产单位名称、生产批准文号或超过有效期的一次性注射器等采血器材。⑦采供血机构采集血液、血浆前，未对献血者或供血浆者进行身份识别，采集冒名顶替者、健康检查不合格者血液、血浆。⑧血液制品生产企业在投料生产前未用主管部门批准和检定合格的试剂进行复检。⑨血站、单采血浆站和血液制品生产企业使用的诊断试剂无生产单位名称、生产批准文号或经检定不合格。⑩血站擅自采集原料血浆，单采血浆站擅自采集临床用血或向医疗机构供应原料血浆。⑪血站未用两个企业生产的试剂对艾滋病病毒抗体、乙型肝炎病毒表面抗原、丙型肝炎病毒抗体、梅毒抗体进行两次检测。⑫单采血浆站不依规定对艾滋病病毒抗体、乙型肝炎病毒表面抗原、丙型肝炎病毒抗体、梅毒抗体进行检测。⑬其他不依规定进行检测或违背操作规定），造成危害他人身体健康后果（①造成献血者、供血浆者、受血者重度贫血、造血功能障碍或其他器官组织损伤导致功能障碍等身体严重危害。②造成献血者、供血浆者、受血者感染艾滋病病毒、乙型肝炎病毒、丙型肝炎病毒、梅毒螺旋体或其他经血液传播的病原微生物。③造成其他危害他人身体健康后果）的，对单位判处罚金，并对其直接负责的主管人员和其他直接责任人员，处 5 年以下有期刑或拘役。

六、《刑法》第 334 条之一【非法采集人类遗传资源、走私人类遗传资源材料罪】

违反国家有关规定，非法采集中国人类遗传资源或非法运送、邮寄、携带中国人类遗传资源材料出境，危害公众健康或社会公共利益，情节严重的，处 3 年以下有期刑、拘役或管制，并处或单处罚金；情节特别严重的，处 3 年以上 7 年以下有期刑，并处罚金。

七、《刑法》第 335 条【医疗事故罪】

从身份犯、过失犯、结果犯的角度看，医务人员（身份犯）因严重不负责任（过失）［①擅离职守。②未经批准擅自开展试验性治疗。③无正当理由拒绝对危急就诊人实行必要的医疗救治。④使用未经批准使用的药品、消毒药剂、医疗器械。⑤严重违反查对、复核制度。⑥严重违反国家法律法规及有明确规定的诊疗技术规范、常规。⑦其他严重不负责任（过失）情形］，造成就诊人死亡或严重损害就诊人身体健康（造成就诊人严重残疾、重伤、感染艾滋病、病毒性肝炎等难以治愈的疾病或其他严重损害就诊人身体健康的后果）的，处3年以下有期刑或拘役。

医务人员因严重不负责任（过失），造成就诊人死亡或严重损害就诊人身体健康，应立案追诉。

八、《刑法》第336条【非法行医罪；非法进行节育手术罪】

从行政犯、故意犯、行为犯、结果犯的角度看，未取得医生执业资格的人非法行医（①未取得乡村医生执业证书，从事乡村医疗活动。②未取得或以非法手段取得医师资格从事医疗活动。③被依法吊销医师执业证书期间从事医疗活动。④家庭接生员实施家庭接生外的医疗行为），情节严重（①非法行医被卫健部门行政处罚2次后，再次非法行医。②造成就诊人轻度残疾、器官组织损伤导致一般功能障碍。③造成甲类传染病传播、流行或有传播、流行危险。④使用假药、劣药或不符合国家规定标准的卫生材料、医疗器械，足以严重危害人体健康。⑤其他情节严重情形）的，处3年以下有期刑、拘役或管制，并处或单处罚金；严重损害就诊人身体健康（①造成就诊人中度以上残疾、器官组织损伤导致严重功能障碍。②造成3名以上就诊人轻度残疾、器官组织损伤导致一般功能障碍）的，处3年以上10年以下有期刑，并处罚金；造成就诊人死亡（非法行医行为系造成就诊人死亡的直接、主要原因）的，处10年以上有期刑，并处罚金。

将基因编辑、克隆的人类胚胎植入人体或动物体内，或将基因编辑、克隆的动物胚胎植入人体内，情节严重的，处3年以下有期刑或拘役，并处罚金；情节特别严重的，处3年以上7年以下有期刑，并处罚金。

【2005年·卷2·单选·15】甲系某医院外科医师，应邀在朋友乙的私人诊所兼职期间，擅自为多人进行了节育复通手术。对甲的行为应如何定性？（D）A. 构成非法行医罪。B. 构成非法进行节育手术罪。C. 构成医疗事故罪。D. 不构成犯罪。

从行政犯、故意犯、情节犯、结果犯的角度看，犯非法进行节育手术罪，未取得医生执业资格的人擅自为他人进行节育复通手术、假节育手术、终止妊娠手术或摘取宫内节育器，情节严重的，处3年以下有期刑、拘役或管制，并处或单处罚金；严重损害就诊人身体健康的，处3年以上10年以下有期刑，并处罚金；造成就诊人死亡的，处10年以上有期刑，并处罚金。

非法进行节育手术罪的六种立案追诉标准：①非法获利累计5000元以上。②非法进行选择性别的终止妊娠手术。③非法进行节育复通手术、假节育手术、终止妊娠手术或摘取宫内节育器5人次以上。④使他人超计划生育。⑤造成就诊人轻伤、重伤、死亡或感染艾滋病、病毒性肝炎等难以治愈的疾病。⑥其他情节严重情形。

非法行医罪的五种立案追诉标准：①非法行医被卫健部门行政处罚2次后，再次非法行医。②使用假药、劣药或不符合国家规定标准的卫生材料、医疗器械，足以严重危害人体健康。③造成甲类传染病传播、流行或有传播、流行危险。④造成就诊人轻度残疾、器官组织损伤导致一般功能障碍，或中度以上残疾、器官组织损伤导致严重功能障碍，或死亡。⑤其他情节严重情形。

从司法解释、部门规章的角度看，非法行医行为并非造成就诊人死亡的直接、主要原因，可不认定为非法行医罪的造成就诊人死亡，但根据案件情况，可认定为非法行医罪的情节严重。未取得医师执业资格非法行医，有造成突发传染病病人、病原携带者、疑似突发传染病病人贻误诊治或造成交叉感染等严重情节，以非法行医罪定罪，依法从重处罚。实施非法行医犯罪，同时构成生产、销售、提供假药罪，生产、销售、提供劣药罪，诈骗罪等他罪的，依刑法处罚较重规定定罪处罚。

非法进行节育手术罪和非法行医罪的主体都是未取得医生执业资格的人。医疗事故罪首先属于过失犯罪，还有造成就诊人死亡或严重损害就诊人身体健康的犯罪后果。

九、《刑法》第336条之一【非法植入基因编辑、克隆胚胎罪】

将基因编辑、克隆的人类胚胎植入人体或动物体内，或将基因编辑、克隆的动物胚胎植入人体内，情节严重的，处3年以下有期刑或拘役，并处罚金；情节特别严重的，处3年以上7年以下有期刑，并处罚金。

十、《刑法》第337条【妨害动植物防疫、检疫罪】

从行政犯、故意犯、情节犯的角度看，违反有关动植物防疫、检疫的国家规定（进出境动植物检疫法、进出境动植物检疫法实施条例、动物检疫管理办法、进出境非食用动物产品检验检疫监管办法、进境动植物检疫审批管理办法等），引起重大动植物疫情（按国家行政主管部门有关规定认定），或有引起重大动植物疫情危险，情节严重的，处3年以下有期刑或拘役，并处或单处罚金。

妨害动植物防疫、检疫罪的立案追诉标准：（1）违反有关动植物防疫、检疫的国家规定，引起重大动植物疫情（按国家行政主管部门的有关规定认定），应立案追诉。（2）违反有关动植物防疫、检疫的国家规定，有引起重大动植物疫情危险，涉嫌非法处置疫区内易感动物或其产品，货值金额5万元以上；非法处置因动植物防疫、检疫需要被依法处理的动植物或其产品，货值金额2万元以上；非法调运、生产、经营感染重大植物检疫性有害生物的林木种子、苗木等繁殖材料或森林植物产品；输入《进出境动植物检疫法》规定的禁止进境物逃避检疫，或对特许进境的禁止进境物未有效控制与处置，导致其逃逸、扩散；进境动植物及其产品检出有引起重大动植物疫情危险的动物疫病或植物有害生物后，非法处置导致进境动植物及其产品流失；1年内携带或寄递《禁止携带、邮寄进境的动植物及其产品名录》所列物品进境逃避检疫两次以上，或窃取、抢夺、损毁、抛洒动植物检疫机关截留的《禁止携带、邮寄进境的动植物及其产品名录》所列物品；其他情节严重的情形等七种情形之一的，应立案追诉。

第六节　破坏环境资源保护罪

从法律渊源的角度看，绿色原则（节约资源、保护生态环境原则）的法律根据是民法典、环保法、海洋环保法、大气污染防治法、水污染防治法、土壤污染防治法、大气污染防治行动计划（气十条）、水污染防治行动计划（水十条）、巴黎协定（联合国气候变化巴黎大会，2015年）、中国生态文明战略与行动（联合国环境规划署，2016年）等国内外法律法规、司法解释。

对单位犯破坏环境资源保护罪实行双罚制。（1）单位犯破坏性采矿罪、非法采矿罪、非法捕捞水产品罪、非法占用农用地罪、非法猎捕杀害珍贵濒危野生动物罪、非法收购运输出售珍贵濒危野生动物珍贵濒危野生动物制品罪、非法处置进口的固体废物罪、污染环境罪、擅自进口固体废物罪、走私固体废物罪、非法采伐毁坏国家重点保护植物罪、非法收购运输加工出售国家重点保护植物国家重点保护植物制品罪、非法收购运输盗伐滥伐的林木罪、盗伐林木罪、滥伐林木罪的，对单位判处罚金，并对其直接负责的主管人员和其他直接责任人员，依破坏环境资源保护罪各该条规定处罚。（2）破坏环境资源保护罪的14个罪名：①污染环境罪；②非法处置进口的固体废物罪；③走私固体废物罪；④非法捕捞水产品罪；⑤非法猎捕、杀害珍贵、濒危野生动物罪；⑥非法收购、运输、出售珍贵濒危野生动物、珍贵、濒危野生动物制品罪；⑦非法占用农用地罪；⑧非法采矿罪；⑨破坏性采矿罪；⑩非法采伐、毁坏国家重点保护植物罪；⑪非法收购、运输、加工、出售国家重点保护植物、国家重点保护植物制品罪；⑫盗伐林木罪；⑬滥伐林木罪；⑭非法收购、运输盗伐、滥伐的林木罪（《刑法》第338条至第345条）。

一、《刑法》第338条【污染环境罪】

从行政犯、故意犯、情节犯、结果犯、数额犯的角度看，违反国家规定，排放、倾倒或处置有放射性的废物、含传染病病原体的废物、有毒物质（①危险废物，是列入国家危险废物名录，或根据国家规定的危险废物鉴别标准、鉴别方法认定，有危险特性的废物。②含重金属的污染物。③持久性有机污染物的斯德哥尔摩公约附件所列物质。④其他有毒性，可能污染环境的物质）或其他有害物质（工业危险废物外的其他工业固体废物；未经处理的生活垃圾；有害大气污染物、受控消耗臭氧层物质和有害水污染物；在利用和处置过程中必然产生有毒、有害物质的其他物质；生态环保部会同卫健委公布的有毒、有害污染物名录中的有关物质等），严重污染环境［18种情形：①造成生态环境严重损害。②违法所得（违法行为所得和可得的全部违法收入）或使公私财产损失（a. 直接造成财产损毁、减少的实际价值。b. 为防止污染扩大、消除污染而采取必要合理措施产生的费用。c. 处置突发环境事件的应急监测费用）30万元以上。③违法减少防治污染设施运行支出100万元以上。④使疏散、转移群众5000人以上。⑤使30人以上中毒。⑥使3人以上轻伤、轻度残疾或器官组织损伤导致一般功能障碍。⑦使1人以上重伤、中度残疾或器官组织损伤导致严重功能障碍。⑧使乡镇以上集中式饮用水水源取水中断12小时以上。⑨使基本农田、防护林地、特种用途林地5亩以上，其他农用地10亩以上，其他土地20亩以上基本功能丧失或遭受永久性破坏。⑩使森林或其他林木死亡50立方米以上，或幼树死亡2500株以上。⑪非法排放、倾倒、处置危险废物3吨以上（对当事人追究刑责，除可能适用公私财产损失第二档定罪量刑标准的以外，则不应再对公私财产损失数额或超过排放标准倍数进行鉴定）。⑫排放、倾倒、处置含铅、汞、镉、铬、砷、铊、锑的污染物，超过国家或地方污染物排放标准3倍以上。⑬排放、倾倒、处置含镍、铜、锌、银、钒、锰、钴的污染物，超过国家或地方污染物排放标准10倍以上。⑭通过暗管、渗井、渗坑、裂隙、溶洞、灌注等逃避监管的方式排放、倾倒、处置有放射性的废物、含传染病病原体的废物、有毒物质。⑮在饮用水水源一级保护区、自然保护区核心区排放、倾倒、处置有放射性的废物、含传染病病原体的废物、有毒物质。⑯二年内（以第一次违法行为受到行政处罚的生效之日与又实施相应行为之日的时间间隔计算确定）曾因违反国家规定，排放、倾倒、处置有放射性的废物、含传染病病原体的废物、有毒物质受过2次以上行政处罚，又实施前列行为。⑰重点排污单位（设区的市级以上政府环保部门依法确定的应安装、使用污染物排放自动监测设备的重点监控企业及其他单位）篡改、伪造自动监测数据或干扰自动监测设施，排放化学需氧量、氨氮、二氧化硫、氮氧化物等污染物。⑱其他严重污染环境情形］的，处3年以下有期刑或拘役，并处或单处罚金；情节严重的，处3年以上7年以下有期刑，并处罚金；有在饮用水水源保护区、自然保护地核心保护区等依法确定的重点保护区域排放、倾倒、处置有放射性的废物、含传染病病原体的废物、有毒物质，情节特别严重；向国家确定的重要江河、湖泊水域排放、倾倒、处置有放射性的废物、含传染病病原体的废物、有毒物质，情节特别严重；致使大量永久基本农田基本功能丧失或遭受永久性破坏；致使多人重伤、严重疾病，或致人严重残疾、死亡等四种情形之一的，处7年以上有期刑，并处罚金。具有污染环境犯罪行为，同时构成他罪，依处罚较重规定定罪处罚。

污染环境后果特别严重的13种情形：①造成生态环境特别严重的损害。②使疏散、转移群众15 000人以上。③使1人以上死亡或重度残疾。④使100人以上中毒。⑤使10人以上轻伤、轻度残疾或器官组织损伤导致一般功能障碍。⑥使3人以上重伤、中度残疾或器官组织损伤导致严重功能障碍。⑦使1人以上重伤、中度残疾或器官组织损伤导致严重功能障碍，并使5人以上轻伤、轻度残疾或器官组织损伤导致一般功能障碍。⑧使公私财产损失100万元以上。⑨使县级以上城区集中式饮用水水源取水中断12小时以上。⑩非法排放、倾倒、处置危险废物100吨以上。⑪使基本农田、防护林地、特种用途林地15亩以上，其他农用地30亩以上，其他土地60亩以上基本功能丧失或遭受永久性破坏。⑫使森林或其他林木死亡150立方米以上，或幼树死亡7500株以上。⑬其他后果特别严重的情形。

非法处置危险废物，包括无危险废物经营许可证，以营利为目的，从危险废物中提取物质作为原材料或燃料，并具有超标排放污染物、非法倾倒污染物或其他违法造成环境污染情形的行为。

环境污染犯罪的嫌犯、被告人是否有主观过错的认定：（1）判断嫌犯、被告人是否有环境污染犯罪的故意，应依据嫌犯、被告人的任职情况、职业经历、专业背景、培训经历、本人因同类行为受到行政处罚或刑事追究情况以及污染物种类、污染方式、资金流向等证据，结合其供述，进行综合分析判断。（2）已有证据证明确系不知情为例外，嫌犯、被告人不能作出合理解释，可认定其故意实施环境污染犯罪的八种情形：①企业未依法通过环境影响评价，或未依法取得排污许可证，排放污染物，或已通过环境影响评价并防治污染设施验收合格后，擅自更改工艺流程、原辅材料，导致产生新的污染物质。②不使用验收合格的防治污染设施或不按规范要求使用。③防治污染设施发生故障，发现后不及时排除，继续生产放任污染物排放。④生态环境部门责令限制生产、停产整治或予以行政处罚后，继续生产放任污染物排放。⑤将危险废物委托第三方处置，未尽到查验经营许可的义务，或委托处置费用明显低于市场价格或处置成本。⑥通过暗管、渗井、渗坑、裂隙、溶洞、灌注等逃避监管的方式排放污染物。⑦通过篡改、伪造监测数据的方式排放污染物。⑧其他足以认定的情形。

污染环境罪的处罚：①一些行为人拒不配合执法检查、接受检查时弄虚作假、故意逃避法律追究的情形时有发生，因此对行为人已着手实施非法排放、倾倒、处置有毒、有害污染物的行为，因有关部门查处或其他意志以外的原因未得逞的情形，可以污染环境罪（未遂）追究刑责。②违反传染病防治法等国家有关规定，向土地、水体、大气排放、倾倒或处置含传染病病原体的废物、有毒物质或其他危险废物，造成突发传染病传播等重大环境污染事故，使公私财产遭受重大损失或人身伤亡的严重后果的，以污染环境罪定罪处罚。③明知他人无危险废物经营许可证（未取得危险废物经营许可证，或超出危险废物经营许可证的经营范围），向其提供或委托其收集、贮存、利用、处置危险废物，严重污染环境，以污染环境罪的共犯论处。

污染环境罪的18种立案追诉标准：①违反国家规定，排放、倾倒或处置有放射性的废物、含传染病病原体的废物、有毒物质（包括列入国家危险废物名录或根据国家规定的危险废物鉴别标准和鉴别方法认定的具有危险特性的废物，《关于持久性有机污染物的斯德哥尔摩公约》附件所列物质，含重金属的污染物，以及其他具有毒性可能污染环境的物质）或其他有害物质，涉嫌在饮用水水源一级保护区、自然保护区核心区排放、倾倒、处置有放射性的废物、含传染病病原体的废物、有毒物质；②非法排放、倾倒、处置危险废物3吨以上；③排放、倾倒、处置含铅、汞、镉、铬、砷、铊、锑的污染物，超过国家或地方污染物排放标准3倍以上；④排放、倾倒、处置含镍、铜、锌、银、钒、锰、钴的污染物，超过国家或地方污染物排放标准10倍以上；⑤通过暗管、渗井、渗坑、裂隙、溶洞、灌注等逃避监管的方式排放、倾倒、处置有放射性的废物、含传染病病原体的废物、有毒物质；⑥两年内曾因违反国家规定，排放、倾倒、处置有放射性的废物、含传染病病原体的废物、有毒物质受过两次以上行政处罚，又实施前列行为；⑦重点排污单位（设区的市级以上政府环境保护主管部门依法确定的应安装、使用污染物排放自动监测设备的重点监控企业及其他单位）篡改、伪造自动监测数据或干扰自动监测设施，排放化学需氧量、氨氮、二氧化硫、氮氧化物等污染物；⑧违法减少防治污染设施运行支出 100 万元以上；⑨违法所得或致使公私财产损失（包括直接造成财产损毁、减少的实际价值，为防止污染扩大、消除污染而采取必要合理措施所产生的费用，以及处置突发环境事件的应急监测费用）30 万元以上；⑩造成生态环境严重损害；⑪致使乡镇以上集中式饮用水水源取水中断 12 小时以上；⑫致使基本农田、防护林地、特种用途林地 5 亩以上，其他农用地 10 亩以上，其他土地 20 亩以上基本功能丧失或遭受永久性破坏；⑬致使森林或其他林木死亡 50 立方米以上，或幼树死亡 2500 株以上；⑭致使疏散、转移群众 5000 人以上；⑮致使 30 人以上中毒；⑯致使 3 人以上轻伤、轻度残疾或器官组织损伤导致一般功能障碍；⑰致使 1 人以上重伤、中度残疾或器官组织损伤导致严重功能障碍；⑱其他严重污染环境的情形等，有 18 种情形之一的，应立案追诉。

污染环境犯罪的管辖问题：（1）一些环境污染犯罪案件属于典型的跨区域刑事案件，易存在管辖不明或有争议的情况，公检法机关要加强沟通协调，共同研究解决。①一般而言，跨区域环境污染犯罪案件由环境污染犯罪地［环境污染行为发生地（环境污染行为的实施地以及预备地、开始地、途经地、结束地以及排放、倾倒污染物的车船停靠地、始发地、途经地、到达地等地点；环境污染行为有连续、持续或继续状态，相关地方都属于环境污染行为发生地）、环境污染结果发生地（污染物排放地、倾倒地、堆放地、污染发生地等）］的公安机关管辖。②特殊而言，跨区域环境污染犯罪案件由嫌犯居住地的公安机关管辖更为适宜，可由嫌犯居住地的公安机关管辖。（2）多个公安机关都有权立案侦查，由最初受理的或主要犯罪地的公安机关立案侦查，管辖有争议的，按有利于查清犯罪事实、有利于诉讼的原则，由共同的上级公安机关协调确定的公安机关立案侦查，需提请批准逮捕、移送审查起诉、提起公诉，由该公安机关所在地的检察院、法院受理。

单位环保犯罪的认定：（1）办理环境污染犯罪案件，认定单位犯罪时，应依法合理把握追究刑责的范围，贯彻宽严相济刑事政策，重点打击出资者、经营者和主要获利者，既要防止不当缩小追究刑责的人员范围，又要防止打击面过大。（2）为了单位利益，实施环境污染行为，应认定为单位犯罪的四种情形：①经单位决策机构按决策程序决定。②经单位实际控制人、主要负责人或授权的分管负责人决定、同意。③单位实际控制人、主要负责人或授权的分管负责人得知单位成员个人实施环境污染犯罪行为，并未加以制止或及时采取措施，而是予以追认、纵容或默许。④使用单位营业执照、合同书、公章、印鉴等对外开展活动，并调用单位车辆、船舶、生产设备、原辅材料等实施环境污染犯罪的行为。（3）单位犯罪中的“直接负责的主管人员”，一般是对单位犯罪起决定、批准、组织、策划、指挥、授意、纵容等作用的主管人员，含单位实际控制人、主要负责人或授权的分管负责人、高管人员等；“其他直接责任人员”，一般是在直接负责的主管人员的指挥、授意下积极参与实施单位犯罪或对具体实施单位犯罪起较大作用的人员。（4）对应认定为单位犯罪的环境污染犯罪案件，公安机关未作为单位犯罪移送审查起诉的，检察院应退回公安机关补充侦查。对应认定为单位犯罪的环境污染犯罪案件，检察院只作为自然人犯罪起诉的，法院应建议检察院对犯罪单位补充起诉。

非法排放、倾倒、处置行为的认定：①认定非法排放、倾倒、处置行为时，应根据《固体废物污染环境防治法》《关于办理环境污染刑事案件适用法律若干问题的解释》（2016 年）的有关规定精神，从其行为方式是否违反国家规定或行业操作规范、污染物是否与外环境接触、是否造成环境污染的危险或危害等方面进行综合分析判断。②对名为运输、贮存、利用，实为排放、倾倒、处置的行为应认定为非法排放、倾倒、处置行为，可依法追究刑责。③未采取相应防范措施将未利用价值的危险废物长期贮存、搁置，放任危险废物或其有毒、有害成分大量扬散、流失、泄漏、挥发，污染环境。

有害物质的认定：①实践中，常见的有害物质主要有：工业危险废物外的其他工业固体废物；未经处理的生活垃圾；有害大气污染物、受控消耗臭氧层物质和有害水污染物；在利用和处置过程中必然产生有毒、有害物质的其他物质；国务院生态环保主管部门会同国务院卫生主管部门公布的有毒、有害污染物名录中的有关物质等。②办理非法排放、倾倒、处置其他有害物质的案件，应坚持主客观相一致原则，从行为人的主观恶性、污染行为恶劣程度、有害物质危险性毒害性等方面进行综合分析判断，准确认定其行为的社会危害性。

危险废物的认定：（1）根据《关于办理环境污染刑事案件适用法律若干问题的解释》（2016 年）的规定精神，对列入国家危险废物名录，若来源和相应特征明确，司法人员根据自身专业技术知识和工作经验认定难度不大的，司法机关可依据名录直接认定。（2）对来源和相应特征不明确的，由生态环境部门、公安机关等出具书面意见，司法机关可依据涉案物质的来源、产生过程、被告人供述、证人证言以及经批准或备案的环境影响评价文件等证据，结合上述书面意见作出是否属于危险废物的认定。（3）对需生态环境部门、公安机关等出具书面认定意见的，区分不同情况分别处理：①对已确认固体废物产生单位，且产废单位环评文件中明确为危险废物，据产废单位建设项目环评文件和审批、验收意见、案件笔录等材料，可对照《国家危险废物名录》等出具认定意见。②对已确认固体废物产生单位，但产废单位环评文件中未明确为危险废物，应进一步分析废物产生工艺，对照判断其是否列入国家危险废物名录。③列入国家危险废物名录的，可直接出具认定意见；未列入名录的，应根据原辅材料、产生工艺等进一步分析其是否有危险特性，不可能有危险特性，不属于危险废物；可能有危险特性，抽取典型样品进行检测，并根据典型样品检测指标浓度，对照危险废物鉴别标准（GB5085. 1-7）出具认定意见。（4）对固体废物产生单位无法确定的，应抽取典型样品进行检测，据典型样品检测指标浓度，对照危险废物鉴别标准出具认定意见。

对确需进一步委托有相关资质的检测鉴定机构进行检测鉴定的，生态环境部门或公安机关按有关规定开展检测鉴定工作。

污染环境案件的鉴定问题：（1）司法部应根据《关于严格准入严格监管提高司法鉴定质量和公信力的意见》（2017 年）的要求，会同生态环境部加强对环境损害司法鉴定机构的事中事后监管，加强司法鉴定社会信用体系建设，建立黑名单制度，完善退出机制，及时向社会公开违法违规的环境损害司法鉴定机构和鉴定人行政处罚、行业惩戒等监管信息，对弄虚作假造成环境损害鉴定评估结论严重失实或违规收取高额费用、情节严重的，依法撤销登记。鼓励有关单位或个人向司法部、生态环境部举报环境损害司法鉴定机构的违法违规行为。（2）根据《关于办理环境污染刑事案件适用法律若干问题的解释》（2016 年）的规定精神，对涉及案件定罪量刑的核心或关键专门性问题难以确定，由司法鉴定机构出具鉴定意见，主要是案件具体适用的定罪量刑标准涉及的专门性问题，如公私财产损失数额、超过排放标准倍数、污染物性质判断等。①对案件的其他非核心或关键专门性问题，或可鉴定也可不鉴定的专门性问题，一般不委托鉴定。②对非法排放、倾倒、处置危险废物 3 吨以上的情形，对当事人追究刑责，除可能适用公私财产损失第二档定罪量刑标准的以外，不应再对公私财产损失数额或超过排放标准倍数进行鉴定。③涉及案件定罪量刑的核心或关键专门性问题难以鉴定或鉴定费用明显过高，司法机关可结合案件其他证据，并参考生态环境部门意见、专家意见等作出认定。

从《关于办理环境污染刑事案件有关问题座谈会纪要》（2019 年）的角度看，地方生态环境部门及其所属监测机构委托第三方监测机构出具报告的证据资格问题：①环保主管部门及其所属监测机构在行政执法过程中收集的监测数据，在刑事诉讼中可作为证据使用。②地方生态环境部门及其所属监测机构委托第三方监测机构出具的监测报告，地方生态环境部门及其所属监测机构在行政执法过程中予以采用，其实质属于环保主管部门及其所属监测机构在行政执法过程中收集的监测数据，在刑事诉讼中可作为证据使用。③公安机关单独或会同环保主管部门，提取污染物样品进行检测获取的数据，在刑事诉讼中可作为证据使用。④对国家危险废物名录所列的废物，可依据涉案物质的来源、产生过程、被告人供述、证人证言以及经批准或备案的环境影响评价文件等证据，结合环境保护主管部门、公安机关等出具的书面意见作出认定。⑤对危险废物的数量，可综合被告人供述，涉案企业的生产工艺、物耗、能耗情况，以及经批准或备案的环境影响评价文件等证据作出认定。⑥对环境污染案件所涉的环境污染专门性问题难以确定，依据司法鉴定机构出具的鉴定意见，或国务院环保主管部门、公安部门指定的机构出具的报告，结合其他证据作出认定。

环境影响评价机构或其人员，故意提供虚假环境影响评价文件，情节严重，或严重不负责任（过失），出具的环境影响评价文件存在重大失实，造成严重后果的，应以提供虚假证明文件罪或出具证明文件重大失实罪定罪处罚。

违反国家规定，针对环境质量监测系统实施修改参数或监测数据、干扰采样使监测数据严重失真或其他破坏环境质量监测系统的犯罪行为，或强令、指使、授意他人实施修改参数或监测数据、干扰采样使监测数据严重失真或其他破坏环境质量监测系统的犯罪行为，应以破坏计算机信息系统罪论处。

生态环境损害标准的认定：（1）造成生态环境严重损害、造成生态环境特别严重损害的定罪量刑标准：①生态环境损害赔偿制度是生态文明制度体系的重要组成部分。②对造成生态环境损害（包括生态环境修复费用，生态环境修复期间服务功能的损失和生态环境功能永久性损害造成的损失，以及其他必要合理费用）的责任者严格实行赔偿制度。③根据《生态环境损害赔偿制度改革试点方案》（2015年）和《生态环境损害赔偿制度改革方案》（2017年），在全国范围内试行生态环境损害赔偿制度。（2）造成生态环境损害规定为污染环境罪的定罪量刑标准之一。在生态环境损害赔偿制度试行阶段，全国各省市区可结合本地实际情况，因地制宜、因时制宜，据案件具体情况准确认定造成生态环境严重损害和造成生态环境特别严重损害。

实施污染环境、非法处置进口的固体废物、擅自进口固体废物、走私固体废物的行为的认定问题：（1）实施污染环境、非法处置进口的固体废物、擅自进口固体废物、走私固体废物的行为，刚达到应追究刑责标准，但行为人及时采取措施，防止损失扩大、消除污染，全部赔偿损失，积极修复生态环境，且系初犯，确有悔罪表现的，可认定为情节轻微，不起诉或免刑；确有必要判刑的，应从宽处罚。（2）一般而言，实施非法处置进口的固体废物、擅自进口固体废物、走私固体废物、污染环境的犯罪行为，但及时采取措施，防止损失扩大、消除污染，积极赔偿损失的，可酌情从宽处罚。（3）单位犯非法处置进口的固体废物、擅自进口固体废物、走私固体废物、污染环境的犯罪，据各罪量刑标准和《关于办理环境污染刑事案件适用法律若干问题的解释》（2016年），对直接负责的主管人员和其他直接责任人员定罪处罚，并对单位判处罚金。（4）从司法解释的角度看，实施非法处置进口的固体废物、擅自进口固体废物、走私固体废物、环境监管失职、食品监管渎职的犯罪行为，使公私财产损失30万元以上，或有造成生态环境严重损害；使乡镇以上集中式饮用水水源取水中断12小时以上；使基本农田防护林地特种用途林地5亩以上，其他农用地10亩以上，其他土地20亩以上基本功能丧失或遭受永久性破坏；使森林或其他林木死亡50立方米以上或幼树死亡2500株以上；使疏散、转移群众5000人以上；使30人以上中毒；使3人以上轻伤、轻度残疾或器官组织损伤导致一般功能障碍；使1人以上重伤、中度残疾或器官组织损伤导致严重功能障碍，应认定为非法处置进口的固体废物罪、擅自进口固体废物罪、走私固体废物罪、环境监管失职罪、食品监管渎职罪的使公私财产遭受重大损失或严重危害人体健康或使公私财产遭受重大损失或造成人身伤亡的严重后果。（5）实施污染环境、非法处置进口的固体废物、擅自进口固体废物、走私固体废物犯罪，以污染环境罪、非法处置进口的固体废物罪、擅自进口固体废物罪、走私固体废物罪从重处罚的四种情形：①阻挠环境监督检查或突发环境事件调查，尚不构成妨害公务等犯罪。②在医院、学校、居民区等人口集中地区及其附近，违反国家规定排放、倾倒、处置有放射性的废物、含传染病病原体的废物、有毒物质或其他有害物质。③在重污染天气预警期间、突发环境事件处置期间或被责令限期整改期间，违反国家规定排放、倾倒、处置有放射性的废物、含传染病病原体的废物、有毒物质或其他有害物质。④有危险废物经营许可证的企业违反国家规定排放、倾倒、处置有放射性的废物、含传染病病原体的废物、有毒物质或其他有害物质。（6）违反国家规定，排放、倾倒、处置含有毒害性、放射性、传染病病原体等物质的污染物，同时构成污染环境罪、非法处置进口的固体废物罪、投放危险物质罪等犯罪的，依处罚较重的犯罪定罪处罚。

重点排污单位（设区的市级以上政府环境保护主管部门依法确定的应安装、使用污染物排放自动监测设备的重点监控企业及其他单位）篡改、伪造自动监测数据或干扰自动监测设施，排放化学需氧量、氨氮、二氧化硫、氮氧化物等污染物，同时构成污染环境罪和破坏计算机信息系统罪的，依处罚较重的规定定罪处罚。①从事环境监测设施维护、运营的人员实施或参与实施篡改、伪造自动监测数据、干扰自动监测设施、破坏环境质量监测系统等行为，应从重处罚。②单位实施《关于办理环境污染刑事案件适用法律若干问题的解释》（2016 年）规定的犯罪的，对直接负责的主管人员和其他直接责任人员定罪处罚，并对单位判处罚金。

土壤污染防治应坚持预防为主、保护优先、分类管理、风险管控、污染担责、公众参与的原则，禁止生产、销售、使用国家明令禁止的农业投入品，禁止向农用地排放重金属或其他有毒、有害物质含量超标的污水、污泥，以及可能造成土壤污染的清淤底泥、尾矿、矿渣等。

二、《刑法》第 339 条【非法处置进口的固体废物罪；擅自进口固体废物罪；走私固体废物罪】

从行政犯、故意犯、行为犯、结果犯、数额犯、情节犯的角度看，违反国家规定（国家海关监管、环保制度），将境外的固体废物（生活来源废塑料、未经分拣废纸、废纺织品、钒渣、废五金、废船、废汽车压件、冶炼渣、工业来源废塑料、不锈钢废碎料、钛废碎料、木废碎料等）进境倾倒、堆放、处置的，处 5 年以下有期刑或拘役，并处罚金；造成重大环境污染事故，使公私财产遭受重大损失或严重危害人体健康，处 5 年以上 10 年以下有期刑，并处罚金；后果特别严重［12 种情形：①造成生态环境特别严重损害。②使疏散、转移群众 15 000 人以上。③使 1 人以上死亡或重度残疾。④使 100 人以上中毒。⑤使 10 人以上轻伤、轻度残疾或器官组织损伤导致一般功能障碍。⑥使 3 人以上重伤、中度残疾或器官组织损伤导致严重功能障碍。⑦使 1 人以上重伤、中度残疾或器官组织损伤导致严重功能障碍，并使 5 人以上轻伤、轻度残疾或器官组织损伤导致一般功能障碍。⑧使公私财产损失（直接造成财产损毁、减少的实际价值，为防止污染扩大、消除污染而采取必要合理措施所产生的费用，处置突发环境事件的应急监测费用）100 万元以上。⑨使县级以上城区集中式饮用水水源取水中断 12 小时以上。⑩非法排放、倾倒、处置危险废物 100 吨以上。使基本农田、防护林地、特种用途林地 15 亩以上，其他农用地 30 亩以上，其他土地 60 亩以上基本功能丧失或遭受永久性破坏。⑪使森林或其他林木死亡150立方米以上，或幼树死亡7500株以上。⑫其他后果特别严重情形］的，处10年以上有期刑，并处罚金。

从《禁止洋垃圾入境推进固体废物进口管理制度改革实施方案》《自动许可进口类可用作原料的固体废物目录》《限制进口类可用作原料的固体废物目录》的角度看，国家分批分类调整进口固体废物管理目录，逐步有序减少固体废物进口种类和数量。

从刑事立案标准的角度看，违反国家规定，将境外固体废物进境倾倒、堆放、处置的，应立案追诉。擅自进口固体废物罪的六种立案追诉标准：①使传染病发生、流行或人员中毒达到《国家突发公共卫生事件应急预案》中突发公共卫生事件分级Ⅲ级以上情形，严重危害人体健康。②使1人以上死亡、3人以上重伤、10人以上轻伤，或1人以上重伤并5人以上轻伤。③使公私财产损失30万元以上。④使森林或其他林木死亡50立方米以上，或幼树死亡2500株以上。⑤使基本农田、防护林地、特种用途林地5亩以上，其他农用地10亩以上，其他土地20亩以上基本功能丧失或遭受永久性破坏。⑥其他使公私财产遭受重大损失或严重危害人体健康的情形。

未经国务院有关主管部门许可，擅自进口固体废物用作原料，造成重大环境污染事故，使公私财产遭受重大损失或严重危害人体健康的，处5年以下有期刑或拘役，并处罚金；后果特别严重的，处5年以上10年以下有期刑，并处罚金。

单位或个人以原料利用为名，进口不能用作原料的固体废物、液态废物、气态废物，犯走私废物罪的，对单位判处罚金，并对其直接负责的主管人员和其他直接责任人员，情节严重的，处5年以下有期刑，并处或单处罚金；情节特别严重的，处5年以上有期刑，并处罚金。

数罪并罚的情形：①行为人走私境外固体废物并在中国境内倾倒、堆放、处置固体废物，应数罪并罚。②行为人非法处置国家禁止进口的固体废物，同时触犯走私固体废物罪，应数罪并罚。③行为人采取伪造、变造进口废物批准证书而非法处置进口的固体废物，又触犯伪造、变造、买卖国家机关公文、证件、印章罪，应数罪并罚。

三、《刑法》第340条【非法捕捞水产品罪】

从行政犯、故意犯、情节犯、《依法惩治长江流域非法捕捞等违法犯罪的意见》（2020年）的角度看，违反保护水产资源（有经济价值的水生动物、水生植物）法规（环保法、渔业法、水产资源繁殖保护条例等），在禁渔区（某些有经济价值的鱼虾蟹贝藻类的内水或近海的产卵场、越冬场、幼体索饵区、洄游通道等禁止所有渔业生产作业或某种渔业生产作业的特定区域）、禁渔期（某些鱼类产卵或成长的时间而禁止全部作业或限制作业的期限）或使用禁用的工具（禁止破坏水产资源而使用超过最小网眼尺寸的网具和其他禁止使用的捕捞方法）、方法（爆炸、放电、放毒等破坏水产品正常生长、繁殖的炸鱼、毒鱼、电鱼方法）捕捞水产品（有经济价值的自然野生的水产品），情节严重（非法捕捞水产品1万公斤以上或价值10万元以上；非法捕捞有重要经济价值的水生动物苗种、怀卵亲体2000公斤以上或价值2万元以上；在水产种质资源保护区内捕捞水产品2000公斤以上或价值2万元以上；在禁渔区内使用禁用的工具或方法捕捞；在禁渔期内使用禁用的工具或方法捕捞；在公海使用禁用渔具从事捕捞作业，造成严重影响；其他情节严重的情形）的，处3年以下有期刑、拘役、管制或罚金。

违反保护水产资源法规，在禁渔区、禁渔期或使用禁用的工具、方法捕捞水产品，情节严重，符合《刑法》第340条非法捕捞水产品罪规定的，以非法捕捞水产品罪定罪处罚。

依法严惩非法捕捞犯罪。违反保护水产资源法规，在长江流域重点水域非法捕捞水产品，具有非法捕捞水产品500公斤以上或1万元以上；非法捕捞具有重要经济价值的水生动物苗种、怀卵亲体或在水产种质资源保护区内捕捞水产品50公斤以上或100元以上；在禁捕区域使用电鱼、毒鱼、炸鱼等严重破坏渔业资源的禁用方法捕捞；在禁捕区域使用农业农村部规定的禁用工具捕捞；其他情节严重的情形等五种情形之一的，以《刑法》第340条非法捕捞水产品罪定罪处罚。

非法捕捞水产品罪的六种立案追诉标准：①在公海使用禁用渔具从事捕捞作业，造成严重影响。②在禁渔区内使用禁用的工具或禁用的方法捕捞。③在禁渔期内使用禁用的工具或禁用的方法捕捞。④在内陆水域非法捕捞水产品500公斤以上或价值5000元以上，或在海洋水域非法捕捞水产品2000公斤以上或价值2万元以上。⑤非法捕捞有重要经济价值的水生动物苗种、怀卵亲体或在水产种质资源保护区内捕捞水产品，在内陆水域50公斤以上或价值500元以上，或在海洋水域200公斤以上或价值2000元以上。⑥其他情节严重情形。

从《依法惩治长江流域非法捕捞等违法犯罪的意见》的角度看，实施侵害水生生物资源的违法行为，不构成犯罪，由农业农村（渔政）部门等依据《渔业法》等法律法规予以行政处罚；构成违反治安管理行为，由公安机关依法给予治安管理处罚。(1) 多次实施《依法惩治长江流域非法捕捞等违法犯罪的意见》规定的行为构成犯罪，依法应追诉，或两年内二次以上实施《依法惩治长江流域非法捕捞等违法犯罪的意见》规定的行为未经处理，数量数额累计计算。(2) 实施《依法惩治长江流域非法捕捞等违法犯罪的意见》规定的犯罪，具有暴力抗拒、阻碍国家机关工作人员依法履行职务，尚未构成妨害公务罪；两年内曾因实施《依法惩治长江流域非法捕捞等违法犯罪的意见》规定的行为受过处罚；对长江生物资源或水域生态造成严重损害；具有造成重大社会影响等恶劣情节等四种情形之一的，从重处罚。具有暴力抗拒、阻碍国家机关工作人员依法履行职务，尚未构成妨害公务罪；两年内曾因实施《依法惩治长江流域非法捕捞等违法犯罪的意见》规定的行为受过处罚；对长江生物资源或水域生态造成严重损害；具有造成重大社会影响等恶劣情形，一般不适用不起诉、缓刑、免予刑罚。(3) 非法捕捞水产品，根据渔获物的数量、价值和捕捞方法、工具等情节，认为对水生生物资源危害明显较轻，可认定为犯罪情节轻微，依法不起诉或免予刑罚，但曾因破坏水产资源受过处罚的除外。(4) 非法猎捕、收购、运输、出售珍贵、濒危水生野生动物，尚未造成动物死亡，综合考虑行为手段、主观罪过、犯罪动机、获利数额、涉案水生生物的濒危程度、数量价值以及行为人的认罪悔罪态度、修复生态环境情况等情节，认为适用《依法惩治长江流域非法捕捞等违法犯罪的意见》规定的定罪量刑标准明显过重，可结合具体案件的实际情况依法作出妥当处理，确保罪责刑相适应。(5) 对非法捕捞涉及的无船名船号、无船籍港、无船舶证书的船舶，要完善处置流程，依法予以没收、拆解、处置。要加大对制销禁用渔具等违法行为的查处力度，对制造、销售禁用渔具，依法没收禁用渔具和违法所得，并予以罚款。要加强与相关部门协同配合，强化禁捕水域周边区域管理和行政执法，加强水产品交易市场、餐饮行业管理，依法依规查处非法捕捞和收购、加工、销售、利用非法渔获物等行为，斩断地下产业链。要加强行政执法与刑事司法衔接，对涉嫌犯罪的案件，依法及时向公安机关移送。对水生生物资源保护负有监管职责的行政机关违法行使职权或不作为，致使国家利益或社会公共利益受到侵害，检察机关可依法提起行政公益诉讼。(6) 全面收集涉案证据材料。对农业农村（渔政）部门等行政机关在行政执法和查办案件过程中收集的物证、书证、视听资料、电子数据等证据材料，在刑事诉讼或公益诉讼中可作为证据使用。农业农村（渔政）部门等行政机关和公安机关要依法及时、全面收集与案件相关的各类证据，并依法进行录音录像，为案件的依法处理奠定事实根基。对涉案船只、捕捞工具、渔获物等，应在采取拍照、录音录像、称重、提取样品等方式固定证据后，依法妥善保管；公安机关保管有困难的，可委托农业农村（渔政）部门保管；对需放生的渔获物，可在固定证据后先行放生；对已死亡且不宜长期保存的渔获物，可由农业农村（渔政）部门采取捐赠捐献用于科研、公益事业或销毁等方式处理。(7) 准确认定相关专门性问题。对长江流域重点水域禁捕范围（禁捕区域和时间），依据农业农村部关于长江流域重点水域禁捕范围和时间的有关通告确定。涉案渔获物系国家重点保护的珍贵、濒危水生野生动物，动物及其制品的价值可根据国务院野生动物保护主管部门综合考虑野生动物的生态、科学、社会价值制定的评估标准和方法核算。其他渔获物的价值，根据销赃数额认定；无销赃数额、销赃数额难以查证或根据销赃数额认定明显偏低，根据市场价格核算；仍无法认定，由农业农村（渔政）部门认定或由有关价格认证机构作出认证并出具报告。对涉案的禁捕区域、禁捕时间、禁用方法、禁用工具、渔获物品种以及对水生生物资源的危害程度等专门性问题，由农业农村（渔政）部门在2个工作日内出具认定意见；难以确定的，由司法鉴定机构出具鉴定意见，或由农业农村部指定的机构出具报告。(8) 正确认定案件事实。要全面审查与定罪量刑有关的证据，确保据以定案的证据均经法定程序查证属实，确保综合全案证据，对所认定的事实排除合理怀疑。既要审查嫌犯、被告人的供述和辩解，更要重视对相关物证、书证、证人证言、视听资料、电子数据等其他证据的审查判断。对携带相关工具但否实施电鱼、毒鱼、炸鱼等非法捕捞作业，是否进入禁捕水域范围以及非法捕捞渔获物种类、数量等事实难以直接认定的，可根据现场执法音视频记录、案发现场周边视频监控、证人证言等证据材料，结合嫌犯、被告人的供述和辩解等，综合作出认定。(9) 强化工作配合。公检法机关、农业农村（渔政）部门要依法履行法定职责，分工负责，互相配合，互相制约，确保案件顺利移送、侦查、起诉、审判。对阻挠执法、暴力抗法，公安机关要依法及时处置，确保执法安全。嫌犯、被告人自愿如实供述自己的罪行，承认指控的犯罪事实，愿意接受处罚的，可依法从宽处理；对犯罪情节轻微，依法不需判处刑罚或免除刑罚，检察院可作出不起诉决定。对实施危害水生生物资源的行为，致使社会公共利益受到侵害的，检察院可依法提起民事公益诉讼。对检察院作出不起诉决定、法院作出无罪判决或免予刑罚，需行政处罚的案件，由农业农村（渔政）部门等依法给予行政处罚。

从故意犯、情节犯、数额犯的角度看，非法猎捕、杀害国家重点保护的珍贵、濒危野生动物，或非法收购、运输、出售国家重点保护的珍贵、濒危野生动物及其制品的，处5年以下有期刑或拘役，并处罚金；情节严重（①非法采捕珊瑚、砗磲或其他珍贵、濒危水生野生动物，价值50万元以上；非法获利20万元以上；造成海域生态环境严重破坏；造成严重国际影响；其他情节严重的情形。②非法收购、运输、出售珊瑚、砗磲或其他珍贵、濒危水生野生动物及其制品，价值50万元以上；非法获利在20万元以上；有其他严重情节）的，处5年以上10年以下有期刑，并处罚金；情节特别严重（①非法采捕珊瑚、砗磲或其他珍贵、濒危水生野生动物，价值250万元以上或非法获利达到100万元以上；价值250万元以上或非法获利达到100万元以上，造成海域生态环境严重破坏；造成海域生态环境特别严重破坏；造成特别严重国际影响；其他情节特别严重的情形。②非法收购、运输、出售珊瑚、砗磲或其他珍贵、濒危水生野生动物及其制品，价值250万元以上；非法获利100万元以上；有其他特别严重情节）的，处10年以上有期刑，并处罚金或没收财产。

非法猎捕、杀害国家重点保护的珍贵、濒危野生动物（列入国家重点保护野生动物名录的国家一、二级保护野生动物、列入濒危野生动植物种国际贸易公约附录一、二的野生动物及驯养繁殖的上述物种），或非法收购（以营利、自用等为目的的购买行为）、运输（采用携带、邮寄、利用他人、使用交通工具等方法进行运送的行为）、出售（出卖和以营利为目的的加工利用行为）国家重点保护的珍贵、濒危野生动物及其制品，均应立案追诉。

非法狩猎罪的四种立案追诉标准：①非法狩猎野生动物20只以上。②在禁猎区内使用禁用的工具或禁用的方法狩猎。③在禁猎期内使用禁用的工具或禁用的方法狩猎。④其他情节严重的情形。

违反狩猎法规，在禁猎区、禁猎期或使用禁用的工具、方法进行狩猎，破坏野生动物资源，情节严重的，处3年以下有期刑、拘役、管制或罚金。

四、《刑法》第341条【危害珍贵、濒危野生动物罪；非法狩猎罪；非法猎捕、收购、运输、出售陆生野生动物罪】

两高《关于执行〈中华人民共和国刑法〉确定罪名的补充规定（七）》以危害珍贵、濒危野生动物罪取消非法猎捕、杀害珍贵、濒危野生动物罪；非法收购、运输、出售珍贵、濒危野生动物、珍贵、濒危野生动物制品罪罪名。《刑法修正案（十一）》

第41条非法猎捕、收购、运输、出售陆生野生动物罪为刑法第341条第3款。

从选择罪名、故意犯、数额犯、情节犯的角度看，非法猎捕、杀害国家重点保护的珍贵、濒危野生动物，或非法收购、运输、出售国家重点保护的珍贵、濒危野生动物及其制品的，处5年以下有期刑或拘役，并处罚金；情节严重的，处5年以上10年以下有期刑，并处罚金；情节特别严重的，处10年以上有期刑，并处罚金或没收财产。

违反狩猎法规，在禁猎区、禁猎期或使用禁用的工具、方法进行狩猎，破坏野生动物资源，情节严重的，处3年以下有期刑、拘役、管制或罚金。

依法严惩危害珍贵、濒危水生野生动物资源犯罪。在长江流域重点水域非法猎捕、杀害中华鲟、长江鲟、长江江豚或其他国家重点保护的珍贵、濒危水生野生动物，价值2万元以上不满20万元的，应以《刑法》第341条危害珍贵、濒危野生动物罪，处5年以下有期刑或拘役，并处罚金；价值20万元以上不满200万元，应认定为“情节严重”，处5年以上10年以下有期刑，并处罚金；价值200万元以上，应认定为“情节特别严重”，处10年以上有期刑，并处罚金或没收财产。

非法收购、运输、出售在长江流域重点水域非法猎捕、杀害的中华鲟、长江鲟、长江江豚或其他国家重点保护的珍贵、濒危水生野生动物及其制品，价值2万元以上不满20万元的，应以《刑法》第341条非法收购、运输、出售珍贵、濒危野生动物、珍贵、濒危野生动物制品罪，处5年以下有期刑或拘役，并处罚金；价值20万元以上不满200万元，应认定为“情节严重”，处5年以上10年以下有期刑，并处罚金；价值200万元以上，应认定为“情节特别严重”，处10年以上有期刑，并处罚金或没收财产。

非法猎捕、杀害国家重点保护的珍贵、濒危野生动物，符合《刑法》第341条第1款非法猎捕、杀害珍贵、濒危野生动物罪的，以非法猎捕、杀害珍贵、濒危野生动物罪定罪处罚。

非法收购、运输、出售国家重点保护的珍贵、濒危野生动物及其制品，符合《刑法》第341条第1款非法收购、运输、出售珍贵、濒危野生动物、珍贵、濒危野生动物制品罪的，以非法收购、运输、出售珍贵、濒危野生动物、珍贵、濒危野生动物制品罪定罪处罚。

知道或应知道是国家重点保护的珍贵、濒危野生动物及其制品，为食用或其他目的而非法购买，符合《刑法》第341条第1款非法猎捕、杀害珍贵、濒危野生动物罪，以非法收购珍贵、濒危野生动物、珍贵、濒危野生动物制品罪定罪处罚。

知道或应知道是国家重点保护的珍贵、濒危野生动物及其制品，为食用或其他目的而非法购买，属于《刑法》第341条非法猎捕、杀害珍贵、濒危野生动物罪第1款（非法猎捕、杀害国家重点保护的珍贵、濒危野生动物，或非法收购、运输、出售国家重点保护的珍贵、濒危野生动物及其制品的，处5年以下有期刑或拘役，并处罚金；情节严重的，处5年以上10年以下有期刑，并处罚金；情节特别严重的，处10年以上有期刑，并处罚金或没收财产）规定的非法收购国家重点保护的珍贵、濒危野生动物及其制品的行为。

知道或应知道是《刑法》第341条第2款规定的非法狩猎的野生动物而购买，属于《刑法》第312条掩饰、隐瞒犯罪所得、犯罪所得收益罪第1款（明知是犯罪所得及其产生的收益而予以窝藏、转移、收购、代为销售或以其他方法掩饰、隐瞒的，处3年以下有期刑、拘役或管制，并处或单处罚金；情节严重的，处3年以上7年以下有期刑，并处罚金）规定的明知是犯罪所得而收购的行为。

违反狩猎法规，在禁猎区、禁猎期或使用禁用的工具、方法进行狩猎，破坏野生动物资源，情节严重，符合《刑法》第341条第2款非法狩猎罪，以非法狩猎罪定罪处罚。

违反野生动物保护管理法规，以食用为目的非法猎捕、收购、运输、出售国家重点保护的珍贵、濒危野生动物及其制品外的在野外环境自然生长繁殖的陆生野生动物，情节严重的，处3年以下有期刑、拘役、管制或罚金规定处罚。

从两高两部《关于依法惩治非法野生动物交易犯罪的指导意见》（2020年）的角度看，非法野生动物交易犯罪的定性规则具有类型性、复杂性、多样性。（1）两次以上实施知道或应知道是国家重点保护的珍贵、濒危野生动物及其制品，为食用或其他目的而非法购买（非法收购珍贵、濒危野生动物、珍贵、濒危野生动物制品罪）；非法猎捕、杀害国家重点保护的珍贵、濒危野生动物（非法猎捕、杀害珍贵、濒危野生动物罪）；非法收购、运输、出售国家重点保护的珍贵、濒危野生动物及其制品（非法收购、运输、出售珍贵、濒危野生动物、珍贵、濒危野生动物制品罪）；走私国家禁止进出口的珍贵动物及其制品（走私珍贵动物、珍贵动物制品罪）；违反狩猎法规，在禁猎区、禁猎期或使用禁用的工具、方法进行狩猎，破坏野生动物资源，情节严重（非法狩猎罪）的；违反保护水产资源法规，在禁渔区、禁渔期或使用禁用的工具、方法捕捞水产品，情节严重（非法捕捞水产品罪）的行为构成犯罪，依法应追诉，或两年内两次以上实施上述行为未经处理，数量、数额累计计算，但在认定是否构成犯罪以及裁量刑罚时，应考虑涉案动物是否系人工繁育、物种的濒危程度、野外存活状况、人工繁育情况、是否列入国务院野生动物保护主管部门制定的人工繁育国家重点保护野生动物名录，以及行为手段、对野生动物资源的损害程度、食用涉案野生动物对人体健康的危害程度等情节，综合评估社会危害性，确保罪责刑相适应。相关定罪量刑标准明显不适宜，可根据案件的事实、情节和社会危害程度，依法作出妥当处理。（2）明知他人实施非法野生动物交易行为，有提供贷款、资金、账号、车辆、设备、技术、许可证件；提供生产、经营场所或运输、仓储、保管、快递、邮寄、网络信息交互等便利条件或其他服务；提供广告宣传等帮助行为的三种情形之一的，以共同犯罪论处。（3）对涉案野生动物及其制品价值，可根据国务院野生动物保护主管部门制定的价值评估标准和方法核算。对野生动物制品，根据实际情况予以核算，但核算总额不能超过该种野生动物的整体价值。具有特殊利用价值或导致动物死亡的主要部分，核算方法不明确，其价值标准最高可按该种动物整体价值标准的80%予以折算，其他部分价值标准最高可按整体价值标准的20%予以折算，但按上述方法核算的价值明显不当的，应根据实际情况妥当予以核算。核算价值低于实际交易价格，以实际交易价格认定。因此，仍难以确定涉案野生动物及其制品价值，依据价格认证机构出具的报告；国务院野生动物保护主管部门、国家濒危物种进出口管理机构、海关总署等指定的机构出具的报告；地、市级以上政府野生动物保护主管部门、国家濒危物种进出口管理机构的派出机构、直属海关等出具的报告，结合其他证据作出认定。(4) 对野生动物及其制品种属类别，非法捕捞、狩猎的工具、方法，以及对野生动物资源的损害程度、食用涉案野生动物对人体健康的危害程度等专门性问题，可由野生动物保护主管部门、侦查机关或有专门知识的人依据现场勘验、检查笔录等出具认定意见。难以确定，依据司法鉴定机构出具的鉴定意见，或价格认证机构出具的报告；国务院野生动物保护主管部门、国家濒危物种进出口管理机构、海关总署等指定的机构出具的报告；地市级以上政府野生动物保护主管部门、国家濒危物种进出口管理机构的派出机构、直属海关等出具的报告，结合其他证据作出认定。(5) 在办理非法野生动物交易案件中，行政执法部门依法收集的物证、书证、视听资料、电子数据等证据材料，在刑事诉讼中可作为证据使用。对不易保管的涉案野生动物及其制品，在做好拍摄、提取检材或制作足以反映原物形态特征或内容的照片、录像等取证工作后，可移交野生动物保护主管部门及其指定的机构依法处置。对存在或可能存在疫病的野生动物及其制品，应立即通知野生动物保护主管部门依法处置。

五、《刑法》第342条【非法占用农用地罪】

从行政犯、故意犯、数额犯、结果犯的角度看，违反土地管理法规（土地管理法、森林法、草原法等法律法规），非法占用耕地、林地等农用地（按土壤污染程度和相关标准，农用地分为优先保护类、安全利用类、严格管控类），改变被占用土地用途，数量较大（非法占用基本农田5亩以上或非法占用基本农田外的耕地10亩以上），造成耕地、林地等农用地大量毁坏（①造成耕地大量毁坏：违反土地管理法规，非法占用耕地建窑、建坟、建房、挖沙、采石、采矿、取土、堆放固体废弃物或进行其他非农业建设，造成耕地种植条件严重毁坏或严重污染，被毁坏耕地数量达到5亩以上或基本农田外的耕地10亩以上种植条件严重毁坏或严重污染。②造成林地大量毁坏：违反土地管理法规，非法占用林地，改变被占用林地用途，在非法占用的林地上实施建窑、建坟、建房、挖沙、采石、采矿、取土、种植物堆放或排泄废弃物等行为或进行其他非林业生产、建设）的，处5年以下有期刑或拘役，并处或单处罚金。

违反自然保护地管理法规，在国家公园、国家级自然保护区进行开垦、开发活动或修建建筑物，造成严重后果或有其他恶劣情节的，处5年以下有期刑或拘役，并处或单处罚金。具有违反自然保护地管理法规，在国家公园、国家级自然保护区进行开垦、开发活动或修建建筑物，造成严重后果或有其他恶劣情节的行为，同时构成他罪的，依处罚较重的规定定罪处罚。

非法占用农用地罪的四种立案追诉标准：①非法占用基本农田5亩以上或基本农田外的耕地10亩以上。②非法占用防护林地或特种用途林地数量单种或合计5亩以上。③非法占用其他林地10亩以上。非法占用防护林地或特种用途林地、其他林地，其中1项数量达到相应规定的数量标准的50%以上，且2项数量合计达到该项规定的数量标准。④非法占用其他农用地数量较大的情形。

单位犯非法占用农用地罪的，实行双罚制，对单位判处罚金，并对其直接负责的主管人员和其他直接责任人员，依《关于审理破坏草原资源刑事案件应用法律若干问题的解释》（2012年）规定的定罪量刑标准定罪处罚。

违反草原法等土地管理法规，非法占用草原［天然草原（草地、草山、草坡）、人工草地（改良草地、退耕还草地，不含城镇草地）］，改变被占用草原用途，数量较大（非法占用草原，改变被占用草原用途，数量20亩以上，或曾因非法占用草原受过行政处罚，在3年内又非法占用草原，改变被占用草原用途，数量10亩以上），造成草原大量毁坏［非法占用草原，改变被占用草原用途，数量较大，有5种严重违法情形（①违反草原保护、建设、利用规划种植牧草和饲料作物，造成草原沙化或水土严重流失。②开垦草原种植粮食作物、经济作物、林木。③在草原上建窑、建房、修路、挖砂、采石、采矿、取土、剥取草皮。④在草原上堆放或排放废弃物，造成草原的原有植被严重毁坏或严重污染。⑤其他造成草原严重毁坏情形）］的，以非法占用农用地罪定罪处罚。多次实施破坏草原资源的违法犯罪行为，未经处理，应依法追究刑责，按累计的数量、数额定罪处罚。

六、《刑法》第342条之一【破坏自然保护地罪】

违反自然保护地管理法规，在国家公园、国家级自然保护区进行开垦、开发活动或修建建筑物，造成严重后果或有其他恶劣情节，处5年以下有期刑或拘役，并处或单处罚金。具有违反自然保护地管理法规，在国家公园、国家级自然保护区进行开垦、开发活动或修建建筑物，造成严重后果或有其他恶劣情节的行为，同时构成他罪，依处罚较重的规定定罪处罚。

七、《刑法》第343条【非法采矿罪；破坏性采矿罪】

从故意犯、情节犯、数额犯的角度看，违反矿产资源法规定（违反矿产资源法、水法等法律、行政法规有关矿产资源开发、利用、保护、管理规定），未取得（国务院、省级政府、国务院授权的有关主管部门颁发）采矿许可证［①无许可证（既未取得河道采砂许可证，又未取得采矿许可证的情形）。②许可证被注销、吊销、撤销。③超越许可证规定的矿区范围或开采范围。④超出许可证规定的矿种的（共生、伴生矿种除外）。⑤其他未取得许可证（开采河砂需申请的采矿许可证、河道采砂许可证和开采海砂需申请的采矿许可证、海砂开采海域使用权证等）情形（超量开采、超期限开采、采矿许可证被依法暂扣期间擅自开采、以合法形式掩盖非法采砂或掩饰开采等）］擅自采矿（在采矿许可证被依法暂扣期间擅自开采，视为未取得采矿许可证擅自采矿），擅自进入国家规划矿区、对国民经济有重要价值的矿区和在他人矿区范围采矿，或擅自开采国家规定实行保护性开采的特定矿种，情节严重（①实施非法采矿行为，造成生态环境严重损害。②开采的矿产品价值或造成矿产资源破坏的价值10万元至30万元以上。③在国家规划矿区、对国民经济有重要价值的矿区采矿，开采国家规定实行保护性开采的特定矿种，或在禁采区、禁采期内采矿，开采的矿产品价值或造成矿产资源破坏的价值5万元至15万元以上。④两年内曾因非法采矿受过两次以上行政处罚，又实施非法采矿行为。⑤其他情节严重情形）的，处3年以下有期刑、拘役或管制，并处或单处罚金；情节特别严重（①实施非法采矿行为，造成生态环境特别严重损害。②开采的矿产品价值或造成矿产资源破坏的价值50万元至150万元以上。③在国家规划矿区、对国民经济有重要价值的矿区采矿，开采国家规定实行保护性开采的特定矿种，或在禁采区、禁采期内采矿，开采的矿产品价值或造成矿产资源破坏的价值25万元至75万元以上。④其他情节特别严重情形）的，处3年以上7年以下有期刑，并处罚金。

非法采矿罪的立案追诉标准：（1）违反矿产资源法的规定，未取得采矿许可证擅自采矿，或擅自进入国家规划矿区、对国民经济具有重要价值的矿区和他人矿区范围采矿，或擅自开采国家规定实行保护性开采的特定矿种，涉嫌开采的矿产品价值或造成矿产资源破坏的价值在10万元至30万元以上；在国家规划矿区、对国民经济具有重要价值的矿区采矿，开采国家规定实行保护性开采的特定矿种，或在禁采区、禁采期内采矿，开采的矿产品价值或造成矿产资源破坏的价值在5万元至15万元以上；两年内曾因非法采矿受过2次以上行政处罚，又实施非法采矿行为；造成生态环境严重损害；其他情节严重的情形等五种情形之一的，应立案追诉。（2）在河道管理范围内采砂，依据相关规定应办理河道采砂许可证而未取得河道采砂许可证，或应办理河道采砂许可证和采矿许可证，既未取得河道采砂许可证又未取得采矿许可证，具有开采的矿产品价值或造成矿产资源破坏的价值在10万元至30万元以上；在国家规划矿区、对国民经济具有重要价值的矿区采矿，开采国家规定实行保护性开采的特定矿种，或在禁采区、禁采期内采矿，开采的矿产品价值或造成矿产资源破坏的价值在5万元至15万元以上；两年内曾因非法采矿受过两次以上行政处罚，又实施非法采矿行为；造成生态环境严重损害；其他情节严重的情形之一，或严重影响河势稳定危害防洪安全，应立案追诉。（3）采挖海砂，未取得海砂开采海域使用权证且未取得采矿许可证（具有无许可证；许可证被注销、吊销、撤销；超越许可证规定的矿区范围或开采范围）；超出许可证规定的矿种的（共生、伴生矿种除外；其他未取得许可证的情形等五种情形之一），具有开采的矿产品价值或造成矿产资源破坏的价值在10万元至30万元以上；在国家规划矿区、对国民经济具有重要价值的矿区采矿，开采国家规定实行保护性开采的特定矿种，或在禁采区、禁采期内采矿，开采的矿产品价值或造成矿产资源破坏的价值在5万元至15万元以上；两年内曾因非法采矿受过两次以上行政处罚，又实施非法采矿行为；造成生态环境严重损害；其他情节严重的情形之一，或造成海岸线严重破坏，应立案追诉。

非法采矿罪的认定：（1）多次非法采矿构成犯罪，依法应追诉，或两年内多次非法采矿未经处理，价值数额累计计算。（2）非法开采的矿产品价值，根据销赃数额认定；无销赃数额，销赃数额难以查证，或根据销赃数额认定明显不合理，根据矿产品价格和数量认定。（3）矿产品价值难以确定的，依据价格认证机构，省级以上政府国土资源、水行政、海洋等主管部门，或国务院水行政主管部门在国家确定的重要江河、湖泊设立的流域管理机构出具的报告，结合其他证据作出认定。（4）明知是犯罪所得的矿产品及其产生的收益，而窝藏、转移、收购、代为销售或以其他方法掩饰、隐瞒，以掩饰、隐瞒犯罪所得、犯罪所得收益罪定罪处罚；事前通谋，以掩饰、隐瞒犯罪所得、犯罪所得收益罪的共犯论处。（5）在矿山生产安全事故发生后，有在事故抢救期间擅离职守逃匿、伪造破坏事故现场或转移藏匿毁灭遇难人员尸体或转移藏匿受伤人员、毁灭伪造隐匿与事故有关的图纸记录计算机数据等资料及其他证据、决定不报谎报事故情况或指使串通有关人员不报谎报事故情况，帮助负有报告职责的人员不报或谎报事故情况，贻误事故抢救，对组织者或积极参加者，以不报、谎报安全事故罪的共犯论处。

八、《刑法》第344条【危害国家重点保护植物罪】

从行政犯、故意犯、行为犯、情节犯的角度看，违反国家规定，非法采伐、毁坏珍贵树木或国家重点保护的其他植物（①由省级以上林业主管部门或其他部门确定的有重大历史纪念意义、科研价值或年代久远的古树名木。②国家禁止、限制出口的珍贵树木。③古树名木以及列入《国家重点保护野生植物名录》的野生植物），或非法收购、运输、加工、出售珍贵树木或国家重点保护的其他植物及其制品的，处3年以下有期刑、拘役或管制，并处罚金；情节严重的，处3年以上7年以下有期刑，并处罚金。

违反国家规定，非法引进、释放或丢弃外来入侵物种，情节严重，处3年以下有期刑或拘役，并处或单处罚金。

违反国家规定，非法采伐、毁坏珍贵树木或国家重点保护的其他植物，或违反国家规定，非法收购、运输、加工、出售珍贵树木或国家重点保护的其他植物及其制品，均应立案追诉。

对非法移栽珍贵树木或国家重点保护的其他植物，依法应追究刑责，依《刑法》第344条非法采伐、毁坏国家重点保护植物罪；非法收购、运输、加工、出售国家重点保护植物、国家重点保护植物制品罪，以非法采伐国家重点保护植物罪定罪处罚。

根据《野生植物保护条例》的规定，野生植物限于原生地天然生长的植物。人工培育的植物，除古树名木外，不属于《刑法》第344条非法采伐、毁坏国家重点保护植物罪；非法收购、运输、加工、出售国家重点保护植物、国家重点保护植物制品罪的“珍贵树木或国家重点保护的其他植物”。非法采伐、毁坏或非法收购、运输人工培育的植物（古树名木除外），构成盗伐林木罪、滥伐林木罪、危害国家重点保护植物罪等犯罪，依相关规定追究刑责。

鉴于移栽在社会危害程度上与砍伐存在一定差异，对非法移栽珍贵树木或国家重点保护的其他植物的行为，在认定是否构成犯罪以及裁量刑罚时，应考虑植物的珍贵程度、移栽目的、移栽手段、移栽数量、对生态环境的损害程度等情节，综合评估其社会危害性，确保罪责刑相适应。

九、《刑法》第344条之一【非法引进、释放、丢弃外来入侵物种罪】

违反国家规定，非法引进、释放或丢弃外来入侵物种，情节严重，处3年以下有期刑或拘役，并处或单处罚金。

十、《刑法》第345条【盗伐林木罪；滥伐林木罪；非法收购、运输盗伐、滥伐的林木罪】

从选择罪名、故意犯、数额犯的角度看，盗伐森林或其他林木（①以非法占有为目的，擅自砍伐本单位或本人承包经管的森林或其他林木。②擅自砍伐国家、集体、他人所有或他人承包经管的森林或其他林木。③在林木采伐许可证规定的地点外采伐国家、集体、他人所有或他人承包经管的森林或其他林木），数量较大的，处3年以下有期刑、拘役或管制，并处或单处罚金；数量巨大的，处3年以上7年以下有期刑，并处罚金；数量特别巨大的，处7年以上有期刑，并处罚金。

有在非法的木材交易所或销售单位收购木材、收购以明显低于市场价格出售的木材或收购违反规定出售的木材的情形，可视为应知道（明知），但有证据证明确属被蒙骗外。①盗伐、滥伐国家级自然保护区内的森林或其他林木的，从重处罚。②非法收购、运输明知是盗伐、滥伐的林木，情节严重的，处3年以下有期刑、拘役或管制，并处或单处罚金；情节特别严重的，处3年以上7年以下有期刑，并处罚金。③违反森林法规定，滥伐森林或其他林木，数量较大的，处3年以下有期刑、拘役或管制，并处或单处罚金；数量巨大的，处3年以上7年以下有期刑，并处罚金。

盗伐林木罪的两种立案追诉标准：①盗伐2立方米至5立方米以上（林木数量以立木蓄积计算，计算方法为原木材积除以该树种的出材率）。②盗伐幼树（胸径5厘米以下树木）100株至200株以上。

滥伐林木罪的两种立案追诉标准：①滥伐10立方米至20立方米以上。②滥伐幼树500株1000株以上。滥伐林木的数量，应在伐区调查设计允许的误差额以上计算。

第七节　走私、贩卖、运输、制造毒品罪

从《关于公安机关管辖的刑事案件立案追诉标准的规定（三）》（2012年）的角度看，毒品犯侦查部门管辖的12种毒品犯案件的立案追诉标准，含走私、贩卖、运输、制造毒品案（《刑法》第347条）、非法持有毒品案（《刑法》第348条）、走私制毒物品案（《刑法》第350条）、非法买卖制毒物品案（《刑法》第350条）、非法种植

毒品原植物案（《刑法》第351条）、非法买卖、运输、携带、持有毒品原植物种子、幼苗案（《刑法》第352条）、容留他人吸毒案（《刑法》第354条）、非法提供麻醉药品、精神药品案（《刑法》第355条）、窝藏、转移、隐瞒毒品、毒赃案（《刑法》第349条）、引诱、教唆、欺骗他人吸毒案（《刑法》第353条）、强迫他人吸毒案（《刑法》第353条）等。未明确立案追诉标准的毒品，有条件折算为海洛因，参照有关麻醉药品和精神药品折算标准进行折算。

根据《麻醉药品和精神药品管理条例》《非药用类麻醉药品和精神药品列管办法》的有关规定，公安部、国家食品药品监管总局和国家卫生和计划生育委员会决定将卡芬太尼、呋喃芬太尼、丙烯酰芬太尼、戊酰芬太尼4种物质列入非药用类麻醉药品和精神药品管制品种增补目录。

【毒品犯罪的再犯】因走私、贩卖、运输、制造、非法持有毒品罪被判过刑，又犯走私、贩卖、运输、制造毒品罪之罪的，从重处罚。

【毒品的范围及毒品数量的计算原则】毒品品种以国家食药监管局、公安部、卫生部发布的麻醉药品品种目录、精神药品品种目录为依据，含鸦片、海洛因、甲基苯丙胺（冰毒）、吗啡、大麻、可卡因及国家规定管制的其他能使人形成瘾癖的麻醉药品和精神药品。毒品的数量以查证属实的走私、贩卖、运输、制造、非法持有毒品的数量计算，不以纯度折算。

走私、贩卖、运输、制造毒品罪的量刑：（1）构成走私、贩卖、运输、制造毒品罪，可根据不同情形在相应的幅度内确定量刑起点：①走私、贩卖、运输、制造鸦片1000克，海洛因、甲基苯丙胺50克或其他毒品数量达到数量大起点的，量刑起点为15年有期刑，以依法应判无期刑以上刑罚为例外。②走私、贩卖、运输、制造鸦片200克，海洛因、甲基苯丙胺10克或其他毒品数量达到数量较大起点的，可在7年至8年有期刑幅度内确定量刑起点。③走私、贩卖、运输、制造鸦片不满200克，海洛因、甲基苯丙胺不满10克或其他少量毒品，可在3年以下有期刑、拘役幅度内确定量刑起点；情节严重的，可在3年至4年有期刑幅度内确定量刑起点。（2）在量刑起点的基础上，可根据毒品犯次数、人次、毒品数量等其他影响犯罪构成的犯罪事实增加刑罚量，确定基准刑。（3）可增加基准刑的10%~30%情形：①毒品再犯。②向未成年人出售毒品。③利用、教唆未成年人走私、贩卖、运输、制造毒品。（4）可减少基准刑的30%以下情形：①受雇运输毒品。②毒品含量明显偏低。③存在数量引诱情形。

一、《刑法》第347条【走私、贩卖、运输、制造毒品罪】

从选择罪名、行为犯、数额犯、情节犯的角度看，走私［明知是毒品而非法将其运输、携带、寄递进出国（边）境的行为］、贩卖（明知是毒品而非法销售或以贩卖为目的而非法收买、买卖、交换、批发和零售的行为）、运输（明知是毒品而采用携带、寄递、托运、利用他人或使用交通工具等方法非法运送毒品的行为）、制造（非法利用毒品原植物直接提炼或用化学方法加工、配制毒品，或以改变毒品成分和效用为目的，用混合等物理方法加工、配制毒品的行为）毒品的，无论数量多少，都应追究刑责，给予刑罚。

贩卖毒品罪是违反毒品管理法规，明知是毒品而非法销售或以贩卖为目的而非法收买的行为。(1) 贩卖毒品是明知是毒品而非法销售或以贩卖为目的而非法收买毒品的行为。(2) 出卖人交付毒品可能是获取金钱或获取其他物质利益。(3) 明知是毒品而非法销售，为了贩卖而购买，介绍毒品买卖以获利，销售毒品而获利，或以贩卖为目的而非法收买、买卖、交换、批发和零售、转手倒卖或销售自制毒品，不论是否营利或贩卖毒品数量多少，均构成贩卖毒品罪。(4) 刑法通说认为，贩卖毒品罪是行为犯（以法定犯罪行为的完成为既遂标志的犯罪）。毒品进入交易环节时，行为人的行为对国家、毒品管理秩序已造成实质性的侵害，公众健康的危害或威胁已达到现实危险状态，贩卖毒品行为达到了法律规定的犯罪既遂这种对行为犯法益侵害结果的要求，无论其是否完成交易，均应以犯罪既遂论处。(5) 从罪行说、相对刑责年龄、《刑法修正案（十一）》的角度看，基于低龄未成年人严重犯罪问题，最低刑责年龄进行个别下调，12周岁以上低龄未成年人实施特定犯罪行为，应负刑责。①已满16周岁的人犯罪，应负刑责。②已满14周岁不满16周岁的人，犯故意杀人、故意伤害致人重伤或死亡、强奸、抢劫、贩卖毒品、放火、爆炸、投放危险物质罪，应负刑责。③已满12周岁不满14周岁的人，犯故意杀人、故意伤害罪，致人死亡或以特别残忍手段致人重伤造成严重残疾，情节恶劣，经最高检核准追诉，应负刑责。④对已满16周岁的人犯罪，已满14周岁不满16周岁的人，犯故意杀人、故意伤害致人重伤或死亡、强奸、抢劫、贩卖毒品、放火、爆炸、投放危险物质罪，已满12周岁不满14周岁的人，犯故意杀人、故意伤害罪，致人死亡或以特别残忍手段致人重伤造成严重残疾，情节恶劣的，追究刑责的不满18周岁的人，应从轻或减轻处罚。⑤因不满16周岁不予刑罚，责令其父母或其他监护人加以管教；必要时，依法进行专门矫治教育。

【2015年·卷2·单选·8】甲窃得一包冰毒后交乙代为销售，乙销售后得款3万元与甲平分。关于本案，哪一选项错误？(C) A. 甲的行为触犯盗窃罪与贩卖毒品罪。B. 甲贩卖毒品的行为侵害了新的法益，应与盗窃罪实行并罚。C. 乙的行为触犯贩卖毒品罪、非法持有毒品罪、转移毒品罪与掩饰、隐瞒犯罪所得罪。D. 对乙应以贩卖毒品罪一罪论处。

毒品犯罪的立案追诉标准：①明知他人实施毒品犯罪而为其居间介绍、代购代卖，无论是否牟利，都应以相关毒品犯的共犯立案追诉。②有证据证明行为人以牟利为目的，为他人代购仅用于吸食、注射的毒品，对代购者以贩卖毒品罪立案追诉。③有证据证明行为人不以牟利为目的，为他人代购仅用于吸食、注射的毒品，毒品数量达到立案追诉数量标准，对托购者和代购者以非法持有毒品罪立案追诉。④直接向走私人非法收购走私进口的毒品，或在内海、领海、界河、界湖运输、收购、贩卖毒品，以走私毒品罪立案追诉。⑤为制造毒品而采用生产、加工、提炼等方法非法制造易制毒化学品，以制造毒品罪（预备）立案追诉。⑥购进制造毒品的设备和原材料，开始着手制造毒品，尚未制造出毒品或半成品，以制造毒品罪（未遂）立案追诉。⑦制造毒品的行为人明知［制造毒品的行为人知道或应知道（以有证据证明确属被蒙骗为例外，结合行为人的供述、其他证据综合审查判断的五种情形：a. 购置了专门用于制造毒品的设备、工具、制毒物品或配制方案。b. 为获取不同寻常的高额或不等值的报酬为他人制造物品，经检验是毒品。c. 在偏远、隐蔽场所制造，或采取对制造设备进行伪装等方式制造物品，经检验是毒品。d. 制造人员在执法人员检查时，有逃跑、抗拒检查等行为，在现场查获制造出的物品，经检验是毒品。e. 有其他证据足以证明行为人应知道）实施的主观故意行为是制造毒品行为］他人制造毒品而为其生产、加工、提炼、提供醋酸酐、乙醚、三氯甲烷等制毒物品，以制造毒品罪的共犯立案追诉。

故意制造毒品的明知的认定：（1）制造毒品主观故意中的明知，是行为人知道或应知道所实施的是制造毒品行为。为便于隐蔽运输、销售、使用、欺骗购买者，或为增重，对毒品掺杂使假，添加或去除其他非毒品物质，不属于制造毒品的行为。（2）以有证据证明确属被蒙骗为例外，结合制造毒品的行为人的供述和其他证据综合审查判断，可认定其应知道的五种情形：①在偏远、隐蔽场所制造，或采取对制造设备进行伪装等方式制造物品，经检验是毒品。②为获取不同寻常的高额或不等值的报酬为他人制造物品，经检验是毒品。③购置了专门用于制造毒品的设备、工具、制毒物品或配制方案。④制造人员在执法人员检查时，有逃跑、抗拒检查等行为，在现场查获制造出的物品，经检验是毒品。⑤有其他证据足以证明行为人应知道。

走私、贩卖、运输、制造毒品罪的情形：①实施包庇走私、贩卖、运输、制造毒品的罪犯的行为，事先通谋，以走私、贩卖、运输、制造毒品罪的共犯立案追诉。②实施为走私、贩卖、运输、制造毒品的罪犯窝藏、转移、隐瞒毒品或犯罪所得的财物的行为，事先通谋，以走私、贩卖、运输、制造毒品罪的共犯立案追诉。③犯包庇毒品罪犯罪、窝藏转移隐瞒毒品毒赃罪，事先通谋，以走私、贩卖、运输、制造毒品罪的共犯论处。

走私、贩卖、运输、制造毒品罪罪名、数量、情节、刑罚的认定：（1）走私、贩卖、运输、制造毒品罪是选择性罪名，对同一宗毒品实施了两种以上犯罪行为，并有相应确凿证据，应按所实施的犯罪行为的性质并列适用罪名，毒品数量不重复计算。（2）对同一宗毒品可能实施了两种以上犯罪行为，但相应证据只能认定其中一种或几种行为，认定其他行为的证据不够确实充分，只按依法能认定的行为的性质适用罪名。（3）对不同宗毒品分别实施了不同种犯罪行为，应对不同行为并列适用罪名，累计计算毒品数量。（4）对多次走私、贩卖、运输、制造毒品，未经处理，毒品数量累计计算。（5）国家定点生产企业按标准规格生产的麻醉药品或精神药品被用于毒品犯罪，据药品中毒品成分的含量认定涉案毒品数量。（6）走私、贩卖、运输、制造毒品，处15年有期刑、无期刑或死刑，并处没收财产，其五种行为类型：①走私、贩卖、运输、制造鸦片1000克以上、海洛因或甲基苯丙胺50克以上或其他毒品数量大［a. 二氢埃托啡10毫克以上。b. 芬太尼125克以上。c. 可卡因50克以上。d. 3，4-亚甲二氧基甲基苯丙胺（MDMA）等苯丙胺类毒品（甲基苯丙胺除外）、吗啡100克以上。e. 甲卡西酮 200 克以上。f. 哌替啶（度冷丁）250 克以上。g. 氯胺酮 500 克以上。h. 美沙酮 1000 克以上。i. 曲马多、γ-羟丁酸 2 千克以上。j. 大麻油 5000 克、大麻脂 10 千克、大麻叶及大麻烟 150 千克以上。k. 可待因、丁丙诺啡 5000 克以上。l. 三唑仑、安眠酮 50 千克以上。m. 阿普唑仑、恰特草 100 千克以上。n. 咖啡因、罂粟壳 200 千克以上。o. 巴比妥、苯巴比妥、安钠咖、尼美西泮 250 千克以上。p. 氯氮卓、艾司唑仑、地西泮、溴西泮 500 千克以上。q. 上述毒品外的其他毒品数量大]。②走私、贩卖、运输、制造毒品集团的首犯。③武装掩护走私、贩卖、运输、制造毒品（在实施走私、贩卖、运输、制造毒品犯罪的过程中，携带枪支、弹药或爆炸物用于掩护）。④以暴力抗拒检查、拘留、逮捕，情节严重（在实施走私、贩卖、运输、制造毒品犯罪的过程中，以暴力抗拒检查、拘留、逮捕，造成执法人员死亡、重伤、多人轻伤或有其他严重情节）。⑤参与有组织的国际贩毒活动。

故意走私、贩卖、运输毒品的明知的认定：（1）明知走私、贩卖、运输毒品，是走私、贩卖、运输毒品的行为人知道或应知道实施走私、贩卖、运输毒品行为。也就是说，走私、贩卖、运输毒品主观故意中的明知，是行为人知道或应知道所实施的是走私、贩卖、运输毒品行为。（2）以证据证明确属被蒙骗为例外，结合走私、贩卖、运输毒品的行为人的供述和其他证据综合审查判断，可认定其“应知道”的 10 种情形：①体内或贴身隐秘处藏匿毒品。②以伪报、藏匿、伪装等蒙蔽手段逃避海关、边防等检查，在其携带、运输、寄递的物品中查获毒品。③以虚假身份、地址或其他虚假方式办理托运、寄递手续，在托运、寄递的物品中查获毒品。④采用高度隐蔽的方式携带、运输物品，从中查获毒品。⑤采用高度隐蔽的方式交接物品，明显违背合法物品惯常交接方式，从中查获毒品。⑥为获取不同寻常的高额或不等值的报酬为他人携带、运输、寄递、收取物品，从中查获毒品。⑦行程路线故意绕开检查站点，在其携带、运输的物品中查获毒品。⑧执法人员在口岸、机场、车站、港口、邮局和其他检查站点检查时，要求行为人申报携带、运输、寄递的物品和其他疑似毒品物，并告知其法律责任，而行为人未如实申报，在其携带、运输、寄递的物品中查获毒品。⑨执法人员检查时，有逃跑、丢弃携带物品或逃避、抗拒检查等行为，在其携带、藏匿或丢弃的物品中查获毒品。⑩有其他证据足以证明行为人应知道。

走私、贩卖、运输、制造鸦片 200 克以上不满 1000 克、海洛因或甲基苯丙胺 10 克以上不满 50 克或其他毒品数量较大［①二氢埃托啡 2 毫克以上不满 10 毫克。②可卡因 10 克以上不满 50 克。③3，4-亚甲二氧基甲基苯丙胺（MDMA）等苯丙胺类毒品（甲基苯丙胺除外）、吗啡 20 克以上不满 100 克。④芬太尼 25 克以上不满 125 克。⑤甲卡西酮 40 克以上不满 200 克。⑥哌替啶（度冷丁）50 克以上不满 250 克。⑦氯胺酮 100 克以上不满 500 克。⑧美沙酮 200 克以上不满 1000 克。⑨曲马多、γ-羟丁酸 400 克以上不满 2 千克。⑩大麻油 1000 克以上不满 5000 克、大麻脂 2 千克以上不满 10 千克、大麻叶及大麻烟 30 千克以上不满 150 千克。⑪可待因、丁丙诺啡 1000 克以上不满 5000 克。⑫三唑仑、安眠酮 10 千克以上不满 50 千克。⑬阿普唑仑、恰特草 20 千克以上不满100千克。⑭咖啡因、罂粟壳40千克以上不满200千克。⑮巴比妥、苯巴比妥、安钠咖、尼美西泮50千克以上不满250千克。⑯氯氮卓、艾司唑仑、地西泮、溴西泮100千克以上不满500千克。⑰上述毒品外的其他毒品数量较大］的，处7年以上有期刑，并处罚金。

走私、贩卖、运输、制造鸦片不满200克、海洛因或甲基苯丙胺不满10克或其他少量毒品的，处3年以下有期刑、拘役或管制，并处罚金；情节严重（①在戒毒场所、监管场所贩卖毒品。②国家工作人员走私、贩卖、运输、制造毒品。③组织、利用残疾人、严重疾病患者、怀孕或正哺乳自己婴儿的妇女走私、贩卖、运输、制造毒品。④向在校学生贩卖毒品。⑤向多人贩卖毒品或多次走私、贩卖、运输、制造毒品。⑥其他情节严重情形）的，处3年以上7年以下有期刑，并处罚金。

单位犯走私、贩卖、运输、制造毒品、鸦片、海洛因或甲基苯丙胺罪的，对单位判处罚金，并对其直接负责的主管人员和其他直接责任人员，依各该款规定处罚。

利用、教唆未成年人走私、贩卖、运输、制造毒品的，或向未成年人出售毒品，从重处罚。

二、《刑法》第348条【非法持有毒品罪】

从故意犯、行为犯、持有犯、情节犯、数额犯的角度看，非法持有（违反国家法律和国家主管部门规定，占有、携带、藏有或以其他方式持有毒品的行为；持有不要求直接持有，即介入第三者时，也不影响持有的成立；第三者为直接持有时，行为人为间接持有；持有毒品者非所有者时，不必知道所有者为谁，只要持有者知道自己持有的物品是毒品即可构成犯罪，是否知道所有者不影响非法持有毒品罪的构成）鸦片1000克以上、海洛因或甲基苯丙胺50克以上或其他毒品数量大［①二氢埃托啡10毫克以上。②芬太尼125克以上。③可卡因50克以上。④3、4-亚甲二氧基甲基苯丙胺（MDMA）等苯丙胺类毒品（甲基苯丙胺除外）、吗啡100克以上。⑤甲卡西酮200克以上。⑥哌替啶（度冷丁）250克以上。⑦氯胺酮500克以上。⑧美沙酮1000克以上。⑨曲马多、γ-羟丁酸2千克以上。⑩大麻油5000克、大麻脂10千克、大麻叶及大麻烟150千克以上。⑪可待因、丁丙诺啡5000克以上。⑫三唑仑、安眠酮50千克以上。⑬阿普唑仑、恰特草100千克以上。⑭咖啡因、罂粟壳200千克以上。⑮巴比妥、苯巴比妥、安钠咖、尼美西泮250千克以上。⑯氯氮卓、艾司唑仑、地西泮、溴西泮500千克以上。⑰上述毒品外的其他毒品数量大］的，处7年以上有期刑或无期刑，并处罚金；非法持有鸦片200克以上不满1000克、海洛因或甲基苯丙胺10克以上不满50克或其他毒品数量较大［①二氢埃托啡2毫克以上不满10毫克。②可卡因10克以上不满50克。③3、4-亚甲二氧基甲基苯丙胺（MDMA）等苯丙胺类毒品（甲基苯丙胺除外）、吗啡20克以上不满100克。④芬太尼25克以上不满125克。⑤甲卡西酮40克以上不满200克。⑥哌替啶（度冷丁）50克以上不满250克。⑦氯胺酮100克以上不满500克。⑧美沙酮200克以上不满1000克。⑨曲马多、γ-羟丁酸400克以上不满2千克。⑩大麻油1000克以上不满5000克、大麻脂2千克以上不满10千克、大麻叶及大麻烟30千克以上不满150千克。⑪可待因、丁丙诺啡1000克以上不满5000克。⑫三唑仑、安眠酮10千克以上不满50千克。⑬阿普唑仑、恰特草20千克以上不满100千克。⑭咖啡因、罂粟壳40千克以上不满200千克。⑮巴比妥、苯巴比妥、安钠咖、尼美西泮50千克以上不满250千克。⑯氯氮卓、艾司唑仑、地西泮、溴西泮100千克以上不满500千克。⑰上述毒品外的其他毒品数量较大］的，处3年以下有期刑、拘役或管制，并处罚金；情节严重（非法持有毒品达到鸦片1000克以上、海洛因或甲基苯丙胺50克以上或其他毒品数量大或数量较大标准，且有在戒毒场所、监管场所非法持有毒品或国家工作人员非法持有毒品、利用教唆未成年人非法持有毒品、其他情节严重情形）的，处3年以上7年以下有期刑，并处罚金。

非法持有毒品罪是明知（非法持有毒品主观故意中的明知，类似于制造毒品主观故意中的明知）是鸦片、海洛因、甲基苯丙胺或其他毒品，而非法持有且数量较大的行为。①非法持有毒品的人不能说明持有毒品的来源，而司法机关根据已有证据又不能认定其持有毒品属于走私、运输、贩卖或窝藏、转移、隐瞒毒品时，才构成非法持有毒品罪。②为实施其他毒品犯罪而持有毒品，构成他罪而不构成非法持有毒品罪。③非法持有鸦片200克以上、海洛因或甲基苯丙胺10克以上或其他毒品数量较大，才能构成非法持有毒品罪。④因贩卖而持有毒品，以贩卖毒品罪定罪处罚，持有是贩卖的当然结果或必经阶段，属于吸收犯。

【2011年·卷2·单选·18】关于非法持有毒品罪，哪一选项正确？（B）A. 非法持有毒品，无论数量多少都应追究刑责。B. 持有毒品不限于本人持有，包括通过他人持有。C. 持有毒品者而非所有者时，须知道谁是所有者。D. 因贩卖而持有毒品，应实行数罪并罚。

从数额犯、情节犯的角度看，非法持有毒品立案追诉的一般标准、特殊标准：（1）一般而言，明知是毒品而非法持有的，应立案追诉的11种数额标准：①盐酸二氢埃托啡2毫克以上（针剂或片剂20毫克/支、片规格的100支、片以上）。②二亚甲基双氧安非他明（MDMA）等苯丙胺类毒品（甲基苯丙胺除外）、吗啡20克以上。③度冷丁（杜冷丁）50克以上（针剂100毫克/支规格的500支以上，50毫克/支规格的1000支以上；片剂25毫克/片规格的2千片以上，50毫克/片规格的1000片以上）。④氯胺酮、美沙酮200克以上。⑤鸦片200克以上、海洛因、可卡因或甲基苯丙胺10克以上。⑥三唑仑、安眠酮10千克以上。⑦罂粟壳50千克以上。⑧咖啡因50千克以上。⑨氯氮卓、艾司唑仑、地西泮、溴西泮100千克以上。⑩大麻油1000克以上，大麻脂2千克以上，大麻叶及大麻烟30千克以上。⑪上述毒品外的其他毒品数量较大。（2）特殊而言，非法持有2种以上毒品，每种毒品均未达到非法持有毒品的一般立案追诉数量标准，但按该一般立案追诉数量比例折算成海洛因后累计相加达到10克以上，应立案追诉。

非法持有毒品罪的量刑：（1）构成非法持有毒品罪，可根据不同情形在相应的幅度内确定量刑起点：①非法持有鸦片1000克、海洛因或甲基苯丙胺50克或其他毒品数量大，可在7年至9年有期刑幅度内确定量刑起点，依法应判无期刑为例外。②非法持有毒品情节严重，可在3年至4年有期刑幅度内确定量刑起点。③非法持有鸦片200克、海洛因或甲基苯丙胺10克或其他毒品数量较大，可在1年以下有期刑、拘役幅度内确定量刑起点。（2）在量刑起点的基础上，可根据毒品数量等其他影响犯罪构成的犯罪事实增加刑罚量，确定基准刑。

非法持有毒品（非法持有鸦片不满200克、海洛因或甲基苯丙胺不满10克或其他少量毒品）、向他人提供毒品；吸食、注射毒品；胁迫、欺骗医务人员开具麻醉药品的、精神药品，处10日以上15日以下拘留，可并处2000元以下罚款；情节较轻(①向他人提供毒品后及时收回且未造成危害后果，未成年人、在校学生吸食毒品且无戒毒史或无戒断症状，欺骗医务人员开具少量麻醉药品、精神药品尚未吸食、注射，或其他社会危害性不大。②非法持有鸦片不满20克；非法持有海洛因、甲基苯丙胺不满1克或其他毒品数量未达到有关刑事追诉标准10%；其他情节较轻的情形）的，处5日以下拘留或500元以下罚款（《治安管理处罚法》第72条）。

三、《刑法》第349条【包庇毒品犯罪分子罪；窝藏、转移、隐瞒毒品、毒赃罪】

从故意犯、情节犯的角度看，包庇走私、贩卖、运输、制造毒品的罪犯，为罪犯窝藏、转移、隐瞒毒品或犯罪所得的财物的，处3年以下有期刑、拘役或管制；情节严重（包庇走私、贩卖、运输、制造毒品的罪犯，为走私、贩卖、运输、制造毒品的罪犯窝藏、转移、隐瞒毒品或毒品犯罪所得的财物，均有严重妨害司法机关对被包庇的罪犯实施的毒品犯罪进行追究、被包庇的罪犯依法应判15年有期刑以上刑罚，或包庇多名或多次包庇走私、贩卖、运输、制造毒品的罪犯、其他情节严重情形）的，处3年以上10年以下有期刑。

包庇毒品犯罪分子罪是明知是走私、贩卖、运输、制造毒品的罪犯，而向司法机关作假证明掩盖其罪行，或帮助其毁灭罪证，使其逃避法律的制裁的行为。包庇毒品罪分子罪的四种立案追诉标准：①作虚假证明，帮助掩盖罪行。②帮助取得虚假身份或身份证件。③帮助隐藏、转移或毁灭证据。④以其他方式包庇罪犯。

包庇毒品犯罪分子罪的处罚标准：①包庇走私、贩卖、运输、制造毒品的近亲属，或为其窝藏、转移、隐瞒毒品或毒品犯罪所得的财物，没有包庇毒品罪犯罪或窝藏、转移、隐瞒毒品、毒赃罪的情节严重情形，归案后认罪、悔罪、积极退赃，且系初犯、偶犯，犯罪情节轻微不需判刑的，可免刑。②缉毒人员或其他国家机关工作人员掩护、包庇走私、贩卖、运输、制造毒品的罪犯，以包庇毒品犯罪分子罪、窝藏转移隐瞒毒品毒赃罪从重处罚。

窝藏、转移、隐瞒毒品、毒赃罪是明知是毒品或毒品犯罪所得的财物而为罪犯窝藏、转移、隐瞒的行为。为走私、贩卖、运输、制造毒品的罪犯窝藏、转移、隐瞒毒品或犯罪所得的财物的，应立案追诉。

窝藏、转移、隐瞒毒品、毒赃罪和窝藏、转移赃物罪的关系是特殊和一般的关系，根本差异在于犯罪对象的不同，发生法条竞合时适用特殊法优于一般法的原则，以窝藏、转移、隐瞒毒品、毒赃罪处罚。

走私、贩卖、运输、制造毒品罪的情形：①实施包庇走私、贩卖、运输、制造毒品的罪犯的行为，事先通谋，以走私、贩卖、运输、制造毒品罪的共犯立案追诉。②实施为走私、贩卖、运输、制造毒品的罪犯窝藏、转移、隐瞒毒品或犯罪所得的财物的行为，事先通谋，以走私、贩卖、运输、制造毒品罪的共犯立案追诉。③犯包庇毒品罪犯罪、窝藏转移隐瞒毒品毒赃罪，事先通谋，以走私、贩卖、运输、制造毒品罪的共犯论处。

四、《刑法》第350条【非法生产、买卖、运输制毒物品、走私制毒物品罪】

从行政犯、故意犯、情节犯、数额犯的角度看，违反国家规定，非法生产、买卖、运输制造毒品［鸦片、海洛因、甲基苯丙胺（冰毒）、吗啡、大麻、可卡因国家规定管制的其他能使人形成瘾癖的麻醉药品和精神药品，以麻醉药品品种目录、精神药品品种目录为基本依据］，或携带制造毒品［走私制毒物品（醋酸酐、乙醚、三氯甲烷或其他用于制造毒品的原料或配剂）］进出境，情节较重的，处3年以下有期刑、拘役或管制，并处罚金；情节严重［（1）非法生产、买卖、运输制毒物品、走私制毒物品：①麻黄碱（麻黄素）、伪麻黄碱（伪麻黄素）、消旋麻黄碱（消旋麻黄素）1000克以上不满5000克。②1-苯基-2-丙酮、1-苯基-2-溴-1-丙酮、3，4-亚甲基二氧苯基-2-丙酮、羟亚胺2千克以上不满10千克。③3-氧-2-苯基丁腈、邻氯苯基环戊酮、去甲麻黄碱（去甲麻黄素）、甲基麻黄碱（甲基麻黄素）。4000克以上不满20千克。④醋酸酐10千克以上不满50千克。⑤麻黄浸膏、麻黄浸膏粉、胡椒醛、黄樟素、黄樟油、异黄樟素、麦角酸、麦角胺、麦角新碱、苯乙酸20千克以上不满100千克。⑥N-乙酰邻氨基苯酸、邻氨基苯甲酸、三氯甲烷、乙醚、哌啶50千克以上不满250千克。⑦甲苯、丙酮、甲基乙基酮、高锰酸钾、硫酸、盐酸100千克以上不满500千克。⑧其他制毒物品数量相当。（2）违反国家规定，非法生产、买卖、运输制毒物品、走私制毒物品，达到非法生产、买卖、运输制毒物品、走私制毒物品情节严重的数量标准最低值的50%，且有曾因非法生产买卖运输制毒物品走私制毒物品受过刑罚、两年内曾因非法生产买卖运输制毒物品走私制毒物品受过行政处罚、一次组织5人以上或多次非法生产买卖运输制毒物品走私制毒物品或在多个地点非法生产制毒物品、利用教唆未成年人非法生产买卖运输制毒物品走私制毒物品、国家工作人员非法生产买卖运输制毒物品走私制毒物品、严重影响群众正常生产生活秩序、其他情节较重情形。（3）违反国家规定，非法生产、买卖、运输制毒物品、走私制毒物品，有违反国家规定，非法生产、买卖、运输制毒物品、走私制毒物品数量标准最低值的50%而不满最高数量标准5倍、达到违反国家规定而非法生产、买卖、运输制毒物品、走私制毒物品的数量标准，且有1次组织5人以上或多次非法生产买卖运输制毒物品走私制毒物品或在多个地点非法生产制毒物品、利用教唆未成年人非法生产买卖运输制毒物品走私制毒物品、国家工作人员非法生产买卖运输制毒物品走私制毒物品，或严重影响群众正常生产生活秩序、其他情节严重情形］的，处3年以上7年以下有期刑，并处罚金；情节特别严重（①违反国家规定，非法生产、买卖、运输制毒物品、走私制毒物品，有违反国家规定，非法生产、买卖、运输制毒物品、走私制毒物品情节严重的最高数量标准以上不满最高数量标准5倍、达到非法生产、买卖、运输制毒物品、走私制毒物品的数量标准，且有一次组织5人以上或多次非法生产买卖运输制毒物品走私制毒物品或在多个地点非法生产制毒物品、利用教唆未成年人非法生产买卖运输制毒物品走私制毒物品、国家工作人员非法生产买卖运输制毒物品走私制毒物品，或严重影响群众正常生产生活秩序、其他情节严重情形。②违反国家规定，非法生产、买卖、运输制毒物品、走私制毒物品，有制毒物品数量非法生产买卖运输制毒物品走私制毒物品情节严重的最高数量标准5倍以上、达到制毒物品数量非法生产买卖运输制毒物品走私制毒物品情节严重的最高数量标准5倍以上的数量标准且有一次组织5人以上或多次非法生产买卖运输制毒物品走私制毒物品或在多个地点非法生产制毒物品、利用教唆未成年人非法生产买卖运输制毒物品走私制毒物品、国家工作人员非法生产买卖运输制毒物品走私制毒物品，或严重影响群众正常生产生活秩序、其他情节特别严重情形）的，处7年以上有期刑，并处罚金或没收财产。

走私制毒物品的立案追诉标准：（1）一般而言，违反国家规定，非法运输、携带制毒物品进出国（边）境，应立案追诉的八种数额标准：①1-苯基-2-丙酮5000克以上。②麻黄碱、伪麻黄碱及其盐类和单方制剂5000克以上，麻黄浸膏、麻黄浸膏粉100千克以上。③3，4-亚甲基二氧苯基-2-丙酮、去甲麻黄素（去甲麻黄碱）、甲基麻黄素（甲基麻黄碱）、羟亚胺及其盐类10千克以上。④胡椒醛、黄樟素、黄樟油、异黄樟素、麦角酸、麦角胺、麦角新碱、苯乙酸20千克以上。⑤N-乙酰邻氨基苯酸、邻氨基苯甲酸、哌啶150千克以上。⑥醋酸酐、三氯甲烷200千克以上。⑦乙醚、甲苯、丙酮、甲基乙基酮、高锰酸钾、硫酸、盐酸400千克以上。⑧其他用于制造毒品的原料或配剂相当数量。（2）特殊而言，非法运输、携带两种以上制毒物品进出国（边）境，每种制毒物品均未达到一般立案追诉的数量标准，但按一般立案追诉数量比例折算成1种制毒物品后累计相加达到上述数量标准的，应立案追诉。（3）为走私制毒物品而采用生产、加工、提炼等方法非法制造易制毒化学品，以走私制毒物品罪（预备）立案追诉。（4）未明确立案追诉标准的毒品，有条件折算为海洛因，参照有关麻醉药品和精神药品折算标准进行折算。

从比较法、司法解释的角度看，走私制毒物品、非法买卖制毒物品主观故意中明知的认定标准有相同性。（1）实施走私制毒物品行为（①改变产品形状、包装或使用虚假标签、商标等产品标志。②选择不设海关或边防检查站的路段绕行出入境。③抗拒检查或在检查时丢弃货物逃跑。④以虚假身份、地址或其他虚假方式办理托运、寄递手续。⑤以伪装、伪报、藏匿等蒙蔽手段逃避海关、边防等检查。⑥以伪装、藏匿、夹带或其他隐蔽方式运输、携带易制毒化学品逃避检查。⑦以其他方法隐瞒真相，逃避对易制毒化学品依法监管），且查获了易制毒化学品，结合行为人的供述和其他证据综合审查判断，可认定其“明知”是制毒物品而走私或非法买卖，以有证据证明确属被蒙骗为例外。(2) 明知他人实施走私制毒物品犯罪，而为其运输、储存、代理进出口或以其他方式提供便利，以走私制毒物品罪的共犯立案追诉。

违反国家规定，在中国境内非法买卖、运输、携带制毒物品进出国（边）境的追诉标准有相同性［①1-苯基-2-丙酮5000克以上。②麻黄碱、伪麻黄碱及其盐类和单方制剂5000克以上，麻黄浸膏、麻黄浸膏粉100千克以上。③3，4-亚甲基二氧苯基-2-丙酮、去甲麻黄素（去甲麻黄碱）、甲基麻黄素（甲基麻黄碱）、羟亚胺及其盐类10千克以上。④胡椒醛、黄樟素、黄樟油、异黄樟素、麦角酸、麦角胺、麦角新碱、苯乙酸20千克以上。⑤N-乙酰邻氨基苯酸、邻氨基苯甲酸、哌啶150千克以上。⑥醋酸酐、三氯甲烷200千克以上。⑦乙醚、甲苯、丙酮、甲基乙基酮、高锰酸钾、硫酸、盐酸400千克以上。⑧其他用于制造毒品的原料或配剂相当数量］。(1) 特殊而言，非法运输、携带两种以上制毒物品进出国（边）境，或非法买卖两种以上制毒物品，每种制毒物品均未达到一般追诉立案的数量标准，但按一般追诉立案的数量比例折算成1种制毒物品后累计相加达到一般追诉立案的数量标准，应立案追诉。(2) 为走私制毒物品而采用生产、加工、提炼等方法非法制造易制毒化学品，以走私制毒物品罪（预备）立案追诉。(3) 为非法买卖制毒物品而采用生产、加工、提炼等方法非法制造易制毒化学品，以非法买卖制毒物品罪（预备）立案追诉。(4) 明知他人实施非法买卖制毒物品犯罪，而为其运输、储存、代理进出口或以其他方式提供便利，以非法买卖制毒物品罪的共犯立案追诉。(5) 违反国家规定，非法买卖制毒物品的五种情形：①使用他人的或伪造、变造、失效的许可证明或备案证明购买、销售易制毒化学品。②未经许可或备案，擅自购买、销售易制毒化学品。③超出许可证明或备案证明的品种、数量范围购买、销售易制毒化学品。④经营单位违反规定，向无购买许可证明、备案证明的单位、个人销售易制毒化学品，或明知购买者使用他人的或伪造、变造、失效的许可证明或备案证明，向其销售易制毒化学品。⑤以其他方式非法买卖易制毒化学品。(6) 易制毒化学品生产、经营、使用单位或个人未办理许可证明或备案证明，购买、销售易制毒化学品，若有证据证明确实用于合法生产、生活需要，依法能办理只是未及时办理许可证明或备案证明，且未造成严重社会危害，可不以非法买卖制毒物品罪立案追诉。(7) 易制毒化学品生产、经营、购买、运输单位或个人未办理许可证明或备案证明，生产、销售、购买、运输易制毒化学品，确实用于合法生产、生活需要，不以制毒物品犯罪论处。(8) 明知他人制造毒品而为其生产、买卖、运输醋酸酐、乙醚、三氯甲烷或其他用于制造毒品的原料、配剂，以制造毒品罪的共犯论处。

单位犯制造毒品罪、非法生产、买卖、运输制毒物品、走私制毒物品罪的，对单位判处罚金，并对其直接负责的主管人员和其他直接责任人员，以制造毒品罪、非法生产、买卖、运输制毒物品、走私制毒物品罪处罚。

从两高一部《关于办理走私、非法买卖麻黄碱类复方制剂等刑事案件适用法律若干问题的意见》(2012年) 的角度看，麻黄碱类复方制剂的范围：麻黄碱类复方制剂是含有《易制毒化学品管理条例》品种目录所列的麻黄碱（麻黄素）、伪麻黄碱（伪麻黄素）、消旋麻黄碱（消旋麻黄素）、去甲麻黄碱（去甲麻黄素）、甲基麻黄碱（甲基麻黄素）及其盐类，或麻黄浸膏、麻黄浸膏粉等麻黄碱类物质的药品复方制剂。(1) 走私、非法买卖麻黄碱类复方制剂等行为的定性：①以加工、提炼制毒物品制造毒品为目的，购买麻黄碱类复方制剂，或运输、携带、寄递麻黄碱类复方制剂进出境，依《刑法》第347条走私、贩卖、运输、制造毒品罪规定，以制造毒品罪定罪处罚。②以加工、提炼制毒物品为目的，购买麻黄碱类复方制剂，或运输、携带、寄递麻黄碱类复方制剂进出境，依《刑法》第350条非法生产、买卖、运输制毒物品、走私制毒物品罪（A. 违反国家规定，非法生产、买卖、运输醋酸酐、乙醚、三氯甲烷或其他用于制造毒品的原料、配剂，或携带上述物品进出境，情节较重的，处3年以下有期刑、拘役或管制，并处罚金；情节严重的，处3年以上7年以下有期刑，并处罚金；情节特别严重的，处7年以上有期刑，并处罚金或没收财产。B. 明知他人制造毒品而为其生产、买卖、运输前款规定的物品，以制造毒品罪的共犯论处。C. 单位犯前两款罪，对单位判处罚金，并对其直接负责的主管人员和其他直接责任人员，依前两款规定处罚）第1、3款规定，分别以非法买卖制毒物品罪、走私制毒物品罪定罪处罚。③将麻黄碱类复方制剂拆除包装、改变形态后进行走私或非法买卖，或明知是已拆除包装、改变形态的麻黄碱类复方制剂而进行走私或非法买卖，依《刑法》第350条非法生产、买卖、运输制毒物品、走私制毒物品罪第1、3款规定，分别以走私制毒物品罪、非法买卖制毒物品罪定罪处罚。④非法买卖麻黄碱类复方制剂或运输、携带、寄递麻黄碱类复方制剂进出境，没有证据证明系用于制造毒品或走私、非法买卖制毒物品，或未达到走私制毒物品罪、非法买卖制毒物品罪的定罪数量标准，构成非法经营罪、走私普通货物、物品罪等他罪的，依法定罪处罚。⑤实施以加工、提炼制毒物品制造毒品为目的，购买麻黄碱类复方制剂，或运输、携带、寄递麻黄碱类复方制剂进出境；以加工、提炼制毒物品为目的，购买麻黄碱类复方制剂，或运输、携带、寄递麻黄碱类复方制剂进出境的行为，同时构成他罪的，依处罚较重规定定罪处罚。(2) 利用麻黄碱类复方制剂加工、提炼制毒物品行为的定性：①以制造毒品为目的，利用麻黄碱类复方制剂加工、提炼制毒物品，依《刑法》第347条走私、贩卖、运输、制造毒品罪，以制造毒品罪定罪处罚。②以走私或非法买卖为目的，利用麻黄碱类复方制剂加工、提炼制毒物品，依《刑法》第350条非法生产、买卖、运输制毒物品、走私制毒物品罪第1、3款规定，分别以走私制毒物品罪、非法买卖制毒物品罪定罪处罚。(3) 共同犯罪的认定：①明知他人利用麻黄碱类制毒物品制造毒品，仍向其提供麻黄碱类复方制剂，为其利用麻黄碱类复方制剂加工、提炼制毒物品，或为其获取、利用麻黄碱类复方制剂提供其他帮助的，以制造毒品罪的共犯论处。②明知他人走私或非法买卖麻黄碱类制毒物品，仍向其提供麻黄碱类复方制剂，为其利用麻黄碱类复方制剂加工、提炼制毒物品，或为其获取、利用麻黄碱类复方制剂提供其他帮助的，分别以走私制毒物品罪、非法买卖制毒物品罪的共犯论处。(4) 犯罪预备、未遂的认定：实施走私、非法买卖麻黄碱类复方制剂等行为，符合犯罪预备或未遂情形的，依法律规定处罚。（5）嫌犯、被告人主观目的与明知的认定：嫌犯、被告人的主观目的与明知，应根据物证、书证、证人证言以及嫌犯、被告人供述和辩解等在案证据，结合嫌犯、被告人的行为表现，重点考虑购买、销售麻黄碱类复方制剂的价格是否明显高于市场交易价格；是否采用虚假信息、隐蔽手段运输、寄递、存储麻黄碱类复方制剂；是否采用伪报、伪装、藏匿或绕行进出境等手段逃避海关、边防等检查；提供相关帮助行为获得的报酬是否合理；此前是否实施过同类违法犯罪行为；其他相关因素等六种因素综合予以认定。（6）制毒物品数量的认定：①实施走私、非法买卖麻黄碱类复方制剂等行为，以走私制毒物品罪、非法买卖制毒物品罪定罪处罚，应以涉案麻黄碱类复方制剂中麻黄碱类物质的含量作为涉案制毒物品的数量。②实施走私、非法买卖麻黄碱类复方制剂等行为，以制造毒品罪定罪处罚，应将涉案麻黄碱类复方制剂所含的麻黄碱类物质可制成的毒品数量作为量刑情节考虑。③多次实施走私、非法买卖麻黄碱类复方制剂等行为未经处理，涉案制毒物品的数量累计计算。（7）定罪量刑的数量标准：①实施走私、非法买卖麻黄碱类复方制剂等行为，以走私制毒物品罪、非法买卖制毒物品罪定罪处罚，涉案麻黄碱类复方制剂所含的麻黄碱类物质应达到以下数量标准：麻黄碱、伪麻黄碱、消旋麻黄碱及其盐类5千克以上不满50千克；去甲麻黄碱、甲基麻黄碱及其盐类10千克以上不满100千克；麻黄浸膏、麻黄浸膏粉100千克以上不满1000千克。达到上述数量标准上限，认定为《刑法》第350条非法生产、买卖、运输制毒物品、走私制毒物品罪（违反国家规定，非法运输、携带醋酸酐、乙醚、三氯甲烷或其他用于制造毒品的原料或配剂进出境，或违反国家规定，在境内非法买卖上述物品，处3年以下有期刑、拘役或管制，并处罚金；数量大，处3年以上10年以下有期刑，并处罚金）的"数量大"。②实施走私、非法买卖麻黄碱类复方制剂等行为，以制造毒品罪定罪处罚，无论涉案麻黄碱类复方制剂所含的麻黄碱类物质数量多少，都应追究刑责。

五、《刑法》第351条【非法种植毒品原植物罪】

从故意犯、数额犯、情节犯的角度看，非法种植（播种、育苗、移栽、插苗、施肥、灌溉、割取津液或收取种子等行为）罂粟、大麻等毒品原植物，一律强制铲除。犯非法种植毒品原植物罪，数量较大（非法种植毒品原植物，有非法种植其他毒品原植物数量较大、非法种植大麻5000株以上不满3万株，或非法种植罂粟200平方米以上不满1200平方米、大麻2000平方米以上不满12 000平方米，尚未出苗）的，处5年以下有期刑、拘役或管制，并处罚金（①种植罂粟500株以上不满3000株或其他毒品原植物数量较大。②经公安机关处理后又种植。③抗拒铲除）。

非法种植毒品原植物罪的六种立案追诉标准：①抗拒铲除。②经公安机关处理后又种植。③非法种植其他毒品原植物数量较大。④非法种植罂粟500株以上。⑤非法种植大麻5000株以上。⑥非法种植罂粟200平方米以上、大麻2000平方米以上或其他毒品原植物面积较大，尚未出苗。

非法种植毒品原植物的株数一般应以实际查获的数量为准。因种植面积较大，难以逐株清点数目的，可抽样测算每平方米平均株数后按实际种植面积测算出种植总株数。非法种植罂粟或其他毒品原植物，在收获前自动铲除的，可不立案追诉。

非法种植罂粟3000株以上或其他毒品原植物数量大（非法种植毒品原植物，达到非法种植大麻3万株、罂粟1200平方米、大麻12 000平方米的最高数量标准）的，处5年以上有期刑，并处罚金或没收财产。非法种植罂粟或其他毒品原植物，在收获前自动铲除的，可免除处罚。

六、《刑法》第352条【非法买卖、运输、携带、持有毒品原植物种子、幼苗罪】

从选择罪名、普通犯、故意犯、数额犯的角度看，非法买卖、运输、携带、持有未经灭活的罂粟等毒品原植物种子或幼苗，数量较大（①非法买卖、运输、携带、持有未经灭活的罂粟种子50克以上、罂粟幼苗5000株以上。②大麻种子50千克以上、大麻幼苗5万株以上。③其他毒品原植物种子或幼苗数量较大）的，处3年以下有期刑、拘役或管制，并处或单处罚金。

非法买卖、运输、携带、持有毒品原植物种子、幼苗罪的三种立案追诉标准：①非法买卖、运输、携带、持有未经灭活的罂粟种子50克以上、罂粟幼苗5000株以上。②大麻种子50千克以上、大麻幼苗5万株以上。③其他毒品原植物种子、幼苗数量较大。

七、《刑法》第353条【引诱、教唆、欺骗他人吸毒罪；强迫他人吸毒罪】

从选择罪名、普通犯、故意犯、情节犯的角度看，引诱、教唆、欺骗他人吸食、注射毒品的，处3年以下有期刑、拘役或管制，并处罚金；情节严重（①国家工作人员引诱、教唆、欺骗他人吸食、注射毒品。②对他人身体健康造成严重危害。③导致他人实施故意杀人、故意伤害、交通肇事等犯罪行为。④引诱、教唆、欺骗多人或多次引诱、教唆、欺骗他人吸食、注射毒品。⑤其他情节严重情形）的，处3年以上7年以下有期刑，并处罚金。

引诱、教唆、欺骗他人吸食、注射毒品，或违背他人意志，以暴力、胁迫或其他强制手段，迫使他人吸食、注射毒品，均应立案追诉。强迫他人吸食、注射毒品的，处3年以上10年以下有期刑，并处罚金。引诱、教唆、欺骗或强迫未成年人吸食、注射毒品的，从重处罚。

八、《刑法》第354条【容留他人吸毒罪】

从故意犯、行为犯的角度看，提供场所，容留他人吸食、注射毒品（①2年内多次容留他人吸食、注射毒品。②2年内曾因容留他人吸食、注射毒品受过行政处罚。③以牟利为目的的容留他人吸食、注射毒品。④一次容留多人吸食、注射毒品。⑤容留未成年人吸食、注射毒品。⑥容留他人吸食、注射毒品造成严重后果。⑦其他应追究刑责情形），犯容留他人吸毒罪定罪，处3年以下有期刑、拘役或管制，并处罚金。

容留他人吸毒罪的六种立案追诉标准：①从容留吸食和注射毒品的对象、特殊群体利益保护的角度看，容留未成年人吸食、注射毒品，应立案追诉。②从容留者主观恶性的角度，以牟利为目的容留他人吸食、注射毒品。③从聚众吸毒行为的严重社会危害性的角度看，一次容留3人以上吸食、注射毒品，应立案追诉。④从容留行为的次数的角度看，容留他人吸食、注射毒品两次以上。⑤因容留他人吸食、注射毒品被行政处罚，又容留他人吸食、注射毒品。⑥容留他人吸食、注射毒品造成严重后果或其他情节严重（兜底条款）。

向他人贩卖毒品后又容留其吸食、注射毒品，或容留他人吸食、注射毒品并向其贩卖毒品，符合容留他人吸毒罪的定罪条件，以贩卖毒品罪和容留他人吸毒罪数罪并罚。

对容留他人吸毒行为是否定罪，应区分行为情节、后果，不宜一律作犯罪处理，为治安处罚等行政执法留出司法空间。容留近亲属吸食、注射毒品，情节显著轻微危害不大的，不作为犯罪处理；需追究刑责的，可酌情从宽处罚。

九、《刑法》第355条【非法提供麻醉药品、精神药品罪】

从故意犯、数额犯、情节犯的角度看，依法从事生产、运输、管理、使用国家管制的麻醉药品、精神药品的人员（特殊主体），违反国家规定，向吸食、注射毒品［鸦片、海洛因、甲基苯丙胺（冰毒）、吗啡、大麻、可卡因国家规定管制的其他能使人形成瘾癖的麻醉药品和精神药品，以麻醉药品品种目录、精神药品品种目录为基本依据］的人提供国家规定管制的能使人形成瘾癖的麻醉药品、精神药品的，处3年以下有期刑或拘役，并处罚金；情节严重｛非法提供麻醉药品、精神药品达到鸦片200克以上不满1000克、海洛因或甲基苯丙胺10克以上不满50克或其他毒品数量较大［①二氢埃托啡2毫克以上不满10毫克。②可卡因10克以上不满50克。③3，4-亚甲二氧基甲基苯丙胺（MDMA）等苯丙胺类毒品（甲基苯丙胺除外）、吗啡20克以上不满100克。④芬太尼25克以上不满125克。⑤甲卡西酮40克以上不满200克。⑥哌替啶（度冷丁）50克以上不满250克。⑦氯胺酮100克以上不满500克。⑧美沙酮200克以上不满1000克。⑨曲马多、γ-羟丁酸400克以上不满2千克。⑩大麻油1000克以上不满5000克、大麻脂2千克以上不满10千克、大麻叶及大麻烟30千克以上不满150千克。⑪可待因、丁丙诺啡1000克以上不满5000克。⑫三唑仑、安眠酮10千克以上不满50千克。⑬阿普唑仑、恰特草20千克以上不满100千克。⑭咖啡因、罂粟壳40千克以上不满200千克。⑮巴比妥、苯巴比妥、安钠咖、尼美西泮50千克以上不满250千克。⑯氯氮卓、艾司唑仑、地西泮、溴西泮100千克以上不满500千克。⑰上述毒品外的其他毒品数量较大］或走私、贩卖、运输、制造、非法持有其他毒品数量较大标准［①二氢埃托啡2毫克以上不满10毫克。②可卡因10克以上不满50克。③3，4-亚甲二氧基甲基苯丙胺（MDMA）等苯丙胺类毒品（甲基苯丙胺除外）、吗啡20克以上不满100克。④芬太尼25克以上不满125克。⑤甲卡西酮40克以上不满200克。⑥哌替啶（度冷丁）50克以上不满250克。⑦氯胺酮100克以上不满500克。⑧美沙酮200克以上不满1000克。⑨曲马多、γ-羟丁酸400克以上不满2千克。⑩大麻油1000克以上不满

5000 克、大麻脂 2 千克以上不满 10 千克、大麻叶及大麻烟 30 千克以上不满 150 千克。⑪可待因、丁丙诺啡 1000 克以上不满 5000 克。⑫三唑仑、安眠酮 10 千克以上不满 50 千克。⑬阿普唑仑、恰特草 20 千克以上不满 100 千克。⑭咖啡因、罂粟壳 40 千克以上不满 200 千克。⑮巴比妥、苯巴比妥、安钠咖、尼美西泮 50 千克以上不满 250 千克。⑯氯氮卓、艾司唑仑、地西泮、溴西泮 100 千克以上不满 500 千克。⑰上述毒品外的其他毒品数量较大]、非法提供麻醉药品、精神药品达到非法提供麻醉药品、精神药品达到鸦片 200 克以上不满 1000 克、海洛因或甲基苯丙胺 10 克以上不满 50 克或其他毒品数量较大的数量标准，且有非法提供麻醉药品精神药品造成严重后果、向多人或多次非法提供麻醉药品精神药品、非法提供麻醉药品精神药品造成严重后果，或其他情节严重情形｝的，处 3 年以上 7 年以下有期刑，并处罚金。向走私、贩卖毒品的罪犯或以牟利为目的，向吸食、注射毒品的人提供国家规定管制的能使人形成瘾癖的麻醉药品、精神药品的，依走私、贩卖、运输、制造毒品罪定罪处罚。

单位犯非法提供麻醉药品、精神药品罪的，实行双罚制，对单位判处罚金，并对其直接负责的主管人员和其他直接责任人员，以非法提供麻醉药品、精神药品罪处罚。

引诱、教唆、欺骗运动员使用兴奋剂参加国内、国际重大体育竞赛，或明知运动员参加上述竞赛而向其提供兴奋剂，情节严重的，处 3 年以下有期刑或拘役，并处罚金。组织、强迫运动员使用兴奋剂参加国内、国际重大体育竞赛的，处 3 年以下有期刑或拘役，并处罚金规定从重处罚。

十、《刑法》第 355 条之一【妨害兴奋剂管理罪】

引诱、教唆、欺骗运动员使用兴奋剂参加国内、国际重大体育竞赛，或明知运动员参加上述竞赛而向其提供兴奋剂，情节严重，处 3 年以下有期刑或拘役，并处罚金。组织、强迫运动员使用兴奋剂参加国内、国际重大体育竞赛，依处 3 年以下有期刑或拘役，并处罚金规定从重处罚。

第八节　组织、强迫、引诱、容留、介绍卖淫罪

一、《刑法》第 358 条【组织卖淫罪；强迫卖淫罪；协助组织卖淫罪】

从组织犯、故意犯、行为犯、情节犯、两高《关于办理组织、强迫、引诱、容留、介绍卖淫刑事案件适用法律若干问题的解释》（2017 年）的角度看，组织他人卖淫(①以招募、雇佣、纠集等手段，管理或控制他人卖淫，卖淫人员在 3 人以上。②组织卖淫者是否设置固定的卖淫场所、组织卖淫者人数多少、规模大小，不影响组织卖淫行为的认定)、强迫他人卖淫的，处 5 年以上 10 年以下有期刑，并处罚金；情节严重［(1) 组织他人卖淫：①非法获利 100 万元以上。②卖淫人员累计达 10 人以上。③卖淫人员中未成年人、孕妇、智障人员、患有严重性病的人累计达 5 人以上。④造成被组织卖淫的人自残、自杀或其他严重后果。⑤组织境外人员在境内卖淫或组织境内人员

出境卖淫。⑥其他情节严重情形。（2）强迫他人卖淫：①卖淫人员累计达5人以上。②卖淫人员中未成年人、孕妇、智障人员、患有严重性病的人累计达3人以上。③强迫不满14周岁的幼女卖淫。④造成被强迫卖淫的人自残、自杀或其他严重后果。⑤其他情节严重情形］的，处10年以上有期刑或无期刑，并处罚金或没收财产。

协助组织卖淫罪是在组织他人卖淫的共同犯罪中实施协助活动的行为（为组织卖淫的人招募、运送人员，充当保镖、管账人等）。

在组织卖淫的犯罪活动中，帮助招募、运送、培训人员3人以上，或充当保镖、打手、管账人等，起帮助作用的，应立案追诉。

组织卖淫罪、强迫卖淫罪、协助组织卖淫罪的情形：（1）行为人既有组织卖淫犯罪行为，又有强迫卖淫犯罪行为，且有四种情形［组织卖淫、强迫卖淫行为中有情节严重（①组织他人卖淫：a. 非法获利100万元以上。b. 卖淫人员累计达10人以上。c. 卖淫人员中未成年人、孕妇、智障人员、患有严重性病的人累计达5人以上。d. 造成被组织卖淫的人自残、自杀或其他严重后果。e. 组织境外人员在境内卖淫或组织境内人员出境卖淫。f. 其他情节严重情形。②强迫他人卖淫：a. 卖淫人员累计达5人以上。b. 卖淫人员中未成年人、孕妇、智障人员、患有严重性病的人累计达3人以上。c. 强迫不满14周岁的幼女卖淫。d. 造成被强迫卖淫的人自残、自杀或其他严重后果。e. 其他情节严重情形）之一。③卖淫人员累计达到卖淫人员累计达10人以上或卖淫人员中未成年人、孕妇、智障人员、患有严重性病的人累计达5人以上的组织卖淫情节严重人数标准。④非法获利数额相加达到100万元以上的组织卖淫情节严重数额标准］的，以组织、强迫卖淫情节严重论处。（2）犯协助组织卖淫罪，为组织卖淫的人招募、运送人员或有其他协助组织他人卖淫的协助组织卖淫行为的，处5年以下有期刑，并处罚金；情节严重（①协助组织卖淫，非法获利50万元以上。②招募、运送卖淫人员累计达10人以上。③招募、运送的卖淫人员中未成年人、孕妇、智障人员、患有严重性病的人累计达5人以上。④造成被招募、运送或被组织卖淫的人自残、自杀或其他严重后果。⑤协助组织境外人员在境内卖淫或协助组织境内人员出境卖淫。⑥其他情节严重情形）的，处5年以上10年以下有期刑，并处罚金。

组织卖淫罪、强迫卖淫罪、协助组织卖淫罪的认定与定罪处罚原则：（1）为他人组织卖淫提供帮助，构成协助组织他人卖淫罪，而不以组织卖淫罪帮助罪论处。（2）明知他人实施组织卖淫犯罪活动而为其招募、运送人员或充当保镖、打手、管账人等的，以协助组织卖淫罪定罪处罚，不以组织卖淫罪的从犯论处。（3）有营业执照的会所、洗浴中心等经营场所担任保洁员、收银员、保安员等，从事一般服务性、劳务性的工作，仅领取正常薪酬，且无前款所列协助组织卖淫行为，不认定为协助组织卖淫罪。（4）从未成年保护的角度看，组织、强迫未成年人卖淫，以组织卖淫罪、强迫卖淫罪、协助组织卖淫罪从重处罚。（5）组织、强迫未成年人卖淫，应从重处罚。（6）犯组织卖淫、强迫卖淫、协助组织卖淫、组织、强迫未成年人卖淫罪，并有杀害、伤害、强奸、绑架等犯罪行为，依数罪并罚规定处罚。（7）犯组织、强迫卖淫罪，并有杀害、伤害、强奸、绑架等犯罪行为，依数罪并罚规定处罚。(8) 协助组织卖淫行为人参与杀害、伤害、强奸、绑架等犯罪行为，以共犯数罪并罚论处。(9) 在组织卖淫犯罪活动中，对被组织卖淫的人有引诱、容留、介绍卖淫行为，依处罚较重规定定罪处罚；但对被组织卖淫的人外的其他人有引诱、容留、介绍卖淫行为，应分别定罪，实行数罪并罚。

二、《刑法》第 359 条【引诱、容留、介绍卖淫罪；引诱幼女卖淫罪】

从选择罪名、故意犯、情节犯、数额犯的角度看，引诱、容留、介绍他人卖淫的，处 5 年以下有期刑、拘役或管制，并处罚金；情节严重（①非法获利 5 万元以上。②引诱 5 人以上或引诱、容留、介绍 10 人以上卖淫。③引诱 3 人以上的未成年人、孕妇、智障人员、患有严重性病的人卖淫，或引诱、容留、介绍 5 人以上该类人员卖淫。④其他情节严重情形）的，处 5 年以上有期刑，并处罚金。

从罪与非罪、违法与犯罪、宽严相济刑事政策的界限的角度看，引诱、容留、介绍卖淫罪的四种立案追诉标准：①引诱、容留、介绍已满 14 周岁未满 18 周岁的未成年人卖淫。②引诱、容留、介绍 2 人次以上卖淫。③被引诱、容留、介绍卖淫的人患有艾滋病或患有梅毒、淋病等严重性病。④其他引诱、容留、介绍卖淫应追究刑责情形。

引诱不满 14 周岁的幼女卖淫，应立案追诉。①引诱不满 14 周岁的幼女卖淫，以引诱幼女卖淫罪定罪处罚，处 5 年以上有期刑，并处罚金。②被引诱卖淫的人员中既有不满 14 周岁的幼女，又有其他人员的，分别以引诱幼女卖淫罪、引诱卖淫罪定罪并罚。③引诱、容留、介绍他人卖淫，有非法获利 1 万元以上、引诱他人卖淫、容留、介绍 2 人以上卖淫、容留、介绍未成年人、孕妇、智障人员、患有严重性病的人卖淫、1 年内曾因引诱、容留、介绍卖淫行为被行政处罚又实施容留、介绍卖淫行为的，应以引诱、容留、介绍卖淫罪定罪处罚。④引诱、容留、介绍他人卖淫是否以营利为目的，不影响引诱、容留、介绍卖淫罪的成立。组织、强迫、引诱、容留、介绍他人卖淫的次数，作为酌定情节在量刑时考虑。⑤利用信息网络发布招嫖违法信息，情节严重的，以非法利用信息网络罪定罪处罚；同时，构成介绍卖淫罪的，依处罚较重的规定定罪处罚。

三、《刑法》第 360 条【传播性病罪】

从故意犯、行为犯的角度看，明知（①有证据证明曾到医院或其他医疗机构就医或检查，被诊断为患有严重性病。②根据本人的知识和经验，能知道自己患有严重性病。③通过其他方法能证明行为人是明知）自己患有梅毒、淋病等严重性病（包括梅毒、淋病等）卖淫、嫖娼的，处 5 年以下有期刑、拘役或管制，并处罚金。

明知自己患有梅毒、淋病等严重性病卖淫、嫖娼，应立案追诉。明知自己患有艾滋病或感染艾滋病病毒而卖淫、嫖娼，以传播性病罪定罪，从重处罚。

明知自己感染艾滋病病毒而卖淫、嫖娼或明知自己感染艾滋病病毒，故意不采取防范措施而与他人发生性关系，使他人感染艾滋病病毒，认定为重伤（其他对人身健康有重大伤害）的，以故意伤害罪定罪处罚。

从两高《关于办理组织、强迫、引诱、容留、介绍卖淫刑事案件适用法律若干问题的解释》（2017年）的角度看，传播性病行为是否实际造成他人患上严重性病的后果，不影响传播性病罪的成立。其他性病是否认定为“严重性病”，应根据《传染病防治法》《性病防治管理办法》的规定，在国家卫健委规定实行性病监测的性病范围内，依其危害、特点与梅毒、淋病相当的原则，从严掌握。

四、《刑法》第361条【特定单位的人员组织、强迫、引诱、容留、介绍卖淫的处理规定】

从选择罪名、特定身份犯、故意犯、情节犯的角度看，旅馆业、饮食服务业、文化娱乐业、出租汽车业等单位的人员，利用本单位的条件，组织、强迫、引诱、容留、介绍他人卖淫的，依组织卖淫罪、强迫卖淫罪、协助组织卖淫罪引诱容留介绍卖淫罪、引诱幼女卖淫罪定罪处罚。

旅馆业、饮食服务业、文化娱乐业、出租汽车业等单位的主要负责人，犯组织卖淫罪、强迫卖淫罪、协助组织卖淫罪引诱容留介绍卖淫罪、引诱幼女卖淫罪的，从重处罚。

五、《刑法》第362条【窝藏、包庇罪】

从特定身份犯、故意犯、情节犯的角度看，旅馆业、饮食服务业、文化娱乐业、出租汽车业等单位的人员，在公安机关查处卖淫、嫖娼活动时，为违法罪犯通风报信，情节严重（①非法获利1万元以上。②向组织、强迫卖淫犯罪集团通风报信。③1年内因通风报信被行政处罚，又实施通风报信行为。④二年内通风报信3次以上。⑤使集团首犯或其他共犯的主犯未能及时归案。⑥造成卖淫嫖娼人员逃跑，使公安机关查处犯罪行为因取证困难而撤销刑事案件。⑦其他情节严重情形）的，依窝藏、包庇罪定罪处罚。

包庇罪是明知是犯罪的人而作假证明包庇，情节严重的行为。

旅馆业、饮食服务业、文化娱乐业、出租汽车业等单位的人员，在公安机关查处卖淫、嫖娼活动时，为违法罪犯通风报信，情节严重的，以包庇罪定罪处罚；事前与罪犯通谋的，以包庇罪的共犯论处。

从特定危害行为、特定危害后果的角度看，事前通谋的窝赃、包庇直接构成某一具体犯罪的共犯，不存在窝赃、包庇罪的转化问题。

第九节　制作、贩卖、传播淫秽物品罪

一、《刑法》第363条【制作、复制、出版、贩卖、传播淫秽物品牟利罪；为他人提供书号出版淫秽书刊罪】

从选择罪名、故意犯、目的犯、行为犯、情节犯、数额犯的角度看，以牟利为目的，制作、复制、出版、贩卖、传播淫秽物品（具体描绘性行为或露骨宣扬色情的淫

秽性的书刊、影片、录像带、录音带、图片及其他淫秽物品）的，处3年以下有期刑、拘役或管制，并处罚金；情节严重的，处3年以上10年以下有期刑，并处罚金；情节特别严重的，处10年以上有期刑或无期刑，并处罚金或没收财产。

从罪刑法定原则的角度看，贩卖淫秽物品牟利罪以存在购买方的行为为要件，仅处罚贩卖者，不处罚购买者，仍称为对向犯，但不是共同犯罪。

传播淫秽物品罪的“淫秽物品”是规范的构成要件要素、客观的构成要件要素。①有关人体生理、医学知识的科学著作不是淫秽物品。②包含有色情内容的有艺术价值的文艺作品不视为淫秽物品。

传播淫秽物品牟利罪的情形：①一般而言，裸聊有伤风化，不属于淫秽信息，不能类推适用，不应认定为犯罪，但以牟利为目的裸聊，并传播裸聊照片的，应认定为传播淫秽物品牟利罪。②以牟利为目的，传播淫秽物品，构成传播淫秽物品牟利罪，而不应构成传播淫秽物品罪。

从故意犯、行为犯的角度看，为他人提供书号，出版淫秽书刊，或明知他人用于出版淫秽书刊而提供书号（为他人提供书号出版淫秽书刊罪）的，处3年以下有期刑、拘役或管制，并处或单处罚金。

为他人提供书号、刊号出版淫秽书刊，或为他人提供版号出版淫秽音像制品的，应立案追诉。

为他人提供书号出版淫秽书刊罪有主观过失性。①单位犯为他人提供书号出版淫秽书刊罪，实行双罚制。②明知他人用于出版淫秽书刊而提供书号、刊号，应立案追诉，以出版淫秽物品牟利罪定罪处罚。③故意为他人提供书号出版淫秽书刊罪，或明知他人用于出版淫秽书刊而提供书号，均应以出版淫秽物品牟利罪的共犯论处。

制作、复制、出版、贩卖、传播淫秽物品牟利罪的四种立案追诉标准：①向他人传播淫秽物品达200人次至500人次以上，或组织播放淫秽影、像达10场次至20场次以上。②制作、复制、出版、贩卖、传播淫秽物品，获利5000元至1万元以上。③制作、复制、出版淫秽影碟、软件、录像带50张（盒）至100张（盒）以上，淫秽音碟、录音带100张（盒）至200张（盒）以上，淫秽扑克、书刊、画册100张（盒）至200副（册）以上，淫秽照片、画片500张至1000张以上。④贩卖淫秽影碟、软件、录像带100张（盒）至200张（盒）以上，淫秽音碟、录音带200副（册）至400张（盒）以上，淫秽扑克、书刊、画册200副（册）400副（册）以上，淫秽照片、画片1000张至2000张以上。

以牟利为目的，利用互联网、移动通讯终端制作、复制、出版、贩卖、传播淫秽电子信息，应立案追诉的八种情形：①造成严重后果。②制作、复制、出版、贩卖、传播淫秽电影、表演、动画等视频文件20个以上。③制作、复制、出版、贩卖、传播淫秽音频文件100个以上。④制作、复制、出版、贩卖、传播淫秽电子刊物、图片、文章、短信息等200件以上。⑤制作、复制、出版、贩卖、传播的淫秽电子信息，实际被点击数达到1万次以上。⑥以会员制方式出版、贩卖、传播淫秽电子信息，注册会员达200人以上。⑦利用淫秽电子信息收取广告费、会员注册费或其他费用，违法所得1万元以上。⑧数量或数额虽未达制作、复制、出版、贩卖、传播淫秽音频文件100个以上、淫秽电子刊物图片文章短信息等200件以上、淫秽电子信息实际被点击数达到1万次以上、淫秽电子信息注册会员达200人以上、利用淫秽电子信息收取广告费会员注册费或其他费用违法所得1万元以上标准，但分别达到其中两项以上标准的50%以上。

利用聊天室、论坛、即时通信软件、电子邮件等方式，实施以牟利为目的，利用互联网、移动通讯终端制作、复制、出版、贩卖、传播淫秽电子信息，应立案追诉。

以牟利为目的，通过声讯台传播淫秽语音信息，应立案追诉的三种情形：①造成严重后果。②违法所得1万元以上。③向100人次以上传播。明知是淫秽电子信息而在自己所有、管理或使用的网站或网页上提供直接链接，其数量标准根据所链接的淫秽电子信息的种类计算。

利用聊天室、论坛、即时通信软件、电子邮件等方式，实施制作、复制、出版、贩卖、传播淫秽电影、表演、动画等视频文件20个以上；制作、复制、出版、贩卖、传播淫秽音频文件100个以上的；制作、复制、出版、贩卖、传播淫秽电子刊物、图片、文章、短信息等200件以上；制作、复制、出版、贩卖、传播的淫秽电子信息，实际被点击数达到1万次以上；以会员制方式出版、贩卖、传播淫秽电子信息，注册会员达200人以上；利用淫秽电子信息收取广告费、会员注册费或其他费用，违法所得1万元以上的，以制作、复制、出版、贩卖、传播淫秽物品牟利罪定罪处罚。

明知他人实施制作、复制、出版、贩卖、传播淫秽电子信息犯罪，为其提供互联网接入、服务器托管、网络存储空间、通讯传输通道、费用结算等帮助的，对直接负责的主管人员和其他直接责任人员，以共犯论处。

利用互联网、移动通讯终端、声讯台贩卖、传播淫秽书刊、影片、录像带、录音带等以实物为载体的淫秽物品，依最高法《关于审理非法出版物刑事案件具体应用法律若干问题的解释》(1998年）有关规定定罪处罚。从预防未成年人犯罪法的角度看，以未成年人为对象的出版物，不得含有诱发未成年人违法犯罪的内容，不得含有渲染暴力、色情、赌博、恐怖活动等危害未成年人身心健康的内容。任何单位和个人不得向未成年人出售、出租含有诱发未成年人违法犯罪以及渲染暴力、色情、赌博、恐怖活动等危害未成年人身心健康内容的读物、音像制品或电子出版物。

为他人提供书号、刊号，出版淫秽书刊，或为他人提供版号的，出版淫秽音像制品的，以为他人提供书号出版淫秽书刊罪定罪处罚。

二、《刑法》第364条【传播淫秽物品罪；组织播放淫秽音像制品罪】

从故意犯、情节犯、数额犯的角度看，传播淫秽的书刊、影片、音像、图片或其他淫秽物品［①淫秽物品，是指具体描绘性行为或露骨宣扬色情的淫秽性的书刊、影片、录像带、录音带、图片及其他淫秽物品（具体描绘性行为或露骨宣扬色情的淫秽性的视频文件、音频文件、电子刊物、图片、文章、短信息等互联网、移动通讯终端电子信息和声讯台语音信息）。②有关人体生理、医学知识的电子信息和声讯台语音信息，不是淫秽物品。③有关人体生理、医学知识的科学著作，或包含有色情内容的有艺术价值的文学、艺术作品，包含色情内容的有艺术价值的电子文学、艺术作品，均不视为淫秽物品］，情节严重（向他人传播淫秽的书刊、影片、音像、图片等出版物达300人次至600人次以上或造成恶劣社会影响）的，处2年以下有期刑、拘役或管制。

传播淫秽物品罪、组织播放淫秽音像制品罪的情形：（1）造成恶劣社会影响。（2）向他人传播300人次至600人次以上。①利用聊天室、论坛、即时通信软件、电子邮件等方式，实施利用互联网、移动通讯终端传播淫秽电子信息的犯罪行为，应立案追诉。②利用聊天室、论坛、即时通信软件、电子邮件等方式，实施制作、复制、出版、贩卖、传播淫秽电影、表演、动画等视频文件；制作、复制、出版、贩卖、传播淫秽音频文件；制作、复制、出版、贩卖、传播淫秽电子刊物、图片、文章、短信息等；制作、复制、出版、贩卖、传播淫秽电子信息；以会员制方式出版、贩卖、传播淫秽电子信息；利用淫秽电子信息收取广告费、会员注册费或其他费用的，以传播淫秽物品罪定罪处罚。

组织播放淫秽音像制品罪的两种立案追诉标准：（1）造成恶劣社会影响。（2）组织播放15场次至30场次以上。①组织播放淫秽的电影、录像等音像制品，处3年以下有期刑、拘役或管制，并处罚金；情节严重（组织播放淫秽的电影、录像等音像制品达15场次至30场次以上或造成恶劣社会影响）的，处3年以上10年以下有期刑，并处罚金。②制作、复制淫秽的电影、录像等音像制品组织播放的，依组织播放淫秽音像制品罪从重处罚。③向不满18周岁的未成年人传播淫秽物品的，从重处罚。

三、《刑法》第365条【组织淫秽表演罪】

从故意犯、行为犯、情节犯的角度看，组织进行淫秽表演的，处3年以下有期刑、拘役或管制，并处罚金；情节严重的，处3年以上10年以下有期刑，并处罚金。

组织淫秽表演罪的四种立案追诉标准：①以策划、招募、强迫、雇佣、引诱、提供场地、提供资金等手段，组织表演者进行裸体表演。②组织表演者利用性器官进行诲淫性表演。③组织表演者半裸体或变相裸体表演并通过语言、动作具体描绘性行为。④其他组织进行淫秽表演应追究刑责情形。

四、《刑法》第366条【单位犯制作、贩卖、传播淫秽物品罪的处罚】

从单位犯罪的角度看，单位犯制作、贩卖、传播淫秽物品罪、组织播放淫秽音像制品罪、组织淫秽表演罪、为他人提供书号出版淫秽书刊罪、制作复制出版贩卖传播淫秽物品牟利罪的，对单位判处罚金，并对其直接负责的主管人员和其他直接责任人员，依各该条规定处罚。

开放研究式法学课题

一、论述题

1. 以刑法的基本原则为例，论述法律原则的作用及其主要表现在哪些方面？

2. 论认罪认罚从宽中被告人的反悔权。

3. 论述不作为犯义务的来源。

4. 论述行为共同说与犯罪共同说的区别。

5. 论积极既判力与消极既判力的概念和区别。

6. 谈谈我国刑法中从重处罚、从轻处罚、减轻处罚的含义。

7. 简述教唆犯成立的条件和定罪规则。

8. 律师法关于律师会见嫌犯、被告人的规定与民诉法此方面规定的比较。

9. 最高院关于非法证据排除的规定，根据刑诉原理和刑诉证据原理谈谈此规定。

10. 刑诉法规定：“证据不足，不能认定被告人有罪，应作出证据不足、指控的犯罪不能成立的无罪判决。”请结合刑事冤假错案，简述罪刑法定原则和无罪推定原则、疑罪从无原则的关系。

二、案例分析题

【案例】河北任绍亭冤假错案·参见河北省衡水市桃城区人民法院［2017］冀1102刑初649号刑事判决书；河北省衡水市中级人民法院［2019］冀11民终2685号民事判决书。

【问题】根据案例回答下列问题：

（1）何为合同诈骗罪？请结合该案例，论述合同诈骗罪的罪与非罪？

（2）何为合同无效或无效合同？请结合该案例，论述合同纠纷和合同诈骗的民刑交叉边际问题及其处理方式方法。

（3）何为股权转让？如何签订股权转让协议？请结合该案例，从公司法、证券法、民法典、刑法的角度看，论述股权转让、股权变更存在的法律风险问题及其解决方式方法。

（4）何为犯罪构成要件、犯罪构成要素？请结合该案例，从刑诉法、行诉法、民诉法的角度，论述刑事法基本原则、民商事法基本原则和行政法基本原则的区别和联系及其社会功能或作用。

（5）何为国家赔偿？如何进行国家赔偿？请结合该案例，从宪法、刑法、国家赔偿法、民法典的角度看，论述如何全面客观科学地设置冤假错案者的人权保障制度及其冤假错案问题的解决方式方法。

（6）何为立法权、行政权、司法权、公民权、监督权、舆论权、律师权、自由裁量权？请结合该案例，从法官法、法院组织法、检察官法、检察院组织法、公务员法、律师法、关于依法保障律师执业权利的规定的角度，论述如何完善包括贪污贿赂罪、渎职罪在内的身份犯刑事立法以及解决刑事冤假错案普遍存在的一审判决有罪、二审判决或再审裁定无罪的法律责任问题及其同案不同判问题。

主要参考文献

1. 高铭暄主编:《中国刑法学》,中国人民大学出版社 1989 年版。
2. 高铭暄主编:《刑法学原理》,中国人民大学出版社 1993 年版。
3. 高铭暄、马克昌主编:《刑法学》,北京大学出版社、高等教育出版社 2000 年版。
4. 苏惠渔主编:《刑法学》,中国政法大学出版社 1997 年版。
5. 张明楷:《刑法学》,法律出版社 1997 年版。
6. 陈兴良:《刑法疏议》,中国人民公安大学出版社 1997 年版。
7. 陈兴良:《本体刑法学》,商务印书馆 2001 年版。
8. 陈兴良:《规范刑法学》,中国人民大学出版社 2008 年版。
9. 王作富主编:《刑法》,中国人民大学出版社 1999 年版。
10. 阮齐林:《中国刑法各罪论》,中国政法大学出版社 2016 年版。
11. 曲新久主编:《刑法学》,中国政法大学出版社 2017 年版。
12. 周光权:《刑法学的向度》,中国政法大学出版社 2004 年版。
13. 何秉松主编:《刑法教科书》,中国法制出版社 1999 年版。
14. 赵秉志:《刑法新教程》,中国人民大学出版社 2001 年版。
15. 周道鸾、张军主编:《刑法罪名精解》,人民法院出版社 2003 年版。
16. 徐小帆编著:《刑事法一本通》,中国政法大学出版社 2019 年版。
17. 徐小帆:《理论刑法学》,中国政法大学出版社 2021 年版。
18. 肖伯牙主编:《中国当代名律师成功案例集——为真理和公平正义而斗争》,中国政法大学出版社 2021 年版。
19. 陈光中主编:《证据法学》,法律出版社 2013 年版。
20. 刘金友等主编:《证据法学》,中国政法大学出版社 2003 年版。
21. 何家弘、张卫平等主编:《简明证据法学》,中国人民大学出版社 2006 年版。
22. 卞建林等主编:《证据法学》,中国政法大学出版社 2007 年版。
23. 陈国庆、何秉群主编,潘君、王守安、周樨平副主编:《中国诉讼制度与改革》,中国公安大学出版社 2003 年版。